中国战略性新兴产业发展报告

徐匡迪

2014 Report on the Development of China's Strategic Emerging Industries

中国战略性新兴产业发展报告

中国工程科技发展战略研究院

科学出版社
北京

内 容 简 介

本书是中国工程科技发展战略研究院面向社会公众和决策人员的年度研究报告。全书分析了我国战略性新兴产业发展的总体形势，尤其是“十二五”以来的进展情况、存在问题及发展新特点，着重围绕战略性新兴产业七个领域若干重点方向的发展现状、重点技术、发展趋势、战略布局与政策取向等进行了介绍，并结合广东、北京和重庆三省市战略性新兴产业的发展案例，具体论述了区域的发展情况、工作经验、主要问题与制约因素等。同时，本书梳理了现有政策，并从市场拉动、产业规制、商业模式创新等角度提出了未来战略性新兴产业发展的政策取向。

本书有助于社会公众了解中国战略性新兴产业发展的总体情况以及各领域发展态势和政策走向，可供各级领导干部、有关决策部门和产业界及社会公众参考。

图书在版编目（CIP）数据

中国战略性新兴产业发展报告 . 2014 / 中国工程科技发展战略研究院编 . —北京：科学出版社，2013

ISBN 978-7-03-038994-7

Ⅰ.①中… Ⅱ.①中… Ⅲ.①新兴产业－产业发展－研究报告－中国－2014 Ⅳ.① F279.244.4

中国版本图书馆 CIP 数据核字（2013）第 255025 号

责任编辑：马 跃 / 责任校对：黄江霞
责任印制：阎 磊 / 封面设计：蓝正设计

科学出版社 出版

北京东黄城根北街16号
邮政编码：100717

http://www.sciencep.com

北京通州皇家印刷厂 印刷

科学出版社发行 各地新华书店经销

*

2014年1月第 一 版 开本：787×1092 1/16
2014年1月第一次印刷 印张：32 3/4
字数：774 000

定价：146.00元

（如有印装质量问题，我社负责调换）

中国工程科技发展战略研究院简介

2008 年 6 月，胡锦涛同志在两院院士大会上指出，中国工程院是国家的科学技术思想库，要继续团结带领全国科技界更加积极主动地参与决策咨询，为国家宏观决策提供科学依据。2011 年 4 月，胡锦涛同志在庆祝清华大学百年校庆大会上讲话指出，高校要深入开展政策研究，积极发挥思想库和智囊团作用。为贯彻落实胡锦涛同志的指示精神，中国工程院与清华大学强强联合，创新体制机制，整合优势资源，于 2011 年 4 月联合成立了中国工程科技发展战略研究院。

中国工程科技发展战略研究院坚持高层次、开放式、前瞻性的发展导向，围绕工程科技发展中的全局性、综合性、战略性重大课题开展理论研究、应用研究与政策咨询。战略研究院积极推动自然科学与社会科学相结合，发挥工程院的院士和清华大学中青年学者的智力优势，努力建成全球一流的战略决策思想库，为我国工程科技发展提供战略咨询。

编　委　会

序　　言

习近平总书记在第九次中共中央政治局集体学习中指出，“即将出现的新一轮科技革命和产业变革与我国加快转变经济发展方式形成历史性交汇”。党的十八大也已明确提出，以科学发展为主题，以加快转变经济发展方式为主线，是关系我国发展全局的战略抉择。

加快转变经济发展方式，必须以发展实体经济为坚实基础，坚持推进经济结构战略性调整，走创新驱动发展战略之路。加快培育和发展知识技术密集、物质资源消耗少、成长潜力大、综合效益好的战略性新兴产业，可以充分发挥科技引领作用，有利于推进产业结构升级，推动服务业特别是现代服务业发展壮大，在更高起点上形成新的经济增长点。发展战略性新兴产业，是构建国际竞争新优势、掌握发展主动权的迫切需要，是全面建成小康社会、实现科学发展、建设创新型国家的必然选择，对打造中国经济的“升级版”、推进现代化建设、实现中华民族伟大复兴的“中国梦”具有重要战略意义。

纵观国际发展大势，新兴产业正在成为引领世界未来经济社会发展的重要力量。进入 21 世纪，世界经济竞争格局发生了深刻变化，出现了两个重要的发展趋势：一方面，金融危机影响极为深远，实体经济的战略意义再次凸显。美国、英国、德国等世界主要发达国家将重振实体经济作为经济复苏的关键，纷纷实施再工业化战略，陆续加大对节能环保、高端装备、新能源、新材料等战略领域的投入，加速实体经济的绿色健康发展，引领基础设施现代化建设，力图在知识技术密集的高端产业重塑竞争优势。另一方面，新的科技革命初见端倪，新一轮工业革命正在兴起，全球科技进入新的创新密集期，重大发现和发明不断涌现，在关系农业、健康、能源、信息、交通等产业发展的纳米、智能、网络、基因、网络技术等战略方向，正在孕育着革命性突破，一些新兴产业正应运而生。西方发达国家紧紧把握这一重要趋势，将培育新兴技术和新兴产业作为抢占新一轮科技和经济发展制高点的战略举措，谋求未来发展的主动权。面对日趋激烈的国际竞争新态势，面对日益显现的新技术突

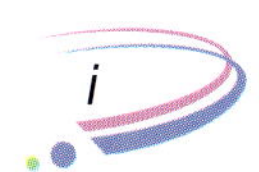

破及其引发的产业变革新机遇，积极培育和发展我国战略性新兴产业，肩负着争取国际竞争主动权、抓住发展新机遇、促进经济持续健康发展的历史使命。

从国内发展转型的需要看，加快培育和发展战略性新兴产业，是我国按照科学发展观，实现可持续发展的必然要求。经过改革开放三十多年的快速发展，我国已成为世界第二大经济体，但经济增长仍然依靠低成本劳动力投入和大量的资源消耗，产业结构不尽合理，一些核心技术对外依存度过高，经济增长与资源环境承载力不平衡，我国经济发展面临着不可持续的挑战。当前，调整产业结构，加快转变经济增长方式，实现可持续发展，最根本的是要抓住科技进步的机遇，大力实施创新驱动发展战略，推动科技和经济紧密结合，推动科技创新和新兴产业发展。从此角度看，培育发展战略性新兴产业，高起点地构建现代产业体系，加快形成新的经济增长点，对于我国经济社会能否真正走上创新驱动、内生增长、持续发展的轨道，具有重大的战略意义。

近年来，在党和国家的高度重视与推动下，我国培育发展战略性新兴产业取得了广泛共识和可喜的成效。党的十八大报告提出，经济发展要更多地依靠战略性新兴产业带动，要推动战略性新兴产业健康发展；2010 年国务院颁布了《国务院关于加快培育和发展战略性新兴产业的决定》；2012 年国务院颁布《“十二五”国家战略性新兴产业发展规划》，明确了战略性新兴产业的发展目标、发展方向、主要任务、重大工程和政策措施；中央财政设立了战略性新兴产业发展专项资金，国家重大科技专项进行了重点部署。全社会培育和发展战略性新兴产业的氛围日益增强，发展思路逐步趋于理性，发展速度逐步加快，规模效益逐渐显现，创新能力持续提升，区域特色优势产业集群正在形成，吸纳高层次就业的人数不断增加，有效地促进了经济转型。

同时我们要清醒地看到，我国战略性新兴产业与发达国家相比还存在很大差距，新兴产业的发展在部分领域内也存在低水平重复的现象，市场体制和管理机制不适应新兴产业的发展，自主创新能力弱，且与市场需求结合不足。我们要以高度的责任感和紧迫感，进一步解放思想、改革开放，充分发挥市场的基础性作用，发挥政策的调节作用，促进战略性新兴产业持续健康发展。

科学发展需要科学决策，科学决策需要战略研究。中国工程院和清华大学长期关注产学研结合进行战略研究、支持科学决策的问题。“九五”、“十五”和“十一五”期间，中国工程院对高新技术产业发展进行了持续的咨询研究，2010 年，中国工程院受国家发展和改革委员会委托，开展了“战略性新兴产业培育与发展战略研究”咨询项目，为国家制定关于战略性新兴产业的决策和“十二五”规划提供了支撑性的咨询意见。清华大学在节能环保、新一代信息技术、生物、高端装备制造、新能源、新材料和新能源汽车七大战略性新兴产业方面，专业设置齐全，学科基础扎实，科研实力雄厚，正在新一轮战略性新兴产业的培育和发展进程中发挥自身优势，在加强科技创新工作的同时，积极推进战略咨询研究。

中国工程院与清华大学于 2011 年联合成立了中国工程科技发展战略研究院，致

力于建设服务国家战略发展的高水平智库。研究院成立伊始，就在国家发展和改革委员会的支持与协调下，动员和组织中国工程院、清华大学及全国有关方面力量，开展了“战略性新兴产业培育与发展”重大战略研究咨询项目，做了大量调研工作，并于2013年年初出版了阶段性成果《中国战略性新兴产业发展报告2013》，系统回顾和全面分析了战略性新兴产业的发展现状及热点问题，在社会上引起热烈反响。为了及时跟踪和反映战略性新兴产业的发展态势，为战略性新兴产业的相关决策部门和企业及研究人员提供客观、科学、及时的信息参考，推进战略性新兴产业的健康可持续发展，“战略性新兴产业培育与发展”项目组计划把《中国战略性新兴产业发展报告》做成系列年度报告。沿用上年的工作经验，项目组在全面调查、深入研究、科学论证、集思广益的基础上，凝聚了几十位院士和数百位专家的心血和智慧，形成了这本《中国战略性新兴产业发展报告2014》。

期望通过该系列年度报告，读者能够获得丰富翔实的信息，了解我国战略性新兴产业技术创新和产业发展的关系，把握年度热点，特别是各个领域的重点技术发展趋势、产业战略布局、相关政策等，同时也可以了解我国战略性新兴产业近期的区域发展情况、产业政策环境及政策创新。

期望《中国战略性新兴产业发展报告2014》能够继续得到产业界、学术界的支持和读者们的喜爱，能够为我国战略性新兴产业的培育和发展做出贡献。

我们相信，在党中央、国务院的坚强领导下，在各方面的共同努力下，我国的战略性新兴产业一定能够攻坚克难、开拓进取、创新发展，为促进经济社会持续健康发展，实现中华民族的伟大复兴做出重要贡献。

国家发展和改革委员会　徐绍史
中国工程院　周　济
清华大学　陈吉宁

目　　录

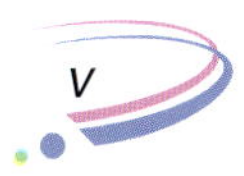

生物产业篇

高端装备制造产业篇

新能源产业篇

新材料产业篇

新能源汽车产业篇

区域篇

政策篇

综 合 篇

第 1 章

我国战略性新兴产业“十二五”中期进展情况

薛 澜 周 源 洪志生 沙 勇 李 欣 王刚波 邬贺铨

【内容提要】“十二五”以来，特别是《“十二五”国家战略性新兴产业发展规划》（国发〔2012〕28号，以下简称《规划》）发布之后，国家在政策引导、市场培育、科技创新、国际合作、财税金融、组织协调等方面给予了极大的推进，并且对7个领域给予了相应的重点部署和政策落实，战略性新兴产业的发展在“十二五”上半期取得了初步成效，7个重点领域取得了积极进展。

《中华人民共和国国民经济和社会发展第十二个五年规划纲要》（以下简称《纲要》）发布实施以来，按照“在继续做强做大高技术产业基础上，把战略性新兴产业培育发展成为先导性、支柱性产业”的要求，通过制定科学的《规划》，并以此为指导，推动重点领域跨越发展，实施产业创新发展工程，加强政策支持和引导，调动了部门和地方发展战略性新兴产业的积极性。我国战略性新兴产业在“十二五”的前半期发展逐步回归理性、规模效益显现、创新能力提升，有效地促进了经济转型。

1.1 “十二五”规划以来战略性新兴产业发展取得积极进展

《纲要》发布实施以来，特别是《国务院关于加快培育和发展战略性新兴产业的

决定》(国发〔2010〕32 号，以下简称《决定》)发布以来，国务院有关部门积极落实《决定》中的各项工作任务，按照《国务院关于加快培育和发展战略性新兴产业决定重点工作分工方案的通知》(国办函〔2011〕58 号，以下简称《分工》)的要求，发布实施了《规划》。总体上，《规划》的制定经过了调查研究并结合国情，具有科学合理性，有效地推进了战略性新兴产业的发展，在一定程度上促进了我国的经济转型；《规划》对战略性新兴产业重点领域的选择和政策安排，引导了相关新兴产业的发展，新一代信息技术、新能源、新材料、高端制造等领域正在出现革命性突破的先兆，信息、制造、新能源、新材料、节能环保和新能源汽车等技术的交叉融合不断加速。

1.1.1 战略性新兴产业发展取得初步成效

1. 对战略性新兴产业的认识逐步深化

《规划》推出之前，某些地方政府对战略性新兴产业缺乏理性考虑，不顾产业基础和市场环境，越过培育阶段盲目上马，还有些地方以既成事实来争取政策倾斜，导致某些领域的发展一度出现多地同质化布局，产能远超现阶段市场需求。“十二五”以来，随着相关政策的出台，特别是中央对转变经济发展方式的明确指示，各地重新思考战略性新兴产业，立足地方优势确定战略性新兴产业发展目标，把战略性新兴产业的技术创新和产业培育相结合，把产业与市场相结合，投资趋于合理。例如，江西省曾在 2010 年全面部署十大战略性新兴产业，但 2011 年 9 月则强调聚焦，力推光伏、半导体照明等新兴产业。

2. 产业发展速度加快，有力推进产业转型升级

战略性新兴产业发展速度明显高于传统产业发展速度，显示出强劲的增长态势，正在成为支撑产业结构调整、经济转型发展的重要力量。2012 年以来，战略性新兴产业发展的总规模有了较大比例的提升，工业产值增速以高于工业 5 个百分点以上的速度发展，吸纳高层次就业的人数增加。尤其是 2013 年以来，在整体经济低迷状况下，战略性新兴产业发展速度不断回升，在总体弱势中逆势上扬（图 1.1），部分产业增长速度为工业总体的两倍左右，成为宏观经济发展的重要引领力量（图 1.2）。战略性新兴产业总体盈利状况良好，部分行业利润增速及主营业务收入利润率均高于同期工业总体（图 1.3），利润总额保持较高的增速（图 1.4）。战略性新兴产业远高于工业总体的发展速度将提升战略性新兴产业产值占国内生产总值（GDP）的比重，助推单位 GDP 能耗以及主要污染物排放量的降低。

3. 企业创新主体地位提升，创新能力有所增强

战略性新兴产业领域的国家工程（技术）研究中心、国家工程实验室的比例占工业领域的 70% 以上，在国家认定的企业国家重点实验室中新兴产业企业的比例占 70% 以上，在国家认定的企业技术中心中新兴产业企业的比例占 50% 以上；各地均

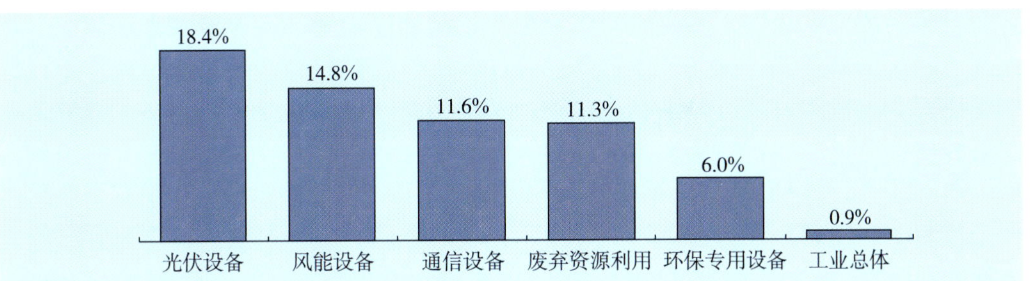

图 1.1　部分战略性新兴产业与工业总体 2013 年 1 ～ 4 月主营业务收入累计增速增长情况

资料来源：国家信息中心 .2013 年上半年战略性新兴产业发展形势分析报告

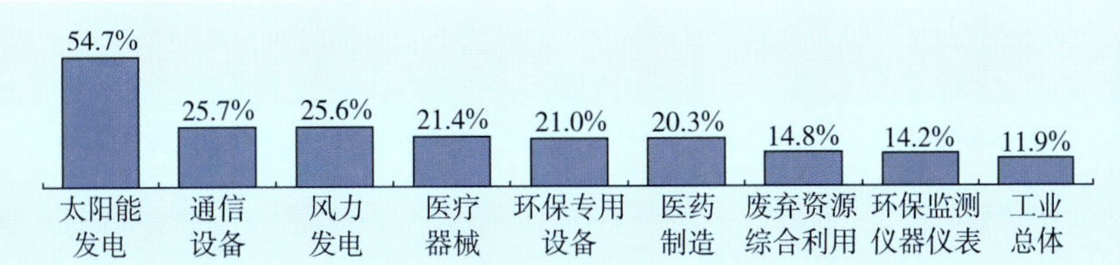

图 1.2　部分战略性新兴产业与工业总体 2013 年 1 ～ 4 月主营业务收入累计增速比较

资料来源：国家信息中心 .2013 年上半年战略性新兴产业发展形势分析报告

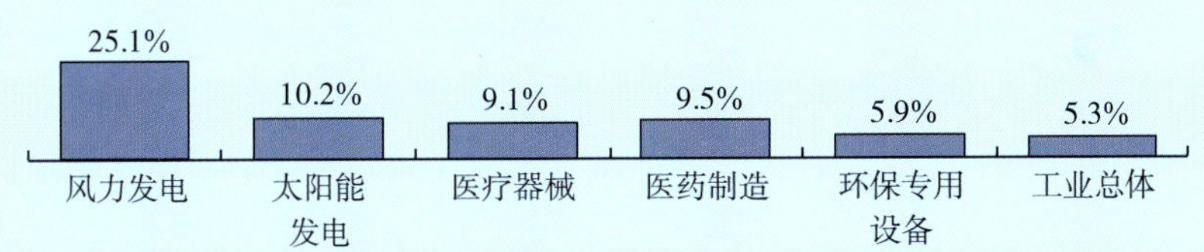

图 1.3　部分战略性新兴产业与工业总体 2013 年 1 ～ 4 月主营业务收入利润率

资料来源：国家信息中心 .2013 年上半年战略性新兴产业发展形势分析报告

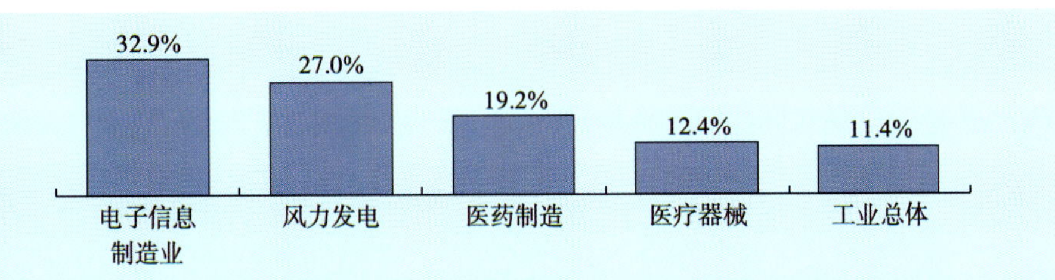

图 1.4　部分战略性新兴产业与工业总体 2013 年 1 ～ 4 月利润总额增长率

资料来源：国家信息中心 .2013 年上半年战略性新兴产业发展形势分析报告

出现了一批研发投入占企业销售额比例超过 5% 甚至超过 10%、具有国际先进研发设施和工程化验证条件的创新型企业；涌现了超千万亿次计算机、第四代移动通信技术、大规模基因测序等重大成果，超材料、抗体药物、高端影像医学诊断装备等领域取得了具有国际影响力的重大进展。同时，我国新兴产业的发展模式也出现了重要变化，以广东为例，民间投资咨询中介机构加速扩增、人才抱团集体创业、有效利用国际创新资源、挑战产业链高端跨越发展等新模式已产生良好示范作用。特别是民营企业成为发展战略性新兴产业的重要力量，民营企业数量占7个领域企业总数的比例超过70%，在国家实施的重大产业专项中，民营企业获得支持的比例占到50%以上；在创新平台布局方面，2012年国家认定企业技术中心中民营企业的比例超过80%。民营企业为节能环保、新一代信息技术、生物产业、新能源等产业发展提供了活力，增添了动力。

4. 创新资源进一步集聚，区域集群顺利发展

各地加强引导，力求充分发挥比较优势，形成区域发展的“首位产业”或优势产业，避免产业雷同。采取分类指导的办法，将“融资”、“融智”、“融技术”、“应用示范拓市场”等措施更多集中在优势细分领域，形成了一批各具特色的战略性新兴产业集群，如珠三角形成了电子信息、新能源汽车、生物基因和半导体照明等产业集群；长三角形成了新能源、生物医药、高端装备制造、电子信息、节能环保等产业集群；京津冀形成了新一代信息技术装备、新材料、航空航天等产业集群。在深圳、合肥、苏州、武汉、重庆等地均出现了一批数百亿元规模、具有特色优势的新兴产业群。

1.1.2 战略性新兴产业七个重点领域取得积极进展

1. 节能环保产业在“十二五”上半期发展迅速

资源循环利用产业迅速发展，产值超过1万亿元，在2012年增长有所缓慢后，2013年上半年以来呈现恢复性增长，废弃资源综合利用业1～4月主营业务收入比2012年年底提高了11.3%，利润总额累计增速从2012年年底的–1.7%，恢复到2013年1～4月的11.4%。

节能产业方面，合同能源管理（Energy Management Contracting，EPC）等节能服务产业产值在2011年和2012年分别达到1 250亿元、1 653.37亿元，同比分别增加50%、32.24%。截至2012年年底，全国从事节能服务业的企业达4 175家，从业人员达到43万人。2013年上半年第五批节能服务公司通过审核备案，大批有实力的央企进入该行业，如国家电网公司下属节能服务公司注册资金超过3亿元，此外企业发行企业债券、项目抵押等金融创新不断涌现。另外，我国煤炭利用的节能增效显著，重点突破700℃先进超超临界发电技术、煤制特殊液体燃料、煤分级利用多联产、煤基燃料电池（fuel cell，FC）等清洁能源为代表的新一代转化技术，突破污染物高效一体化联合脱除、二氧化碳（CO_2）利用和处理等核心单元技术，构建起以煤为主的多能源近零排放联产系统。

环保产业增速不断加快，68家节能环保企业上市公司主营业务收入增速高于同期GDP和工业增加值增速；环境保护专用设备制造主营业务收入在2013年1～4月累计增速达到21.0%，出口交货值累计增速达13.4%。产业在国际上的竞争力有所提升，水务公司在国际市场已经打开局面，静电除尘设备实现了大量出口。

2. 新一代信息技术产业的关键技术创新及产业化有所推进

我国主导的 TD-LTE 成为第四代移动通信国际标准之一；计算机、微电子、软件、互联网等新一代信息技术向泛在、智能和高可信方向加速发展，日益成为推动“新工业革命”的关键。华为、中兴等通信设备制造企业具备了较强的国际竞争力，京东方、华星光电、上海天马等企业平板产业创新能力不断增强。培育了若干影响未来发展的新兴产业基地。例如，以京东方 6 代线和鑫昊等离子为龙头的两大平板显示基地集聚了法国液化空气集团、日本住友化学株式会社、彩虹（合肥）液晶玻璃有限公司、中国乐凯胶片有限公司、日本丸红株式会社等一批上下游配套企业，构成了“上游设备及材料—中游面板与模板—下游液晶电视等终端产品”完整产业链。下一代互联网建成了全球最大的示范网络，我国自主的地面数字电视国际标准逐步在海外推广应用。物联网和云计算市场规模迅速扩大，近两年复合增长率均达到 30% 以上。互联网的技术创新进一步向产业创新推进，阿里巴巴的余额宝将对互联网产业金融系统产生重大影响，而微信的推广应用则冲击了传统的通信模式。

从各产业最近的发展指标来看，互联网信息服务和接入服务 2012 年全年收入达到 4 700 亿元，同比增长 32%；电子信息制造业规模平稳发展，2013 年 1 ～ 8 月，主营业务收入累计达到 58 439 亿元，同比增长 11.1%，其中通信设备继续快速增长，增速达到 26.3%，利润和税金累计增速分别达到 273.2% 和 48%；软件产业继续保持快速增长，2012 年实现业务收入 2.5 万亿元，同比增长 28.5%，2013 年 1 ～ 8 月，业务收入达到 1.94 万亿元，同比增长 24.1%；通信业相对平稳，2013 年 1 ～ 8 月，全国电信业务总量累计完成 9 221.2 亿元，同比增长 7.9%，结构调整明显，3G 移动电话用户突破 3.5 亿户，在移动电话用户中的渗透率达到 29.4%，TD 电话用户继续保持高速增长，达到 1.58 亿户，在 3G 移动电话用户中的比重为 45%，4G 规模技术试验顺利，预计 2013 年年底前将开展商用。但总体上看，我国在电子信息产业的核心技术掌控能力仍未有大的突破，与世界先进水平相比仍有较大差距，同时由于还没有建立起安全可控的技术体系，我国存在较大的信息安全隐患。2013 年 6 月发生的棱镜门事件给我们又一次敲响了警钟。

3. 生物产业的规模及产品创新取得一定进展

生物医药、生物农业、生物制造、生物能源等产业初具规模，全国生物产业产值持续保持 20% 以上的增长速度。通过实施蛋白类生物药和疫苗、生物育种等专项，推进了重组抗 CD25 人源化单克隆抗体、高强度超声聚焦治疗系统、高端医疗诊断服务等一批具有国际水平的产业新方向快速发展。出现了一批年销售额超过 100 亿元的大型企业和年销售额超过 10 亿元的大品种，国内产品的水平在不断上升，如迈瑞在生命信息与支持领域的产品完全不弱于进口产品，心血管支架领域国产产品在国内市场也已经居于绝对主导地位。总体而言，我国生物产业基本接近与世界同步发展的阶段，但产业技术体系不健全，现代化生产装备开发能力弱，核心主导技术能力不强，产业集中度低，同时产业创新发展受到产品注册、定价、招标、监管等环节政策不协调的制约。

4. 高端装备制造产业各领域取得初步成效

航空装备制造产业在大型客机、大型运输机、先进直升机和通用飞机等方面取得了重要进展，运 20 实现首飞，C919 和 ARJ 研制继续推进，同时国际零部件在中国的转包生产量不断上升，波音零部件在国内采购每年增长 20%。不过，民用航空产业规模还较小，许多项目仍处于研发和认证阶段。卫星体系正在向平台化、系列化、业务化、高性能化发展，卫星应用产业正在由科研型向应用服务型发展方式转变，我国已经具备了空间基础设施自主建设的条件，北斗导航系统投入试运行，北斗系统产业化进入实质推进阶段。轨道交通形成了以“高铁”为代表、具有国际影响力的系统自主发展能力，已投入运用的高速列车达 820 列，高铁运营里程已达到 9 356 千米，居世界第一位。不过 2013 年年初的发展陷入一定困境，主营业务收入和利润均陷入负增长，2013 年 1 ～ 4 月累计增速分别为 –0.4% 和 –5.3%，相较上年年底的形势均出现恶化。海洋装备产业已经实现浅海油气装备自主设计与建造，在半潜式钻井平台等深海领域取得突破，海洋工程装备产值和出口大幅增长，但深海器大部分零件仍需要进口，在大洋钻探中没有国产技术装备，海水淡化装备的开发制造能力、系统设计和集成能力仍与国外有较大差距，且 2013 年以来出现一定困难，1 ～ 4 月主营业务收入累计仅增长 5.4%，利润更是出现大幅度下降，1 ～ 4 月利润总额累计下降 39.8%，亏损面达到了 28.9%。工业控制系统与装置、机器人等智能装备制造产业快速发展，大型枢纽机场行李系统等过去完全依赖进口，目前已初步实现了大型复杂过程控制装备的国产化。04 重大专项①已经在数控机床、高档机床、重型设备等方面做出了产业化成果。总体而言，高端装备制造产业技术发展不平衡，一些高端加工设备、智能装备内控系统及其核心零部件与发达国家差距较大，特别是 PLC 核心控制软件仍受制于人。

5. 新能源产业的发展在复杂环境中有所提升

目前，高效聚光太阳能电池、大型并网风力发电、第四代核电、“水力压裂”页岩气开采等技术正在快速突破，将引发新能源产业爆发式增长。太阳能和风能产业装备制造规模居世界第一，但面临美国和欧盟的贸易保护政策打压、国内市场发展缓慢和高端技术储备不足等发展压力，陷入市场尚未打开就产能过剩的困境。随着各项培育政策的推进，2013 年以来形势有所好转，1 ～ 4 月太阳能发电和风能发电的主营业务收入累计增速分别达到 54.7% 和 25.6%。同时设备生产也出现了回升，光伏设备及元器件制造与风能原动设备制造 1 ～ 4 月主营业务收入累计增速全部由负转正，分别比 2012 年年底提高了 18.4% 和 14.8%。截至 2012 年年底，国内光伏

① 04 重大专项是指国家科技重大专项“高档数控机床数字化设计关键技术与工具集研发及典型产品应用”。

发电累计装机达到3.5吉瓦，2013～2015年，年均新增光伏发电装机容量预计将达到10吉瓦左右，装机目标大幅上调，国内光伏市场逐步启动。不过，核电和生物质能虽然技术上有所突破，但总体发展较慢。在核能装备方面，二代改进型核电技术装备已能满足安全性要求，三代核电技术消化吸收工作进展顺利，然而，核能发电2013年1～4月主营业务收入累计增速为–6.9%，自2013年以来持续负增长；生物质能发展较为缓慢，其规模化应用有赖于核心技术重大突破、产业模式转变和资源拓展。当前我国的农、林、废弃物生物质能资源较为丰富，可以折合成3亿吨标准煤，但如何拓展应用还面临一定的困难。我国的智能电网建设处于广泛试点建设阶段，电网智能调度、智能变电站、配电系统自动化、智能用电等领域已经建成了一批示范工程，以天津生态城为代表的综合性智能电网示范工程也已经建成或正在建设中，目前存在的问题是智能电网建设的经济性体现不足。

6. 新材料产业的技术突破为进一步的市场化准备基础

“十二五”规划以来，新材料产业实现了多项突破，如T800高性能碳纤维生产线在国内首次实现规模生产，打破了国外企业的垄断。实现高纯硅、碳化硅（SiC）材料、钛合金、碳纤维、高模量聚乙烯、生物基降解塑料、纳米绿色印刷材料等关键材料的规模化生产，骨干企业迅速成长，产业规模逐步壮大，支撑了航空航天、新能源、汽车制造、轨道交通等产业的需求。近年来发展较快的航空产业成为新材料产业的重要带动力量，带动碳纤维、钛合金等新材料不断加大应用。相关技术不断取得突破，如“飞机钛合金大型复杂整体构件激光成形技术”获得国家技术发明奖一等奖。可用于航空件的8万吨级模锻液压机正式投入生产。高性能、纳米化、复合化和绿色化成为发展趋势，促进新材料产业市场空间和应用范围日益拓展。同时伴随着稀土市场的整治，市场秩序趋向完善，产能持续增长。但总体而言，技术上仍然存在“点上有突破，系统突破不足”等问题。

7. 新能源汽车产业在技术和市场方面都取得了一定的进展

“十二五”上半期，突破了一批关键核心技术，已申请电动汽车（electric vehicle，EV）相关技术专利3 000项以上，制定电动汽车相关标准56项，锂离子电池、磷酸铁锂电池技术也都有所进步。精进电动生产的新能源车用电机实现了向美国出口，节能与新能源汽车销售继续推进，在“节能和新能源汽车示范推广”的25个城市的公共服务领域和6个私人购买新能源汽车试点城市，推广节能与新能源汽车2.7万辆。整体产业实现较快增长，2012年全年新能源汽车销售12 791辆，同比增长1倍，2013年1～4月混合动力汽车销售2 000多辆，插电式混合动力汽车（plug-in hybrid electric vehicle，PHEV）销售2 800辆，共5 000辆左右。但新能源汽车相对汽车总销量的比例甚低，还远达不到规模效益，电机和电控等关键零部件性能及整车可靠性仍落后于国际先进水平，骨干企业的新能源汽车还处于产品研发和产业化的初期阶段，技术基础薄弱，产品成熟度不高，新型的产业链还处于建立过程中。

1.2 “十二五”规划以来战略性新兴产业政策落实的进展情况

“十二五”上半期，《规划》得到有力的执行，包括相关政策的部署和落实。自《决定》和《规划》实施以来，7个产业专项规划陆续出台，围绕《决定》和《规划》的部署，中央及各地方政府进一步完善规划体系，根据不完全统计，“十二五”规划以来，共发布针对培育战略性新兴产业的政策、与战略性新兴产业相关的政策近400条，这些政策分布于战略性新兴产业七大领域（图1.5），涉及技术创新、产业环境、机制体制等不同类别（图1.6）。各地政府有序推进部分重要政策的落实，重点关注重点领域，为战略性新兴产业的发展提供良好的政策保障。

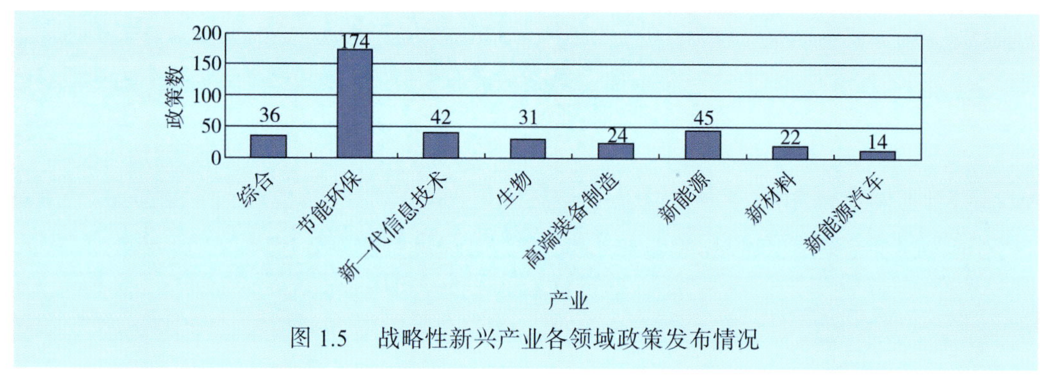

图1.5 战略性新兴产业各领域政策发布情况

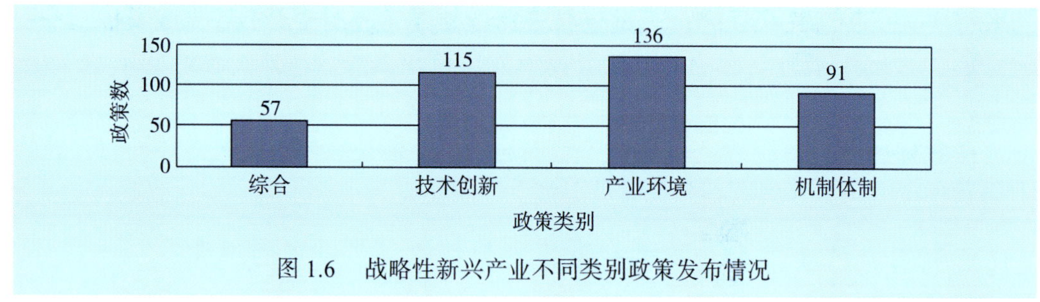

图1.6 战略性新兴产业不同类别政策发布情况

1.2.1 在规划完善和政策引导等方面取得进展

在发布《规划》以及节能环保、新一代信息技术、生物、高端装备制造、新能源、新材料、新能源汽车7个产业专项规划的基础上，科学技术部（以下简称科技部）发布了国家宽带网、现代生物制造等20多个专项科技发展规划，工业和信息化部（以下简称工信部）发布了软件和信息服务、太阳能光伏等11个细分领域专题规划，国家发展和改革委员会（以下简称国家发改委）发布了《战略性新兴产业重点产品和服务指导目录》（以下简称《指导目录》），国家统计局发布了《战略性新兴产业分类（2012）》（试行），26个省市相继发布了规划或指导意见，提出了战略性新兴产业的外延、范围、重点任务和区域发展重点方向。2011年以来，国务院有关部门已累计发布重点领域各类规划30余项，发布财税、金融和相关管理政策措施70余项，30个省级政府以及计划单列市、省辖市发布了培育发展战略性新兴产业的指导文件。为推动各类规划的实施，促进战略性新兴产业的发展，国务院及相关部门还修订发布了《产业结构调整指导目录（2011年本）》，全面启动实施了云计算、平板显示、信息安全、卫星应用、智能制造装备、蛋白类生物药和疫苗等对产业发展具有引领作用的重大创新发展工程。

1.2.2 通过培育国内外市场，为战略性新兴产业发展营造良好的市场环境

首先，继续深入推动重大示范工程建设，加大市场需求的培育。国家组织实施节能惠民、百城万盏、十城千辆、金太阳等重大应用示范工程，各地针对当地的具体特点，实施需求侧激励。例如，广东重点围绕新能源汽车、LED[①]半导体照明、新能源、电子信息等领域实施重大技术和产品示范应用优惠政策。上海在智能电网、TD-LTE第四代移动通信、云计算、物联网和新能源汽车等领域积极探索适应市场的示范应用运营模式和工作机制。北京在全市300亿元政府采购总额中，统筹安排200亿元用于采购战略性新兴产业的技术和产品。重庆推进实施智慧重庆、绿色三峡等市场培育工程，拓展笔记本电脑、通信设备、下一代互联网，小型化、轻量化节能汽车，混合动力汽车，纯电汽车，新型医疗器械和节能环保产品等形成市场规模。

其次，重视培育国际市场。发布《关于促进战略性新兴产业国际化发展的指导意见》，继续举办中国品牌商品非洲展、美洲展、欧洲展等。更新了《对外投资合作国别（地区）指南》，将新兴产业100多项产品列入援外物资供货指导目录。加强与古巴、老挝、斯里兰卡、吉尔吉斯斯坦在信息化领域的合作，通过援外等方式加强了我国信息化产品在发展中国家的推广。结合我国援外政策和受援国需求，在信息技术、节能环保、新能源、生物技术等领域举办30期援外培训班，为受援国培训各类人才超过800人。

此外，加快污染物和碳排放交易制度、资源性产品价格形成机制、生产者责任延伸制度等市场配套机制的构建，对生物医药、生物农业、下一代信息产业等与安全及隐私强相关的产业加强市场监管力度。

1.2.3 初步推进科技创新和知识产权应用

首先，国家和地方部署了一批基础理论和前沿技术开发重大项目。中央财政通过科技重大专项、“863计划”、“973计划”、自然科学基金及重大科学研究计划等（基金、专项），支持生命和生物、新材料、智能制造、高端装备等领域科学研究工作，2012年共计部署“863计划”、“973计划”及重大科学研究计划403个项目。科技重大专项加大对企业创新的支持力度，如在2012年“重大新药创制”组织立项课题中，企业牵头课题占68.9%，建立8项企业技术创新平台，有效地实现了创新资源向企业转移和流动。

---

① LED是指发光二极管，英文全称为light-emitting diode。

其次，制定了自主创新能力建设规划，新建了一批国家重大科技基础设施和创新平台，积极推动产业技术联盟和产业专利联盟建设，创建国家知识产权投融资综合试验区试点，大力开展院省技术对接和建立工业研究院等，促进重点领域自主创新成果产业化。截至2012年年底，已在战略性新兴产业领域布局国家工程（技术）研究中心、国家工程实验室、国家重点实验室、国家企业技术中心等创新平台近1 000家（其中民营企业占60%以上），筹建了73个国家检测重点实验室、国家质检中心和8家高水平检测技术联盟。支持建设了干细胞与再生医学、光纤材料等39家技术创新联盟。首次组织实施高技术服务业专项，支持研发服务、信息服务、检测服务发展，推进成果商业化应用。

最后，重视技术服务平台、交易平台和融资平台的建设，提升企业的技术创新能力和成果转化能力，加大中介对企业的服务支持力度。中关村示范区在搭建中关村创新平台和推进科技成果处置、完善股权激励、进行科研经费管理改革、建设全国场外交易市场等方面开展了先行先试。苏州市科技局与国家科学技术奖励工作办公室全面合作，共同建立了为全国优秀科技成果在苏孵化和产业化的科技创新服务平台。重庆充分发挥了重庆股份转让中心功能，推动不同发展阶段创业企业进入该中心挂牌，帮助挂牌企业实现股权质押贷款和定向增发融资，支持企业境内外上市。

此外，加强战略性新兴产业人才的培养和引进。除了在国内高校增设25种战略性新兴产业相关专业培养人才之外，继续推动实施国家技术创新工程，加快创新人才培养示范基地建设，实施高层次人才（尤其是海外）引进计划、创新人才推进计划。以广东省为例，其吸引来自全国640多家高校和科研机构的1万多名专家、教授在广东开展了形式多样的产学研合作，有力地推动了广东省自主创新能力的提高。

知识产权管理部门出台加强战略性新兴产业知识产权工作指导意见和发展知识产权服务业指导意见等一系列政策措施，开展重大经济科技活动知识产权评议试点、战略性新兴产业知识产权集群管理试点，在苏州、北京等地开展知识产权集群管理试点和知识产权服务业集聚发展试验区。

1.2.4 启动并加强投资与科技合作的国际化

国家发改委发布《关于进一步简化地方企业境外投资项目管理程序试点工作的通知》，北京、上海等地开展简化境外投资项目核准程序试点。发布《关于鼓励和引导民营企业积极开展境外投资的实施意见》，并为民营企业对外投资做好各项服务工作。启动《境外投资产业指导政策》等修订工作，将战略性新兴产业作为引导企业境外投资的重点领域。同时，加速战略性新兴产业和技术“引进来”，与大型跨国企业合作活跃。国家发改委-微软软件创新中心新建6家分中心，促进天津与空客公司签署第二期合作框架协议，推动波音与中航工业创新制造中心成立，积极推进中巴在哈尔滨联合生产莱格赛650公务机以及二十一世纪公司与英国SSTL公司在建设高分辨率遥感小卫星星座系统的合作。在双边经济技术合作中，中美清洁能源联合研究中心组织架构和运行机制已基本建立，三个优先领域的大多数合作研究进展顺利并取得阶段性成果。先后启动了与法国、英国、德国等国的双边科技合作计划。中国和德国启动“半导体照明技术合作计划”，双方在计量与检测、光生物安全、示范评估、标准及回收体系等方面联合开展研发示范项目并带动相关产业合作。

1.2.5　加大了财税金融政策的扶持力度

首先，中央财政对战略性新兴产业加大了专项资金支持力度，设立战略性产业发展专项资金，两年合计安排资金 120 亿元，直接引导企业和社会资金对《规划》确定的 20 个重大创新发展工程的投资达到 2 000 亿元以上；全国也有近 20 个省市设立了专项资金。

其次，在上海、北京、天津等 9 个省市开展营业税改征增值税试点工作的同时，全面落实了高端重大技术装备、国家科技重大专项、新型显示器件等领域的进口税收优惠政策，针对软件和集成电路企业所得税、新能源车船税等出台了税收优惠政策。

最后，发挥各级财政资金的引导作用。发布《关于鼓励和引导民营企业发展战略性新兴产业的实施意见》，发布实施《关于支持科技成果出资入股确认股权的指导意见》，鼓励科技型中小企业（small and medium-sized enterprises）通过知识产权质押的方式与银行开展合作，实现知识产权的市场转化。稳步推进短期融资券、中期票据、非公开定向债务融资工具等的发展。截至 2012 年年底，中国人民银行共批准 18 家商业银行在全国银行间债券市场发行专门用于小微企业贷款的金融债券 2 105 亿元，银行业金融机构小微企业贷款余额达 12 万亿元，较年初增加 1.86 万亿元。财政部会同国家发改委利用专项资金实施新兴产业创投计划，通过参股创业投资基金方式，引导地方和社会加大资源投入，目前已经支持各地设立了 102 只新兴产业创业投资基金，获得财政部注资并经国家发改委批准成立的国家新兴产业创业投资基金——国家新兴产业创业投资基金（I 期）于 2013 年 2 月正式招募完成，这些举措支持了众多中小企业的创新发展。同时，创业板、中小企业集合债、循环经济引导资金等投入也向战略性新兴产业倾斜，2012 年创业板市场新增上市公司 74 家，筹资 351.49 亿元，其中涉及战略性新兴产业的企业占 89%。地方层面，广东省通过安排 2011 年和 2012 年两批政银合作专项资金 17.6 亿元，拉动银行贷款超过 550 亿元，带动社会总投资超过 980 亿元，财政资金放大倍数分别超过了 30 倍和 50 倍。重庆推动区县和科技园区出资设立天使投资引导基金，加大对初创期企业的投资。浙江由财政出资吸引民间资本设立了 8 只创业投资引导基金，总基金规模达 26 亿元。

1.2.6　组织协调进一步加强，产业示范基地规划初步形成

国务院批准建立了战略性新兴产业发展部际联席会议制度。2012 年年底至 2013 年上半年战略性新兴产业发展部际联席会议第一次会议和第一次联络员会议分别召开，会议明确了战略性新兴产业培育发展情况及后续重点工作安排；确定了组织实施重大工程的分工方案；审议通过了战略性新兴产业第一届委员会名单及专家咨询

委员会的主要职责和工作机制。部际联席会议制度加强了部门间的组织协调，形成了部门联动，合力推进战略性新兴产业发展的良好格局。

在国家先后启动云计算、物联网、新型显示、稀土新材料、基因工程药物、智能制造、生物育种等战略性新兴产业创新发展工程的基础上，各地大力推进以提升企业创新能力、促进产业集群规模化发展为目的的标志性工程建设，集中资源培育产业示范基地。广东以组织实施战略性新兴产业 100 强项目为抓手，推动建设高世代液晶面板、OLED（organic light emitting diode，即有机发光二极管）显示、薄膜太阳能光伏电池、通用飞机制造、轨道交通车辆修造等一批投资大、带动力强、关联度高的重大项目，促进产业链条整体发展，通过省市共建的方式在高端新型电子信息、新能源汽车、半导体照明、新能源、高端装备制造、生物、新材料等领域建设了首批 23 个战略性新兴产业基地。浙江按照规划组织实施“百项工程”建设，计划每年推进 100 项左右的重点项目建设。安徽在落实各地市首位产业定位的基础上，实施“千百十工程”——到 2015 年建设 1 000 个左右重点项目，培育和引进 100 个左右重点企业，培育 10 个左右特色产业基地。江苏围绕 100 个重点技术方向，着力攻克和掌握核心技术，组织实施 100 个以上重大自主创新和产业化项目，培育 100 个重大自主创新产品，形成 100 个国内外知名品牌。重庆实施“2+10”产业链集群建设方案，建设笔记本电脑和离岸数据开发处理“2”个全球重要基地，培育通信设备、集成电路、光源设备、新材料、仪器仪表、生物医药等“10”个“千百亿级”产业集群。

1.2.7 重点领域的战略部署和政策落实得到有序推进

“十二五”以来，战略性新兴产业 7 大领域 24 个产业重点方向的技术选择总体而言是准确的，符合经济社会发展和产业结构升级的需要，其整体战略规划正有效地引导着战略性新兴产业的发展。

节能环保产业重点发展高效节能产业、先进环保产业和资源循环利用产业。发布了《节能减排“十二五”规划》（2012 年），通过系列工程的建设推进节能环保产业的发展：启动“节能惠民”、“十城万盏”工程，部分地方（如广东）依此启动了绿色照明示范城市专项行动，在 37 个试点城市中，应用 LED 灯具已超过 600 万盏（年节电超过 5 亿千瓦时）；加快推行政府绿色采购，调整完善政府强制采购和优先采购制度，覆盖 5.8 万个节能产品和 3.8 万个环境标志产品；积极推进碳排放交易制度，发布实施温室气体自愿减排交易管理、审定及核准的相关办法，规范第三方审定与核证机构的工作；实施《电力需求侧管理城市综合试点工作中央财政奖励资金管理暂行办法》以推广合同能源管理模式；实施《废弃电器电子产品处理基金征收使用管理办法》，建立促进废弃物电器电子产品回收的政府性基金，明确了国内和进口电子产品基金征收范围和标准；发布《关于组织开展废弃电器电子产品拆解处理情况审核工作的通知》，对 80 余家拆解处理企业进行核查。

新一代信息技术产业重点发展下一代信息网络产业、电子核心基础产业、高端软件和新兴信息服务产业。通过重点产业创新发展工程和重大应用示范工程牵引，目前已在物联网领域启动实施了一批具有重要影响力的应用示范工程，云计算逐步开展试点示范，对平板显示等产业发展做出了系统安排，支持了如京东方 5.5 代 AMOLED（active matrix organic light emitting，有源矩阵有机电致发光二极管）生产线建设、神威蓝光、天河二号千万亿次计算机、自主研发存储器 IP 核等一批科技产业化项目。制定了新的软件产业和集成电路产业政策指导意见，发布了《关于三网融合第二阶段 IPTV 监管平台建设要求的通知》，启动了第二阶段试点，陆续出台了网络基础设施建设和业务发展计划，截至 2012 年年底，国内 IPTV（Internet protocol TV）用户超过 2 000 万户。

生物产业重点发展生物医药、生物医学工程、生物农业和生物制造等。目前已在基因产业、抗体产业、干细胞、转化医学、生物芯片、高端影像诊断装备、生物安全等基础性方向做出了布局。发布了《2012 年转基因水稻执法监管方案》，严格加强了对转基因农产品生产应用安全证书和新转化体安全证书的审批。相关部门开展了规范干细胞治疗研究的有关工作，发布实施了加强药品、医疗器械注册管理的相关政策，启动了药品注册管理事权的调整，起草完成了药品注册审批事权下放工作方案。

高端装备制造产业重点发展航空装备、卫星及应用、轨道交通装备、海洋工程装备和智能制造装备等。《规划》发布以来主要推进国家重大工程和科技重大专项及产业化专项的实施：印发了智能制造、高速列车、服务机器人等专项科技发展的“十二五”规划，启动数控一代机械产品创新应用示范工程，推进交通运输部的“重点运输过程监控管理服务示范系统工程”和中国气象局的“基于北斗卫星导航的大气、海洋和空间监测预警示范应用工程”，正式启动国家民用空间基础设施中长期规划编制工作。2012 年和 2013 年，先后组织实施了两批海洋工程装备专项，共安排了 50 个项目，总投资 78.28 亿元，安排国家补助资金 13.54 亿元。

新能源产业重点发展核电技术产业、风能产业、太阳能产业、生物质能产业。2012 年 5 月 31 日公布了国家核安全局、国家能源局、国家地震局《关于全国民用核设施综合安全检查情况的报告》；国务院也批复了《核安全与放射性污染防治“十二五”规划及 2020 年远景目标》（以下简称《核安全规划》）；2012 年 10 月 24 日，国务院常务会议再次讨论并通过《核电安全规划（2011—2020 年）》、《核电中长期发展规划（2011—2020 年）》。推动技术装备产业化，启动“金太阳”应用示范工程，落实新能源发电全额保障性收购制，国家电网公司出台《关于做好分布式电源并网服务工作的意见》，国家能源局发布《关于做好 2013 年风电并网和消纳相关工作的通知》以及《做好风电清洁供暖工作通知》，使得太阳能发电和风能发电在国内的应用市场打开，起草完成《可再生能源电力配额制》，要求各地尽可能消纳可再生能源发电。国家林业局于 2013 年 5 月发布国家首个林业生物质能源发展规划——《全国林业生物质能源发展规划（2011—2020 年）》，旨在促进林业生物质能源发展，替代部分化石能源，推进能源和林业可持续发展。

“十二五”期间，页岩油气在美国取得了重大成功，我国及时跟踪并借鉴成功经验，2012 年 3 月 16 日，国家能源局颁布了《页岩气发展规划（2011—2015 年）》，财政部也颁布了财建〔2012〕847号《关于出台页岩气开发利用补贴政策的通知》，提出：2012～2015年中央财政对页岩气开采给予0.4元/方的财政补贴。国土资源部颁布了国土资发〔2012〕159号《国土资源部关于加强页岩气资源勘查开采和监督管理有关工作的通知》，就页岩气作为单独矿种的矿权管理、页岩气勘查、开采相关管理办法做出了规定。

新材料产业重点发展新型功能材料产业、先进结构材料产业和高性能复合材料产业。鉴于新材料产业的基础性作用，近年来一方面进一步规范行业发展，在发布《新材料产业"十二五"发展规划》的同时，发布了《新材料"十二五"发展重点产品目录》，并先后发布了氯化氢、镁、粘胶纤维、玻璃纤维、稀土等行业的准入条件。另一方面，实施高技术产业化专项和创新能力建设，制定了半导体材料、高品质特殊钢、高性能膜材料等材料专项"十二五"规划，验收通过了绿色建筑材料等6个国家重点实验室。

新能源汽车产业以纯电动和插电式混合动力为主导方向，这也是国际上新能源汽车产业多种技术路线中最主要的发展方向。对新能源汽车产业的培育主要是通过"三纵三横"的研发布局和"十城千辆"的示范推广。例如，广东启动了新能源汽车推广应用示范工程，在支持广州、深圳开展国家节能与新能源汽车推广应用试点的同时，将珠三角各市以及汕头、湛江等15市列为省新能源汽车推广应用示范城市，推动电动汽车在公交、出租、公务、市政和家用领域的应用。

第 2 章

2012～2013年战略性新兴产业发展的新特点

张振翼　朱　蕊　钟　晨

【内容提要】 近两年来，随着政策环境不断完善，战略性新兴产业保持了良好发展态势，有效带动了经济增长，并成为投资热点。同时，战略性新兴产业领域内产业融合现象不断涌现，催生出了多样新型业态；而重大技术突破成为了支撑战略性新兴产业发展的重要力量。

2012 年以来，在政府部门营造的良好宏观条件下，战略性新兴产业发展态势良好，各类创新不断涌现，为我国经济增长和结构调整提供了新动力。在这段时期内，战略性新兴产业的发展呈现出几个新的特点。

2.1　产业发展态势良好，成为投资热点

战略性新兴产业发展呈现总量快速提升、效益持续增长的势头，对经济发展起到了支撑和引领作用。同时，由于战略性新兴产业的广阔前景和良好政策导向，战略性新兴产业成为社会投资的热点。

具体来看，战略性新兴产业发展速度较快，部分产业增速达到或超过工业总体增速的两倍。2013 年 1 ～ 6 月，新一代信息技术中通信设备制造主营业务收入达

7 319.6 亿元，同比增长 25.3%，实现利润 328.1 亿元；软件产业业务收入同比增长 24.5%，实现利润总额 1 413 亿元，同比增长 21.5%。生物产业中医药制造业主营业务收入累计增速达到 19.6%，医疗器械制造业主营业务收入累计增速达到 18.4%，利润总额增速分别达到 16.6% 和 11.5%；随着新能源汽车市场空间逐步拓展，据中国汽车工业协会（以下简称中汽协）不完全统计，中国的新能源汽车产销量分别达到 5 885 辆和 5 889 辆（含纯电动汽车及插电式混合动力汽车），同比增速分别为 56.3% 和 42.7%（图 2.1）。

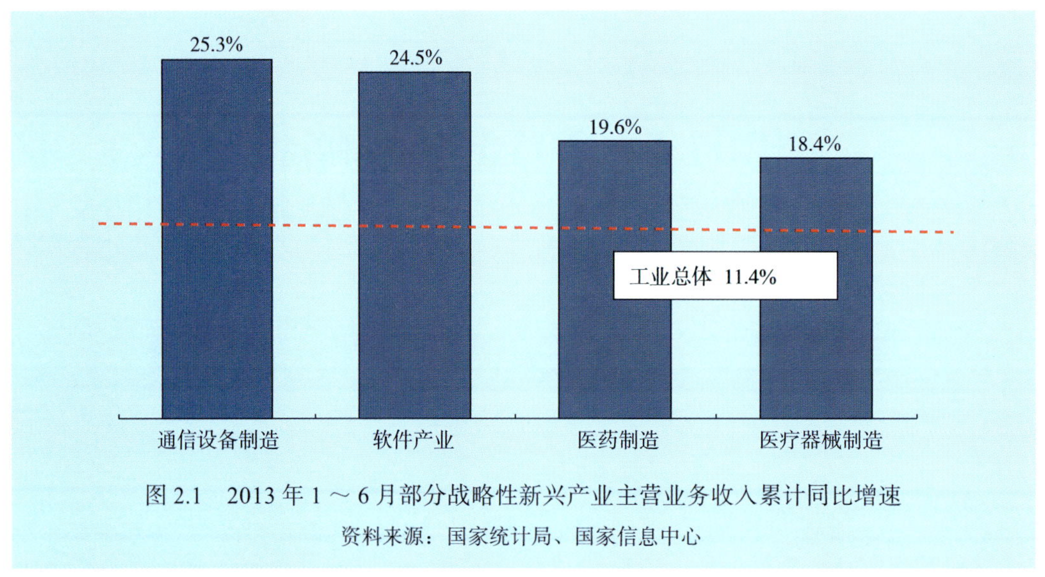

图 2.1　2013 年 1 ～ 6 月部分战略性新兴产业主营业务收入累计同比增速

资料来源：国家统计局、国家信息中心

另外，战略性新兴产业良好的发展前景吸引了大量投资资金持续向其聚集。2013 年 1 ～ 6 月，在节能环保领域，生态保护和环境治理业、废弃资源综合利用业固定资产投资累计同比增速分别高达 31.8% 和 54.5%。在新一代信息技术领域，通信设备、电子元件、专用设备行业分别完成固定资产投资 394 亿元、989 亿元和 589 亿元，同比分别增长 46.0%、28.1% 和 31.8%，互联网及相关服务业固定资产投资增长 65.4%。在生物领域，医药制造业固定资产投资累计同比增速达 33.7%，上半年实施增发的 126 家 A 股上市公司中生物领域企业占比达 8.7%（图 2.2）。

2.2　部分前期受影响产业发展不断趋好

受到国外政策冲击等影响，光伏和风能产业都遇到一定的困难。但是 2012 年以来，国家积极出台激励政策，大力拓展国内市场空间，光伏和风能发电都实现了较快增长，组件生产也出现了恢复性增长。

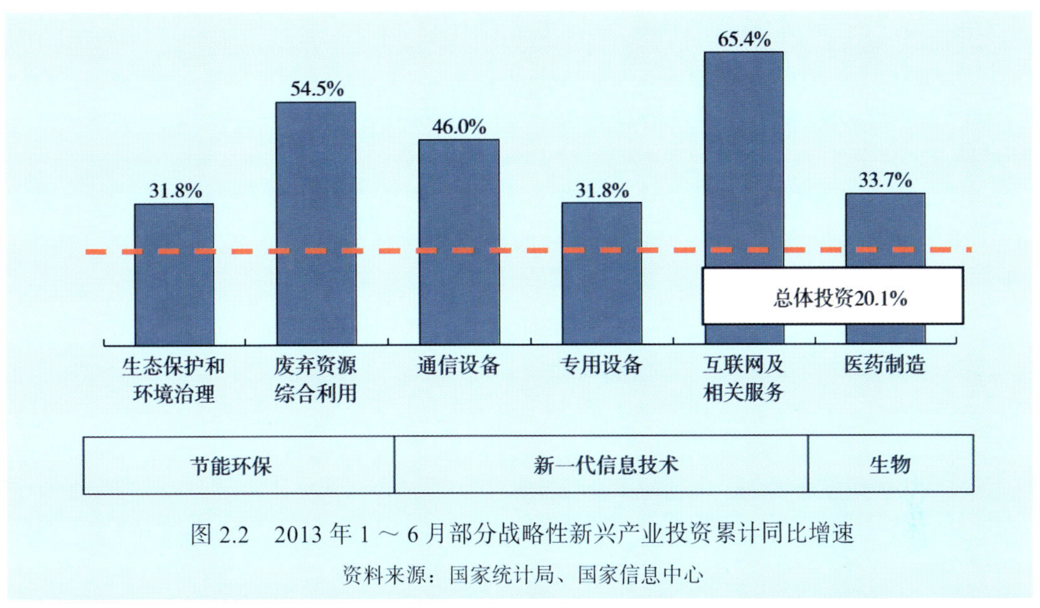

图 2.2　2013 年 1 ～ 6 月部分战略性新兴产业投资累计同比增速

资料来源：国家统计局、国家信息中心

2012 年以来，国家电网公司出台《关于做好分布式电源并网服务工作的意见》，国家能源局发布《关于做好 2013 年风电并网和消纳相关工作的通知》以及《做好风电清洁供暖工作通知》，国务院出台《关于促进光伏产业健康发展的若干意见》，国家发改委印发《分布式发电管理暂行办法》的通知，一系列总体规划和专项意见的出台，大幅度地推动了太阳能发电和风能发电国内应用市场的发展，一批分布式太阳能项目迅速在国内落地。2013 年 1 ～ 6 月太阳能发电和风能发电主营业务收入规模达到 32.4 亿元和 321.4 亿元，分别比上年同期增长 72.5% 和 29.0%，远远高于同期总体发电 4.0% 的增长速度。

随着国内市场的逐步启动，光伏设备和风能设备生产开始逐渐走出最低谷，2013 年上半年主营业务累计增速分别由上年的 –8.0% 和 –0.8% 转为 3.2% 和 25.0%，增速较上年同期分别提升 11.2 个百分点和 25.8 个百分点。

2.3　意见规划频出，营造良好政策环境

2012 年是战略性新兴产业相关规划密集出台的一年，产业发展方向进一步明晰，同时各类配套政策密集出台，进一步完善了产业发展环境。中央层面，《规划》和节能环保、生物、新材料、节能与新能源汽车、可再生能源、高端装备等各产业专项规划陆续发布，形成了多层次、全覆盖的战略性新兴产业规划体系。在管理上建立了战略性新兴产业部际联席会议制度，确立了战略性新兴产业的管理体系。在具体政策方面，制定出台了战略性新兴产业知识产权工作若干意见、新能源电站接入等政策措施，碳排放交易、三网融合、低空空域开放等试点工作取得

重要进展，产业政策体系加快完善。地方层面，北京等23个省市纷纷发布了战略性新兴产业发展规划或实施指导意见。同时，地方政府还积极创新扶持政策，推动产业发展。例如，南京推出了“科技九条”政策，鼓励各类科研人员创办科技创业型企业。

2013年，战略性新兴产业作为国民经济发展的重点，持续受到政策支持。国家发改委发布了《指导目录》，产业发展方向和重点产品得到确认；各产业专项频出，如国务院两次召开常务会议研究部署节能环保、信息消费相关工作，并出台了《关于加快发展节能环保产业意见》，工信部印发了《民用航空工业中长期发展规划》和《关于促进太阳能热水器行业健康发展的指导意见》。

2.4 产业融合催生多样新型业态

在新的科技发展的推动下，原有产业之间的界限逐渐变得模糊，产业之间相互交融的现象不断出现。当前中国战略性新兴产业的发展充满创新活力，各产业相互交融，涌现了一批新业态、新模式。

如OTT①类业务的不断创新，开辟了新的业务领域，并迅速扩大市场规模。以微信、米聊为代表的OTT通信业务是通信行业与互联网行业的融合，目前这类新应用的用户群在快速扩张。2013年8月，广东联通与腾讯联合发布了世界上第一款有运营商深度定制的OTT资费卡——微信沃卡，OTT通信业务开始正式与电信运营商合作。以小米盒子和乐视盒子为代表的互联网OTT机顶盒，推动了三网融合的进一步发展，是产业融合发展的优秀案例。

远程医疗服务也是产业融合快速发展的领域之一。随着物联网、云计算、移动互联网、智能终端、健康信息技术在医疗健康领域的普及与应用，远程医疗作为国家战略规划的重要内容之一，迎来产业高速发展的关键时期。河南、济南等多个省市实现了远程医疗管理平台的设立，甘肃、重庆等部分省市实现了远程会诊部分区域的覆盖；企业也在积极探索提供远程医疗服务模式，如北京天智航公司拓展了骨创伤智能化微创手术中心综合解决方案平台，为基层医疗机构提供远程医疗服务。

互联网金融行业是融合创新的重点之一。2013年7月，国内首只互联网基金天弘增利宝货币基金上线，为客户的支付宝余额创造收益的同时，也为基金公司开辟了一个巨大的新客户源。至今，余额宝规模已超过200亿元，基金合作方天弘增利宝货币基金已成为基金业前五大规模货币基金之一。

---

① 英文全称为over the top，是通信行业非常流行的一个词汇，即互联网公司越过运营商，发展基于开放互联网的各种视频及数据服务业务，强调服务与物理网络的无关性。例如，飞信就是OTT业务，与运营商（联通、移动、电信）的物理通信层完全无关。

2.5 重大技术突破成为支撑产业发展的重要力量

对于战略性新兴产业的发展，科技创新是最主要的支撑力量，而其中最为关键的是大幅度提高自主创新能力。自 2012 年以来，战略性新兴产业多领域实现了重大技术突破，打破了国外技术垄断，达到了国际领先水平。

在航空装备产业中，一系列高端装备的突破标志着我国打破了国外技术垄断，有能力进行高水平的自主装备研发。例如，我国自主研制的 8 万吨级模锻液压机正式投入生产，飞机钛合金大型复杂整体构件激光成形技术获得国家技术发明一等奖，标志着航空等高端制造业水平迈向了新的台阶；西安飞机工业集团研发制造的新一代重型军用运输机运 -20 于 2013 年 1 月首飞成功，运 -20 最大起飞重量估计为 220 吨，最高载重 66 吨，可以跻身全球十大运力最强运输机之列；我国航天科技集团研制出 70 吨级的世界最大推力电动振动台，可以满足长征五号一些大型部段的振动试验需求，是此前世界最大振动台推力的两倍，标志着我国大型装备的研发制造能力达到了世界领先水平。

此外，在一系列领域我国技术已经达到了国际先进水平，有能力参与到全球竞争中去。例如，在卫星产业中，北斗卫星导航系统已经具备投入使用的能力，产业化进入新的阶段，北斗兼容芯片、模块、终端研制取得重大成果，并在交通运输、气象、救灾等领域成功应用。下一代电子信息行业中，我国自主 4G 技术已达到正式商用条件，珠峰已有体验网络，预计 2013 年 4G 网络将覆盖全国地市级以上的 100 个城市，基站数量超过 20 万个，4G 终端采购将超过 100 万部，覆盖人口将超过 5 亿人。轨道交通装备产业中，中国北车四方所公司“用于轻轨的半永久车钩”专利获得美国、欧洲及俄罗斯等地区的授权，实现了出口前的专利布局，为中国城轨车辆及车钩产品出口欧美提供了法律上和技术上的支持。

审稿：任志武　谭　遂

第 3 章

战略性新兴产业发展存在的问题

王刚波

【内容提要】 本章应用钻石模型归纳了当前战略性新兴产业发展存在的突出问题，并分析了这些问题产生的原因。在产业竞争力的决定因素上，高级生产要素缺失、技术创新与市场需求的结合不足、产业链发展不平衡、共性技术平台建设滞后、市场准入存在多重限制、行业性垄断依旧突出等方面的问题制约着战略性新兴产业的持续发展。在外部机会上，国际市场疲软、贸易保护主义抬头，使企业面临的国际竞争日趋激烈。而政策设计与执行的薄弱环节体现在体制机制不适应、传统产业发展模式延续、政策执行力度欠佳、部门间协调难度大等方面。

长期以来，产业竞争力的研究受到了学术界、产业界和政策制定者的青睐。战略管理学家迈克尔·波特提出的钻石模型[1]认为，一个国家某种产业的竞争力有四个决定因素：①生产要素，包括人力资源、天然资源、知识资源、资本资源、基础设施；②需求条件，主要是本国市场的需求；③相关支持产业的表现，即这些产业是否具有国际竞争力；④企业战略、结构和同业竞争。这四个要素具有双向作用，形成钻石体系（图 3.1）。在四大要素之外，还存在两大影响因素，即政府与机会。机会无法控制，但政府作用不容忽视。

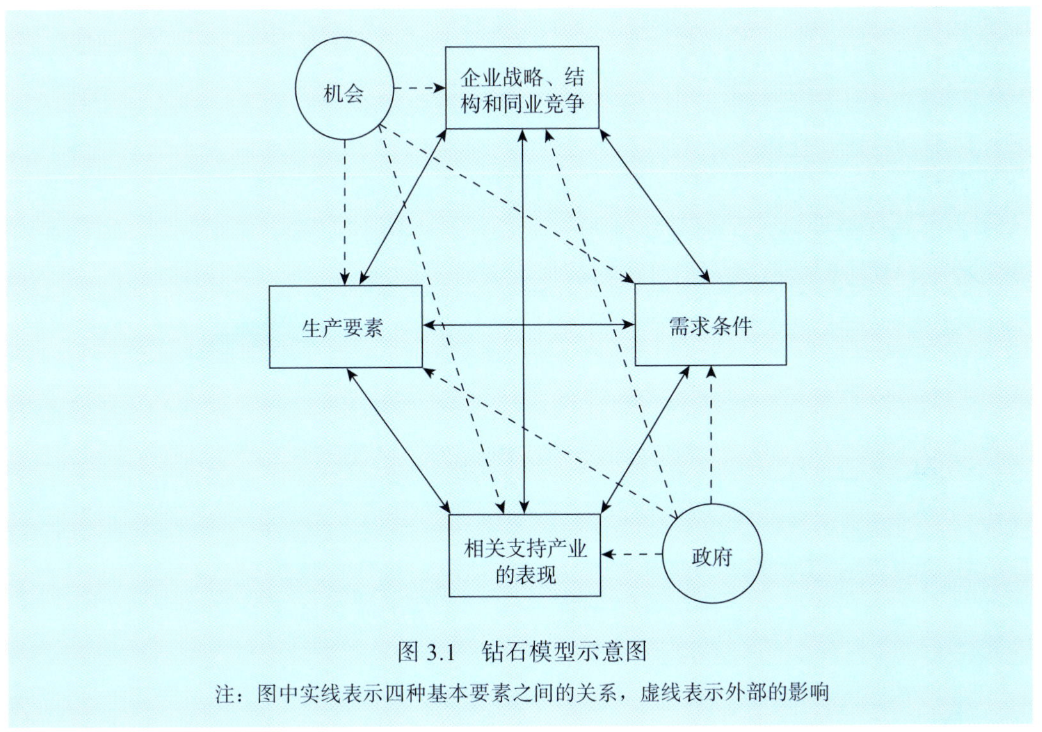

图 3.1 钻石模型示意图

注：图中实线表示四种基本要素之间的关系，虚线表示外部的影响

3.1 战略性新兴产业创新生态建设面临的突出问题及原因分析

在战略性新兴产业的创新生态系统构建上，我国仍存在不少问题，突出反映在高级生产要素缺失、市场有效需求不足、产业集群和产业链尚不完善、创新平台建设有待加强、创新创业文化氛围不够浓厚等方面。

3.1.1 核心技术、高端人才等高级生产要素缺失问题

完善的产业创新体系是发展新兴产业的重要支撑。基础研究、技术开发、融资环境、创新基础设施、规制政策框架等创新体系上任何一个环节的欠缺，都会成为相关产业发展的“短板”[2]。但在当前培育和发展战略性新兴产业的过程中，产业技术创新体系尚不完善，部分领域关键核心技术缺失，成为持续发展的短板。在很多战略性新兴产业领域中，企业的整体科研实力特别在基础研究领域长期滞后，很多核心技术和关键设备仍然掌握在国外企业手中，企业内部创新能力不强，有限的技术创新尚未形成良性状态。2011 年中国科学技术发展战略研究院发布的《国家创新指数报告》[3] 显示，我国本土企业的核心技术自主率仍然偏低，技术创新能力有待提高。

我国市场对生物产业、新能源、新能源汽车等都有一定的需求，但国产产品技

术突破有限，关键核心技术依赖进口现象普遍存在。例如，我国在集成电路、操作系统等方面的核心技术仍未有大的突破；高端加工设备、智能装备内控系统及其核心零部件与发达国家差距较大，如海工装备制造业中企业数量多，核心技术却依赖国外，配套件国产化率不足10%；2012年广东省LED产业链中，处于核心技术环节的上游产业仅占2.9%，外延芯片在企业数量和产能方面均存在明显不足；新能源汽车核心零部件开发技术，如整车控制开发技术、电机驱动系统开发技术、电池系统开发技术、动力耦合技术等仍有待实质性突破。

战略性新兴产业的一些领域仍然以跟随模仿创新、渐进创新为主，关键技术、装备及零部件依赖进口，整体处于产业价值链低端，与国外领先水平差距明显。例如，在集成电路领域，目前芯片生产的主体设备多数仍处于研发阶段，在技术和可靠性方面有所欠缺，尚不具备大规模生产能力，因此国内市场被海外公司所垄断。又如，在医疗器械领域，国内绝大多数企业受资金和技术能力所限，不具备开展大规模研发的能力，只能进行局部改造与技术改进，难以实现对世界领先水平的赶超。核心技术的缺乏使得我国一些新兴产业仍然延续传统产业发展模式，集中在中下游环节，产品附加值低，处于产业价值链低端，竞争力较弱，承接世界先进技术、产业转移和自主发展的能力不强。

关键核心技术依赖进口的现状与对基础研究的重视不足密切相关。基础研究是中国产业核心技术突破性创新的关键[4]。后发国家新兴产业发展虽有“机会窗口”，但无“先天优势”，本土企业必须主动嵌入全球研发网络，高度重视与新兴产业发展密切相关的基础研究，积极参与知识产权全球布局和标准制定[5]。尽管改革开放以来中国企业已经通过渐进性创新完成了多个产业领域的技术追赶，但随着专利和标准日益主导产业发展，后发优势被先发优势取代，后发企业技术追赶的难度加大，基于科学创造的突破性创新成为竞争新规则。如果中国产业的发展继续忽视基础研究，就只能在新兴技术产业发展中再次回到技术追赶的道路。尽管大学和研究所在新兴产业的发展中可以发挥重要作用，但产业创新最终还得依靠企业，也只有企业自己最清楚所在产业的技术发展趋向。因此，在科技政策和创新政策的设计与实施中，政府应该通过财政政策、经济杠杆和管理体制创新，引导企业从事面向产业需求的基础研究。

人才始终是产业发展的第一要素。彼得森将硅谷成功的因素归结为五条，即企业家、投资人、研究人员、专业人士（法律、会计等）以及技术工人[6]。可见，人是创新的主体，建筑和设备可以构成整齐漂亮的科技园，却不能保证创新的发生。从地区发展来看，即便是战略性新兴产业取得较大进展的地区，如广东、江苏等，仍然面临人才缺口问题。从当前各地新兴产业的现状来看，高层次、复合型的领军人物和技能型人才缺乏，已成为制约战略性新兴产业发展的瓶颈问题。虽然一些高新技术企业吸引了一批科技人才，但由于缺乏良好的用人机制，造成了很难留住高级人才的局面。例如，深圳反映，由于城市间人才争夺日趋激烈，并受人才环境、人才供给和人才成本等多重因素影响，其对人才的吸引力逐步下降，高端人才的供给缺口越来越成为制约未来发展的“瓶颈”。这固然与城市发展的积累和高校科研院所的集聚有关，但用人机制也同样是不容忽视的重要因素。近年来虽然产学研合作力度加大，取得了一定成果，但关键制造技术缺乏创新型团队和领军人才，消化吸收再创新能力差。人才缺口不仅体现在高层次领军人才和创新型人才上，还体现在实用型工程师、经营管理人员和专业技术人员等定向型人才上。虽然传统产业积累了大量的专业人才，但面向战略性新兴产业产业需求的人力资源有效转移不足。现有人才培养和吸引模式解决不了战略性新兴产业的人才问题。如何“引得进、留得住、用得上”战略性新兴产业发展所需的高端人才和实用型人才，是当前需要解决的一大难题。

3.1.2　技术创新与市场需求的结合不足

关键核心技术的突破有限，导致部分产业领域的技术成熟度不足、产品成本较高，市场竞争力不足。例如，我国太阳能光伏产业核心技术创新滞后，而美国、德国、日本等一些实验室已经研发出了光转换效率达 40% 以上的光电池；我国自行研发的北斗卫星导航系统还处于初期应用阶段，未来北斗卫星导航系统的各项功能需要在大规模应用中不断改进；纯电动汽车的电池续航里程与内燃机汽车相比，仍无竞争优势，加之电池昂贵，销售价格过高，即使给予巨额补贴仍未能开拓市场；在云计算领域，云服务作为一种新型产品，技术不够成熟，脱网问题时有发生，且客户对其认识不足，仅依靠企业自身引导客户需求无法带动行业的迅速发展。

部分领域初始市场需求缺乏或不明确，导致战略性新兴产业的新技术、新产品推广应用障碍重重。例如，新能源汽车的推广示范、光伏风电等新能源领域的国内需求没有真正启动，节能环保领域的新技术、新产品缺乏关注等。

一些战略性新兴产业在市场导入期面临市场化瓶颈的制约，这主要是由这些产业的特点所决定的。首先是新产品在市场化初期成本高。例如，太阳能光伏发电成本是火电的 3～4 倍，电动汽车售价约为传统汽车的 2 倍，在化石能源价格偏低、环境监管和税费政策不完善的情况下，价格偏高的新产品难以被市场接受。其次是新产品应用的配套服务设施不完善，严重影响战略性新兴产业技术和市场的衔接。例如，充电设施不足制约了电动汽车的市场化应用，市场应用规模不足又使配套设施的建设缺乏动力，配套设施建设与新产品应用形成相互制约；输电线路的缺位，使得部分地区虽然已大力投资建风场，但电网公司对风电的接纳积极性不足，“弃风”现象时有发生。最后是部分领域有着供给创造需求的特点，相关产品和服务出来后，要得到消费者信任和认可有一个过程。但同时新产品也存在应用的风险，社会认知和接受程度较低。例如，很多国产首台（套）高端设备进入市场时，由于缺乏市场业绩以及缺少为用户与研制单位提供的风险分担机制，遭遇市场信任瓶颈，导致国产首台（套）设备难以有效形成国内市场增长动力。

因此，为了破解市场化瓶颈，在新兴产业发展的初期，亟须政府从需求侧施以援手。首先，从政府的作用看，政府对需求的影响主要是政府采购，但是政府采购必须有严格的标准，扮演挑剔型的顾客，采购程序要有利于竞争和创新。其次，通过示范应用，创造一块市场，来检验技术的可行性、成熟度，提升公众对这一产品或服务的认知。最后，形成一套倒逼机制，使耗能高、污染大、资源利用效率低的企业得到惩罚，而节能环保等新兴产业受到鼓励，这其中有很多具体的办法，如能效领跑者制度、生产者责任延伸制度、可再生能源配额制等。

3.1.3 产业链发展不平衡、共性技术平台建设滞后，缺乏对长期持续发展的有力支撑

发展产业集群是各国建设国家创新体系的推动力[7]，也是应对金融危机和实现经济转型的有效手段，更是我国快速实现经济布局和建设创新型国家的政策工具。

战略性新兴产业集群是集群的一种特殊形式，它是指战略性新创企业通过发挥示范和辐射作用，吸引某一地理区域更多的战略性新创企业及相关支持机构加入而形成的集群[8]，是多个战略性新兴产业联动发展的网络群体模式。战略性新兴产业集群以战略性新兴产业为核心，以相关辅助机构为支撑，在同一产业或跨产业的地域范围内高度集聚，相互之间存在密切的垂直和水平联系[9]，从而实现知识、物质、价值在集群内的高速流动，提升价值增值能力。培育战略性新兴产业集群，是推动区域经济跨越发展和转型升级的重要途径。集群可以有效发挥规模经济、范围经济和区域创新效应，以产业集群的发展模式来推动战略性新兴产业发展，不仅能解决当前战略性新兴产业发展中遇到的难题，而且能发挥战略性新兴产业作为先导产业发展、主导产业的优势，形成新兴产业网络，带动潜在产业和传统产业的发展，从而为产业转型和产业升级带来机遇[10]。

调研中反映，部分领域的产业结构不合理，上游环节发展滞后，下游应用面临较大的升级压力；有些新兴产业规模小，产业链不完备，企业大多集中在中下游环节，产业配套能力不强，尚未形成集聚发展的良性态势；某些区域的战略性新兴产业从总体上看只有一些“点”，尚未形成以点带线、以线带面的联动效应。

产业链各环节发展不均衡，有可能成为产业发展的障碍。以风电上网为例，我国风电长期规划中一直强调装机容量目标，忽视并网发电量目标，导致配套电力输送体系建设缺乏相应规划，发电与输电不匹配造成产业规模和发电能力之间的矛盾。新能源汽车的配套基础设施规划不够系统，充电站等基础设施布局欠合理，建设审批周期长，各主管部门协调困难，阻碍了新能源汽车市场需求的有效增长。

产业集群和产业链培育不完善。一方面，龙头企业示范带动不足，产业配套能力弱，集群效应并不明显。许多战略性新兴产业的发展缺乏起辐射带动作用的龙头企业，很多产业集群主要是中小企业在空间上的机械集中，尚未构成大中小企业协调发展、产业配套完整的现代集群，专业分工协作的效应还未得到体现。另一方面，产业链上内部市场衔接失衡，外部市场供求失衡，各个环节之间尚未形成有效合力。例如，集成电路的上游国产芯片以中低端为主，难以满足下游整机企业的需求；而多数整机企业定位在加工组装，缺乏采用国产芯片的积极性，上下游产业之间链接

不顺。又如，在产业外部市场上，光伏产业供求失衡，我国产能巨大，但消纳能力弱小，出现“两头在外”的情况，特别是关键设备、原料和制成品销路都依赖于国外，不利于产业健康发展。

产业共性技术的服务能力欠缺，国家建设的创新平台与区域发展有脱节，没有有效支撑地方战略性新兴产业发展。当前，国家的宏观产业共性技术政策和发展策略尚不明朗，相关基地和平台处于发散状态，各自为政，封闭运行，无法集中力量满足重大产业技术创新需要。稳定、持续、系统的经费投入及运行保障机制也尚未建立。产学研合作也未形成有效的利益分配、知识产权保护及成果共享的协同创新机制。在整个基础研究—共性技术研发—产品开发的技术创新链条中，共性技术研发成为最为薄弱的环节，制约新兴产业培育、发展和升级。另外，我国现代科技服务业基础薄弱，技术规范、行业标准、产品认证、配套设施、法律咨询、资本中介等现代科技服务机构匮乏，不利于资源的有效配置和利用。

3.1.4　市场准入存在多重限制

民间资本一直以来难以进入电信、广播、电视等业务领域，庞大的产业市场由于人为造成的投资不足始终难以启动。在电动汽车领域，诺地方舟等一些民营企业表现出很强的创新活力，但是由于受传统汽车目录管理体制的限制，没有汽车生产的资质，现有汽车厂之外的力量是不能生产电动汽车的，而主流厂家担心会对自身传统汽车市场产生冲击，对发展电动汽车并不积极，因此出现了“想干的不让干、让干的不想干”的尴尬局面。民营企业在市场准入、扶持资金获取等方面存在不公平竞争现象。不少企业反映，国家愿意把扶持资金发放到国有企业和科研院所，对民营企业设置的条件太多，国家从政策上鼓励民营企业参与国家大型项目的招标竞争，但从操作层面上看，进入壁垒重重。也有企业反映，民营企业在市场准入方面还存在劣势，政府、央企、国企的采购中更倾向于国有企业。

美国、日本等发达国家的经验表明，激励型的市场制度和政策环境是促进创新和发展战略性新兴产业的重要保障。目前，中国已经实施了很多激励创新的政策，但着力点分散、落实不到位、效果不尽理想[11]。其重要原因在于，我国尚未形成真正有利于创新的公平透明的市场环境和政策体系，其中较为突出的就是市场准入问题。战略性新兴产业的市场准入问题主要体现在三个方面：

首先，民营企业在进入战略性新兴产业市场过程中，普遍会遇到市场准入的“玻璃门”，民营企业看到了很多行业的发展机会，但看得见、进不去、一进就碰壁，其产品的市场准入门槛就如同一道玻璃门[12]。2011 年 8 月 15 日，国家发改委印发了《关于鼓励和引导民营企业发展战略性新兴产业的实施意见》，其中要求清理规范现有针对民营企业和民间资本的准入条件，并在战略性新兴扶持资金等公共资源方面对民营企业同等对待。该意见的出台为民营企业进入战略性新兴产业创造了公平竞争机会，但在产品市场的准入、融资以及决策参与等方面仍存在较高的隐性障碍。同时，国内金融体系不完善，资本市场不发达，以及投资领域的政策性限制，也导致了民间企业的资本进入新兴产业领域的渠道狭窄，大量超额货币难以形成有效资本。例如，战略性新兴产业中的民营企业参与军工、核电及国家大型项目存在进入壁垒，取证难、进入难、推广难现象明显；航空制造业高投入、长周期、高风险的特征也使得产业中的民营企业普遍面临融资难和风险高等问题。

其次，中小企业难以进入战略性新兴产业的主要梯队，进入门槛高、行业垄断制约严重。过度行业性垄断对小企业造成“挤出”效应。事实上，很多民营企业就是中小企业，而行业监管部门缺位越位并存，竞争性管制与歧视性待遇同时存在，导致这些中小民营企业缺少适度的政策保护和扶持，看得见进不去的“玻璃门”和进入可能不得不退出的“弹簧门”障碍挡住了中小企业成为战略性新兴产业发展主体的步伐。例如，在电力、电信、节能环保等行业性垄断领域，政府和中央企业的采购中过分相信和支持国有企业，中小规模的战略性新兴企业面临进入产业、承揽新兴产业重大项目的难度大、公平性差等问题。

最后，国内企业难以获得与国外大型跨国企业类似的在国内市场的优先采购权。在从事战略性新兴产业的技术、产品研发与产业化过程中，由于种种原因，很多国内企业被挡在了招标门槛外。这在很大程度上阻碍了战略性新兴产业的自主研发和产品国产化进程，使得国外大型跨国公司反而成为国内行业的垄断主体。部分造成了国内企业要想获得国内市场份额，首先必须先开辟国外市场的怪现象，形成了战略性新兴产业内外资之间你我彼此角逐国内市场的一道“推拉门”。

此外，由于信息不对称，一些企业有进入新兴产业意愿却难寻切入点。在国家培育和发展战略性新兴产业的宏观指导下，出于转型升级和资本逐利的需要，许多有富余资本和融资能力的民营企业都充满了发展新兴产业的强烈意愿和动力，但由于技术、经济和市场信息无从获得，当前以此为盈利目的的技术研究、技术服务与中介机构又多有商业倾向性，面对完全陌生和复杂的新兴产业，面对尚不清晰的产业链，面对谁也无法做出基本预测的市场需求，很多企业费时费力，也难以找到进入新兴产业的切入点，既不能迅速抓住新兴产业的机遇，又耽误和影响了对传统产业的关注和提升。

3.1.5 基础设施领域的行业性垄断成为一些新兴产业发展难以逾越的障碍

以风电为例，我国部分地区发电项目的规划建设与接网工程规划建设不协调，发电工程与配套电网工程核准及建设周期不匹配，给可再生能源及时并网和消纳带来困难。其背后主要原因在于国家电网针对并网认证的强制性规定。根据电网规定，只有通过认证才能被允许并网，而且只要核心部件发生变化，即须重新认证；电网公司还要求风机制造企业将核心技术对其指定企业开放。由于上述原因，中国作为世界最大的风电装机国却无法成为最大的风电利用国。再以云计算为例，云计算服务的价格和服务的质量与网络带宽有直接的关系。目前，由于互联网的带宽由几大网络运营商垄断，云计算服务企业能拿到的带宽价格过高，带宽资源有限，直接影响了云计算业务的开展。

3.1.6 国际市场疲软、贸易保护主义抬头，企业面临的国际竞争日趋激烈

国际经济危机给我国战略性新兴产业的发展带来了负面影响。首先，欧美经济低迷导致我国外部市场需求疲软。例如，高端装备制造领域出口形势受到了国际需求下滑的影响，表现不佳：2013 年 1 ～ 5 月铁路运输设备制造业出口交货值累计同比下降，并导致同期主营业务收入累计同比出现负增长；2013 年 1 ～ 5 月海洋工程专用设备制造业出口交货值累计同比增速较 2012 年同期大幅下滑。

其次，贸易保护主义抬头，大大加重了我国新能源产业的国际竞争压力，企业生存面临困难。继美国对中国风电产品和光伏企业征收反补贴与反倾销“双反”关税之后，欧盟也于 2013 年对中国光伏企业展开了“双反”诉讼。2013 年 1 ～ 4 月光伏设备及元器件制造业虽然利润率达到 10.2%，利润总额却同比下滑 118.2%，产业发展遇到一定困难。

以上产业生态系统建设问题制约了我国战略性新兴产业的进一步创新发展，需进一步完善相关政策措施，予以解决。

3.2 相关政策设计与执行中的突出问题及原因分析

3.2.1 体制机制不适应，制度创新滞后

当前培育和发展战略性新兴产业还存在许多突出的体制机制矛盾，有些是弊端更加凸显的老问题，有些是新技术和新商业模式发展带来的新挑战。例如，民营企业准入存在隐性限制的问题没有根本解决，新一代信息技术产业需要加速推进“三网融合”，智能电网发展亟待破除行业壁垒，生物医药产业发展亟须改革药品审批制和价格监管，新能源汽车有待建立新的准入政策等。在制度创新方面，可再生能源发展需要建立可再生能源配额制和完善上网电价制度，节能环保产业有赖于推进资源环境税费、能源价格形成机制改革。此外，在科技体制、知识产权保护、财税金融政策等方面还存在不健全、不完善的问题。

一些落后的体制陈规成为阻碍新兴产业发展的严重羁绊。以生物医药产业为例，医保目录药物价格政策中没有完全将创新药物的价格有所区分，甚至与仿制药品一视同仁，严重打击了医药企业创新的积极性；新药审批政策不完善、审批周期过长，很容易使企业错失发展的良机；药品采购“唯低价取”的招标制度，缺乏对药品质量等其他因素的综合考量，在客观上造成“劣币驱逐良币”；干细胞产业标准缺失、政策滞后，将可能导致国内企业原有的临床先发优势丧失殆尽；国产医疗器械产品的政府采购受到区域性医保政策的影响。以云计算为例，按照我国《互联网信息服务管理办法》的有关规定，企业必须取得 ISP 牌照才能经营互联网接入业务。近两年迅速发展的云计算服务属于该业务范畴。然而，工信部于 2009 年即停办了 ISP 牌

照的发放，导致中金数据等企业的云计算业务无法申请该牌照，业务开展也受到制约。以电子商务为例，现行工商登记制度对电子商务业的发展也形成了一定制约。根据现行规定，每一个货物囤积点需要办理一个工商执照。对于京东商城这样的电子商务企业来说，仅在北京就需要办理100多个工商执照，增加了企业的成本和负担。此外，目前尚没有推行电子票据制度，对于每天有上万笔业务处理的电子商务企业，开具发票是一笔巨大的开支。

3.2.2 税收优惠政策没有发挥出应有作用

调研中普遍反映，针对战略性新兴产业的政策，宏观引导的居多，“看得见、实实在在”的缺少，现有优惠政策“落地难”，难以发挥出应有作用，针对战略性新兴产业的税收优惠政策迟迟未出。企业反映，税收政策的惠及面小、税收激励力度不够、“不解渴”。例如，加计扣除政策，限制条件过多导致符合条件的企业很少，惠及面小，其应有作用没有充分发挥。在实际操作中，税务部门只认可由科技部门立项的项目研发费用，远低于企业实际发生的研发费用，且操作手续复杂，享受政策的难度较大。以企业研发费用加计扣除政策为例，全国1 720家省级以上企业技术中心所在企业中，仅有38%的企业享受到技术开发费加计扣除政策，有19%的企业是由于政府部门之间的协调不够而未能享受到该政策[13]。也有企业反映，针对战略性新兴产业人力资本、研发费用占比高的现实，现行增值税政策税负偏高；税收优惠政策太复杂，执行部门自由裁量权过大，企业很难得到优惠。不少政府部门反映，一些税收政策还不尽合理，操作难，针对性、有效性不够。也有政府部门反映，地方税务部门为完成税收任务不认真执行相关政策。可见，在培育和发展战略性新兴产业的过程中，如何落实已经出台的一系列政策支持措施，使这些政策落地生根，是我们需要考虑并予以解决的问题。

3.2.3 认识不统一，措施不得当，传统产业发展模式加剧低水平重复建设

目前对战略性新兴产业能够发挥积极作用的看法不完全一致，在实际工作中有些地方并未将培育和发展战略性新兴产业工作放到“调结构、转方式”的突出位置来抓，或将其等同一般产业、科技项目来推动，这将使这一重大战略部署的执行效果大打折扣。长期以来，一些地方领导将GDP看成硬性考核指标，这使得部分地方领导出现短视行为，注重短期能够带来GDP、带来税收、发展速度快的产业，特别是一些资源性产业。

一些地方把战略性新兴产业当做GDP的抓手，将战略性新兴产业作为战术性产业来部署，缺乏对战略性新兴产业培育的耐心。在缺乏核心技术的情况下，政府通过给项目、定企业的行政方式，以土地和贷款的优惠吸引投资。这种忽略产业发展规律的过度干预，造成无序的产业扩张，形成产能相对过剩，企业、产业、政府都陷入困境[14]。这种现象已经在光伏产业凸显，而在LED等产业中也初露端倪。把战略性新兴产业真正从战略高度来看待，放在长远培育和核心技术的发展上，在认识

上仍然很有挑战性。

战略性新兴产业是指以重大技术突破和发展需求为基础，对经济社会全局和长远发展有重大引领带动作用，知识技术密集、物质资源消耗少、成长潜力大、经济效益好的产业。这一内涵决定了战略性新兴产业的特殊性，即产业外延较为模糊。虽然国家近期发布了《指导目录》，但各地对战略性新兴产业的划分标准存在一定的差异。这种情况一方面导致各地的统计口径不一，如有些地方政府曾提及其战略性新兴产业产值占 GNP 的比重高达 20%，其主要原因是他们把与七大领域略有相关的产业都列为战略性新兴产业，甚至出现某些地级市的战略性新兴产业产值高于所在省相应产值的现象。另一方面，对战略性新兴产业外延的把握不准，容易影响相关扶持政策的针对性。为了得到上一级行政机构的政策支持，很多地方直接把与七大领域略有相关的产业都归为战略性新兴产业，然后以此为名义向上级和国家要政策。与此同时，对战略性新兴产业的发展起到金字塔基础作用的某些相关产业，却未能被列入战略性新兴产业范畴加以扶持。战略性新兴产业处于不断的发展中，尤其是新一代信息技术和高端装备制造业等，新产业的苗头不断涌现，《指导目录》对战略性新兴产业外延的界定仍会存在一定的局限性，如个别省曾规划 2020 年物联网的产值达 8 000 亿元，按照这个比例全国物联网产值约达 8 万亿元，与信息产业规划的总产值差不多，显然不太合理。这些情况将在一定程度上影响《规划》及相关政策的制定和有效执行。

部分地方在实际工作中将培育和发展战略性新兴产业等同一般产业、科技项目来推动，尽管落实了资金，但并未按照新兴产业发展的要求对相关配套设施和配套政策做出统筹安排。有些地方不计条件、不计基础，只是以拉动投资、创造 GDP 为目的，盲目跟风、一哄而上地投资战略性新兴产业，有急于求成、大干快上的倾向，导致泛化和同质化；有些地方仍以发展传统产业的老思路应对战略性新兴产业，打着战略性新兴产业的旗号做表面文章，通过圈地建园区、招商引资，过分追求某些技术的产业化规模；有些地方急于求成、大干快上，规划目标不客观，政府干预过多，违背产业发展规律；有些地方在产业技术选择、产业组织方式、政府和市场关系的处理上存在问题，使战略性新兴产业的发展蕴涵了极大的市场风险。

3.2.4　政策执行力度欠佳，部门间协调难度大

针对《规划》已经提出的具体政策，在实施中仍存在信息不对称、政策上传下达效率不足、政府与企业之间协调不足等问题，导致政策执行效果欠佳。例如，质子装置作为超大型高端精密医疗设备，专业领域广、政策审批复杂、协调难度大，是项目发展的主要困难；而国家各部门在生物医药领域都有规划但不协调。战略性新兴产业部分领域政策支持力度不足。例如，新能源汽车试点城市相应配套政策出台滞后，组织措施效率低，截至 2011 年年底，在 25 个公共服务领域试点城市中，有 7 个城市推广规模还不到 100 辆；在 6 个私人购买新能源汽车试点城市中，有 4 个城市尚未出台具体实施细则。以海洋生物医药产业为例，目前我国一个三类海洋

新药的研发经费为500万～800万元人民币，而国家给予一般研究院所和高等院校的新药基础研究经费只有几万元到十几万元人民币。此外，当前推进战略性新兴产业的发展模式，其注意力主要集中在重点企业及项目上，但对配套产业、民营企业以及中小企业的政策支持力度不够，容易造成不公平的竞争环境。

审稿：薛　澜

参考文献

[1] 波特 M. 国家竞争优势 . 李明轩，邱如美译 . 北京：中信出版社 , 2012.

[2] 薛澜，林泽梁，梁正，等 . 世界战略性新兴产业的发展趋势对我国的启示 . 中国软科学，2013，（5）: 18 ～ 26.

[3] 中国科学技术发展战略研究院 . 国家创新指数报告 2010，2011.

[4] 柳卸林，何郁冰 . 基础研究是中国产业核心技术创新的源泉 . 中国软科学，2011，（4）:104 ～ 117.

[5] 陈傲，柳卸林，高广宇 . 新兴产业高被引专利的形成特征——以燃料电池为例 . 科研管理，2012，33（11）:9 ～ 15，23.

[6] 许小年 . 创新的生态环境 . 第一财经日报，2011-11-22.

[7] OECD. 创新集群：国家创新体系的推动力 . 北京：科学技术文献出版社，2004.

[8] 刘志阳，程海狮 . 战略性新兴产业的集群培育与网络特征 . 改革，2010，（5）:36 ～ 42.

[9] 李扬，沈志渔 . 战略性新兴产业集群的创新发展规律研究 . 经济与管理研究，2010，（10）:29 ～ 34.

[10] 喻登科，涂国平，陈华 . 战略性新兴产业集群协同发展的路径与模式研究 . 科学学与科学技术管理，2012，33（4）: 114 ～ 120.

[11] 侯云春 . 中国创新政策的重点应转向制度环境建设 . 中国经济时报，2011-09-30.

[12] 辜胜阻 . 打破民企准入的“玻璃门” . 经济参考报，2012-03-07.

[13] 张嵎喆，王俊沣 . 培育战略性新兴产业的政策述评 . 科学管理研究，2011，29（2）:1 ～ 6.

[14] 高世楫，张永伟 . 发展战略性新兴产业关键在发展模式的转变 . 中国发展观察，2012，（4）:45 ～ 47.

节能环保产业篇

第 4 章

煤炭洁净转化发展研究报告

黄其励　彭苏萍　俞珠峰　张　军

【内容提要】 煤炭洁净转化是当前我国能源发展面临的较为紧迫和重要的议题之一。随着煤炭转化领域先进气化合成等技术的突破、能源联产模式的创新和信息智能技术的发展，煤炭洁净转化领域已经具备培育与发展成为战略性新兴产业的基础和条件，特别是煤制特种燃料、煤制甲烷、煤制烯烃等领域的市场潜力巨大，在目前已经取得大规模工程示范的基础上，继续开展关键技术研发、推进重点区域产业布局，对保障国家能源安全、带动产业经济发展、缓解大气污染等都具有十分重要的战略意义。

煤炭是我国的主导能源，在我国一次能源生产和消费结构中的比重一直保持在 70% 左右，2012 年全国煤炭生产总量达 36.5 亿吨[1]，占世界煤炭生产总量的 47.5%。煤的结构和组成相对复杂，其大规模开发利用带来了诸多生态、环境问题。我国富煤少油缺气，发展煤炭的清洁、高效转化关系到我国生态文明建设和国家能源安全，也关系到国计民生。

4.1　煤炭洁净转化产业可发展成为战略性新兴产业

4.1.1　战略性新兴产业发展内涵分析

战略性新兴产业是以重大技术突破和重大发展需求为基础，对经济社会全局和长远发展具有重大引领带动作用，知识技术密集、物质资源消耗少、成长潜力大、综合效益好的产业。

战略性新兴产业应具有战略引领性、成长性、正外部性等特征[2]。战略引领性是指目前产业尚处于成长初期，针对国家、行业发展的重大技术问题和需求，起到趋势引领作用的特性。成长性是指目前产业规模有限，但随着经济社会的发展，该产业被替代的可能性较小，产业市场空间较大的特性。正外部性是指产业需要经历大量的基础研发、应用技术研究和产业化示范等，对提升行业技术水平、突破国外技术垄断和降低行业整体成本具有显著外部效应的特性。

4.1.2 煤炭洁净转化具体发展成为战略性新兴产业的条件

煤炭洁净转化产业是指以煤炭为原料，通过现代煤化工工艺、技术制取化学品、气体或液体燃料等工业过程。发展新型煤炭洁净转化产业对延长煤炭产业链、推动煤炭生产地区产业转型和缓解我国油气资源不足等具有现实意义[3]。

1. 煤炭通过洁净转化生产油品和化工品，可弥补我国石油、天然气资源的短缺

我国缺油少气，据统计，2011 年我国石油剩余储量仅为 32.4 亿吨，仅为世界总量的 1.0%；天然气剩余储量为 4.0 万亿立方米，不足世界总量的 1.7%[4]。当前能源安全形势严峻，2012 年我国石油对外依存度超过 57%，达到历史最高位；天然气对外依存度快速增长，达到 29.5%，较 3 年前提高 24.6 个百分点。立足煤炭、发展煤炭转化成为破解或缓解我国能源发展困境的必然战略选择，对国民经济社会发展和能源产业格局调整具有重大引领作用。

2. 产业化是煤炭转化下一阶段发展的关键

现代煤炭转化核心技术基本成熟，大型商业化示范陆续取得成功。进入 20 世纪 80 年代以来，现代煤化工技术得到快速发展，我国已经建成并成功运行了一套年产 100 万吨级的煤直接液化、三套年产 10 万吨级的煤炭间接液化、一套年产 60 万吨煤制烯烃、四套年产亿立方米以上的煤制甲烷和煤制乙二醇等工业示范装置。在现代煤炭转化示范装置运行中，也还存在工艺优化、催化剂性能、减少污染排放等一些共性问题，下一阶段通过一些关键技术的进一步研究开发和工程化示范，可在 2020 年前后基本实现煤炭的洁净转化，为煤炭洁净转化的大规模产业化和发展为战略性新兴产业奠定重要基础。

4.1.3 煤炭洁净转化产业基础现状

我国在煤炭气化、煤制液体燃料、煤制甲烷和煤制烯烃等领域已经进行了规模化示范，总体来说，示范厂运行良好，经济效益较好，为保障国家能源安全和实现油气部分替代提供了重要的技术支撑。

1. 煤炭气化技术取得长足发展

煤炭气化是煤炭洁净转化的最重要的关键技术环节，是发展煤制液体燃料、气体燃料、煤基化学品、煤基多联产等工业过程的主要工艺单元和核心技术。我国是世界上煤气化炉应用最为广泛、规模最大、数量最多的国家，应用最为广泛的为固定床气化和气流床气化工艺。

固定床气化分为常压气化和加压气化两种方式。目前，国内约有常压固定床气化炉 4 000 台，主要应用在煤制甲醇、煤制合成氨生产领域。加压固定床气化代表工艺为鲁奇技术和工艺，鲁奇工艺生产的煤气可直接作为城市煤气，也可作为合成原料气生产合成氨或化学产品。南非萨索尔（Sasol）公司的煤炭间接液化厂共安装各类型鲁奇炉近百台，国内云南解放军化肥厂、兰州煤气厂、义马气化厂等也采用 20 世纪引进的加压固定床气化技术。1975 年，英国将固态排渣鲁奇炉改为液态排渣，提高了气化温度和产气效率，但耐高温、长寿命的耐火材料始终不易解决，制约了液态排渣技术的商业化进程。

气流床气化分为湿法气化和干法气化两种方式。湿法气流床以德士古气化工艺为代表，是目前气流床气化取得商业运行经验最为丰富的工艺之一。目前有约 50 台德士古炉正在运行，我国山东鲁南化肥厂于 20 世纪 80 年代引进该技术，随后我国先后有 30 台左右的德士古炉在建或投入运行，生产的煤气主要用于生产合成氨、甲醇等。干法气流床以壳牌（Shell）和 GSP 气化炉为代表。Shell 干煤粉气化炉由于碳转化率和有效气产率高等特点，在我国大中型合成氨、煤制油制气等企业进行应用。GSP 具有投资低和效率相对较高的优势，但目前国际大规模商业应用业绩不多，中国神华宁煤集团公司对其进行了投资和商业应用，并开始在国内众多项目上开展技术转让工作。

国内通过引进消化吸收，自主研发了多种煤气化技术，包括多喷嘴对置式水煤浆气化技术、多元料浆加压气化技术、两端干煤粉加压气化技术、航天炉技术等，并开始进入大型煤气化技术世界先进行列。煤气化技术在我国已经具有一定的基础，在生产技术和开发研究上也积累了丰富的经验，为煤炭转化（如煤制甲醇、烯烃、芳烃等化工品）提供合适性气源奠定了重要基础。但目前我国的煤气化技术还是不能完全适应形势发展要求，在气化用煤数据库、煤气化新工艺、煤种适用范围、煤气化环境污染问题等方面仍有巨大的发展空间。

2. 煤制油技术示范成功

煤制油分为直接液化和间接液化两种方式。

煤直接液化是将制备好的油煤浆加热到 450 ℃、加压至 17 兆帕条件下，直接加氢液化，获得液体中间品，再经过分离、加氢得到柴油、汽油和石脑油等液体燃料或化工品，其中的氢气（H_2）来自煤炭气化、变换工艺。国内只有神华集团公司在鄂尔多斯成功示范了年产百万吨级的大规模直接液化工程，目前二、三线工程正处于前期方案优化研究阶段。2012 年，神华煤炭直接液化示范厂生产油品 86.5 万吨，其中液化气 9.5 万吨、石脑油 24.3 万吨、柴油 52.7 万吨；液化装置平均负荷达到 80%，出厂柴油、石脑油和液化气产品均符合国标及企业标准要求，出厂合格率达 100%。

煤间接液化是将原料煤经过全部气化，粗煤气经过变化、净化，得到 H（氢）、C（碳）比合适的合成原料气，原料气通过费-托（F-T）合成反应得到合成油品，然后再经过分离、加氢得到柴油、石脑油和化工品。国内建成的煤间接液化装置有内蒙古伊泰集团的 16 万吨 / 年、山西潞安集团的 16 万吨 / 年和神华集团的 18 万吨 / 年三套。目前获得国家发改委开展前期研究批复的有神华宁煤的 400 万吨 / 年工程、山东兖矿的 100 万吨 / 年工程等。2012 年，内蒙古伊泰集团生产各类油品和化工品 17.2 万吨，首次实现年产 16 万吨的设计生产能力；主要设备已实现满负荷营运，所有产品特征指标及能耗指标均已达标或超过设定值。

3. 煤制甲烷打通全流程

煤制甲烷是通过煤气化制取合成气，合成气经过变换、净化后进行甲烷化生产甲烷（CH_4）的过程。20 世纪 70 年代，美国应用德国鲁奇公司技术建设了年产约 13 亿立方米的煤制甲烷工厂。美国、加拿大、日本、瑞典、挪威等国都有规划建设煤制甲烷项目计划，但受金融危机和全球能源版图变化的影响，相关工程进展有所放缓。我国在煤制甲烷方面的成套技术研究起步相对较晚，在煤制甲烷成套技术、工艺和催化剂的国产化进程方面仍有大量工作。煤制甲烷是新的历史时期减少污染排放、解决大气污染、扩大天然气消费占比、优化能源结构的重要补充，也是发展的重要机遇，目前我国建成、在建或拟建的煤制甲烷主要项目见表 4.1。

表 4.1　近期我国建成、在建或拟建的煤制甲烷部分项目

投资方	建设地	规模 /（亿立方米 / 年）
大唐国际	内蒙古克什克腾旗	40
大唐国际	辽宁阜新	40
新疆庆华	新疆伊宁	55
内蒙汇能	内蒙古鄂尔多斯	16
中海油、北控集团等	内蒙古鄂尔多斯	3×40
中电投	新疆霍城	60
新蒙能源	内蒙古鄂尔多斯	40
新汶矿业	新疆伊犁	20
中石化	新疆准东	80
河南煤业	新疆奇台	40

大唐克旗40亿立方米/年煤制甲烷项目一期13.6亿立方米/年工程于2012年7月成功产出合格天然气，标志着我国首个煤制甲烷工程流程全部打通。

4. 煤制烯烃表现出良好经济性

煤制烯烃是在煤制甲醇的基础上，进行甲醇制取低碳烯烃的技术过程。20世纪70时代，世界主要发达国家都加大了非石油基制取低碳烯烃技术研发，由于煤炭和天然气制取合成气再生产甲醇的技术已经成熟并具备大规模生产基础，因此研究的重点和技术难点是甲醇制取低碳烯烃。2010年，中国科学院大连化物所煤制烯烃技术（DMTO）在神华集团包头60万吨/年煤制烯烃项目中成功应用，并正在开展DMTO第二代工艺技术和催化剂的研发示范。神华宁煤、大唐多伦采用引进的煤制丙烯（MTP）技术，也顺利产出丙烯。目前国内规划制烯烃项目众多，甲醇来源也趋于多元，产业发展有过热的趋势。

2012年，神华包头煤制烯烃示范厂生产MTO级甲醇186万吨，合成聚丙烯27.8万吨、聚乙烯26.7万吨、C4+产品约13万吨；其中甲醇合成运行负荷率超过90%，烯烃合成运行负荷率超过97%。

4.1.4 近期煤炭洁净转化产业发展热点和新情况

随着近年全国大范围雾霾天气、极端干旱和洪涝灾害等现象频发，煤炭的清洁转化引起了国家、公众的高度关注。在目前我国煤多、油少、气贫的“能情”下，推进煤炭洁净转化已经迫在眉睫。

1. 大力发展煤制甲烷等煤炭清洁转化

随着我国城镇化、工业化进程的持续推进，传统分散、粗放式的煤炭利用带来的生态环境问题难以为继，清洁燃料成为发展的重要方向。2012年，我国天然气产量约为1 077亿立方米，表观消费量为1 471亿立方米；预计到2017年，我国天然气产量将达到1 800亿立方米左右，消费量将超过3 000亿立方米，供需缺口较大。在这样的背景下，2013年6月14日，国务院常务会议提出大力发展煤制甲烷等清洁煤炭转化的战略举措，以集中供能方式降低能源利用的污染，但煤制甲烷自身的催化剂、转化效率、污染排放以及经济性等问题也需要迫切解决。

2. 煤炭转化的水资源保障

煤炭转化需要大量的新鲜水，而一般煤炭转化项目都规划布局于煤炭生产基地，在我国煤水逆向分布严重的情况下，解决煤炭转化规模和水资源消耗之间的矛盾成为能源发展过程中的一项重要议题。众多地区通过保障水资源的供给能力、开发节水型转化技术等多种方式，以降低水资源对煤炭转化规模的约束，提高当地煤炭转化规模。

4.2 煤炭洁净转化产业战略布局、发展重点和重点技术

煤炭洁净转化中的煤制特种燃料、煤制甲烷、第二代煤制烯烃等技术可列为战略性新兴产业。通过 5 ～ 8 年的技术攻关和工程示范，力争到 2020 年通过产业规模化和区域集群式发展，煤炭洁净转化产业和关键技术跻身国际先进水平，成为国民经济发展的支柱产业。

4.2.1 煤炭液化战略布局、发展重点和重点技术

煤炭直接液化对于煤质具有特殊要求，以高镜质组含量、低灰的年老褐煤或年轻烟煤为主要对象，目前适合煤炭直接液化的煤炭主要集中于云南先锋煤矿、内蒙古神东煤矿等地。煤炭间接液化主要取决于煤炭气化技术工艺的选择以及对应煤种的适应性问题，原料气组分尽可能符合费–托（F-T）合成的要求，以降低后续的变换等消耗。

1. 煤炭直接液化战略布局、发展重点和重点技术

煤制特种燃料是在煤炭直接液化工艺技术基础上，以生产特种燃料为目标产品的工业过程。煤制取的特种燃料具有高密度、高热值、高比热容等特点。煤制特种燃料适宜布局在内蒙古、陕西等地区。

发展目标：

到 2020 年，形成 300 万～ 500 万吨 / 年的煤炭直接液化产能，主要用于军用、航天等特种燃料。

到 2030 年，形成 800 万～ 1 000 万吨 / 年的煤炭直接液化产能，形成煤基军用燃料、特种航天火箭燃料的产品标准体系；实现在民用航空燃料领域的规模使用。

重点技术包括：

（1）煤基大比重喷气燃料在航空发动机部件和发动机台架上的试验研究，达到整机试飞条件。

（2）煤基低凝点多功能军用柴油用于军用特种车辆等发动机的负荷特性和耐久性试验研究，并在军用坦克、装甲车上试用、推广。

（3）建立煤基大比重喷气燃料、低凝点多功能军用柴油生产线。

（4）煤基火箭煤油、高吸热碳氢燃料工艺及可行性研究。

（5）建立煤基特种燃料的产品标准规范。

2. 煤炭间接液化战略布局、发展重点和重点技术

煤炭间接液化可生产柴油、石脑油和化学品，由于间接液化直接产品的附加值较高，可作为石油资源的一种重要补充，进行规模发展。煤炭间接液化布局上适宜在以宁东、鄂尔多斯、榆林为主的能源金三角地区。

发展目标：

到 2020 年，形成 1 000 万吨 / 年的煤炭间接液化产能。

到 2030 年，形成 2 000 万～ 2 500 万吨 / 年的煤炭间接液化产能。

煤炭间接液化从产业示范和工艺过程上来说，整体技术已较为成熟，在节水、污水处理和催化剂等方面仍有较大发展空间。

4.2.2 煤制甲烷战略布局、发展重点和重点技术

我国目前已经建成或基本建成煤制甲烷项目 4 个，同时有多个 40 亿立方米 / 年产能规模以上的煤制甲烷项目获得国家“路条”。受制于较国产常规气成本较高、缺乏相应财政税收补贴等优惠政策，目前煤制甲烷产业发展规模不大，企业实质性投入也相对有限。但随着我国建设生态文明社会宏伟目标的提出，以及中央对解决大气污染问题的坚定决心，煤制甲烷发展仍面临较大的发展空间。

煤制甲烷主要结合煤炭基地分布，我国北部煤炭基地结合国家西气东输、京陕线等输气管线布局规划和建设；南部地区结合区域供气规模适度布局。

发展目标：

到 2020 年，形成 350 亿立方米 / 年的产能规模。

到 2030 年，形成约 1 000 亿立方米 / 年的产能规模。

重点技术包括：

（1）开发具有自主知识产权的高效、低成本煤制甲烷催化剂。

（2）开发针对不同煤种煤质的先进气化工艺和装备。

（3）开发煤制甲烷合成反应器高热能回收利用系统技术和装备。

4.2.3 煤制烯烃战略布局、发展重点和重点技术

目前工业化的甲醇制烯烃成套工艺技术有大连化物所的煤制烯烃（DMTO）工艺技术和配套催化剂、中国石油化工集团公司上海研究院的煤制烯烃（SMTO）工艺技术和催化剂以及国外 UOP 公司建立的规模为 10 吨 / 天的工业示范装置。中国神华集团与大连化物所和洛阳石化工程公司在包头煤化工分公司建设了世界首套甲醇制烯烃工业装置，装置甲醇处理量为 180 万吨 / 年，生产乙丙烯 60 万吨 / 年，项目运行以来，表现出较大的经济性，较石油基烯烃也体现出成本优势。2012 年上半年，神华包头煤制烯烃项目实现销售收入 31 亿元、利润 6 亿元，成为我国 5 个现代煤化工示范工程中第一个进入商业化运营并取得较好效益的项目。这对于我国对外约 50% 依存度的烯烃行业来说是个重大突破，对实现石油替代具有重大战略意义。煤制烯烃项目从空间布局上，主要分布于宁东、榆林等地区。

到 2020 年，形成煤制烯烃产能 1 000 万吨 / 年。

到 2030 年，形成煤制烯烃产能 2 000 万吨 / 年。

重点技术包括：

（1）自主知识产权催化剂工业生产技术和应用性能试验。

（2）建设和完善甲醇制烯烃技术开发综合研发平台，建立小试验装置和冷模试验装置，为甲醇制烯烃工艺技术的持续改进提供开放研究平台。

（3）煤制烯烃（MTO）装置节水工艺技术开发，提高水资源利用效率。

4.3 煤炭洁净转化"十二五"期间产业培育与发展中遇到的问题

4.3.1 煤炭洁净转化技术研发和创新体系问题

煤炭是我国的主体能源，近些年，我国煤炭开采技术和应用取得了巨大进展，煤矿单位工效显著提升，百万吨死亡率大幅下降，全国煤炭百万吨死亡率从2003年的4.170降到目前的0.374。燃煤发电也取得积极进展，燃煤发电供电煤耗从2003年的377克标准煤/千瓦时降低到目前的326克标准煤/千瓦时。

近些年，煤炭转化也取得了显著成效，但总体上来说，在能效提高、节水效率等方面仍有较大的提升空间，煤炭转化技术投入和政策支撑力度仍需加强。同时煤炭转化是应用性较强领域，目前煤炭洁净转化技术研发仍以科研院所和高等院校的基础研究为主，企业为主体的科技创新体系仍未建立，科技创新体系亟待重构。

4.3.2 煤炭洁净转化在市场竞争中的潜能尚未充分释放

煤制液体燃料、煤制甲烷等油气替代行业尚处于发展的初级阶段，在环境等方面仍有较大的外部负效应，这也导致了诸多产业支持政策不能落实，进而限制了行业的快速发展，在与其他相关产业的竞争中处于不利地位。以煤制油为例，煤制油属于石油的替代性行业，对保障国家能源安全、降低对外进口、促进地区经济增长、解决当地就业具有诸多外部效应，但其税收等仍采用石化行业政策，从而局限了煤制油行业的经济性。煤制甲烷，对于增加天然气供应能力、优化能源内结构、减少大气污染具有重要意义，其成本在1.5～1.6元/立方米，较国产常规气成本1～1.6元/立方米没有价格优势，较进口管道气成本2.7～2.9元/立方米仍具有显著优势，但目前煤制甲烷定价参照常规气且没有类似煤层气、页岩气的补贴，从而抑制了煤制甲烷的规模发展。

4.3.3 煤炭洁净转化的水资源困境

煤炭转化需要大量的水资源，但煤炭转化项目依托的煤炭产区，一般水资源相对匮乏，从而局限了煤炭转化的规模发展。以晋陕蒙宁甘能源金三角地区为例，该地区煤炭产量占全国的2/3左右，但水资源仅占全国的3.7%，随着该地区煤炭就地转化比例的提高，水资源已经成为煤炭就地转化的最大制约因素。化解煤炭转化与水资源之间的困局，需要站在全局的高度和系统的角度，合理布局煤炭转化方向和规模，统筹谋划水资源的配置等问题。

4.3.4 缺乏总体规划和布局导致产业无序竞争

煤炭转化，特别是现代煤化工属于朝阳产业，国家层面在产业规划和区域规划等方面都未有具体的政策出台，这在一定程度上给现代煤化工产业无序竞争发展提供了空间。煤炭转化项目投资规模大、税收贡献高、解决就业多，主要煤炭产业地方政府都出台了相关产业政策，通过煤炭转化项目配套煤炭资源方式吸引投资者，这导致企业投资重视资源、轻视转化的现象，从而使企业选择转化项目时避重就轻，选择技术相对成熟、当前市场尚有空间的产品方向，这也造成了地区产业发展的同质化和一些产品的产能过剩。所以，现代煤化工亟待在国家统筹规划指导下，整体布局、有序推进。

4.4 能源“金三角”煤炭洁净转化产业发展重点案例分析

2010 年 2 月，时任国务院副总理李克强在宁夏考察时指出：“宁东、鄂尔多斯、榆林现在看是个‘金三角’，这块整体规划、统筹考虑、有序推进，很可能成为我们国家十分重要的能源化工基地，在国家全局当中会有举足轻重的作用。”

1. 能源“金三角”具备打造煤炭洁净转化产业聚集区的条件

能源“金三角”煤炭资源储量丰富，开采地质条件简单，煤质较好，适宜大部分煤化工转化项目。宁东、鄂尔多斯、榆林三地煤炭探明储量为 3 514 亿吨，占全国总量的 26.2%。2012 年三地煤炭产量突破 10 亿吨，达到 10.2 亿吨，占全国煤炭生产总量的 27.8%，较 2003 年的比重提高了 18 个百分点。同时，目前国家的煤炭直接液化、间接液化、煤制烯烃、煤制甲烷、煤制乙二醇等现代煤化工示范工程都集中在该区域或周边。随着地方发展诉求的提升，以及提高能源转化效率、缓解外输运力不足等问题，三地都提出了大力发展煤炭转化产业的宏伟蓝图。中国工程院重点咨询项目“能源金三角发展战略研究”提出了三地应一体考虑、差异发展煤炭洁净转化的战略思路[5]。

2. 宁东、鄂尔多斯、榆林可分别打造不同煤炭洁净转化园区

宁东地区以优质动力煤为主，适宜大规模煤炭气化和发展煤电，可打造我国现代煤化工基地和煤电“西电东送”基地。煤炭洁净转化重点发展煤制烯烃及下游加工产业。

鄂尔多斯以长焰煤、不粘煤、弱粘煤为主，北部年轻煤适宜大规模气化，进而制取 CH_4；东部煤富含高铝，可适宜大规模发电和粉煤灰循环利用；南部以优质化工用煤为主，且镜质组分含量较高，适宜煤炭直接液化。

榆林煤炭具有高含油特征，特别适宜分级转化利用，通过中低温干馏等方式，提取焦油，进而加氢精制生产液体燃料，半焦则适宜掺混发电、经电石制取 PVC、作为冶金焦使用等。

3. 能源“金三角”区域煤炭洁净转化产业集群发展

宁东、鄂尔多斯、榆林目前集中了我国大部分的现代煤化工示范项目，并规划了大量的工业化、大规模煤炭洁净转化项目，对于资金、人才、资源等要求都较高，产业集群基本具备规模，可在此基础上发展系统性集成技术，提高区域整体合力。建立跨区域的产业协同关系，构建产业上下游的产业链条，形成产业联盟。建立大型科技研发和实验平台，提升地区的产业综合竞争力，保障地区产业发展。对于园区化建设，针对大部分煤炭洁净转化项目依赖煤炭气化工艺环节的要求，合理细化分工，探索统筹建设大型气化岛工程。推动企业多元发展，培育新型专业科研服务小企业，壮大大规模投资集团企业。

4.5 促进煤炭洁净转化产业发展的政策建议

1. 理顺煤炭洁净转化税收优惠政策和价格补贴机制

制定鼓励煤炭洁净转化的税收优惠政策。逐步建立天然气的市场价格机制，提高煤制甲烷的市场竞争力。当前，建议针对煤制甲烷出台 0.2 ～ 0.4 元 / 立方米的价格补贴政策。

2. 保障水资源的供应和提高水资源利用效率

通过工农水权置换、跨区域引水工程等方式，扩大煤炭可用水规模，提高煤炭转化产业容量。开发节水型转化技术目前仍无较大的突破，但其潜力巨大，可通过开展开采水、洗选用水、化工用水之间的水资源的梯级和耦合利用等，缓解水资源的制约，提高水资源的利用效率，构建煤炭转化与水资源、生态环境相协调的产业体系。

3. 加强科技研发投入，设立煤炭国家科技重大专项

重点针对煤炭转化过程中的生态保持、环境保护、大气污染治理等问题开展深入研究，为实现煤炭的“近零排放”奠定重要基础，同时建设一支我国煤炭洁净转

化国际化高端人才团队，引领煤炭洁净转化产业发展。逐步构建以企业为主体、以市场为中心的科技创新体系，理顺大型企业发展与科技研发的关系，增强工程技术研发与市场需求的匹配性，逐步形成符合新时期产业发展规模的科研体系。

参考文献

[1] 国家统计局．中华人民共和国 2012 年国民经济和社会发展统计公报，2013.

[2] 李晓华．战略性新兴产业的特征与政策导向研究．宏观经济研究，2010，(9)：20 ～ 26.

[3] 申宝宏．中国煤炭行业中战略性新兴产业发展潜力探讨．中国煤炭，2011，(8)：8 ～ 12.

[4] British Petroleum.BP Statistical Review of World Energy.http://www.bp.com/en/global/corporate/about-bp/statistical-review-of-world-energy-2013.html，2013.

[5] 中国工程院．能源金三角发展战略研究，2013.

第 5 章

流程制造业节能减排的发展

殷瑞钰　袁晴棠　金　涌　陈克复　孙传尧　姚　燕

【内容提要】“十一五”以来，我国大力推进节能减排，发展循环经济，提倡低碳经济，建设资源节约型、环境友好型社会，节能环保产业得到较快发展，目前已初步形成了门类较为齐全的节能减排产业体系。流程制造业节能减排是全国节能减排的重要组成部分，其发展趋势将是发展具有绿色、低碳、可再生循环等环境友好特性的，能进一步提高能源利用效率的，节能效益显著的新工艺、新装备和新技术。我国节能产业存在创新能力不强、结构不合理、市场不规范、政策机制不完善、服务体系不健全等问题。本章分析了流程制造业节能减排的发展重点及重点技术需求，结合重点案例提出了促进流程制造业节能技术发展的政策建议。

钢铁、有色、石化、化工、建材、造纸六大行业是国民经济的重点行业，2011年六大行业产值在工业总产值中的占比分别为7.6%、4.3%、4.4%、7.2%、4.8%和1.4%，累计占比约达29.7%，2010年六大行业能耗约占工业总能耗的64.2%，占国民经济总能耗的45.6%[1]。

5.1　流程制造业节能技术发展现状和热点

5.1.1　流程制造业节能技术的基本概念与范畴

国务院2012年6月16日发布的《“十二五”节能环保产业发展规划》中指出，

节能环保产业是指为节约能源资源、发展循环经济、保护生态环境提供物质基础和技术保障的产业，是国家加快培育和发展的7个战略性新兴产业之一。节能环保产业还涉及节能环保技术装备、产品和服务等，产业链长，关联度大，吸纳就业能力强，对经济增长拉动作用明显。流程制造业与节能环保产业关联度最大，是我国节能技术发展和应用的重点领域。加快发展节能环保产业，是调整经济结构、转变经济发展方式的内在要求，是推动节能减排，发展绿色经济、循环经济、低碳经济，建设资源节约型、环境友好型社会，积极应对气候变化，抢占未来竞争制高点的战略选择。

《中华人民共和国节约能源法》所称节约能源（以下简称节能），是指加强用能管理，采取技术上可行、经济上合理以及环境和社会可以承受的措施，从能源生产到消费的各个环节，降低消耗、减少损失和污染物排放、制止浪费，有效、合理地利用能源。

流程制造业节能技术，主要是指在流程制造业生产过程中，以降低能源消耗、提高能源利用效率为最终目标的各类技术的总称。

5.1.2　流程制造业节能技术发展现状

“十一五”以来，我国大力推进节能减排，发展循环经济，提倡低碳经济，建设资源节约型、环境友好型社会，为节能环保产业发展创造了巨大需求，节能环保产业得到较快发展，目前已初具规模。2012年中国节能服务产业总产值达1 653亿元，比2011年增长32.24%[2]。产业领域不断扩大，技术装备迅速升级，产品种类日益丰富，服务水平显著提高，初步形成了门类较为齐全的产业体系。在节能领域，干法熄焦、纯低温余热发电、高炉煤气发电、炉顶压差发电、等离子点火、变频调速等一批重大节能技术装备得到推广普及；高效节能产品推广取得较大突破，市场占有率大幅提高；节能服务产业快速发展。

1. 流程制造业综合实力明显增强，产业规模不断扩大

2012年，我国钢产量为7.17亿吨，居世界第一位，约占全球产量的46.3%[3]，比排名第二至第五位的产量总和还要多；我国原油加工量为4.68亿吨，生产成品油2.82亿吨，占全球成品油产量的11%，居世界第二位[4]；我国电解铝产量约占全球产量的45%；我国水泥产量为21.84亿吨，约占全球产量的57%；平板玻璃产量为7.14亿重量箱（每标准重量箱重50千克），约占全球产量的50%，2012年我国纸和纸板生产量为10 250万吨，居世界第一位[5]。

2. 流程制造业能源利用效率显著提高

全国规模以上工业增加值能耗从2005年的2.59吨标准煤降至2010年的1.92吨标准煤，以年均8.1%的能耗增长支撑了年均14.9%的工业增长。钢铁、建材、有色、化工等主要用能行业的单位产品的能耗显著下降，2010年与2005年相比，钢

铁、炼油、铜冶炼、水泥等行业综合能耗分别下降 12.1%、15.1%、35.9%、28.6%，与国外差距逐步缩小。2012 年，铝电解节能技术得到广泛推广应用，电解铝单位产品电耗已达到国际先进水平；铜冶炼综合能耗下降到 324.7 千克标准煤 / 吨，比 2011 年下降 11.9%；电解锌综合能耗下降到 911.9 千克标准煤 / 吨，比 2011 年下降了 4.9%[6]。

3. 流程制造业中部分行业已基本建立节能产业体系

以流程制造业中的建材行业为例，在水泥、玻璃、建筑卫生陶瓷、墙体材料等领域的节能产业体系已经建立。水泥和玻璃窑炉余热利用（发电）、墙体材料行业的煤矸石制砖余热发电技术，以及水泥行业的低电耗粉磨系统、节能减排型预分解窑烧成系统、薄型陶瓷砖和节水卫生陶瓷等产业体系已经建立并逐渐成熟。节能建材新材料在建筑节能及其他领域的应用不断扩展，初步形成了包括研发、设计、生产和应用在内的门类较为齐全的产业体系。

今后国家对节能要求会越来越高，我国流程制造业需要加快开发节能减排技术，降低能源消耗，有效缓解我国资源能源紧张的压力。今后我国流程制造业重点节能技术将呈现如下发展趋势：

（1）积极实施一次能源结构的优化。

（2）充分利用生产过程中产生的余热、余能，降低能源消耗。

（3）积极开展全系统的能源优化，建立能源管控中心，提高能源使用的整体效率。

（4）推动不同产业之间的工业生态链接、发展循环经济等。

其他趋势可参阅《中国战略性新兴产业发展报告 2013》第 6 章中的 6.2.2 节（p.76）。

5.1.3 近期流程制造业节能技术发展新情况

流程制造业节能技术发展情况在《中国战略性新兴产业发展报告 2013》第 6 章中的 6.1.3 节（pp.74 ～ 75）已有详细介绍，此外不再赘述。

以钢铁行业为例，利用再生资源——废钢炼钢可以大幅度降低能源的消耗，大量降低碳排放，减少“三废”的产生。随着我国钢铁积蓄量的迅速增长，废钢的资源量也将持续增加。预计 2015 年我国钢铁积蓄量将达 75 亿吨，废钢资源量约达 1.5 亿吨 / 年，将会为钢铁工业的节能减排、低碳发展提供有力支持。

5.2 流程制造业节能减排战略布局、发展重点及重点技术

5.2.1 流程制造业节能技术战略布局

紧紧围绕产业链中能耗较高的环节，加强重点节能技术攻关，实施节能重点项

目。在具有资源和市场优势、产业集聚发展基础好、产业链较为完善的地区，依托龙头企业，按照“布局合理、特色鲜明、集约高效、生态环保”的原则，优化主导产业，完善研发设计、信息网络、污染治理、公共服务平台等产业链配套体系，创建若干钢铁、有色金属冶炼，以及造纸、石化、化工、玻璃、陶瓷、新型建筑材料、非金属矿等生产精深加工一体化的新型工业化产业示范基地。为此，应重视：

（1）开发和普及应用节能技术。在流程制造业生产的全过程开展设备节能、工艺节能及能量优化利用工作，抓好重点节能专项改造项目，在取得成效后加快推广，提高资源利用效率，减少加工损失，降低能耗。

（2）流程制造业生产布局尽量依托现有的布点，充分优化利用土地、水、油气管线、公用工程、原料等实现内涵发展，并注重流程制造业上、中、下游一体化资源优化。

（3）研究、开发新型节能理论、方法和技术，为流程制造业的节能、减排提供支撑。

其他需重视的相关内容可参见《中国战略性新兴产业发展报告2013》第6章中的6.3.1节（p.76）。

5.2.2　流程制造业节能技术发展重点及重点技术

1. 钢铁行业

1）加快普及推广的关键技术

（1）采用高温高压锅炉的干熄焦技术（coke dry quenching，CDQ）；
（2）转炉煤气和蒸汽的高效回收利用技术；
（3）煤调湿（coal moisture control，CMC）技术；
（4）烧结矿余热发电技术；
（5）电炉烟气余热回收技术。

2）积极探索、研发加快工程化的关键技术

（1）中低温烟气余热回收与利用技术；
（2）钢铁企业余热蒸汽综合利用技术；
（3）焦炉荒煤气余热回收利用技术；
（4）钢铁制造流程能量流网络及能源高效转换集成技术；
（5）钢厂物质流和能量流耦合优化及动态运行技术；
（6）高炉渣和转炉渣余热回收和资源化利用技术；
（7）冶金煤气资源化高效利用技术；
（8）二氧化碳捕集、利用和储存技术；
（9）钢铁生产合理规模利用可再生能源和清洁能源（核能、氢能、风能、水能、太阳能）技术。

2. 有色行业[7]

（1）加快推进选矿拜耳法生产氧化铝技术；
（2）提高铝电解槽电流密度和强度；
（3）改进电极质量，跟踪世界电解铝先进技术进展；
（4）降低重有色金属冶炼的能源消耗；
（5）进一步研究推广强化冶炼技术；
（6）重点推广新型结构铝电解槽、低温低电压铝电解新技术；
（7）研发推广闪速炼铅工艺；
（8）积极探索、研发低电耗大极板与自动化拨板系统低碳技术；
（9）重点研发短流程连续炼铜清洁冶金技术；
（10）重点研发短流程连续炼铅节能冶金技术。

3. 石化行业

（1）分布式能源技术；
（2）煤气化燃气–蒸汽联合循环（integrated gasification combined cycle，IGCC）；
（3）炼厂节能关键技术；
（4）乙烯节能关键技术；
（5）过程能量系统优化技术。

4. 化工行业

1）合成氨子行业

（1）开发劣质煤、高硫煤加压气化等新型煤气化技术；

（2）推广高效率、大型化脱硫脱碳、变换、气体精制、氨合成和新型催化剂等先进净化和合成技术[8]；

（3）采用水煤浆气化、加压粉煤气化等技术；

（4）推广应用先进氨合成技术及预还原催化剂、低温高活性催化剂、蒸发式冷却（冷凝）器；

（5）发展低能耗水溶液全循环尿素生产技术。

2）甲醇子行业

（1）增强对甲醇制烯烃示范工程的完善和评价工作；

（2）对甲醇制烯烃、甲醇汽油、甲醇燃料等示范（试点）项目进行技术、经济、环境测评和总结，完善相关标准[9]；

（3）发展节能型甲醇合成技术；

（4）开发三塔及三塔多效精馏工艺；

（5）开发热泵精馏工艺。

3）电石子行业

（1）鼓励密闭式电石炉进行节能减排升级改造；

（2）推广大型密闭式电石炉、空心电极技术、组合式把持器技术、干法净化技术；

（3）推广电石炉尾气利用技术，提升电石炉尾气的综合利用水平和经济效益；

（4）引导16 500千伏安及以上的内燃式电石炉改造为20 000千伏安及以上的密闭式电石炉，16 500千伏安以下的内燃式电石炉通过产能置换、政府赎买等方式退出市场[10]；

（5）云南、贵州、四川等地为孤网运行的小水电站配套的内燃式电石炉也应该提高其工艺技术和自动化水平，彻底消除人工加料；

（6）加强短网综合补偿、直流电炉等节能先进适用技术的推广应用。

4）氯碱子行业

（1）加强膜极距离子膜电解槽、三效逆流降膜50%液碱蒸发等节能先进适用技术[11]；

（2）发展氯化氢催化氧化技术、氧阴极低槽电压离子膜电解技术、氯化氢合成余热利用技术；

（3）鼓励氯碱企业采用干法乙炔、新型干法水泥、膜极距等先进工艺对现有聚氯乙烯、烧碱装置进行升级改造。

5. 建材行业[12~16]

1）水泥

（1）水泥窑炉协同处置技术；

（2）综合节能技术（如电机变频调速技术等）；

（3）二氧化碳捕集和转化应用技术；

（4）水泥厂能源管控技术；

（5）新型低碳水泥生产技术；

（6）辊压机和立磨水泥终粉磨技术。

2）平板玻璃

（1）在线表面改性、全氧燃烧、分段式窑炉、低温余热发电、综合节能减排技术；

（2）高效节能玻璃产品制备技术；

（3）功能膜系材料和覆膜技术；

（4）生产线智能化控制系统、配合料预热技术；

（5）玻璃熔窑烟气除尘脱硫脱硝和余热发电一体化技术；

（6）Low-E（low-emissivity，低辐射玻璃）、TCO（transparent conductive oxide，透明导电氧化物镀膜玻璃）等新型特种功能玻璃生产技术与成套装备。

3）建筑卫生陶瓷

（1）陶瓷砖干法制粉、薄型化、一次烧成技术；
（2）卫生陶瓷高压注浆、真空挤出等技术；
（3）陶瓷生产的低温技术；
（4）窑炉、喷雾干燥塔能源高效循环利用技术；
（5）陶瓷墙地砖新型干法制粉工艺及成套装备技术；
（6）卫生陶瓷自动化生产技术及成套装备；
（7）建筑陶瓷砖薄型化、卫生陶瓷轻量化技术。

4）墙体材料

（1）轻质高强、施工便利的防火保温外墙材料制造和应用技术；
（2）复合型墙体工业化制造和应用技术；
（3）高性能节能门窗材料和制造技术；
（4）防火防水保温一体化屋面材料和制造技术；
（5）烧结墙体材料隧道窑余热利用技术、轻质高强保温砌块和预制建筑墙板；
（6）高性能泡沫混凝土成套装备和工程应用技术；
（7）孔洞率大于 45% 的烧结砌块产业化技术；
（8）农村建设用建筑保温材料体系、外围护结构保温材料体系。

6. 造纸行业

1）制浆造纸行业的前沿技术[17]

（1）植物组分的高效清洁分离技术；
（2）高纯度纤维素多功能材料制备及应用技术；
（3）非木原料的化学机械法制浆生产关键技术；
（4）制浆造纸废水深度处理技术；
（5）极端环境下高效生物酶制备技术；
（6）高速造纸机全自动在线检测及监控技术。

2）制浆造纸行业节能环保产业的共性关键技术

（1）优化制浆造纸工艺流程，实施废水分质串级回用技术，最大限度地降低废水排放量；

（2）发展适用于不同原料、不同工艺方法的具有技术可行性、实用性的水污染控制集成关键技术；

（3）有效减少生产过程中的化学品用量，实施降低废水污染负荷的新技术，包括生物技术；

（4）降低化学机械法制浆过程中废水处理的能耗和成本，彻底解决化机浆废水的污染问题，实现化机浆近“零排放”技术；

（5）发展提高废纸制浆造纸过程中水重复利用率的集成技术；

（6）创建适合于造纸行业特点、便于造纸行业实施水污染控制技术推广应用、满足造纸企业需求的技术转移信息平台。

5.3　流程制造业节能技术“十二五”期间产业培育与发展中遇到问题

我国节能产业虽然有了较快发展，但总体上看，发展水平还比较低，与需求相比还有较大差距。其主要存在以下问题：

（1）创新能力不强。以企业为主体的节能技术创新体系尚不完善，产学研结合不够紧密，技术开发投入不足。一些节能的核心技术基本来自国外，部分关键设备仍需要进口，一些能自主生产的节能设备其性能和效率有待提高。

（2）结构不合理。企业规模和技术水平参差不齐，产业集中度低，龙头骨干企业带动作用有待进一步提高。节能设备成套化、系列化、标准化水平低，设计规范修订不及时，产品技术含量和附加值不高，国际品牌产品少。

（3）市场不规范。地方保护、行业垄断、低价低质恶性竞争现象严重；市场监管不到位，一些国家明令淘汰的高耗能设备仍在使用。

（4）政策机制不完善。节能法规和标准体系不健全，财税和金融政策有待进一步完善，生产者责任延伸制尚未建立。

（5）服务体系不健全。合同能源管理等市场化服务模式有待完善；节能产业公共服务平台尚待建立和完善。

5.4　流程制造业节能技术发展重点案例

5.4.1　钢厂副产煤气资源化（钢铁行业）

在钢厂生产过程中，消耗的煤炭资源约有60%转化为副产煤气资源，即高炉煤气（blast furnace gas，BFG）、焦炉煤气（coke oven gas，COG）、转炉煤气（basic oxygen furnace gas，BOFG）。我国钢铁工业目前副产煤气的回收利用量已较高，但总体利用方式单一，即副产煤气发电和作为燃料燃烧，主要是利用煤气的热值。副产煤气除了其热值有较高价值外，其组成上含有很大比例的碳元素和氢元素，而这些元素是合成各种化工产品的关键原料。因此，对副产煤气的组分价值进行高效率利用的另一个方向是使副产煤气进行物质转换，实现资源化利用。

钢铁联合企业的三种副产煤气中，焦炉煤气的资源化价值相对最高。钢厂推进副产煤气资源化利用的核心是进行能源结构的调整，即优先利用资源化价值相对较低的高炉煤气和转炉煤气，从而置换出焦炉煤气进行资源化利用，提升副产煤气的使用价值。在钢铁联合企业中，还拥有充足的氧气、氮气等气体资源，更便于副产煤气物质转换的进行。目前，钢厂已实现以副产煤气为主要原料生产多种化工产品，包括氢气、甲醇、二甲醚、液化天然气（liquefied natural gas，LNG）、合成氨等。

目前，钢厂副产煤气物质转换的资源化利用尚处于起步阶段，钢厂主要是利用焦炉煤气变压吸附（pressure swing adsorption，PSA）制氢作为轧钢厂保护气，已投运的装置最大为 3 000 立方米 / 时。近年来，氢气还用于苯加氢和煤焦油加氢，氢气为氢燃料电池汽车（fuel cell vehicle，FCV）提供燃料的研究工作也在加紧进行中（在武汉、上海已有相应的应用实践），有可能成为我国开发氢能源的新途径。此外，近两年来，由于钢铁联合企业技术进步和能源结构优化调整，能源利用效率提高，导致焦炉煤气、高炉煤气和转炉煤气等有所富余，钢铁联合企业也开始出现了利用副产煤气来生产甲醇的应用实践，如四川达州钢铁集团公司（以下简称达钢）和建龙钢厂等。

达钢是一家具有年产铁 350 万吨、钢 350 万吨、钢材 350 万吨、焦炭 200 万吨的地方钢铁联合企业。为了充分提升和优化钢铁企业碳素流的价值，达钢打破副产煤气传统利用方式，对其能源系统，特别是煤气系统进行优化升级：大大降低煤气消耗量，提高转炉煤气回收量，同时按照煤气“能质对口、耦合匹配”的原则，重新制定了煤气梯级使用制度，尽可能使用低品质的高炉煤气，置换出焦炉煤气。并在此基础上开发了焦炉煤气配转炉煤气制甲醇的工艺新技术。该项目创建了钢铁、煤焦化工协调发展的新模式，实现了钢铁企业氢、碳素流的价值优化。项目投产后，2012 年上半年达钢吨钢能耗相比改造前的 2006 年降低了 96.4 千克标准煤 / 吨钢（约 14%）；由吨钢自发电量的增加和甲醇生产所带来的吨钢能源成本下降达到 136.70 元 / 吨钢，碳排放权抵扣达到 189.33 千克二氧化碳 / 吨钢。

5.4.2 350 千安和 400 千安电解铝生产技术（有色行业）

我国的铝土矿资源几乎全部为一水硬铝石矿，而目前采用该类型矿生产氧化铝的国家只有我国和希腊，占世界总产量的 8.8%，其中我国占 7%。我国针对一水硬铝石矿进行氧化铝生产则主要采用混联法，其特点是氧化铝回收率高（大于 90%），碱耗低（90 ～ 150 千克 / 千克氧化铝），但是混联法生产技术装备落后、工艺复杂、投资大、成本高、能耗高，其单位产品的能耗是国外拜耳法的 2 ～ 4 倍，在直接生产成本中能耗费占 50% 以上。即使我国技术装备最先进的氧化铝生产企业，与西方 35 个冶金级氧化铝厂比较，其生产成本也是最高的，为其加权平均生产成本的 1.4 倍。

对于电解铝的成本来说，除了上述的氧化铝原料以外，另外一个主要的成本因素是耗电量，这两项成本均占到整个电解铝成本的 30% ～ 40%，电解铝行业耗电占我国电力总消耗的近 10%。

电解铝企业今后要解决原料和电耗的双重成本压力，就必须在大型预焙阳极电解槽炼铝、新型阴极结构及低温低压铝电解技术等方面有进一步的突破。降低铝电解生产的电能消耗，需要从两个方面入手：一是通过提高铝电解槽电流效率来实现铝电解生产电耗的降低，电流效率每提高1%，可使铝电解生产的直流电耗降低150千瓦时/吨铝左右。目前，国内外先进的铝电解技术已经使电解槽的电流效率从过去的88%～90%提高到了现在的94%～95%。二是通过降低电解槽的槽电压实现电耗降低，按照铝电解生产的理论，如果电解槽的槽电压降低0.1伏，对目前的铝电解槽而言，直流电耗可降低320～330千瓦时/吨铝。目前我国电解铝厂电解槽的阳极电流密度较低，槽电压一般在4.05～4.15伏，国外电解铝厂铝电解槽的阳极电流密度较高，槽电压一般在4.15～4.25伏。

中电投宁夏青铜峡能源铝业集团有限公司宁东分公司认真学习借鉴国内外同系列先进管理经验和指标控制技术，分析提高350千安和400千安电解生产系列生产技术指标的可行性因素，努力探索提高生产技术指标的新方法、新途径。针对350千安电解槽技术参数变化情况，通过认真分析统计，探索电解槽运行规律。技术革新使得350千安电解铝生产系列电流效率达到93.90%；综合交流电单耗13 991千瓦时。在保持电流效率、分子比等技术条件稳定的情况下，350千安电解系列电流由365.5千安提升至369千安，槽电压由4.21伏下降至4.19伏，电解槽生产保持稳定，原铝产量及品级率逐步上升。

5.4.3　车速1 200 ~ 1 500米/分高速文化造纸机的研制与开发技术（造纸行业）

由河南江河纸业股份有限公司牵头，华南理工大学、杭州轻工设计院参与研制的车速1 200～1 500米/分高速文化造纸机2012年9月通过科技部专家组织的验收，专家一致认为，这一项目成果实现了我国国产高速造纸机零的突破，整体技术达到了国际先进水平，具有里程碑的意义。

其核心关键技术为：

（1）纸浆流送技术和白水稀释型水力式流浆箱技术。

（2）夹网双面脱水成型技术。

（3）宽压区压榨技术，靴式压榨是最佳的宽压区压榨形式。

（4）快速干燥技术，包括纸幅的快速热传导技术、纸幅的热气流穿透技术。

（5）高速造纸机的质量控制系统（quality control system，QCS）、分散控制系统（distributed control system，DCS）、MCS等控制技术及运行状态监控技术。

5.4.4　石化行业

中国石油化工集团公司作为国有特大型能源化工企业，多年来，在致力于规模发展的同时，通过不断强化责任意识和忧患意识，努力转变发展方式，大力发展循环经济，不断降低生产过程的能源消耗和温室气体排放以及对环境的伤害，为社会提供绿色低碳、清洁环保的产品，努力实现与社会、环境和谐发展，建设能源资源节约型和环境友好型企业。

2012年，中国石油化工集团公司万元产值综合能耗同比下降2.55%，节约能源约 228 万吨标准煤；外排废水 COD（chemical oxygen demand，化学需氧量）排放量下降 3.67%，二氧化硫排放量下降 3.75%，氨氮排放量下降 4.18%，危险化学品和“三废”妥善处置率达到 100%；炼油综合能耗同比下降 0.83 千克标油 / 吨，乙烯燃动能耗同比下降 3.36 千克标油 / 吨[18]。

中国石油化工集团公司在节能减排方面采取的主要措施有：一是进一步完善监测、考核和监督体系建设，最大限度地降低能源和资源消耗。二是进一步优化产业结构，继续加大淘汰落后产能力度，大力推广应用太阳能、地热能，着力探索新能源利用的新路子。三是进一步提升节能减排技术创新能力和推广能力，2012 年在节能减排方面投资约 16 亿元，实施节能减排项目约 300 项，预计实现节约标准煤 47 万吨。四是进一步加强节能专项治理，降低能源消耗。五是进一步加大节水减排力度，含油污水回用率达 100%，减少新鲜水用量。六是组织开展节能宣传周活动，倡导绿色、节能、低碳的生产方式、消费模式和生活习惯，进一步增强职工群众的节能减排意识。七是首次正式发布《环境保护白皮书》（2012 版），这是国有企业履行三大责任的创举，是中国石油化工集团公司作为全球契约领跑者主动接受国际、国内及社会公众监督的务实态度，也是中国石油化工集团公司贯彻落实十八大精神，积极参与推进生态文明，建设美丽中国的郑重承诺。

5.4.5 水泥纯低温余热利用（建材行业）

余热发电是水泥工业重要的余热综合利用技术，在我国大致经历了三个阶段的发展。第一个阶段为中低温余热发电，属于余热利用的初期阶段，主要针对干法中空窑工艺；第二个阶段为中高温余热发电，属于余热利用的中期阶段。第三个阶段即为纯低温余热发电，属于余热利用的高级阶段。水泥纯低温余热发电能够充分利用预热器、篦冷机排出的温度在 250 ～ 350℃的气体中的热焓，实现能源充分回收，从而提高系统热效率。纯低温余热发电技术伴随着新型干法工艺的普遍推广逐渐发展起来，与过去的带补燃炉发电系统相比，在新型干法产线生产过程中，利用中低温的废气产生低品位蒸汽，来推动低参数的汽轮机组做功发电[19, 20]。该项技术是水泥行业、企业节能减排要求下的必然趋势和产物。

水泥窑纯低温余热发电技术已经得到了国内外水泥企业的普遍认可和广泛应用，正在成为水泥工业节能减排、实现循环经济的重要手段和途径。尤其是近年来节能减排及 CDM（clean development mechanism，清洁发展机制）项目的开展，加大了对水泥窑纯低温余热发电技术的关注程度。2007 年年底，我国只有 122 条生产线的余热发电系统投产，装机容量为 740 兆瓦，发电能力为 49.6 亿千瓦，占全国电力供应的 0.15%。近年，全国水泥企业大力推广纯低温余热发电技术，到 2011 年年底，已有 950 条生产线建设了余热发电生产线。总装机容量为 6 374 兆瓦，年发电为 460 亿千瓦时，相当于年节约标准煤 1 125 多万吨，减少二氧化碳排放 3 342 万吨。国家《“十二五”节能环保产业发展规划》将水泥行业明确列为九大重点节能行业之一，要求到 2015 年，水泥窑纯低温余热发电比例提高到 65% 以上。在国家《节能减排

“十二五”规划》[21]中，余热余压利用在节能改造工程中被重点提及，并明确指出，到2015年新增余热余压发电能力2 000万千瓦。水泥纯低温余热发电技术还有广阔的发展空间。

余热发电装置对我国5000t/d（吨/天）水泥新型干法生产线的节能指标具体可参阅《中国战略性新兴产业发展报告2013》第6章中的6.4.5节的第二段（p.81）。对于5级预热器的新型干法水泥熟料生产线，每吨水泥熟料具有25~30千瓦的发电能力；对于4级预热器的新型干法水泥熟料生产线，每吨水泥熟料具有34~40千瓦的发电能力，相当于每吨水泥熟料降低成本15元左右。因此，纯低温余热发电是水泥企业节能减排、实施循环经济的重要途径和措施。

江西万年青水泥股份有限公司[22]利用万年水泥厂的4号窑2 000 t/d水泥生产线（4.5兆瓦）、5号窑2500 t/d水泥生产线（6兆瓦）和玉山水泥厂的2条2 500 t/d水泥生产线（2×4.5兆瓦）的窑头、窑尾废气余热资源，建设了总装机容量为19.5兆瓦（3×4.5兆瓦+6兆瓦）的4套纯低温余热发电热力系统，以达到充分利用水泥生产线排放的废热资源，降低生产成本，提高企业经济效益之目的。万年水泥厂的4号窑2 000 t/d级水泥窑（4.5兆瓦）余热利用项目年节约标准煤10 047吨；5号窑2 500 t/d级水泥窑和3号窑技改后余热（6兆瓦）利用项目年节约标准煤22 827吨。4套纯低温余热发电热力系统合计年节约标准煤54 598吨，减排二氧化碳约10万吨。项目实施后在水泥生产正常情况下，年平均发电量为1.202 78×108千瓦时，年向水泥厂供电1.121 71×108千瓦时，水泥厂年减少向电网购电量1.163 35×108千瓦时，减少了企业水泥熟料生产购电1/3的用电量。平均吨熟料发电37.4千瓦时，吨熟料成本可下降12～14元，有效地降低企业的水泥生产成本。“19.5兆瓦（3×4.5兆瓦+6兆瓦）纯低温余热发电项目”获国家发改委批准列入国家节能技术改造财政奖励项目实施计划，项目正常发电后通过了国家发改委核查专家组的实地核查。

5.5　促进流程制造业节能减排发展的政策建议

5.5.1　流程制造业节能减排存在的问题与制约因素

流程制造业节能技术目前存在的问题和制约因素主要有：自主创新能力薄弱，高端装备和关键部件依赖进口，研发投入少且分散，企业创新动力不强，产学研用相互脱节，新材料推广应用困难，产业发展模式不完善，产业缺乏统筹规划和政策引导，基础管理工作比较薄弱等。

5.5.2　政策建议

（1）推动产业结构调整，统筹节能发展方向。发布并严格行业准入条件，控制产能低水平盲目扩大。以绿色、低碳、循环经济发展为指导方向，调整产业结构、企业结构。严格控制总产能，淘汰落后产能。对于转产其他符合国家产业政策产品的企业，通过减免税收等方式给予补偿。

（2）大力推广节能减排技术，鼓励开发新技术，进一步完善节能技术创新体系。从经济、政策和社会荣誉等方面鼓励企业采用先进适用的节能减排技术。

（3）健全节能减排管理体系。具体可参见《中国战略性新兴产业发展报告 2013》第 6 章中的 6.5 节（p.82）。其中，针对石化行业的政策建议可以参见 2013 年版第 6 章 6.5 节中的专栏（p.82），并且还应关注：石化企业自备电厂（热电联产）缺乏持续稳定的政策支持，电网不合理收费给企业形成较大的经济负担，长此以往，严重影响石化企业用能结构的优化调整。

参考文献

[1] 中华人民共和国国家统计局 . 中国统计年鉴 2012. 北京：中国统计出版社，2013.

[2] 2012 年中国节能服务产业总产值达 1653 亿元 .http://www.askci.com/news/201301/23/2310363556882.shtml，2013-01-23.

[3] World Steel Association. Steel production 2012.http://www.worldsteel.org/statistics/statistics-archive/2012-steel-production.html，2012.

[4] 金云，朱和 . 中国炼油工业发展现状与趋势 . 国际石油经济，2013，(5)：24.

[5] 中国造纸协会 .2012 中国造纸年鉴 . 北京：中国轻工业出版社 .2012.

[6] 中国有色金属工业协会 .2012 年中国有色金属工业发展报告，2013.

[7] 中国有色金属协会 . 有色金属工业“十二五”科技发展规划，2011.

[8] 工业和信息化部 . 化肥工业“十二五”发展规划，2012.

[9] 工业和信息化部 . 甲醇行业“十二五”发展规划，2011.

[10] 工业和信息化部 . 电石行业“十二五”发展规划，2011.

[11] 工业和信息化部 . 烧碱行业清洁生产技术推行方案，2010.

[12] 工业和信息化部 . 建材工业“十二五”发展规划，2011.

[13] 工业和信息化部 . 水泥工业“十二五”发展规划，2011.

[14] 工业和信息化部 . 平板玻璃工业“十二五”发展规划，2011.

[15] 工业和信息化部 . 建筑卫生陶瓷工业“十二五”发展规划，2011.

[16] 中国建筑材料联合会 .2030 年中国建材工业“创新提升、超越引领”发展战略，2013.

[17] 国家发展改革委，工业和信息化部，国家林业局 . 造纸工业发展“十二五”规划，2011.

[18] 中国石油化工集团公司 . 中国石油化工集团公司 2012 年年报 . 北京：中国石化出版社，2013.

[19] 陈涛，曹华 . 水泥工业纯低温余热发电技术及其效益分析 . 新世纪水泥导报，2005，(2)：1 ～ 5.

[20] 王君伟 . 新型干法水泥生产工艺读本 . 北京：化学工业出版社，2011.

[21] 国务院 . 节能减排“十二五”规划，2011.

[22] 严伯刚，黄沙肖，玉珍，等 . 万年青水泥公司 19.5 MW 纯低温余热发电项目简析 . 能源研究与管理，2012，(2)：44 ～ 47.

第 6 章

大气污染防治产业

孟　伟　吕连宏　罗　宏　张　凡

【内容提要】 大气污染防治产业是环保产业的重要组成部分。面临大气污染防治形势严峻、灰霾问题日益突出、政策环境趋于利好、大气污染物协同控制策略全面实施和机动车尾气治理重点转变为柴油机等新情况、新形势，中国大气污染防治产业发展迅速。未来产业的发展重点包括工业源污染控制设备研制、大气污染防治设施运营服务、大气环境监测设备制造与服务、机动车尾气控制等领域，重点技术与产品包括烟气除尘技术、烟气多污染物协同控制技术、烟气脱硝催化剂制造与再生技术、大气环境监测仪器仪表、柴油车尾气净化技术等。目前产业发展中存在产业规模较小、技术水平较低、相关政策缺失等问题，建议从完善产业规制、制定经济政策、鼓励技术创新和促进产业集聚等几方面促进产业发展。

6.1　产业发展现状和趋势

6.1.1　基本概念与范畴

大气污染通常是指人类活动或自然过程引起某些物质进入大气中，呈现出足够的浓度，达到足够的时间，并因此危害了人体的舒适、健康、福利或环境的现象。大气污染防治产业是环保产业的重要组成部分，是以预防与治理大气污染、保护大气环境为目的而进行的技术开发、产品制造、商业流通、咨询服务、工程承包等活动的总称[1]。

6.1.2 发展现状与热点

1. 投资规模不断增大

自2003年以来，在工业污染源污染治理投资中，废气治理投资一直都领先于废水、固废、噪声以及其他污染要素治理投资。“十一五”期间，废气治理投资约占同期工业污染治理总投资的43%，全国实现SO_2排放总量下降14.29%，圆满完成“十一五”规划纲要的要求。2011年，废气治理资金达211.7亿元，比上年增加12.1%，占工业源治理总投资的47.6%，其中脱硫、脱硝治理项目投资分别为112.7亿元和12.7亿元[2]。“十二五”期间，中国将继续加强大气污染防治力度，实施一批大气污染物减排工程，大气污染防治投资力度将不断加大。

2. 设施应用发展迅速

“十一五”期间，中国大气污染防治设施建设发展迅速，至2010年年末共有废气治理设施187 401套，相比2005年的145 043套增加了29.2%。在脱硫领域，“十一五”期间增加建成投运燃煤电厂脱硫设施5.32亿千瓦，2011年又增加0.68亿千瓦，全国脱硫机组容量占火电装机容量的比重已由2005年的12%提高到了87.6%；2011年新增钢铁烧结机烟气脱硫设施93台、1.58万平方米，安装脱硫设施烧结机面积占钢铁行业总烧结面积的比重由2010年的19.3%提高到了32.8%[3]。在脱硝领域，2011年新投运脱硝机组容量4 952万千瓦，全国脱硝机组装机容量占火电装机容量的比重由2010年的11.2%提高到了16.9%[4]。

3. 产业体系逐步形成

经过多年的发展，全国已经逐步形成了比较完整的大气污染防治产业。从目前的发展来看，大气污染治理设备制造行业是大气污染防治产业链的核心产业，产品以脱硫、脱硝和除尘设备为主，2012年仅脱硫、脱硝、除尘三大行业产业规模就已达到975.1亿元[5]，从业企业通过引进国外先进技术和自主创新研发，形成的技术与产品已经基本能够覆盖中国大气污染控制的各个环节。

4. 涉及范围不断扩大

传统的大气污染防治产业主要以工业、交通污染源的SO_2、NO_X和烟粉尘等常规大气污染的控制为主，随着社会经济的发展和人民生活的改善，许多非常规的大气环境污染问题得到关注，使得大气污染防治产业涉及范围不断扩大，如影响灰霾天气出现频率的$PM_{2.5}$、O_3、重金属污染，影响人群居住健康的室内装修空气污染和汽车车内空气污染，以及工业有毒有害的有机废气等。

6.1.3　发展新情况

1. 大气污染防治形势严峻

虽然近年来部分城市环境空气质量有所改善，但大气污染防治形势依然严峻，煤烟型污染尚未得到控制，以 $PM_{2.5}$ 为特征污染物的区域性大气环境问题日益突出。按照《环境空气质量标准》(GB3095—2012) 评价，2012 年全国 325 个地级及以上城市空气质量达标比例仅为 40.9%，113 个环境保护重点城市达标比例仅为 23.9%。此外，主要大气污染物排放量巨大，2012 年 SO_2、NO_X 排放总量分别达到 2 117.6 万吨和 2 337.8 万吨，均远超出环境承载能力[6]。

2. 灰霾问题日益突出

随着重化工业的快速发展、能源消费和机动车保有量的快速增长，排放的大量 SO_2、NO_X 与 VOCs 导致 $PM_{2.5}$、O_3、酸雨等二次污染呈加剧态势。2011 年，按新标准进行评价，全国多数城市 $PM_{2.5}$ 年均值达到 58 微克 / 立方米；O_3 监测试点表明，部分城市 O_3 超过国家二级标准的天数达到 20%，有些地区多次出现 O_3 最大小时浓度超过欧洲警报水平的重污染现象[7]。复合型大气污染导致能见度大幅度下降，京津冀、长三角、珠三角等区域每年出现灰霾污染的天数达 100 天以上，个别城市甚至超过 200 天。

3. 政策环境趋于利好

2011 年以来，国家陆续出台了一系列与大气污染防治产业密切相关的政策文件。《火电厂大气污染物排放标准》(GB 13223—2011) 于 2012 年 1 月 1 日实施，其排放限值更为严苛，NO_X 排放标准甚至严于部分发达国家，带来巨大的除尘、脱硝行业市场。《环境空气质量标准》(GB3095—2012) 自 2012 年开始陆续推进实施，至 2016 年 1 月 1 日全国实施，增设了 $PM_{2.5}$ 和 O_3 浓度限值并收紧了 PM_{10}、NO_2 等污染物的浓度限值，环境监测仪器仪表行业是直接的受益行业。《关于执行大气污染物特别排放限值的公告》[8] 于 2013 年 2 月 27 日发布实施，规定在重点控制区的六大行业以及燃煤锅炉项目执行大气污染物特别排放限值。陆续发布的脱硝电价补偿政策、《关于加强环境空气质量监测能力建设的意见》[9]、《重点区域大气污染防治“十二五”规划》[10]、国务院大气污染防治十条措施[11] 等政策文件，也将对大气污染防治产业的发展起到积极的推进作用。

4. 大气污染物协同控制策略全面实施

《关于推进大气污染联防联控工作改善区域空气质量的指导意见》[12] 于 2010 年

5月发布，要求全国实施多污染物协同控制，重点行业是火电、钢铁、有色、石化、水泥、化工等，重点污染物是SO_2、NO_X、PM、VOCs等，着力解决酸雨、灰霾和光化学烟雾污染等污染问题。协同控制策略的实施，将全面推动同时具备烟气脱硫、脱硝、除尘、脱汞等多种污染物脱除功效的新技术与新设备的技术研发与产业化进程。

5. 机动车尾气治理重点转变为柴油机

中国已连续3年成为世界机动车产销第一大国，2011年机动车保有量达20 754.6万辆，与1980年相比增加了30倍。监测表明，机动车污染已成为中国空气污染的重要来源，其中柴油车排放的NO_X接近汽车排放总量的70%，PM超过90%[13]。柴油机相比汽油机具有良好的燃油经济性、动力性、耐久性，在国外应用日益广泛，但其NO_X和$PM_{2.5}$排放远高于汽油车，且无法使用三元催化剂控制排放，污染治理技术的落后限制了柴油车的发展。柴油汽车尾气治理设备的重大技术突破与产业化，将极大促进柴油车的广泛应用和生物柴油需求的增长。

6.2 产业布局、发展重点及重点技术

6.2.1 产业布局

从行业布局来看，中国已经逐步形成了包括大气污染治理设备制造、专用药剂与材料制造、大气环境监测仪器仪表制造、大气污染防治设施运营服务、大气环境监测服务等领域的比较完整的大气污染防治产业。脱硫、脱硝、除尘设备制造三大领域是中国大气污染防治产业的三大核心行业，2012年脱硝、除尘和脱硫各行业产业规模分别达到544.5亿元、298.6亿元和132亿元[5]。在大气污染防治相关政策的引导下，大气污染防治产业格局基本形成，其中脱硝和除尘行业投资与发展机会最大，机动车尾气治理和大气环境监测行业也将形成新的投资机会及增长点。

从区域布局来看，大气污染治理研发制造与运营服务两大方向企业的空间分布有所不同。研发制造企业最为成熟的区域是北京和江苏，对环渤海、长三角区域的辐射带动效应明显，其中脱硫企业分布较广但东南沿海地区较弱，脱硝企业则集中于东部沿海和中西部地区，除尘企业主要集中在东南沿海地区。而运营服务企业主要集中在河北、山东、北京、江苏等，环渤海、长三角区域产业发展较为成熟，四川、广东、湖北、湖南等地区也有较多分布。总体来看，环渤海、长三角区域是中国大气污染防治产业发展领先的区域，西南、珠三角、中部地区则机会与市场紧随其后，初步形成产业竞争格局[5]。大气污染治理研发制造企业分布情况见图6.1，大气污染治理运营服务企业分布情况见图6.2。

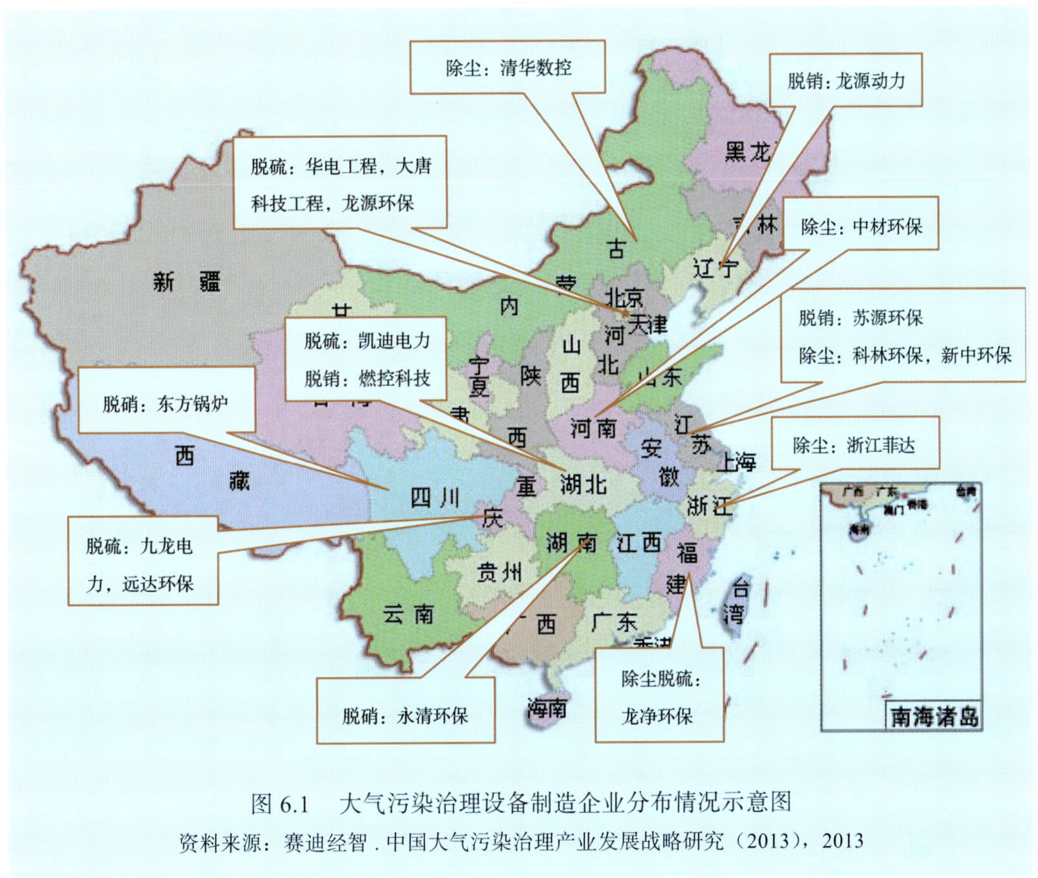

图 6.1　大气污染治理设备制造企业分布情况示意图

资料来源：赛迪经智 . 中国大气污染治理产业发展战略研究（2013），2013

6.2.2　发展重点

大气污染防治工作的主要目标就是切实减少大气中各种污染物的浓度，改善大气环境质量，减少灰霾、酸雨等污染现象的发生频率。综合考虑大气污染防治的工作热点与产业发展现状及趋势，未来中国大气污染防治产业的发展重点包括工业污染源的脱硫、脱硝、除尘、脱重金属等设备的研发与制造，大气污染防治设施运营服务，大气环境监测设备制造与服务，机动车尾气控制等领域 [14 ~ 19]。

6.2.3　重点技术与产品

1. 烟气除尘技术

目前的主流烟气除尘技术包括静电除尘和袋式除尘两大方向。传统静电除尘器除尘效率受烟气和粉尘的物理化学特性影响大，难以满足日益严格的细颗粒物排放控制要求，因此更为高效的袋式除尘技术和新式静电除尘技术将成为未来发展的重点技术 [20 ~ 22]。

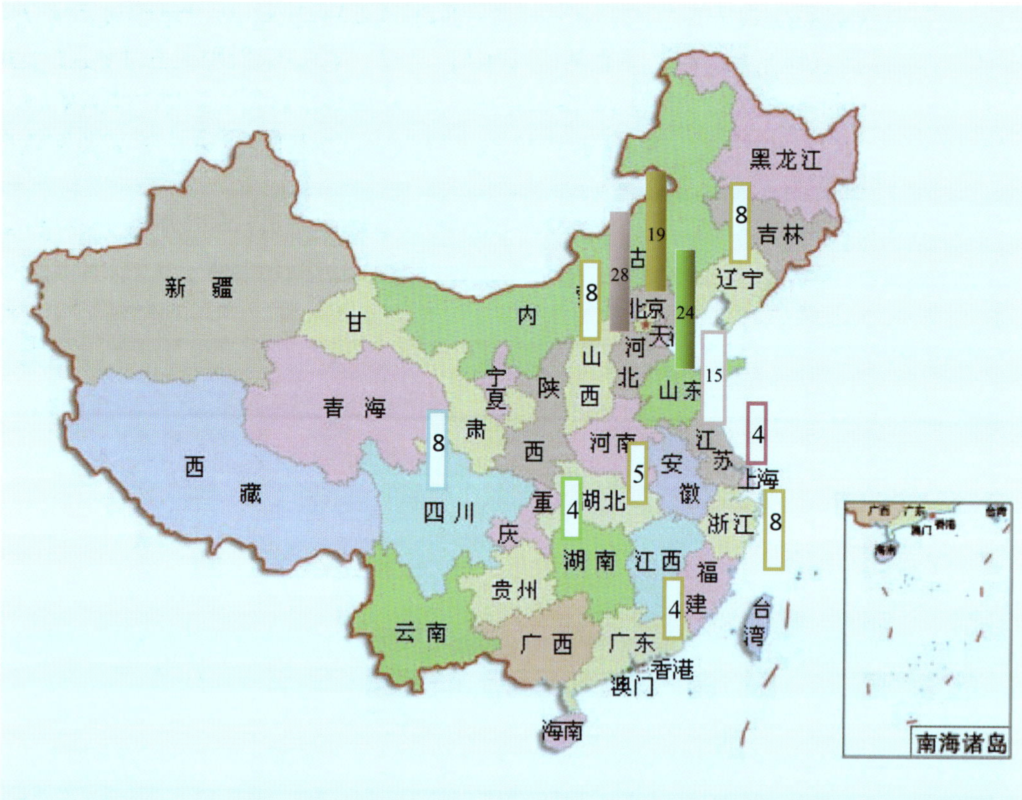

图 6.2　大气污染治理运营企业分布情况示意图

资料来源：赛迪经智 . 中国大气污染治理产业发展战略研究（2013），2013

1）电袋复合除尘技术

袋式除尘器是一种干式高效除尘器，是利用有机纤维或无机纤维编织物制作的袋式过滤元件将含尘气体中固体颗粒物滤出的除尘设备。其优点是效率高且稳定，但存在阻力损失大、滤袋使用寿命短等缺陷，导致运行成本偏高。国内的袋式除尘器技术，尤其是设计技术与发达国家相比具有一定的差距。

电袋复合除尘器是有机结合了静电除尘和布袋除尘的特点，通过前级电场的预收尘、荷电作用和后级滤袋区过滤除尘的一种高效除尘器，它充分发挥电除尘器和布袋除尘器各自的除尘优势，具有效率高、稳定、滤袋阻力低、寿命长、占地面积小等优点，已成为国内外除尘行业研究开发的热点技术[23]。

除尘滤袋是电袋复合除尘器的关键耗材，良好的滤袋应具备致密度和透气性，还应有良好的耐腐蚀性、耐热性及较高的机械强度，中国企业自主生产的除尘滤袋在耐高温、耐酸碱腐蚀等方面与国外还有较大的差距，开发更耐用且经济的滤袋是进一步降低袋式除尘器运行成本的重要保障。

龙净环保是国内电袋复合除尘器领域的龙头企业，旗下 FE 型电袋复合除尘器产

品具有自主知识产权，全球首台 100 万千瓦机组电袋复合除尘器于 2013 年 7 月在新密电厂通过论证，总体技术水平达到了国际领先水平。掌握自主知识产权的菲达环保、中材环保等企业也先后推出并投产了电袋复合除尘器。目前电袋复合除尘器在细颗粒物电凝并技术、滤料结构与表面处理技术以及滤袋清灰制度等领域仍然需要进一步研发提升。

随着重点行业烟尘排放标准的不断收紧，现有静电除尘器改造及新建项目带来了对电袋复合和袋式除尘器的巨大市场需求。以除尘器需求最大的火电行业为例，当前中国燃煤电厂采用电袋和袋式除尘器总装机容量比例不超过 15%，预计火电行业未来电袋和袋式除尘器每年约有 30 亿元的市场前景。

2）新式静电除尘技术

常规电除尘器面临的主要技术瓶颈是高比电阻粉尘所导致的反电晕和振打引起的二次扬尘，但静电除尘技术的研发一直没有停步，目前在国内已经基本开发完成或初步产业化的技术包括湿式电除尘技术、低低温电除尘技术和旋转电极式电除尘技术等。

湿式电除尘器是在干式电除尘器基础上发展起来的，其最大的技术改进就是收集粉尘后的清灰方式改为水冲洗电极使粉尘剥离。湿式电除尘器拥有捕集微细粉尘的功能，对微细、潮湿、黏性或高比电阻粉尘的捕集效果更佳，对 $PM_{2.5}$ 的去除效率显著提高，同时也能对酸雾进行捕集 [24]。

低低温电除尘器在电除尘器上游设置热回收装置，使得电除尘器入口烟气温度降低，从而提高除尘效率。烟温下降可以降低烟尘比电阻和烟气量，有利于提高除尘效率特别是 $PM_{2.5}$ 的捕集效率，并可以提高湿法脱硫系统的脱硫效率，同时实现烟气余热的回收利用，可以利用电除尘器进行升级改造 [25]。

旋转电极式电除尘器利用旋转阳极板将粉尘运送到非收尘区域后，采用正反旋转的清灰刷来进行清灰，使得集尘极能保持清洁状态且粉尘在非收尘区域中被清除，有效克服了常规电除尘器缺陷，大幅度提高了除尘效率。同时其具备节约场地的特点，特别适合于传统电除尘器的改造 [26]。

2. 烟气多污染物协同控制技术

单项污染物分级治理模式已不能适应大气污染控制技术的发展趋势，从单一的污染物处理模式转向研究烟气多污染物协同控制成为该领域的技术动向。从目前的进展来看，国内尚未掌握自主研发的、可大规模商业化运营的多污染物协同控制技术，该类技术的成熟将有可能取代现有的脱硫、脱硝、脱汞及除尘等单污染物逐级处理模式，替代市场规模巨大 [27]。

1）活性焦干法烟气净化技术

该技术源于德国，利用活性焦的物理吸附和化学吸附，可以同时脱除烟气中的 SO_2、NO_X、烟尘、重金属和部分大分子有机物。工艺系统较为简单，生产原料易得，脱硫副产品可以缓解中国硫矿资源的不足，节水特性特别适合水资源缺乏地区。近年来该技术在中国的研发与应用十分活跃，部分企业通过国外合作和引进消化吸收再创新已经掌握了部分技术，如上海克硫、国电清新等，已经有若干采用该技术脱硫的工程案例，未来亟待开展核心工艺特别是脱硝工艺的研发与工程示范。

2）O_3氧化结合化学吸收技术

该技术利用 O_3 的强氧化性并结合尾部吸收技术同时去除 SO_2、NO_X、Hg 和颗粒物。O_3 氧化吸收多污染物技术工艺机理仍缺乏深入研究，导致该技术尚未得到进一步发展。目前该技术专利由美国 Belco 公司掌握，在国外已有成熟的工程案例，尚未有国内生产厂家掌握该核心技术或开展类似工程试验，国内厂家在强化工艺开发的同时还应努力研究降低 O_3 使用成本的配套技术。

3）有机催化烟气净化技术

该技术源于以色列，是当前世界范围内唯一已经成功商用的，在同一脱硫塔内能同时完成脱硫、脱硝、脱汞的三效合一烟气减排技术。该技术的核心是催化剂，工艺技术简单，催化剂循环使用，副产品硫酸铵和硝酸铵化肥具有广泛的市场。外资公司中悦浦利莱进行了中国本土化研究与开发，成功实现了该技术在中国的工程化应用。中国本土企业尚未掌握该项技术原理，亟待开展引进消化吸收及再创新的研究工作。

4）电子催化剂氧化技术

该技术由美国 PowersPan 公司开发，通过电催化氧化作用将烟气中污染物氧化到高价的氧化物，再经过氨水洗涤器和湿式静电除尘器，达到污染物协同脱除效果，形成的硫酸铵和硝酸铵副产品可以用来生产化肥。该技术具有多污染物较高的脱除效率和副产品综合利用两方面的优势，且可以针对不同污染物灵活选择设备，非常有希望取代传统烟气控制技术，但目前在国内外尚未有大规模商业运营。

3. 烟气脱硝催化剂制造与再生技术

“十二五”期间，国家已开始强制火电行业进行烟气脱硝，水泥、钢铁等重点行业也将逐步纳入到强制脱硝行业的范围内。在目前各种脱硝技术中，选择性催化还原脱硝技术（selective catalytic reduction，SCR）是应用最多、效率最高且最成熟的技术之一，是目前已运行和未来若干年新建脱硝工程的首选技术。脱硝催化剂是 SCR 技术的核心，其建设成本占烟气脱硝工程成本的 20% 以上，运行成本占 30% 以上，且在运行每 3 ～ 4 年后需更换，脱硝催化剂制造与再生行业将形成稳定的市场需求，预计在“十二五”期间市场规模就可达到 3 000 亿～ 5 000 亿元。

1）钒钛催化剂

目前 SCR 脱硝工程应用的主流催化剂为以 TiO_2 为基材的钒钛催化剂，中国钒

钛脱硝催化剂技术完全依赖进口，东方凯特瑞、远达环保、龙源环保、福州大拇指、山东冠通等企业从德国、日本等国家引进技术和生产设备，占领了国内市场先机。江苏万德在充分吸收消化国际先进工艺和技术的基础上，自主开发了具有自主知识产权的钒钛脱硝催化剂产品，并在多家 300 兆瓦、600 兆瓦机组脱硝催化剂供应商竞争中中标，远达环保牵头承担的脱硝催化剂研发“863 计划”项目进展顺利，已经开发出催化剂国产配方，若国产催化剂其脱硝效率和稳定性能通过市场检验，将进一步降低脱硝工程建设和运营成本，存在巨大的替代市场。

TiO_2 载体是生产钒钛催化剂的重要原料，其生产技术长期被德国、法国和日本垄断，国产脱硝催化剂载体 TiO_2 全部从国外高价进口。四川华铁是国内首家拥有脱硝催化剂载体 TiO_2 生产线自主知识产权的企业，已建成投产产能为 5 000 吨 / 年的生产线，工业化产品技术指标达到进口同类产品水平，但仍无法填补国内巨大需求缺口，催化剂原料的国产化将进一步降低脱硝成本。

催化剂再生也是钒钛催化剂行业的重要组成部分，国际上能够掌握并成功向市场推广专业脱硝催化剂再生技术的公司很少，目前国内脱硝催化剂的再生市场尚未正式建立，技术也处于试验论证阶段。龙净环保通过引进国外技术，成为国内首先开始涉足该业务的企业，国内亟待开发专业的脱硝催化剂再生和废催化剂无害化处置技术。

2）稀土催化剂

山东天璨环保科技股份有限公司基于中国稀土资源优势，研发了过渡金属复合氧化物体系的稀土催化剂，具有完全自主知识产权，经试验对比证明可替代现在广泛使用的钒钛催化剂，使用寿命更长且废弃催化剂可综合利用。目前公司已经建成 12 000 立方米 / 年的脱硝催化剂的生产线，若其产品能够得到市场认可，则有望改变中国钒钛催化剂技术长期依赖国外的现状。

4. 大气环境监测仪器仪表

新空气质量标准的实施将带来快速增长的 $PM_{2.5}$ 监测仪器市场需求，是该行业一次重要的发展机遇。中国大气常规监测技术和产品已经接近国际水平，但以 $PM_{2.5}$ 监测设备为代表的高精度监测设备发展水平还处于初级阶段，同国外先进仪器相比还有一定差距，在许多关键元器件生产、核心技术研发等方面还有欠缺。目前国内 $PM_{2.5}$ 监测设备市场中进口设备占有率超过 70%，国内企业需要进一步研发提高产品质量，预计“十二五”期间各城市在 $PM_{2.5}$ 监测设备的投资有望达到 20 亿元。

此外，中国大气污染突发事件呈频发之势，全国各地环境应急监测能力亟待加强，精确稳定的大气污染物快速监测设备和大气污染应急监测车等产品将具有广阔的市场。

5. 柴油车尾气净化技术

面对即将全面实施的国Ⅳ标准，柴油车排气后处理措施已经成为研究与开发的重点方向。中国尚未研制开发出可以实用化的、高效的柴油车尾气净化催化技术，核心技术仍掌握在发达国家手中，目前国际主流的 NO_X 排放的后处理技术主要有 SCR 技术和氮氧化物存储催化还原技术（nitrogen storage reduction，NSR）[28]。

SCR 技术可以同时改善燃油经济性和降低 NO_X 排放，具有良好的抗硫性能，比较符合中国当下的国情，在国Ⅳ标准实施阶段具有巨大的市场推广潜力。而催化剂是 SCR 技术的核心，国内研究尚处于试验阶段，技术薄弱，缺乏成熟的工程经验，尽快研发具有自主知识产权的柴油机 SCR 催化剂将显著降低应用成本。

NSC 技术在成熟应用于汽油机的基础上，近年来开始研究用于柴油机，该技术主要通过载体、催化剂和吸附材料几个部分来脱除 NO_X。该技术的 NO_X 脱除效率较 SCR 技术更高，但是对高硫燃油特别敏感，亟待开展基础研究，可能会在更严格的排放控制阶段形成重要产业。

6.3 产业培育与发展中遇到的问题

6.3.1 产业规模较小

国内大气污染治理产业起步晚、先天条件薄弱，在商业化、企业化、资本化方面还处在初级发展阶段，产业总体规模仍然较小。同时，国内从事大气污染治理相关产业的企业超过千家，但有实力的大中型企业很少，小而散和资金不足的状况制约了大气污染治理产业自身的市场开拓和竞争能力，产业业绩波动大，企业对市场的支配权较小，业务极其容易受到政策、所服务企业决策等的影响。

6.3.2 技术水平较低

大气污染治理产业属于知识密集度很高的技术产业，中国大气污染治理产业的技术能力与世界先进水平有较大差距，大部分企业需要依靠引进国外技术才能占领市场。国内企业自主生产的诸多产品，很多产品在可靠性、适用性、产品结构设计等方面存在欠缺。广泛应用的脱硫、脱硝等设备的核心技术仍掌握在发达国家手中，适应未来的协同控制技术研发与创新能力严重不足，研究人员大量脱离市场需求的工作也导致科研成果很难投入实际应用。

6.3.3 相关政策缺失

国家已经出台的与大气环保产业相关的产业发展政策与规划比较宏观，可操作性和针对性不足，尚未形成环保产业的市场竞争机制，造成市场混乱而缺乏公平竞争的市场环境，存在利用行政权力干预市场，从而造成地方市场割据的局面。大气污染防治产业相关产品和工程缺乏具体的产品标准、技术规范和有效的质量监督，导致市场上的相关产品质量良莠不齐。

6.4　重点案例

江苏盐城环保产业园是国内规划面积最大、江苏沿海唯一的专业环保产业特色园区，在全国大气治理行业处于领先者的地位，集聚了一批国内高端研发机构、行业领军企业、工程服务团队，市场占有率居全国第一，享有“中国烟气治理之都”的美誉。

截至 2012 年年底，江苏盐城环保产业园已入园从事大气污染防治产业的环保企业达 36 家，规模较大、技术较强的企业包括浙江菲达环保科技股份有限公司、福建龙净环保股份有限公司、江苏科行环境工程技术有限公司、江苏紫光吉地达环境工程科技股份有限公司等，大气治理行业全国前十强企业有 5 家在园区入户。园区环保产业以空气污染治理设备制造为核心，总产值约占园区环保产业的 3/4，主导产品静电除尘器、袋式除尘器、电袋复合除尘器等在全国市场占有率达 30% 以上。

2013 年，《江苏省盐城市国家环保产业集聚区建设规划》通过论证，提出继续以大气污染防治产业为主体大力发展先进环保产业，重点发展高效电除尘器、高温滤袋式除尘器及袋式除尘器高效清灰技术、脱硫脱硝技术及成套设备等，形成具有国际竞争力的大气污染治理产业集群。

6.5　促进产业发展的政策建议

1. 完善产业规制

充分考虑国内环保产业现状和发展需求，科学制定合理可行的大气污染防治相关法律法规和产业政策，鼓励各地根据自身情况适时出台地方污染物排放标准，充分发挥环境标准在引领环保产业发展中的先导作用。推进大气污染防治产业技术与产品标准化，加快建立以技术政策、技术指南、工程技术规范、产品标准，以及环境技术评价和示范推广体系为主要内容的大气污染防治技术管理体系，大力推进实施企业环保产品标准、环境工程技术规范、环境服务标准等。

2. 制定经济政策

完善环保产业市场化机制，打破行业垄断和地方保护，充分发挥市场在配置资源中的价值决定、供求调节和优胜劣汰竞争机制的良性作用；拓展投融资渠道，大力发展绿色信贷和创新金融产品，支持符合条件的企业发行企业债券、中小企业集合债券、短期融资券、中期票据等债务融资工具；开展环保产业市场化专题研究，在培育市场主体、优化投资结构、建立监管体系、完善收费制度、落实优惠政策等方面制定鼓励和扶持大气污染防治产业发展的政策，鼓励和引导民间投资和外资进入大气污染防治领域。

3. 鼓励技术创新

不断完善环保产业技术创新体系，推进大气污染防治产业技术进步。大力推进建立以企业为主体、产学研结合的环保技术创新体系，鼓励和引导龙头骨干企业组建创新基地、工程技术中心和重点实验室；充分发挥国家科技重大专项、科技计划专项资金等的作用，加大大气污染防治领域关键共性技术攻关力度；建立一批大气污染防治产业聚集、优势突出、产学研用有机结合、引领示范作用显著的产业示范基地，促进科技成果产业化转化；加强技术国际合作，培养科技创新、工程技术高端人才。

4. 促进产业集聚

支持企业以优势互补为基础组建环保产业联盟，以多种方式逐步形成上下游产业链较为完整、产业结构比较健全的环保产业集群。依托国家生态工业园、环保产业园等平台，大力发展大气环保产业聚集区，有利于克服企业规模小、技术力量薄弱的缺陷，有助于形成大型大气环保产业集群，实现大气环保产业规模化发展。在基础条件较好的地区发展环保产业聚集区，形成若干区域性环保产业发展中心，为其他地区环保产业发展提供多领域全方位示范，通过辐射带动作用有效推动区域社会经济的又好又快发展。

参考文献

[1] 孟伟，罗宏，杨占红，等 . 环保产业篇 . 载：中国工程科技发展战略研究院 . 中国战略性新兴产业发展报告 2013. 北京：科学出版社，2013.

[2] 环境保护部 . 2011 中国环境统计年报 . 北京：中国环境科学出版社，2012.

[3] 中国工业节能与清洁生产协会 . 2012 中国节能减排发展报告 . 北京 : 中国经济出版社，2013.

[4] 环境保护部 . 环境保护部通报 2011 年度全国主要污染物减排情况 .http://www.zhb.gov.cn/gkml/hbb/qt/201209/t20120907_235881.htm，2012-09-07.

[5] 赛迪经智 . 中国大气污染治理产业发展战略研究（2013），2013.

[6] 环境保护部 . 2012 中国环境状况公报，2013.

[7] 环境保护部 . 2011 中国环境状况公报，2012.

[8] 环境保护部 . 关于执行大气污染物特别排放限值的公告，2013.

[9] 环境保护部 . 关于加强环境空气质量监测能力建设的意见，2012.

[10] 环境保护部 . 重点区域大气污染防治“十二五”规划，2012.

[11] 国务院 . 大气污染防治十条措施，2013.

[12] 环境保护部 . 关于推进大气污染联防联控工作改善区域空气质量的指导意见，2010.

[13] 环境保护部 . 2012 年中国机动车污染防治年报，2012.

[14] 燕中凯，尚光旭 . 中国环保产业“十二五”技术发展重点领域 . 中国环保产业，2011，(9)：19 ～ 24.

[15] 科技部，环境保护部 . 蓝天科技工程“十二五”专项规划，2012.

[16] 工信部，财政部 . 环保装备“十二五”发展规划，2011.

[17] 环境保护部 . 关于环保系统进一步推动环保产业发展的指导意见，2011.

[18] 环境保护部 . 国家环境保护“十二五”科技发展规划，2011.

[19] 国务院 . 关于加快发展节能环保产业的意见，2013.

[20] 陈其颢，朱林，王可辉，等 . PM2.5 标准及火电行业 PM2.5 主流控制技术 . 华东电力，2013，41（5）: 1124 ～ 1127.

[21] 尚伟，黄超，王菲 . 超细颗粒物 PM2.5 控制技术综述 . 环境科技，2008，21（S）: 75 ～ 78.

[22] 环境保护部 . 环境空气细颗粒物污染防治技术政策（试行），2013.

[23] 郑奎照 . 电袋复合除尘器捕集微细粉尘 PM2.5 技术探讨 . 中国环保产业，2013，(5) : 25 ～ 29.

[24] 吕馨，Chabek W. 湿式静电除尘器 IWS 技术及在工业废气治理中的运用 . 环境工程，2013，31（1）: 66 ～ 68.

[25] 郭士义，丁承刚 . 低低温电除尘器的应用及前景 . 装备机械，2011，(1) : 69 ～ 73.

[26] 浙江菲达环保科技股份有限公司 . 旋转电极式电除尘器技术介绍，2011.

[27] 李启良，柏源，李忠华 . 应对新标准燃煤电厂多污染物协同控制技术研究 . 电力科技与环保，2013，29（3）: 609.

[28] 王建强，杨建军，高继东，等 . 柴油车尾气排放控制技术进展 . 科技导报，2011，29（11）:67 ～ 75.

第 7 章

“城市矿产”开发利用产业

孟　伟　冯慧娟　罗　宏　张保留　郭玉文

【内容提要】 本章论述了“城市矿产”开发利用产业的发展现状与趋势，阐明了产业重点技术现状与发展方向，包括废旧有色金属再生利用技术、废旧高分子材料高值利用技术、废液晶显示器资源化利用技术、废旧电路板回收利用技术等。同时，指出了产业战略布局与发展重点，剖析了新天地静脉产业园案例。最后，提出了促进产业发展的政策取向，包括完善相关法律规范和标准、完善和强化经济政策、提高技术研发水平、规范多元化的回收体系等。

“城市矿产”开发利用产业是资源循环利用产业的重要组成部分。“城市矿产”中蕴藏着大量的有色金属、稀贵金属以及塑料、橡胶等资源，在矿产资源日趋枯竭的全球背景下，开发利用“城市矿产”并使其良性健康发展有其特殊意义。

7.1　“城市矿产”开发利用产业的概念和发展现状

7.1.1　基本概念与范畴

“城市矿产”是对循环经济产业当中废弃资源再生利用规模化发展的形象比喻，是工业化和城镇化过程中产生和蕴藏在废旧机电设备、电线电缆、通信工具、汽车、

家电、电子产品、金属和塑料包装物以及废料中，可循环利用的钢铁、有色金属、塑料、橡胶等资源[1]。该产业以城市废旧机电设备、废旧电子产品、报废汽车等为主要对象，通过现代技术与工艺，在规范的市场运作下，最大限度地保存及利用其中所含的金属、非金属、塑料等重要价值，使其成为可重新使用的产品或资源，以达到节能、节材、环保等目的[2, 3]。“城市矿产”开发利用产业是循环经济发展的重点。

7.1.2 发展现状

1. 国外发展现状

在西方发达国家，“城市矿产”开发利用产业已经成为一个新兴的朝阳产业。2010 年，发达国家再生资源产业的规模年均产值已达 1.8 万亿美元。以金属类再生资源为例，目前的再生金属资源产量占总产量的 40% ～ 50%；废钢在粗钢生产中利用比重平均达 45% ～ 50%；再生铜占铜产量比重平均达 50% ～ 65%；再生铝占铝产量比重平均达 45%。美国每年的再生资源销售额高达 2 360 亿美元[4]；德国采取多元回收体系对玻璃、铝、锡、塑料等包装物进行回收利用，回收率分别达到 100%、100%、99% 和 97%[5]。

2. 国内发展现状

1）国家高度重视，政策支持力度不断加大

近年来，国家先后颁布了一系列相关政策措施，包括 2006 年发布的《静脉产业类生态工业园区标准（试行）》，2008 年颁布的《循环经济促进法》，2010 年颁布的《关于开展城市矿产示范基地建设的通知》和《废气电器电子产品处理企业资格审查和许可指南》，2011 年出台的《关于建立完整的先进的废旧商品回收体系的意见》和《废气电器电子产品回收处理管理条例》，2012 年出台的《“十二五”循环经济发展规划》、《“十二五”国家废物资源化科技发展专项规划》和《“十二五”节能环保产业发展规划》，以及 2013 年出台的《循环经济发展战略及近期行动计划》等，为“城市矿产”开发利用创造了良好的政策环境。

2）产业所有制形式多元化，个体、私营经济逐步成为行业的主体

随着经济体制的转轨以及再生资源产业市场的逐步放开，形成了从产生源经固定收购点、流动收购点、拾荒者、资源化加工户（或企业）等层层筛选、分类，最终到利用企业的完整流程。个体、私营经济成分开始出现并发展壮大，目前形成了以个体、私营为主体，国有、个体、私营并存，且性质复杂、具有竞争性的局面。

3）产业总体规模不断壮大，产业链基本形成

“十一五”期间，中国“城市矿产”利用总量已达 6.3 亿吨，产值增长迅速。主

要再生资源回收利用总量由 0.84 亿吨增长至 1.49 亿吨，同比增长 77.4%，废旧车船和机械设备拆解能力近千万吨，有色金属和贵金属回收、加工能力及加工质量大大提高 [6]。2011 年，各类再生资源回收利用企业达 10 万多家，各类回收网点约有 20 多万个 [4]。一个遍布全国的，集回收、加工、利用为一体的再生资源产业体系已初步形成。2012 年，国内四大品种（铜、铝、铅、锌）废料回收总量达到 660 多万吨（金属量），铜废料、铝废料、铅废料、锌废料回收量分别为 270 万吨、150 万吨、140 万吨、130 万吨。同期，再生铝、再生铜、再生铅、再生锌生产量分别达到 480 万吨、275 万吨、140 万吨和 144 万吨。钢、有色金属、塑料等产品近三分之一的原料来自再生资源，其已成为资源供给的重要渠道之一 [6, 7]。在未来 3 ～ 5 年，中国再生资源产业的整体利用效率将再提高 10% 以上，产值年均增长将达 25% [8]。到 2015 年，主要再生资源利用总量将达到 2.66 亿吨，产值达到 1.2 万亿元，就业人员 1 800 万人 [9]。

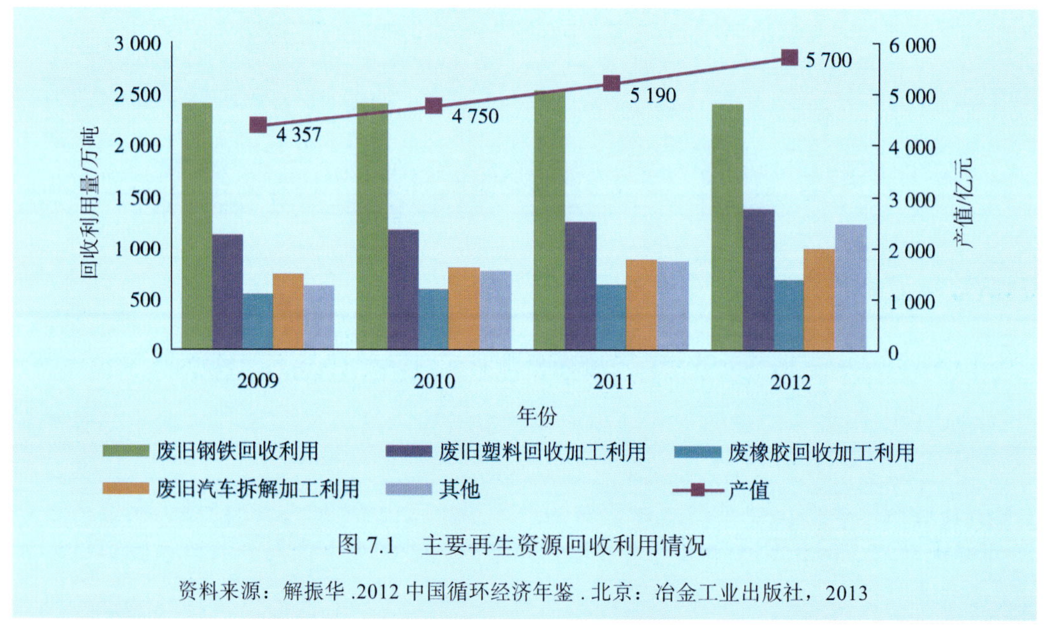

图 7.1　主要再生资源回收利用情况

资料来源：解振华 .2012 中国循环经济年鉴 . 北京：冶金工业出版社，2013

7.2　产业战略布局、发展重点及重点技术

7.2.1　战略布局

从空间分布来看，“城市矿产”开发利用产业主要分布在东部地区，呈现出由东向西逐渐减弱的规律，总体上与全国东、中、西三大经济带相吻合。东部地区“城市矿产”来源丰富，回收体系建设良好，“城市矿产”加工利用水平较高。其中，广东省资源回收与再生企业分布最密集 [10]。

2010～2012年，国家先后批复了三批共28个“城市矿产”示范基地[11]，重点布局在国家或省级循环经济试点产业园区（具体见表7.1），形成了环渤海、长三角和中部地区三大重点“城市矿产”开发利用产业集聚区域。其中，天津子牙循环经济产业区、河南大周镇再生金属回收加工区等示范基地2011年资源聚集量均超过了100万吨，成为国家重要的资源供应地[6]。类似的还有国家循环经济试点和国家生态工业园区等。

表7.1 国家“城市矿产”示范基地名单

类别	序号	示范基地名称
第一批	1	天津子牙循环经济产业区
	2	宁波金田产业园
	3	湖南汨罗循环经济工业园
	4	广东清远华清循环经济园
	5	安徽界首田营循环经济工业区
	6	青岛新天地静脉产业园
	7	四川西南再生资源产业园区
第二批	1	上海燕龙基再生资源利用示范基地
	2	广西梧州再生资源循环利用园区
	3	江苏邳州市循环经济产业园再生铅产业集聚区
	4	山东临沂金升有色金属产业基地
	5	重庆永川工业园区港桥工业园
	6	浙江桐庐大地循环经济产业园
	7	湖北谷城再生资源园区
	8	大连国家生态工业示范园区
	9	江西新余钢铁再生资源产业基地
	10	河北唐山再生资源循环利用科技产业园
	11	河南大周镇再生金属回收加工区
	12	福建华闽再生资源产业园
	13	宁夏灵武市再生资源循环经济示范区
	14	北京市绿盟再生资源产业基地
	15	辽宁东港再生资源产业园
第三批	1	佛山市赢家再生资源回收利用基地
	2	滁州报废汽车循环经济产业园
	3	新疆南疆城市矿产示范基地
	4	山西吉天利循环经济科技产业园区
	5	黑龙江省东部再生资源回收利用产业园区
	6	永兴县循环经济工业园

7.2.2 发展重点及重点技术

实施“城市矿产”示范工程，建设“城市矿产”示范基地，提升废旧有色金属、废旧高分子材料、废液晶显示器、废旧电路板等资源化利用技术是该产业的发展重点。

1. 废旧有色金属再生利用技术

目前，废旧有色金属再生利用企业开始以各种专用破碎机、铜米机、筛分机等机械设备替代人工操作，提高了装备自动化水平，并由部分加工企业新建了先进的破碎分选系统设备。再生铝领域的磁搅拌、蓄热燃烧技术得到了更多的应用，侧井炉、爽室炉、循环泵也开始逐步推行；再生铜领域，国内自主研发的回转式精炼炉、竖平炉也开始投建及应用；再生铅领域，企业自主研发的节能环保短窑和废铅酸蓄电池破碎分选国产化设备得到了应用[12]。未来重点研发推广废旧有色金属机械化拆解和高效分离预处理技术、废旧有色金属成分快速检测设备。重点研发推广再生铜倾动式阳极炉及其他新型熔炉、废杂铜分级直接利用技术、先进铝熔炼技术装备、连续倾动炉冶炼技术、富氧顶吹熔池熔炼技术、蓄热式燃烧技术、废铝罐低烧损还原技术、再生有色金属熔炼工艺智能化控制技术和再生有色金属物料自动配比设备等[13，14]。

2. 废旧高分子材料高值利用技术

目前，废橡胶粉碎改性、废塑料回收利用等技术研发取得了一定进展，对废旧高分子材料高效分离、复合改性、高端材料制备等高值利用技术仍存在迫切的需求。未来需要加快废旧橡胶超细胶粉制备与改性利用、废旧塑料制备高端材料、废旧纺织品分离与综合利用等技术和装备的研发及产业化[15]。应推广应用常温粉碎及低硫高附加值再生橡胶成套设备；研发和集成各种废塑料混杂物分类技术或直接利用技术[16～18]。

3. 废液晶显示器资源化利用技术

废液晶显示器的资源化技术以显示器面板处理技术、面板玻璃资源化技术为主，而废液晶显示器作为低品位含铟废料，对其铟的提取工艺技术迫切需求。同时，废液晶显示器中含有汞、镉、铬、镍、铅、钼及硒、砷、PBDE（多溴联苯醚）和PBB（多溴联苯）等有毒有害物质，特别是液晶成分复杂且含有氰基、氟、溴、氯等对环境可能产生危害的基团，未来废液晶显示器的无害化处理技术是发展的重点。应加快加热析出技术、催化分解技术、废液晶显示器玻璃基板的资源化利用技术等的推广和应用[19，20]。

4. 废旧电路板回收利用技术

废旧电路板资源化处理技术比较成熟，可通过物理、化学及生物法等多种技术实现有价值组分的回收利用，但是迫切需求更加清洁、高效、无害化处理技术。未来应示范推广废旧电路板自动拆解和物料分离技术，重点是高效粉碎与旋风分离一体化技术，以及风选、电选组合提纯工艺；应加强对有色金属、稀贵金属的高效提取及污染控制的技术装备的研发和推广，重点研究废旧电路板破碎和高压静电分选技术，废旧电路板回收处理成套设备，以及铜、锡、铅、金、银等金属再生成技术及设备。另外，废电路板非金属粉末改性技术、非金属材料制备复合材料技术也是研究的热点[13，21]。

7.3 产业培育与发展中存在的问题

1. 市场进入壁垒低，无序竞争

随着再生资源产业市场逐步放开，市场进入壁垒大大降低。同时，由于该行业技术和资金门槛较低，各种类型的经营主体纷纷进入。自发形成的再生资源产业市场呈现无组织、分散化状态，市场秩序混乱，无序竞争、恶性竞争激烈。 通过哄抬物价、倒买倒卖、欺行霸市、偷税漏税、不择手段牟取暴利等不规范回收、不规范交易和不规范加工利用现象普遍存在。

2. 企业经营规模小，竞争力弱

从总量上看，目前该产业企业数量迅速增加，但从单个企业规模来看，大多是在个体、民营经济的基础上发展起来的，处于起步和积累阶段，资产和规模都相对较小，从业人员整体素质偏低，而且回收渠道多元化，回收利用方式分散化、无序化。例如，目前我国再生铅企业约 300 多家，其中 95% 以上年产量都在 20 000 吨以下，20 000 吨以上的企业屈指可数，企业规模经济效益难以发挥。而美国等发达国家的再生铅企业大多年产量在 100 000 吨以上[22]。这些企业技术设备落后、设备简陋，资源未能得到有效利用，经济效益也十分有限。

3. 技术装备落后，回收利用水平低

经过多年发展，中国“城市矿产”开发利用技术取得了一定进步，但总体上仍处于较低水平。大量企业还处于粗放经营、初级加工阶段，资源化加工和利用工艺及装备的整体水平落后，资源利用水平低，不但造成了资源的浪费，还降低了产品的竞争力。即使是先进适用的技术，也由于缺乏资金而难以推广应用。据统计，中国每年约有 500 万吨的废钢铁、20 多万吨的废有色金属、1 400 万吨的废纸及大量的废塑料、废玻璃等没有回收利用[23]。

4. 加工处理不当，二次污染严重

由于再生资源回收利用长期关注资源的利用价值，而且受经济利益的驱动，并未作为实现环境目标而进行的活动，因此在回收加工过程中任意地拆解、焚烧、排污。随着再生资源加工利用的不断深化，以及人们环境保护意识的不断加强，再生资源加工利用过程中的二次污染问题以及再生资源加工利用后的废弃物处理处置问题已被人们越来越关注，甚至引起部分人对发展再生资源产业的质疑。

5. 缺乏相应的标准和技术规范，监管不严

“城市矿产”本身来源分散，种类、成分复杂，而且目前中国再生资源产业的相关法律法规还不健全、不完善，缺乏市场准入和回收、利用等标准。不同等级、合格的和不合格的混杂在一起，增加了后续资源化加工、再利用的难度和成本。资源化加工标准和再生产品标准也同样缺失，甚至用废料加工成的有害产品也流入市场，使资源未得到合理、高效利用。这也是造成目前市场秩序不规范、行业管理混乱的原因之一。

7.4 重点案例

青岛新天地静脉产业园是以多品种“城市矿产”循环利用为主体的园区，是国家发改委、财政部批准的首批“城市矿产”示范基地。该园区建立了覆盖山东全省的再生资源回收网络，保障再生资源原料来源；搭建了省、市、园区的三级信息监管平台，对再生资源回收、运输、储存、利用和处置实施全过程动态监控；设立了资源利用、集中焚烧和安全填埋“三位一体”的园区环保设施体系，有效控制了二次污染，探索出了建立回收网络，对再生资源回收利用全过程实施信息化管理的循环经济发展模式。

该园区构建了废有色金属、电子废弃物、报废汽车的“回收—拆解—初加工—再生原材料”产业链（图 7.2），废塑料和废橡胶的“回收—分类分选—初级加工—深加工”产业链，以及废渣、废液的“回收—提取贵金属—无害化处理”产业链，通过自主研发的绿色拆解及高效分选技术工艺，引进日本先进的氟利昂回收再生技术，配套建设了废氟利昂再生项目，实现了多品种再生资源的专业化、规模化利用。2010 年，园区共回收处理各类再生资源 55 万吨，处理电子废弃物 151.8 万台，在全国“城市矿产”规模化、集群化发展方面具有借鉴意义[11]。

图 7.2 青岛静脉产业园废气电子产品拆解、资源化利用

7.5 促进产业发展的政策建议

1. 完善相关法律规范和标准

目前，中国已经颁布了以《循环经济促进法》、《废弃电器电子产品回收处理管理条例》等为核心的一批循环经济领域的法律法规，但还缺乏"城市矿产"领域的专门规章，应进一步加快制定并实施。同时，进一步强化生产者延伸责任制。大力推动"城市矿产"开发利用的标准化工作，按照资源的不同级别、不同利用方式和产品的要求制定与法律法规相配套的执行标准，如分类回收标准、资源化加工标准、利用标准、再生产品的标准等，使资源得到相应的充分利用，使"城市矿产"开发利用逐渐规范化、规模化[24]。

2. 完善和强化经济政策

完善和强化投资、财政、税收、价格等经济政策。各级政府要将"城市矿产"开发利用项目列为重点投资领域，大力支持;在循环经济专项资金中重点支持"城市矿产"开发利用，除通过中央和地方财政资金加大支持力度外，可争取国际赠款和贷款投入；进一步完善再生资源回收利用的增值税和所得税政策，制定鼓励循环经济的产品名录，并提供具体的财政和税收优惠；开展废旧家电处理补贴制度实施与监督管理；鼓励银行业金融机构对"城市矿产"开发利用重点项目给予包括信用贷款在内的多元化信贷支持，创新信贷产品，拓宽抵押担保范围，完善担保方式。

3. 提高技术研发水平

通过建立技术研发平台、产学研相结合，开展再生资源分选、拆解、破碎、加工共性关键技术开发，培育形成具有自主知识产权的成套处理装备研发、设计和制造能力；扩大急需设备生产规模，加快“城市矿产”开发利用关键技术与装备产业化；引进、消化、吸收国外先进技术和设备，掌握关键技术；建立“城市矿产”开发国家级研发中心，包括报废汽车、废旧电器电子、废旧金属、废旧塑料等资源再生技术研发中心，支持和培育一批从事“城市矿产”开发的技术研发、咨询服务、推广应用的服务机构，加快淘汰落后，实现技术和装备升级，提高“城市矿产”开发利用水平和产品附加值。

4. 规范多元化的回收体系

在已经形成的自由拾荒者、流动回收者、固定回收者等再生资源回收体系基础上，将“城市矿产”示范基地建设与现有回收体系有效衔接，积极整合、改造、规范和提升现有体系，建立“集中回收—加工—再生循环”链条，依托网络化、园区化的“城市矿产”回收体系，提高产业集中度，形成良好的产业聚集效应，为园区提供资源支撑。积极筹建“城市矿产”资源集散交易市场，建立健全信息交互中心、分类转运中心。将城市矿产回收体系建立到城镇各个社区和自然村内，可设立一定数量的“城市矿产”资源收购点。

参考文献

[1] 国家发改委，财政部 . 关于开展城市矿产示范基地建设的通知，2010.

[2] 赵家荣 . 发展“城市矿产”建设生态文明 .http://hzs.ndrc.gov.cn/newgzdt/t20121218_518897.htm，2012-12-18.

[3] 赵英淑 . 我国“城市矿产”布局尚存诸多挑战 . 中国改革报，2012-12-10.

[4] 中国行业咨询网 . 2011—2012 年中国再生资源回收利用情况分析 . http://www.china-consulting.cn/article/html/2011/1208/473233.php，2011-12-08.

[5] 周永生，章昌平 . 国内外“城市矿产”研究与实践综述 . 学术论坛，2012，(4)，118 ～ 122.

[6] 中国再生资源回收利用协会 . 2012“城市矿产”发展研究报告，2012.

[7] 商务部流通业发展司 .2013 再生资源回收行业分析报告，2013.

[8] 周永生，张俊 . 我国“城市矿产”发展的实证研究 . 生态经济，2013，(6)：34 ～ 37.

[9] 国务院 . 循环经济发展战略及近期行动计划 ,2013.

[10] 刘闯，于伯华，刘向群 . 我国再生资源企业布局省际差异分析 . 地理科学进展，2011，25 (6) :1 ～ 11.

[11] 解振华 .2012 中国循环经济年鉴 . 北京：冶金工业出版社，2013.

[12] 王光辉，王海北，曲志平，等 . 有色金属循环利用技术进展 . 中国资源综合利用，2012，30(1)：

31～33.
[13] 卢伟 . 推进再生资源产业发展的思考 . 宏观经济管理，2012，(12)：33～35.
[14] 国务院 ."十二五"节能环保产业发展规划，2012.
[15] 刘亚川 . 我国矿产资源综合利用技术现状分析与展望 . 人民日报，2012-09-25（023）.
[16] 工业和信息化部 . 再生资源综合利用先进适用技术目录（第一批），2011.
[17] 环境保护部 .2012 年国家先进污染防治示范技术名录，2012.
[18] 环境保护部 .2012 年国家鼓励发展的环境保护技术目录，2012.
[19] 孟伟，罗宏，吕连宏，等 . 资源循环利用产业篇 . 载：中国工程科技发展战略研究院 . 中国战略性新兴产业发展报告 2013. 北京：科学出版社，2013.
[20] 科学技术部 . 废物资源化科技工程"十二五"专项规划，2012.
[21] 国家发展和改革委员会，科学技术部，工业和信息化部，等 . 中国资源综合利用技术政策大纲，2010.
[22] 程晖 . 我国"城市矿产"着棋落子 . 中国经济导报，2012-11-24.
[23] 刘烈武，杨伟 . 对城市矿产的认识及发展对策探讨 . 科技创业月刊，2013，(2)，39～41.
[24] 王学军 . 开发城市矿产的六大思路 . http://news.5rchina.com/shownews_47249.htm，2012-06-14.

新一代信息技术产业篇

总　论

李国杰

在新一代信息技术的带动下，2012 年我国电子信息产业销售收入达到 11 万亿元，突破了十万亿元大关，增幅超过 15%[①]；其中，规模以上制造业实现收入 84 619 亿元，同比增长 13.0%；软件业实现收入 25 022 亿元，比 2011 年增长 28.5%。

受全球经济低迷的影响，2013 年电子信息制造业增速有所放缓。规模以上制造业上半年实现销售产值 43 495 亿元，增加值增长 11.4%，高出工业平均水平 2.1 个百分点，但比 2012 年同期回落 1 个百分点。全行业利润率仍处于较低水平，2013 年 1 ～ 5 月，电子信息全行业实现利润 1 093 亿元，增长 39.3%，利润率为 3.1%，低于工业平均水平 2.3 个百分点。

电子信息产业中不同行业的发展速度很不平衡，反映出传统信息产业已发展乏力，而新一代信息技术产业正在发挥引领作用。在移动互联网的带动下，通信设备行业发展最快。2013 年上半年，通信设备行业实现销售产值和出口交货值分别增长 28.1% 和 23.6%，分别高出行业平均水平 16.3 个和 17.8 个百分点，出口增速位居各行业之首。

在软件产业新政策的引导下，2013 年 1 ～ 7 月，我国软件产业实现软件业务收入 1.66 万亿元，同比增长 23.8%; 实现利润 1 798 亿元，同比增长 25.1%; 上半年软件产品和系统集成实现收入 4 447 亿元和 2 951 亿元，均同比增长 27%，分别比 2012 年同期提高 1.6 个和 5.2 个百分点，成为收入增长最快的领域。在云计算平台建设的带动下，

① 除写明出处的数据外，总论中的统计和预测数据、图表都引自工业与信息化部官方网站。

数据处理和存储服务增速较快，1～7月完成收入2 899亿元，同比增长26.5%。但是，计算机行业连续四个月下滑，3～6月销售产值增速分别从9.7%降到5.0%，出口交货值增速降到3.1%。2012～2013年6月主要信息产品增速对比见总论图1。

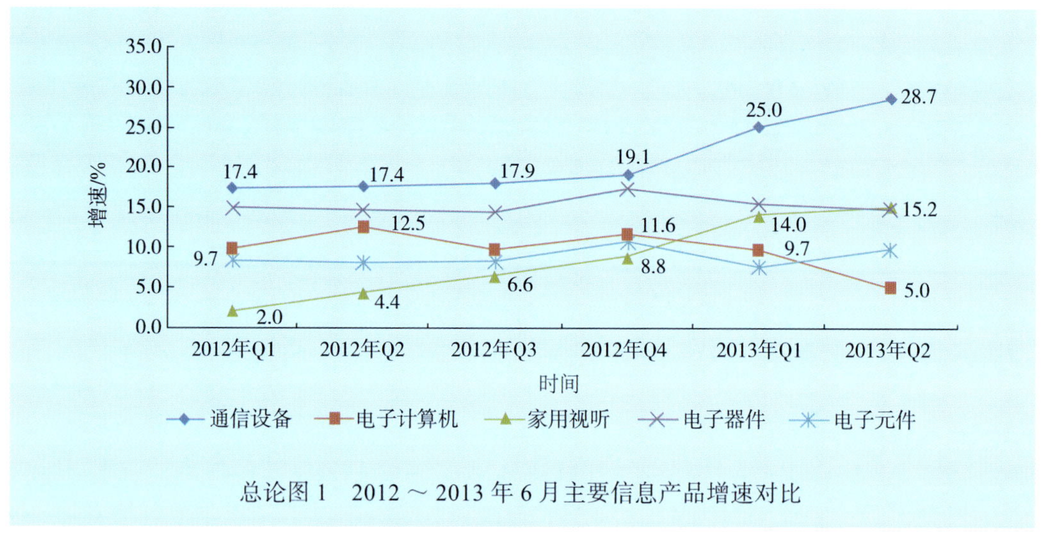

总论图1　2012～2013年6月主要信息产品增速对比

2012年7月9日国务院发布的《规划》中，七大战略性新兴产业之一的新一代信息技术产业包括下一代信息网络产业、电子核心基础产业、高端软件和新兴信息服务产业，宣布在信息领域要启动高性能集成电路、宽带中国、新型平板显示、物联网和云计算、信息惠民五项重大工程。

2013年4月，工信部发布《新一代信息技术产品分类目录及代码》，明确新一代信息技术产品，包括通信设备、高端计算机及外围设备、数字视听产品及设备、高端电子装备和仪器、集成电路、新型显示器件、LED、新兴产业配套电子元器件、新兴产业配套电子材料、新兴产业电子应用产品、基础软件、开发支撑软件、通用应用软件、行业应用软件、嵌入式软件、信息安全产品、工业软件、信息技术咨询服务、设计与开发服务、信息系统集成服务、数据处理和运营服务21类产品和服务。

从工信部列出的新一代信息技术产品分类目录的名称中，不太容易看出新一代信息技术产业“新”在哪里。工信部的目录说明中虽然列出了一些性能等方面的要求，但可能使人产生错觉：所谓“新一代”信息技术产品只不过是传统电子信息产业的高档而已。

实际上，从传统电子信息产业到新一代信息技术产业是产业的“代际变迁”。国际数据公司（International Data Corporation，IDC，全球著名的咨询公司）把新一代信息技术产业称为“第三平台”。该公司认为，1985年以前普遍采用的大型主机是第一代信息技术平台；1985～2005年流行的是以个人计算机、互联网和服务器为主的第二代信息技术架构；从2005年开始，以云计算、移动互联网、大数据、社交网络为特征的新一代信息技术架构（称为第三代信息技术平台）正在蓬勃发展之中。IDC预测，2013年全球信息技术支出可达到2.1万亿美元，至2020年，第三代信息技术平台的市场规模将达到 5.3 万亿美元。2013 ～ 2020 年，信息技术部门 90% 的增长将由第三平台驱动。

新一代信息产业的热点不是制造业，而是软件和服务业。从软件行业的发展也能看出“代际变化”。今天，全球软件产业已经呈现出三大价值形态：套装软件（第一形态）、软件即服务（第二形态）、嵌入软件（第三形态）。传统的软件主要是第一形态，以 IBM、Oracle、微软、SAP 为标杆企业。而新一代软件产业主要采用后两种形态，发展更迅猛，其市场价值和影响可能会超过传统套装软件市场。根据 Forrester Research 公司的研究预测，到 2020 年，软件即服务（software as a service，SaaS）的全球市场年销售额将超过 1 600 亿美元。在发展新一代软件的过程中，标杆企业也在发生变化，一些以服务为主要业务形态的公司脱颖而出。一个典型实例是 Salesforce 公司，该公司 2001 年推出客户关系管理（client relation management，CRM）互联网服务，2009 年收入超过 10 亿美元。2012 年销售额超过 22 亿美元，拥有 10 万家公司客户、300 万个订户，已成为全球第一的 CRM 软件服务提供商。公司自称是“软件终结者”，从其电话号码就可看出特点：1-800-NO-SOFTWARE。

软件产业的生态环境正在发生着历史性的、30 年一次的深刻变革。信息产业生态系统经历了“垂直模式阶段”（以 IBM、DEC 为代表）和“水平化分工阶段”（以 Intel、微软、Oracle 为代表），现在已进入端到端设计（end-to-end design）的第三个阶段（也有人称为跨界垂直整合），强调的是设计，而不是实现与制造，后两者可以交给其他公司做。

在过去的一年中，新一代信息技术产业的热点是“大、智、移、云”，即大数据、智能城市、移动互联网和云计算。“大数据”引起产业界热炒、学术界热议和政府部门的高度关注，已成为媒体上讨论最多的新技术。IDC 公司预测，2020 年以前全球数据量将保持每年 40% 以上的速度增长，大约每两年翻一倍。预计到 2015 年，全球大数据技术和服务市场的规模将从 2010 年的 32 亿美元增长到 169 亿美元，年复合增长率可达到 39.4%。赛迪顾问股份有限公司（以下简称赛迪顾问）预测我国的大数据应用市场 2016 年将达到 101 亿元。

2013 年，全国已有 400 多个城市实施“智能城市”或“无线城市”计划，形成了建设智能城市的热潮。所谓“智能城市”是应用新一代信息技术，以整合、系统的方式管理城市的运行，让城市中各种功能彼此协调运作，为企业提供更广阔的发展空间，为市民提供更理想的生活环境，使城市具有可持续发展能力，对突发事件具备更强的应急反应能力。

智能城市建设是新一代信息技术最好的应用场所，大数据、云计算和物联网是实现智能城市的必不可少的关键技术。只有“让数据说话”，才能做出明智的决策。城市管理中的大量数据来自物联网，而数据的处理需要具有灵活的资源配置能力的云计算平台。经过一段时间的炒作以后，云计算已开始进入较稳定的发展期，各种云计算应用正在逐步落地。目前各地在规划和建设智能城市时，主要关注的是城市交通、电网、环境等基础设施建设，教育、医疗、社会保障等数字化、网络化民生服务还较欠缺，我国互联网数据中心的收入占电信增值业务收入还不足 2%。其实，国家启动的“信息惠民”重大工程正是建设智能城市要做的事，需要下大工夫落实。

移动互联网是发展迅猛的新一代信息技术产业。2013 年 1 ～ 7 月，全国移动电话用户净增 7 307.4 万户，总数已达到 11. 85 亿户。全国移动互联网用户规模达到 8.20 亿户，3G 用户总数达到 3.34 亿户，3G 上网用户比重突破 30%。我国有较大技术话语权的 TD（time division，分时）制式占比明显提高，1 ～ 7 月累计 TD 用户净增 5 875.4 万户，总数达 1.47 亿户。2013 年 1 ～ 5 月，智能手机销量同比增长 110.8%，内销占比达 76%。大中城市家庭的智能手机、平板电脑、智能电视的拥有率已达到 80%。微信是我国在移动互联网领域的一大创新，累计到 5 月底，全国微信等即时通信用户达 4.86 亿户，日发量十多亿条，拉动移动互联网流量增长 60.9%，流量收入增长 56.8%。

TD-LTE（time division long term evolution，分时长期演进）规模试验网建设在加快进行。中国移动通信集团公司（以下简称中国移动）正在 13 个城市部署 2 万个基站，其中杭州、温州、深圳、广州等城市已率先试商用。中国移动已经启动价值 200 亿元的 TD-LTE 设备招标，基站数接近 20 万个。工信部已告知 2013 年要发放 4G 牌照。据业内人士预测，4G 网络将带动终端制造和软件等上下游行业，产业规模有望突破万亿元大关。

2013 年 8 月国务院发布了《关于促进信息消费扩大内需的若干意见》，提出到 2015 年，我国信息消费规模要超过 3.2 万亿元。促进信息消费已成为我国改变经济增长方式的重要拉动力，也是发展新一代信息技术产业的根本动机。2013 年 1 ～ 5 月我国信息消费的规模达到 1.38 万亿元，增长 19.8%。电子商务累计交易额 40 150 亿元，同比增长 46%。家庭宽带接入、网络视频、网络购物等业务已成为信息消费的主要增长点。居民消费习惯变化明显，中国互联网络信息中心（China Internet Network Information Center，CNNIC）调查显示，13.9% 和 10.6% 的用户在乘坐公共交通工具和排队等候时用手机购物。

在发展新一代信息技术产业的过程中，信息安全和个人隐私保护也成为广大用户的关心的热点问题。2013 年发生的“棱镜门”事件提醒人们，采用国外厂商的骨干路由器等核心设备构建我国的信息基础设施有很大的隐患，发展自主可控、安全可信的信息网络势在必行，我们决不能在信息安全问题上掉以轻心。

第 8 章

下一代互联网产业发展分析

马军锋　宋　菲

【内容提要】 互联网在发展过程中，一直受到网络地址空间不足、服务质量难以保证、安全可信机制缺乏、网络监管困难等问题的困扰，这些问题不但长期得不到解决，而且表现得越来越突出，这在很大程度上制约了互联网自身的发展，以及其作为国家信息基础设施重要作用的发挥。为了解决这些突出问题，探索互联网的演进发展道路，发达国家纷纷通过国家战略引导来推动本国下一代互联网的发展。本章重点对下一代互联网的基本概念进行了澄清，阐述了互联网近期演进路线，并从国家战略、基础资源、网络建设、网站及业务应用、设备研发、标准制定及基础理论研究等方面系统阐述了国外及我国基于 IPv6 的下一代互联网的发展现状，综合分析了下一代互联网技术发展趋势以及我国下一代互联网发展存在的主要问题，并对我国下一代互联网的产业发展重点及推进政策提出了若干建议。

8.1　引言

近年来，面对国际金融危机带来的前所未有的挑战，世界主要发达国家高度重视经济危机伴生的科技变革和新兴业态的发展，纷纷将互联网等作为加快经济复苏和重塑国家竞争力的先导领域和战略基础，加大国家战略部署和推进力度，力图抓住互联网向下一代演进的重大机遇，推动新的科技产业革命，从而摆脱危机并抢占经济科技制高点。各国一方面积极推进 IPv6 网络的大规模商用部署；另一方面全面布局未来网络新型体系架构。

我国处于进一步发展的重要战略机遇期，面临错综复杂的国内外形势和转变发展方式的紧迫任务，必须抓住互联网创新突破的历史机遇，及早谋划部署网络演进和核心技术攻关，积极构建自主可控的下一代互联网，充分发挥其在各个领域的渗透倍增作用，优化提升传统经济，这将有力推进信息化与工业化融合，形成国民经济新的增长引擎，推动经济社会健康快速发展。

8.2 下一代互联网发展现状及趋势

8.2.1 下一代互联网的基本概念和近期演进路线

1. 互联网发展面临的主要问题及技术抉择

近 20 年来，互联网凭借自身的技术优势，规模不断扩大、技术不断改进、应用不断创新，但在其不断发展和演进的过程中，也面临着诸多挑战，主要包括地址空间即将耗尽、网络安全可信度差、移动性支持能力有限、可扩展性压力日增、网络服务质量难以保障、运营管理水平亟待提升、节能降耗压力增加等。为解决互联网面临的上述问题，国际上提出了下一代互联网的概念。

关于下一代互联网，目前主要存在两种技术路线：一是基于 IPv6 协议，兼容与改进现有互联网的渐进创新路线；二是摈弃现有互联网架构、重新设计互联网的突破创新路线。这两种路线不是对立的，而是互补的，渐进创新路线中有创新，突破创新路线中有继承。

2. 下一代互联网的基本概念和主要特征

一般来说，“下一代互联网”是指在目前互联网技术优势的基础上创新，能较好地应对重大技术挑战的互联网。

下一代互联网以 IPv6 为基本特征，但 IPv6 并不是下一代互联网的全部，而只是下一代互联网的起点。下一代互联网是在新的技术平台上不断加入新的思想和元素，通过渐进创新和突破创新两种技术路线有机结合，解决重大技术问题，继续演进和发展的互联网。

下一代互联网应具有以下六个主要特征：

一是高带宽，可扩展性好，能够接入更多种类及数量的终端。

二是更加安全和可信，能够保证网络信息的真实和可溯源，提供安全可信的、可保护隐私的网络服务。

三是更加实时和高性能，支持大规模、强交互、高质量的实时数据传送。

四是更具有移动性和泛在性，能够实现任何人、任何物、在任何时间和任何地点、使用任何系统访问互联网业务。

五是更加可控、可管，能够对网络资源、流量与用户行为做到可知、可控、可管。

六是商业模式更加合理，能够创立合理、公平、和谐的多方共赢模式。

3. 互联网近期演进路线

从近期来看，互联网发展面临的最紧迫的问题就是地址资源不足。2011 年 2 月，全球 IP 地址分配机构 IANA（Internet Assigned Numbers Authority，互联网编号分配机构）宣布其地址池中的 IPv4 地址已经分配完，而且根据测算，三大区域地址分配机构，包括 APNIC（Asia-Pacific Network Information Centre，亚太互联网信息中心）、RIPE NCC（Réseaux IP Européens Network Coordination Centre，欧洲网络协调中心）和 ARIN（American Registry for Internet Numbers，北美互联网号码注册机构）也将会在 2013 年分配完各自可用的地址资源。但是移动互联网、物联网应用的普及发展在未来将需要大量的 IP 地址，地址资源不足的问题将更加突出，因此，解决互联网地址可扩展性问题是当前互联网可持续发展面临的最急迫问题。现阶段，用 IPv6 协议取代 IPv4 协议在国内外已达成共识，并成为互联网近期演进路线。因为 IPv6 能够提供海量地址空间，是目前唯一成熟可用的、从解决地址空间不足问题入手的下一代互联网可选方案，而且业界普遍认为 IPv6 是下一代互联网演进的起点。

8.2.2　全球下一代互联网发展现状

1. 世界主要国家相继出台国家战略，积极推动下一代互联网发展

随着 IPv4 地址资源枯竭的日渐临近，世界主要国家已充分认识到现阶段部署 IPv6 的紧迫性和重要性，政府纷纷出台国家发展战略，制定明确的发展路线图和时间表来积极推进 IPv6 的大规模商用部署。2012 年 7 月，美国政府更新《政府 IPv6 应用指南 / 规划路线图》，明确要求到 2012 年年末，政府对外提供的所有互联网公共服务必须支持 IPv6；到 2014 年年末，政府内部办公网络全面支持 IPv6。欧盟早在 2008 年就发布了《欧洲部署 IPv6 行动计划》，该行动计划指出，欧盟将于 2010 年前实现欧盟 25% 的企业、公共机构和家庭使用 IPv6 网络，但是这一目标未能实现。根据 APNIC 网站最新数据，截至 2013 年 6 月底，欧盟的 IPv6 使用率约为 6.71%[①]。2012 年，RIPE NCC 发布了名为《ICT 设备对 IPv6 的要求》的文件，指导大型企业网络和运营商开展部署 IPv6，希望通过推进政府采购来促进和带动 IPv6 的发展，使政府率先全面使用 IPv6。2009 年 10 月，日本发布《IPv6 行动计划》，决定从 2011 年 4 月全面启动 IPv6 服务，目前已有 11 家 ISP 提供 IPv6 商用服务。2010 年 9 月，韩国发布《下一代互联网协议（IPv6）促进计划》，宣布从 2011 年 6 月开始，国内的互联网、IPTV、3G 移动通信等服务都将支持 IPv6。然而最新资料表明韩国网络服

① 资料来源：http://labs.apnic.net/dists/v6dcc.html。

务商是计划在 2013 年提供 IPv6 服务。2012 年 6 月，加拿大政府发布了《加拿大政府 IPv6 战略》，要求 2015 年 3 月底前，完成现有网站的 IPv6 升级改造，同时要求所有新的互联网网站和应用必须支持 IPv6。此外，包括巴西、印度、澳大利亚、新加坡、马来西亚等国也分别出台了 IPv6 发展战略规划，以推动本国 IPv6 的商用部署。

2. 全球IPv6商用部署进程进一步加速，网络规模和用户数量双增长

全球 IPv6 基础网络资源建设稳步推进，支持能力进一步提升。截至 2013 年 6 月底，全球共有超过 210 个国家和地区组织申请了 IPv6 地址，已分配近 13 万块 /32 的 IPv6 地址块（相当于现有 IPv4 地址空间的 13 万倍），其中 28.7% 的地址块已通告使用①。全球 13 个根域名服务器中已有 10 个实现对 IPv6 的支持②，317 个顶级域名服务器中已有 283 个实现对 IPv6 的支持，占比达 89.3%③。全球已注册的 1.6 亿个网站域名中共有 504 万多个域名支持 IPv6 AAAA 记录，占比达 3.05%④。

在 2012 年"World IPv6 Launch"活动后，全球 IPv6 的商用部署进入快车道。自 2011 年以来网络规模连续两年增长超过 50%，用户规模连续两年成倍增长，IPv6 流量增长迅速，特别是移动终端的流量成为主要的增长点。美国和欧盟多国运营商加快了 IPv6 的商用网络建设。目前，全球已基本形成覆盖主要运营商、内容服务提供商和经济区域的 IPv6 网络。截至 2013 年 6 月底，全球 BGP 路由表中活跃的 IPv6 路由数量已达到 13 831 条，通告 IPv6 路由的 AS（autonomous system，自治系统）数量达 7 336 个，占 IPv4 AS 数量的 16.38%⑤，其中 5 大区域的 IPv6 网络覆盖率分别为：AfriNIC 14.73%、ARIN 12.60%、APNIC 20.49%、LACNIC 16.85%、RIPE 18.69%⑥。另外，根据全球 IPv6 测试中心提供的数据，全球范围内已有 191 家 ISP 通过 IPv6 论坛认证⑦，特别是在 2012 年"World IPv6 Launch"活动后，全球已有超过 109 个运营商网络提供 IPv6 的接入服务⑧。根据 Akamai 公司⑨和阿姆斯特丹数据交换中心⑩的监测数据，在 2012 年，全球 IPv6 流量增长了 2.5 倍，IPv6 每天的访问请求超过 100 亿次。

随着网络规模的不断扩大，用户规模也快速增长，目前，全球已有 94 个国家发展 IPv6 用户，用户总量超过 2 000 万人。如果按照近两年的增速发展，那么在未来

---

① 资料来源：http://bgp.potaroo.net/iso3166/v6cc.hpml。

② 资料来源：http://www.root-servers.org/。

③ 资料来源：http://bgp.he.net/ipv6-progress-report.cgi。

④ 资料来源：http://bgp.he.net/ipv6-progress-report.cgi。

⑤ 资料来源：http://bgp.prtaroo.net。

⑥ 资料来源：http://v6asns.ripe.net。

⑦ 资料来源：http://www.ipv6forum.com/ipv6_enabled/isp/approval_list.php。

⑧ 资料来源：http://www.worldipv6launch.org/participants/?q=2。

⑨ 资料来源：http://www.akamai.com/ipv6。

⑩ 资料来源：https://www.ams-ix.net/technical/statistics/sflow-stats/ipv6-traffic。

的 6 年时间里，全球将有近一半的互联网用户成为 IPv6 用户。

3. 全球IPv6产业链日臻完善，基本满足下一代互联网部署需求

经过多年的技术研发和积累，全球 IPv6 产品日渐丰富，基本覆盖了 IPv4 产品类型，能够满足网络端到端的部署需求。一是网络设备相对成熟，主流厂商设备的成熟度和稳定性已经在试验网络运营中得到验证；二是固定终端支持 IPv6 技术已经比较完善，但受限于芯片和操作系统对 IPv6 特性支持的滞后，移动终端对 IPv6 的支持还有待进一步完善；三是操作系统软件和浏览器、电子邮件等通用软件均已支持 IPv6，但支持 IPv6 的客户端的应用软件总量还较少；四是 IPv6 核心标准体系已经形成，过渡类标准日趋完善。国际互联网工程任务组已制定 200 余项 IPv6 核心标准，并在网络过渡方案方面取得了重大突破，一些具有代表性的过渡方案已经在现网中规模部署。

4. 未来互联网处于技术创新的初期，新技术不断涌现

基于 IPv6 的互联网只是下一代互联网演进的一个必经阶段。现阶段，IPv6 除解决地址问题外，仍无法彻底解决现有互联网的诸多问题（如网络扩展性、服务质量、安全、节能降耗等）。因此，全球也在同步开展未来互联网新型体系架构的研究。当前，从国家地域方面看，美国、欧盟分别启动 GENI（global environment for network innovations）计划和 FIRE（future internet research and experimentation）项目，建立联邦试验床来催生技术创新，日本启动 AKARI 项目研究全新的网络架构，并完成基于此架构的网络设计；从研究内容方面看，有的关注网络基础设施和试验平台的建立，有的关注体系结构理论的创新；从技术路线上看，有的遵从“演进性”的路线，有的遵从“革命性”的路线。

总体来看，国际上有关未来网络的研究已经从第一阶段广撒网，重点针对现有互联网的各类突出问题在技术方面实现个别突破，转变到基于前期已有的研究成果从体系架构层面实现融合突破，提出新型体系架构，如 NDN（named data networking，命名数据网络）、SDN（software-defined networking，软件定义网络）、DONA（data-oriented network architecture，面向数据的网络架构）等。

8.2.3 下一代互联网技术发展趋势

面对现有互联网在网络安全、网络扩展性、网络管理、服务质量、节能降耗等方面的挑战，各国积极开展下一代互联网体系架构的研究，形成两种不同的技术路线，即“演进型”和“革命型”路线。演进型路线的特点可以形象地比喻成“打补丁”，具体来说是根据 IP 在路由交换效率、QoS 保障、移动性支持、安全性、地址空间等方面存在的问题，分别进行优化改进，主要研究计划包括美国 GENI、FIND（future internet network design），欧盟 FIRE，日本 AKARI，中国 CNGI（China next generation Internet，下一代互联网示范工程）等。总体来说，演进式方案通过“打补丁”的方法，对现有互联网体系结构以及网络运行体制进行相应的修改和增补。革

命型路线就是要彻底摒弃原有 TCP/IP 的束缚，采取推倒重来的方法重新设计未来互联网，通过对体系架构及相关网络运行、管理机制的重新设计，把互联网打造为集“计算”、“通信”以及“存储”为一体的未来信息服务平台，彻底解决互联网扩展性、可控可管可信等问题。基于前期的研究成果，业界目前比较关注的有以下技术提案：标识与位置分离、转发与控制分离、网络虚拟化、内容中心网络、网络自主管理、QoE（quality of experience，体验质量）保障技术等。上述任一技术体系并不能解决互联网的全部问题，上述多种技术体系彼此并未考虑完全兼容共存的问题，因此还不能指望将上述所有技术体系集成就能实现下一代互联网愿景，但这些技术体系的提案为进一步研究打下了基础。需要指出的是，由于互联网的用户数即将覆盖全球半数人口，在一个这么大规模的网络上进行革命性的创新其难度可想而知，如何构造一个能反映实际网络动态异构海量的环境就是严峻的挑战，下一代互联网的研究之路还很长。

1. 标识与位置分离

在当前的 TCP/IP 体系结构中，IP 地址在语义上具有双重含义，既代表了网络节点的拓扑位置，又是节点的通信标识。IP 地址语义过载问题导致不利于支持移动性，影响了核心路由的扩展性，降低了现有安全机制的效能，还限制了若干新技术的发展。“标识与位置分离”技术是解决 IP 地址语义过载的有效途径之一。目前，基于该思想的网络的命名和寻址已经成为新型网络体系结构的一个重要研究方向，已提出包括 HIP、Shim6、LISP 等多种解决方案。“标识与位置分离”技术也为 TCP/IP 体系结构下存在的网络安全、流量工程、多宿主、多播等方面一些难题提供了新的研究思路，但还有待于进一步的探索与发掘。

2. 转发与控制分离

转发与控制分离就是要把网络设备的转发平面与控制平面彻底分离，采用开放协议来保障转发单元与控制单元的协同工作。这种体系架构可以降低系统的耦合度，在保证转发单元和控制单元之间通信协议一致性的条件下，转发单元和控制单元可以并行研制开发，进行独立的改进和升级，而不影响整个系统的运行，从而提高系统的可扩展性和软件的重用性，有利于提高网络智能性和组网的灵活性。目前，SDN 是这一方向的典型代表。

3. 网络虚拟化

网络虚拟化是通过“软件”定义的网络架构来实现将不同网络的硬件和软件资源结合成一个虚拟的整体。未来网络架构需要使用网络虚拟化技术提供虚拟网络环境，并向应用开放 API 接口，直接通过调用 API 接口实现网络资源的弹性组合，提供差异化的服务。从目前国际上开展的相关研究项目中可以看出，虚拟化技术在网络技术、协议层次和虚拟粒度上出现了三种趋势：粒度越来越细，不仅实现节点或链路的虚拟化，更关注通过有效的完整隔离实现服务器、交换机、网络管理平面的虚拟化；层次越来越低，从物理层到应用层，虚拟网络的灵活性将更高；越来越关注网络的异构环境，在一个集成环境下兼容多种异构网络技术。

4. 内容中心网络

现在的TCP/IP技术是以主机为中心的，把位于不同通信介质之上全球范围内的主机连接起来，实现彼此之间的信息传递。随着互联网内容重要性的日益突出，以内容为中心的联网（即将内容传递与内容的组织和存储有效结合起来）开始成为未来互联网研究的重要分支。面向内容的联网让用户将注意力集中在需要的内容而不是内容所在的位置上，直接对所请求的数据和内容进行命名和编址，不关心所请求的内容具体在哪个服务器上，因此不需要根据服务器的位置进行寻址和路由，从而可以提高内容组织、存储和传递的效率。目前在该领域已开展的研究项目包括WEB语义网络、内容分发网络、NDN和DONA等。

5. 网络自主管理

由于未来网络多元异构的网络环境、不断涌现的业务类型和持续扩大的网络规模，网络的复杂性呈指数级增长，传统网络的部署配置、被动式管理与维护面临巨大的挑战。同时随着网络技术的发展，以无缝移动接入、个性化服务定制和海量流媒体为代表的新需求出现，使人们对互联网功能和性能等方面提出了越来越高的要求，要求网络随时根据内外部环境条件、用户需求和系统状态进行变化。为了解决这些问题，业界提出了网络自主管理，期望实现从静态工作模式发展到动态自适应工作模式。自主管理的主要思想是首先对外部部署环境、内部网络状态、用户目标需求等进行感知分析，在此基础上网络根据内外部环境变化，并借助新体系结构重构的手段达到适变的目的。

6. QoE保障

“网络中心”体系向“应用中心”体系的转变，导致现有的“多服务网络”结构向“多网络服务”结构的演进。同时，流媒体、高速下载等大数据流量业务的广泛应用，使得网络服务与网络带宽之间的矛盾更将凸显，导致未来网络服务能力得不到有效保障。因此，业界提出基于QoE的服务保障机制，该机制已成为实现“智能化、人性化”的未来网络服务的新方法，同时也作为网络性能测试和评估以及瓶颈分析的重要依据。

8.3　我国下一代互联网发展现状

1. 政府大力支持，明确发展路线图和时间表

我国政府高度重视下一代互联网的发展。2003年，经国务院批准同意，由国家发改委等八部委联合成立了领导小组，启动了CNGI重大示范工程项目建设。2011年，

在《纲要》中也明确指出，要重点发展下一代互联网等新一代信息基础产业，实施相关战略性新兴产业创新发展工程。2011 年 12 月 23 日，国务院总理温家宝主持召开国务院常务会议，研究部署加快发展我国下一代互联网产业，会议明确了我国发展下一代互联网的路线图和主要目标。为贯彻落实国务院常务会议精神，国家发改委等七部委联合发布了《关于下一代互联网“十二五”发展建设的意见》，进一步明确了我国下一代互联网产业发展的重点任务和保障措施。2012 年，国家发改委按照《关于下一代互联网“十二五”发展建设的意见》中明确的重点任务，启动了“下一代互联网技术研发、产业化及规模商用专项”和“下一代互联网信息安全专项”。2013 年，国家发改委、工信部、科技部、国家新闻出版广电总局等四部委联合开展“国家下一代互联网示范城市”建设工作。上述项目的实施，将有效引导和推动我国下一代互联网规模商用和发展。

2. 实施重大工程，建成全球最大的IPv6示范网络

通过实施 CNGI 一期工程，我国建成了基于 IPv6 的大规模下一代互联网示范网络，包括 6 个主干网（分布在 22 个城市的 59 个核心节点）、2 个国际交换中心（设在北京、上海，并与国际下一代互联网学术网美国 Internet2、欧洲 GEANT2 和亚太地区 APAN 实现了高速互联）和 273 个驻地网，其中实现了 100 所高校校园网 IPv6 全覆盖，并发展 IPv6 用户超过 200 万人。在北京奥运会和上海世博会期间，依托 CNGI 网络成功部署了 IPv6 示范应用。

3. 商业网络向IPv6升级改造全面提速，工程实施稳步推进

根据《下一代互联网“十二五”发展建设意见》中明确的总体发展建设目标，三大运营商已制定分阶段的发展规划，计划到 2013 年年底在全国 20 多个城市重点升级改造公众互联网、专用业务承载网以及 3G 移动分组域，发展 800 万人以上的宽带接入用户，并加快 IDC 数据中心以及自营业务平台的升级改造。

4. 深化产业布局，IPv6产业呈现快速发展态势

在网络设备方面，产品类型基本上已覆盖原有 IPv4 产品（包括路由器、交换机、宽带接入服务器、防火墙等），技术水平与国际同步，并在 CNGI 示范网络中得到实际部署验证。在终端方面，除通信设备制造企业（如华为、中兴），我国家电企业（如海尔、康佳、海信等）也已开始涉足 IPv6 终端产品的研发。在标准制定方面，我国的 IPv6 标准化工作于 2011 年全面铺开，目前已经完成和正在制定的标准有八十余项，初步形成较为完善的 IPv6 标准体系。当前，我国制定的一系列 IPv6 标准能够满足纯 IPv6 网络建设的需要，但是在 IPv4/IPv6 过渡类标准和应用类标准方面尚需进一步完善，应重点发展。

5. 加强技术研发，取得重大技术突破

经过长期的技术积累，我国在 IPv6 过渡关键技术方面有所创新，在隧道和翻译

技术领域已形成多项国际标准。目前，我国在 IETF 国际标准组已发布四十余项 RFC 标准。另外，围绕《国家中长期科学和技术发展规划纲要（2006—2020）》和《国家重大科技基础设施建设中长期规划（2012—2030 年）》制定的发展目标，国家部署了一系列重大科技工程，积极推进下一代互联网关键技术研究。总体来看，我国未来网络的研究主要还是基于网络可持续发展和未来业务的应用需求，重点突破现有网络技术的个别薄弱环节。我国在互联网新型体系架构研究上有了可喜的突破，部分研究成果已进入示范应用阶段。

8.4　我国下一代互联网发展存在的主要问题

1. 宽带网络基础设施较为薄弱，用户普及率较低且分布不均衡

虽然我国宽带发展取得了长足进步，但还不能很好地适应我国经济社会发展需要，与发达国家相比还存在较大差距，主要存在以下问题：一是宽带普及率低。我国宽带人口普及率虽超过全球平均 8% 的水平，但远低于发达国家 25.6% 的普及率。二是宽带接入速率低。我国近一半用户仍使用 4Mbps（每秒 4 兆比特）以下宽带接入，远低于发达国家 18Mbps 的主流速率。三是区域和城乡宽带发展不平衡。我国中、西部地区宽带人口普及率分别落后于东部地区 6.4 个和 7 个百分点，农村宽带人口普及率仅为 5.8%，落后于城市 12.7 个百分点。

2. IPv6产业链总体水平亟待提升，产业链配套能力有待加强

目前我国 IPv6 的产业部署呈现中间强（网络）、两端弱（终端和业务应用）的格局。一是国内三大运营商的骨干网络已经能够支持 IPv6，但接入网、城域网以及业务支撑系统还需要大规模的升级改造。二是大的商业网站从自身业务发展及技术演进趋势出发，制订分阶段的演进计划，而广大中小网站出于升级改造成本和预期收益的考虑，缺乏主动向 IPv6 过渡的驱动力。目前国内网站及客户端应用支持 IPv6 的数量还较少。三是过渡类产品尚未经过网络规模部署验证，产品成熟度有待进一步完善。

3. 核心芯片和基础软件存在短板，IPv6移动终端发展滞后

目前我国在支持 IPv6 的高性能路由芯片和移动智能终端芯片、操作系统等基础软件以及商业应用软件（如数据库）领域存在明显的短板，缺少具有自主知识产权的可替代产品，基本完全依赖国外相关产品。在移动终端方面，国内三种制式的移动终端对 IPv6 的支持与固网终端相比发展滞后。移动终端对 IPv6 的支持需要操作系统和基带芯片两方面都支持。目前，在操作系统方面，包括 IoS、Andriod、WP 对 IPv6 的支持能力与国际同步。在芯片方面，威睿电通（CDMA 制式）、海思（WCDMA 制式）以及联芯（TD 制式）量产的芯片其基带处理器尚不支持 IPv6。

TD-LTE 制式的终端芯片 IPv6 支持情况相对较好，目前已有至少 12 家 LTE 芯片厂家在 LTE 芯片中已开发或正在开发 IPv6 功能。

4. IPv6商用网络规模、用户数及访问量与国外相比还存在明显差距

目前，我国 IPv6 的商用部署进展与国际基本上同步，或稍晚于美国、日本、韩国等国家，面临的主要问题类似（如商业网络 / 网站缺少改造动力、业务互通方案及过渡类产品不成熟等）。根据 ISOC（Internet Society，互联网协会）的数据统计，在 2012 年“World IPv6 Launch”活动后，全球共有 109 个运营商提供 IPv6 的接入服务，而国内三大运营商目前还处于商用部署工程实施阶段。根据 RIPE NCC 的数据①，在其统计的我国 231 个自治系统中仅有 31 个支持 IPv6 路由通告，比例仅为 13.42%，而日本、德国、挪威等国的比例超过了 30%。此外，截至 2013 年 6 月底，我国已申请 14 607 块 /32 的 IPv6 地址，位居全球第二位，但是根据谷歌公司的统计数据，我国 IPv6 用户数还较少，纯 IPv6 的访问量占比非常低，仅为 0.57%，而法国为 4.65%，美国为 1.07%，日本为 1.36%；而且国内的 IPv6 用户主要集中在校园网内。

5. 安全技术及产品有待进一步完善

IPv6 地址空间的扩大和 IPsec（互联网安全协议）加密的使用，使得网络安全防护体系面临极大挑战，网络与信息安全事件的事后追溯能力亟须加强。我国缺乏对根域名服务器的监管权，域名体系安全受制于人。另外，由于 IPv6 技术还没有在现网上大规模部署，很多协议漏洞和潜在的安全风险还没有充分暴露，需要进一步加强研究。同时，网络安全类产品，包括防火墙、安全网关、内容过滤、入侵检测等设备还有待进一步开发以支持 IPv6。

8.5 我国下一代互联网产业发展重点

8.5.1 战略布局

1. 进一步推动IPv6网络的商用化进程

到“十二五”末，在 IPv6 宽带接入用户数超过 2 500 万人，实现 IPv4 和 IPv6 主流业务互通的基础上，进一步推动 IPv6 网络的平滑演进。在“十三五”期间，重点突破 IPv6 终端 / 网络芯片、操作系统及各类应用软件和业务平台等关键技术，积极开展 IPv6 技术在重点领域的行业应用，包括智能交通、环境监测、安全监控、节能减排、智慧城市和智能家庭等行业领域，开展基于 IPv6 的移动互联网业务创新与应用。

① 资料来源：http://labs.ripe.net/Members/mirjam/networks-with-ipv6-one-year-later。

2. 重点突破未来网络关键技术

结合国内前期从不同角度对未来网络开展前瞻性研究所取得的成果，借鉴国外的研究成果，集成创新，力图提出统一的新型网络体系架构，以重点突破未来网络若干关键技术点为目标开展以下方面的研究：新型命名编址机制、高效的内容分发机制（如 CDN+P2P、NDN 方案）、基于内容的路由机制 [如 CCN（content-centric network）方案]、安全可信机制、网络虚拟化、异构网络接入技术、能量消耗、可编程网络、自治管理和维护、客户定制 QoS/QoE 等。

3. 加快建设联邦试验床

建设一个接近实际环境的、具有一定规模的联邦试验床，并与国际试验床（如 GENI、FIRE 等）互连，为国内外提供创新试验验证平台。

8.5.2 发展重点

为实现我国下一代互联网健康有序的发展，结合下一代互联网“十二五”发展目标和现阶段的已有基础，重点发展以下领域：

（1）网络信息基础设施建设。以国家宽带战略为契机，建设宽带、融合、安全、泛在的下一代网络信息基础设施，加强资源共建共享，进一步缩小数字鸿沟。

（2）重点产品研发及产业化。研发支持 IPv6、满足节能降耗要求的下一代互联网关键芯片、设备、软件、系统，加快推动产业化及现网部署，形成较为完善的产业协同创新体系。

（3）网络商用及业务创新。加快推动基于 IPv6 的下一代互联网商用进程，促进新型业务研发、现网试验和在线应用。

（4）网络与信息安全保障。加强网络与信息安全保障工作，全面提升下一代互联网的安全性和可信性。

（5）理论研究与技术突破。加强互联网未来发展与长期演进的战略布局和技术储备，积极研究新型网络体系架构涉及的关键理论和核心技术。

（6）标准体系与知识产权。建立并完善下一代互联网标准体系，重点制定网络由 IPv4 向 IPv6 演进过渡、网络与信息安全防护、业务应用、评估检测、网络基础资源等领域的技术标准，支撑下一代互联网的建设及商用；积极参与国际标准化组织，落实国家知识产权战略。

8.6 促进下一代互联网发展的政策建议

发展下一代互联网是一个长期、复杂的过程，是一项系统工程，涉及技术、网络、应用、用户、终端以及政策环境等多方面，各国均面临着较大的困难和挑战。“十二五”

期间是下一代互联网产业发展的关键战略机遇期，亟须加强网络覆盖，增加用户数量，丰富应用内容，提升业务流量，形成良性互动发展的态势。现阶段发展下一代互联网需要政府通过营造良好环境，加大投入，充分调动社会各方资源，打破产业发展的临界点。

一是统筹规划，做好国家战略及重大工程项目之间的有效衔接。明确要求在“宽带中国”、“感知中国”、“新一代无线通信”、“智慧城市”等国家战略及重大工程项目中全面支持 IPv6。

二是加强政府引导，推进内容服务和业务应用向 IPv6 升级。当前，在积极推进运营商网络向 IPv6 规模商用部署的同时，需着力加强内容服务和业务应用全面向 IPv6 升级。可考虑率先升级改造政府信息服务平台和网站，并在政府信息服务及设备的采购中明确要求支持 IPv6，通过企业经营牌照年审及年检等手段引导和推动 IPv6 的普及，尤其是在移动终端的入网测试中明确要求对 IPv6 的支持。另外，加大财税政策的支持力度，鼓励 ICP 内容提供商和应用提供商全面向 IPv6 升级。做好下一代互联网试点城市的实施和推广工作。

三是形成协调机制，引导产业链各环节共同发展。进一步加强部门间协调配合，建立 IPv6 网络商用推进机制，积极引导电信运营企业、有线电视运营企业、软件研发企业、设备制造企业、服务提供企业和互联网公司等产业链各环节协调推进，共同解决下一代互联网网络建设、演进过渡、业务迁移、标准制定、技术研发、设备制造等重大问题。

四是加大研发力度，重点研发规模商用部署所需关键设备。加强下一代互联网发展与国家科技重大专项及其他相关科技计划的衔接，以 CNGI 示范网络为平台促进新型网络体系架构研发、技术试验和业务应用，系统研究网络过渡方案及网络安全关键技术，重点突破产业链的薄弱环节，加强网络过渡产品及安全产品的研发和产业化。以国家“三网融合”为发展契机，推动融合类业务和终端对 IPv6 的支持。

五是加快安全试点，完善信息安全防护体系建设。适时组织有关部门和机构在 IPv4/IPv6 过渡期网络安全、IPv6 网络安全防护等方面开展试点工作，并在 IPv6 产品和系统的商业化部署过程中，同步将试点技术成果进行应用，以进一步完善互联网安全防护体系建设，确保能够在下一代互联网环境下切实发挥作用。

六是统筹资源管理，增强对网络核心元素的控制能力。建立健全 IPv6 地址资源的统筹规划机制，加大 IPv6 地址资源的申请力度，加强地址储备；加强根域名服务器、关键应用服务器等网络核心基础设施的本土化部署及管理，为我国 IPv6 网络建设和业务创新提供技术支撑。

七是促进国际合作，推动全球 IPv6 商业化进程。在互利共赢、保障安全的原则下，鼓励外资企业参与我国下一代互联网的理论研究、设备开发、行业应用、服务咨询等合作，加强国际优势资源的整合利用；加强与相关国家的合作，建立有效沟通渠道，在网络由 IPv4 向 IPv6 演进过渡进程以及国际标准制定等工作中互相协调、共同发展；加强与国际标准化及基础资源管理等组织的合作，增强国际标准的话语权。

审稿：邬贺铨

第 9 章

大数据产业发展分析

李国杰　徐志伟　程学旗　魏　凯　何宝宏

【内容提要】 大数据热突然席卷全世界有其深刻的背景。大数据不是一个可精确量化的产品，而是一系列信息技术的集合，其边界并不清楚，不应当用一个简单的 GDP 值来衡量大数据产业的效益。大数据处理的主要困难是数据的多样性、实时性和不确定性。大数据的共性关键技术涉及数据获取、数据整理、数据处理、数据存储和管理、数据共享等。我国大数据产业的发展重点包括构建大数据产业生态环境，发展基于互联网的大数据公共服务，推动金融、医疗等行业的大数据应用，设立大数据重大科技专项等。政府应带头实现等级制数据开放共享，尽早制定国家大数据研究与产业发展规划，建立数据资产化和数据资产流转体系，完善法律法规，保障数据安全，加强大数据人才培养。

9.1　大数据的概念和内涵

9.1.1　大数据的兴起

近两年来，“大数据”引起产业界热炒、学术界热议和政府部门的高度关注，已成为媒体上讨论最多的新技术。大数据热突然席卷全世界有其深刻的背景。

一方面，信息采集成本的降低，智能移动终端的普及，以及物联网、智慧城市的推广，使得网络上数字化数据爆炸性增长；另一方面，微处理器芯片、存储器、计算机和网络设备的性能按摩尔定律呈指数性增长，计算机集群的处理能力每年可增长100%，（超级计算机的性能每10年增加1 000倍），远远超过数据量每年增长40%～50%的发展速度，信息系统应有可能存储和处理前所未有的巨量数据。但是，现有的数据库软件、数据分析算法和计算机体系结构主要是针对结构化数据的事务处理和科学计算设计的，应对不了源源不断产生的海量复杂数据，数据存储和处理的迫切需求呼唤新的理论、方法和技术，“大数据”热应运而生。

一般而言，“大数据”是指难以在可接受的时间内，用传统数据库系统或常规应用软件处理的、巨量而复杂的数据集[1]。早在2001年，业界已注意到网络数据具有海量（volume）、多样（variety）和快速（velocity）三个特征。所谓多样是指多种数据类型，包括结构化、半结构化和非结构化数据，如文本、音频、视频、点击流、日志文件、传感器数据等。所谓快速是指数据创建、处理和分析的速度很快。在许多应用中，时间就是金钱，为了在股票交易中争取6毫秒时间，海伯尼亚快速公司花3亿美元在纽约和伦敦之间架设了一条海底光缆。近年来，另外两个特征，即数据的不确定性（veracity）和数据的价值（value）也成为大数据的关注重点，大数据的特性从传统的3V已深化到5V。所谓不确定性是指数据真伪难辨。追求高数据质量是对大数据的一项重要要求，但是，最优秀的数据清理方法也难以消除某些数据固有的不可预测性。

大数据最大的魅力在于其隐藏的价值十分稀疏，但一旦找到就价值连城。刻画和挖掘大数据的应用价值，是大数据产业关注的焦点。从科学技术角度看，从数据到价值的基本思路是，获取海量数据，通过复杂精致的大数据计算，揭示并展现数据之间、数据与人之间、数据与物件之间的时空及语义相关性，从而产生经济和社会价值。

麦肯锡公司曾用量化的方式研究大数据所蕴涵的巨大价值。2011年5月发布的《大数据：下一个创新、竞争和生产力的前沿》报告指出，富有创造性而有效地利用大数据来提高效率和质量，预计美国医疗行业每年通过数据获得的潜在价值可超过3 000亿美元，能够使得美国医疗卫生支出降低8%以上；充分利用大数据的零售商有可能将其经营利润提高60%以上；利用大数据提高政府的运作效率，估计欧洲发达经济体可以节省开支超过1 000亿欧元[2]。

IDC公司预测，2020年以前全球数据量将保持每年40%以上的速度增长，大约每两年翻一倍。预计2015年全球数据量将达到7.9泽字节（zetta byte，10的21次方字节），2020年将突破35泽字节，是2008年的70倍。到2015年，全球大数据技术和服务市场的规模将从2010年的32亿美元增长到169亿美元，年复合增长率可达到39.4%。赛迪顾问预测我国的大数据应用市场规模到2016年将达到101亿元，见图9.1。

9.1.2 务实而前瞻地理解大数据

数据是与自然资源、人力资源一样重要的战略资源，掌控数据资源的能力是国

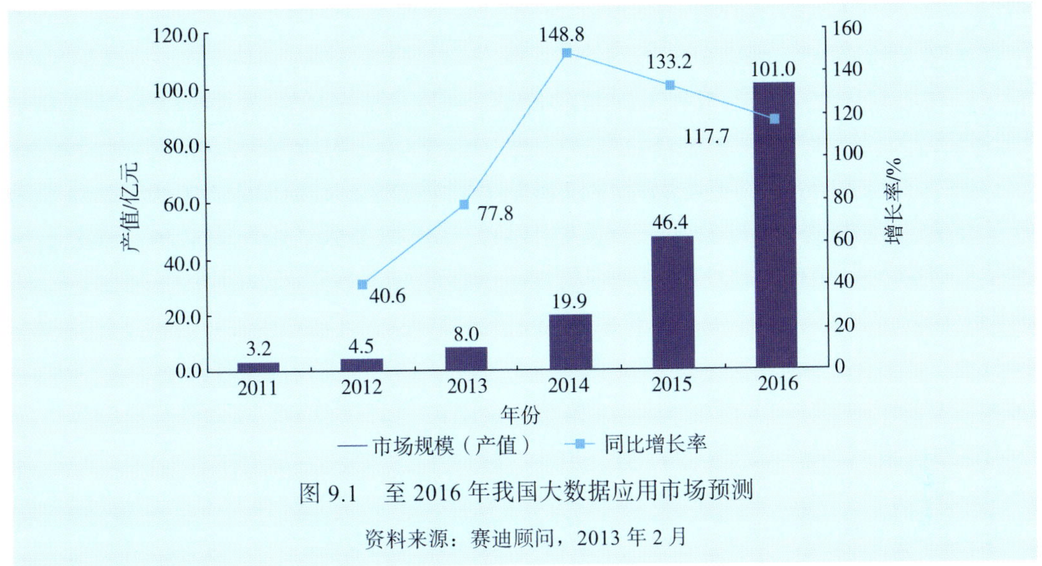

图 9.1　至 2016 年我国大数据应用市场预测

资料来源：赛迪顾问，2013 年 2 月

家数字主权的体现。大数据研究和应用是现有产业升级与新产业崛起的重要推动力量，如果落后就意味着失守战略性新兴产业的制高点。大数据也正在引发科学思维与研究方法的一场革命。

大数据将颠覆过去的商业思维，未来企业核心竞争力主要不是资金，也不是现有市场规模，而是对大数据的掌控分析能力。大数据对产业生态环境的颠覆基于以下三大趋势：软件的价值同它所管理的数据的规模和活性成正比；越靠近最终用户的企业，将在产业链中拥有越大的发言权；数据将成为核心资产。

大数据不是一个可精确量化的产品，而是一系列信息技术的集合，其边界并不清楚。对于不同的应用，数据量从 Terabyte 级（太字节，10 的 12 次方字节）到 Petabyte 级（帕字节，10 的 15 次方字节，简称 PB 级）都可以称为大数据。采用大数据技术，各个产业都可以增加产量或提高效益。因此，我们无法精确统计大数据产业的产值和增加值，不应当用一个简单的 GDP 值来衡量大数据产业的效益。大数据不仅来源于谷歌、百度等厂商，工业领域也在源源不断地产生数据，其规模可能比网络服务厂商还大。飞机汽轮机压缩器叶片的监控数据为 588 吉字节 / 天，是世界最大的微博公司（Twitter）每天产生数据（80 吉字节）的 7 倍多。制造业是数据分析的广阔天地，应充分挖掘工业领域大数据的价值。

“数据量大”是存储、分析大数据的一个难关，但不是最大的挑战。比数据量大更难应对的是数据的多样性、实时性和不确定性。而判断一个数据集是否有价值也是很困难的事，也许今天认为没有价值的数据将来会有很大的价值。因此，我们应关注的并不是 PB 级或 EB（Exabyte，艾字节，10 的 18 次方字节）级的数据，而是从巨量模态多样、真伪难辨的数据中及时获得价值的“能力”。

大数据与智慧产业有本质的联系，智慧城市的关键技术就是大数据的获取与分析。只有“让数据说话”，才能做出明智的决策。企业的大数据应用正是从过去的

“商业智能”（business intelligence）发展起来的。大数据技术本质上是机器学习等人工智能技术的深化与推广。

新技术发展之初有一个相当长的酝酿期。美国国家研究理事会对信息领域的统计结果表明，一个产业从基础研究到形成100亿美元的市场，一般需要20～40年。新兴产业的成长曲线是一条开口向上的指数曲线，开始的2～5年产业规模并不很大，但增速逐步加快，发展初期产业的规模常常低于人们的预期。政府官员和企业界往往对新兴产业的短期成效估计过高，而对其长期发展的潜力又估计不足。我们应改变短视的习惯思维，着眼于长远发展。

采集和利用大数据是一个持续发展、不断升级的过程，“大数据”从“小数据”开始。目前大多数单位还是处于“小数据”处理阶段，但只要在纵向上有一定的时间积累，横向上有丰富的记录细节，做仔细的数据分析，就可能产生大的价值。在实际工作中，我们不要太在意“大数据”和“小数据”的区别，不必花精力对大数据的定义做无谓的争论。不管“大数据”、“小数据”，能挖掘出价值就是好数据。

数据获取和分析是人类几千年来从未间断的活动，今后也会永远持续下去。目前大家热议的“大数据”只是漫长旅行中的一个里程碑，标志着人类对数据的重视进入了一个新阶段。预计到2015年，大数据“炒作”将进入低谷幻灭期，开始进入良性平稳发展的阶段。

9.1.3 大数据产业的内涵

大数据产业的生产活动涵盖数据的获取、整理（curation）、存储、处理、可视化、应用服务和信息共享等，其业务模式包括网络数据与信息服务、企业和政府智能化管理决策、企业流程改造与变革等，应用领域涉及信息服务、智慧城市、金融、制造业、国家安全和科学研究等，几乎可渗透到国民经济的所有部门。

目前能赚钱的数据主要是网上数据，即“在线数据”，写在纸上的数据很难快速挖掘出大的价值。互联网服务行业是大数据的标杆应用领域。众多互联网服务厂商让上亿名用户免费打工，其海量的原始数据和用户行为数据来自用户的信息消费过程，通过网络爬虫和用户点击日志获取，信息消费和信息获取、分析已融为一个整体。

虽然有些学者认为关系数据库和事务处理不能算作大数据，但Forrester公司的调查统计表明，目前大数据实际应用最多的（占被调查企业的72%）是公司的事务处理数据，而视频图像数据（13%）和科学数据（12%）还不是大数据应用的主流。大数据分析可以更全面地了解客户偏好和需求，通过这种深入的了解，各类企业均可以从中受益。因此，在发展大数据产业时要高度重视企业事务处理的智能化，引导企业从传统的小型机和关系数据库走向新的大数据处理平台。

在发展大数据产业过程中，还要关注大数据对制造业、材料、化工、制药等产业的变革性影响。将来对经济影响较大的可能是“数据材料”、“数据化学”、“数据药物”等新产业，要重视“材料基因组学”、“化学基因组学”、“药物基因组学”的研究。

国内外软硬件厂商都将大数据处理作为重要的新兴应用负载，研究开发新产品，大力提升大数据能力。应用软件厂商（如 SAS 和 SAP 公司）已推出支持大数据的新产品，Oracle、IBM、曙光等系统厂商正在推出支持高效大数据处理的一体化服务器。设备和软件厂商肯定是发展大数据产业的主要驱动力之一。

9.2 各国政府对发展大数据技术与产业的支持

9.2.1 美国的大数据发展研究计划

美国奥巴马政府在 2012 年 3 月正式启动“大数据研究和发展”计划[3]。该计划涉及美国国防部、国防部高级研究计划局、能源部（Department of Energy，DOE）、国家卫生研究院、国家科学基金会、地质勘探局 6 个联邦政府部门，将投资 2 亿多美元，大力推进大数据的收集、访问、组织和开发利用等技术的发展，大幅提高从海量复杂的数据中提炼信息和获取知识的能力与水平。这是继 1993 年 9 月美国政府启动“信息高速公路”计划后又一次大的行动，必将产生深远的影响。

9.2.2 欧盟开放数据平台

欧盟委员会全新的开放数据平台（open data portal，以下简称 ODP）Beta 版已经向公众开放（http://open-data.europa.eu/open-data），致力于推动开放、透明的政府，促进创新。ODP 是欧洲数字化议程的一部分，截至 2013 年 1 月 12 日，ODP 已经开放 5 815 个数据集，其中的 5 638 个数据集来自欧盟统计局，包括地理、大气、国际贸易、农业等各类数据。

2013 年，英国注资 6 亿英镑发展 8 类高新技术，大数据独揽其中的 1.89 亿英镑。2013 年 5 月初，英国首个综合运用大数据技术的医药卫生科研中心在牛津大学成立，总投资达 9 000 万英镑，可容纳 600 名科研人员。中心通过搜集、存储和分析大量医疗信息，确定新药物的研发方向，减少药物开发成本，同时为发现新的治疗手段提供线索。

9.2.3 日本重启 ICT 战略计划

2013 年 6 月，日本内阁正式公布了新 IT 战略——“创建最尖端 IT 国家宣言”[4]。这篇“宣言”全面阐述了 2013 ～ 2020 年以开放公共数据和发展大数据技术为核心的日本新 IT 国家战略。该宣言提出要把日本建设成为一个具有“世界最高水准的广泛运用信息技术的社会”。日本矢野经济研究所预测，2013 年度以后，日本大数据市场每年将增长 20%，2020 年将达到 1 兆 500 亿日元。

9.2.4 联合国发布大数据白皮书

2012 年 7 月，联合国发布了《大数据促发展：挑战与机遇》的白皮书。白皮书指出，大数据时代已经到来，大数据对于联合国和各国政府都是一次历史性的机遇，建议联合国成员国建设“脉搏实验室”，挖掘大数据的潜在价值。印度尼西亚在首都雅加达建立的“脉搏实验室”由澳大利亚提供资助，于2012年9月投入运行；乌干达也在首都坎贝拉建立了“脉搏实验室”。

9.3 大数据的关键技术和发展趋势

大数据涉及的技术很多，下述五类技术是众多领域和行业都需要的共性重点技术，即数据获取、数据整理、数据处理（包括数据计算与应用框架）、数据存储和管理、数据共享。需要特别指出的是，这些技术不能分割而孤立发展，需要建立数据全生命周期的计算模型和系统结构，将计算推送到数据获取、存储、处理、交换和服务等各个环节，在提高数据处理能力的同时有效降低能耗。

1. 大数据获取与整理技术

数据终端呈现为多种形式，如健康领域的穿戴式设备、工业领域的智能感知与数据采集设备等。数据终端联网量与PC机联网量之比会超过30：1，数据终端软硬件的标准化将成为大规模产业化的瓶颈。需要研究数据感知汇聚交换设备，在传感与传输之间实现亿级数据终端设备的汇聚接入，并在一定时延内将数据传送到数据处理设备。在大数据采集过程中还要解决数据过滤和数据压缩等问题。裸数据往往需要数据工程师整理，变成后续大数据处理系统和其他用户能有效使用的数据集。

2. 大数据智能计算技术

目前我国单个企业挖掘的本底数据集已达百PB级，分析的本底数据集已达万亿记录，机器学习的高维数据已达数千万维，深度学习已用到每层数千节点的七层神经网络。业务需求希望计算时间控制在分钟级到亚秒级，但实际计算时间目前还在数小时到数周。传统的数据挖掘技术已不能应对大数据的要求，需要发展可扩展的机器学习和数据挖掘技术，包括统计推断和统计学习工具与理论、稀疏建模、压缩感知、异常检测、趋势分析、假设生成和自动发现等。

3. 大数据处理应用框架技术

大数据智能计算的算法在分布式计算机系统上实现慢，需要应用框架软件的支撑。发展的重点是三类应用框架，即在线处理、离线计算和流计算。目前使用较广泛的离线计算应用框架是开源的Hadoop生态环境，在线处理与流计算尚未形成广泛使用的开源生态环境。Hadoop可扩展性好（可扩展到百PB级），但效率低。提升效率的一条途径是内存应用框架（in-memory analytics）。

4. 大数据存储与管理技术

需要研究新的体系架构和技术，支持 TB 级到 EB 级数据、百亿条到万亿条记录的各种结构化、半结构化和非结构数据的注入、存储、归档、压缩、容错、分片、调度以及高效访问。目前出现了 HDFS、Hbase 等开源生态系统，但还很不成熟。

5. 数据共享技术

这是全世界的一大难题，其难点是多个管理域各自的数据不愿意共享，即使愿意共享也还有异构的问题。目前做得最好的是万维网发明人 Tim Berles-Lee 倡导的 Linked Data 技术，已在英国政府开放数据等应用中成功试用。

6. 新型体系架构和新的科研范式

现有的数据中心技术很难满足大数据的需求，需要考虑对整个 IT 架构进行革命性的重构。存储能力的增长满足不了大数据增长的需求，设计更合理的分层存储架构已成为数据系统的关键，需要横向扩展方式（scale out）的可扩展性。数据的移动已成为数据处理系统最大的开销，需要从数据围着处理器转改变为处理器围着数据转。提高可扩展性成为数据处理系统的最本质需求，并发执行（同时执行的线程）的规模要从现在的千万量级提高到 10 亿级以上。

以 IBM、Oracle 和 EMC 代表的传统数据处理系统成本高、能耗高、扩展性差，而且将数据的存储、管理和计算孤立开来，难以同时实现大数据的全生命处理。需要研究成本低、能耗低、可扩展性强、存储与处理耦合协同的大数据处理新型体系架构（业界称为“去 IOE 化”），提高处理性能和效率，实现大数据规模效应下的数据可靠存储和持续容错。

大数据研究可能导致科研范式的变革，从“假设驱动”变革到“数据驱动”，学术界称为科研的“第四范式”[5]。PB 级以上数据使我们可以做到没有模型和假设也可以分析数据，大数据分析可能提供理解世界的另一条新途径。对研究领域的深刻理解和数据量的积累应该是一个迭代累进的过程。也许有些领域可以先用第四范式，等领域知识逐步丰富了再过渡到其他范式。

维克托•迈尔 - 舍恩伯格在《大数据时代》一书中指出，大数据研究与过去的数据密集型研究有三大不同，即：更多，不是随机样本，而是所有数据；更杂，不是精确性，而是混杂性；更好，不是因果关系，而是相关关系[6]。实际上，取名“大数据”的一个原因也是想区别于过去通过“小数据”采样做统计的数据处理方法。大数据研究不是简单地延伸传统的统计方法和人工智能方法，而需要探索新的科学技术。

9.4 我国大数据产业的现状和发展前景

9.4.1 我国大数据产业的现状

工信部统计数据表明，到2015年，我国许多企业的数据量将超过10帕字节，许多政府部门的数据量也将在1～10帕字节。2011年是中国大数据市场元年，一些大数据产品已经推出，部分行业也有大数据应用案例展现。2012～2016年将迎来大数据市场的飞速发展，

电子政务、互联网、电信、金融的大数据市场规模较大，计世资讯预测这四个行业将占据一半市场份额。图9.2是计世资讯对互联网、电信、金融、制造等行业的大数据应用场景的市场调研分析。

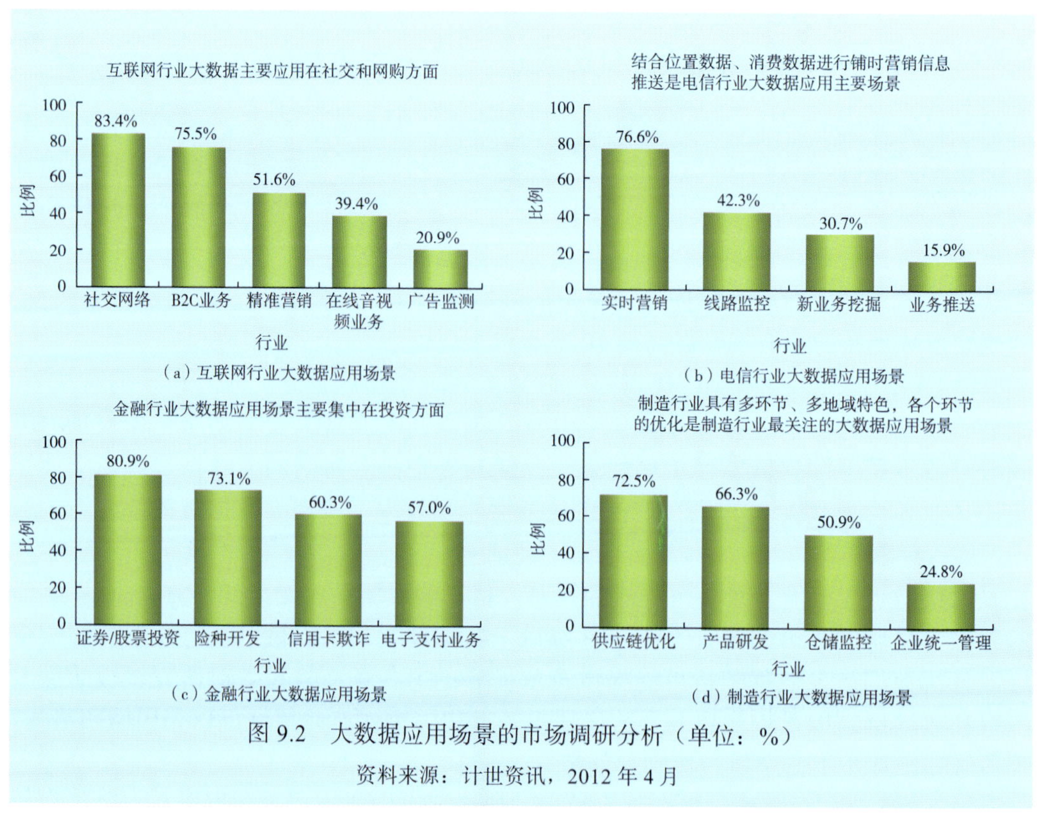

图9.2 大数据应用场景的市场调研分析（单位：%）

资料来源：计世资讯，2012年4月

我国的网络服务企业早就在开展大数据服务，百度、阿里巴巴、腾讯等公司不但拥有海量的用户信息，而且已开始自主发展数据存储和分析系统，更换了传统的数据处理平台。一些企业已在运用大数据技术中尝到了甜头。例如，农夫山泉原来的数据分析系统一天才能更新一次，新建立的系统速度提升了100～150倍，只用46秒就能完成原来需要24小时才能完成的分析计算。百分点公司拥有海量网购消费者偏好数据，积累了超过1.4亿名网购消费者的消费偏好和200多亿个消费偏好标

签，已成为国内最大的跨网站消费偏好平台。

许多省市都已出台了大数据发展计划。北京市政府数据资源网预计 2013 年年底之前正式开通，为政府信息资源的社会化开发利用提供数据支撑。上海提出大数据三年计划，突出企业创新主体地位，计划建设 6 个以上行业大数据公共服务平台，支持 6 类以上大数据商业应用系统的研制，培育一批带动本地数据产业发展的行业龙头企业。广东成立了“实施大数据战略专家委”，成为广东发展大数据技术和产业的思想库和智囊团。

9.4.2 我国大数据产业的发展前景

中国发展大数据产业有两个有利条件。第一，中国人口多，经济规模大，数据资产的规模可以领冠全球，为大数据技术的应用提供广阔空间。第二，大数据技术以开源为主，尚未形成技术垄断，中国公司可以分享开源的蛋糕。目前中国移动、工商银行和淘宝网等已经具备世界级的产业应用环境，制造业对借力大数据技术实现产业转型升级也有强烈需求。只要政府带头做好数据公开共享，制定切实可行的发展规划，建立良性发展的产业生态环境，充分发挥企业在技术创新中的主体作用，我国的大数据产业有望得到高速发展，成为国民经济转变发展方式的新动力。

9.5 大数据产业的重点案例

（1）华大基因公司。华大基因是目前世界上最大的基因组学研究中心，也是我国典型的大数据处理和应用公司。该公司建立了大规模基因测序、克隆、农作物基因组等技术平台，测序和基因组分析能力世界领先。

目前，华大基因已经完成了水稻、谷子、玉米、大豆、番茄等重要农作物的全基因组测序，对 25 种栽培稻和 24 种野生稻进行了基因组扫描和分析，找到了 162 个基因，这些基因与水稻高产性状紧密相关。该公司还启动了百万人基因图谱计划，预计 3 ～ 5 年内测定 100 万人以上的全基因组图谱，已针对染色体疾病等多种疾病开发了先进的基因检测技术，形成了贯穿整个生命周期的基因检测与诊断技术体系。

（2）雅昌指数。雅昌集团精心打造的《中国艺术品数据库》，将珍贵艺术品的图文资料以数据的形式永久地存储起来，填补了中国艺术品数据领域的空白。《中国艺术品数据库》拥有 60 000 余名艺术家、2 000 多万件艺术品珍贵的图文资料，雅昌艺术网已经成为了中国第一艺术门户网站。以艺术品拍卖市场的数据源为基础，雅昌艺术市场监测中心建立了“中国艺术品拍卖市场价格指数体系”，在国际上称为“雅昌指数”（AAMI）。该指数已成为中国艺术品市场晴雨表，以指数方式最直观地为艺术品收藏投资爱好者、政府、博物馆机构等提供市场信息和决策参考。

（3）淘宝网。淘宝网是全球访问量最大的电子商务网站。以前，淘宝网的事务处理依托国际数据库巨头 Oracle 的商业数据库软件，成本很高，但性能和可扩展性较差，制约了企业发展。几年前，淘宝网下决心使用开源软件 MySQL Cluster 替代 Oracle 软件，其事务处理的性能和可扩展性都有了数量级的提升。今天，淘宝网的全部应用软件（包括数据魔方等数十种大数据计算应用）和基础软件都是自行开发或采用开源软件，摆脱了商业软件制约。

（4）英国政府数据公开网站。2010 年英国政府启动开放数据计划（Open Data Initiative），推出 data.gov.uk 平台。目前此平台还在试用阶段，但已开放了近万个数据集，可供全世界任何人通过网页浏览器、数据浏览器使用。尽管该平台有一个统一的入口 data.gov.uk，但政府各部门的数据并不需要全部汇总到一个集中部门，而是各部门管理自己数据。该平台采用了语义互联技术，通过统一的 Linked Data 接口，开放给其他部门和社会，实现了数据的互联和共享。

9.6 我国大数据产业的发展重点

9.6.1 构建大数据产业生态环境

目前关心大数据研究、开发、生产和应用的主要是五类人群：一是网络信息服务企业；二是其他各行业的有关领导和信息化工作者，特别是金融、电信和制造业；三是政府部门负责智慧城市和信息化建设的官员；四是信息领域的软硬件制造商和科研开发人员；五是基础研究领域的科研人员。从战略布局考虑，只有充分调动这五方面人员的积极性，才能形成健康发展的产业生态环境。既要重视企业提高经济效益的短期需求，又要重视科研人员的长期基础研究；既要发挥企业的主动性，又要体现政府的宏观规划和政策指引作用。

发展大数据要重视基础设施建设。传统的基础设施是“铁公机（铁路、公路、机场）”，看重有形资源。数据与土地和矿产等有形资产一样也是巨大的财富，大数据时代新的基础设施看重的是无形的数据。中国未来 10 年不能照搬前 10 年的“铁公机”那一套建设模式，一部分基础设施需要腾笼换鸟。笼要换成数据基础设施，鸟要换成数据。发展大数据产业必须要有先进的信息化基础设施，大数据与云计算是相伴而行的孪生技术，大数据是云计算的杀手级应用，在发展云计算的过程中一定要重视大数据的获取、分析和应用。

对于大多数希望利用大数据改善管理和提高效率的企业，首先不是购买新设备，扩大数据中心，而是要审查现有的信息资产，发现未处理的“黑暗数据”并确定是否有商业价值，这是大数据战略的第一步目标。2013 年 3 月，IBM 商业价值研究院和牛津大学赛德商学院共同发表的《分析：大数据在现实世界中的应用》提出五项关键建议：以客户为中心推动初始举措；制定整个企业的大数据蓝图；从现有数据开始，实现近期目标；根据业务优先级逐步建立分析能力；基于可衡量的指标制定业务投资回报分析[7]。这些建议值得重视。

9.6.2 大数据产业的发展重点

并非每个企业都需要具备管理大数据的能力，发展大数据产业要有重点企业、重点产品和重点应用。但是，通过获取和和分析数据提高管理能力和决策水平是对每一个单位的普遍要求，应在全社会提倡数据意识，真正把数据当成宝贵的财富。

在最近3～5年内，我国发展大数据产业应重点抓好以下几件事。

1. 发展基于互联网的大数据公共服务

依托搜索、电子商务、社交等互联网龙头企业的平台，实行数据开放策略，积极发展面向公众的大数据公共服务。政府应主要着力于建设良好的外部环境，通过法律法规、行业监管和技术标准等手段解决好公平竞争、数据隐私保护等共性问题。

2. 推动大数据行业应用

发展大数据产业应坚持应用为先的原则，可优先考虑以下行业：

（1）金融证券业。基于大数据交易的挖掘分析方法可实现系统性的金融风险管控，有针对性地整合分析证券、银行客户资产、上市公司披露信息等大规模数据，综合分析客户的资产负债、支付等状况，帮助评估客户信用等级，探测潜在的交易欺诈和违法行为，从而提高金融风险的可审性和管理力度。

（2）医疗卫生。建立覆盖全国的电子病历数据库，促进个性化疾病预防与医疗服务产业的发展，提高医疗质量，降低医疗差错，优化工作流程，改善医患关系，实现全面的疫情监测和快速响应。对于制药行业而言，可以通过药效的比对分析加速新药研制。

（3）公共服务和社会管理。在政府开放数据的基础上，积极推进大数据在政务和公共服务领域的应用，特别是在智慧城市建设中要大力推广大数据技术，惠及大众，提升政府的管理效率和服务水平。

（4）智能制造。采用大数据技术可以减少20%～50%的产品开发时间，促进我国制造业的转型升级。

3. 设立大数据重大科技专项

发展大数据产业需要突破大数据存储、处理和应用的关键技术，大幅度提高从大数据中发现价值的能力，力争大数据系统的性价比和性能功耗比均提高100倍以上，摆脱垄断商业软件和硬件的制约。应启动“大数据创新实验平台及示范应用”重大科技项目，可先在国家网络信息安全、金融、医疗健康、生物信息学等基础研究和政府开放数据的语义互联等领域构建实验平台。

9.7 发展大数据产业的政策建议

（1）政府带头，实现等级制数据开放共享。政府拥有大量数据，如果不开放政府数据，大数据研究和应用就会面临“无米之炊”的窘境。应尽快制订“数据政府”创新应用计划，数年内建成政府数据服务网站 data.cn，实现中央政府和各级地方政府数据的开放共享和综合利用。

（2）尽早制定国家大数据研究与产业发展规划。借鉴国外的经验，根据国情和技术发展趋势制定务实而前瞻的大数据研究与产业发展规划。该规划要充分考虑统筹物联网、云计算与智慧城市建设，加强顶层设计。

（3）建立数据资产化和数据资产流转体系。建立数据资产化的基本标准，让不同机构、不同领域的数据形成规范化资产；建立数据资产访问、连接和共享机制，搭建数据资产交易平台，形成数据流转的层次化体系结构；研究数据资产的所有权、使用权以及价值评估体系，通过市场化模式保障数据资产流转的可行性。

（4）完善法律法规，保障数据安全。积极推动个人信息保护法律的立法工作，探索通过技术标准、行业自律等手段解决法律出台前的个人信息保护问题。清晰界定与国家安全相关的数据，通过法规、标准等方式严格规范国家重要数据的备份和迁移，保障数据安全、可靠。

（5）加强大数据人才培养。扶持高等学校大数据相关专业的发展，培养数据存储、数据挖掘、数据可视化等方面的专门人才。鼓励高校和企业通过建立联合实验室、研发中心等形式，联合培养理论与实践相结合的大数据专业人才。

参考文献

[1] 李国杰，程学旗. 大数据研究：未来科技及经济社会发展的重大战略领域——大数据的研究现状与科学思考. 中国科学院院刊，2012，27（6）：647 ~ 657.

[2] Manyika J，Chui M，Brown B，et al. Big data: The next frontier for innovation, competition, and productivity. McKinsey Global Institute, May 2011. 中文译文见《赛迪译丛》第 25 期，2012 年 6 月 18 日.

[3] Kalil T. Big data is a big deal.http://www.whitehouse.gov/blog/2012/03/29/big-data-big-deal，2012-03-29. 中文译文见新华网站《美国政府的大数据计划》，http://news.xinhuanet.com/.

[4] 金顺英. 日本大数据产业鸟瞰 . 中云网，http://www.china-cloud.com/yunjishu/shujuzhongxin/20130722_20846.html，2013-07-23.

[5] Hey T，Tansley S，Tolle K. The Fourth Paradigm: Data-Intensive Scientific Discovery. Microsoft，2009.

[6] 迈尔 - 舍恩伯格 V，库克耶 K. 大数据时代 . 盛杨燕，周涛译 . 杭州：浙江人民出版社，2013.

[7] IBM 全球企业咨询服务部. 分析：大数据在现实世界中的应用 .http://www-935.ibm.com/services/cn/bcs/iibv/function/bao/use_of_big_data.html，2013.

第 10 章

云计算产业的发展

曹淑敏　高　巍　何宝宏

【内容提要】 如同水和电一样，计算、存储、处理、网络等 ICT 能力是信息社会和知识经济发展的重要战略资源。云计算通过对 ICT 资源的综合集成、动态调度和按需供给构建了低成本、泛在、智能、便捷的信息服务体系，不仅推动了服务方式的革命，更将成为迈向信息社会的关键基础设施。云计算服务于经济社会各领域的全面信息化，为个性化制造和智能化服务创新提供了有力工具和环境，推动形成柔性化生产和规模化协同创新有机结合的新型生产方式，推动经济发展向以知识、创新为驱动的现代经济体系智能化转型。

本章分析了当前国内外云计算产业、技术发展的现状、趋势与重点，着重提出了我国云计算的发展重点，并通过对当前我国相关领域存在问题的分析，提出了促进我国云计算产业健康发展的政策建议。

10.1　国际云计算产业发展现状

从全球来看，云计算已经成为 ICT（information communication technology，信息通信技术）产业最具活力的领域之一。据 Gartner 的估计，2012 年全球云计算市场规模已经达到 1 072 亿美元，增长率达到 25.3%[1]，远高于 ICT 产业整体增长率

（6% ～ 7%），公共云服务已经成为全球 ICT 产业增长最快的领域之一。

全球云计算发展很不均衡，美国占据绝对主导地位。目前美国在全球云计算市场中占据了 59% 的份额，高于世界其他地区市场规模的总和。美国的谷歌、微软、亚马逊、Rackspace、IBM、VMware 等企业占据了全球云计算技术、产品、服务的领先地位。

重点企业的云计算服务已经开始发挥互联网基础设施的作用，并成为众多创新企业的孵化器。亚马逊、谷歌、微软、Rackspace 等企业的云计算服务已经赢得了用户的信任。预计目前 AWS 业务平台的规模达到 15.8 万台服务器，相当于我国互联网行业总服务器数量的 8%；2013 年 5 月托管在亚马逊 AWS 上的网站数量达到 1 160 万个，与 2012 年 9 月的 680 万个相比增长了 71%。美国互联网初创公司 90% 以上使用了云计算服务。

国际领先企业的服务和商业模式创新加快。2013 年 4 月，亚马逊宣布 2012 年推出了 195 项新的云服务，2013 年第一个季度又推出了 53 项，业务创新不断加快。其中，亚马逊在 2012 年推出了 AWS Marketplace 服务，汇集了 SAP、Microsoft、IBM、Canonical 等知名厂商的数据库、CRM、操作系统、BI（business intelligence，商业智能）、电子商务等各类软件产品，用户可以在租用 AWS（Amazon web service，亚马逊在线服务）云服务的同时直接搭载这些企业级软件产品，这一模式是对以往企业级软件销售模式的重大变革。

私有云和公共云领域的技术渗透和解决方案融合加快。例如，私有云解决方案的领先企业 VMware 已经向全世界超过 100 家公共云服务企业提供了云平台解决方案；国际公共云服务的领先企业亚马逊开始向 CIA 提供私有云解决方案服务。

公共云服务竞争加剧，价格持续下降。亚马逊自 2006 年推出 AWS 服务至今价格已经下调了 31 次，7 年间价格下降了 20 倍，2012 年 S3、EC2 等重点服务的价格大幅下调了 30% ～ 40%。2013 年，微软相应调低了服务价格，Azure 服务价格也下调了 21% ～ 33%。

云计算的产业辐射效应开始显现。面向底层基础设施，云计算服务商在超大规模数据中心设计、建设、运维等方面进行了大量创新与实践，并引发了软件定义网络（software defined networking，SDN）等 IT 与网络的融合新技术。面向上层应用，云计算强大的计算、存储服务能力催热了大数据服务。

10.2 我国云服务市场处于起步阶段，增长迅速

我国云计算整体上尚处于发展初期，市场规模较小。据测算，2012 年公共云计算服务市场规模为 35 亿元人民币左右，但已初步显现了市场潜力，年增速达到 70% 以上，远高于全球水平[2]。据估计 2012 年国内私有云市场规模在 500 亿～ 600 亿元人民币，私有云建设主要集中在电信、能源、电力、医药等行业的大型企业及部分

发达地区的电子政务系统。

当前我国云计算发展呈现出以下几个主要特点：

（1）产业界积极投入，云计算产业格局和企业群体已经初步形成。据统计，我国云计算相关企业已经超过200家。在公共云计算服务领域，阿里、盛大、百度、新浪等互联网企业仍起主导作用，IaaS（infrastructure as a service，基础设施即服务）、PaaS（platform as a service，平台即服务）、SaaS（sorftware as a service，软件即服务）均涌现了众多成功的商业案例。IaaS领域，已经形成“两大+众小”的格局，阿里、盛大两家企业业务规模较大，投入云平台运营的服务器规模已达数千台，出租虚拟机数量达到万台以上，已有众多中小网站依托阿里和盛大的云服务开展业务；而网银互联、华数世纪等一些传统IDC企业平台规模较小，一般均在百台服务器以内。PaaS领域，腾讯、百度、新浪等大型互联网公司已经向开发者提供了开发平台服务，其中腾讯用户规模最大，注册开发者超过80万人，运行应用超过1万款。SaaS领域，金蝶、八百客、用友（伟库）等软件企业主要提供CRM等企业级软件服务，平台规模普遍不大，但营收较好。

（2）我国企业基本形成了云计算技术的研发及产业化能力。资源的管理调度系统是云计算的核心，在这方面，阿里、盛大、百度、腾讯等大型互联网企业自研的云平台已经在自身云服务中投入运行，并实现了对数千台服务器集群的统一控制与管理。华为、浪潮、曙光、中国移动等企业均推出了能够实现大规模计算、存储资源集群管理的云平台软件产品，并在部分企业私有云中得到应用。国内企业也逐渐进入国际技术发展的前沿领域，在ITU、IETF、IEEE、DMTF、TGG等国际组织云计算相关的技术研究和标准制定中起着越来越重要的作用。

（3）政府对云计算的支持与推动逐步从战略层面走向落实。2012年财政部发布了《政府采购品目分类目录（试用）》，增加了软件运营服务、平台运营服务、基础设施运营服务三类具备云计算特征的服务内容。2013年年初，工信部等五部委联合发布《云计算数据中心布局指导意见》，旨在推动国内云计算的健康、有序发展。国家发改委发布了《关于加强和完善国家电子政务工程建设管理的意见》，特别指出要推进包括云计算在内的新技术在电子政务项目建设中的应用。在此之前，工信部在2012年已经开始在福建、陕西、海南三省开展了基于云计算的电子政务公共平台建设试点工作，目前平台已经初具规模，并取得了良好的运行效果。

10.3 云计算技术架构与发展重点

10.3.1 云计算技术架构

云计算技术架构如图10.1所示。

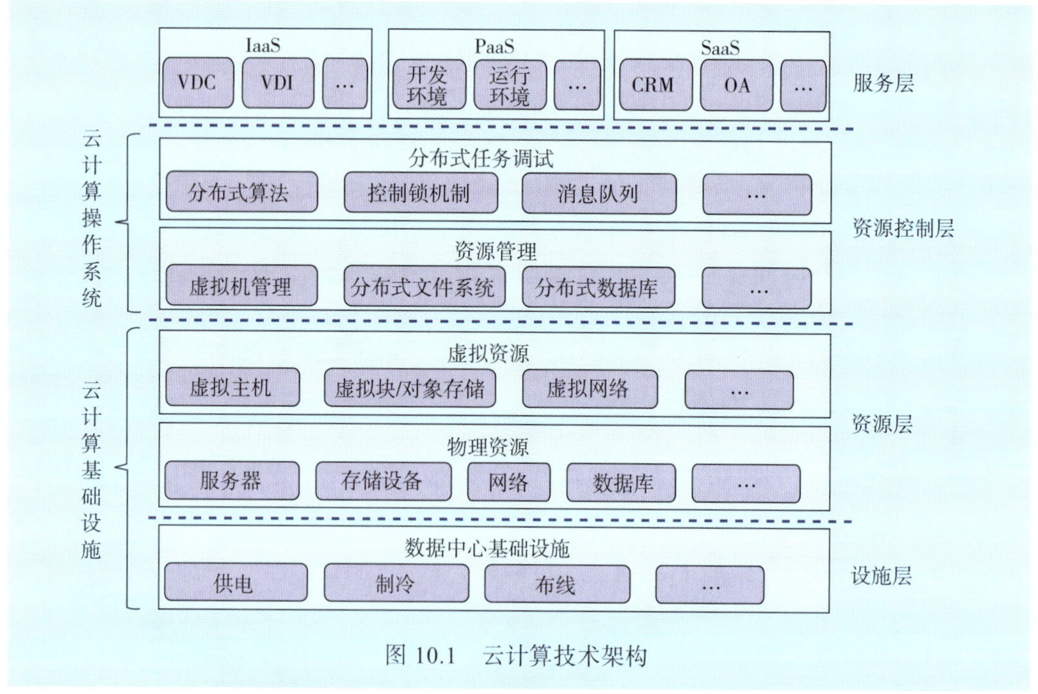

图 10.1　云计算技术架构

在云计算技术架构中，由数据中心基础设施层与 ICT 资源层（包括物理资源和虚拟资源）组成的云计算“基础设施”和由资源控制层功能构成的云计算“操作系统”，是目前云计算相关技术的核心和发展重点[3]。

云计算“基础设施”由数据中心承载，以高速网络（目前主要是以太网）连接各种物理资源（服务器、存储设备、网络设备等）和虚拟资源（虚拟机、虚拟存储空间等）。云计算基础设施的主要构成元素基本上都不是云计算所特有的，但云计算的特殊需求为这些传统的 ICT 设施、产品和技术带来了新的发展机遇。例如，数据中心的高密度、绿色化和模块化，服务器的定制化、节能化和虚拟化等；而且一些新的 ICT 产品形式将得到长足的发展，并可能形成新的技术创新点和产业增长点，如定制服务器、模块化数据中心等。

云计算“操作系统”是对 ICT 资源池中的资源进行调度和分配的软件系统。云计算“操作系统”的主要目标是对云计算“基础设施”中的资源（计算、存储和网络等）进行统一管理，构建具备高度可扩展性，并能够自由分割的 ICT 资源池；同时向云计算服务层提供各种粒度的计算、存储等能力。

总结来看，云计算在技术及实现方面有以下三个特点：一是用系统可靠性代替设备的可靠性，降低了对高性能硬件的依赖，如使用分布式的廉价 X86 服务器代替高性能的计算单元和昂贵的磁盘阵列，同时利用管理软件实现虚拟机、数据的热迁移，解决 X86 服务器可靠性差的问题；二是用系统规模的扩展降低对单机能力升级的需求，当业务需求增长时通过向资源池中加入新计算、存储节点的方式来提高系统性能，而不是升级系统硬件，降低了硬件性能升级的需求；三是以资源的虚拟化提高系统的资源利用率，如使用主机虚拟化、存储虚拟化等技术，实现系统资源的高效复用。

同时，云计算核心技术呈现开源化的趋势，以 Hadoop、OpenStack、Xen 等为代表的众多开源软件已经成为云计算平台的实现基础。

10.3.2　云计算技术未来发展的重点方向

云计算被认为是 ICT 产业的重要发展趋势和业务模式，未来云计算主要解决云间互联、云计算安全、云计算网络和大数据处理四个方面的关键问题。解决这些问题，对企业来说是挑战更是机遇，能够率先解决这些问题，并提供产品与服务的企业必将从产业界中脱颖而出，因此，众多企业与组织正在积极进行技术研发与产品布局。

1. 云间互联

目前无论是企业私有云还是云服务企业提供的公共云服务，其基础设施能力均为某一企业或组织所有，云间并未提供开放接口实现能力和资源的共享。但正如互联网上的 Mashup（糅合）业务一样，未来单一的云将无法满足用户的所有需求，这些需求场景包括：

（1）企业私有云需要使用公共云中的资源，构成混合云环境。

（2）由于跨地域开展业务以及法律限制等原因，某些云服务企业需要联合开展业务。

（3）用户需要同时利用不同云服务企业的资源以满足自身业务需求。

为满足以上需求，云间互联可能构成两种模式，即联邦模式与平台模式。两种模式的前提都是云服务企业开放其云资源的访问接口（以 API、REST、SOAP 等方式）以供其他企业、用户或平台调用。两种模式的区别主要是商业模式或产业生态不同。

云间互联面临的问题主要是两方面：一是技术性问题，如不同云之间进行远程调用（如存储资源调用）时会由于网络问题而产生业务不可用情况（如 VMware 的虚拟机迁移不能在大于 400 千米的范围内进行，否则会由于网络的时延而失败）；二是规则性问题，云间互联需要标准（接口标准、业务标准等）的支持，在跨地域、跨国互联的场景下需要解决政策和法规的障碍。

2. 云计算安全

云计算，尤其是公共云服务需要解决以下四方面的安全挑战：

（1）身份假冒。云计算基于网络提供服务，所有的应用都放置于云端，由于网络的虚拟性，确认使用者身份、确保身份的合法性是一个重要问题。用于识别用户身份的信息可能在客户端、网络传输和服务器等各个环节被窃取，需要采用严格的认证机制，确保身份识别信息的安全性。

（2）共享风险。云计算中，软硬件平台通过虚拟化技术为多个用户所共享，多用户的引入带来了更多的安全风险。传统安全策略和技术主要适用于物理设备，如物理主机、网络设备、磁盘阵列等，而无法管理到每个虚拟机、虚拟网络，因此，传统的基于物理安全边界的防护机制难以有效保护共享虚拟化环境下的用户应用级信息安全。

（3）数据安全风险及隐私泄露。数据安全方面的风险包括数据泄露、数据篡改和数据丢失，可能发生在数据传输、处理、存储的各个环节。云服务提供商都会对数据存储采取隔离措施，并对访问权限进行控制，但硬件故障、管理人员误操作等情况也可能导致数据的泄露、篡改甚至丢失。另外，如果存储资源在分配给新用户之前没有进行完整的数据擦除，新用户可能通过数据恢复技术还原之前用户的数据，从而造成数据泄露。

（4）不安全的接口。云计算服务将硬件、平台、软件等资源以 API 接口的形式提供给用户使用，因此，API 接口的安全性在很大程度上影响着云计算的安全性。不安全的 API 可能造成访问密钥丢失，或因 API 的漏洞引发注入攻击，从而导致用户数据的破坏或泄露。

3. 云计算网络技术

云计算改变了信息系统的架构方式，虚拟化、大规模分布式计算被大量引入，同时也影响到了底层网络，尤其是数据中心网络的技术走向和架构方式。虽然目前网络设备厂商也在不断提出新的解决方案，试图解决云计算中的网络问题，但业务和应用的高速发展使以互联网公司为主的应用（云）服务商也开始考虑如何架构网络的问题。一些从云服务商的角度提出来的网络架构方式和演进思路逐步得到产业界的重视，如智能管道技术、软件定义网络等，这些新思路、新技术在数据中心网络中的应用可能改变目前设备供应商主导的网络技术演进路线。

4. 大数据处理技术

大数据处理是引发下一轮技术和应用创新浪潮的前沿领域，可能成为全球新的经济增长点。全球数据量以每年 40% 的速度在增长，这些数据蕴涵着巨大的经济价值，需要通过更加有效、更加廉价的方式进行挖掘和处理。目前主要云计算企业已经开始在研究新的大数据处理技术，如谷歌正在开发的 Spanner（下一代 BigTable）、Colossus（下一代 GFS）等，以实现更大规模的并行处理和更快的业务响应。

10.4 云计算产业的发展重点

10.4.1 公共云服务

随着云服务重要性的凸显，云服务运营商的地位更加突出。随着云平台和云服

务种类及数量的增多，用户对云服务的了解和把握将越来越困难，不仅难以寻找和发展自己所需要的云服务，而且难以在相似的云服务中找到安全性更强、质量更好、对用户业务针对性更强的服务。

发展重点：以云计算的基础设施服务（IaaS）、平台服务（PaaS）、软件服务（SaaS）等服务模式为核心，促进电信运营商、软件提供商、信息服务提供商、内容提供商等的转型，发展和提供更多云服务业务。面向金融、文化、教育、医疗、交通等领域和汽车、钢铁、石化等行业，研发和提供特色云服务。鼓励服务于中小企业的各类促进机构和产业园区建设满足中小企业共性发展需求的公共云计算服务平台，基于云模式提供公共服务。

10.4.2　云计算硬件产品

发展重点：发展扩展性强、安全、节能的高端服务器、新一代网络存储系统、下一代网络设备、新型计算单元等云计算网络产品。发展下一代移动通信终端、移动互联网智能设备、平板电脑、感知终端等云计算终端产品。发展低功耗芯片、云存储芯片等云计算硬件相关产品。

10.4.3　云计算软件产品（操作系统）与解决方案

从基本趋势看，云计算软件（操作系统）将成为云计算发展的重点，也是决定云计算发展速度的关键要素。能否将云计算硬件更好地利用起来，能否更充分地发挥云计算中心的作用，以及能否更好地为用户提供各种云服务，都取决于云计算软件的发展程度。为此，未来的云计算软件必须能够更好地支撑云计算系统高性能、低成本、可扩展、高可靠性的计算和存储需要，满足互联网业务和服务需要。未来，云基础软件的品牌化和开源化趋势会同时加强，同时云应用软件的多样化和个性化趋势将更加明显。

发展重点：发展云计算基础软件，研发网络操作系统、云计算中间件软件。发展云计算应用软件，研发云服务支撑软件（如云存储服务支撑软件）、云服务管理平台软件、新一代搜索引擎等应用软件。研发结合云计算的新型嵌入式软件系统等云终端软件。研发云服务测试验证支撑工具软件等云计算测试软件。发展云计算解决方案，提供满足行业特色需要的云计算解决方案、私有云解决方案等。

10.5　我国云计算产业存在的问题与制约因素

在技术方面，我国互联网企业和电信制造业企业拥有较为雄厚的ICT产品研发、制造基础，借助云计算的开源化趋势，我国企业已经在云计算技术发展之中占据了一席之地，但同时，我国企业在一些关键技术环节仍处于弱势。一是服务器虚拟化核心技术落后。目前国际上服务器虚拟化技术相对比较成熟，KVM、XEN等开源技术应用也比较广泛，国内企业也已经形成了较好的应用能力，如中国移动大云平台以及华为 UVP 平台都是基于开源 XEN 所搭建的，曙光公司也推出了自主研制的虚拟化系统软件，但由于核心芯片等基础产品与技术一直以来都依赖 Intel、VMware 等国外厂商，国内的技术基础更多处于应用层面，深层次的技术创新短时间内难以实现。二是云网络技术仍处于跟随态势。我国企业在数据中心网络设备方面具备较好的基础，华为、中兴、华三、锐捷等厂商均有针对数据中心应用的高密度核心交换机产品推出，端口密度、交换容量等都不逊于国外同类产品。但核心交换芯片等关键部件仍主要依赖博通（Broadcom）等国外公司，因此难以像思科等厂商一样在新技术的研发方面起引领作用。三是云计算系统的管理技术相对于领先企业仍有较大差距。我国企业开发的云计算平台已经可以实现对单集群 2 000 ～ 3 000 台服务器节点的管理，并可实现 10 万量级任务的并行调度和 PB 级文件存储，但谷歌等企业在五六年前就已经实现了对单集群 5 000 台服务器节点的资源管理能力，并正在开发 20 000 台服务器以上超大集群的管理技术，我国企业与世界领先水平的差距仍然很大。

在基础设施方面，我国当前形成了数据中心建设热潮，但蕴涵了一系列亟待解决的结构性问题：一是数据中心规模结构不合理。我国大规模数据中心比例偏低，仅占数据中心的万分之一，是美国这一比例的七分之一[①]，未来的建设中需考虑通过集约化提高效率、降低成本。二是建设中的数据中心空间布局不合理，存在盲目性。据不完全统计，全国已有至少 13 个城市明确提出建设云计算数据中心园区的计划。然而，我国面临的一大问题是适合建设超大规模数据中心的区域与业务需求集聚区重合性差，需要统筹资源禀赋与业务分布。但目前各地自行建设数据中心时对自身优势和市场需求估计不足，存在一些盲目开工的现象。部分年均气温偏高和电力能源供应紧张的地区提出了超大型数据中心的建设计划，个别地区甚至出现利用云计算概念大规模开发商业地产；而具有资源优势的地区对业务需求来源和产业条件则重视不够。三是数据中心技术水平相对落后，能源利用效率偏低。我国数据中心设计、建设和运行维护水平较低，导致平均能耗较高。我国数据中心平均能效利用率（power utility efficiency，PUE，数值越低，表明电力资源的利用率越高）普遍在 2.2 ～ 3，而发达国家多为 1.5 ～ 2，谷歌数据中心能够达到 1.1 甚至更低。四是宽带网络基础设施在接入速率、网络质量、互联互通性能等方面与国际先进水平还存在较大差距。

在产业成熟度方面，国内公共云计算服务能力与美国等发达国家相比仍有较大差距。一是我国公共云计算服务业的规模相对较小，业务较为单一，与先进国家及企业相比差距相当悬殊。据 2013 年年初的统计，国内最大的云服务提供商中出租虚机数量也不足 10 万个；而亚马逊仅其在弗吉尼亚的一个数据中心（亚马逊全球共有 7 个数据中心提供云计算服务）在 2010 年售出虚拟机实例峰值就达到了 14 万个。二

① 大规模数据中心是指容纳机架数在 500 个以上的数据中心。

是云计算的安全、可靠性等评估认证机制未建立。云计算服务的广泛应用，尤其是在政府、企业关键业务中的应用可能带来严重的信息安全问题，为此，建立针对云计算服务的安全性、可靠性的评估认证机制十分重要。因此，美国通过实施 FISMA 认证、FedRAMP 计划等力图建立较为完善的以第三方评测为基础的云计算信息安全保障体系，而我国目前在这方面的机制、机构、技术、标准等均未有效建立，需要尽快决策，科学规划。三是信息保护法律法规不健全。云计算带来的集中托管和数据跨境流动增加了管控难度，我国国家信息安全和个人数据保护可能面临更大威胁。而我国在与云计算安全相关的数据及隐私保护、安全管理、网络犯罪治理方面均有较大缺失①[4]，一方面影响了用户对云计算的接受程度，另一方面也给国家信息安全造成了一定的风险。

10.6 促进云计算产业发展的政策建议

针对我国云计算技术、产业、服务发展的现状，以及未来云计算发展的趋势，未来我国云计算发展要掌控好三个核心关键要素：一是实现云计算基础设施的优化布局；二是以云计算服务为核心带动云计算产业，突破云计算关键技术，大力发展公共云计算服务；三是完善保障云计算发展的制度环境。为此，提出以下建议：

第一，引导我国云计算数据中心合理发展和布局。应重视对老旧机房的改造和整合，提高节能水平，控制新增机房过快增长。对于新建的超大型云数据中心（如 5 万台以上或 2 500 机架以上），应从国家层面综合考虑环境、能源、区域和产业发展。一是建立大型数据中心建设的分级评价和审批制度，引导数据中心合理布局和技术水平提升。二是综合能源、税收、土地、人才、基础设施等优惠政策，鼓励重点在我国西部和北部气候适宜、能源资源富集、支撑条件好的地区（如内蒙古、山西、新疆、黑龙江、陕西等地）建设大型数据中心，并鼓励电信运营企业对相应地区进行网络优化。三是支持有条件的地区在保障安全的前提下建立面向国际业务的大型数据中心基地，吸引亚太区域内的国际数据业务，逐步提高我国在国际信息交换和处理领域的地位。四是对数据中心可靠性、安全性和绿色节能等建立分级评估机制。

第二，以云计算服务为核心带动云计算产业。一是加大对国内公共云计算服务企业的扶持，通过专项资金、税收优惠、能源资源等政策支持有条件的企业尽快开展和推广云计算公用服务。二是政府可以率先在政务外网，以及教育、医疗、社保、交通等公共服务领域使用云计算，为全社会提供应用示范经验。三是加快国内支撑产业发展，支持通过行业组织建立云计算服务认证评估机制，推动云计算系统安全、

① 根据 2012 年商业软件联盟（Business Software Alliance，BSA）发布的《全球云计算排行榜》，我国在云计算发展方面的准备度在 24 个国家中排名第 21 位。

信息保护水平和服务质量逐步提升。四是加强政策引导，鼓励云计算优势企业建立战略合作或产业联盟，实现优势互补。

第三，鼓励技术创新，突破核心技术。以应用为导向，依托龙头企业，重点攻关云计算核心技术，包括大规模分布式存储技术、大数据并发处理技术、云计算安全技术、云计算效能优化技术等。推动云计算技术与物联网、下一代互联网、三网融合等新兴技术方向相结合，实现融合发展。通过云计算技术发展，推动新一代低功耗技术等绿色 IT 技术的应用。支持发展面向智能电网、节能减排等领域的云计算服务。把握云计算技术发展方向，鼓励企业、大学和研究机构协同研发。同时，重点关注云计算技术未来的重点方向：一是云间的互联，包括云计算业务平台之间的资源（能力）共享与互联，用户在不同云之间的数据和业务迁移；二是云计算的安全可信，为用户提供高度的数据可靠性，并能够实现从用户终端到云之间完善的数据保护；三是云计算相关的网络架构，包括数据中心内部组网以及适应云计算业务流量模式的公网架构；四是在大数据分析与处理方面的技术与应用，需要面向不断飞速增长的大数据应用研究新一代云计算分布式存储和处理技术。

第四，重视跨界垂直整合的产业生态环境建设。以往设计信息系统重点关注核心器件与部件、整机、系统软件、应用软件，今后的云计算信息系统设计和建设需要考虑从用户体验端到水平化分工某个层次端的整个产业生态系统。有些学者称为端到端设计（end-to-end design），强调的是设计，而不是实现与制造。Google 、Amazon 等云计算巨头的成功都是依靠强大的产业生态系统。建立端到端设计的生态系统一定要依靠开源软件的支撑，必须大力支持发展开源软件。

第五，加强组织协调，加快云计算重点领域标准的制定。应根据技术和产业发展的实践，逐步完成云计算标准体系的建设。当前最迫切的是协调各行业之间的标准制定工作，充分发挥各自优势，尽快制定并出台产业界急需的标准，包括数据中心分级、云存储、虚拟桌面以及云服务安全要求等。

第六，逐步完善适应云计算发展的法律法规和监管制度。一是加快推进立法工作，或通过部门联合规章和规范性文件等方式，对云计算等新业务中的数据跨境流动范围、数据保护要求、个人数据处理规则等进行规范。二是尽快出台政府和重要行业使用云计算服务的相关规定。例如，要求政府和重要行业在云计算服务中，必须采购我国云计算服务商的服务，要求处理政府和重要行业数据的服务器，必须位于中国境内。三是加快研究云计算服务的市场准入与退出制度，并在试点示范项目中，试行相应规则。四是制定适应不同行业需要的云计算安全要求和评测方法标准，保障云服务的网络和信息安全。五是借鉴美国联邦政府的做法，在云服务安全评估中引入第三方认证机制，利用专业化的机构对云服务企业进行评估和认证，并将其纳入监管机制之中。

审稿：李国杰

参考文献

[1] Gartner. Forecast:public cloud services，worldwide and regions，industry sectors，2010-2015，2012.

[2] 工业和信息化部电信研究院 . 中国公共云服务发展调查报告（2012 年），2012.

[3] 工业和信息化部电信研究院 . 云计算白皮书（2012），2012.

[4] 商业软件联盟（BSA）. 全球云计算排行榜（2012），2012.

第 11 章

新一代显示产业

董友梅　孙小斌

【内容提要】 显示是电子信息领域重要的战略性和基础性产业，其健康发展对于促进信息消费、扩大内需、推动我国电子信息产业结构调整、增强国防信息安全等具有重要意义。当前，全球显示产业稳步发展，技术进步和应用创新不断涌现，我国已初步具备了参与国际竞争的基础和能力，需要进一步加大引导和支持的力度。

11.1　前言

显示产业跨越化工、材料、半导体等多个领域，集成微电子技术、光电子技术、材料技术、制造装备技术、半导体工程技术等多个技术门类。其产业覆盖不仅包括上游的原材料 / 元器件制作、装备生产与供应、技术服务、产业投融资服务，还包括中游的面板 / 模块生产，以及下游的整机装配及系统集成应用产业，如彩电、显示器、智能移动终端等。产业链上中下游之间相互联系、相互依赖和相互增强，是典型的技术与资本密集型产业，对社会经济的拉动效应极为明显。

从全球显示产业的发展历程看，显示产业作为电子信息产业中的一个重要分支，其发展具有独特的技术经济特征，在国民经济和社会发展中也显示出独特的产业特征。随着中国制造业产业结构的调整和各地方政府产业政策的完善，在世界产业转移的背景下区域性的制造产业集群开始形成，现在基本形成了珠三角、长三角、环渤海、中部地区等显示产业集群，产业集聚效果更加明显，区域优势逐步显现。

2010 年以来，中国经济平稳回升，在电子信息产业振兴规划的刺激、各地产业政策的持续扶持以及业界诸多企业的积极努力下，显示产业取得了较好的发展，各地重大项目纷纷上马，投资火爆场面再度升级。作为迅速崛起的“平显高地”，中国的显示产业已经初具规模并开始引导和支撑中国电子信息产业的升级和换代，得到全球业界瞩目。特别是近年来，移动互联网终端及穿戴科技等创新应用的高速发展，有效拉动了全球显示产业的快速增长。2013 年 8 月 8 日发布的《国务院关于促进信息消费扩大内需的若干意见》（国发〔2013〕32 号）明确提出要“实施平板显示工程，推动平板显示产业做大做强，加快推进新一代显示技术突破，完善产业配套能力”。政策的发布实施，将进一步推动显示产品在电子信息领域的创新应用，为显示产业的发展提供新一轮的驱动力。

以显示为核心的显示产业已经成为拉动我国经济发展的重要产业，得到了政府、企业及广大消费者的普遍关注，数字化、无线化、网络化的信息化产业发展趋势对显示产业的发展敞开了无限的想象空间。到 2020 年，我国显示产业在国际市场的总体地位将达到全球第一阵营水平，产业规模居于全球领先地位。本章将从产业重要性、产业与技术发展状况与趋势、挑战与机遇等几个方面，深度细致地剖析我国显示产业发展之路。

11.2 显示产业发展的重要性

11.2.1 产业规模大、产业带动性强

根据著名咨询机构美国 Display Search 的统计和预测，显示全球市场规模 2008 年突破千亿美元，2012 年达到 1 234 亿美元，预计未来市场规模仍将持续增长，2016 年将突破 1 700 亿美元，是目前全球信息产业中为数不多的千亿美元级产业。

显示在产业集群建设和区域经济拉动方面也有很强的带动性，一条新投资几十亿美元的显示面板生产线，在直接拉动装备市场增长的同时也将聚集为之配套的上游材料及元器件企业、装备备件企业以及下游整机企业形成产业集群。根据相关机构的统计，显示面板每 1 元的投资，将拉动 2 元以上的产业链投资并形成 4 元以上的产业链产值。

11.2.2 产业影响面大

显示面板作为人机界面，是手机、计算机、电视等信息电子产品中不可或缺的组成部分。2012 年，我国手机、计算机和彩电产量已经占到全球出货量的 50% 以上，稳居世界第一，而显示面板在这些产品中的成本分别占到 30%、25% 和 80%，其影

响力可见一斑。

海关统计数据显示，2012 年，中国显示面板进口额高达 503 亿美元，仅次于集成电路、石油、铁矿石，位列进口额前四位，这个数据一方面说明中国电子信息产业对显示面板的依赖度很高，另一方面也说明目前我国在显示面板方面对国外厂商的依赖性还很强，一旦出现国际局势的动荡或行业格局的变化，国外厂商实施封锁或抬高面板价格等行为，其影响面将会涉及中国信息产业中产值最大的几个分支，对整个信息产业将造成重大影响。

11.2.3　涉及国家安全的核心元器件

近期，棱镜门事件成为全球关注热点，也引发对我国信息安全建设的反思，核心软硬件自主可控是关键已成为大家的共识。作为人机界面的显示器，在各类信息产品中都是必不可少的关键元器件，当今的技术水平已经可以把 IC（integrated circuit，即集成电路）做到显示面板内，美国等国家在显示产业方面几乎没有什么力量，但都花费重金投入用于军方显示产品的研究，部分军方所用显示产品不惜在本土花费重金建设几乎没有什么产能的特种实验线，以实现自主供应。这些做法已充分说明显示在国家安全尤其军队信息安全中的重要性，不能不引起我们的高度重视，如果我们国家军队的显示装备出现可靠性问题，将严重危及我们的国家安全。

11.2.4　显示创新在改变生活方式和产业格局上将发挥重大作用

显示技术涉及半导体技术、微电子技术、新型材料、高端装备制造等多学科领域，涉及面很广，任何一个领域的创新都可能带来显示技术的进步，显示技术在前 20 年的发展中，通过与通信等诸多技术的结合，已经使移动办公和电视大型化平板化成为现实，让人类随时随地获得信息不再是梦想，未来 10 年，随着产品应用形态与人机互动方式的改变，显示将会在顺应人类生活方式改变的需要方面做出更积极的贡献，目前我们已经看到的 Google Glasses（即 Google 眼镜）、iwatch（即智能手表）、Up 腕带等一批智能穿戴科技产品，改变的不仅仅是产品形态，更是人类生活与消费方式，这种改变可能会导致若干新产业的形成与旧产业的裂解，而显示在其中扮演着重要的角色，谁掌控，谁就会在这种产业格局变化中获得更好的机会。

11.3　显示产业未来发展趋势

11.3.1　全球显示产业总产值稳步增长，TFT-LCD 仍占据市场主导地位

行业研究机构 Display Search 数据显示，显示产业年复合增长率达 11%，未来几年将保持稳步增长态势，预计 2018 年产值将超过 1 700 亿美元，如图 11.1 所示。在显示产业现有格局中，TFT-LCD（thin film transistor-liquid crystal display，即薄

膜晶体管液晶显示器）份额相比 2011 年略有提升，份额为 89.8%，与份额第二的 AMOLED 相差达 15.3 倍，如图 11.2 所示。因此未来数年内，TFT-LCD 仍将是显示的主导技术。

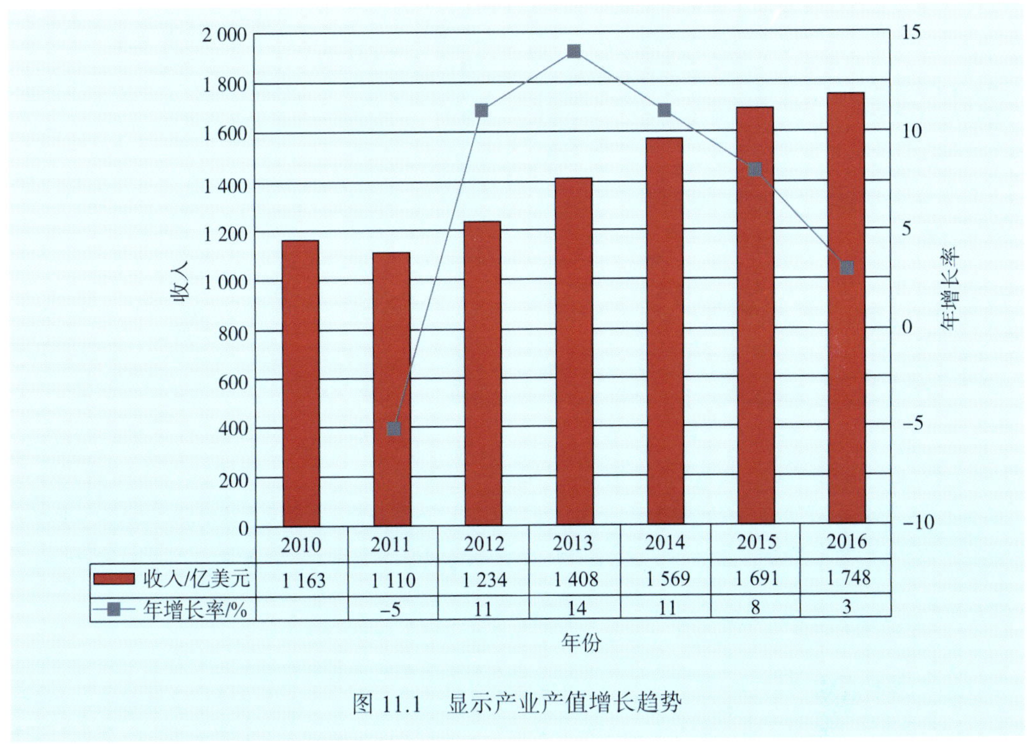

	2010	2011	2012	2013	2014	2015	2016
收入/亿美元	1 163	1 110	1 234	1 408	1 569	1 691	1 748
年增长率/%		−5	11	14	11	8	3

图 11.1　显示产业产值增长趋势

11.3.2　全球显示产业呈现三国四地格局

显示产业经过近 20 年的发展，全球面板厂商集中度越来越高，目前主要集中在韩国、中国台湾、日本和中国大陆，呈现三国四地的格局。

日本曾经拥有最先进的显示技术、最完备的上游产业、最强大的品牌影响，但在全球竞争格局下，由于人工成本、战略决策等原因，逐步走向衰落。被称为“液晶之父”的夏普显示器产品公司（以下简称夏普）亏损严重，正在到处寻找买家解决其经营困难，在技术方面则希望利用先进的 oxide（即氧化物）技术改善局面；东芝移动显示公司（以下简称东芝）、索尼移动显示公司（以下简称索尼）、日立显示公司（以下简称日立）则在日本政府产业革新机构的主导下合并成日本显示公司，在小尺寸显示方面表现有所起色；日本在上游关键材料和设备上，仍然保持着领先地位。

韩国三星显示器公司（以下简称三星）和 LG 显示公司（以下简称 LG）两家企业就占据了全球显示行业 40% 的出货量，他们不仅拥有强大的规模优势，还拥有强大的垂直整合能力。例如三星，既拥有 IC、玻璃、芯片、偏光片等上游材料产业，又拥有手机、电视、平板电脑等一批竞争力极强的下游整机和品牌产业。在新技术储备方面，韩国企业更是表现强劲，84 寸超高清（ultra high definition，UHD）3D

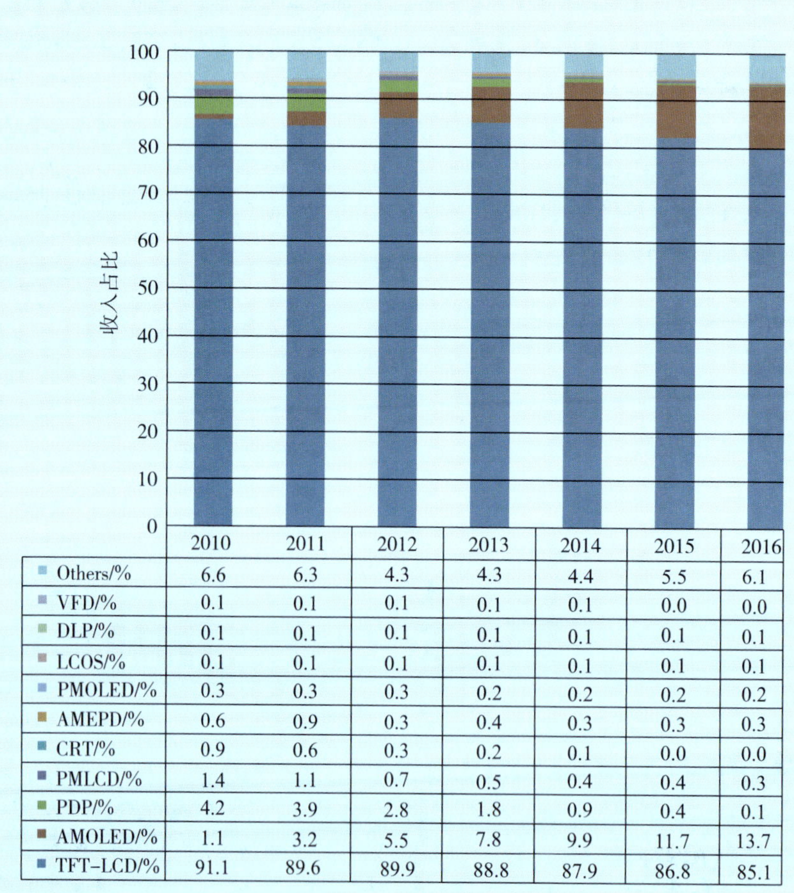

	2010	2011	2012	2013	2014	2015	2016
Others/%	6.6	6.3	4.3	4.3	4.4	5.5	6.1
VFD/%	0.1	0.1	0.1	0.1	0.1	0.0	0.0
DLP/%	0.1	0.1	0.1	0.1	0.1	0.1	0.1
LCOS/%	0.1	0.1	0.1	0.1	0.1	0.1	0.1
PMOLED/%	0.3	0.3	0.3	0.2	0.2	0.2	0.2
AMEPD/%	0.6	0.9	0.3	0.4	0.3	0.3	0.3
CRT/%	0.9	0.6	0.3	0.2	0.1	0.0	0.0
PMLCD/%	1.4	1.1	0.7	0.5	0.4	0.4	0.3
PDP/%	4.2	3.9	2.8	1.8	0.9	0.4	0.1
AMOLED/%	1.1	3.2	5.5	7.8	9.9	11.7	13.7
TFT-LCD/%	91.1	89.6	89.9	88.8	87.9	86.8	85.1

图 11.2　显示产业各技术份额变化趋势

注：VFD（vacuum fluorescent display），即真空荧光显示；DLP（digital light procession），即数字光处理；LCOS（liquid crystal on silicon），即硅基液晶；PMOLED（passive matrix organic light emitting diode），即被动矩阵有机电致发光二极管；AMEPD（active matrix electrophoretic display），即有源矩阵电泳显示；CRT（cathode ray tube），即阴极射线管；PMLCD（passive matrix liquid crystal display），即被动矩阵液晶显示；PDP（plasma display panel），即等离子显示板

电视、55 寸有机电致发光二极管（organic light emitting diode，OLED）电视、柔性 OLED 电视等产品陆续推出，在显示行业几乎全线领先。韩国政府一直对显示行业高度重视，全方位支持，并不惜动用国家力量打压正在崛起的竞争对手，2012 年又决定在柔性显示方面重点扶植 LG 等公司，希望在下一代显示中持续保持领先地位。

中国台湾地区起步较韩国晚 4 年左右，凭借台湾当局“两兆双星”产业战略和全方位的支持，迅速崛起为全球显示行业格局中第二极力量。友达光电股份有限公司（以下简称友达）和群创光电股份有限公司（以下简称群创）两家企业的产能规模已分列世界第三和第四，两家企业的产能在全球行业占比达到了 30%，15 年的技术和产能积累，台湾在显示技术竞争力方面也积累了较强的基础，但市场出海口和再投资乏力已成为制约台湾持续发展的主要因素。

中国大陆企业从 2003 年进入 TFT-LCD 产业，起步时间较中国台湾晚了 5 年，较韩国晚了 8 年，在政府支持和龙头企业的带动下，中国大陆显示产业已在全球产业格局中开始发挥影响，龙头企业京东方经过十年发展，年出货量在 2012 年超过夏普，位居全球第五，年新增专利数量超过 2 500 件，进入全球前三，在 Oxide、LTPS（low temperature poly-silicon，即低温多晶硅）、AMOLED、3D 显示、高分辨率、宽视角、低功耗等核心技术方面已有部分成果进入全球第一梯队，但总体来看，产业规模上尚不能与韩国、中国台湾的竞争对手抗衡，在企业综合竞争力积累上还有较大差距。

11.3.3 政府作用极为重要

显示产业属资本、技术、人才密集型产业，仅靠企业自身力量难以发展，各国和地区都在自身产业发展过程中给予了特别的支持。

2002 ～ 2012 年的 10 年间，韩国政府通过相关投资机构，特别是韩国产业银行（Korea Development Bank，KDB），对三星、LG 的 TFT-LCD 事业进行直接投资和长期借款达 30 余亿美元，每年更有超过数十亿韩元的研发经费支持，巩固了韩国 TFT-LCD 产业在全球范围内的霸主地位。

日本政府加强同产业界与科研部门的联系与合作，建立产学研共同研发机制，包括支持产业界与大学共同研究、政府委托产业界与科研部门共同研究等各种形式，进行显示产业专业园区建设，在这些举措之下，青森、三重已成为日本显示产业的重要集聚区。2012 年，日本政府注资并将索尼、东芝和日立三家面板厂合并，70% 为日本政府支持的日本产业革新机构（innovation network corporation of Japan，INCJ）所有，表明了日本政府扶持平板显示产业的决心。

中国台湾地区显示产业的发展较日韩要晚，但发展十分迅猛。台湾地区显示产业的飞速发展，与台湾当局的积极推动有直接关系。台湾工业技术研究院（以下简称台湾工研院）负责开展各种持续前瞻性技术的研发，并将成果转移至产业界。同时，台湾地区注重加强科学园区的建设，形成了三大显示产业集聚区：北部的新竹、桃园地区，中部的台中、云林地区，南部的台南、高雄地区。另外，台湾地区出台了各项优惠政策，主要集中在税收、融资和人才方面，加强了人才、技术、专利等方面的投入。

韩国、日本、中国台湾的经验，可以总结出，政府的主导作用可体现在多个层面。在国家层面，统一的顶层设计和扶持政策是平板显示产业发展的根本保障；在地方政府层面，需要行之有效、落实到位的政策细则，创造良好的发展环境，才能充分调动产业积极性，集中更多资源投入到显示产业中来。

11.4 显示技术发展趋势

11.4.1 主要类别及发展状况

显示类别较多，从不同角度划分会有不同的分类定义，但业界共识的主要类别包括 TFT-LCD、AMOLED、PDP，近几年柔性显示（flexible display，FD）已成为热点。

在几个主要类别中，PDP 份额有限并持续下滑，已被认为在产业中不具有影响力；TFT-LCD 增速放缓，份额开始下降，但总体体量已经很大，且自身也在不断寻求技术的突破与升级，被认为在未来相当一段时期（5 ～ 10 年）仍将在整个显示产业中占据主导地位；AMOLED 成长迅速，被认为是 TFT-LCD 之后最具竞争力的主要方向，目前已在小尺寸产品上开始应用，但 AMOLED 要成为显示产业的主导力量还需要一个过程，产线的投资积累和上下游产业链的成长成熟是一个方面的原因，另一方面的原因是目前的技术成熟度还有待提升；我国应把握当前机遇，持续开展 AMOLED 领域的大强度投入，力争实现弯道超车。柔性产品目前还没有大量上市，只有小数量特殊应用的一些实例，但中长期来看，尤其是穿戴科技的发展，柔性技术的应用和产业化是必然的，一方面是产品的柔性化，另一方面产品柔性化使工艺方式可以对应到卷对卷制程（roll to roll，R2R）等新方式也是需要关注的。

11.4.2 推动产业发展的技术浪潮

1998 ～ 2008 年，显示产业发展的前一个 10 年经历了三次成长浪潮，依靠笔记本电脑（notebook，NB）、显示器和电视三大应用领域的拓展，显示产业形成了超过千亿美元的规模。在这三次成长浪潮以后，随着市场应用拓展和细分，客户对显示器件性能提出更高要求：新的产品形态与人机互动、栩栩如生的视觉体验、智能化。新的产品形态与人机互动包括超薄超轻化、NB 向平板电脑形态转变（分离式、折叠式）的集成化设计、自带太阳能电池提供电力的低功耗、Touch（即触控）技术和 Panel（即面板）技术集成等，同时注重健康管理与娱乐随身化完美结合的穿戴科技，如 Google Glasses、Apple iwatch（即苹果智能手表）等；栩栩如生的视觉体验包含视网膜技术、超高分辨率、高 PPI［pixels per inch，即每英寸（1 英寸 =0.025 4 米）所拥有的像素数目］、高画质的裸眼 3D、透明显示和极具临场感的弯曲显示体验等；智能化包括具有高画质、集成功能的智能 TV 或智能 phone、由被动接受信号变为互动交换（Touch、手势控制）、信息终端显示转变为信息发送平台（集成化）等。围绕 Touch、新的 TFT（thin film transistor，即薄膜晶体管）、高性能和柔性等方面的新技术，以及通信技术方面的进步，都将支持新的产品形态与人机互动、栩栩如生的视觉体验、智能化的新产品形态，成为推动显示产品发展的新浪潮。

11.4.3　新技术开发进程加快

在全球显示产业整体增长趋缓的形势下，在新产品形态浪潮推动下，新技术产业化以及新产品量产化成为产业发展的重要驱动力。2013 年，显示新技术和新产品将逐步量产，LTPS 和 Oxide 等新型背板技术投入力度不断加大，高清晰、低能耗和窄边框将成为液晶电视主流，尤其是现在热门的分辨率达 4k×2k 面板将在 2014 年逐渐进入市场。触摸屏减薄技术逐渐成熟，以覆盖层触控（touch on lens，TOL）为代表的单片玻璃解决方案（one glass solution，OGS）技术将在 2013 年被广泛应用在移动平板显示设备中。

11.5　中国显示产业已登上世界舞台

11.5.1　在全球电子信息领域的影响力稳步扩大

中国拥有全球最大的电子消费市场，同时也是全球最大的电子产品制造基地。工信部公布的统计公报数据显示，2012 年，我国规模以上电子信息制造业实现销售产值 85 044 亿元，同比增长 12.6%。手机、计算机、彩电、集成电路等主要产品产量分别达到 11.8 亿部、3.5 亿台、1.3 亿台、823.1 亿块，同比分别增长 4.3%、10.5%、4.8%、14.4%；手机、计算机和彩电产量占全球出货量的比重均超过 50%，稳固占据世界第一的位置。中国市场对整个显示产业具有长期的影响，表 11.1 显示了 2012 年和 2013 年中国市场对各 TFT-LCD 领域的影响。

表 11.1　2012 年和 2013 年中国市场对各 TFT-LCD 领域的影响

类型	2012 年	2013 年	备注
全球电视市场	24%	24%	最大的电视市场
全球 LCD 电视市场	21%	23%	最大的 LCD 电视市场
所有移动电脑市场	26%	28%	正在快速增长
平板电脑市场	18%	20%	正在快速增长
翻盖笔记本电脑市场	30%	31%	正在快速增长
液晶显示器市场	35%	35%	
全部移动手机市场	26%	27%	
TFT 设备支出	44%	53%	中国是 TFT-LCD 产能的关键投资地区
电阻式触摸屏	38%	40%	最大供应商

资料来源：Display Search

受益于国产面板产能扩大以及下游整机产品对显示面板需求延续增长势头，2013 年我国显示产业将保持较快增速。一方面，随着国产面板产能进一步增加，我国显示面板的产品价格和供货能力更具市场竞争力，国产面板的全球市场占有率将明显提升，2013 年有望达到 13%，2015 年将超过 20%。另一方面，显示下游整机产品对显示面板需求持续增长，2013 年我国平板电视产量实现 8% 的增长率，车载显示产品增长将达到 10%，智能手机和平板电脑的增长率将分别超过 50% 和 100%，NB 增长在 3% 左右。预计 2013 年我国显示产业规模将达到 500 亿元，同比增长 22%。

11.5.2 具备较大的显示产业规模

在京东方合肥 6 代线、北京 8.5 代线，南京熊猫电子股份有限公司（以下简称南京熊猫）6 代线，深圳市华星光电 8.5 代线投产的基础上，京东方合肥 8. 5 代氧化物面板生产线已经进入设备搬入阶段，重庆 8.5 代线已经开工建设。随着产业规模的不断扩大，中国大陆作为全球显示产业重要一极已逐步稳固了竞争地位，如表 11.2 所示。

表 11.2 2012 年中国大陆面板线生产情况

企业	产线数量	产线类别	产能面积 / 平方千米	产能份额 /%
京东方	6	G4.5/G5/G5.5/G6/G8.5	20 070	56
天马	5	G4.5/G5/G5.5	2 866	8
华星光电	1	G8.5	6 600	18
南京熊猫	1	G6	2 592	7
龙腾光电	1	G5	1 888	5
深超光电	1	G5.5	1 872	5
其他	＞ 3	＜ G4.5		1
合计	＞ 18	G2.5 ～ G8.5	约 35 800	100

注：天马微电子股份有限公司简称天马；昆山龙腾光电有限公司简称龙腾光电；深超光电（深圳）有限公司简称深超光电

资料来源：公开数据统计，截至 2014 年 1 月投产产能

11.5.3 配套产业国产化进程加速

近几年，我国显示产业配套国产化进程加速明显。第 5、6 代 TFT-LCD 面板生产线用基板玻璃开始进入产业化阶段；第 5 代线彩膜生产工艺逐渐成熟并以小批量供应；LED 背光模组研发取得较好进展；镀膜、切割、清洗、贴膜等专用设备研发取得实质性突破；OLED 用有机发光材料、金属掩膜版等关键配套具备研发和部分量产能力。

2012 年，本土化材料采购额大幅度增长，仅上半年国产化采购额已超 2011 年全年。龙头企业对本土 TFT-LCD 材料的试验、验证、导入工作有序展开，目前骨干企业本地化配套类近 30%，装备本地化率已经提升到约 15%。

11.5.4 行业龙头企业发展迅猛

国内主要的骨干面板企业近几年快速发展，京东方、华星光电、天马等企业几年内不懈努力，极大推动我国显示产业发展。我国原进出口贸易逆差、进口额曾经排在第四位，近几年则明显缩小。以京东方为例，2012 年度，京东方实现持续盈利，销售

收入总额达249亿元，净利润为2.58亿元，毛利率跃升至显示行业全球前三；在中大尺寸显示屏方面，京东方实现全年销量超4 700万片，出货量占全球市场份额9%，排名行业第五；在中小尺寸显示屏领域，以窄边框、超薄化、高分辨率等高附加值智能产品为主，实现全年销量2.4亿片，占全球份额的11%。通过实施国际化、培育核心竞争力等策略，以京东方为代表的国内企业正逐步成长为显示领域的全球领先企业。

11.5.5 企业自主创新能力提升显著

技术研发是创新的源头，旨在为产品创新和产线运营提供快速且有效的技术力支持，是显示产业技术创新的重要根基。近两年，京东方、天马、华星光电等国内面板厂商在自主创新能力提升方面获得巨大进展，京东方在高透过率、低功耗、超窄边框、3D显示、触摸、柔性显示、透明显示、氧化物TFT背板、LTPS背板、AMOLED显示技术等显示技术方面取得较好进展，陆续完成了110英寸大尺寸UHD级液晶显示屏点亮、65英寸UHD级氧化物显示屏点亮、55英寸UHD级裸眼3D显示屏点亮、17英寸全球首款融合了氧化物TFT背板技术和喷墨打印技术的大尺寸AMOLED彩色显示屏和30英寸FHD（full high definition，即全高清）AMOLED面板点亮，国内首款17英寸利用氧化物TFT和真空蒸镀技术制备的AMOLED显示屏问世，诸多重量级技术成果的推出，标志着京东方的综合实力已跃升到一个新的台阶。同时，京东方在专利与技术标准方面取得跨越式发展。2012年，京东方年度新增专利申请数量突破2 500件；累计自主专利申请量突破5 000件，目前累计可使用专利数量超过10 000件。在2012年度中国专利奖评选中，京东方《薄膜晶体管液晶显示器的驱动装置》荣获最高奖项——中国专利金奖，另有两件专利荣获中国专利优秀奖。由京东方主持修订的1项国际电工委员会（International Electrical Commission，IEC）国际标准和2项中国国家标准于2012年正式发布（IEC 61747—4；GB/T 18910.11—2012；GB/T 18910.61—2012），在主导国际技术标准项目上实现了零的突破；华星光电拥有一条月产能为10万片的G8.5 TFT-LCD生产线，截至2012年年底，在职员工人数4 000余人，其中技术、研发、管理人才超过1 000人，2012年专利申请量为1 038件，累计达到1 993件；天马拥有三条月产能分别为3万片的G4.5 TFT-LCD生产线、一条月产能为9.2万片的G5 TFT-LCD生产线，一条月产能为3万片的G5.5 LTPS生产线正在建设中，截至2012年年底，在职员工人数7 184人，其中技术人员1 778人，至2012年专利申请量累计达到1 006件。

11.6 我国显示产业存在的问题和面临的挑战

11.6.1 产业整体规模偏小，投资主体比较分散

众所周知，规模效应在全球显示产业竞争中举足轻重，与国际大厂商相比，我

国显示产业在规模和资金上的差距较大。以 TFT-LCD 为例，三星、LG、群创、友达是全球最大的四家 TFT-LCD 面板制造商，这四家公司的出货量面积和出货金额占到全球总量的 80% 以上，每家企业在固定资产上的累计投资都超过百亿美元，具有完整的上下游产业链、很强的规模效益和成本优势。与 TFT-LCD 类似，三星、LG、索尼在 OLED 领域优势明显。

在我国政府部门的大力支持下，近几年以京东方为代表的本土企业在 TFT-LCD 方面快速扩大产线规模，并积极布局 AMOLED 等下一代显示技术，力图实现“弯道超越”，但即使如此，总生产规模仍然没有达到三星等国际一线企业的四分之一。我国企业产能规模小、生产线少，产业小而分散，缺乏整体规划和合理布局，导致在研发和设备投入、供应链管理及净资产等方面的巨大差距，而且这种差距很难在短时期内缩小，使我国企业难以拥有强大的竞争力和话语权。另外，由于产能规模较小，本土面板企业在销售和采购的议价权上处于劣势地位；单位产品分摊的研发费、水电、设备等运营费用也相对较高；与此同时，中国本土企业在显示领域逐渐形成规模后，国际一线企业为遏制本土厂商的发展，采取了大幅降价的策略，也使本土企业面临着较大的经营压力。

11.6.2 财务成本较高，盈利压力大

显示产业资金密集度高，以建设一条产能为 9 万张玻璃基板 / 月的 8.5 代线为例，需要总投资超过 200 亿元人民币。而本土企业资金实力较为薄弱，大部分情况下都是进行巨额负债融资搞产业。而我国大陆的银行贷款利率水平大大高于日本、韩国及我国台湾地区（我国大陆人民币长期贷款利率为 7% 左右，而日本、韩国及我国台湾地区的贷款利率水平则为 2% 左右），使我国大陆面板企业的财务成本大大高于国外及我国台湾地区的同行。此外，目前国内面板企业 70% 左右的关键材料依赖进口，进口生产性原材料和消耗品平均关税率在 7% 左右，增值税率为 17%。与此同时，我国进口液晶显示面板的关税税率为 5%，形成了关税倒挂的局面。这大大降低本土面板企业的国际竞争力，使本就处在竞争劣势的本土企业处境更为艰难。

11.6.3 本土核心技术基础薄弱、人才竞争压力大，新型显示技术亟待突围

技术与产品创新是当前新型显示产业发展的主要方向。在技术方面，虽然近几年本土企业加大资源投入，在许多核心和前瞻技术上取得突破，但相比而言，积累仍然不足；另外，受产业资源分散、配套不完善等因素的影响，产业化进程仍滞后于产业发达国家和地区；同时，新型显示技术的发展无法绕开国外先行者的专利壁垒，我国显示产业发展仍然面临严峻复杂的竞争局面。

在资金方面，新型显示是技术高度密集的产业，需要大规模的技术研发和产品开发投入。以京东方为例，2012 年研发投入 2.82 亿美元，占销售收入的比重达 7.1%，但与国外一线厂商相比在绝对数额上差距仍很大（三星电子 2012 年研发投入为 106.6 亿美元）。随着显示产业的快速成长，人才争夺战日趋激烈，本土面板企业

也面临着人才紧缺和流失的巨大压力。

11.6.4 关键材料和设备发展滞后给产业带来严峻考验

我国显示关键材料和设备与国外差距依然明显。关键材料方面，TFT-LCD所需的基板玻璃、液晶、偏光片、驱动芯片等关键材料大多掌握在日本、韩国、美国和我国台湾地区企业手中。以基板玻璃为例，我国企业仅仅拥有6代线以下的基板玻璃生产线，而高世代线市场仍然为国外基板玻璃巨擘所垄断。核心装备方面，刻蚀机、曝光机等关键设备均掌握在日本、韩国和欧美企业手中，国内涉足显示设备的厂家年总产值仅数亿元，与动辄上百亿的生产线投入相比，差距巨大。关键材料缺乏和核心设备发展严重滞后是制约产业发展的瓶颈，为我国面板产品降低成本、提高竞争力、扩大市场带来严峻考验。

11.7 新型显示产业发展的对策建议

11.7.1 集中资源支持龙头企业，打造显示行业世界级大公司

十年发展，中国新型显示产业在全球产业格局中已占有一席之地，无论是在出货量增长、产品竞争力及技术创新力方面都有了突破性的进步，但产业规模差距大、投资主体分散是中国显示产业发展中存在的两大问题。纵观韩国、中国台湾、日本，韩国正常运营的面板企业只有三星和LG两家，产能却占到全球40%以上；中国台湾厂商数量虽然多一些，但这几年也在不断进行整合，两个龙头企业友达和群创两家的产能总和也达到了全球30%；日本厂商整合不断进行，厂商数量这几年不断减少，目前仅有夏普进入全球前六大厂商队列；而中国大陆目前面板企业数量是全球最多的，超过了8家，但大部分厂商产能极小，京东方在国内产能份额约为60%，但在全球的份额也不足10%，而产能排在第二的华星光电在国内份额18%，在全球份额不到3%。

由于产能规模较小，本土面板企业在销售和采购中的议价能力处于劣势，单位产品分摊的研发费用、水电及设备等运营费用也相对较高，企业成本和综合竞争力都会受到严重影响。

新型显示产业是国家战略性新兴产业，十年努力，我们已经具备了进一步发展的基础，龙头企业出货量已进入全球前五，在部分新技术和新增专利方面已进入第一梯队，如果能从国家层面引导产业投入和布局，集中投资主体、集中各方力量和资源支持龙头企业，中国是有可能打造出新型显示行业世界级大公司的，只有这样，中国显示产业才能真正做大做强，中国信息产业的发展和国家安全才能得到保障。

11.7.2 加大政策支持创新，将显示列为国家重大科技专项

显示是资金和技术高度密集的产业，需要大强度持续的研发投入才能确保竞争力。据报道，三星电子2012年用在集成电路、显示等领域的研发费用高达人民币663亿元，这些高强度的研发投入不断地巩固了三星在集成电路、显示、移动产品等领域的全球领先地位。

中国虽已进入世界贸易组织（World Trade Organization，WTO），但WTO没有限制国家对企业在研发上的支持，设立显示国家重大科技专项是国家支持显示产业发展的一个很好的路径，通过国家重大科技专项5～10年的实施，通过对产业链重点企业给予足够的、持续的研发资金和政策支持，中国显示产业的创新能力必将获得突破性的提升，产业必将获得跨越性的发展。

11.7.3 完善配套，加快材料、零配件和设备的本地化进程

在产业链建设方面，国家应进一步加大力度，支持显示产业国产化配套。我国目前的显示产业链还不够完善，与发展多年的海外产业相比，国产化配套能力尤为不足。在配套环节中，彩色滤光片、玻璃基板等产业还十分薄弱，这使国内显示产业链上下游的企业发展受到一定程度的限制。因此，要充分发挥政府的引导和推动作用，引导上下游企业共同开展关键技术攻关，建立面板商、材料商、设备商、终端产品制造商共同参与的技术创新与应用平台，同时，对关键设备、关键材料国产化给予资金、政策等方面的支持。

11.7.4 加强产业生态环境建设

产业的健康发展需要良好的生态环境，包括学科建设、专业人才的培养与储备、应用环境的建设等，建议进一步鼓励产学研合作，出台相关的激励政策，加大对有基础和实力的高校在显示方面的科研投入，支持其做好基础研究和前瞻性技术研究，为产业培养输送高端人才；在应用环境建设方面，加快推进立体显示，超高清视频信号（4K2K、8K4K）等行业标准制定及播放配套设施的建设，推进国内市场对高端产品的需求。

11.7.5 给予适当税收优惠政策

在严峻的国际经济发展环境下，庞大的规模和增长潜力使中国大陆市场成为全球显示企业的竞争焦点。相比起海外显示产业发达国家和地区高额的面板进口关税，中国显示面板3%～5%的进口关税，在过去几年无疑使中国市场成为国际面板生产巨头的飨宴。目前的关税政策仍有一定的调整空间。因此，在关税政策方面，建议政府给予进口设备增值税优惠政策支持，将液晶显示板进口关税提高等；在金融政策方面，建立以产业基金等金融手段支持企业研发和产业化的财政支持机制；完善高技术领域的投融资优惠政策，以政府资金为引导，吸引民间资本的投入，进一步优化企业发展的金融环境。

审稿：许祖彦

生物产业篇

第 12 章

农业生物药物产业

肖海军　青　平　陆晏辉　吴丽丽　王桂荣
周　锐　肖少波　钱旭红　陈焕春　吴孔明

【内容提要】 长期以来，传统农业药物作为控制农作物病虫害和动物疾病的重要手段做出了巨大贡献，但作物病虫害和动物病原耐药性的不断产生与抗生素的过度使用等，导致食品的药物残留超标，直接影响粮食安全和食品安全。农业生物药物具有安全、高效、无残留的特点，同时具有免疫调节等功能，是绿色农业和食品安全的重要保障。发展农业生物药物势在必行。围绕农业生物药物颠覆性技术研发带动形成的新兴产业，在农业生物药物的研发、企业规模化生产和推广应用而培育的新兴产业，是保障国家粮食安全和食品安全的战略性基础核心产业。

12.1　农业生物药物产业发展现状和趋势

12.1.1　农业生物药物产业的基本概念与范畴

农业生物药物产业以现代生命科学理论为基础，利用农药学、兽医学等与生物技术相结合的方式来研发和制造各种安全、高效、无残留的农业生物药物产品，是绿色农业、生态农业和食品安全的重要保障。农业生物药物广义上分为绿色农药和生物兽药两大方面，狭义上分为植物诱导抗病剂及抗虫剂、植物生长调节剂、生物除草剂、绿色化学兽药、疫苗、治疗性生物制剂、微生态制剂、中兽药和诊断试剂等。

12.1.2 农业生物药物产业发展现状

1. 我国农药产业发展迅猛

经过前期的发展，我国农药的生产能力和产量已经处于世界前列，不仅能够满足国内农业和相关领域的需求，而且成为全球重要的农药生产和出口国。我国农药产业已经形成了包括科研开发、农药原药生产和制剂加工、原材料及中间体配套在内的较为完整的产业体系。目前可生产农药品种 500 多个，常年生产农药品种近 260 个。2011 年年末，有农药生产企业 1 452 家，其中原药生产企业 500 多家，农药类上市公司 20 余家。农药生产企业总销售额为 1 387.1 亿元，其中百强企业总销售额为 618.6 亿元，占全国农药总销售额的 44.6%，浙江新安等 20 家农药企业 2011 年的销售额达到 260.7 亿元（表 12.1）[1]。

表 12.1 2011 年中国农药企业前 20 名

排名	省份	企 业	2011 销售额 / 亿元
1	浙江	浙江新安化工集团股份有限公司	21.4
2	江苏	江苏扬农化工股份有限公司	18.5
3	湖北	湖北沙隆达股份有限公司	17.0
4	浙江	浙江金帆达生化股份有限公司	16.4
5	广东	深圳诺普信农化股份有限公司	15.3
6	山东	山东滨农科技有限公司	15.2
7	江苏	南通江山农药股份化工有限公司	14.9
8	江苏	江苏联化科技股份有限公司	13.2
9	江苏	南京红太阳股份有限公司	12.8
10	浙江	拜耳作物科学（中国）有限公司	12.7
11	山东	山东潍坊润丰化工有限公司	12.3
12	江苏	江苏克胜集团股份有限公司	11.6
13	山东	山东侨昌化学有限公司	11.3
14	江苏	江苏常隆农化有限公司	11.2
15	江苏	江苏辉丰农化股份有限公司	10.4
16	四川	四川省乐山市福华通达农药科技有限公司	10.3
17	江苏	江苏长青农化股份有限公司	9.9
18	四川	利尔化学股份有限公司	9.3
19	湖南	湖南海利化工股份有限公司	8.5
20	安徽	安徽广信农化股份有限公司	8.5

资料来源：中国农药工业协会

2. 生物兽药产业发展前景看好

国际动保联盟（The International Federation for Animal Health，IFAH）的统计数据显示[2]，全球兽药产业在过去十年呈现蓬勃发展的势头，市场销售额从2003年的125.45亿美元，增加到2012年的225亿美元，累计增长79.35%，年复合增长率为7.94%（图12.1）。随着集约化养殖的发展以及动物疫病不断变化的情况，生物制品的增长很快，将是今后兽药市场中发展前景最看好的类别（表12.2）。从绝对市场来看北美和西欧仍是目前世界动保产品的最大市场，亚洲市场销售额较小，是未来发展的增长区。畜禽用药物未来会有较好增长态势，宠物用药市场前景看好[3]。

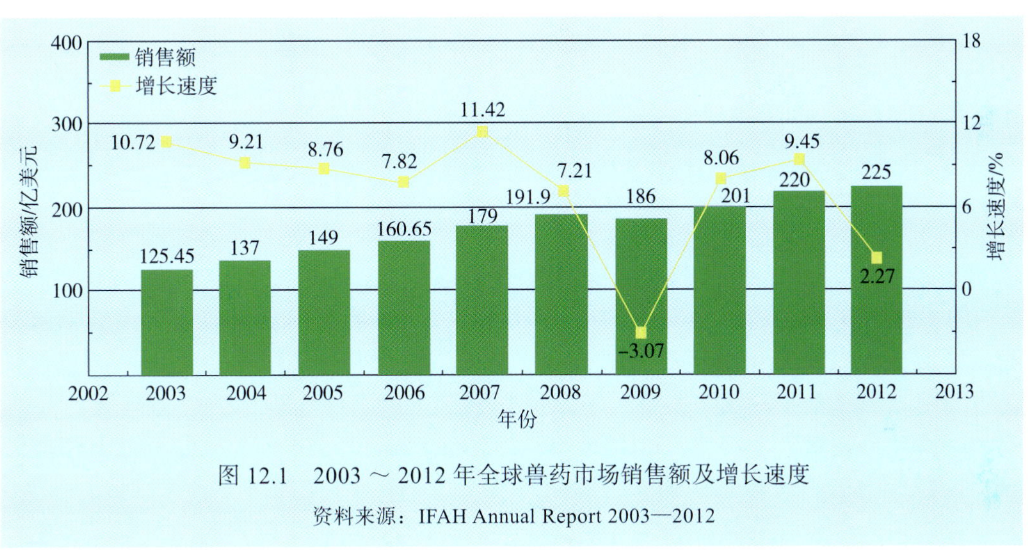

图12.1　2003～2012年全球兽药市场销售额及增长速度

资料来源：IFAH Annual Report 2003—2012

表12.2　2008～2011年全球兽药产业销售额

产品类别	2008年		2009年		2010年		2011年	
	销售额/亿美元	占比率/%	销售额/亿美元	占比率/%	销售额/亿美元	占比率/%	销售额/亿美元	占比率/%
药物饲料添加剂	21.5	11.20	22	11.83	24.2	12.03	26.4	12
生物制品	47.3	24.64	47	25.27	52.9	26.31	57.2	26
抗感染药	29.1	15.16	27	14.52	38.5	19.14		
抗寄生虫药	54.5	28.38	53	28.49	55.2	27.45	136.4	62
其他化药	39.6	20.62	37	19.89	30.3	15.07		
总计	192	100	186	100	201.1	100	220	100

资料来源：《2011年度兽药产业发展报告》

2011年，我国1 410家兽药生产企业完成销售额334.72亿元，其中化学制剂148.13亿元，生物制品73.33亿元（图12.2）。2007～2011年，我国兽药产业销售额年复合增长率为17.45%，增长速度明显快于国际兽药市场的增长速度[4]。未来几年随着我国养殖业的不断增长及规模化养殖比例的提高，生物兽药的市场容量将进一步扩大。

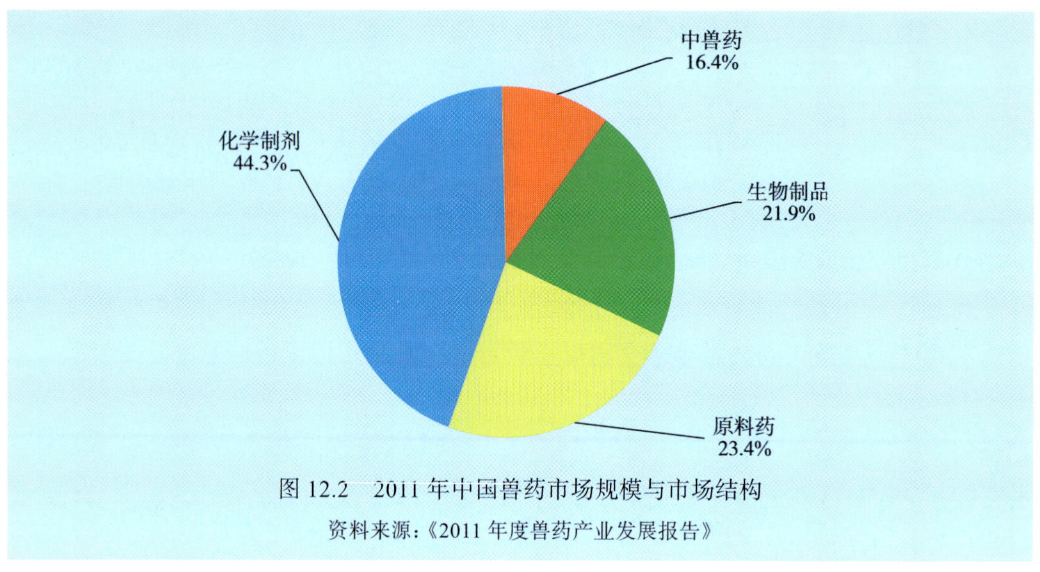

图 12.2　2011 年中国兽药市场规模与市场结构

资料来源：《2011 年度兽药产业发展报告》

3. 农业生物药物产业竞争加大

（1）国际生物药物巨头对中国市场影响较大。目前国内规模农业、大型养殖企业、种畜禽场以及宠物用药等选用一定比例的进口兽药，尤其是生物制品甚至包括益生菌制品国外企业占较大比重。2012 年，我国进口农药 6.89 万吨，进口额 5.92 亿美元，同比分别增长 30.3%、21.2%。2011 年，我国进口兽药 13.14 亿元，其中生物兽药 8.17 亿元，占进口总额的 62.18%[5,6]。

（2）国家行业政策监管趋严。自 2006 年起，国家强制实施兽药《良好药品生产规范》（Good Manufactuling Practice，GMP），提高了准入门槛。从 2009 年起我国强制实施兽药经营准入制度即兽药《良好经营规范》（Good Supply Practice，GSP）标准。行业政策监管趋严，首次通过 GMP 验收的企业已经从 2006 年最高时的 21 家降至 2010 年的 2 家（图 12.3）[7]。

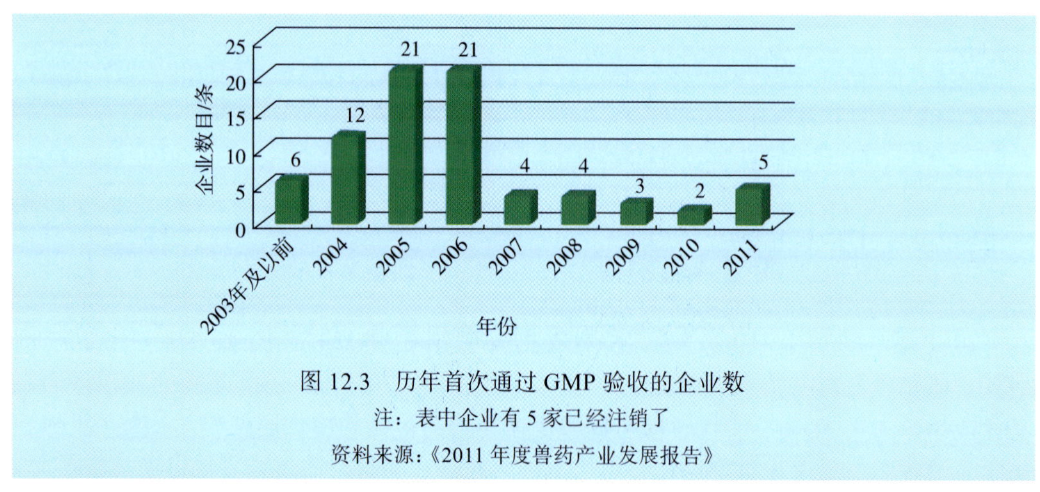

图 12.3　历年首次通过 GMP 验收的企业数

注：表中企业有 5 家已经注销了

资料来源：《2011 年度兽药产业发展报告》

（3）农业生物药物行业整体产能过剩。我国作物农药产业呈明显的过剩生产态势。国内无论中间体还是原药、制剂，均呈现过剩的态势。农药产量增速最快的是除草剂，产能严重过剩。2011 年我国通过 GMP 认证的兽药企业综合产能利用率不足 40%，活疫苗生产能力为 2 797.96 亿羽 / 头份，产能利用率仅为 33.62%；灭活疫苗生产能力为 601.46 亿毫升，产能利用率仅为 33.97%[5]。

12.1.3 农业生物药物产业发展基本趋势

1. 我国农药产业面临着机遇和挑战，将加快产业升级[8]

随着全球农业生产对农药刚性需求的增加，农业相关政策支持与引导等因素，给农药产业发展带来新的发展机遇。欧美国家产业发展的环保标准要求越来越高，同期国际化分工更加明细，发达国家的原药及制剂生产能力逐步向发展中国家转移，国际农药大公司纷纷在我国建设独资、合资工厂和研发机构，对我国农药工业既是机遇也是挑战。

国际农药巨头一般走“专利农药—丰厚利润—研发投入—新专利农药”的发展路线，而我国企业研发投入仅占到销售额的 1% ～ 2%[9]。人们的食品安全和环境保护意识不断增强，农药生产过程中“三废”排放监管力度日益增强，对农药企业的布局、新产品开发、新技术应用等提出了更高的要求。我国农药行业产业升级、兼并重组的脚步将会加快，农药产品朝着高效、安全、经济和环境友好的方向发展。

绿色农药源于天然、高于天然，追求生态环境和谐共处（图 12.4）。农药制备和农药施用及应用技术都将发生根本变化。绿色农药若形成全球产业，其销售额预计在 25 亿～ 100 亿美元，而其对作物生产及生态环境的保护将会取得更为巨大的间接经济和社会效益。

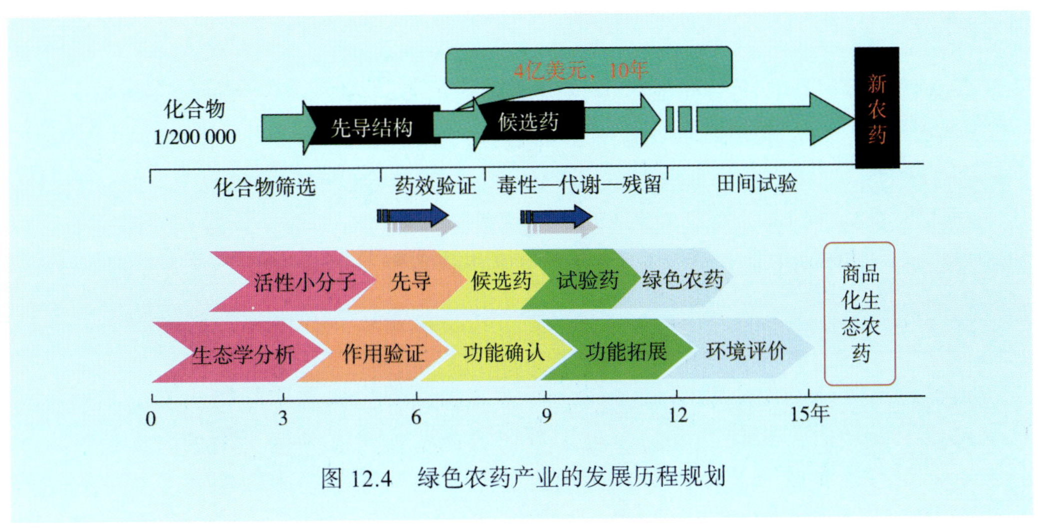

图 12.4 绿色农药产业的发展历程规划

2. 新兽药研发速度减缓、外包发展迅速[10]

进入20世纪90年代中期以后，国外新兽药研发的增长速度放慢，主要原因在于新药研发难度增大，开发新药费用高、时间长，新兽药注册愈加严格。目前，《良好实验室规范》（Good Laboratory Practice, GLP）和《良好药品临床试验规范》（Good Clinical Practice, GCP）已经成为国际公认的药品研发标准化规范。我国新《兽药管理条例》中明确要求新兽药研制应当进行安全性评价，满足兽药非临床研究质量管理规范和兽药临床试验质量管理规范。此外，兽药GLP、GCP也将全面出台。

同时，国外新药研发的外包发展迅速。一方面，随着众多新型药物靶标的发现，即便是最大型的制药公司也不可能独立地对所有靶标进行深入研究；另一方面，由于专利期的限制，如果能缩短开发周期，制药公司就可以更快地收回其研发投资，并在专利期满前获得丰厚的利润。鉴于此，除极少数制药企业合并垄断、建立全球性企业外，其他一些医药企业则走联合协作、共同发展的道路，将巨大的新药研发工程分解成一个个小工程，让众多的专业研发机构“承包”。在外包市场的角逐中，亚洲正吸引着越来越多的跨国集团的视线，一些跨国巨头已在我国建立研发中心。

3. GMP成为生产企业的准入门槛、企业兼并重组加快

从全球发展来看，农业生物药物企业兼并重组是医药经济全球化的必然趋势，是产业高度集中化和专业化的发展要求。国外企业为了实现生产和销售本土化而进军我国市场，通过收购、合资等形式兼并国内兽药企业。我国通过兽药GMP的强制实施，提高了生产企业的准入门槛，从整体上提升了兽药企业的竞争力，有效地促使行业进行规范和整合，应对国际市场的激烈竞争。

12.2 农业生物药物产业重点技术现状与发展方向

生命科学和生物技术的快速发展极大地推动了农业生物药物产业技术的集成与创新。当前，我国农业生物药物产业需要重点发展的重大关键技术包括药物靶标发现、药物分子设计、先导化合物筛选与合成生物学、植物诱导抗病剂及抗虫剂、绿色农药激活、RNA干扰精准控害、光敏农药、性信息素靶向干扰生殖交配、大规模发酵、动物细胞高效表达和悬浮培养、药物靶向传输、中兽药制备等。本节重点介绍其中四种技术。

12.2.1 药物靶向技术

随着计算机技术及生物信息学、计算化学、分子生物学和药物化学的发展，药物靶向分子设计成为新药发现的方向。现代农业药物研发倾向于精准、无抗性、无公害、无生态环境威胁的新趋势。药物靶标开发包括确定基因顺序和变化、表达产物分子的功能、表达的调节和控制、相关的组织细胞特异性，以及确定靶标有效性

和获取靶标技术等。随着工业技术的发展，寻找药物靶标已成为新药开发的关键环节。在大力发展药物靶标获取技术的基础上，发展药物靶向传输（靶向给药系统：利用液晶、液膜、脂质、类脂质蛋白、生物降解高分子等物质作为载体，包裹药物制成的各种类型的胶体系统）。药物通过局部或者全身血液循环运送并汇集于疾病靶区，最大限度地增强药物的疗效，减少药物的用量，降低不良反应。这可以缓解细菌耐药性和降低药物在非靶组织中的残留，达到高效、低毒、低残留的目的。

12.2.2　先导化合物与合成生物学技术

先导化合物指通过生物测定，从众多的候选化合物中发现和选定的具有某种药物活性的新化合物，一般具有新颖的化学结构，并有衍生化和改变结构发展潜力，可用做研究模型，经过结构优化，开发出受专利保护的新药品种。先导发现是农业生物药物创制的核心技术。针对已有的农业药物，根据药物-靶蛋白构效关系，通过组合生物合成、合成生物学和生物转化等生物技术进行新结构的衍生和改造，逐渐成为农业新药创新的途径之一。科学家们已经不满足于辛苦地进行基因剪接，而是开始构建遗传密码，以期利用合成的遗传因子构建新的生物体。合成生物学将催生下一次生物技术革命，在有效疫苗的生产、新药和改进的药物、以生物学为基础的制造等领域具有极好的应用前景。

12.2.3　植物诱导抗病及抗虫剂

植物免疫诱导和激发子研究是近年绿色农药研究中新的增长点。绿色农药产业基于绿色农药激活技术，从功能上分为抗病激活和抗虫激活。

抗病激活剂本身没有显著的杀菌或抑菌作用，但能诱发植物自身的免疫系统，使植物获得系统抗病性（systemic acquired resistance，SAR）和诱导抗病性（induced systemic resistences，ISR）以抵御病害的侵袭（图 12.5）。使用一种植物抗病激活剂可以防治多种病害，其抗病性具有持效性和广谱性，甚至能遗传给后代；对不靠近被保护植物或者不具有致病性的腐生菌、颉颃菌无影响，不污染环境，有利于维持生态系统中微生物之间复杂而微妙的平衡关系[11，12]。抗病农药激活技术已经起步，已有成熟的植物抗病激活剂品种，但产业规模还很小。国内植物抗病激活剂研究主要集中在新先导的发现及新作用机制上，氟唑活化酯产品已经和国内相关企业开展全面合作，进行产业化开发。

抗虫激活剂利用药物刺激植物产生用于信号传递以及诱导植物产生防御反应的关键因子，激活植物体内相应的防御基因，使植物释放挥发物，产生蛋白酶抑制剂等以及提高植物体内过氧化物酶和多元酚氧化酶的活性等来抵御植食性昆虫的侵害（图 12.6）。例如，Volicitin 是一类来自鳞翅目昆虫体内的脂肪酸氨基酸共轭物，能诱导植物产生挥发性有机物，从而引诱寄生性天敌进行植物虫害防御[13]。设计合成 Volicitin 类结构化合物的尝试正在进行中。目前植物抗虫诱导剂的研究刚兴起，关键技术还有待突破，生产技术还不够成熟。而植物抗病激发剂已有成熟的品种，但产业规模还很小。将这些药物商业性开发形成新的产业，会形成新的完整的产业链，对农业生产带来巨大变革，所作为农业战略性新兴产业培育。

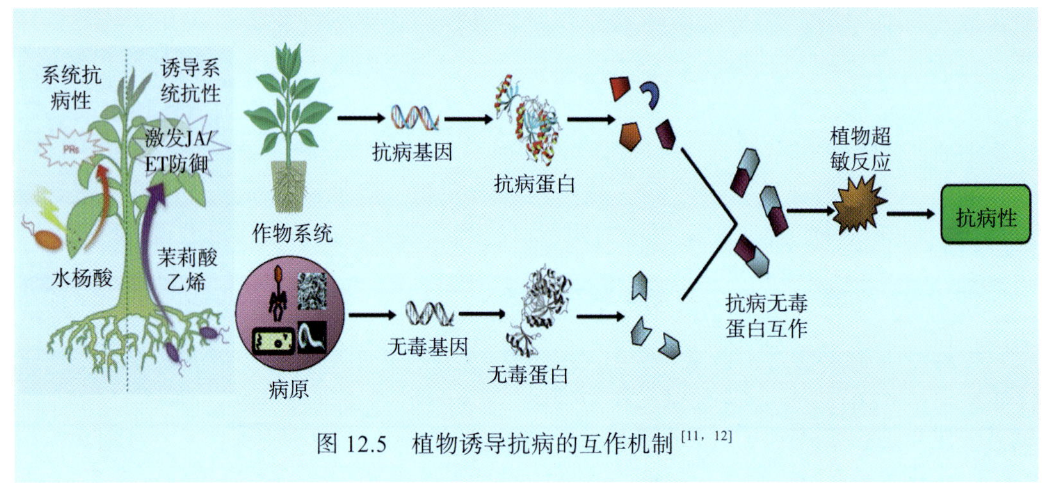

图 12.5　植物诱导抗病的互作机制 [11, 12]

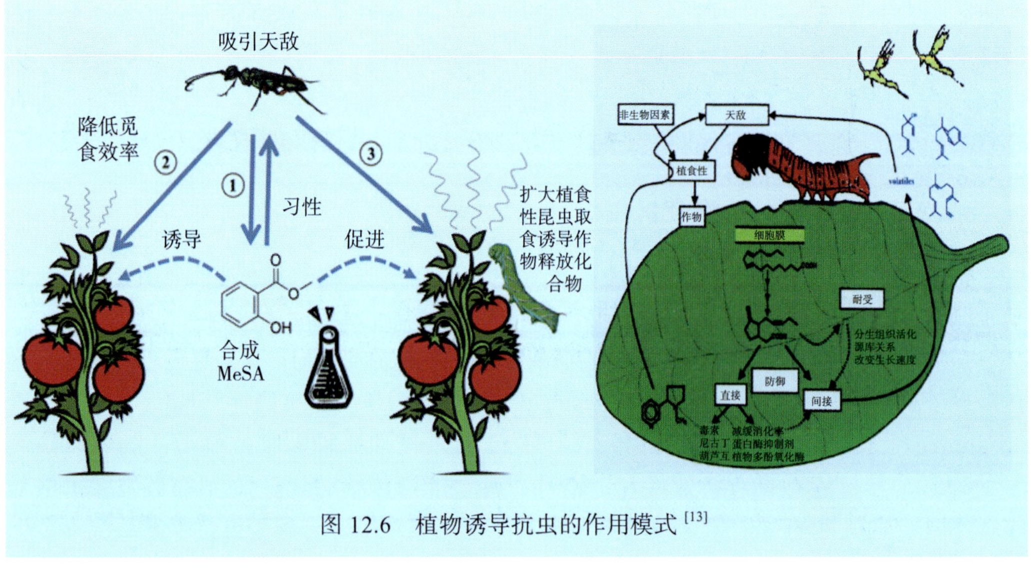

图 12.6　植物诱导抗虫的作用模式 [13]

12.2.4 RNA 干扰精准控害技术

RNA 干扰（RNAi）是将特异性同源双链 RNA 导入细胞内，使目的基因不表达或表达水平下降。近年来，RNAi 研究在众多领域都取得了突破性进展，Fire 和 Mello 还因为在 RNAi 及基因沉默现象研究领域的杰出贡献而获得诺贝尔医学奖。该技术已被广泛用于研究各种生物基因功能、控制动物疾病和植物病毒、病虫的危害。基于 RNAi 的抗病虫策略发展迅速：通过在植物中表达病虫基因的双链 RNA，诱导产生小分子干扰 RNA，干扰或沉默病虫害关键基因，从而抑制病虫的生长、发育及致病性，实现作物对病虫害的抗性。利用 RNAi 精准控害技术控制病虫危害具有靶标多和高度特异的优点，在抵御害虫和防治益虫疾病方面具有潜在的应用价值，将对农业病虫害的控制起到巨大的推动作用。

12.3 农业生物药物产业战略布局与发展重点

12.3.1 战略布局

1. 我国绿色农药产业的战略布局

致力于产业结构的调整，在提高产业发展集中度、优化产业发展布局、调整产品结构、加快技术改进、淘汰落后小型企业、提升后期专业化服务水平等方面，鼓励兼并、重组、股份制改造等多种方式，推动形成具有特色的大规模、多品种的农药生产企业集团。严格控制原药生产企业新布点，新建农药原药企业向化工园区等专业工业园区或化工集中区聚集，制剂加工向交通便捷、靠近市场的地区转移，环境敏感地区的现有农药原药企业逐步实施搬迁入园。根据市场、资源环境容量、产业基础等条件，在全国形成 3 ～ 5 个生产企业集中、规模适度、配套设施齐全、管理水平较高的农药特色明显的农药产业工业园区。到 2015 年，力争进入化工集中区的农药原药企业达到全国农药原药企业总数的 50%以上，2020 年达到 80%以上。

2. 我国生物兽药产业战略布局

围绕食品安全、绿色健康养殖、动物疾病诊断等重大需求，进一步加强动物基因工程疫苗、绿色化学兽药、中兽药、兽用诊断试剂等的研发，形成一批解决畜牧业生产重大问题的兽用药物产品；建设一批国家级兽用药物与生物制品的创新基地；有计划有目标地建立国际先进的产学研有机结合的生物兽药创制队伍和产业化平台；探索形成生物兽药产业联盟，培育年产值超过 5 亿元的兽用药物集团，培育兽用药物新产业增长点，使我国兽用药物创制和产业化水平整体接近国际先进水平。

12.3.2 发展重点

1. 我国绿色农药产业

此前，农药创新研发在靶标的发现与分子设计、化合物的筛选与功能验证、分子活性多样性与结构多样性衍生、绿色化学农药重大产品创制几方面已经走在世界前沿。我国植保保护领域农药产业培育与发展应大力依靠现代生物技术引领绿色农药产业发展，在植物诱导抗病及抗虫剂、RNAi 精准控害、绿色农药激活、农药靶向缓释、光敏农药、性信息素靶向干扰生殖交配等方向培育新的发展新的产业。以战略性新兴技术发展提升农药产业的创新水平，以新兴发展方向培育新产品，发展产业规模。注重开发高效、安全、经济和环境友好的新药和农药新品种，逐步淘汰高毒、高残留品种，提高生物农药产能比例。

2. 我国的生物兽药产业

在基因工程疫苗、新型化药、中兽药现代化、生物治疗制剂与诊断试剂等方向针对危害养殖业发展的重大疫病，创制安全、高效的基因工程疫苗及活载体多价疫苗。从天然化合物中筛选、发掘并研制动物用新型化药；获得高效、低毒的先导化合物，完成多种新型绿色动物化药的产业化。在现有中兽药使用的基础上，利用现代制药工艺，筛选出疗效确定、质量可控的复方、有效部位或单体成分，开发具有自主知识产权的中兽药新制剂，实现中兽药的现代化。重点发展用于不同畜禽的干扰素、防御素、抗菌肽等治疗性生物制剂，创制快速、准确、使用方便的动物疫病新型诊断试剂，培育动物生物治疗制剂与诊断试剂新型产业。

12.3.3 战略目标

1. 绿色农药产业的战略目标[14]

（1）产业企业组织结构提升：重点培育销售额在 100 亿元以上的农业企业 2 ～ 3 家，50 亿元以上的农药生产企业 5 ～ 10 家，销售额 10 亿元以上的农药生产企业 10 ～ 20 家。企业销售额排名前 20 的农药生产企业的原药产量达到全国总产量的 50% 以上，进入化工集中区的农药原药企业达到全国农药原药企业总数的 50%。调整农药产品结构，使高效、安全、经济和环境友好的新药和农药新品种的生产量占农药总产量的 50% 以上。

（2）农药科技创新：加强 GLP 实验室建设，实现数据国际互认。到 2015 年，创制品种累计达到 50 个以上，争取在 2020 年达到 80 ～ 100 个。大型和科技型农药企业研发投入占销售收入的比重达到 5% 以上，2015 年农药全行业的研发投入占销售收入的 3% 以上，2020 年达到 6%。农药行业整体技术装备水平有较大提高，大型企业主导产品的生产实现连续化、自动化。

2. 生物兽药产业的战略目标

近期（未来 10 年）：重点突破一批前沿和关键技术；创制具有自主知识产权的新型动物疫苗等兽用药物与生物制品，建立并优化新工艺、新标准，实现规模化生产；建设一批国际先进的新产品研发平台、产业化基地，形成我国生物兽药创新和产业化工程技术体系；探索形成产业联盟，培育具有较强研发能力和国际市场竞争力的大型生物兽药集团，形成生物兽药创新和产业化工程技术系统。

中长期（未来 20 年）：占领兽药分子设计、兽药的绿色和规模化制备技术、兽药的靶向传输与给药技术等一批前沿技术制高点，实现一批具有自主知识产权和国际竞争力的重大生物兽药产业化；建设一批国际一流的兽用药物与生物制品的新产品研发平台、产业化基地；培育一批在国际市场有较强竞争力的兽用药物产品和企业，力争跨入引领世界兽用药物产业发展的先进行列。

12.4 农业生物药物产业发展重点案例

12.4.1 浙江新安集团发展模式①

浙江新安化工集团股份有限公司（以下简称新安集团）是中国制造业500强、全球农化销售20强企业。新安集团生产的系列产品被广泛应用于农业生产、生物科技等多个领域。其中，农药产业开发以草甘膦原药及剂型产品为主导，多品种同步发展的产品群。主导产品先后获中国名牌、中国驰名商标、最具市场竞争力品牌等。出口销售收入占总销售收入的50%以上，主营的草甘膦生产规模为世界第二、亚洲第一，年平均产量约占国内总产量的1/3。

新安集团建立了较完善的创新体系，技术中心建有较为完善的技术创新运行体系、激励机制和研究创新平台，有研发人员近200人。新安集团作为国家创新型企业、重点高新技术企业和全国知识产权示范创建单位，拥有国家级技术中心，并设立了企业博士后科研工作站，有省级企业研究院和杭州市院士工作站，与国内著名院校和科研院所建立了密切的合作关系。拥有40余项具有自主知识产权的专利技术，并有20余项科技成果获得国家和省级奖励。新安集团不仅首创氯元素循环利用先进技术，实现了农化、硅基新材料两大主业的良性互动与协调发展，成为行业内循环经济模式的先行者，而且坚持通过发展循环经济、实现清洁生产，走资源节约型、环境友好型的发展道路。

12.4.2 江苏如东农药工业产业园发展模式[15]

2005 年 8 月，我国首个以高科技农药研发与生产为特色的“中国农药工业产业园”落户江苏如东。至 2011 年年底，入驻园区的化工企业已达 136 家，生产总值达 122 亿元。当地农化企业入园，产业集聚效应逐步显现，在园区起到了很好的示范作用。国内知名农药企业、农药上市公司和新兴企业加盟，进区发展，大幅度提升了园区水平。

如东农药产业园区式发展，有利于资源和能源的合理配置，发展循环生态经济，更有利于国家相关部门的监管，也有利于“三废”综合治理和环境保护，是实现农药产品“高效、安全、经济和有效”的优秀模式，也是我国农药行业调整布局，促进国家对重点骨干农药企业扶优扶强的有效举措。其高起点规划、高标准建设、高水平管理，成为“高科技、生态型、园林式”的我国农药工业生产示范园区。

① 详情参阅新安化工集团股份有限公司，http://www.wynca.com，浙 ICP 备 09010831 号。

12.4.3 中牧股份发展模式[16]

中牧实业股份有限公司（以下简称中牧股份）主要经营饲料类制品和兽药制品的研发、生产和销售，是中国畜牧行业的龙头企业。公司主要产品占全国1/3以上的市场份额，销售量和市场占有率稳居全国第一。2012年，中牧股份实现主营业务收入308 824.08万元，同比增加2.28%，主营业务利润82 279.96万元，同比减少11.35%。其中生物制品占主营业务收入的37.92%，在主营利润中达到79.73%，是该公司的主要利润来源。

中牧股份的核心竞争力包括：①规模优势：公司拥有国家认证的国内规模居前、设备和工艺先进的GMP生产集群，有亚洲生产规模领先、国际先进技术水平的家禽疫苗生产基地、畜用疫苗生产基地，拥有国内产品品种齐全的猪用疫苗及诊断试剂生产基地。②产品优势：公司疫苗产品丰富、质量稳定，市场占有率约20%，位居全国第一位。公司主要产品中口蹄疫疫苗、猪蓝耳疫苗、禽流感疫苗及猪瘟疫苗均为国家强制免疫品种，品牌优势明显。③技术优势：公司不断加大科研投入，累计立项85项新产品开发和工艺创新项目，其中26个产品获得新兽药证书，5个产品获得农业部一类新兽药证书，5个产品被认定为国家重点新产品，1项科研成果获得国家科技进步二等奖，1项科研成果获北京市科技进步二等奖。④品牌优势：公司多年来一直以“打造中国畜牧业第一安全品牌”为目标，重视品牌建设。2008年“中牧”品牌荣获“纪念改革开放30年中国畜牧业最具影响力品牌”；公司“华罗”品牌被认定为中国驰名商标；“中牧”品牌被评为北京市著名商标。

12.5 促进农业生物药物产业发展的政策建议

12.5.1 创造良好的行业发展环境

进一步改革和完善现有的农业药物申报、评审制度，提高评价的规范性、科学性，提高申报效率，简化审批流程，加快新药的上市时间；在农业药物评审与产品注册环节不断提高行业的准入标准，逐步提高我国农业药物产品的品质和核心竞争力。按照国际惯例和要求不断完善我国农业药物法规、法典建设，建立科学合理的农业药物行业管理体系，重点在加大知识产权保护、三废排放监管、经营流通监管、农技服务等方面的管理力度。

12.5.2 建立多方投入的研发机制

继续加大对农业生物药物基础研究、成果转化和产业培育等重要环节的经费投入力度。建立和完善以政府为主体、社会力量广泛参与的多元化投入机制。对基础性、前沿性强的战略高技术研究项目，如动植物功能基因组等，经费构成以国家投入为主，不断拓展研发范围和研发深度；对于应用前景好的产品研发和产业化应用项目，如绿色农药、生物兽药等，通过制定相关政策，开辟多种投融资渠道，鼓励地方政府、企业和社会资金投入。

12.5.3　培育创新能力强的重点企业

启动企业创新工程并持续加大对其投入，以让企业成为未来科技创新的主体为长远目标，以政府和企业投入相结合的方式，积极推进以企业为主体、科研单位为支撑、市场为导向、产品为核心、产学研相结合的农业生物药物技术创新体系建设，不断增强企业的科技创新能力和水平，培育具有自主知识产权和较高国际竞争力的现代农业生物药物骨干企业。通过组建产学研战略联盟、校企联合研发中心、生物产业基地或孵化器等方式，建立高等院校、科研院所和龙头企业共同参与的协同创新体系。

12.5.4　加强有利于健康发展的区域规划

结合国家的科技、人才、资源等优势，制定农业生物药物产业的全国性区域布局规划，既要调动地区发展现代农业战略性新兴产业的积极性，又要防止“一哄而上”、“过度发展”对产业发展造成不利影响。在安全环保、企业登记审核、技术研发平台资助等方面采用行政手段进行重点引导，促进国内产业发展优势集中。增强农业药物产业内部的分工与协作，增强优势企业集团与中小企业的合作，推进组织结构调整，提高产业集中度。

12.5.5　完善创新人才的培养和考评体系

挑选和培育一批优秀创新人才和团队，给予长期稳定支持。着重培养农业生物药物高技术创新和产业化的领军人才，打造一支高素质的科技创新和产业化人才队伍。鼓励企业引进具备较强专业素质的国内优秀人员、外籍研究人员、海外留学归国人员等高层次技术人才、管理人才，参加到农业生物药物科技创新中来，还要鼓励培养和利用当地的各类人才。

12.5.6　鼓励农业生物药物产业的国际化发展

推进农业生物药物相关实验室的国际认证，积极参与国际农业药物领域的法规和贸易规则的制定。鼓励与发达国家及农业生物药物企业间建立稳定的技术交流及人才培训机制，通过合作研究进行新技术研发，不断提高人才素质。推进与国际大型农业生物药物企业集团的战略合作，充分利用国际资源，共同开发新产品，加快创新农业生物药物的产业化和上市速度，开拓国际市场。

审稿：李　宁

参考文献

[1] 中国农药工业协会 .2011 中国农药行业百强排名 . 农药研究与应用，2012，4:29 ～ 31.

[2] 谢红海. 中国兽用生物制品产业发展研究. 中国农业科学院博士学位论文，2010.

[3] 广东大华农动物保健品股份有限公司 . 广东大华农动物保健品股份有限公司 2012 年年度报告 . 搜狐证券，http://q.stock.sohu.com/cn/gg/117/431/11743118.shtml，2013-03-27.

[4] 天津瑞普生物技术股份有限公司 . 天津瑞普生物技术股份有限公司 2012 年度报告 . 搜狐证券，http://q.stock.sohu.com/cn/gg/30019，1512751348.shtml，2013-02-08.

[5] 北京智研科信咨询有限公司 .2013 年中国兽药行业格局和趋势深度分析 . 智研咨询，http://www.ibaogao.com/news/042G143592013.html，2013-04-27.

[6] 冯忠武. 我国兽药行业的现状与发展展望. 中国猪业，2012，9：14 ～ 17.

[7] 中国产业洞察网 . 中国兽用生物制品产业发展格局现状：灭活疫苗生产能力为 601.46 亿毫升 .http://www.51report.com/free/3013041.html，2013-04-01.

[8] 罗海章 . 与时俱进　开拓创新　全面促进农药行业健康发展——中国农药工业协会八届理事会工作报告 . 中国农药，2012，Z1：130 ～ 135.

[9] 武春霞 . 农药产业机遇凸显 . 农业经济、财经与投资，2013，(4) :36 ～ 38.

[10] 王俊菊. 我国兽药企业核心竞争力的研究. 天津大学博士学位论文，2011.

[11] Pieterse C M J，Leon-Reyes A，van der Ent S,et al.Networking by small-molecule hormones in plant immunity. Nature Chemical Biology，2009，5:308 ～ 316.

[12] Gururani M A, Venkatesh J, Upadhyaya C P, et al.Plant disease resistance genes:current status and future directions.Physiological and Molecular Plant Pathology，2012，78:51 ～ 65.

[13] Kaplan I.Attracting carnivorous arthropods with plant volatiles:the future of biocontrol or playing with fire?Biological Control，2012，60:77 ～ 89.

[14] 宋显珠 . 农药工业“十二五”规划 . 中国农药，2011，Z1：11 ～ 18.

[15] 冯健 . 发挥集聚效应，实现跨越发展——中国农药工业产业园如东园区发展报告 . 中国农药，2010，Z1:57 ～ 59.

[16] 中牧实业股份有限公司 . 中牧实业股份有限公司（600195）2012 年年度报告 .http://vip.stoch.finance.sina.com.cn/corp/view/vCB_AllBulletinDetail.php?id=1067673stockid=600195，2013-03-26.

第 13 章

生物医学工程

杨胜利　曹竹安　陈必强　田　捷　孙　伟　董大鹏

【内容提要】 近年来，全球生物医学工程产业发展迅速，市场规模已经与药品接近。本章首先论述了医疗器械产业发展的现状与趋势，阐明了生物医学工程产业新的生长点，包括与药-械结合的产品、穿戴式和植入式的医疗器械、生物医用材料等领域。在以疾病为中心向以健康为中心的医学模式转变过程中，面向基层、家庭和个人的疾病预警、健康管理、康复保健等方向正在成为新的研究热点，进一步对医疗器械领域的创新发展提出了新的需求。其次提出生物医学工程产业的发展重点以及支撑未来产业新的生长点的重要技术，包括移动医疗技术、分子影像技术、生物三维打印技术等。与发达国家相比，我国物医学工程产业链条不完整，整体竞争力弱，基础产品综合性能和可靠性存在一定差距，部分核心关键技术尚未掌握，在产业竞争中处于不利地位。再次，本章选取山东威高集团医用高分子制品股份有限公司作为企业案例进行分析。最后，本章从自主知识产权的技术创新、市场竞争环境、产业政策等方面分析了“十二五”期间产业培育与发展中遇到的问题，提出促进我国生物医学工程产业发展的政策取向。

13.1　生物医学工程产业发展现状与趋势

生物医学工程是多种工程学科向生物医学渗透的产物，主要运用现代自然科学和工程技术的原理和方法，从工程学的角度，在多层次上研究人体的结构、功能及其相互关系，揭示其生命现象，为防病、治病提供新的技术手段的一门综合性、高技术的学科。生物医学工程产业是我国战略性新兴产业发展的重要方向之一，它本身包括的范围非常广，为了突出研究的针对性，本章我们主要以医疗器械为主要的研究对象。

近年来，我国医疗器械产业平均增速在25%左右，远高于同期国民经济平均增长水平[1]。我国已初步建立了多学科交叉的医疗器械研发体系，产业发展初具规模，一些地区呈现集群发展态势。尤其是2013年以来，在整体经济低迷状况下，医疗器械与医疗制造产业的增长速度为工业总体的两倍左右，成为宏观经济发展的重要引领力量。但是，与发达国家相比，我国医疗器械产业基础薄弱，产业链条不完整，整体竞争力弱，基础产品综合性能和可靠性存在一定差距，部分核心关键技术尚未掌握，在产业竞争中处于不利地位。

当前，国际医疗器械领域的科技创新高度活跃，电子、信息、网络、材料、制造、纳米等先进技术的创新成果向医疗器械领域的渗透日益加快，创新产品不断涌现。随着我国经济的快速发展、老龄化及消费升级的趋势和医改制度的不断深入改革，医疗器械行业和公司面临巨大的发展机遇，我国医疗器械产业市场前景非常广阔。

13.1.1 医疗器械的分类

不同国家或组织对医疗器械类别的划分不同。即使在同一个国家内，处于不同的目的或标准，医疗器械也可以分为不同类型。按照用途的大致分类，医疗器械大致可以分为诊断类、治疗类和辅助类设备及产品；按照产品技术含量高低分类，医疗器械可以分为高端、中端、低端产品，其中高端产品的附加值一般较高。

与药品相比，医疗器械具有涉及学科门类多（医学、生物学、材料学、工程学、电子学、信息学、机械制造等）、涉及材料复杂（生物材料、塑料、金属材料、电工材料、光学材料等）、技术集成性强（一件产品往往集多种技术于一身）、产品更新换代快（型号更新、新技术带来产品更新等）等特点，其发展受制约因素多，因此发展医疗器械的难度更大、要求更高、任务更艰巨。

13.1.2 生物医学工程产业发展现状

1. 全球医疗器械市场发展迅速，美欧日占据主导地位

1）全球医疗器械产业发展迅速，市场规模已经与药品接近

医疗器械产业在全球各国尤其是发达国家颇受重视，全球医疗器械市场销售总额也在迅速攀升，从2001年的1 870亿美元上升至2010年的3 855亿美元，复合增长率高达8.35%。即便是在全球经济衰退的2008年和2009年，全球医疗器械依然逆流而上，分别实现6.99%和7.02%的增长率，高于同期药品市场增长率（图13.1）。全球医疗器械市场需求增长率远远高于全球整体GDP的增长速度，医疗器械市场相对于全球整体经济而言呈现迅速发展的态势。

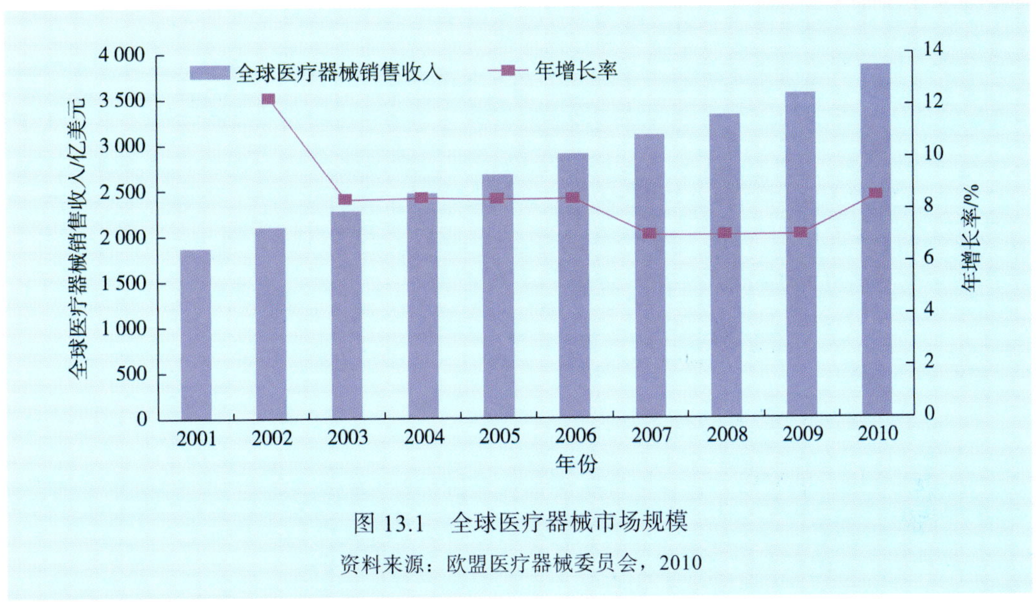

图 13.1　全球医疗器械市场规模

资料来源：欧盟医疗器械委员会，2010

近些年来，由于医疗器械市场的快速发展，其市场规模在全球范围内已经接近药品市场的规模，显示出了巨大的经济价值。根据有关数据推算，医疗器械市场规模与药品市场规模之比已经达到了 1 ∶ 1.38[2]。

2）诊断类和微创手术类产品所占比重相对较大

由于医疗器械门类众多，且各有其难以替代之处，所以各类医疗器械市场份额拉不开距离，但是由于彩色超声波诊断仪（彩超）、计算机扫描断层成像（computed tomography，CT）、核磁共振成像系统（magnetic resonance imaging，MRI）等高端影像类诊断设备，以及心血管支架等微创手术类产品的技术含量高、价格高，所以它们的市场份额相对较高，其他类别的医疗器械市场份额较为分散（图 13.2）。

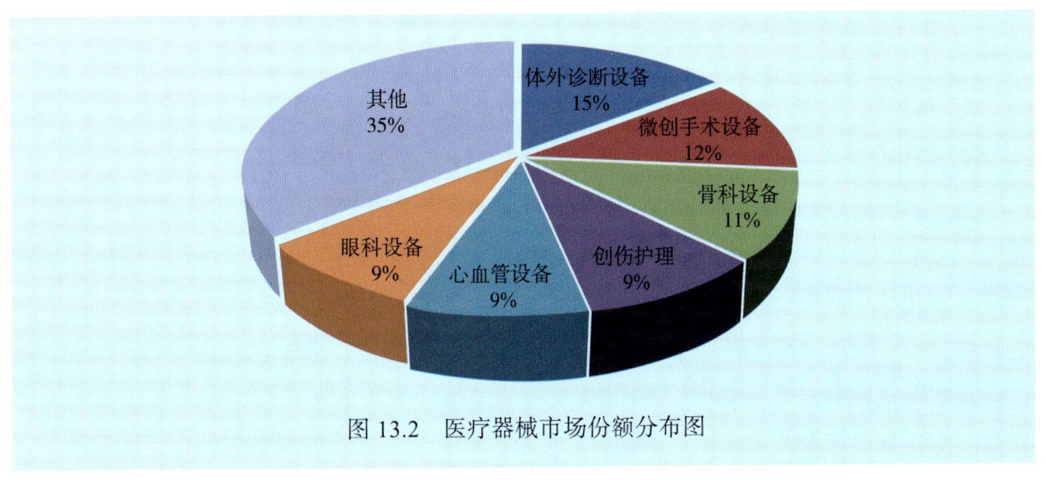

图 13.2　医疗器械市场份额分布图

3）美国、西欧、日本占据全球医疗器械市场的主要份额

从全球医疗器械市场分布情况来看，美国、西欧和日本占据绝对优势，其中美国稳居行业龙头地位，其医疗器械行业销售收入在全球占比高达占 40%，其次是西欧，占比 32.8%，再次是日本，约占比 10.9%，中国约占比 2.9%，其他国家和地区共占 13.3%（图 13.3）。2010 年，全球前 25 家医疗器械公司的销售额合计占全球医疗器械市场销售总额的 60% 以上，其中 70% 为总部设在美国的公司，全球医疗器械市场高度集中，医疗器械市场寡头主导的局面日趋明显。全球前 20 大医疗器械企业中有 16 家在美国。

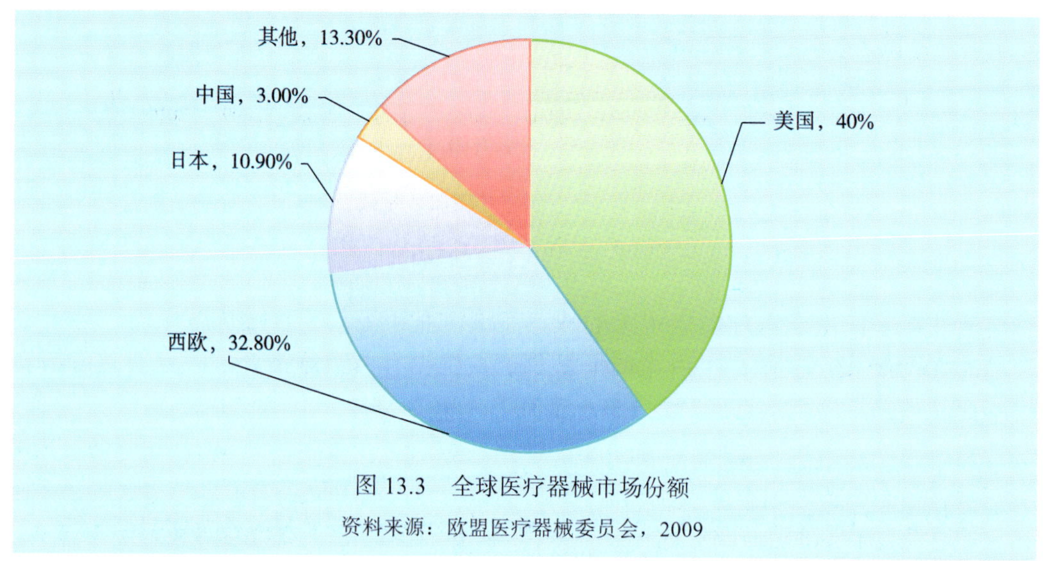

图 13.3　全球医疗器械市场份额

资料来源：欧盟医疗器械委员会，2009

高端医疗器械产业作为当今世界发展最快的产业之一，仅大型设备每年就有 100 多亿美元的市场。全球高端医疗器械市场主要集中在美国、西欧和日本等国家（地区），其中美国是最主要的市场，占 50.6%；其次是西欧，占 21.7%，约 70% 以上的西欧市场主要集中于欧洲七国，分别是法国、德国、意大利、荷兰、西班牙、瑞士和英国；日本作为亚洲医疗技术最先进和发展最快的国家，市场规模约占 11%，中国及其他国家共占 16.7%[3]。

4）发达国家每年人均消费医疗器械远远高于发展中国家

受发达国家人均收入高、医疗器械市场发达、医疗水平整体水平高等因素影响，它们每年人均消费医疗器械远远高于包括我国在内的发展中国家，其差距可达数十倍，乃至上百倍（图 13.4）。根据有关数据推算可知，2009 年美国人均 GDP 只是我国的 39.7 倍，但是美国人均消费医疗器械却是我国的 54.8 倍，其差距更大[2]。

5）研发投入稳中有增，研发占企业收入比例保持在10%以上

技术的创新和进步是医疗器械行业发展的关键，研发一直都是领先企业成长的助推器。Fierce Medical Device 列出了研发预算排名前 10 大的医疗器械公司和它们的研发费用。自 2008 年经济危机以来，面对着不景气的经济状况，几乎所有的公司在 2011 财年

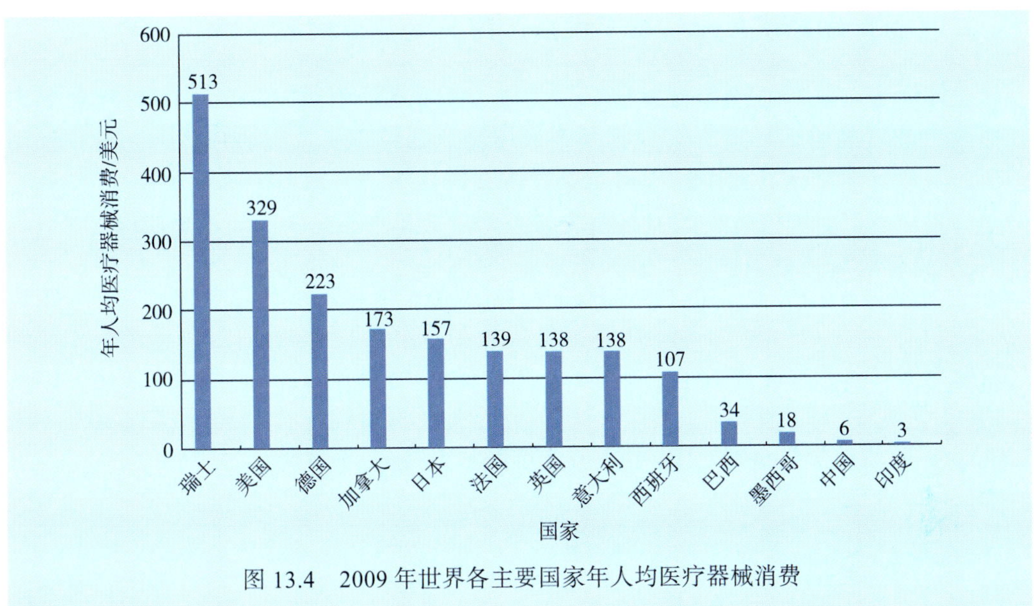

图 13.4　2009 年世界各主要国家年人均医疗器械消费

都增加了研发支出 [4]。从高端医疗器械产品的研发方向来看，目前跨国公司的主要战略布局可总结为（表 13.1）：①提升现有产品技术更新，如通用电气公司（General Electric Company，GE）等公司进行了基于核磁共振的功能型、介入及与正电子发射计算机断层显像（positron emission tomography，PET）融合的产品研发，美敦力公司最新研发了适合心脏起搏器的核磁共振等新产品。②开始扩充产品线，利用它们的技术优势和商业并购等行为向中低端产品进军。针对发展中国家低端市场的本地化研发趋势，如 GE 医疗针对我国农村市场开发出的“便携式超声仪”、飞利浦医疗保健公司入股东软集团、Varian（即瓦里安公司）收购北京加速器厂等。③开发创新型产品，利用并融合最新纳米、生物、信息、机器人等技术研发创新高科技产品，如研发排名前十的强生公司、西门子医疗、美敦力公司等公司都在进行分子诊断、分子成像等产品的研发。

表 13.1　2011 年研发费用排名前 10 大的医疗器械公司

排名	公司	2011 年财年研发支出 / 亿美元
1	强生公司（Johnson & Johnson）	75
2	雅培实验室（Abbott Labs）	41
3	西门子医疗（Siemens Healthcare）	15.6
4	美敦力公司（Medtronic）	15.1
5	GE 医疗（GE Healthcare）	13
6	飞利浦医疗保健（Philips Healthcare）	9.67
7	百特（Baxter International）	9.46
8	波士顿科学公司（Boston Scientific）	8.95
9	柯惠医疗（Covidien）	5.54
10	碧迪公司（Becton，Dickinson & Co.）	4.76

资料来源：Fierce Medical Device

2. 我国医疗器械产业发展不成熟，国际竞争力比较弱

总体而言，我国医疗器械发展尚不成熟，但是发展比较迅速，这种发展脱离不开医药工业发展的大环境。医疗器械企业规模总体较小，竞争力比较弱。医疗器械进出口贸易逐年活跃，其中的主力军是三资企业，出口产品以附加值中低端的为主，但是进口产品以附加值较高的中高档产品为主，呈现出非常明显的不对称性。

1）市场规模：医疗器械产业发展迅速，占国民经济总值的比例逐年增加

2000～2011 年，我国医疗器械市场规模呈现高速增长趋势。2010 年，我国医疗器械市场已跃升至世界第二位，突破 1 000 亿元大关，2011 年达到 1 354 亿元，接近 2000 年销售额的 10 倍，2007～2011 年近 5 年的年均复合增长率接近 30%（图 13.5），工业增加值在全国 GDP 中所占比重稳步上升[5]。

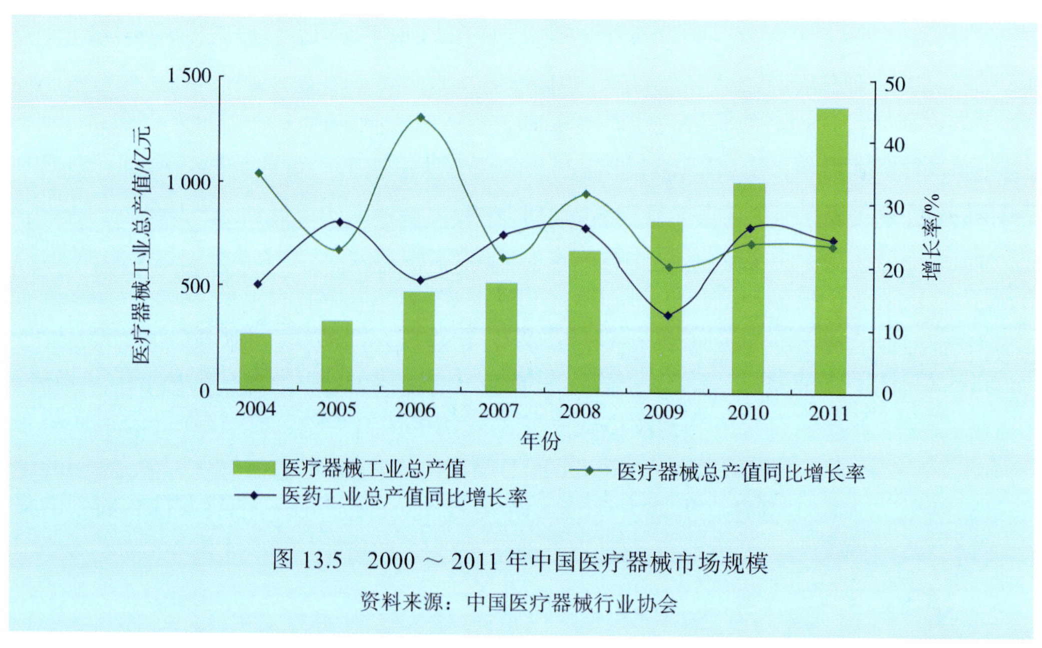

图 13.5　2000～2011 年中国医疗器械市场规模

资料来源：中国医疗器械行业协会

从我国医疗器械市场的产品结构来看，影像诊断设备占据最大的市场份额；其次是各类耗材，占据 20% 的市场份额；骨科和植入性医疗器械占据 13% 的市场份额（图 13.6）；剩余的市场份额被牙科及其他类器械所占据。2010 年，MRI 产品线增长率达 52%，其中 1.5 特斯拉产品线增长率达 74%，3 特斯拉产品线增长率达 91%，超导产品综合增长率 78%；高端 CT 销售量突破 100 台，同比增长 66.67%。另外，数字减影血管造影 X 射线装置（X-ray radiation source for digital subtraction angiography system，DSA）市场增长势头也很抢眼，产品线年度增长率达 54%。

2）我国医械贸易跻身世界前列，进出口贸易稳定增长

据海关统计，2012 年我国医疗器械贸易总额达到 300.62 亿美元，同比增长 13.03%。其中，出口额为 175.9 亿美元，同比增长 11.96%；进口额为 124.72 亿美元，

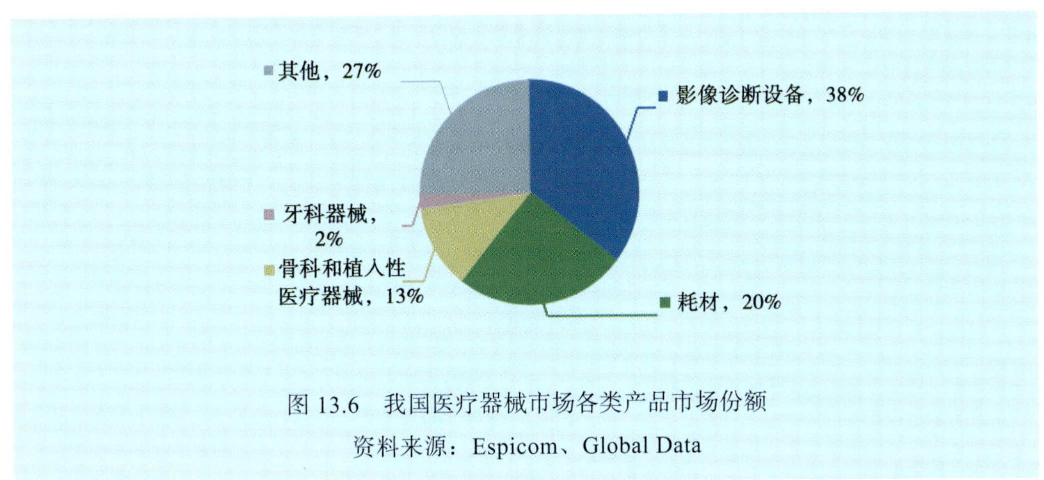

图 13.6 我国医疗器械市场各类产品市场份额
资料来源：Espicom、Global Data

同比增长 14.56%。贸易顺差达 51.17 亿美元，同比增长 6.09%。进出口总额近 5 年年均复合增长率均达两位数，年均复合增长率保持在 20% 以上，2012 年进出口总额约为 2005 年的 3.35 倍（图 13.7）。我国医疗器械贸易规模排在了世界第三位，其中全球进口规模排在美国、德国、日本和荷兰之后的第五位，全球出口规模排在美国、德国之后的第三位 [6]。

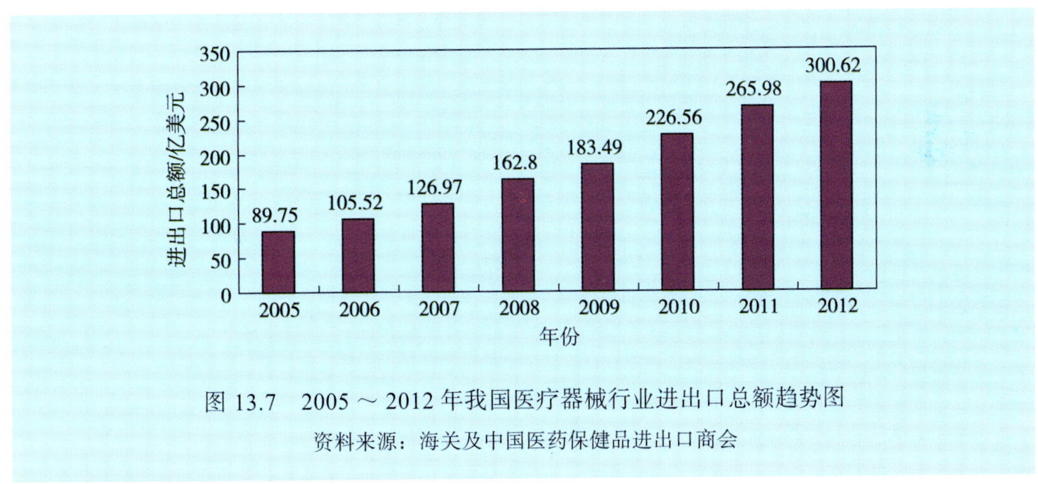

图 13.7 2005 ～ 2012 年我国医疗器械行业进出口总额趋势图
资料来源：海关及中国医药保健品进出口商会

在我国进口的医疗器械产品中，有 31 个品种进口额达到亿美元规模，其中以通用诊疗设备、彩色超声波诊断仪、弥补生理缺陷的康复用具、X 线断层检查仪、内镜、医用导管、核磁共振成像装置等高附加值产品为主，这些进口产品均属于医疗器械中高端技术产品。矫形类产品进口额增幅（72.59%）最大，其中部分产品为整形美容器械。

2012 年，我国有 43 类医疗器械产品的出口额超过 1 亿美元，比 2011 年的 35 类增加了 22.86%。其中，按摩器具出口额为 13.39 亿美元，排在第一位；矫形骨科类产品出口额增幅最大，为 210.66%；国内生产和出口的医疗器械还多数为中低档的常规产品，主要为中小型器械或是耗材产品，如手术巾、按摩器具、针线、导管等，如表 13.2 和表 13.3 所示。

表 13.2　2012 年中国医疗器械主要出口和进口产品

主要进口产品	主要出口产品
通用诊疗设备	棉质手术用巾类产品
彩色超声波诊断仪	彩色超声波诊断仪
X 射线应用设备	按摩器具
弥补生理缺陷残疾穿戴或植入人体的器具	药棉、纱布、绷带
X 射线断层检查仪	针、导管、插管及类似品
核磁共振成像装置	病员监护仪

资料来源：中国医药保健品进出口商会

表 13.3　2011 年进口额超过 1 亿美元的产品

产品	产品
“导管、插管类产品”	“核磁共振成像装置”
“内窥镜”	“医用直线加速器”
“X 射线管”	“肾脏透析设备”
“人造关节”	“注射器”
“彩色超声波诊断仪”（7.25 亿美元）	“X 射线断层检查仪”（6.88 亿美元）

资料来源：中国医药保健品进出口商会

截止到 2010 年年底，我国医疗器械生产企业约有 3 000 家，相关制造企业数量超过 14 000 家，其中 99% 为民营企业，占国内市场的份额却不足 1/3，年营业额超过 1 亿元的不超过 50 家。

3）专利申请总量排名世界第三，专利整体质量不高

2006 ～ 2010 年，全球医疗器械专利呈现快速增长趋势，专利总数接近 20 万件，其中美国医疗器械领域优先权专利总数达 59 248 件，日本为 39 646 件，欧盟为 21 279 件，韩国为 9 753 件，德国为 9 618 件，中国紧随美国和日本之后，专利总量为 35 722 件，位居世界第三，如图 13.8 所示。申请的医疗器械国际专利领域主要为外科专用医疗设备、用于医疗或导航的数据处理系统以及治疗设备等 [1]。

我国电子医疗设备专利平均被引用次数偏低，反映出专利整体质量不高。中国专利总被引次数排第 13 位，总被引频次仅 883；平均被引频次仅 0.034 8，排名第 14，还不到美国的百分之一，如表 13.4 所示 [2]。

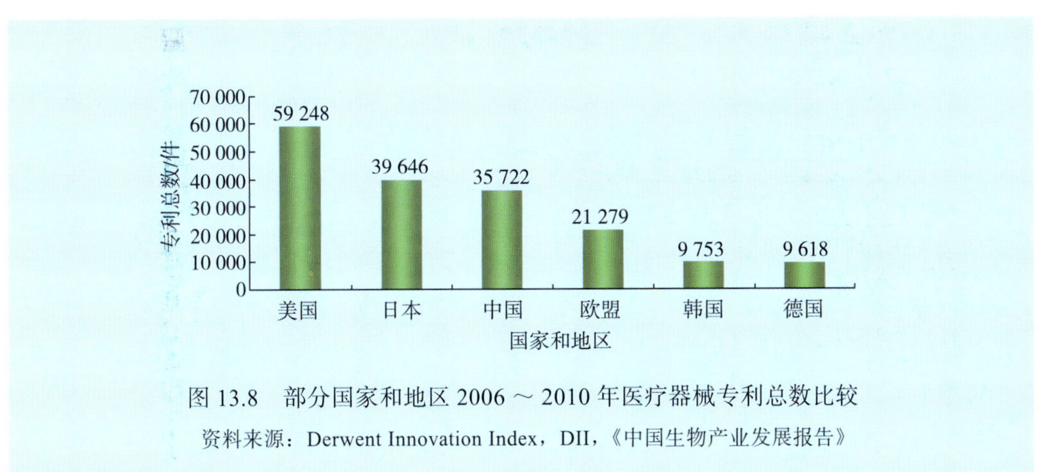

图 13.8 部分国家和地区 2006 ～ 2010 年医疗器械专利总数比较

资料来源：Derwent Innovation Index，DII，《中国生物产业发展报告》

表 13.4 2001 ～ 2010 年前 15 个优先权国别 / 地区专利被引用情况

排名	国别 / 地区	优先权专利数 / 件	总被引频次	平均被引频次
1	美国	87 244	351 338	4.027 1
2	PCT	35 901	69 969	1.948 9
3	日本	56 910	43 676	0.767 5
4	欧专局	11 086	19 166	1.728 8
5	德国	13 273	15 194	1.144 7
6	英国	3 245	6 681	2.058 9
7	韩国	9 245	3 637	0.393 4
8	法国	2 582	1 967	0.761 8
9	澳大利亚	1 205	1 850	1.535 3
10	瑞典	718	1 465	2.040 4
11	意大利	846	1 094	1.293 1
12	加拿大	652	1 067	1.636 5
13	中国大陆	25 385	883	0.034 8
14	俄罗斯	6 404	254	0.039 7
15	中国台湾	2 056	19	0.009 2

资料来源：科技部医疗器械调研报告，2012

专利申请的世界前十名都是美国、西欧、日本企业，没有一个我国企业（图 13.9）。申请量排名前 10 的机构，共申请的专利数为 36 420 件，占世界电子医疗设备专利数量的 19.2%。其中，日本公司有 6 家，美国 2 家，德国 2 家。其中日本的 6 家公司共申请专利数为 21 809 件，占 2001 ～ 2010 年世界医疗器械专利的数（205 933 件）的 10.6%。

4）我国医疗器械产业区域分布

目前共有医疗器械生产企业 14 862 家，其中，一类 4 168 家，二类 8 249 家，三类 2 445 家［根据国家食品药品监督管理局（以下简称国家药监局）统计数据，截至

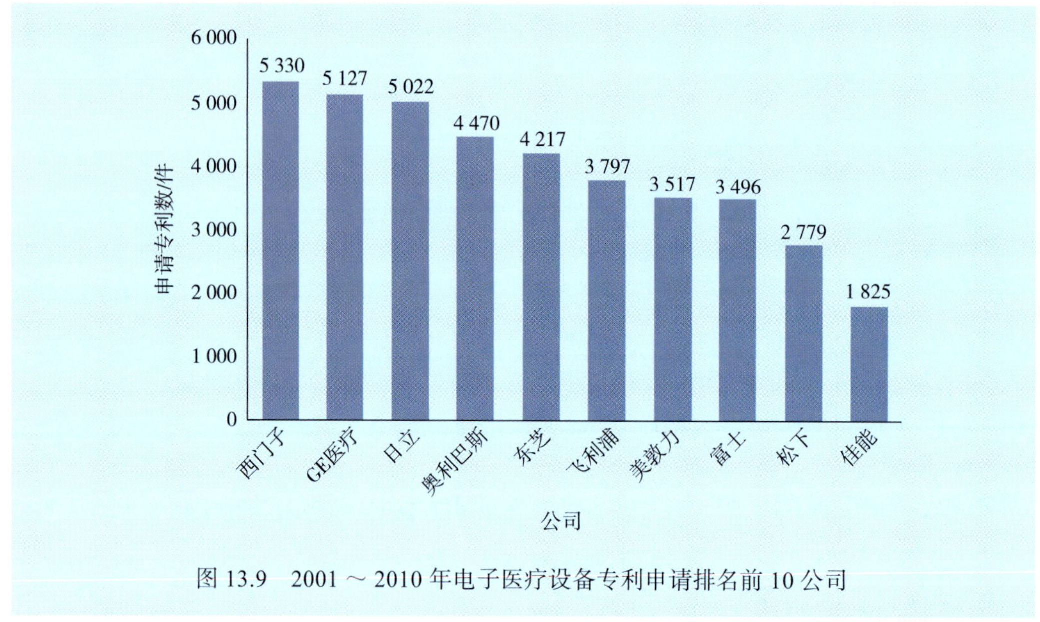

图 13.9 2001～2010 年电子医疗设备专利申请排名前 10 公司

2012 年 6 月］[1]。区域分布方面，伴随我国医疗器械行业的逐步发展，全国范围内的医疗器械产业聚集区域主要有三个，分别是珠江三角洲、长江三角洲及京津环渤海湾。据不完全统计，这些区域医疗器械总产值及销售值之和均占全国总量的 80% 以上。省市分布方面，据不完全统计，我国医疗器械行业的主要资产集中于广东、江苏、北京、上海及浙江，这五省市总资产占比接近 70%，而其中广东省和江苏省占比更分别达到了 18.38% 和 16.56%。

（1）珠江三角洲区域。以深圳为中心的珠江三角洲（包括珠海、广州等地），研发生产综合性高科技医疗器械产品是其强项，主要产品有监护设备、超声诊断、MRI 等医学影像设备和伽玛刀、X 刀等大型立体定向放疗设备、肿瘤热疗设备等。

（2）环渤海湾区域。近几年来以北京为中心的环勃海湾地区（含天津、辽宁、山东）医疗器械发展势头迅猛，一个包括数字 X 线摄影（digital radiography，DR）、MRI、数字超声、加速器、计算机导航定位医用设备和呼吸麻醉机在内的数字诊断治疗设备生产企业群正在形成。

（3）长江三角洲区域。上海具有深厚的工业基础，无论是产品还是技术，上海都是我国医疗器械行业的领头羊。以上海为中心的长江三角洲地区（含江、浙）是我国医疗器械三大产业群之一，这一地区的特点是产业发展迅速、中小企业活跃、地区特色明显，其一次性医疗器械和耗材的国内市场占有率超过一半。除此之外，还有像苏州的眼科设备、无锡的医用超声、南京的微波、射频肿瘤热疗、宁波的 MRI。

此外，以重庆为中心的成渝地区、以武汉为中心的华中地区也是新兴的、以生物医学材料和植入器械及组织工程为特色的地区。

13.2　生物医学工程产业新的生长点

13.2.1　先进检测设备与低端耗材机会并存

目前，我国医疗器械产品产量已跃居世界前列，尤其在多种中低端医疗器械产品方面，如卫生材料、一次性医院耗材、呼吸机、普通类和激光类手术器械等，但80%是中小型企业，技术力量相对薄弱，也没有形成良好的市场声誉。核磁、CT等高附加值大型设备市场，几乎被GE、西门子医疗、飞利浦医疗保健公司等外资公司垄断。在不少医院，甚至连螺丝钉、手术缝合线、各种试剂等小型耗材，也都采用价格高昂的进口产品。像大型血管造影机、超导核磁共振等大型检查设备，国内几乎没有企业能生产；而心脏起搏器等医用耗材，虽然能生产，但是品种少、产量小，不足以与外资形成竞争。

从个人医疗器械消费水平来看，我国医疗器械市场规模占医药总市场规模的14%，与全球的水平42%相差较大；另外，与全球人均器械消费水平相比，我国医疗器械市场在人均消费水平方面还有5～6倍的上升空间。随着医改的层层展开，我国基础医疗器械市场的需求也将出现快速增长的趋势。“十二五”期间，基层医疗机构很有可能会成为我国医疗器械市场的消费主体。我国农村地区的常规医疗器械市场需求快速释放，特别是中西部基础医疗设备需求巨大。

从行业的发展趋势以及相应的投资机会来看，目前中国医疗器械行业产品趋向中低端，而如何创新便成为该行业突破瓶颈的关键点。据清科创投（ZeroZipo Capital）数据显示，作为医疗器械产业中综合运营能力最强的子行业，医疗诊断及监护设备的研发制造在近年来更加受到资本青睐[7]，如外检测仪器和试剂盒、医学影像设备等。产品性价比以及品牌建设等要素同样会左右行业内公司的发展。针对日渐广阔的基层市场，优化管理及成本，力将中低端产品做精做细也是民间资本投资不可忽视的流向之一，如移液管、过滤器、离心管等基础医疗器材。

13.2.2　医疗器械与药物结合

医疗器械产品当前的一个重要研发趋势是医疗器械与药品的联系越来越紧密。目前，全球医疗器械市场上比较畅销的药-械组合产品有：①预充式注射器，即事先在注射器中充入一定量的药液（如胰岛素、人生长激素、疫苗等）；②药物洗脱血管支架；③植入性胰岛素泵；④植入性长效缓释宫内节育器（携带雌激素类药物）；⑤植入性骨科材料，如含有促骨细胞生长因子的人造骨关节、骨水泥等产品；⑥含干细胞等生物工程产品的植入性纳米器械等[8]。未来几年，药-械组合产品将成为全球医疗器械产业中非常重要的一大产品类别，其市场年均增长率有望超过20%。

13.2.3　移动医疗

信息产业和生物医药产业的融合催生出新的商业模式和服务产品。以移动通信技术及智能化便携终端为基础的移动医疗的飞速发展，为建设面向病人的、智慧的医院提供了新的思路。医疗信息化将成为未来医疗器械市场的发展的重要方向。个性化医疗导致对数据处理能力的极大需要。个人的医疗信息，在将来可能涵盖基因组序列，将呈几何级数增长，因此，对医疗领域的数据处理必将成为新型的产业，这也是信息技术和生物结合的领域。另外，数字技术在医疗器械产品中的推广应用速度异常迅猛。未来智能医疗器械中最重要的技术将会是嵌入式软件，很多医疗器械产品在市场中的“命运”就将取决于其医疗软件的性能。而基于蓝牙等数字技术的电子病历等软件类医疗器械产品，有望彻底改变现有的医疗模式。目前，类似的基于蓝牙技术研制的新型便携式数字监护仪已在美国等发达国家上市。

移动技术在医疗保健中的作用包括以下几个方面：

（1）移动性已使多种技术能够提供医疗服务。目前，多种技术能支持智能移动技术在医疗保健中发挥作用，包括云计算（可以向移动手机提供链接健康信息和应用程序的途径）、社交网络（已经开始提供以患者为中心的信息共享和同行支持服务）和大数据分析（可以在任何地方提供随时的诊断意见）。

（2）改变医疗保健激励方式可推动移动技术被采用。如今，出现了新的支付医疗效果的模型，如负责的医疗保健组织（accountable care organization，ACO）和以患者为中心的医疗之家，以激励部分医务人员的做法，使医疗保健提供方（即医院和医院网络）采取以结果为导向的行为。移动技术能够远程监控患者，当出现问题时，向患者提供快速访问临床医生的途径。该技术将在这些组织中发挥关键作用。例如，英国远程医疗试验使到访医生办公室的次数减少 15%，紧急入院事件减少了 20%，计划管理的需要减少了 14%，最引人注目的是死亡率减少了 45%[9]。其中政府是医疗保健的主要资助方和供应商。

（3）移动技术的采用可推动以结果为导向的激励措施。移动技术在提高医疗效果的同时，还能提供电子记录以证明医疗护理与结果的关系。一旦以结果为导向的激励机制到位，使用移动技术能促进该机制的实施与发展，推动医疗行业从服务付费到性能支付和激励模式转变。此外，平板电脑和智能手机可以向医生提供患者的信息和诊断见解，无论医生身在何处都不受影响。

（4）医疗保健应用程序正在推动着移动医疗技术被采用。虽然以结果为导向的（医疗服务）支付计划仍然处于试验阶段，很多组织（从运动服饰公司到医院）提供了移动医疗保健应用程序。所有这些行动的共同目标是改变人们的生活方式，如饮食、锻炼，以促进健康，或帮助患者更好地控制慢性病。这在发达国家和发展中国家都取得了良好效果。

13.2.4 生物医用材料需求空间大

生物医用材料是指用于诊断、治疗、修复或替代人体组织、器官或增进其功能的高技术新材料，即指材料自身及器械（包括医用植介入器械）。据统计，全球生物医学材料市场近 10 年来保持着 15% ～ 20% 的增长速度，即使近年国际金融危机导致全球经济衰退，也保持 7% 的年增长率，生物医用材料预计到 2015 年其市场规模将达到 2 200 亿美元，正在成长为 21 世纪全球经济的一个支柱性产业。我国随着人口老龄化以及经济、社会的持续发展，预计到 2015 年，国内市场规模将接近 200 亿美元，在全球市场中所占份额将由现在份额的4.5%增至9%，但目前生物医用材料高端产品90%以上仍依赖进口，极大加重了国内患者和政府医疗费用负担。

我国是一个人口大国，对生物医用材料和制品有着巨大的需求，在近10年中，生物医用材料及制品的市场增长率一直保持在30%左右，预计未来10～20年，包括医用金属材料在内的医疗器械产业将达到医药制品市场规模。工信部《新材料产业“十二五”发展规划》预计到2015年，我国将需要人工关节50万套/年、血管支架120万个/年，眼内人工晶体100万个/年，医用高分子材料、生物陶瓷、医用金属等材料需求将大幅增加[10]。

13.2.5 医疗器械带动健康管理产业的发展

据《中国卫生事业发展情况统计公报》的数据显示，药费和检查费用能占病人总花费的80%以上，器械检查费用已经成为继药费之后病人的第二大负担。要从根本上解决这一问题，必须把医学发展的战略优先从“以治愈疾病为目的的高技术追求”，转向“预防疾病和损伤，维持和促进健康”。只有以“预防疾病，促进健康”为首要目的医学，才是供得起，因而可持续的医学。医疗器械作为健康产业的一个重要组成部分，必将经历这场深刻的革命。

在西方，健康管理计划已经成为健康医疗体系中非常重要的一部分，并已证明能有效地降低个人的健康风险，同时降低医疗开支。对于大多数慢性病症和疾病（如糖尿病或高血压）而言，针对药物治疗依从性、生活方式改变、营养、体育锻炼、减压等因素进行干预可为患者带来明显的改善。哈佛公共卫生学院的一项调查显示：通过健康管理，80%的心脏病和糖尿病、70%的中风以及50%的癌症能够避免。2012年美国提出由疾病治疗到健康管理，把预防整合到美国医疗卫生系统。发展基层医疗，初级卫生保健服务是改善美国健康与卫生保健的关键。勃林格殷格翰联合Healthrageous进军糖尿病数字化健康管理领域，整合了数字化辅导和血糖检测数据向临床监测中心的数据传输。这一基于互联网的工具将使人们能够评估干预措施对生活方式方面的行为改变、血糖控制、其他医疗参数和用药依从性的影响。

在以疾病为中心向以健康为中心的医学模式转变过程中，面向基层、家庭和个人的健康状态辨识和调控、疾病预警、健康管理、康复保健等方向正在成为新的研究热点，进一步对医疗器械领域的创新发展提出了新的需求。穿戴式、植入式医学设备可以大大提高健康管理的效率，也可用于慢病管理和急救，具有巨大市场潜力，也将成为健康产业的竞争热点。基于移动通信的个体医疗设备与远程医疗和数字决策医疗结合的数字医疗体系将形成新的医学模式。

13.3 生物医学工程产业企业案例：山东威高集团医用高分子制品股份有限公司

山东威高集团始建于1988年3月，以医疗器械和药品为主业，下辖医用制品、血液净化、骨科、医疗装备、药业、心内耗材等产业集团、30 多个子公司。医疗器械和药品主要有输注耗材、输血器材、心脏支架及心内耗材、血液净化设备及耗材、骨科材料、手术设备及附件、创伤护理、微创器械及设备、ICU（intensive care unit，即重症加强护理病房）产品及附件、大容量注射液及其他药品、肾科产品、生物诊断试剂、人造血浆、手术缝合线、生物种植体、PVC（polyvinyl chloride polymer，即聚氯乙烯）及非 PVC 原料等 30 多个系列，400 多种，4 万多个规格，成为全球品种齐全、安全可靠、值得信赖的医疗系统解决方案制造商之一。集团控股子公司山东威高集团医用高分子制品股份有限公司为香港上市公司。产品销往国内 30 多个省市区，三级医院全国覆盖率达到 81.3%，血站覆盖率达到 77.2%，并远销到世界 70 多个国家和地区。山东威高集团 2012 年全年销售额 43.2 亿元，净利润 9.9 亿元；销售额构成为：常规耗材 35.8 亿元，血液耗材 4.8 亿元，骨科耗材 2.6 亿元，总共 43.2 亿元。2013 年上半年销售额 25.2 亿元，其中常规耗材 19.4 亿元，血液耗材 2.8 亿元，骨科耗材 3 亿元，净利润 4.2 亿元。

山东威高集团坚持实施”走出去”战略，加强国际合作，先后与世界银行、美国美敦力公司、新加坡柏盛国际公司、日本日机装株式会社、日本泰尔茂株式会社、美国真视觉公司、韩国 IT 公司等国外知名企业建立了战略合作关系，并在美国、日本、英国、德国、法国建有研发中心，吸收全球医疗先进技术，提高自主创新能力。山东威高集团以园区建设带动项目建设，加强科技成果转，已建成医药科技工业园、骨科材料工业园、心脏支架工业园、电子工程工业园。

近年来，山东威高集团同时积极进入医疗健康和服务领域，提供与血液净化治疗息息相关的产品与服务。例如，在威海研发制造血液透析机、血液滤过机等世界领先水平的血液净化装置。公司目前生产的 DBB-27C 型单人用血液净化透析装置已经在全国上千家医院得到了广泛的应用，产品质量和售后服务在业内得到高度的认可。在国内，血液净化市场的潜力是巨大的，特别是血液透析耗材中的高技术品种，目前仍主要依赖进口，与我国快速发展的透析治疗需求极不相符。中国的肾衰尿毒症患者有近 200 万人，且每年以超过 20% 的复合增长率递增，其中急需得到血液透析治疗的超过 100 万人，预计在 2015 年年需求透析器用量 5 000 万～ 7 000 万支。因此，发展国产高技术透析耗材势在必行。

其中，合成膜（透析器）是血液透析治疗中的核心部分，也是整个血液净化产业中很重要的一部分。目前，国内市场基本被国外品牌如费森尤斯、旭化成、尼普洛等占据。其中，费森尤斯医疗公司（Fresenius Medical Care）是最大的透析器产品供应商，生产各种透析器以及相关配套产品，在亚太地区包括中国都占有巨大市场份额，其中聚砜膜血液透析器占很大比例。由于国内现有中空膜方面技术研发实力不足，制造设备落后，一直都没能拥有能实现大规模产业化的自主产权的中空纤维膜，仅有一两家企业从事低端的进口膜组装业务，而且这些膜大都是上一代的纤维素膜或改性纤维素膜，在国际市场上已经濒临淘汰。

从企业发展角度出发，作为本土化的透析器生产厂家，在国家政策的大力支持下，应该加快发展脚步，不断地进行技术创新，争取尽快地追赶和超越国外的竞争对手。

13.4　生物医学工程产业战略布局、发展重点及重要技术

13.4.1　小型化、智能化的生理功能监测设备和高端数字医学影像设备

生物学和医学领域的仪器设备应用了各类工程学科原理和方法来研究生物学和医学问题，建立了定量、可控、系统、整合的研究方法和手段，是生物学和医学发展的重要支撑，是生物学和医学技术进步的核心动力，是多学科技术集成创新的前沿高地，也已成为全球相关产业竞争的焦点领域。发展适应不同生物学过程和医疗目的的新型技术、器（部）件、仪器和装置，对提升我国生物医学研究和临床医学水平有重大意义，将推动我国生物和医学领域的革命性进步并在医学实践中产生了重大的影响。

研究的重点包括小型化、智能化的生理功能监测设备，如具有高灵敏度 / 微量 / 快速检测、微弱生理信号检测、生理信号无损 / 连续 / 动态检测的小型化和智能化生理功能检测设备；高端数字医学影像设备及重要相关技术，如研发高场强磁共振、PET/CT 一体机、太赫兹（THz）成像等大型高端影像设备、多模态融合成像设备、内窥式融合成像设备、计算机辅助影像导航系统，以及可长期、连续、实时监测与控制的脑机接口设备等。连接组相关技术，如超高场磁共振结构与功能成像技术、高时空分辨的神经光学成像技术等。

13.4.2　组学与系统生物学数据获取、分析、资源整合与信息挖掘技术平台

系统生物学的复杂性决定了全面分析的复杂性。单就人类基因组计划而言，从新一代测序方法出现伊始，测序产生的海量数据就为后续的分析与储存带来了巨大的挑战。北京基因组研究所预计我国将会产生数千 TB（即百万兆字节）的 DNA 测序数据；预计全世界的测序活动更会产生数十万、甚至百万 TB 的个体化基因组学数据。这些数据将会对我们的医学科学和生物学带来深刻的变化，尽管数据存储能力和计算能力在飞速发展，全基因组装配的时间也在下降，但测序仪的数据产量还是遥遥领先于我们的数据分析能力。再加上不断产生的蛋白质组、转录组、代谢组等各种海量数据，如何系统而详尽地为公共数据库中的信息加上注解，对这些复杂数据进行储存和分析与整合将成为系统生物学发展的瓶颈。建设系统生物学数据分析研究平台，发展新的生物信息学的算法与工具，实现计算与系统生物学的信息整合与可视化，将是未来的重要方向。

13.4.3　医学无创和微创诊断与治疗（介入治疗）

聚焦准确、精确控制和影像实时引导的无创和微创手术设备，如高强度超声聚焦刀、微波治疗仪、射频治疗仪、冷冻治疗仪、激光治疗仪等，从单纯应用转变到“研发—应用—机理研究”的链条覆盖，提高国产医疗器械的性能，增强医疗设备的国际竞争力。

国产介入手术器械，如血管或非血管支架，包括裸支架、覆膜支架、涂层支架和粒子支架等，尤其是研制新型生物材料支架，提高各种介入器械的顺应性、生物

相容性和生物稳定性。其他微创治疗手段：新型纳米机器人、新型载药栓塞微球如新型纳米栓塞颗粒，以及放射性粒子的临床应用等。

13.4.4 手术辅助机器人系统

手术辅助机器人系统是计算机辅助手术系统的主要组成部分，主要用于辅助腹腔、骨科、泌尿、神经外科等外科手术，帮助医生开展复杂手术，延伸医生的手术技巧，提高手术精准度，改善手术质量，减少辐射对医生的伤害，降低医生工作强度，缓解医生精神程度，开展手术仿真训练等。手术辅助机器人是近 15 年发展的新技术，代表了机器人的重要应用领域，在腹腔 / 骨科 / 泌尿 / 妇科等外科手术中具有特殊的作用，从 21 世纪开始，已在欧美发达国家进入实用化。

目前，内镜、骨科手术机器人在医用机器人中技术成熟，已在发达国家实用化，美国 70% 的前列腺癌手术依靠手术机器人完成。我国在手术机器人研发方面起步较晚，大部分机器人样机处于仍停留在实验室阶段，以研究单位为主。

13.4.5 分子影像技术

分子影像学是利用特异性的分子探针，观测特定细胞、基因和分子的表达过程，追踪靶目标，从分子病理水平评估疾病发展。利用分子影像技术，将可能在以下三个方面发挥重要作用：① 从分子和细胞水平研究疾病的发生、发展和转归，指导临床及时采取有效手段进行预防和治疗。② 在药物的研制、开发和评价中发挥作用，指导临床对患者分层治疗，甚至个体化治疗。③ 在诊断和治疗新技术、新方法（如基因治疗、干细胞治疗等）的转化和应用中发挥作用。

13.4.6 生物三维打印技术

三维打印技术于 20 世纪 90 年代初出现，早期主要是快速产品原型制造，逐渐发展为可以直接快速成型或制造功能零件，是第三次工业革命的关键共性技术之一。基于三维打印在个性化和体外生物结构模型制造上具有独特的优势，此技术的应用逐渐衍生出一个多学科交叉的新兴领域，即生物三维打印（Bio-3D printing）。生物三维打印以生物材料或细胞 / 蛋白质 /DNA 等活性分子为基本单元，按仿生形态学、生物体结构或功能、细胞微环境等要求用“三维打印”的技术手段制造出具有个性化的三维结构模型或体外三维生物体。

未来 20 年，生物三维打印不仅在用于组织修复和再生的简单可替代性器件（如人工骨、人工耳等）方面取得实质性进展，还将在用于组织修复、病理学及药理学研究的多细胞复杂三维结构组织的构建（如人工心脏、人工肝、人工膀胱等）以及基于生物 / 纳米集成的制造技术方面取得突破。随着一系列制造工艺和制造技术的进一步完善，以及新的制造技术及制造装备的开发，生物三维打印技术必将从现有的前沿基础研究向可产业化的应用基础研究转变，其产品也将包括：用于整形及手术的个性化医疗模型、用于疾病诊断和新药开发的病 / 药理模型及个性化治疗模型、生物材料三维打印的医疗植入物，具有高生物相容性（viable）、可靠性（reliable）并可复制生产（reproducible）的生物三维打印先进制造工艺和制造设备；可用于组织修复和再生的组织工程产品；用于组织修复和病理研究的大尺寸多细胞三维类组织；基于细胞 / 组织芯片的制造技术及设备等。

按生物材料的性能不同，生物三维打印技术和应用可分为如下四个层次：一是生物不相容材料——医疗模型、整容、体外假体模型制造；二是生物相容但无需降解——永久性可植入物制造；三是生物相容并降解吸收——体内降解植入物，组织工程支架，可降解支架制造；四是生物活性材料及生命体单元（细胞、蛋白、DNA等）——体外生物功能体模型。

生物三维打印技术在上述前三个层次中应用比较普及并且三维打印技术也比较成熟。以细胞、DNA 为基本单元的生物三维打印是先进生物制造的前沿发展方向。以细胞为基本单元的生物三维打印技术在以下几个方面具有广泛的发展应用前景。

1) 病损组织的修复与再生

细胞与材料空间定位组装的三维人工预构体能在体内继续发育和改建，具有发育成为体内血管化组织的潜力，具有临床修复软组织缺损的应用潜力。以细胞微球组装技术为例，通过更换微球中包裹的组织细胞，并进行适当调整后，该技术不仅可用于脂肪组织的再生，也可用于其他组织的修复和再生。

2) 体外三维生理研究模型

体外构建的基于细胞和材料有序组合的人工预构体，可加入仿生设计成分，形成多种细胞的三维共培养体系，并在一定程度上控制其空间位置与发育程序，可作为体外干细胞分化、多种细胞共培养和细胞信号因子传递等问题的研究模型。

3) 医学病理研究模型

设计并构建的体外人工组织，是介于细胞和正常组织之间的三维结构体，如基于细胞微球的人工预构体，可建立病理模型，研究糖尿病、高血压、冠心病等与脂肪组织密切相关的代谢综合征，并可模拟在药物刺激下脂肪组织在能量代谢、组织发育等方面动态变化的情况，在研究疾病发生机理、疾病诊断及治疗等方面具有重要的科学意义。

4) 组织/器官芯片

生物芯片技术已经广泛应用于化合物、蛋白质、核酸、细胞或其他生物组分准确、快速、大信息量的筛选或检测领域，现阶段的研究热点已转向面向多种生理系统的多种细胞 / 组织体外芯片，用于药物筛选和特殊环境、成分的实时监测。

5) 具有生命活性的靶向检测和治疗仪器与设备

利用微纳米生物三维打印技术构建的微纳米生物机器人可以通过微创途径进入人体并保持生物活性和动态响应特性，进行全身健康检查、疏通脑血管中的血栓、清除心脏动脉脂肪沉积物、吞噬病菌、靶向传递药物杀死癌细胞、监视体内的病变等传统医学无法完成的工作。

13.5 “十二五”期间产业培育与发展中遇到的问题

13.5.1 自主知识产权的技术创新

生物医学工程产业属于高端技术产业，技术创新是该产业发展的内在动力，然而目前我国生物工程产业的发展正面临着技术创新不足的问题，其主要表现在：

第一，综合性创新不足，缺乏较好的综合创新成果。生物医学工程领域是一个综合性较强的领域，我国许多科研团队之间缺乏必要合作，导致整个领域缺乏较好的、具有自主知识产权的综合性创新成果。

第二，缺乏创新意识，创新实践不足。我国生物医学工程技术研究起步较晚，生物医学工程技术的研究因循已有知识和技术，跟踪国外具体工作者居多，自觉运用分析-综合方法去解决实际问题者较少，技术储备匮乏；对引进技术缺乏深入的消化吸收和跟踪创新，对引进国外产品全力仿制，寄希望于以市场换技术，但因停留在模仿产品水平，未能真正对引进技术进行消化吸收及再创造，结果丢了市场而未换到技术，并且不能形成自己的高端技术产品。

第三，我国生物医学工程科学技术的研究与产品的开发和产业的发展严重脱节。尤其在生物医学成像技术研究领域，国内从事生物医学影像技术理论研究的居多，尤其是在分子影像方面，较多是直接采购国外设备与引进国外技术，具有自主知识产权的技术成果较少，造成我国生物医学工程科技产业创新能力低下、企业发展缺少后劲。

13.5.2 市场竞争环境

完善的市场机制和行业规范有助于我国生物医学工程行业的健康发展，然而我国现行市场竞争环境存在许多不足之处，总体而言不利于国内生物医学工程行业的发展，这主要是由于我国现行的生物医学工程技术国家标准和行业标准，以及相关的法规不完善造成的。

首先，我国现行生物医学工程产业相关标准制定及标准化研究与产业技术发展不同步。已有国家标准、行业标准严重老化，其中超过 10 年未修订的约占 30%，超过 5 年未修订的约占 40%。标准修订不及时，导致了与国际标准差距大，标准落后于技术发展，落后于市场；新的国家标准的制定工作较多地是在翻译国际标准上，而未进行国际标准中技术方法的验证、规范等一系列技术工作，导致许多国际标准尽管已转化为国家标准或行业标准，却无法执行。

其次，欧美市场对生物医学工程产品的要求很严格，必须通过包括质量管理体系标准以及安全标准的双重认证。而我国对其产品缺乏相关的标准认证体系和认证机构，缺乏国际认可的第三方检测机构。这就造成我国生物医学工程企业技术产品可靠性不足，难以被市场认可，而国外产品却可以轻易进入我国市场，对本土企业造成极大冲击。

由于这些因素，我国生物医学工程技术企业的产品在市场竞争中处于不利地位，严重制约了我国生物医学工程产业的发展。当前，国内国际生物医学工程技术产品市场中，绝大部分市场份额被美国、日本和欧洲等企业占据，虽然近年来东软集团、深圳迈瑞公司等企业的产品在国内国际市场上逐渐得到认可，但大部分企业仍然处于极大的生存压力下，整个行业在市场竞争中仍然处于不利地位。

13.5.3　产业政策及政府支持

近年来，我国政府逐渐认识到生物医学工程产业发展的重要性，将生物医学工程产业作为战略性新兴产业给予高度关注，在政策上大力支持，资金投入逐年增加，这促使我国生物医学工程产业飞速发展，但是也存在许多不足之处。

首先，政策不完善，不足以保障生物医学工程产业持续、健康发展。国家和地方政府虽然采取了许多措施为生物医学工程企业的发展提供保障，但是缺乏长期有效性，不能为中小型企业的发展提供长期支持。出口产品缺少政府政策支持：美国、德国、日本等国政府往往为购买其出口产品的外国客户提供低息贷款，即政府为企业做后盾，提供强有力支持。而在我国，买方当地财政往往又为从国外进口的生物医学工程产品提供贷款担保。反过来，我国国产的生物医学工程产品则没有这种贷款担保，更缺乏相关的政府及银行支持。在多重压力下，国产商是举步维艰。我国企业往往不得不单枪匹马地与跨国公司拼争，势单力薄且处于竞争劣势。进口税收方面政策存在弊端：第一，对于CT机这样的产品，我国制定的整机进口关税一直在4%左右，已经非常低；而国产大型CT机、磁共振等产品，除核心技术自主开发外，其他涉及的大部分零部件依靠进口，有时涉及上千种，而这进口部件的关税比整机进口关税高很多。目前CT机整机进口关税为4.5%，而进口部件的关税却高得多，如CT机中的电机进口关税为35%。如此一来，抬高了靠自主设计、适当进口元部件研发的国产CT机制造成本。使本应以低成本为竞争优势的国产医疗设备的优势几近丧失，而成了高价货。很多医院在这种情况下，就会择“进口货”而舍“国产机”。因此，这样的关税政策对于正处于成长阶段的国内行业来说，抑制了民族医疗设备产业的发展。第二，国家对部分进口产品减免税收，导致双方竞争力严重失衡。由于国家规定，被用做“科学研究和教学用品”的进口医疗器械产品可免征进口关税和增值税，购买国内产品则没有此优待。因此，许多医院和经营性机构纷纷“打着各类教学科研旗号进口这类产品”，而不愿买国产货。这些产品包括CT机在内的10多项医疗设备及器械，在“科研和教学”名义下，被免去6%的关税和17%的增值税，如一套1.5特斯拉超导磁共振进口价格约150万美元，以这些名义减少至少23%的税收约35万美元。

其次，资金投入不足。生物医学工程行业是高投入、高风险行业，行业的发展需要大量的资金投入，虽然政府逐渐加大了生物医学工程行业的资金投入，但是相对于我国的市场规模以及现在的行业发展状态，目前的投入与实际需求仍然有非常大的差距。

另外，政府在对生物医学工程行业的支持方式上需要有所改变，政府不仅要作为行业发展的“投资人”和领导者，更多的是要作为企业、研究机构和投资机构之间的桥梁，引导多方合作，这样才能保证我国生物医学工程产业的健康发展。

13.6 促进生物医学工程产业发展的政策建议

13.6.1 合理引导生物医学科研成果的产业化，以应用需求带动基础研究

生物医学是应用性很强的学科。在加强基础研究的同时要合理引导生物医学的产业化，使科研成果真正服务于社会。鼓励立题从实际应用来、成果应用于实践的科研立项。加强科研单位和医院、企业的长期合作。综合运用多种方式吸引社会资金向科研创新投入。有效利用知识产权制度和技术标准提升产业国际竞争力。会同国家相关部门，及时对相关高科技成果的产业化进行支持。

13.6.2 完善国家医疗器械产业政策

首先，降低生物医学工程企业的运营税种、提高相关产品的进口税率，为企业提供低息贷款，从而降低企业运营成本，提高企业竞争能力。相对于美、日等国对生物医学工程产业的低息贷款、税务政策，我国政府现阶段实行的政策不仅不能促进生物医学工程产业的发展，反而还会增加企业的运营成本，降低企业的市场竞争力，所以政府应该改善政策措施，降低企业运营风险，这样才能激励我国生物医学工程产业的快速发展。

其次，加大对国有自主知识产权的生物医学工程技术产品的政府采购力度。经过多年发展，国内一些较大的生物医学工程企业迅速崛起，技术性能方面具有很大的提高，有的甚至已经可以与进口产品相媲美，但是由于进口产品先入为主，国产企业难以改变进口产品的垄断局面以及各级医疗机构推崇进口产品的思想意识，如果不借助政府采购政策很难扭转这种趋势。

13.6.3 重视专利制度与专利战略，保护自主知识产权

专利制度、专利战略对保护发明创造者权益、促进科技进步起到了积极的推动作用。而各个跨国公司在对华专利保护活动上显示出联合作战、利益共享的趋势，使我国企业在国内、国外处处受制于人，面临的形势更加严峻。应该从全局性、宏观性和长远性出发，逐步完善和规范化我国相关专利制度。将专利保护与对外贸易政策相联系，将专利保护作为贸易谈判的非关税障碍的重要一环；通过立法，在一些尚未受到法律保护的高技术领域设立专利保护等。

13.6.4 加紧实施生物医学工程产品技术 / 质量标准化战略

加快建立我国生物医学工程产品技术 / 质量标准体系，完善国内生物医学工程技术行业产品质量标准和认证体系，与国际领域接轨等。废除现行生物医学工程产品国家标准和行业标准中的老旧标准，尽快制定出完整的符合国际要求的国家生物医学工程产品技术 / 质量标准体系，并加强技术 / 质量标准体系的实施与监管。

应采取鼓励政策或惩罚政策，引导企业积极主动地争取通过生物医学工程产品技术 / 质量体系认证，把质量体系认证视为企业进入生物医学工程产品生产企业行列的资格证书和产品进入市场的入场券。在积极采用国际标准的同时，还可以从中国国情出发，在 WTO 规则框架内形成自己的技术壁垒。同时建立以行业管理为基础的进口产品监管体系，对进口产品注册实行国民待遇，要与国内产品履行相同的审查注册手续和程序，必须符合国家强制性标准。

13.6.5 加快建立严格有效的标准检测手段与机构

在欧美发达国家，一般生物医学工程产品制造商将生物学评价、通用安全要求测评及认证等委托给知名的中介实验室评价，确保评价的客观、公正和权威。

而目前我国十分缺乏作为国际认可的第三方机构。目前我国既有的认证机构无论从人员、设施，还是从测评、认证实力和背景来说，都不能满足基本要求。建议国家出面组建具有国际权威性的医疗器械产品生物学评价、通用安全要求测评及认证实验室或机构，建立起严格的审查管理制度。这是有效保障我国生物医学工程产业健康有序发展的非常重要的一环。这也必将有利于国内企业创新能力的提高和海外市场的拓展。

参考文献

[1] 国家发改委高技术产业司 , 中国生物工程学会 . 中国生物产业发展报告 . 北京 ：化学工业出版社，2012.

[2] 国家科技部生物技术中心 . 医疗器械产业发展调研报告，2012.

[3] 洪露，李秋实 . 医疗器械行业深度分析 . 安信证券，2010.

[4] Hollmer M，Hollis L J.Top 10 medical device R&D budgets.Fierce Medical Devices，http://www.fiercemedicaldevices.com/story/top-10-medical-device-rd-budgets，2012-04-19.

[5] 中国医疗器械行业协会 . 医疗器械产业发展环境和趋势分析，2012.

[6] 中国行业研究网 .2012 年上半年我国生物医药进出口情况探讨 .http://www.chinairn.com/news/20120814/496395.html，2012-08-14.

[7] 清科创投研究中心 . 中国医疗健康产业投资趋势展望 2012，2012.

[8] 全球医疗网 . 全球医疗研发新热点 —— 新一代植入医疗器械 .http://www.yxj.org.cn/news/newsdetail.asp?id=18889，2013-03-06.

[9] 中国科学院国家科学图书馆 . 生命科学专辑 . 科学研究动态监测快报，2013，4（7）:15 ～ 16.

[10] 工业和信息化部 . 新材料产业“十二五”发展规划，2012.

第 14 章

水产生物种业

高　磊　王清印　刘　慧　刘英杰

【内容提要】 渔业在国民经济特别是农业经济中占有重要地位。我国水产品总量已连续21年位居世界第一，渔业经济总产值近6 000亿元，占农业总产值的16.07%，而良种是保障养殖业健康快速发展的基础性条件和战略性资源。当前我国渔业正处于转型升级的关键时期，以水产种业战略性新兴产业为引导，实施创新驱动发展战略，全面提升产业发展水平，推动渔业经济结构和产业布局调整已成为当务之急。通过强化高新技术研发，构建商业化育种体系，加大政策扶持力度，培育完善市场环境，将为我国水产种业战略性新兴产业的跨越式发展提供有力支撑和充足动力，为我国渔业发展再续辉煌，构建国际竞争新优势提供有效路径。

14.1　水产生物种业发展现状和趋势

14.1.1　水产生物种业的基本概念与范畴

水产生物种业是相对传统种业而言的全新概念。它是以生物组学、生物信息学、数量遗传学等现代高新技术为基础，以引领产业化机制为依托，以市场需求为导向，将技术研发、商业模式、资本服务和信息市场能力有机整合的高效产业发展模式，是水产养殖业高效、健康、可持续发展的根本保障。

水产生物种业是涵盖产品研发、市场培育、设施装备各个关键环节的综合性产业体系，外延包括新品种培育体系、标准化苗种扩繁体系、工厂化繁育设施设备体系以及知识产权与市场监管体系。

14.1.2　水产生物种业发展现状

近20年来，我国的水产生物遗传育种研究工作取得了长足进展，初步构建了包括选择育种、杂交育种、性别控制、细胞工程育种和多性状复合育种以及分子标记辅助选育等在内的现代育种技术体系，成功地培育出了鱼虾贝藻蟹等116个优良品种，并在全国实现了大范围推广养殖，良种覆盖率提高了约20%，产业对人工选育品种的认可度明显提高，育繁推一体化、产学研相结合的大型种业企业不断涌现，水产种业呈现出良好的发展态势。

但是，与加快渔业转型升级和保障水产养殖业可持续发展的要求相比，我国水产生物种业在基础研究、技术创新、产品研发以及市场培育方面还有诸多不足。

14.1.3　水产育种产业发展基本趋势

1. “资源战”成为水产种业国际竞争的焦点

现代种业竞争的实质是“资源战”、“基因战”和“专利战”。强化种质资源保护与发掘，夯实水产种业和渔业发展的物质基础，已成为世界各国共识。近年来，种业跨国公司利用自身的资金、技术和人才优势，加速向发展中国家渗透，力图获取丰富的种质资源，为育种工作提供基础材料。同时将发现的重要基因抢注专利，从源头上垄断新品种培育的遗传资源，控制其他国家产业发展的命脉。未来利用生物技术的理论与方法，加速种质资源的开发利用和保护，将是水产种业科技竞争的重要领域。

2. 科研组织模式创新推动战略性新兴产业日趋成熟

近年来，国际上一些重大育种研究计划都十分重视向网络化、体系化、产学研一体化方向发展，使研发周期更短、推广转化更快。挪威的大西洋鲑良种工程体系堪称典范，将高校、研究单位的前沿研究与育种中心的育种体系、良种场的推广转化体系以及养殖企业等通过不同层次的共性关键技术连接整合起来，使挪威的大西洋鲑良种培育和产业发展一直处于国际领先地位。近年来，发达国家的种子企业已成为种业发展的核心力量，通过与科研机构和高等院校的广泛合作，集中了优质的种质资源、人才资源和基础条件资源，遗传选育进程明显加快，培育出的优良品种在全球范围大面积推广，反过来又进一步推动了企业研发实力的提升，呈现出科技创新与产业发展紧密结合、相互促进的良好发展态势。

14.2 水产生物种业重点技术现状与发展方向

基于对产业重大战略需求和国内外科技发展趋势的深入分析，水产育种研究工作将以新品种繁育技术以及良种产业化体系建设为主线，着力突破分子设计育种、全基因组选择育种、转基因育种等技术瓶颈，不断优化多性状复合育种、性控育种、细胞工程育种等现有技术，全面构建我国水产育种创新体系，实现主要水产动植物育种技术的新突破，不断提高育种效率和定向选育水平，强化高产、优质与抗逆等性状的协调改良，创造出有重大应用前景的育种新材料，选育出高产优质抗逆新品种，推动和引导我国主要水产养殖品种加速向优质化、专用化、高效化发展，为加速实现我国从水产养殖大国向水产养殖强国的转变提供有力的物质基础和技术支撑[1]。

14.2.1 以遗传标记筛选和基因组解析为基础的分子育种技术将成为研发热点

现阶段，水产遗传育种技术多以遗传标记筛选和利用遗传标记进行种内、种间遗传多样性判别为主要突破口，深化了传统育种理论，强化了对水产养殖生物生长速度、性别控制、抗病力和肉质品质的遗传操控机制的认识。随着基因测序技术的快速发展，高通量大规模基因测序成为可能，从而带动了基因组学的研究。但现阶段基因组测序工作投入较大，仍以基础研究为主。需有计划、有步骤地围绕基因组、功能基因组对重要经济性状的分子调控机制进行深入研究，阐明水产生物重要经济性状的分子基础与调控机制，深入了解水产生物生长、发育、品质和抗逆等特征的遗传性状和表型性状，为优良种质创制提供理论基础。

14.2.2 分子设计将成为水产生物精确育种技术的核心

基于功能基因组学知识和技术的分子设计育种是对传统育种技术的重大突破，是克服常规育种技术瓶颈的有效途径[2]。良种分子设计育种是通过对生物种间和种内遗传多样性的深度挖掘，解析控制其遗传性状的基因和数量性状遗传位点（quantitative trait locus，QTL），建立基因型与表型的链接，再利用高效的基因转移和异源表达，从而使水产生物获得新的性状。十年前，Peleman 和 van der Voort 提出了设计育种的概念（breeding by design）[3]，认为分子设计育种当分三步进行，即定位相关性状的 QTLs、评价这些位点的等位性变异、开展设计育种。在传统育种技术面临上述各种问题的情况下，分子设计为我们提供了“精确育种”这一选择。然而，水生生物基因组的高变异性对开发 SSR 标记和 SNP 标记，构建连锁图谱带来了挑战。今后一段时间，当以水产生物分子设计育种为导向，构建不同类型的遗传图谱和物理图谱，进行染色体基因定位，开展序列分析乃至数字化染色体的研究，为深入理解数量性状的遗传基础、精确解析性状的构成和效应，也为水产养殖生物育种从分子标记辅助选择向分子设计育种发展提供基础平台。

14.2.3　现代与传统育种技术相结合是水产育种产业化的必然趋势

迄今为止，世界各国水产育种工作中普遍采用、效果最多的还是选择育种等传统技术。但是，传统育种技术的局限性在于效率低和缺乏可预期性；不同水产生物的遗传改良进展有可能差异很大[4]。而且，对大多数水产养殖生物而言，为了避免种质退化，还需要想尽办法克服近亲繁殖带来的遗传多样性下降等问题。现代育种技术在应对这些问题上具有明显的优势：可以通过确定QTLs定位对遗传性状起决定作用的基因位点；可以系统评价基因组不同片段对遗传性状的影响（即进行基因组选择），从而富集优质基因；可以向选育对象导入（转移）特殊目的基因。随着一批水产生物的功能基因序列的测定、重要生产性状的分子标记和遗传解析、细胞遗传学技术的突破，水产养殖生物育种研究将逐步由传统杂交选育技术向细胞工程育种和分子育种方向发展。

14.3　水产生物种业战略布局与发展重点

14.3.1　战略布局

经过二十多年的精心培育和发展，我国水产种业产业体系初步创立。从1992年至今，我国已成立了全国水产原良种审定委员会；实施了全国水产原良种体系建设工程；加强了原良种保种工作和品种创新；建立健全了苗种生产监管法律制度[5]。然而，水产生物品种多样，种质资源开发潜力大、良种范畴宽泛。因此，水产种业体系的健康发展需要更多的政策引导和科技支撑。

目前我国的水产种业体系包含技术研发、核心育种群体培育、良种扩繁和良种示范养殖四级技术环节（图14.1），主要分工如下。

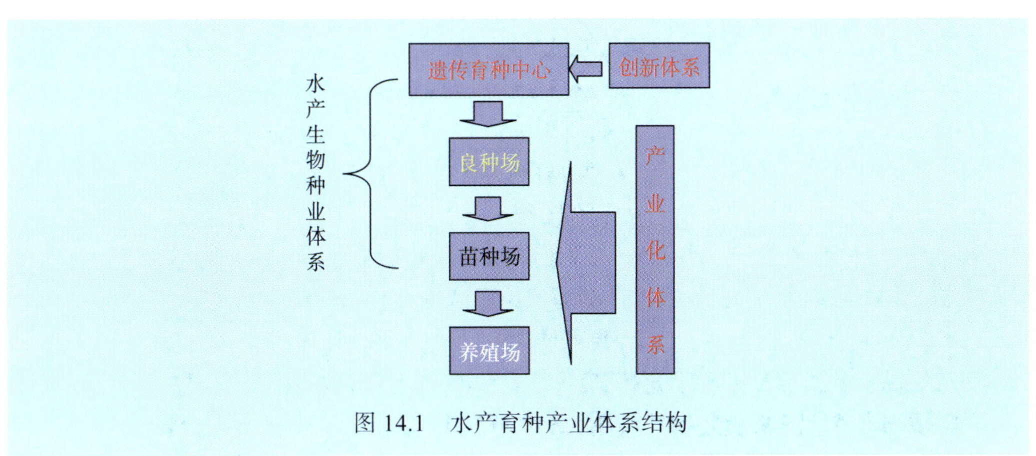

图14.1　水产育种产业体系结构

（1）遗传育种中心：负责基础群体的收集、培育、筛选，家系建立，种质鉴定，性状分析，育种，保种等。

（2）良种场：良种扩繁，提供优良性状的亲本。

（3）苗种场：利用良种场提供的亲本培育苗种，向产业推广销售良种苗种。

（4）养殖企业：建立适宜的良种良法配套技术体系，研发适宜于良种产业化生产的核心技术，并进行示范养殖。

14.3.2 发展重点思路

以水产种业能力建设和关键技术创新为重点，以满足国内外市场对优质水产品的需求为导向，大量加强育种基础理论和高新技术研究；同时引入市场竞争机制，培育创新型企业，探索产学研相结合，育繁推一体化的战略性新兴产业发展新模式。

坚持创新驱动发展，为新兴产业发展做好技术储备和支撑。原始创新能力不强、缺乏拥有自主知识产权的核心技术是我国水产种业持续快速发展面临的关键瓶颈。必须下决心打破技术模仿跟踪的惯性，围绕重要经济性状遗传调控网络解析、生物组学、全基因组选择育种等重大理论基础问题和前沿性技术领域及早部署，构建适合我国国情的育种创新技术体系，水产种业才能走上创新驱动、内生增长的良性发展轨道，真正成为支撑现代渔业发展的战略性新兴产业。

坚持科技与经济结合，形成产业发展良性机制。战略性新兴产业是新兴科技和新兴产业的高度融合，既代表着科技创新的方向，也代表着产业发展的方向。因此在强调科技创新对生物种业发展的支撑与引领作用的同时，也必须高度重视技术创新链和产业链“双向融合”，坚持种业科技创新的目标必须面向市场的战略定位，引导科研人员树立服务于市场的意识，同时完善商业化育种机制，不断提高龙头企业引领市场，引领未来的能力。

坚持扶优扶强，推动水产种业集聚化发展。将市场化机制引入水产原良种体系，让市场来配置优势资源和引导种业创新，在突破良种产业化瓶颈的同时，着力支持具有自主研发能力、市场占有率较高的企业迅速做大做强，成为对新兴产业具有明显带动作用的、对产业要素和创新资源具有明显集聚效应的龙头企业，不断完善产业链条，加速水产种业产业化发展进程。

14.4 水产种业发展重点案例

14.4.1 中国对虾种业体系

对虾养殖是水产养殖中十分重要且最有代表性的产业之一，有四十多年的发展历史。20 世纪 90 年代以来，病害肆虐与种质退化等问题严重影响了中国对虾养殖业的发展，选育抗病、抗逆的优良苗种已成为对虾养殖业中迫切需要解决的问题，也是我国对虾养殖业走出困境、重塑辉煌的必然要求。作为世界第一对虾养殖大国，产业的可持续发展有赖于建立一个技术先进、结构合理、管理科学、设施完善的种业体系。

1. 明确目标，坚持长期选育

中国水产科学研究院黄海水产研究所于1997年启动了中国对虾的遗传选育工作，选育方向分为生长和抗病两个方向。经过连续六代的选育，获得了“黄海1号”新品种，表现出生长快、抗逆性强等优良的经济性状，发病率降低30%以上，体重增加近30%，同时还表现出抗逆性强的优点。在此基础上综合运用群体选育、多性状复合选育、分子标记辅助育种等多种技术方法，经过近6年研究，培育出“黄海2号”新品种，生长速度快、抗病力强、发病慢且规格均一，受到养殖企业和渔民的普遍欢迎。

2. 育繁推一体化，实现产学研紧密结合

我国第一个系统配套的水产良种体系——中国对虾“三级良种体系”，包括遗传育种中心以及配套的良种场和苗种场。以“高产、优质、抗逆、生态、安全”为理念，构建育繁推一体化的现代水产种业体系，打造一流的工程化、产业化水平的海洋种业工程研究中心，引领了我国海水种业的发展。该体系每年可培育并提供5万尾中国对虾亲虾。按每尾亲虾繁育10万尾仔虾计，可培育出50亿尾仔虾用于养殖生产。养殖面积每年约30万亩（1亩≈667平方米），产值逾20亿元。“黄海系列”新品种在北方环渤海地区中国对虾养殖业的良种覆盖率达70%以上，推广示范区内的盈利面从50%提高到90%以上[6]。

3. 加快良种产业化，促进养殖业发展

研究团队采取边选育、边推广的方式，分别与山东、河北、天津、辽宁和江苏等主产区的推广和生产单位签订了全方位、多层次的科技合作协议，通过科技入户工程、推广示范项目和产业技术体系的实施，采取技术培训、技术协作网络等形式将研究成果与产业化紧密结合。目前已建成国家级中国对虾原良种场3个、省级良种场1个、对虾无公害养殖试验示范基地5个。1家企业养殖的无公害中国对虾“黄海1号”2008年被认定为奥运会奥帆赛指定产品，2家育苗场荣获中国水产流通与加工协会颁布的“中国对虾种苗20强供应基地”称号。“黄海1号”和“黄海2号”新品种的培育和推广在我国北方掀起了中国对虾“二次创业”的养殖热潮，为我国的海水养殖业注入了新的活力。

14.4.2　商业化导向的水产种业体系：黄颡鱼种业体系

1. 建立种源可控的育种技术体系

黄颡鱼肉质细腻、鲜美，是我国淡水名特优养殖品种。近年来养殖产量迅速增长，2012年已达到26万吨，苗种需求估计量达104亿尾[7]。由于黄颡鱼雄性的生长速度快于雌性，成鱼雄性的体重是雌性的1～2倍，根据这一特点，水利部中国科学院水工程生态研究所采用性别控制育种技术培育成黄颡鱼“全雄1号”[8]。由于该品种的苗种只能利用由超雄鱼繁育，一般苗种企业和养殖户不具备培育和扩繁超雄鱼的技术手段，只能依赖于育种单位持续提供，因而促成了良种可控生产模式（图14.2），也为建立集约化、规范化的苗种产业体系奠定了坚实的基础。

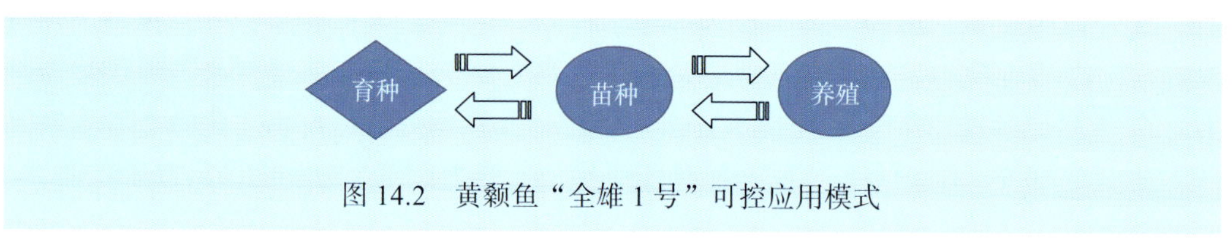

图14.2　黄颡鱼“全雄1号”可控应用模式

2. 建立“质量可控、分级生产，加盟商管理”的市场推广模式

科研人员与社会资本共同组建了武汉百瑞生物技术有限公司，专门负责YY超雄黄颡鱼的繁育扩群。关键技术和核心育种群体掌握在制种单位手中，既保证了种源质量可控，又有效地保护了知识产权和新品种培养单位的经济利益与创新积极性。根据黄颡鱼“全雄1号”苗种生产周期、季节性、产品存放时间、运输辐射范围等特点，实现专业分工，分级管理。一级鱼苗厂专业化生产“水花”鱼苗，供应二级鱼种场。二级鱼种场专业化生产夏花鱼种，供应养殖户生产商品鱼。二级鱼种场实现连锁加盟管理，并在水产业苗种营销上率先实现订单生产。这种新品种推广经营模式，兼顾育种单位、苗种企业和养殖户利益，实现了利润在各流通环节的合理分配，形成稳定的营销渠道，促进产业良性循环。

14.5　促进水产种业发展的政策建议

14.5.1　水产种业存在的问题与制约因素

1. 关键核心技术落后制约战略性新兴产业核心竞争力提升

虽然我国在传统育种技术应用方面取得了长足进步，主要品种育种综合水平已具备较强的国际竞争力，但突破性的水产品种较少，亟待构建全新的种业技术研发体系。其主要表现在种质资源的挖掘与创新能力弱，生物资源丰富的优势未得到充分发挥；重要经济性状的遗传调控网络和杂种优势理论研究薄弱，新品种培育的基础不牢；转基因育种、分子设计育种和全基因组选择育种等颠覆性技术的理论和应用研究相对滞后，基本处于模仿跟踪状态[3]；规模化高效苗种生产技术，与国外先进水平相比差距明显，导致品种退化快，苗种质量差，不能充分发挥其增产增效的作用。

2. 缺少对战略性新兴产业有带动作用的创新型龙头企业

自《渔业法》和《水产种苗管理办法》颁布实施后，我国水产种业逐步进入市场化阶段。预计到2015年市场规模将突破500亿元大关。除凡纳滨对虾等少数品种外，我国主要水产品的苗种自给率均在90%以上，但我国水产种业仍处于初级发展阶段，种业企业规模小，研发水平低，绝大部分苗种生产企业尚未建立独立的研发机构。据统计我国现有各类水产种业企业共近千家，排名前10强的种业企业在国内市场的占有率不足10%。真正具有“育繁推一体化”实力、对产业发展具有示范带动作用和自主创新能力的大型企业集团少，龙头企业在提升产业层次、推动传统产业升级、培育战略性新兴产业集群发展方面的作用不明显。

3. 对战略性新兴产业发展的投入和扶持力度不足

长期以来，渔业在国家财政支农资金中的比重严重偏低，基本在3%左右徘徊，与渔业占农业总产值比重的十分之一的地位极不相称；中央财政对水产种业投入的项目少、额度小，而地方财政给予的扶持基本处于空白状态。由于缺少长期稳定的经费支持，我国相当多的遗传育种研究工作缺乏连续性和系统性，直接影响种业产业的核心竞争力和发展后劲。水产育种的设施设备以及配套的检验、检疫装备、标准化生产设施投入不足，与四化同步发展的要求差距甚远，不仅影响了研究工作的顺利开展，也对产业素质的整体提升产生了不利影响。迄今我国尚未建立水产良种补贴制度，推广应用水产良种的财政支持一直没有被纳入中央财政范畴，也阻碍了水产种业的快速发展。

14.5.2　政策建议

1. 完善政策法规，积极培育新兴产业市场

尽快将水产良种纳入国家对农业良种的政策性补贴范围，提高养殖企业对良种的接受程度和种业企业开展新品种研发的积极性。对“育繁推一体化”水产种业企业给予必要的税收优惠政策，鼓励优势企业通过兼并重组、许可经营等多种方式迅速做大做强，加快培育具有核心竞争力的大型水产种业集团。同时，要修改完善水产种苗生产、销售等环节的法律法规，建立健全品种测试、品种审定、品种保护和品种退出制度，为种业企业公平竞争创造良好的市场环境。

2. 着眼科技与经济紧密结合，培养复合型的创新创业人才

新兴产业的发展离不开科技创新，更需要将发明创造转化为市场价值。完成这

一过程需要具有创新精神和对科技发展趋势有准确把握的综合型管理人才，因此亟须制定我国水产种业人才培养的长期规划，着力构建包涵品种创制、苗种生产、市场营销、企业管理、国际贸易等方面专业人才的人才体系，努力改变我国水产种业人才知识结构单一的现状，加快打造一支既掌握现代育种理论和技术，又具有丰富经营管理经验的高素质种业人才队伍，为战略性新兴产业发展提供智力保障。

3. 加强国际合作，集聚战略性新兴产业发展所需的创新资源

与发达国家相比，我国水产育种工作无论在基础研究还是在技术应用上都相对落后。开展国际科技合作，鼓励水产科研单位和龙头企业实施“请进来、走出去”的战略，消化吸收先进技术，缩短研发周期；也可以获得育种新材料，有助于尽快建立优良的育种基础群体，快速提升我国水产种业的国际竞争力。同时以优良苗种经营销售为起点，以先进适用养殖技术推广为支撑，积极推动我国水产种业企业的国际化进程，对尽快打造和培育具有国际影响力的水产种业战略性新兴产业具有特殊意义。

4. 完善金融投资体系，形成多元化投入机制

建立“政府资金引导，公司投入为主，社会力量积极参与”的多元化水产种业投入机制。建立公共财政在种质资源保护、基础理论和高端前沿技术等方面的稳定投入机制；鼓励种业企业加大对应用研究和商业化育种技术的投入力度，支持科研单位和水产种业公司通过共同出资等方式，组建产学研一体化的科技开发型龙头企业，实现各类产业要素的优势互补与强强联合；综合运用财政拨款、种业基金、贴息、担保等多种方式吸引社会资金投入，建立和完善多元化、多渠道支撑水产种业新兴产业发展的投入体系。

5. 完善产业链条，加快新兴产业集群发展

全球化背景下产业竞争实际上是产业链的竞争，因此水产种业新兴产业发展要着力培育专业化分工协作的产业链。发挥市场机制作用，按照以企业为主体、市场为导向、资本为纽带的利益共享、风险共担的原则，通过兼并、重组与联合等方式，构建现代种业集团和产业联盟。形成“大企业带动中小企业、中小企业推动大企业”联动发展的格局，促进新兴产业集群的发展。

审稿：李　宁

参考文献

[1] 唐启升，水产学学科发展现状及发展方向研究报告 . 北京：海洋出版社，2013.

[2] 薛勇彪，王道文，段子渊 . 分子设计育种研究进展 . 中国科学院院刊，2007，22（6）：486 ～ 490.

[3] Peleman J D，van der Voort J R.Breeding by design. Trends in Plant Science，2003，8:330 ～ 334.
[4] Vandeputte M.Methods and objectives in selective breeding of fish: present status and future developments.The 162nd Forum of China Engineering Science and Technology on Scientific and Technological innovation Aqua-breeding and Sustainable Development of Aquaculture，Weihai，Shandong，2013.
[5] 丁晓明 . 水产种业发展战略与制度创新 . 中国工程院第 162 场工程科技论坛论文集，山东威海，2013.
[6] 王清印，李健，孔杰，等，我国对虾种业技术体系发展愿景 . 中国工程院第 162 场工程科技论坛论文集，山东威海，2013.
[7] 农业部渔业局 .2012 年中国渔业统计年鉴 . 农业部，北京，2013.
[8] 刘汉勤，熊玉宇 . 商业化导向的水产种业体系构建——黄颡鱼“全雄 1 号”育繁推 . 中国工程院第 162 场工程科技论坛论文集，山东威海，2013.

专 题

南极磷虾捕捞和开发产业

唐启升　赵宪勇　冷凯良　杨宁生　仝　龄

【内容提要】 南极磷虾资源丰富，是迄今发现的可供人类利用的最大的可再生动物蛋白库，且具有广阔的高附加值新资源食品与保健医药生物制品市场前景。在创新技术的推动下，国际上南极磷虾资源的开发利用正在进入一个新的发展高潮，一种由高效捕捞技术支撑、人类食品与水产养殖饲料等大宗利用产品托底、高附加值营养保健品市场拉动的新兴产业已初步形成。我国的南极磷虾渔业起步较晚，产业核心竞争力低。急需制定产业培育发展规划与扶持政策，尽快提升捕捞技术和装备的研发能力与制造水平，积极培育磷虾食品加工业，大力支持磷虾养殖饲料以及保健、医药制品的研发与产业化，建立南极磷虾产品质量标准体系，推动南极磷虾开发产业的快速形成与发展。

南极磷虾一般是指南极大磷虾（Euphausia superba）[1]，这是一种产自南极海域的小型甲壳类动物，环南极分布，资源极为丰富，生物量约6.5亿～10亿吨，是迄今发现的可供人类利用的最大的可再生动物蛋白库；生物学年可捕量可达1亿吨，相当于目前全球海洋捕捞总产量。南极磷虾生长于极区特殊水域，可谓浑身是宝，除食用外，还具有巨大的医药保健和工业利用前景。

我国于2009年年末进入南极磷虾渔业，启动了南极磷虾开发产业，开启了极地海洋生物资源开发利用的新纪元。

一、南极磷虾开发产业发展现状和趋势

（一）南极磷虾开发产业的基本概念与范畴

与传统海洋渔业资源的开发利用模式不同，南极磷虾开发产业是一种集传统捕捞业与精深加工于一体的、技术门槛高、产业链长、产业经济价值逐级大幅提升的新兴产业形态。以经济规模（或潜力）为标准，目前南极磷虾开发产业主要包括磷虾捕捞业、磷虾食品加工业、磷虾粉与养殖饲料加工业、磷虾保健品与医药制造业等。

（1）磷虾捕捞业。磷虾捕捞业虽属海洋渔业的范畴，但与传统捕捞业相比已有明显不同。由于南极路途遥远，产品运输成本高，因此强化海上加工能力以降低运输需求成为磷虾渔业的必然选择。磷虾的海上加工主要包括原虾冷冻、虾粉生产、脱壳取肉、蛋白提取以及虾油提取等。依技术、装备水平的差异，磷虾捕捞业的产品可包括上述一种至多种。产品种类多样性越高，对技术装备的要求越高，产业效益越好。

（2）磷虾食品加工业。磷虾食品加工业是指以人类消费为目标的水产食品加工业。南极磷虾产于地球上最为洁净的南极水域，且味道鲜美、浑身是宝，是营养丰富的天然有机食品[2]。南极磷虾的鲜肉中含蛋白质17.56%，是高蛋白质食物；南极磷虾富含人体必需的八种氨基酸，氨基酸含量占蛋白质的53.0%，其中代表营养学特征的赖氨酸含量高于金枪鱼、斑节对虾和牛肉；南极磷虾的脂肪含量高于对虾，脂肪中不饱和脂肪酸含量高达70.36%。此外南极磷虾还含有丰富的钙、磷、钾、钠等矿物质及胡萝卜素等，被誉为人类未来的食品。

然而，磷虾特殊的生化特性决定了磷虾食品加工业是一种海陆共存或海陆接力型产业。南极磷虾具有很强的富氟能力[3]，其甲壳中的氟含量可达4×10^3毫克/千克，且在动物死后会逐步沥析而出从而污染虾肉，只有温度降至–30℃以下时氟的沥出才会中止[1]。为规避安全风险，磷虾一般需在脱壳后才能作为食品原料。另外，南极磷虾体内还含有活性很强的消化酶，在其死亡2～3小时后身体组织即发生明显的分解。因此磷虾食品需在海上尽快加工，或进行预处理（煮熟或脱壳）后作为原料运至陆地后再行加工。

（3）磷虾粉与养殖饲料加工业。磷虾粉与养殖饲料加工业是指将磷虾加工成粉以及以磷虾或磷虾粉为添加原料的养殖饲料加工业。磷虾饲料包括水产养殖饲料、畜禽养殖饲料以及宠物饲料等。水产养殖实验结果表明，添加磷虾原料的饲料具有良好的诱食性，具有促生长和提高养殖动物免疫力的功效；另外，虾青素还是鱼肉的天然着色剂，在鱼类养殖尤其是鲑鳟类养殖中能发挥无可替代的作用[4, 5]。

与绝大多数海洋生物类似，水分占据了磷虾体重的绝大部分（约75%），因此，为降低运输成本，磷虾粉一般在海上加工，然后再运回陆地进行养殖饲料的加工。

（4）磷虾保健品与医药制造业。磷虾保健品与医药制造业是新近兴起却发展迅猛的产业。南极磷虾富含虾青素、多不饱和脂肪酸、磷脂、高效低温活性酶等，在医药化工及功能食品方面具有巨大的开发利用前景。磷虾含有的多不饱和脂肪酸中，二十碳五烯酸（eicosapntemacnioc acid，EPA）和二十二碳六烯酸（docosahexaenoic acid，DHA）占比达 80%，远高于普通鱼油；磷脂在虾油中的占比达 40%，且与多不饱和脂肪酸形成结合体，可以通过血脑屏障和细胞膜，具有很高的保健和医疗功能[6]。近年来，各种磷虾油胶囊如雨后春笋般出现在国际保健品市场或新资源食品市场，包括我国的市场。

（二）南极磷虾开发产业发展现状

作为人类潜在的、巨大的蛋白质储库，南极磷虾资源的开发利用始于 20 世纪 60 年代初期苏联以及其后日本的勘察试捕，70 年代中期即进入大规模商业开发阶段（专题图 1）[7]，1982 年达历史最高年产量，近 53 万吨，其中 93% 由苏联捕获。1991 年之后，随着苏联的解体，磷虾产量急剧下降，年产量波动在 10 万吨左右。

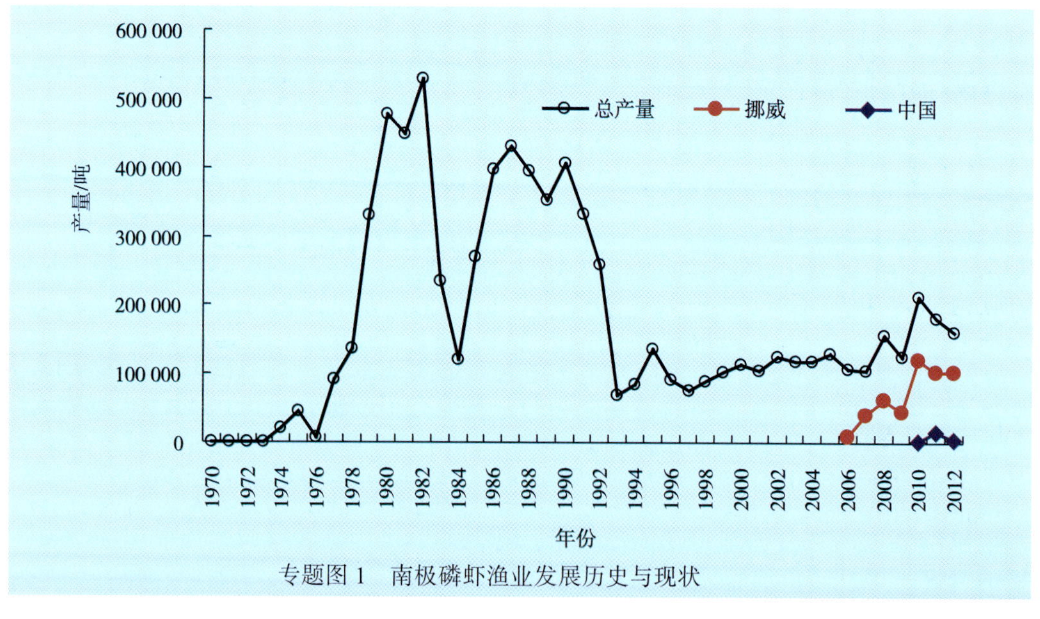

专题图 1　南极磷虾渔业发展历史与现状

近年各国对南极磷虾的兴趣不断增加，尤其是韩国、挪威等新兴磷虾捕捞国的进入，使磷虾渔业呈缓慢但持续的上升趋势，2010 年达到 21 万吨，其后两年略有下滑；但 2013 年截至 9 月磷虾产量再次超过 21 万吨，大有掀起又一轮磷虾开发高潮之势。截至 2013 年，南极磷虾的累计上岸量已达 790 万吨。近年磷虾捕捞国主要有挪威、韩国、日本、乌克兰、俄罗斯、波兰、智利等国。

我国的南极磷虾捕捞业始于 2009 年年末。2009/2010 渔季①，我国派出 2 艘渔船

① 南极磷虾的渔季为跨年度的渔季，始于当年 12 月 1 日，止于翌年 11 月 30 日。

开展南极磷虾探捕性开发，捕获磷虾 1 946 吨；2010/2011 渔季，我国先后派出 5 艘渔船，捕获磷虾 16 020 吨；2012/2013 渔季，我国派出 3 艘渔船，截至 2013 年 9 月已捕获磷虾近 3.2 万吨；2013/2014 渔季，我国有 6 艘渔船通报入渔，通报入渔的公司则由 2 家增加到 3 家。我国的磷虾渔业正在朝规模化方向发展。

由于我国的磷虾渔业刚刚起步，捕捞业规模尚小，尤其运回国内的原材料很少，磷虾食品加工业以及磷虾粉与养殖饲料加工业目前尚未形成，但产品研发工作已逐渐铺开，且已取得一定的积累和阶段性成果。

相比磷虾食品与养殖饲料加工业，由于超高的附加值和广阔的市场预期，我国的磷虾保健品产业已先行一步，率先起航。目前已有至少 3 家生物技术公司投入产品研发与试产，并有少量产品投入市场。

（三）南极磷虾开发产业发展基本趋势

20 世纪 90 年代至 21 世纪头 10 年中期，南极磷虾主要用于水产养殖与水族饲料、游钓饵料和人类食品三大方面，所占比例约为 43%、45% 和 12%。

21 世纪头 10 年中期，随着挪威采用“水下连续泵吸捕捞”专利技术进入南极磷虾渔业，以及以虾油为重点的高附加值营养保健品的研发成功并投放市场，国际上南极磷虾开发产业已形成一种由高效捕捞技术支撑，人类食品与养殖饲料等大宗利用产品托底，高附加值营养保健品市场拉动，产业链条已具雏形的新兴产业。

我国的磷虾产业在渔业探捕及海洋强国战略的鼓舞下，已引起产学研各界越来越多的关注[8]，并得到了切实的发展。磷虾捕捞业在产业规模上已由 2009 年的 2 家渔业公司、2 艘渔船，发展至 2013/2014 渔季通报的 3 家公司、6 艘渔船。磷虾捕捞量则由 2009 年的不足 2 000 吨，发展至 2013 年的超过 3 万吨。作业渔场范围已由 2009 年的 2 个 CCAMLR①统计亚区（2 个统计亚区为 48.1 亚区和 48.2 亚区）拓展至 2013 年的 3 个统计亚区（增加了 48.3 亚区）（专题图 2）。捕捞产能已由单船日产 100 吨提高至 200 吨。海上加工能力也由原虾冷冻单一品种增至原虾、虾粉、去壳虾肉等多个品种。磷虾捕捞业正在朝规模化发展，海上加工产品正在朝多元化发展。

我国的磷虾食品和虾粉及养殖饲料产业尽管仍处于孕育阶段，但已具有一定的技术研发积累，一旦原材料得到稳定的供给保障，产业可以快速形成。当然，这类产业的发展速度与规模则将在很大程度上取决于我国磷虾渔业的发展速度与规模。

至于磷虾油等保健品产业，由于良好的市场预期，国内已有多家企业纷纷成立研发中心或购地建厂；国外业内公司则纷纷与国内公司签订战略合作协议，甚至联合投资建厂，争抢市场先机。由于磷虾保健品利润高，一旦自主产品与核心技术取得进一步突破，产业的发展将具有比其他三种磷虾产业形态更强的优势。

① CCAMLR 是南极海洋生物资源养护委员会（Commission for the Conservation of Antarctic Marine Living Resources）英文首字母的缩写。CCAMLR 是一个集政治、经济与法律于一体的政府间国际组织，负责南极海洋生物资源的养护与渔业管理。它成立于 1982 年，目前有 25 个成员，中国于 2007 年加入，成为其第 25 个成员，从而享有南极海洋生物资源开发利用权利。

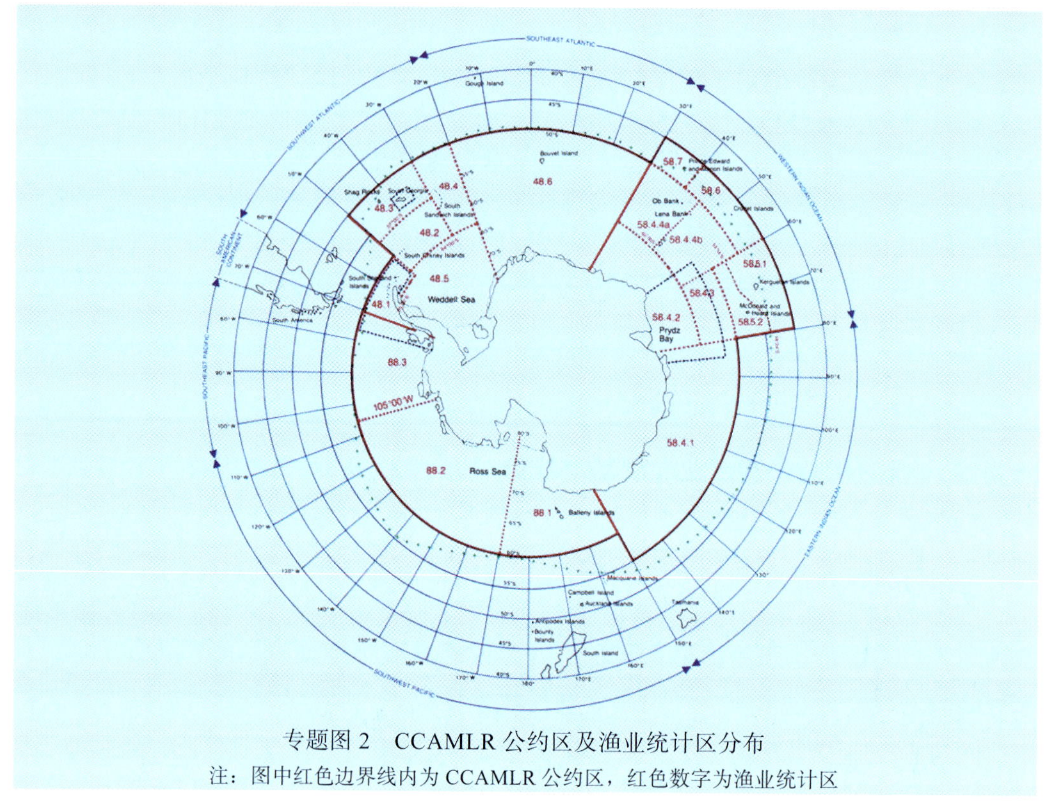

专题图 2　CCAMLR 公约区及渔业统计区分布

注：图中红色边界线内为 CCAMLR 公约区，红色数字为渔业统计区

二、南极磷虾开发产业重点技术现状与发展方向

（一）捕捞技术

捕捞技术是南极磷虾开发产业源头的关键技术。由于个体小、分布水层浅，南极磷虾的捕捞技术注定有别于其他传统渔业的捕捞技术。我国的磷虾渔船主要由东南太平洋智利竹荚鱼拖网加工船略加改造而成，经过四年探捕经验的积累，捕捞能力已取得一定的进步。然而总体而言，拖网网具及网板等渔具装备与捕捞对象的适应性仍不够理想，捕捞效率仅为挪威渔船的三分之一到二分之一，差距明显。

目前国际上最为先进的磷虾捕捞技术是挪威阿克海洋生物技术公司（Aker Biomarine，AKER）的水下连续泵吸捕捞技术。该技术利用安装于囊网的吸泵与柔性管在水下将拖网捕获的鲜活磷虾源源不断地输送至船上，从而避免了繁琐的起放网传统作业程序，既大大降低了船员的劳动强度，节省了时间，提高了捕捞效率（日产可达 500 吨），又保证了磷虾的完整性和新鲜度。水下连续泵吸捕捞已成为磷虾捕捞技术新的发展方向。

（二）脱壳技术

脱壳技术是南极磷虾食品加工的关键技术。作为人类食用产品的重要形态之一，脱壳磷虾因为基本保持了磷虾肉的原始形态且味道鲜美而深受消费者欢迎。然而由于南极磷虾个体小且易碎，如何在去壳后保持虾肉的完整性则成了脱壳技术的关键。另外，如何降低脱壳虾肉中磷虾眼[①]的残存率，则是去壳技术体系中另一技术关键。

目前我国尚无成熟的磷虾脱壳技术装备自主产品；但辽宁省大连海洋渔业集团公司已通过购置日本磷虾渔船将磷虾脱壳设备与技术引入我国，为磷虾脱壳技术在我国的发展提供了重要经验积累。

（三）南极磷虾粉加工技术

南极磷虾粉是以南极磷虾为原料，经脱水干燥制成的具有独特营养功能和质量属性的优质动物蛋白源，主要用于水产养殖动物饲料和观赏鱼类及宠物饲料。南极磷虾粉的加工主要在海上进行。陆基磷虾粉的加工则主要是鲜冻磷虾提取虾油后的副产品。

南极磷虾粉生产的关键是干燥技术，根据产品用途的不同其采用的干燥模式包括冷冻干燥、热风干燥、蒸汽烘干、低温真空干燥等技术。冷冻干燥的磷虾粉品质保持得最好，低温真空干燥的次之，热风干燥或蒸汽烘干的方式对磷虾粉品质影响较大。冷冻干燥获得的磷虾粉生产成本高，主要用于特殊饵料或者作为提取高品质磷虾油的原料；热风干燥或蒸汽烘干的磷虾粉主要用做水产饲料原料。在饲料南极磷虾粉生产过程中，可以采用蒸煮、压榨或离心分离的方法脱去大部分水分，再经烘干、粉碎等工序获得磷虾粉。南极磷虾粉加工生产技术的发展趋势是低温真空干燥技术。

目前生产南极磷虾粉的国家主要有挪威、韩国、中国等（日本已将其老旧南极磷虾捕捞加工船转卖到韩国和中国）。其中挪威公司的生产技术最先进，磷虾原料的出粉率最高，单船产能也最大；韩国和日本一直在研究南极磷虾粉的加工方法，它们的生产运作模式更为经济有效，虽然技术可能不是最先进的，但不需要大量的投资。

我国参与南极磷虾粉海上加工生产的企业主要有辽宁省大连海洋渔业集团公司和上海开创远洋渔业有限公司。除引进的日本磷虾捕捞加工船外，我国自主安装的虾粉加工生产线主要是利用原有鱼粉加工线，出粉率低、经济效益差，生产 1 吨虾粉需鲜虾 10 ～ 14 吨，而日本和挪威采用的技术则仅需鲜虾 7 ～ 8 吨。其中磷虾粉生产废水中虾糜、蛋白等物质的回收利用技术应引起重视。

（四）南极磷虾油提取与精炼技术

国际上南极磷虾油生产技术处于领先水平的国家将其生产技术通过知识产权的形式保护起来，给其他国家开发南极磷虾油市场设置了障碍。加拿大海王星公司采用超低温专利萃取技术从南极磷虾中萃取并生产南极磷虾油，是磷虾油产品投放市场较早的公司。挪威的 Aker Biomarine 公司开展了船上磷虾油的提取和陆基磷虾油

① 残存的磷虾眼会在虾肉中形成小黑点，影响去壳虾肉的美观与价格。

精炼工作，产品已经在国际市场上取得较好的销售业绩，仅其磷虾油软胶囊产品的年度收益即由2011年的2.02亿挪威克朗上升至2012年的3.19亿挪威克朗，增幅达58%。目前，挪威、加拿大、美国等国家都开发了南极磷虾油产品，其产品已在我国市场销售。我国山东科芮尔生物制品有限公司、北京金晔生物工程有限公司等企业已开发出南极磷虾油产品，辽宁省大连海洋渔业集团公司等企业也处于产品上市过程中。

南极磷虾油与鱼油在组成上有较大差别，其磷脂含量高，水溶性较强，热稳定性差。传统的鱼油加工方法的高温蒸煮、压榨和离心分离过程不适用于南极磷虾虾油的加工。南极磷虾加工一般采用溶剂萃取法提取南极磷虾油，但存在溶剂残留及溶剂使用安全问题，应引起重视。

南极磷虾油是非常有市场前景的高值化南极磷虾产品，国际市场的开发经验已证明南极磷虾油产品是能够促进南极磷虾开发产业成功实现商业化运行的主要产品之一。我国急需开发出具有自身特色的南极磷虾油绿色加工和制备技术，注重超临界萃取分离等先进技术的应用，开发南极磷虾油无溶剂提取技术，生产富含磷脂型EPA/DHA和虾青素的高品质南极磷虾油制品。

三、南极磷虾开发产业战略布局与发展重点

（一）南极磷虾开发产业战略布局

南极磷虾开发产业是面向蛋白质资源开发利用的基本需求，且具有广阔高附加值保健医药生物制品市场前景的战略性新兴产业。鉴于国际上以精深加工产品开发与高新技术运用为显著特点的新型产业已然形成，而国内相关产业刚刚起步这一现状，我国南极磷虾开发产业的发展应以国家需求和产业的快速壮大为导向，从政策引导与支持、技术研发与产业培育、资源可持续利用与产业可持续发展研究等各个层面予以积极推动。总体发展思路为：以海洋强国建设战略为指导，以提升深远海资源开发利用能力为目标，重点解决制约我国磷虾开发产业商业性发展的关键技术，提高产业核心竞争力；培育一批覆盖产业链各主要环节的、技术层次高的知名企业，发挥市场的规模化效应；建设若干针对产业各主要环节的技术研发和产业发展研究平台，保障产业的可持续发展。

（二）南极磷虾开发产业发展重点

1.提升南极磷虾捕捞技术与装备研发能力与制造水平

此处南极磷虾捕捞技术与装备是指一切与捕捞生产、海上加工以及海上研发有关的技术与装备。这是提升我国南极磷虾渔业国际竞争力的关键。相关技术装

备包括专业磷虾捕捞加工船、磷虾资源研究与产品研发和技术测试综合调查船、环境友好型高效捕捞技术与装备、磷虾去壳采肉及虾酱虾糜等磷虾食品加工技术与装备、磷虾粉环保节能高效加工技术与装备、磷虾油与磷虾蛋白及磷脂等高值产品海上提取与加工技术装备、各类海上磷虾制品的保质高效运输与储藏技术装备等。

2.积极培育南极磷虾食品加工业

南极磷虾产自洁净的南极海域，营养价值高且资源储量巨大，因此发展南极磷虾食品加工业既是丰富我国小康社会百姓餐桌和保障粮食安全的重要选项之一，亦是推动磷虾开发产业全面发展的重要一环。南极磷虾食品加工业在俄罗斯、日本以及乌克兰的发展已有三四十年的历史。我国应通过政策引导，积极培育磷虾食品加工业的发展。

3.大力推动南极磷虾养殖饲料的研发与产业化

与食品工业一样，养殖饲料加工业是拓展南极磷虾渔业的产品市场，促进南极磷虾资源大宗利用最直接的途径之一。南极磷虾作为高价值水产养殖饲料的原料，优势主要体现在其具有优良的蛋白质、多不饱和脂肪酸、虾青素等，具有优异的诱食、促生长和提高养殖动物免疫力的作用，在水产饲料中的应用越来越广泛，并发挥着不可比拟的优势。在我国大力发展水产养殖业，而水产饲料蛋白源严重短缺的形势下，大力推动以南极磷虾为原料的养殖饲料业的发展，已成为助力我国水产养殖业发展的有效手段之一。南极磷虾在日本养殖饲料中的应用已有很长的历史；近年来挪威已打造出以磷虾粉为配料的水产养殖及宠物饲料系列品牌产品。我国应奋起直追，并针对不同养殖品种以及同一养殖品种不同生长期，开展养殖饲料配方的研发并尽快付诸产业化。

4.进一步推动南极磷虾保健与医药制品的研发与产业化

南极磷虾油以及磷脂、蛋白浓缩制品等高附加值制品下游产业是南极磷虾开发的经济驱动点和产业发展引擎。目前我国已有多家生物技术公司和远洋渔业企业从事南极磷虾油的营销代理或产品研发，但总体而言尚处于起步阶段；而挪威、加拿大的业界知名公司的产品已在国际市场纷纷上市，并大有提前布局占领我国市场之势。我国须进一步推动磷虾高值产品的研发，并积极推动其产业化发展。

5.尽快建立南极磷虾产品质量标准体系

南极磷虾开发利用作为一个新兴的产业，在我国刚刚起步，相关产品质量标准研究滞后。目前国内已有生产、销售南极磷虾产品的企业，但其质量监测都是根据各自的企业标准进行，评价标准不一致，不利于市场监管。因此，为规范生产与市场监管，推动产业快速、有序发展，应超前部署，尽快建立南极磷虾产品质量标准评价体系。

四、南极磷虾开发产业发展重点案例

（一）南极磷虾捕捞产业发展重点案例

事实上，在我国正式进入南极磷虾渔业之前，国内已有公司将鲜冻磷虾（俗称虾砖）和磷虾粉引进我国游钓饵料和水族饲料市场，如青岛福卡海洋生物科技有限公司。

2009年以来，我国南极磷虾开发产业从无到有，已逐步涉足南极磷虾捕捞、磷虾粉加工、水产养殖、磷虾油提取等多个层面，产业体系已在孕育之中，其中部分产业环节已取得可喜的突破。例如，在磷虾渔业方面，辽宁省大连海洋渔业集团公司和上海开创远洋渔业有限公司已连续四年赴南极作业，累计捕获磷虾近6万吨，并在磷虾粉加工方面积累了一定的经验。尤其是辽宁省大连海洋渔业集团公司于2012年下半年引进了日本一艘磷虾捕捞加工船，其2013年单船年产即达2.5万吨；并利用日本技术在磷虾粉出成率以及磷虾脱壳加工方面取得了突破。

（二）南极磷虾产品研发与加工产业发展重点案例

近年来涌现出数家从事南极磷虾产品研发与加工的生物技术企业，如山东科芮尔生物制品有限公司、北京金晔生物工程有限公司以及青岛银龄美海洋生物科技有限公司等。这些企业以敏锐的战略眼光投资于磷虾产品的研发与市场开拓，以期在南极磷虾开发产业中占据先导地位。以下介绍两个案例。

1.北京金晔生物工程有限公司

北京金晔生物工程有限公司始建于1991年，是一家集科研开发、生产经营为一体的高新技术企业。该公司2010年开始从事南极磷虾资源加工利用的探索与开发，建立了南极磷虾油生产基地，已开发生产出南极磷虾油、南极磷虾粉、南极磷虾蛋白肽等产品。

2.山东科芮尔生物制品有限公司

山东科芮尔生物制品有限公司成立于2007年，是一家集科研开发、生产经营为一体的综合性海洋生物制品企业，致力于南极磷虾的综合利用及相关衍生产品的技术开发和应用研究。

该公司是我国较早开展南极磷虾综合开发利用并具体实施的企业，公司产品已

有南极磷虾油、南极磷虾粉、生物活性蛋白肽等。公司与国内多家院校或科研单位签订了合作协议，共同成立了“南极磷虾技术研发中心”。公司申报的“南极磷虾综合利用与开发产业化”项目，被列入山东省政府第二批50个省级战略性新兴产业项目；“南极磷虾油软胶囊”开发项目被列入山东省第三批技术创新项目计划。

五、促进南极磷虾开发产业发展的政策建议

南极磷虾开发产业存在的问题与制约因素包括两个方面。

第一，海上捕捞与加工技术装备落后，渔情研究与产品研发滞后，产业自主核心竞争力亟待提高。我国的磷虾捕捞船主要是略经适航改造的远洋鱼类捕捞船，捕捞及加工技术装备与磷虾这一新的渔业对象不匹配；渔场、渔情研究几为空白，资源掌控能力弱，捕捞效能仅为原日本专业磷虾捕捞加工船的二分之一、挪威新型磷虾捕捞加工船的四分之一左右。船上加工仍处初级阶段，技术装备与生产工艺落后、产品种类少且处于价值链的低端，产业缺少高值产品支撑。目前虽已引进了日本的专业磷虾捕捞船，但船已老旧，且仍面临日方的技术封锁。产业自主核心竞争力亟待提高。

第二，南极磷虾产品的市场准入问题尚未解决，产业链的延伸与发展仍处在尴尬的灰色地带。目前南极磷虾油等高附加值磷虾产品尚未进入我国新资源食品目录，没有保健食品批准文号，也缺乏相关的国家或者行业标准，限制了相关产品的正常市场销售和产业的有序、快速发展。

为此，提出政策建议如下：首先，尽快制定产业培育与发展规划。从国家需求和经济社会效益两个方面统筹规划磷虾捕捞业、食品加工与养殖饲料等磷虾资源大宗利用产业以及磷虾油等高值新兴产业的发展规模和发展速度，指导我国南极磷虾开发产业的有序、协调发展。其次，尽快制定产业发展扶持政策。加强研发力量投入，加快技术装备改造升级步伐，提高产业自主核心竞争力；制定优惠扶持政策，引导、鼓励有实力的民营企业和民间资本进入南极磷虾开发产业，促进产业链的延伸与快速发展；尽快立项进行南极磷虾油的国家或行业标准制定工作，积极支持南极磷虾油产品列入国家食品新资源目录，从政策上支持我国南极磷虾加工产业的发展。

参考文献

[1] Everson I. Krill：Biology，Ecology，and Fisheries. Oxford：Blackwell Science，2000.

[2] 孙雷，周德庆，盛晓风 . 南极磷虾营养评价与安全性研究 . 海洋水产研究，2008，29（2）：57～64.

[3] 潘建明，张海生，刘小涯 . 南极磷虾富氟异常的原因及机理 . 海洋学报，1994，16（4）：120～125.

[4] 孔凡华，梁萌青，吴立新，等. 南极磷虾粉对大菱鲆生长、非特异性免疫及氟残留的影响. 渔业科学进展，2012，33（1）：54 ～ 60.

[5] 常青，秦帮勇，孔繁华，等. 南极磷虾在水产饲料中的应用. 动物营养学报，2013，25（2）：256 ～ 262.

[6] 楼乔明，王玉明，刘小芳，等. 南极磷虾脂肪酸组成及多不饱和脂肪酸质谱特征分析. 中国水产科学，2011，18（4）：929 ～ 935.

[7] CCAMLR. Statistical Bulletin，Vol.25. Hobart：CCAMLR Secretariat，2012.

[8] 苏学锋，冯迪娜. 南极磷虾产业开发特点及发展趋势. 食品研究与开发，2012，33（12）：214 ～ 217.

高端装备制造产业篇

第 15 章

民用航空产业

吴兴世　崔德刚　钱家祥　王建秋　伍大明

【内容提要】 在当前世界经济正在走出低谷、逐步向好的形势下，全世界各国都在寻求可持续经济增长、可持续创造就业的方法，民用航空产业已成为这一趋势的重要因素。在政策保护和经济扶持下，各国民用航空产业正在全力抓住机遇，开发新产品，拓展产品链，扩大满足市场需求的方位和层次，不断增加提供升级换代的产品和服务，提升技术能力，增强竞争力。近年来，我国民用航空产业进入快速发展时期，产业发展受到高度重视和广泛关注，国家将航空装备列入战略性新兴产业的重点方向，国民经济快速发展为民用航空工业发展提供广阔的市场空间，工业转型升级、创新能力和国际竞争力显著增强将为加快民用航空工业发展提供良好的科技和工业基础。民用航空产业科研生产水平跃上了一个新台阶。干线飞机、支线飞机、通用飞机、直升机等重点产品研制稳步推进，一批新产品开始批量进入国内外市场。

15.1　国际民用航空产业发展趋势

当前，国际民用航空界普遍预测随着全球经济的逐步好转，新飞机需求量呈上升趋势。例如，空中客车公司于 2012 年 9 月 4 日在英国伦敦发布最新全球民用航空市场预测：在今后 20 年时间里，全球航空客运周转量将以平均每年 4.7% 的速度增长。2012～2031年，全球市场对新增客机和货机的需求量将达到28 200架，总价值将近4万亿美元。其中客机（100座以上）27 350架，总价值达到3.7万亿美元。在这段时间里，将有10 350架老旧客机退役，被燃油效率更高的新机型所取代。到2031年，全球在役客机数量将从目前的15 550架增加到32 550架，增长109%。同时，全球在役货机数量将从目前的1 600架增加到3 000架。20年时间里，货机数量差不多翻一番。又如，美国航空周刊情报网预测，2013～2017年的5年间，全球商用飞机和支线飞机的产量将达到9 287架，总价值超过9 940亿美元。在市场需求的牵引下，波音公司、空中客车公司有望创下新的产量纪录。而其他几家飞机制造商也都在加速推进新机型，面对更多的市场挑战。

近年来，民用飞机的环保性正成为设计研制新一代飞机需要考虑的重点要素，欧盟于2008年2月正式启动“清洁天空联合技术创议”，其目标是到2020年，飞机的氮排放量减少80%，感觉噪声降低一半，碳排放量减少50%，以及在飞机制造业中推行绿色设计、绿色制造、绿色维修和绿色产品寿命周期的“绿色工程”概念。同时，以更低的成本获得比现在使用的飞机更多的经济效益的超高效的设计理念，在发展未来飞机时注重不同机型之间的通用性和注重发展系列化产品，满足客户的不同需要，建立客户对产品的忠诚度，降低培训与维修成本等，都是在研制和改进新的机型，提高市场竞争力，促进民用航空产业发展中引人关注的发展趋势。

加快推进在研飞机进入市场、改进现有机型满足客户要求已成为各企业的一致行动。空中客车公司为A350-900 2014年通过认证和投入使用而努力，并希望在2014年年底之前完成对空中客车A380机翼设计更改的取证，改进空中客车A350-1000的工作也在加紧。波音公司近年通过调整有望重新聚焦于其长期计划，发展波音777X衍生机型。波音787-9首飞及波音737MAX的最终设计冻结将在2013年。波音2013年面对的关键事项，是集中资源确保向MAX平稳过渡以及修正波音777X的产品研发策略。加拿大庞巴迪公司的C系列飞机的首飞从2012年年末推到了2013年年中。这一延期将其首个机型CS100的投入运营时间延迟至2014年年中，但业界普遍认为将看到庞巴迪公司C系列飞机的首飞。在研究了数年之后，巴西航空工业公司计划于2013年年初开始推介改进的E飞机“G2”系列，年底正式启动该家族的78-122座系列飞机，并暂定于2018年面世。

同时，主要航空企业都在加大产量以满足市场的需求。例如，空中客车将A320系列飞机的生产速率提高到每月42架，达到历史最高水平。波音已经在提高所有生产线的生产速率。自2011年年底以来，该公司已经将产能提升15%，在未来的18个月中，将进一步提升25%。

但风险与机遇同在，当前民用航空产业的发展仍面临一些困难，特别是各主要企业都面临着需要解决的技术与经济难题。例如，空中客车公司由于符合新生产标准的机翼不能很快推出，维修、持续改进和客户补偿所增加的成本，正在使空中客车A380项目更具风险。又如，波音公司面对如何集中资源确保向MAX平稳过渡、修正波音777X的产品研发策略和机载产品如供电锂电池等出现安全问题带来的风险。各企业都敏锐地意识到，如果计划中的生产提速和机型发展被供应链存在的问题和工程能力不足所影响，将导致潜在的“灾难”。

作为航空资源大国，我国民用航空产业近年来取得了重要进展。政府颁布了《国家中长期科学和技术发展规划纲要（2006—2020）》、《规划》和《民用航空工业中长期发展规划》等一系列政策支持产业的发展。MA600涡桨支线飞机、AC311、312、313等直升机、运十二通用飞机等开始批量进入国内外市场，C919大型客机、ARJ21涡扇支线飞机等重点产品研制稳步推进，民用飞机关键技术攻关取得重要进展，产业体系不断健全和完善。但我国民用航空产业发展尚处于成长阶段，产业基础和关键技术落后，适航能力不足，发动机、关键材料和元器件等仍然是制约发展的瓶颈。

15.2 大型客机领域的进展

大型客机领域主要介绍C919大型客机。

1. 概述

“C919”是大型客机（图15.1）“COMAC919”的简称。C919大型客机是我国拥有自主知识产权的中短程商用干线客机。C919飞机采用常规布局，每排六座多段圆弧机身、后掠下单翼、翼吊两台高涵道比涡轮风扇发动机，正常式尾翼及前三点可收放式起落架。C919飞机采用全权限电传操纵和先进的主动控制技术；采用低油耗、低噪声、低排放的先进涡轮风扇发动机。

图15.1 C919大型客机

与目前运营飞机比较，C919飞机在运营安全性、经济性、环保性和舒适性有较大幅度的提高，有较强的市场竞争力，同时将带动国内相关产业和学科发展。

C919 飞机的主要特点包括：①安全性——全面按照国际民航规章和适航标准开展设计研制并进行适航审定；②经济性——飞机燃油消耗、座公里直接使用成本比现有同类飞机低；③舒适性——采用加宽客舱和座椅的宽度、先进系统技术等手段来改善舒适性；④系列化——基本型、加长型、缩短型、货运型和公务机系列化发展。

2. 主要参数

C919 飞机标准航程型设计航程为 4 075 千米，增大航程型设计航程为 5 555 千米，可满足航空公司对不同航线的运营需求，以国内市场为切入点，兼顾国际市场。标准航程型飞机最大起飞重量 74.3 吨，增大航程型飞机最大起飞重量 78.9 吨。最大设计经济寿命为 90 000 飞行小时 /60 000 飞行循环，30 个日历年，以先到者为准。设计最大使用高度 12 131 米。翼吊两台 LEAP-1C 发动机。C919 飞机驾驶舱采用两人机组体制，大屏 LCD 显示器；客舱采用单通道布局，基本型全经济级布局为 168 座，混合级布局为 158 座，如图 15.2 所示。

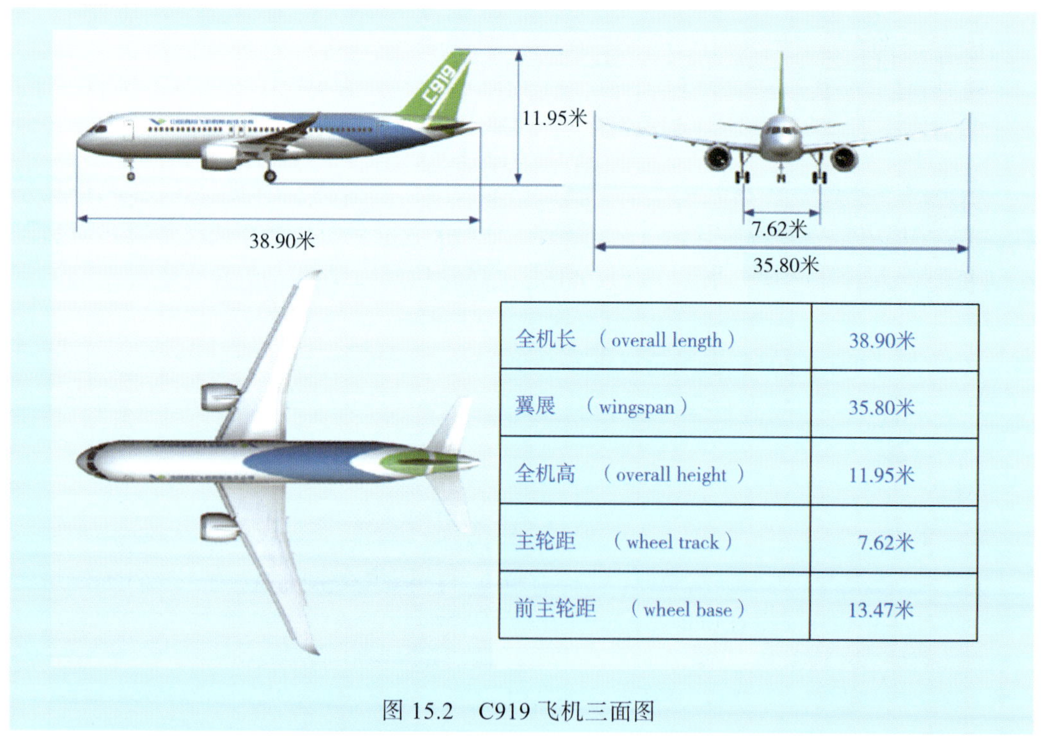

全机长 （overall length）	38.90米
翼展 （wingspan）	35.80米
全机高 （overall height）	11.95米
主轮距 （wheel track）	7.62米
前主轮距 （wheel base）	13.47米

图 15.2　C919 飞机三面图

3. 研制过程

2003 年 11 月，我国“大飞机项目论证组”开始调研和专家论证。2007 年 2 月 26 日，国务院常务会议原则批准了大型飞机研制重大科技专项正式立项。2008 年 5 月 11 日，中国商飞公司正式挂牌成立，成为实施国家大型飞机重大专项中大型客机

项目的主体。公司采用“主制造商—供应商”模式，“风险共担、利益共享”的合作机制，充分发挥国内现有资源，调动社会各种力量，开展大型客机项目研制工作。

1）根据市场定位，找准项目切入点，做好大型客机项目总体策划

按照大型飞机方案论证委员会的论证成果，通过对国际、国内民用飞机运输市场的现状、发展环境和发展预测和分析，提出了大型客机项目目标：提供具有世界先进水平的大型客机实现技术和商业成功；带动航空工业、相关产业和基础学科发展，形成民机产业。

2）组织开展项目联合论证工作，确定C919飞机基本总体技术方案

2008 年 7 月开始，公司按照“举全国之力，聚全国之智”的原则，组织了以上海飞机设计院为核心，全国 13 个省市，包括航空、航天、电子、冶金材料等行业以及高等院校等 47 家单位 468 位专家组成的联合工程队，集智攻关，开展联合论证工作；完成了飞机初步总体技术方案；对材料、发动机、机载系统和设备的国产化研制思路、途径开展专题论证，完成了《大型客机研制项目可行性研究报告》。

2009 年组织开展联合概念定义工作，同年 12 月，飞机基本总体技术方案通过了工信部组织的评审，项目正式转入初步设计阶段。

3）围绕“四性、三减”目标实现，扎实推进总体技术方案深化工作，项目完成国家级评审后转入工程发展阶段

飞机基本总体技术方案确定后，公司围绕实现总体技术方案确定的技术指标等开展了联合定义工作，对飞机总体技术方案等进行深化论证。确定了 C919 飞机高低速气动设计指标，组织开展了四轮六个阶段的超临界机翼设计分析，对气动布局进行分析。

2011 年 12 月 7 日至 9 日，工信部在上海组织召开了 C919 大型客机项目初步设计评审暨转阶段会议。评审专家委员会评审一致认为中国商飞公司开展的 C919 大型客机项目初步设计阶段研制工作完整、有效，飞机总体技术方案合理可行，可以进入详细设计阶段。

2013 年，综合考虑项目设计、制造、质量、经济性、适航审定等问题，进行产品详细设计、试制和试验等，并最终通过相关部门的审查，争取在 2015 年年底实现首飞，2017 年获得型号合格证，实现首架交付。

2017 年，项目将进入批生产和产业化阶段，将持续改进产品和服务，扩大市场份额。根据市场订单制定生产纲领，建立批生产管理模式和商务运行模式，完成批生产的能力建设，有效控制成本，确保准时交付，进而取得商业成功，建立满足批量生产发展需求的产品供应链，实现大型民用客机的产业化发展。

4. 市场运作情况

中国民机市场伴随着中国经济的快速发展不断繁荣，为满足航空旅客运输需求的增长和现役机队中 70% 客机的替换，未来 20 年，预计全球航空公司直接定购或租

赁的 50 座级以上新飞机为 30 230 架，价值约为 3.4 万亿美元。到 2029 年，现役机队中超过 2/3 的单通道喷气客机将需要被更新替换。此外，全球低成本航空公司的壮大，以及中国和亚洲其他航空市场的蓬勃发展将持续推动单通道客机交付。未来 20 年，预计全球将有 20 000 架单通道喷气客机交付运营，其中 69% 为 160 座级客机。

C919 飞机销售业绩良好，已取得订单 380 架，包括国际航空、东方航空、南方航空、海航集团、国银租赁、工银租赁、川航集团、交银租赁、中飞租赁、中银航空租赁、建信租赁、农银租赁、河北航空、幸福航空 15 家国内外客户。

15.3 支线飞机领域的进展

15.3.1 ARJ21 支线飞机简介

1. 概述

ARJ21（图 15.3）（即面向 21 世纪的先进涡扇支线飞机，advanced regional jet for the 21st century 的缩写），是我国自行研制的具有自主知识产权的 70-110 座级新型先进涡扇支线飞机系列。该系列飞机适应中国自然环境和运营特点，兼顾国际市场需求为设计要求，具备支线飞机中最宽敞的客舱剖面，每排五座。采用中等后掠超临界机翼、近距尾吊动力短舱和 T 型尾翼、前三点起落架布局。以专门为 ARJ21 改进发展的先进、成熟的高涵道比涡扇发动机最新型号为动力，采用先进、可靠的电控（control by wire）飞行控制系统。

图 15.3 ARJ21 支线飞机

ARJ21 飞机具备“四性一化”的特色以满足最广泛的市场需求：①适应性——适应以中国西部高原高温机场起降和复杂航路越障为目标的运营要求；②舒适性——支线飞机中的宽、静机身，为旅客提供与 150 座级干线客机同等的良好乘机环境；③经济性——全服务期成本和直接使用成本，尤以前者，低于竞争飞机；④共同性——与 150 座级单通道飞机的性能和使用特性相近，在飞行 / 维护人机界面以及操作程序方面尽可能保持一致；⑤系列化——基本型、加长型、缩短性、货运型、公务机型系列化发展。

ARJ21 系列飞机的客户服务以提高派遣可靠度和降低维修成本为目标，以缩短解决问题周期为重点，帮助客户确保机队飞行的安全性、可靠性和经济性，让客户盈利，让乘客满意。

2. 主要参数

ARJ21-700 飞机标准航程型满客航程为 2 225 千米，主要用于满足从中心城市向周边中小城市辐射型航线的使用要求；加大航程型满客航程为 3 704 千米，主要用于满足部分“点对点”的瘦长航线使用要求。标准航程型飞机最大起飞重量 40.5 吨，加大航程型飞机最大起飞重量 43.5 吨，最大设计经济寿命为 60 000 飞行小时或 60 000 次起落或 20 日历年，以先到者为准。最大使用高度 11 900 米，尾吊 2 台 CF34-10A 发动机，如图 15.4 所示。

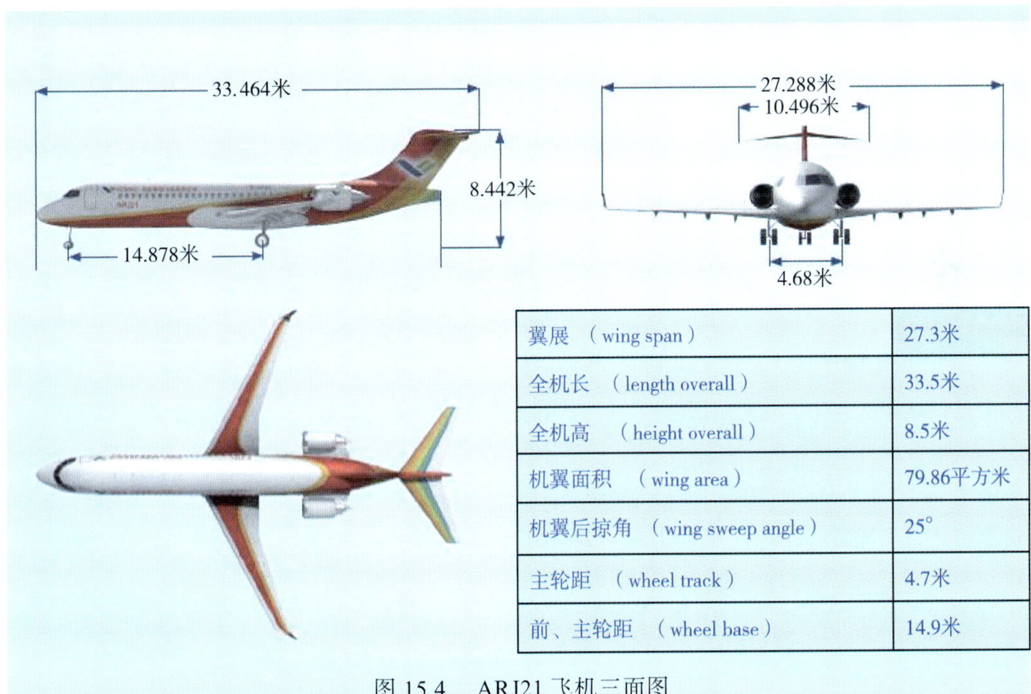

翼展　（wing span）	27.3米
全机长　（length overall）	33.5米
全机高　（height overall）	8.5米
机翼面积　（wing area）	79.86平方米
机翼后掠角　（wing sweep angle）	25°
主轮距　（wheel track）	4.7米
前、主轮距　（wheel base）	14.9米

图 15.4　ARJ21 飞机三面图

ARJ21-700 飞机驾驶舱采用两人制，LCD 平板显示并高度综合化；客舱采用单通道布局，基本型全经济级布局 90 座，混合级布局 78 座，豪华经济舱布局 68 座。

ARJ21-700 飞机航电系统采用总线技术、飞行控制系统为电信号控制、液压或机电作动的电飞行控制系统，并采用国际成熟的先进技术。采用较大后掠角的超临界机翼和一体化设计的翼梢小翼以获得较高的巡航升阻比，从而降低巡航阻力、改善使用经济性。次要结构采用复合材料以降低结构重量。

3. 研制过程

ARJ21 飞机项目的研制过程主要包括可行性研究、预发展、工程发展和批生产四个阶段，ARJ21 飞机项目研制阶段划分如图 15.5 所示。

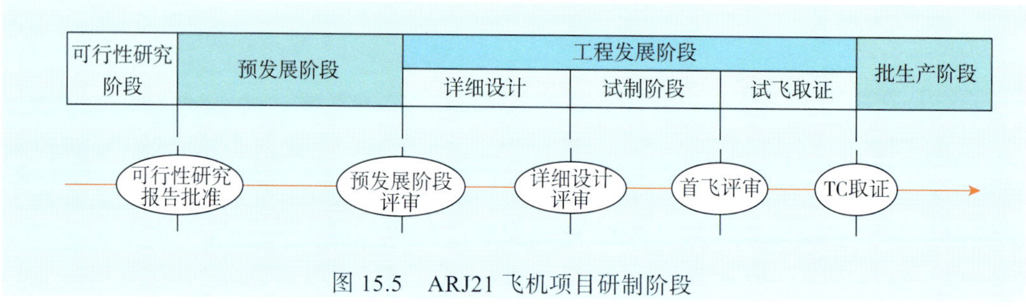

图 15.5 ARJ21 飞机项目研制阶段

ARJ21-700 飞机是 ARJ21 系列飞机的基本型，已经完成了可行性研究阶段、预发展阶段、工程发展阶段中详细设计阶段及试制阶段的工作。目前，正处于试飞取证阶段，开展大强度试验试飞验证工作及飞机交付前各项准备工作。

2003 年 1 月，国防科学技术工业委员会（以下简称国防科工委）批复同意 ARJ21 飞机项目可行性研究报告；2005 年 5 月，国务院批准了可行性研究报告；2003 年 11 月，国防科工委组织在上海进行了 ARJ21-700 飞机预发展阶段评审，项目转入工程发展阶段；2006 年 5 月，国防科工委在北京召开 ARJ21-700 飞机由详细设计阶段转入全面试制阶段评审汇报会，批准 ARJ21-700 飞机转入全面试制阶段；2007 年 12 月 21 日，ARJ21-700 飞机 101 架机完成总装；2008 年 11 月，由工信部组织 ARJ21-700 飞机首飞技术评审；2008 年 11 月 28 日，ARJ21-700 飞机 101 架机首飞；2008 年 12 月 18 日，ARJ21-700 飞机转入试飞取证阶段；2009 年 7 月～2010 年 4 月，ARJ21-700 飞机 102～104 架机先后实现首飞，并陆续转场阎良；2009 年 4 月，ARJ21-700 飞机预投产框架协议签署，正式进入预投产；2012 年 2 月 14 日，审查组签发了 ARJ21-700 飞机四架试飞飞机的型号检查核准书，标志着型号合格审定工作进入中国民用航空局验证试飞阶段。

ARJ21-700 飞机取证交付计划为：2014 年 9 月完成所有试飞，2014 年 12 月取得中国民用航空局型号合格证，实现首架交付，力争 2016 年 12 月取得美国联邦航空管理局型号合格证。

4. 市场运作情况

中国民机市场伴随着中国经济的快速发展不断繁荣，为满足航空旅客运输需求的增长和现役机队中 70% 客机的替换，未来 20 年，预计全球航空公司直接定购或租赁的 50 座级以上新飞机为 30 230 架，价值约为 3.4 万亿美元。到 2029 年，现役机队中超过 2/3 的单通道喷气客机将需要被更新替换。此外，全球低成本航空公司的壮大，以及中国和亚洲其他航空市场的蓬勃发展将持续推动单通道客机交付。

目前，ARJ21 飞机订单 252 架，包括中国山东航空、国银租赁、上海航空、厦门航空、上海电气租赁、幸福航空、成都航空、中国科学院电子所、河北航空和美国 GE 航空金融服务有限公司、老挝航空公司、缅甸航空公司等国内外客户。

15.3.2　MA600 / MA600F 简介

1. 概述

MA600（新舟 600）飞机（图 15.6）是为满足市场对涡桨支线飞机的需求，提升飞机的整体水平，在成功的 MA60（新舟 60）基础上进一步提高飞机的可靠性、维修性和舒适性水平而研发的 MA 系列最新改进型飞机。在 MA60 已交付国内外用户 85 架的基础上，根据使用用户的建议和潜在用户的需求，中航工业西飞针对 MA60 飞机的疲劳寿命较低，电子设备相对落后，舒适性、可靠性、维修性水平较低等问题，进行了总体布置、结构、航电、内装饰和设施四个方面的改进设计工作。改进后的 MA60 飞机命名为 MA600 飞机。

图 15.6　MA600 涡桨支线飞机

MA600 飞机在使用寿命、舒适性、可靠性、维修性等方面上了一个新台阶。结构设计服役寿命为 30 000 飞行小时，经济修理寿命为 60 000 飞行小时；内部布置合理、舒适，装饰实用、美观，在整体重量没有增加，客舱结构没有改变的前提下，客舱整体噪声环境明显改善，MA600 飞机客舱内主要噪声区域（螺旋桨平面区域）的噪声水平由 88.5 分贝降低到 82.6 分贝，降低了 5.9 分贝，客舱平均声压级由 85.18 分贝降低到 82.5 分贝，降低了 2.54 分贝；可靠性指标大幅提高，技术签派率高于 98%；维修成本降低了 10.28%。

随着 MA60 与 MA600 飞机国际市场的开拓，在客机销售持续保持稳步增长的同时，越来越多的用户表达了购买货机型的愿望。在中航工业西飞与中航技公司共同开展的市场促销活动中，不断有国内外客户提出货运型飞机需求。

MA600F飞机货机是在MA600飞机基础上改型设计，取消旅客服务设施，保留MA600飞机的主要机载设备，新设计货机货舱、货舱货物传输和限位系统、拦阻网和货舱门，对与货机相关其他系统进行改进，新研相关机载设备。货舱满足《中国民用航空规章》CCAR-25R3对E级货舱的要求，能够装载7个LD2、5个LD3集装箱或5个88英寸×53英寸、88英寸×61.5英寸集装板。

2. 详细产品参数

1）MA600

（1）主要几何数据：飞机长度为24.708米；停机高度（自由状态）为8.858米；翼展为29.200米；主轮距为7.900米；前主轮距为9.564米；机身最大宽度为2.900米；客舱宽度为2.690米；客舱长度为11.7米；客舱高度为1.890米；登机门为0.76米×1.58米；前服务门为0.61米×1.22米；后服务门为0.61米×1.22米；后货舱门为1.20米×1.22米驾驶舱应急出口为0.50米×0.51米，如图15.7所示。

（2）主要重量、重心数据：最大滑行重量为21 900千克；最大起飞重量为21 800千克；最大着陆重量为21 600千克；最大商载重量为5 500千克；最大燃油重量为4 030千克；前货柜装载重量为420千克。

（3）主要性能数据。

起飞距离（按照CCAR25部要求考虑单发情况，最大起飞重量）：海平面，标准大气条件，为1 705米。需用着陆场长（最大着陆重量）：海平面，1 460米。单发净升限为3 825米；最大使用高度为7 620米。最大巡航速度为460千米/小时。

2）MA600F

（1）主要几何数据：货舱最大宽度为2.77米；货舱最大高度为1.91米；货舱最大截面积为4.44平方米；货舱最大容积为74立方米，如图15.8所示。

（2）主要重量、重心数据：最大起飞重量为21 800千克；最大着陆重量为21 600千克；最大商载重量为6 100千克；制造空机重量为13 430千克；使用空机重量为13 590千克。

（3）主要性能数据。

起飞距离（按照CCAR25部要求考虑单发情况，最大起飞重量）：海平面，1 705米。需用着陆场长（最大着陆重量）：海平面，1 460米。单发净升限为3 825米；最大使用高度为7 620米。最大巡航速度为446千米/小时。

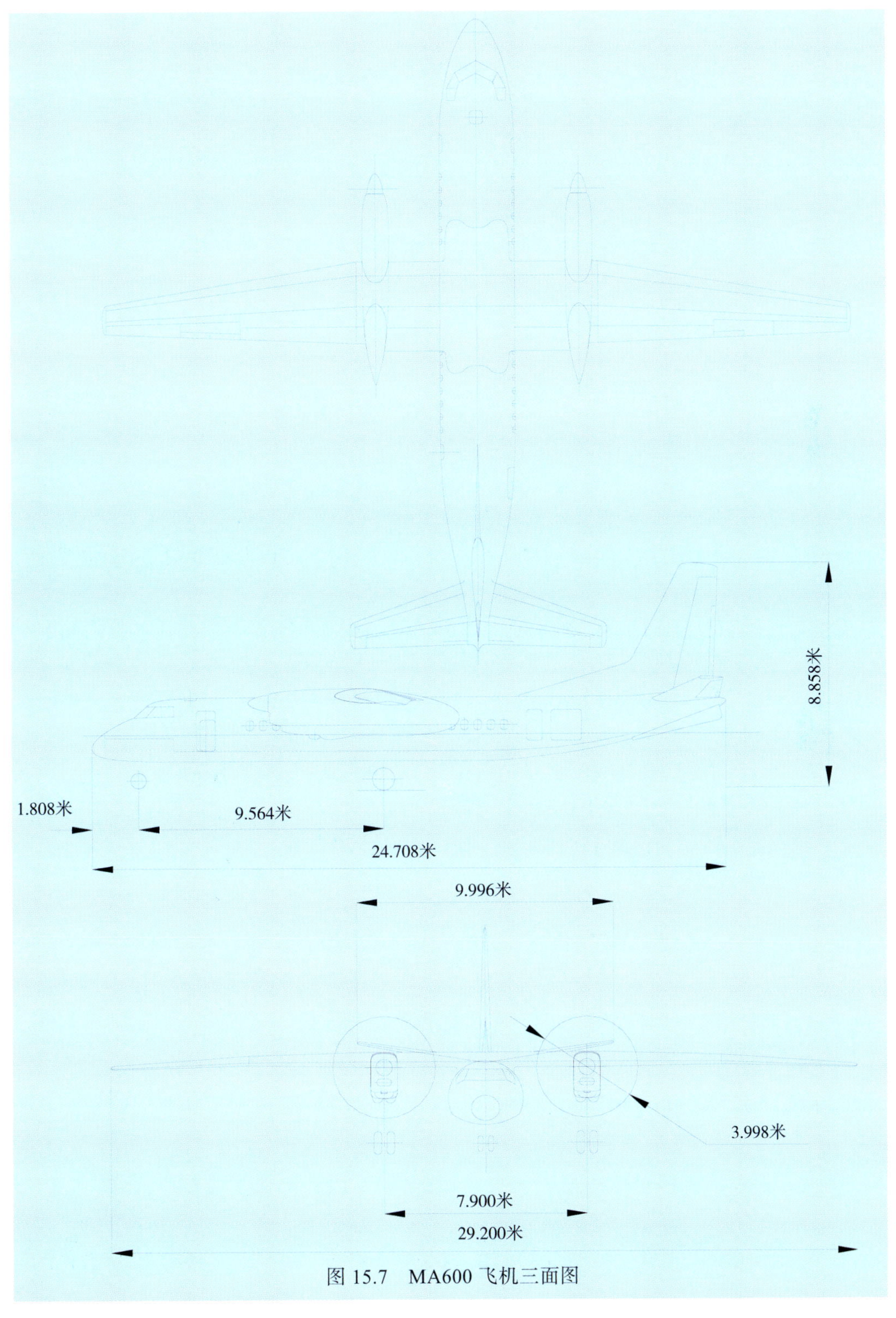

图 15.7　MA600 飞机三面图

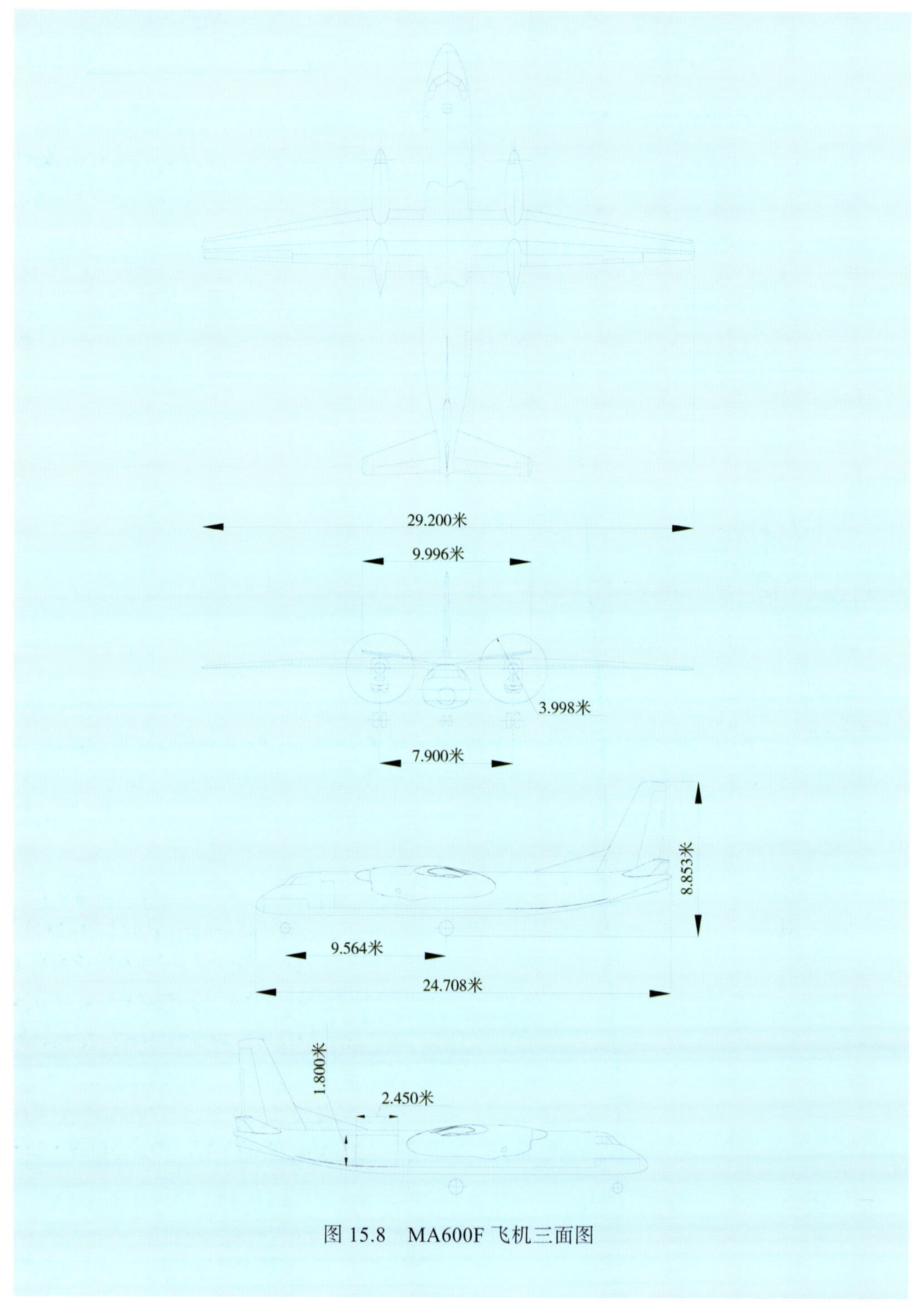

图 15.8 MA600F 飞机三面图

3. 主要研制过程

1）MA600

2005 年 8 月申请改进项目立项，2006 年 4 月国防科工委以科工计〔2006〕328 号《国防科工委关于航空一七二厂新舟 60 飞机改进型研制项目建议书的批复》批复了项目建议书。2008 年 3 月，国防科工委以科工三司〔2008〕363 号《国防科工委关于新舟 60 飞机改进型研制项目可行性研究报告的批复》批复了可行性研究报告。

MA600 飞机于 2008 年 10 月首飞，2010 年 5 月取得型号合格证，2010 年 12 月取得生产许可证，2010 年 12 月 17 日首架机交付用户。

2）MA600F

2007 年 6 月，中航工业西飞通过阎良国家航空高技术产业基地向国家发改委申报 MA600 货运型研制项目，2008 年 1 月 28 日，国家发改委以发改办〔2008〕258 号《国家发改委办公厅关于西安阎良国家航空高技术产业基地高技术产业化项目的复函》批复了该项目。

MA600F 于 2012 年 10 月完成首架验证机首飞；2013 年 5 月完成适航验证飞行试验和功能可靠性试飞，预计 2013 年 12 月交付首家用户。

4. 市场预测

涡桨支线飞机由于燃油消耗率低、机场和航线适应性强，对环境影响较小等技术优势，一直以来都是民用航空飞行器的重要组成部分，1979 年全球在役涡桨飞机约 3 250 架，1991 年市场拥有量达到峰值，超过 5 300 架。随后，其机队数量开始下降，2000 年中期后基本稳定在 4 000 架左右。

国内外飞机制造商和专业机构对涡桨支线飞机市场均保持着较为乐观的预测，虽然对 30 ～ 60 座涡桨飞机市场有一定分歧，但对 60 座以上涡桨飞机未来市场走势的看法基本一致。这也说明各飞机制造商及专业机构认同未来市场向大座级发展的趋势。预计未来 20 年，60 座以下涡桨支线飞机市场份额将稳定在 400 ～ 700 架，61 ～ 99 座涡桨支线飞机市场需求将大幅增加，预测为 1 785 ～ 2 400 架。

通过市场调研及分析，并结合各家预测结果，预计未来 20 年全球将新增涡桨支线飞机 2 900 架。其中，30 ～ 60 座涡桨飞机占 15%，61 ～ 99 座占 85%，如图 15.9 所示。

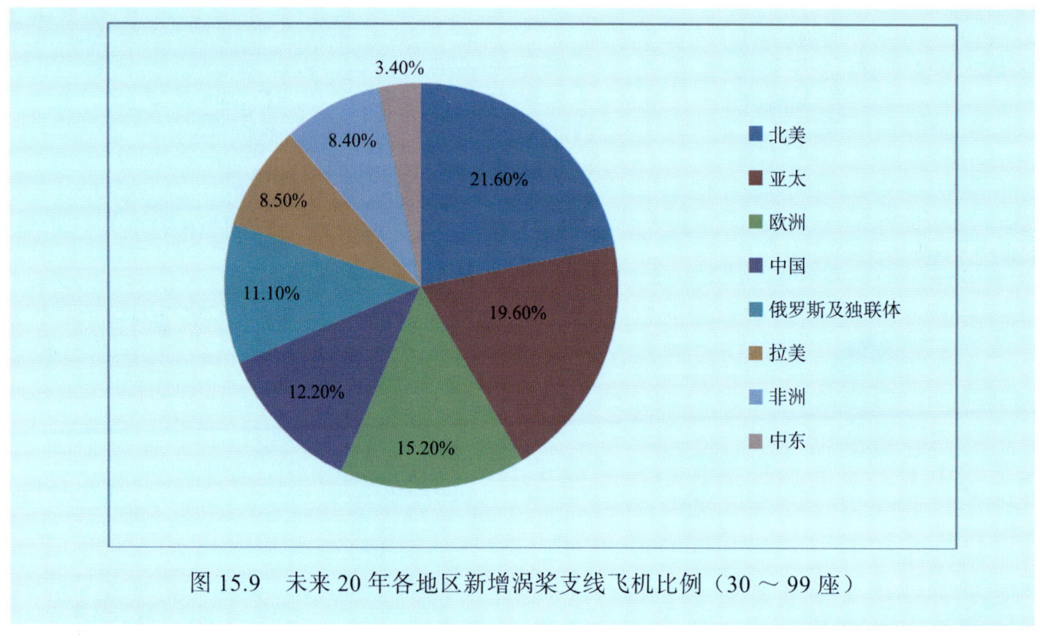

图 15.9　未来 20 年各地区新增涡桨支线飞机比例（30 ～ 99 座）

目前，MA 系列飞机已获得 196 架订单，未来 20 年，MA 系列飞机在全球涡桨飞机市场目标分享量可望占据总量的 33%。

15.4　通用飞机领域的进展

通用飞机领域主要介绍运 12F 型飞机。

1. 型号概述

运 12F（图 15.10）是我国最成功的通用飞机运 -12 系列的最新发展型。运 -12 系列飞机是我国取得美国 FAR23 部型号合格证的唯一系列机型，被广泛用于客货运输、农林、航摄、物探、海监、跳伞、空投等多种领域，目前已销售 170 余架。

运 12F 飞机采用上单翼，单垂尾低平尾布局和全金属长桁隔框式半硬壳结构，非增压座舱，机体结构采用损伤容限设计，客舱空间能够容纳 3 个标准 LD3 集装箱，目前该型机处于适航试飞阶段。运 12F 机体结构采用损伤容限设计，机翼改为悬臂梁式结构以减小气动阻力，可用可收放式前三点起落架，采用基于综合航电系统的综合显示玻璃座舱，增加前轮转弯功能，安装较运 12E 型机更大功率（1.5 倍）的发动机及配套更低噪音螺旋桨，同级飞机最大客舱空间容纳 3 个标准 LD3 集装箱。

图 15.10 运 12F 型飞机

2. 主要参数

运 12F 主要参数如表 15.1 和图 15.11 所示。

表 15.1 运 12F 主要参数

项目		参数
外形及内舱参数	翼展 / 米	19.888
	飞机全高 / 米	5.922
	飞机全长 / 米	16.470
	机翼面积 / 平方米	39.5
	展弦比	10.02
	主轮距 / 米	3.200
	前主轮距 / 米	5.750
	客舱长度 / 米	7.300
	客舱最大宽度 / 米	1.900
	客舱最大高度 / 米	1.800
	货舱门尺寸 / 米	2.32×1.738
	客舱容积 / 立方米	24.7
重量参数	最大停机重量 / 千克	8 450
	最大起飞重量 / 千克	8 400
	最大着陆重量 / 千克	8 000
	最大商载 / 千克	3 000
	最大零油重量 / 千克	7 750
	最大可用燃油 / 千克	2 500

续表

项目		参数
飞行性能参数	最大平飞速度 /（千米 / 小时）	475
	经济巡航速度 /（千米 / 小时）	370
	远程速度 /（千米 / 小时）	390
	双发爬升率 /（米 / 秒）	10.3
	单发爬升率 /（米 / 秒）	2.9
	双发升限 / 米	7 000
	单发使用升限 / 米	6 300
	起飞滑跑距离 / 米	540
外形及内舱参数	着陆滑跑距离 / 米	415
	满油最大航程（货型）/ 千米	2 630
	满油最大航时（货型）/ 小时	6.87
	满客航程 / 千米	1 300
	满载最大航程（货型）/ 千米	774

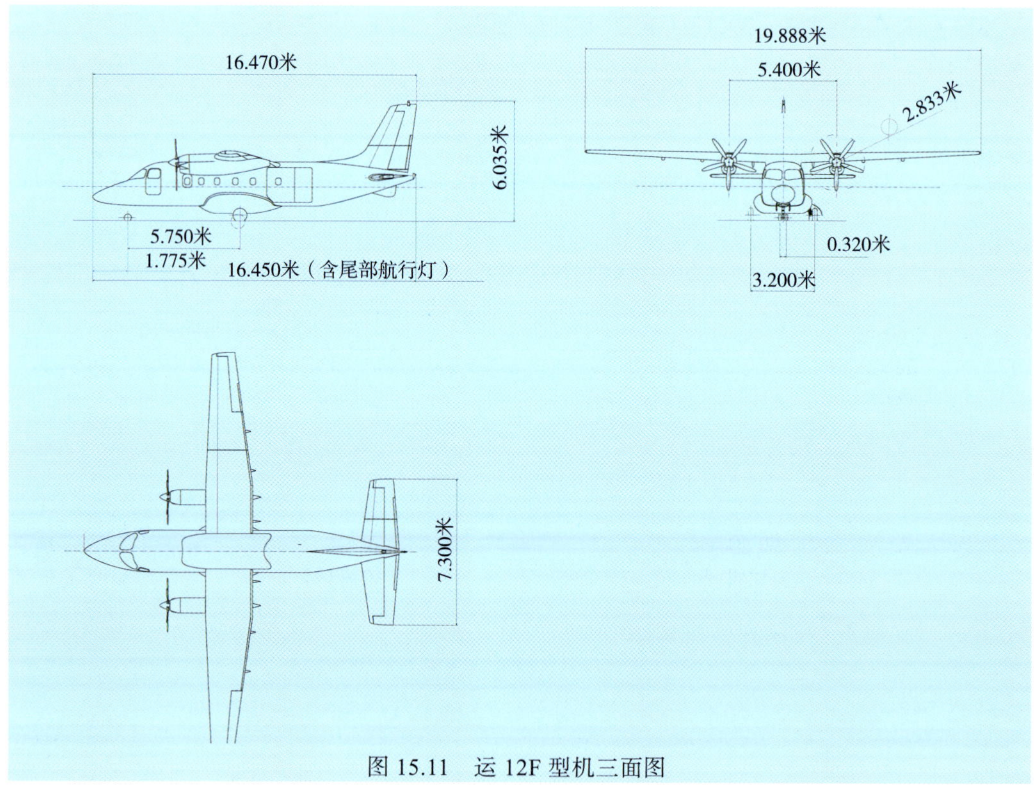

图 15.11　运 12F 型机三面图

3. 研制进程

21 世纪初，中航工业哈飞在综合国内外市场需求及用户调研的基础上提出研制新一代的双发涡桨通勤类飞机，2004 年 Y12F 型机项目开展论证及方案设计工作，2005 年 10 月获得国防科工委和财务部的立项批复，2006 年 12 月获得国防科工委的可研批复。

在设计过程中，运 12F 型飞机采用最新适航规范，广泛应用了航空领域已有的成熟新技术，成功应用损伤容限技术、计算流体动力学技术、冰风洞技术、高集成度的综合航电系统；大量采用复合材料；研制并成功应用液压包技术。

在适航验证过程中，运 12F 型飞机作为第一型采用损伤容限设计的 23 部通勤类飞机，完成了飞机损伤容限设计规范、损伤容限设计方法、载荷谱研发规范和损伤容限验证计划等重要的顶层设计文件的编制，确定了损伤容限分析及“积木式”试验方法，形成了一套适用于通勤类飞机的损伤容限适航验证方法，对国内外通用飞机损伤容限技术的发展具有重要意义；在复合材料适航方面，运 12F 型飞机编制完成了复合材料材料规范体系，掌握了复合材料适航验证流程，发展了“积木式”适航验证方法，填补了国内在该项技术领域的空白，提升了我国在此方面的技术水平，其设计方法及适航验证方法得到了中国民用航空局及美国联邦航空管理局认可。在结冰适航方面，为解决相关技术难题，运 12F 型飞机在美国的结冰风洞中开展了为期两周的试验，其试验结果得到中国民用航空局及美国联邦航空管理局认可，对运 12F 型飞机临界冰形确认以及后续带模拟冰形干空气风洞试验、带模拟冰形的干空气适航试飞验证和自然结冰适航试飞验证具有重要意义，这次试验也是中国通用飞机进行的首次冰风洞试验，对于中国通用飞机也具有重要意义。

运 12F 型飞机于 2007 年 1 月运 12F 型机通过初步设计评审，2007 年 12 月通过详细设计评审，2010 年 12 月 29 日首架飞行试验原型机成功首飞，2012 年 8 月 11 日第 2 架机成功首飞，2012 年 3 月完成全机 100% 静力试验，2012 年 11 月正式开始疲劳试验，到目前为止，项目已完成调整试飞工作，正在进行取证试飞，并计划于 2013 年年底取得中国民用航空局型号合格证，2014 年 6 月取得美国联邦航空管理局型号合格证。

4. 市场运作情况

运 12F 型飞机自研制以来，受到国内外用户的广泛关注，2010 年以前在国内已签署 25 架意向订单，并与非洲、中东等国家地区达成了 30 架份的意向订单，随着飞机首飞及在 2011 年迪拜航展、2012 年珠海航展（进行了飞行表演）的表现，其影响力进一步扩大，2012 年中国海警部门采购一架运 12F 型飞机，该机计划在 2013 年年底正式交付；美国阿兹特克航空公司在 2012 年洽谈运 -12E 飞机合同时对运 12F 型飞机提出购买意向，计划后续采购约 20 架机；俄罗斯联邦租赁公司提出 2015 年起每年 40 架机的购买意向；加拿大航空工业公司与中航工业哈飞签订战略合作协议，计划每年采购 8 架运 -12 系列飞机（含运 -12F 飞机），其目标是作为运 -12F 飞机第一个国外发起用户。

随着国内通用航空的飞速发展和政府支持政策的陆续出台，海警、物探等各领域对运 12F 型飞机的需求十分迫切，而在国外亚非拉等原运 12 系列机用户及欧美一项国家的航空公司均提出近期内购买的意向，运 12F 型飞机的市场前景十分看好。

15.5 直升机领域的进展

15.5.1 AC311 直升机简介

1. 概述

AC311 直升机（图 15.12）是我国自行研制的直 -11 直升机基础上的最新民用改进型，为新一代单旋翼带尾桨型式 2 吨级轻型单发多用途直升机。

图 15.12 AC311 直升机

AC311 直升机采用国际先进直升机设计理念，采用数字化手段，设计了水滴形气动外形，有效减小气动阻力；机身选用国产化复合材料；采用全复合材料球柔性旋翼系统；可选装多种先进发动机；配装先进的综合航电系统和高清电子地图系统；内部系统模块化设计，有效保证产品的互换性，缩短换装和维护时间；舱内装饰高吸音系数和低导热系数的隔音层，以降低舱内噪音，减少热量传递，提高乘坐舒适度。使用维护方便、快捷，体现安全性、经济性、舒适性、环保性。

该机按照中国民航适航标准 CCAR-27R1《正常类旋翼航空器》进行适航审定，最小机组为 1 人，最大起飞重量为 2 200 千克，可乘坐 6 人，升限可达 6 000 米。可广泛应用于边防巡逻、公安执法、抢险救灾、紧急救护、打捞救生、网线巡检、线路勘探、交通运输、行政公务、空中观光、海上运输、空中指挥、森林灭火、航空拍摄、新闻采访等通用航空服务。

2. 主要参数

1）主要几何尺寸

（1）机身：直升机全长为 13.083 米；机身长为 10.992 米；直升机机身宽度为

1.828 米；直升机全高为 3.380 米；机身离地最低高度为 0.514 米；尾橇离地高度为 0.709 米，如图 15.13 所示。

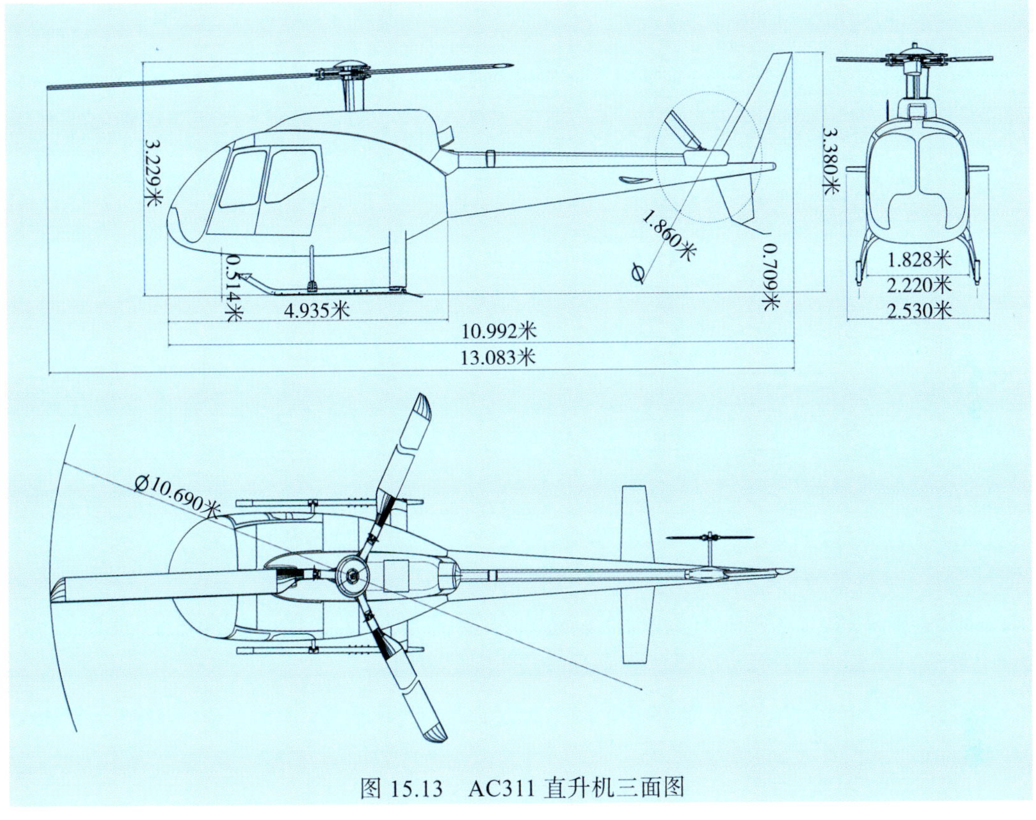

图 15.13　AC311 直升机三面图

（2）旋翼：旋翼桨叶数为 3 片；旋翼直径为 10.690 米；旋翼旋转方向为俯视顺时针；额定旋翼转速为 386 圈 / 分钟。

（3）尾桨：尾桨叶数为 2 片；直径为 1.860 米；尾桨旋转方向为底朝前；额定尾桨转速为 2043 圈 / 分钟。

（4）起落架：橇距为 2.200 米。

2）直升机座舱和行李舱尺寸

（1）左驾驶舱门：最大宽度为 0.868 米；最大高度为 1.237 米；面积为 0.960 平方米。滑动客舱门：最大宽度为 0.968 米；最大高度为 1.292 米；面积为 1.205 平方米。

（2）右驾驶舱门：最大宽度为 1.190 米；最大高度为 1.237 米；面积为 1.355 平方米。右客舱门：最大宽度为 0.646 米；最大高度为 1.292 米；面积为 0.756 平方米。

（3）左、右行李舱门：最大宽度为 1.410 米；最大高度为 0.725 米。后行李舱门：最大宽度为 0.502 米；最大高度为 0.557 米。

（4）座舱：最大长度为 2.356 米；最大宽度为 1.674 米；最大高度为 1.358 米。

3）飞行性能

AC311 直升机的飞行性能如表 15.2 所示。

表 15.2　AC311 直升机飞行性能（海平面、标准大气）

项目	性能值
起飞重量 / 千克	2 200
总油量 / 千克	423
最大巡航速度 /（千米 / 小时）	236
最大爬升率 /（米 / 秒）	8.0
航程 / 千米	590
续航时间 / 小时	3.7
使用升限 / 米	4 700
无地效静升限 / 米	2 250
有地效静升限 / 米	2 950

3. 研制过程

2009 年 4 月，AC311 直升机经中航直升机公司批准立项，同年 5 月开始研制，2010 年 11 月 8 日首飞，2010 年在珠海航展正式亮相。

AC311 直升机按照适航要求，2011 年 5 月开始取证试飞，至 2012 年 4 月结束，历时一年，共飞行 632 架次 269 小时 4 分，期间还赴青藏高原和内蒙古海拉尔地区进行高原和高寒试飞，圆满完成了适航规定的各项试验、试飞及适航取证的各项工作。2012 年 5 月取得中国民用航空局型号合格证，2012 年 10 月通过德国 AEG（Allgemeine Elektricitäts-Gesellschaft）公司评审。

4. 市场运作

目前，AC311 直升机已签订订单 12 架，意向订单超过 72 架，市场前景广阔。2013 年 6 月底，完成首批 3 架机的交付，相继投入市场运营，年内将完成第二批产品的生产交付。

随着我国国民经济持续快速发展和低空试点开放，民用直升机必将在我国国民经济建设中发挥越来越大的作用，民用直升机需求量也会越来越大。按照中国民航“十二五”规划，到 2020 年中国民用直升机机队规模将突破 1 000 架，预计 2 吨级轻型单发直升机将达到 350 ～ 400 架。

15.5.2　AC312 系列直升机简介

1. 概述

AC312 系列直升机（图 15.14）是哈飞航空工业股份有限公司设计制造的单旋

翼、涵道尾桨构型中型双发多用途直升机，已取得CCAR29部A类型号合格证。AC312采用两台南方动力公司生产的WZ-8F发动机（每台发动机的最大应急功率为596千瓦）或法国透博梅卡公司生产的ARRIEL 2C发动机（每台发动机的最大应急功率为718千瓦），最大起飞重量4 100（WZ-8F发动机）/4 250（ARRIEL 2C发动机）千克，最小飞行机组1人，最大客座量13人，具有昼夜及复杂气象条件下飞行能力。

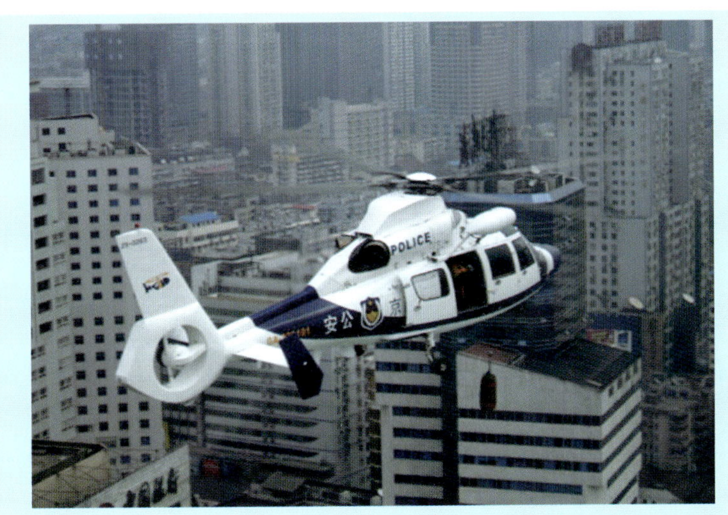

图 15.14　AC312 直升机

2. 主要参数

AC312直升机的各主要参数见表15.3和图15.15。

表 15.3　AC312 系列直升机主要技术参数

项目		AC312 技术参数	AC312A 技术参数
总体尺寸	主旋翼直径 / 米	12.00	11.94
	总长度（旋翼旋转）/ 米	13.72	13.68
	垂尾顶端离地高度 / 米	3.97	3.97
	桨毂离地高度 / 米	3.49	3.49
	机身长度 / 米	12.04	12.04
	机身宽度 / 米	2.03	2.03
	桨叶折叠时宽度 / 米	3.21	3.21
	横向轮距 / 米	1.90	1.90
	纵向轮距 / 米	3.64	3.64
	机身离地面高度 / 米	0.40	0.40

续表

项目		AC312 技术参数	AC312A 技术参数
座舱	最大长度 / 米	2.30	2.30
	最大宽度 / 米	1.92	1.92
	最大高度 / 米	1.40	1.40
	有效面积 / 平方米	4.20	4.20
	有效容积 / 立方米	5.00	5.00
行李舱	长度 / 米	2.00	2.00
	前部宽 / 米	1.70	1.70
	后部宽 / 米	1.10	1.10
	前部高 / 米	1.10	1.10
	后部高 / 米	0.75	0.75
	有效面积 / 平方米	2.25	2.25
	有效容积 / 立方米	1.60	1.60
舱门	驾驶员舱门宽度 / 米	0.90	0.90
	驾驶员舱门高度 / 米	1.16	1.16
	中舱门宽度 / 米	0.90	0.90
	中舱门高度 / 米	1.16	1.16
	滑动舱门宽度 / 米	1.27	1.27
	滑动舱门高度 / 米	1.16	1.16
	行李舱门宽度 / 米	0.73	0.73
	行李舱门高度 / 米	0.51	0.51
重量	标准空机重量 / 千克	2 405	2 200
	最大起飞重量 / 千克	4 250	4 100
性能参数	最大起飞重量 / 千克	4 250	4 100
	不可逾越速度 /（千米 / 小时）	280	280
	最大巡航速度 /（千米 / 小时）	280	280
	平均远航速度 /（千米 / 小时）	263	240
	航程（标准油箱）/ 千米	742	704
	续航时间（标准油箱）/ 小时	3.84	3.72
	有地效悬停升限 / 米	2 776	2 455
	无地效悬停升限 / 米	1 624	1 583
	双发最大爬升率 /（米 / 秒）	6.93	7.5
	单发最大爬升率 /（米 / 秒）	2.44	2.0

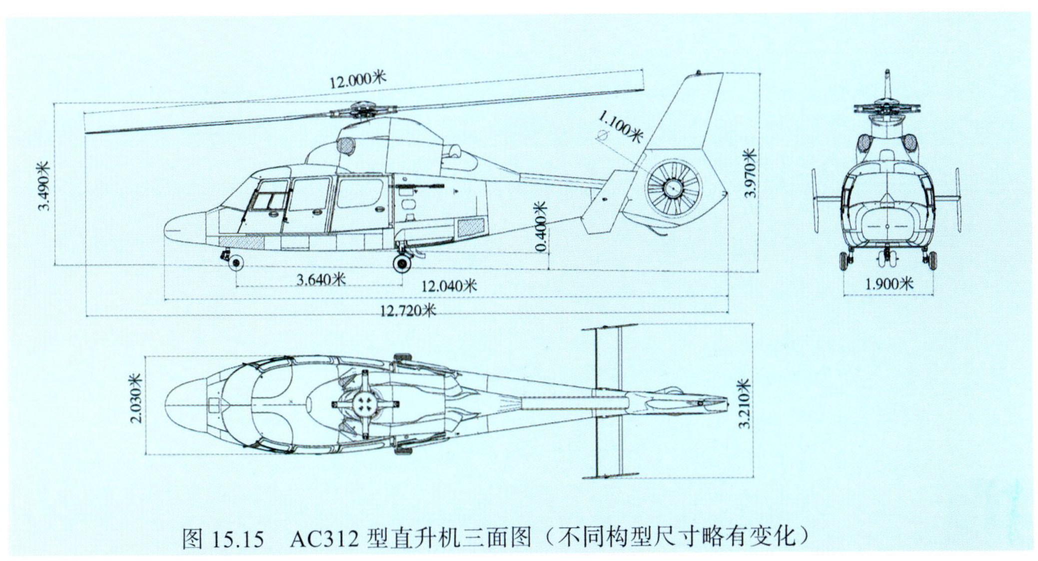

图 15.15 AC312 型直升机三面图（不同构型尺寸略有变化）

3. 研制过程

根据国内外市场需求，同时为了推动我国民用直升机产业的升级换代，经过多年的论证分析和背景预研工作，并借鉴法国 SA365N2/N3 的成功改型先例，我国决定设计开发一代具有国际水准的民用直升机。2001 年 11 月，国防科工委下发科工计〔2001〕1031 号文件《关于 H425 型民用直升机研制项目立项的批复》，批准 H425 立项研制，在换大功率发动机的基础上，对原有产品重新设计机体气动外形，2003 年 12 月 30 日首飞，在完成适航规定的各项试验后，于 2004 年 12 月 31 日获得中国民用航空局颁发的型号合格证。2009 年，H425 更名为 AC312。

4. 市场运作情况

直 -9 系列直升机已有 20 多个用户，累计交付 400 余架，并出口十多个国家和地区。AC312 型直升机在国内和国际市场上具有较强的竞争力，目前已有 7 架交付国内用户，现有订单超过 20 架，市场前景广阔。

15.5.3 AC313 直升机简介

1. 概述

AC313（图 15.16）是在直 -8 系列直升机的最新民用改进型，也是我国第一款完全按照最新适航标准研制的大型三发民用直升机。

图 15.16　AC313 直升机

AC313 依据中国民航适航标准 CCAR-29R1《运输类旋翼航空器适航规定》进行研制和适航审定，注重安全性、使用维护细节、寿命可靠性、保障性和经济性，采用单旋翼带尾桨构型、先进复合材料桨叶和钛合金球柔式桨毂、数字化综合显示控制航电系统和齐备的导航设备，达到世界第三代直升机技术水平。该机在研制中突破的关键技术主要有：满足“干运转”安全性要求的传动系统；满足抗坠毁及雷击安全性要求的燃油系统和机体结构；满足抗坠毁动态安全性要求的驾驶员和乘员座椅；满足鸟撞安全性要求的机体结构、操纵系统及旋翼系统；满足雷击和高强辐射场防护设计要求的机载设备；满足乘员应急撤离安全性要求的座舱布局；满足基于损伤容限疲劳评定的复合材料结构；满足高能转子破裂防护设计的机械系统。

AC313 使用范围覆盖我国全疆域，可适用于人员 / 货物运输、森林防火、抢险救灾、医疗救护、搜索救援、海上石油服务、旅游观光、公务飞行等通用航空和准军事领域的需求，尤其适合在高原、山区和海上使用。

2. 产品主要参数

1）主要几何尺寸

（1）主旋翼：桨叶片数为 6 片；直径为 18.900 米（图 15.17）；旋转方向为俯视逆时针；额定转速为 212 圈 / 分钟。

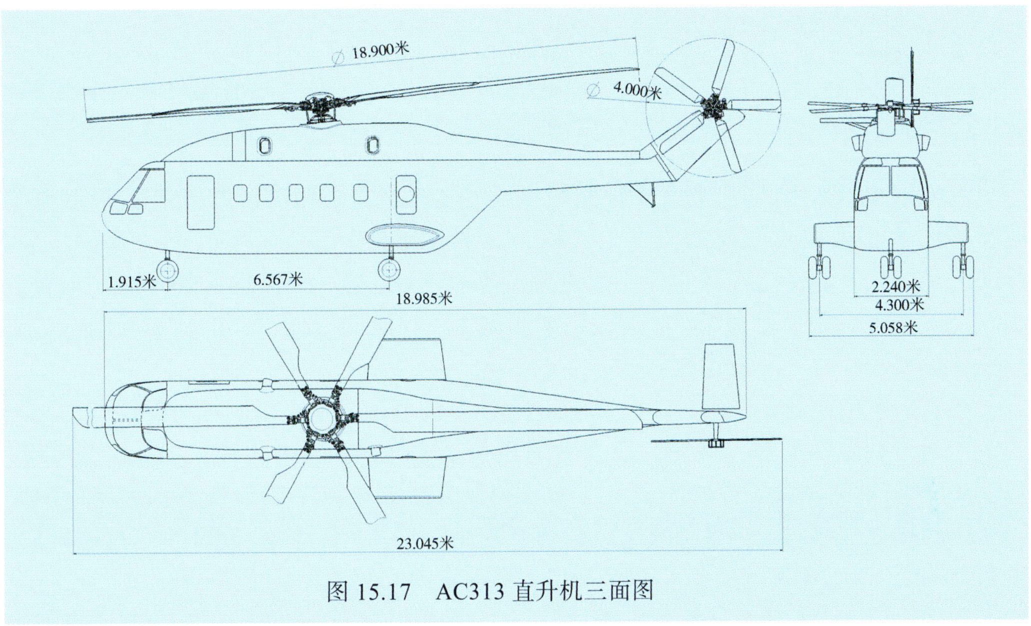

图 15.17　AC313 直升机三面图

（2）尾桨：桨叶片数为 5 片；直径为 4.000 米；旋转方向为底向前；额定转速为 1 013 圈 / 分钟；桨尖离地最低高度为 2.600 米。

（3）旋翼转速：

有动力旋翼转速为 212 圈 / 分钟；无动力旋翼转速中，最大旋翼转速为 232 圈 / 分钟，最小旋翼转速为 180 圈 / 分钟。

（4）尾桨转速为 1 013 圈 / 分钟。

（5）全长（旋翼旋转）为 23.045 米。

（6）全高（空重，尾桨旋转）为 6.741 米。

（7）全宽（旋翼转动时）为 18.900 米。

（8）机身长为 18.985 米。

（9）机身宽为 2.240 米；包括短翼、主起落架为 5.058 米。

（10）横向轮距为 4.300 米。

（11）纵向轮距为 6.567 米。

2）主要性能参数

（1）起飞重量为 13 000 千克。

（2）燃油重量为 3 800 千克。

（3）最大巡航速度（Hp=0 米）为 244 千米 / 小时。

（4）最大斜爬升率（Hp=0 米）为 6 米 / 秒。

（5）有地效悬停升限为 2 500 米。

（6）无地效悬停升限为 100 米。

（7）使用升限为 3 900 米。

（8）航程（Hp=0 米）为 940 千米。

（9）航时（Hp=0 米）为 5 小时。

3.研制过程

21 世纪初，中国直升机设计研究所和昌河飞机工业公司联合提出在直 -8 基础上改型研制大型民用直升机的方案。2002 年 8 月，国防科工委以科工计〔2002〕524 号文批复《直 8 通用运输型直升机改进改型项目建议书》，批准直 -8 通用运输型直升机立项研制，确定研制目标为：在直 -8 基础上，换装先进的 PT6B-67A 发动机，研制复合材料桨叶，并完成适航取证。

研制工作是换装 PT6B-67A 发动机，代号为直 -8F，2004 年 8 月实现首飞，2005 年 8 月通过换发状态技术鉴定。在复合材料旋翼系统研究工作基本完成后，2007 年 12 月，研制单位以配装 PT6B-67A 发动机和复合材料旋翼系统的构型状态向中国民用航空局提出代号为直 -8F-100 的适航审查申请，并得到受理。2009 年，直 -8F-100 更名为 AC313。AC313 按照 CCAR-29R1 部运输类旋翼航空器适航审定要求进行设计，2010 年 3 月 18 日，在江西景德镇首飞。2010 年和 2011 年，AC313 两次进藏进行高原性能摸底试飞和适航取证试飞，创造了最大飞行高度 8 000 米、最大起降高度 5 200 米和高原地区单架次最长飞行距离 1 160 千米、连续飞行时间超过 6 小时的飞行记录，并在海拔 4 500 米的野外场地搭载 29 名乘员正常起降。2012 年 2 月，在内蒙古海拉尔验证了在零下 40℃环境下正常使用的能力，创造了直 -8 系列 336 千米 / 小时的速度记录。2012 年 1 月 5 日取得型号合格证，预计 2013 年年底前通过 AEG 审查。

4. 市场运作情况

随着我国国民经济持续快速发展和低空试点开放，民用直升机必将在我国国民经济建设中发挥越来越大的作用，民用直升机需求量也会越来越大。按照中国民航“十二五”规划，到 2020 年中国民用直升机机队规模将突破 1 000 架，预计多发直升机将占直升机总量的 32%，AC313 直升机具有广阔市场空间。

目前，AC313 直升机已获得确认订单 4 架、意向订单 17 架。

审稿：陈淮秋

第 16 章

卫星及应用——高分辨率卫星遥感及北斗卫星导航系统

栾恩杰　王崑声　周晓纪　孙胜凯　李　力　王亚琼

【内容提要】 经济社会各领域日益增长的应用需求驱动我国卫星及应用产业快速发展。结合 2013 年我国卫星及应用领域发展热点，本章主要对我国高分辨率卫星遥感及北斗卫星导航系统的发展与应用进行了阐述，分析了世界高分辨率卫星遥感、卫星导航产业发展现状、趋势及其商业化发展模式，重点介绍了资源三号、高分一号高分辨率遥感卫星系统以及北斗区域卫星导航系统的发展与应用情况。基于一星多用、多星组网、数据集成应用的思路，提出了未来我国高分辨率卫星星座发展方向，阐述了北斗卫星导航系统在基础设施、关键技术研发、重要领域应用、大众消费以及全球化发展方面的发展重点，并结合产业化、商业化发展的趋势和要求提出了相关政策建议。

进入 21 世纪，卫星及其应用技术成为全球发展最迅猛的战略高技术之一，我国卫星及应用产业正处于从试验应用型向业务服务型转变的关键时期，随着北斗二代卫星导航系统、高分辨率对地观测系统等科技重大专项的顺利实施，我国应用卫星和卫星应用不断迈上新台阶，自主卫星系统及数据应用将逐渐发展为卫星应用产业的主体。根据年度发展热点，本章将以高分辨率卫星遥感及北斗卫星导航系统发展及应用情况为重点介绍卫星及应用产业发展情况。

16.1 卫星及应用产业发展现状和热点

16.1.1 概念与范畴

卫星及应用产业主要由空间基础设施及卫星应用产业组成。其中，空间基础设施主要包括通信广播卫星、导航定位卫星和遥感卫星三大卫星系统以及相应的地面系统。按照卫星系统的分类，卫星应用产业包括卫星通信、卫星导航和卫星遥感产业。

卫星导航系统能够为地球表面和近地空间的广大用户提供全天时、全天候、高精度的定位、导航和授时服务，是构建和维持国家先进时空基准的基本条件。卫星遥感系统提供对地成像和探测等数据服务，是目前快速获取全球和大区域空间信息的唯一手段。高分辨率卫星遥感包括高空间分辨率、高时间分辨率和高光谱分辨率等。其中，高空间分辨率主要指空间分辨率优于 2.5 米的遥感数据。

16.1.2 世界卫星及应用产业发展现状和趋势

卫星及应用技术的快速发展及其与信息技术的融合，不断催生新的应用产业，而需求增长和技术进步则驱动全球空间基础设施升级换代，空间基础设施建设进入多系统融合、多业务集成、体系化发展和全球化服务新阶段。

2012 年共有 24 个国家和国际机构的 119 颗卫星进入轨道运行，2012 年年底全球在轨卫星总量达 1 040 余颗，比 2011 年年底增加了 6%[1]。全球卫星及应用产业快速增长，近 6 年年均增长为 10%，2012 年产业收入达到 2 000 亿美元[2]。卫星通信广播高度商业化，由于高清电视和宽带互联网接入需求的增长，卫星通信容量较过去 5 年有了明显增加；卫星导航从单一 GPS（global positioning system，即全球定位系统）时代迈向美国、俄国、中国、欧洲四大全球系统和日本、印度两大区域系统竞争发展的新时代，卫星导航产业持续高速增长，GPS 与各类智能信息技术融合应用，形成了行业及大众信息服务领域众多新的增长点。卫星遥感强调以系统观和多时空尺度来研究地球整体变化，综合观测与专业观测相结合，向全球性、立体、三维观测体系发展，推进多源数据融合和定量化应用，以高分辨率遥感卫星带动的遥感服务产业正在加速拓展。

16.1.3 我国卫星及应用发展现状和热点

我国卫星与应用发展成就显著，国家现代化和信息化发展战略对卫星应用的需求日益旺盛，卫星应用逐渐步入业务化、产业化发展新阶段。我国卫星通信形成了固定通信广播、移动通信广播和数据中继等多手段结合的基本保障体系，应用领域日益广泛；建成了由 16 颗卫星导航组成的北斗区域卫星导航系统并正式向我国及周边地区提供导航定位服务，产业化发展取得一定进展；卫星遥感形成了气象、资源、海洋系列和环境减灾小卫星星座等，正在发展高分辨率遥感卫星，行业应用体系逐步建立，以国土、海洋、气象、环境、减灾为代表的重大行业卫星应用逐步进入多尺度、多要素融合以及大数据量应用阶段。我国卫星应用产业进入快速发展期，近4年年均增长率超过30%，自主卫星系统及数据应用日益成为卫星应用产业的主体，卫星应用成为国家创新管理、保障资源环境、提供普遍信息服务以及培育新兴产业不可或缺的手段，商业应用也在加速发展。

2012年以来，我国卫星及应用发展取得长足进步。随着我国第一颗民用高分辨率立体测图卫星资源三号以及高分辨率对地观测系统首颗卫星高分一号分别于2012年1月以及2013年4月成功发射，我国自主高分辨率卫星遥感数据应用实现突破发展；2012年12月27日，北斗卫星导航系统正式对外提供运行服务，使我国成为世界上第三个拥有自主卫星导航系统的国家，为加速我国卫星导航产业化发展奠定了基础[3]。

16.2 卫星及应用产业发展重点及方向

16.2.1 自主高分辨率卫星遥感

1. 世界高分辨率卫星遥感产业发展现状与趋势

21世纪以来，遥感卫星技术加速更新换代，卫星遥感数据的定位精度、空间分辨率和处理技术不断提高，高分辨率商业卫星成为全球遥感卫星应用和产业发展的主体。据北方天空研究中心（Northern Sky Research，NSR）数据，2012年卫星遥感总收入约为23.4亿美元，比2011年增长9%，预计2021年全球卫星遥感市场收入有望达到62.3亿美元[4]。

各航天大国纷纷发展高分辨率卫星系统，民用遥感卫星分辨率达到亚米级。高分辨率卫星数据的应用前景越来越受到关注，美国、欧洲、印度、日本、以色列、韩国等大力发展独立自主的高分辨率遥感卫星系统，光学成像分辨率普遍达到了0.6～2.5米，雷达成像分辨率达到了1～5米。2008年9月发射的商用卫星Geoeye-1的空间分辨率达0.41米，是分辨率最高的商业遥感卫星。德国2007年6月发射的TerrSAR-X/TanDEM-X雷达遥感系统，是世界上首颗商用分辨率达1米的雷达卫星，其后续TerraSAR-X2卫星分辨率将提高到0.5米。预计2014年发射的WorldView-3卫星，可提供0.31米分辨率的全色影像和8波段多光谱影像，预计2017年发射的Geoeye-1的下一代卫星分辨率将达到0.25米。

政府大力扶持商业遥感发展，国外遥感卫星商业化运作模式进一步成熟。21世纪以来，发达国家政府在主导空间发展计划及基础设施建设的同时，放开投资限制，大力促进高分辨率遥感卫星商业化运营。美国已将商业遥感卫星的分辨率放宽至0.25米，并通过制定政策鼓励政府以及军队采购商业卫星数据扶持商业卫星公司发展。美国的数字地球（Digital Globe）公司、地球之眼（Geo Eye）公司和法国的阿斯特里姆（Astrium）公司在商业成像市场上处于领先地位，2012年约占全球市场65%的份额。目前，商业高分辨率卫星影像的最大用户仍然是军事与政府部门，政府和军队采购是商业公司长期发展的保障[4]。据NSR估计，卫星遥感数据销售和增值服务收入大约65%来自政府和军事用户，另外35%来自商业和企业市场，如同谷歌和雅虎等大型媒体公司之间的交易。

遥感卫星性能和应用技术的提升将有效降低应用成本，不断推动卫星数据广泛应用和相关产业发展。未来各国和商业公司将部署更多高分遥感卫星，将导致数据供应能力大大增加，预计商业卫星遥感数据价格将继续下降。同时，遥感信息处理技术自动化水平不断提高，自动化、半自动化的智能解决方案将进一步降低增值服务成本，与位置服务信息融合应用，将不断拉动应用增长。

2. 我国高分辨率卫星遥感发展情况

伴随着我国现代化、信息化进程，政府公共管理、经济社会各领域发展以及大众消费对高分辨率数据需求日益旺盛。随着卫星遥感数据与地理信息系统的密切结合及一体化的发展，高精度遥感数据的需求将成倍增加。

我国第一颗具有高分辨率遥感数据获取功能的民用卫星是2007年9月发射的资源一号02B（CBERS-02B），空间分辨率为2.4米；2011年12发射的资源一号02C卫星是我国首颗按用户定制模式研制的高分辨率光学业务遥感卫星，分辨率为2.36米[5]。卫星数据已应用于农业种植面积监测和作物估产、林业资源调查、荒漠化监测、水资源评估、地质矿产资源调查以及城市发展规划、环境监测与评价、灾害监测评估等多个领域。但是，由于缺乏持续稳定、高质量的数据源，我国高分辨率数据应用长期以来依赖于国外卫星，我国民用高分卫星影像市场基本被国外各大商业遥感卫星公司垄断，世界各大商业遥感卫星公司的卫星遥感影像在我国均有销售。

而资源三号、高分一号遥感卫星的成功应用，开创了我国自主高分辨率卫星应用的新时代。

1）资源三号卫星技术水平与应用情况[6]

资源三号卫星是我国自主设计和发射的第一颗民用高分辨率立体测图卫星，主要用于1 ∶ 50 000立体测图及更大比例尺基础地理产品的生产和更新，以及国土资源调查与监测。

资源三号卫星经过几何检校的最终几何精度如下：稀少控制点时，平面精度优于3米、高程精度优于2米，全面超过1 ∶ 50 000测图精度指标，可进行1 ∶ 25 000立体测图；无控制点时，平面精度优于10米、高程精度优于5米。资源三号的测图精度全面优于法国SPOT5（satellite pourl’ observation de la terre，即“斯波特”系列卫星）、日本 ALOS（advanced land observing satellite，即先进陆地观测卫星系列）和印度 IRS-P5（India remote sensing satellite，即印度遥感卫星系列）等国外立体测图卫星，处于国际同类领先水平，性能指标比较见表 16.1。

表 16.1　资源三号测绘卫星和国际同类卫星性能比较

比较项目	美国 Geo Eye-1	法国 SPOT5	日本 ALOS	印度 IRS-P5	中国 资源三号
分辨率 / 米	0.41	2.5	2.5	2.5	正视 2.1 前后视 3.5
基线高度比		0.82	1.0	0.62	0.89
灰度量化值 / 比特	10	8	8	10	10
地物分辨能力	很好	较差	较差	较好	很好
无控制精度 / 米	10 ～ 15	50	200	80	10
有控制精度 / 米	3	5 ～ 10	3 ～ 5	5	2 ～ 3

资源三号应用系统已实现规模化、业务化生产，到目前为止，为测绘、国土、地矿、水利、农业、林业、城市建设、防灾减灾等众多行业提供了 4 300 万平方千米的影像，应用单位 500 余家，应用部门还在迅猛增加。

（1）重大测绘工程。资源三号向全国测绘重大工程提供了总计覆盖面积约 2 250 万平方千米影像，为重大工程项目的顺利实施提供了有效的自主卫星影像服务保障，其中为全国 1 ： 50 000 基础地理信息数据库更新工程提供了 1 050 万平方千米的影像，基础地理信息更新能力提高 2 倍以上。

（2）应急服务。在四川芦山地震、云南火灾等灾害和热点事件中提供了应急测绘保障服务。

（3）省级测绘。目前已经向 23 个省、市级测绘部门提供了所在地区的数据服务，为省级基础地理信息更新提供了 400 万平方千米的影像。

（4）其他行业应用。资源三号卫星发射以来已经向国土、农业、林业、水利等各行业 400 余家用户提供了 1 200 平方千米成果数据，应用于地质调查、物探找矿、环境监测、水利工程检测、灌溉面积调查、水利基础空间库建设与更新、流域水土流失动态监测、农业旱灾监测、青海湖自然保护区观测等，并应用于相关科研项目研究以及导航电子地图更新等商业应用。

（5）国际合作。向美国、澳大利亚等 30 多个国家、地区提供了 450 万平方千米的影像数据，应用于农作物动态监测、海岸带和水系监测等。

天地一体化设计和同步研发是资源三号卫星成功应用的重要经验。资源三号卫星突破了卫星测绘的一整套核心技术，包括天地一体化设计、高精度检校、高精度成像模型等关键技术，建立了国际通行的卫星测绘产品体系以及覆盖全国的高精度影像控制点数据库，实现国产测图卫星从难以测图到立体测图、从试验应用到业务化运行的根本性转变，使我国一举成为国际上少数几个掌握卫星测绘成套技术的国家。其成功应用打破了国外对我国的技术封锁和数据垄断，促使国外同类卫星数据价格下降了5倍以上。

2）高分一号卫星技术水平与应用情况

高分一号卫星是我国高分辨率对地观测重大科技专项的首发星，突破了高空间分辨率、多光谱与宽覆盖相结合的光学遥感等关键技术，实现了在同一颗卫星上高分辨率和宽幅成像能力的结合[7]。高分一号卫星可同时提供8米、16米多光谱与2米的全色数据，其中16米数据幅宽达到800千米，4天可覆盖全球；2米、8米数据幅宽60千米，4天内可实现对同一区域的重访；数据具备大范围、高时效性、高分辨率的特点，单幅影像数据信息显著增加。

高分一号卫星发射不久，即在黑龙江抗洪救灾中发挥了显著作用。2013年8月，黑龙江、嫩江、松花江流域发生的洪水灾害发生后，国防科工局重大专项工程中心立刻启动抗洪救灾应急机制，同步协调对地观测数据资源和技术支持。高分技术应用中心迅速组织技术力量，解译高分一号卫星获取的洪灾前后灾区高分辨率光学遥感数据，生成了大范围、高分辨率和高实效性的遥感专题图，为全面了解洪水淹没情况提供了第一手资料，为应急决策提供了有力的支持。后续救灾阶段，高分一号数据应用于农损评估、房屋损毁评估、物资保障、交通领域、重要水利设施健康普查，为灾后恢复提供遥感信息服务[8]。

3. 我国高分辨率卫星遥感重点发展方向

高分辨率对地观测系统重大科技专项的实施，启动了我国高分辨率遥感卫星发展的序幕，结合高分重大专项和空间基础设施工程，发展民用高分辨率遥感卫星系统，是摆脱对国外数据依赖、促进卫星遥感应用技术水平提升、保障我国资源安全、满足我国各领域发展需求、带动产业发展的必要途径。

卫星系统方面，将基于一星多用、多星组网、数据集成应用的发展思路，循序发展高分辨率卫星星座，满足高精度、高重访观测业务需求。发展高精度光学敏捷成像卫星，不断提高空间分辨率，提升多波段、精细化数据获取技术能力和遥感探测灵活机动能力；发展高分辨率红外多谱段观测卫星，形成一体化高分辨率可见光至热红外观测手段；发展高分辨立体测图卫星，不断提升立体图像获取能力；发展高分辨率高光谱及超光谱数据获取系统，增强环境、资源及全球碳监测的定量探测能力；发展高分辨率雷达成像卫星，建设形成合成孔径雷达卫星星座，形成多频段、多模式、形变监测技术能力，大力提升我国多云多雨地区遥感应用能力。

大力发展天地一体化系统集成和应用技术，同步进行地面系统建设；大力发展基于自主卫星载荷的应用技术，不断提升卫星应用水平；发展天地一体化方针优化技术，促进卫星与地面系统协调发展；发展遥感数据几何、辐射、光谱精校正，基础参数定量反演，分类与目标识别，信息融合与归一化处理，综合测量与测试检验等技术，研发软硬件一体化定量化遥感产品处理系统，为开展高精度、定量化应用提供基础保障[1]。

16.2.2　北斗卫星导航系统发展

1. 世界卫星导航产业发展现状与特点

卫星导航产业持续增长，产业格局趋于集中。经过 30 多年的发展，基于卫星导航系统的产品和服务已广泛应用于社会经济各领域，近十年来市场规模快速增长，据欧洲全球卫星导航系统局（European GNSS Agency，GSA）数据，2012 年全球卫星导航服务市场的全球收入达到 810.5 亿美元，预计到 2020 年将达到 2 550 亿美元。其中，大众消费类产品与服务占据了卫星导航产业的主要市场份额，全球市场中个人导航设备与车载系统、基于位置的服务（local based service，LBS）占市场总收入的 54% 和 43.7%[4]。卫星导航产业格局趋向集中，形成少数专业化龙头企业，如 GPS 芯片主要集中在 Broadcom 公司、CSR 公司、u-blox 公司等跨国企业，全球个人导航和车辆导航两大市场主要由 TomTom 公司和 Garmin 公司，5 家主要导航电子地图提供商 NAVTEQ 公司、Tele Atlas 公司、Zenrin 公司、Map Master 公司和 IPC 占据了全球 95% 左右的市场份额。

卫星导航向多系统融合、多层次增强发展，加紧布局现代化体系构架。自 2011 年年底俄罗斯格罗纳斯全球卫星导航系统投入完全营运和北斗系统投入试运行开始，全球卫星导航系统（global navigation satellite system，GNSS）结束了 GPS 一统天下的局面，多系统融合兼容互操作，提供更为实用、完善、可靠的导航定位服务。美国为确保其全球领先性，提出了天基定位、导航、授时（position，navigation and timing，PNT）系统战略，加紧实施 GPS 现代化计划，2008 年 9 月发布了《国家 PNT 体系架构研究》，2010 年发布了该体系架构的实施计划[9]，其核心是以卫星导航为基石，构建具有更强可用性、稳健性和作战能力的国家 PNT 体系，实现技术和信息全方位、多层次组合与融合，以达到获得卓越的导航战能力、保持民用 GNSS 的领军者和 GNSS 领域的标准制定者的目标。

广域高精度与室内外无缝导航定位是未来发展的热点。未来无论是专业用户还是大众消费者，对于导航定位的精度要求越来越高，逐步过渡到米级、亚米级甚至厘米级，对于服务覆盖区域的要求越来越大，卫星导航定位技术与其他测向、定位、导航、授时技术组合，实现室内外、城内外、地内外无缝定位，是重要发展趋势。

卫星导航与通信等其他信息技术融合是智能信息产业发展的重要方向。导航与通信系统的融合体现在两个方面：一是卫星导航的通信化，即导航与通信在卫星上的一体化组合融合；二是通信系统的导航化，即地面通信系统发展成为卫星导航的辅助手段。与此同时，随着 3G/4G 移动通信系统的部署，以及移动互联网、智能终端的快速发展，卫星导航与移动通信、互联网等多信息载体融合，正在演变成为新兴的智能信息产业的主体，成为信息产业新的增长点。

2. 我国北斗卫星导航系统发展状况

“十一五”以来，我国卫星导航产业呈现迅猛发展势头，年均增速超过 35%，2011 年总产值已接近 700 亿元人民币，随着交通运输、智能手机和移动互联网的融合发展，应用技术水平显著提高，产品制造和服务能力快速提升，已成为车载导航终端产品的主要出口国。据中国卫星导航协会预测，今后十年中国 GNSS 产业将加速增长，2020 年总产值可能达到 4 000 亿元，见图 16.1。

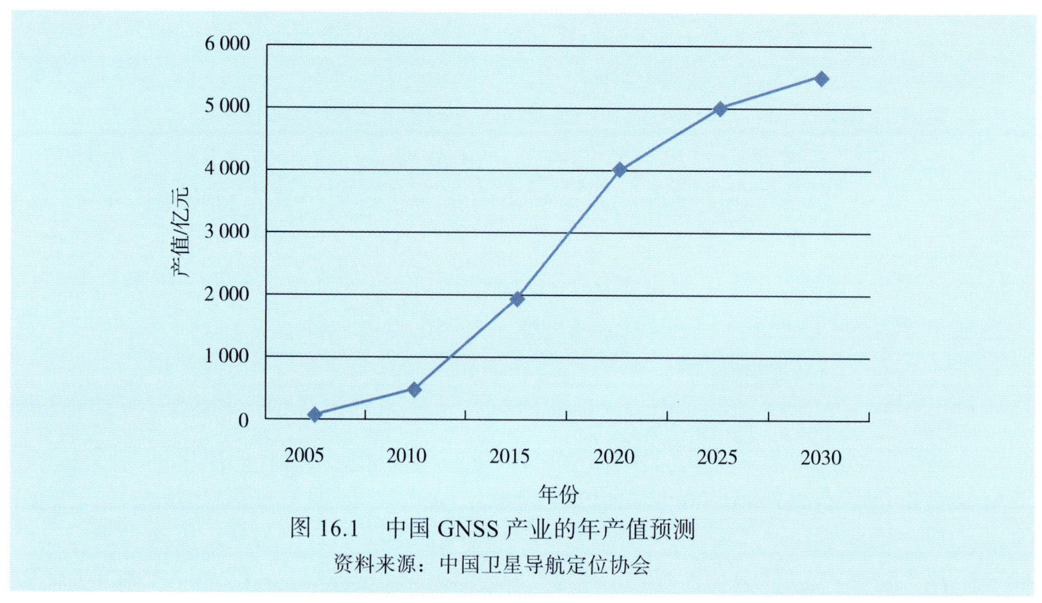

图 16.1　中国 GNSS 产业的年产值预测

资料来源：中国卫星导航定位协会

我国卫星导航应用市场虽然增长迅速，但长期以来以 GPS 系统应用为主，北斗卫星导航试验系统由于技术体制、用户容量、价格等原因主要应用于军事领域，民用领域集中在授时、海洋渔业、交通运输、国土测绘、气象预报、减灾救灾和公共安全等领域，应用总量不到我国 GNSS 终端的 1%[10]。随着北斗区域卫星导航系统的建成，我国北斗导航系统产业化应用迎来了发展关键期。北斗区域系统建成后，在我国及周边地区、海域实现连续实时三维定位测速能力、高精度授时能力，以及部分地区用户位置报告及双向报文通信能力。国家发改委、财政部、交通运输部、工信部、科技部，中国卫星导航系统管理办公室以及北京市等地方政府，先后出台了引导和促进北斗系统应用的政策措施，积极鼓励和推动北斗应用发展，基于北斗的应用日益广泛。

目前，北斗已经完成从天线到终端、从单系统到多模多频、从试验品到产品、从产品到系统解决方案等过程中的关键技术突破，初步形成了天线、芯片、模块、终端、电子地图、模拟器、应用解决方案等覆盖全产业链的产品形态。具有自主知识产权的北斗 /GPS 双模芯片在可靠性、灵敏度性能方面进一步提升，市场实用化步伐进一步加快。北斗模块出货量已经突破 50 万量级，预计在 2013 年年底突破百万量级，届时北斗终端的成本和价格将有望明显降低。北斗 /GNSS 兼容的高精度接收机在定位稳定性和初始化时间方面，明显优于GPS/俄罗斯格罗纳斯全球卫星导航系统兼容接收机，兼容北斗已经成为高精度应用领域的发展趋势[10]。北斗卫星导航系统已在交通运输、海洋渔业、水文监测、气象测报、森林防火、通信时统、电力调度、救灾减灾和国家安全等领域得到了应用。

3. 北斗卫星导航产业发展方向

北斗卫星导航系统投入区域性服务，对我国北斗卫星导航产业具有里程碑意义，标志着产业已经具备快速、持续、跨越发展的基本条件。未来，我国北斗卫星导航发展将以市场需求为牵引，围绕产业发展的重点领域和薄弱环节，夯实产业发展基础，着力关键技术研发和市场培育，提升产业发展整体水平和国际竞争力[11]。根据《国家卫星导航产业中长期发展规划》[12]，卫星导航产业主要发展方向如下：

（1）完善导航基础设施。加快建设形成统一、协调、完整、开放的卫星导航基础设施体系。通过优选、改造、升级和补充，统筹建设国家级多模连续运行参考站网；综合集成地图与地理信息、遥感数据信息、交通信息、气象信息等基础信息，建立全国性的位置数据综合服务系统；加快建设辅助定位系统，推进室内外无缝定位技术在重点区域的应用。

（2）突破核心关键技术。重点突破融合芯片、组合导航、应用集成、室内外无缝定位等一批基础前沿和共性关键技术，开发一批高性能低成本导航器件与产品，快速提升北斗芯片和终端产品的成熟度和核心竞争力。

（3）推进重要领域应用。在能源、通信、金融等涉及国家时频安全的重要领域，推行北斗及其兼容产品的自主装备应用，推动其在公共安全、交通运输、防灾减灾、农林水利、国土资源、公安边防、测绘勘探、应急救援等领域的规模化应用。

（4）促进大众消费应用。结合新一代信息技术发展，以汽车制造业和移动通信业快速发展为契机，以公众出行信息服务为引导，推广北斗产品成为车载导航、智能手机等终端的标准配置，创新行业综合应用解决方案，推进卫星导航与物联网、移动互联、三网融合等广泛融合与联动。面向大众市场需求，形成丰富的位置服务产品，创新商业和服务模式，打造位置信息综合服务体系。

（5）开拓国际应用市场。全面融入国际卫星导航产业链，在周边地区形成具有较强国际竞争力的应用服务能力。面向国际用户广泛关注的应急救援、综合减灾、船舶/车辆监控与指挥调度等应用需求，加大力度推广北斗应用。

16.3 “十二五”期间产业培育与发展中遇到的问题

我国卫星及应用产业处于从试验应用型向业务服务型为主转变的关键期，卫星遥感、卫星导航领域产业培育与发展中存在的主要问题如下：

（1）统筹协调机制不畅，基础设施应用效能不足。总体上看，我国卫星及应用领域尚未确立有效的统筹协调机制，部门协调、军民协调机制不通畅，整体能力不足与重复建设并存，业务保障能力不足；天地发展不同步，地面系统建设滞后，影响卫星系统效能发挥。例如，卫星导航地面设施重复建设现象严重，但尚未形成统一的多模连续运行参考站网。

（2）政策环境不完善，缺乏长效发展保障机制。我国卫星及应用领域相关政策、法规、标准尚不健全[13]，如遥感数据政策、北斗应用政策、卫星商业化运营和产业化发展政策等仍缺位，发展模式较单一，空间基础设施共享应用和产业发展的环境亟待优化。

（3）应用技术水平不高，产业发展面临激烈竞争。由于缺乏稳定的自主数据源，我国高分辨率卫星遥感应用技术研发主要基于国外卫星系统和模型方法，缺乏拥有自主知识产权、性价比高的数据处理软件，技术水平和应用规模提升受限，缺少面向公众的增值产品和服务；我国卫星导航应用产业严重依赖GPS，GPS系统技术成熟、信号全球覆盖并提供免费服务，在国际导航定位用户市场上占有绝对垄断地位，北斗系统及其产业发展面临严峻挑战。

16.4 促进产业发展的政策建议

为促进高分辨率卫星遥感、北斗卫星导航产业发展，相关政策措施如下：

（1）制定国家数据政策，推进卫星遥感数据开放共享。为满足经济社会发展对空间信息的需求，应强化和改善空间数据资源的管理，明确数据开放政策，制定和实施资源共享标准，建立数据共享机制，在保障安全使用的同时，促进空间信息资源的高效利用，推动技术成果转化和业务协同，形成以企业为主体的增值产品生产与应用服务体系，为高分辨率遥感数据的产业化应用奠定基础。

（2）完善卫星产业化发展政策，建立高分辨率卫星遥感商业化发展模式。建立自主卫星数据与服务政府采购制度，通过政府引导，鼓励多种经济主体和社会力量在国家规划和法规框架下投资建设和运行高分辨率商业遥感卫星，支持关键技术研发，大力推进高分辨率遥感产业发展，提升我国自主高分辨率卫星遥感数据国际市场竞争力。

（3）制订长远发展计划，加强统筹协调，完善政策法规，加速推进北斗导航系统产业发展。制定国家PNT发展战略，明确发展计划和产业发展方向，建立、完善卫星导航产业发展的政策法规和协调机制，统筹规划卫星导航基础设施建设；制定市场准入和位置安全相关政策，推进长期有序发展和开放发展；制定重要领域北斗导航自主装备应用政策，积极推动北斗及其兼容产品在能源、通信、金融等重要领域应用。加强关键技术研发和典型应用示范的支持力度，加速推进重大应用示范工程，充分发挥市场主体积极性，积极培育北斗导航产业竞争力。

参考文献

[1] 空间基础设施发展战略研究课题组 . 空间基础设施发展战略研究（内部报告）. 北京：中国航天工程科技发展战略研究院，2012.

[2] The Taurus Group.Futron corporation state of the satellite industry report（2013）. Satellite Industry Association，http：//www.sia.org/，2013-06-20.

[3] 中国卫星导航系统管理办公室 . 北斗卫星导航系统发展报告（2.1 版）. 中国卫星导航系统管理办公室，http：//www.beidou.gov.cn/zcbdbg.html，2012-12-26.

[4] 美国航天基金会 . 2013 年航天报告 . 中国航天系统科学与工程研究院译，2013：36 ~ 43.

[5] 李德仁 . 我国高分辨率对地观测卫星系统商业化运营研究（内部报告）. 北京：中国航天工程科技发展战略研究院，2013.

[6] 国家测绘地理信息局卫星测绘应用中心 . 国产民用高分辨率立体测图卫星测绘与应用关键技术（内部报告），2013.

[7] 张利文，张晓祺 . 我国成功发射"高分一号"卫星 . 政府网站，http：//www.news.mod.gov.cn/，2013-04-26.

[8] 余涛，杨健，郑利娟 . 高分一号应用情况（内部报告）. 北京：中国科学院遥感与数字地球研究所，2013.

[9] 刘春保 . 美国定位、导航与授时体系浅析 . 国际太空，2011，(3)：27 ~ 34.

[10] 吴海玲，李作虎，张玉凤 . 北斗卫星导航产业发展现状分析 . 卫星应用，2013，(4)：8 ~ 11.

[11] 科技部 . 导航与位置服务科技发展"十二五"专项规划 . 政府网站，http：//www.gov.cn/zwgk/2012-09-18/content_2227443.htm，2012-12-26.

[12] 国务院办公厅 . 国家卫星导航产业中长期发展规划 . 政府网站，http：//www.gov.cn，2013-09-26.

[13] 黄迅，张乐，李高峰 . 国外卫星导航应用标准研究 . 卫星应用，2013，(4)：50 ~ 53.

第 17 章

绿色船舶产业

韩 光 王传荣 郑礼建 王 颖 刘健奕

【内容提要】 本章对绿色船舶产业的基本概念与范畴进行了阐述，深入剖析了日本、韩国、欧洲等造船强国和地区绿色船舶产业发展现状及重要举措，结合我国发展现状，提出了我国绿色船舶产业战略布局及发展重点；并针对当前产业培育与发展中遇到的问题，提出了促进绿色船舶产业发展的政策建议。

船舶作为当今经济发展重要的运输工具之一，拥有其他运输工具无法比拟的优势。近年来，随着世界经济一体化进程的加快，海上运输业更加繁盛，世界造船市场也异常火爆，船舶需求量达到了前所未有的程度。但与此同时，船舶所带来的环境污染的问题也越来越成为人们关注的焦点，绿色船舶已成为未来船舶发展的代名词。目前，欧洲、日本、韩国等造船技术发达国家和地区，为了巩固其技术优势，纷纷开展绿色环保新船型研发，同时根据其技术的发展推动船舶技术标准更趋严格，大有建立绿色技术壁垒之势。我国作为新崛起的造船大国，受自身综合工业基础和技术积累所限，对于绿色环保船型的研发相对造船发达国家尚有一定差距，这对我国船舶工业进一步发展，进而建设世界造船强国将是不可回避的掣肘。因此，国家相关主管部门正不断通过出台相关政策和措施，支持和培育相关领域的发展[1]。

17.1 绿色船舶产业发展现状

17.1.1 绿色船舶产业的基本概念与范畴

所谓“绿色船舶”是指通过采用先进技术，把“使用功能和性能的要求”与“节约资源与保护环境的要求”紧密地结合起来，使船舶在设计、制造、使用与拆解的全寿命周期中，体现节省资源和能源的原则，减少或消除环境污染，保障生产者和使用者健康安全和友好舒适的新技术船舶。“绿色”技术思想赋予船舶总体、动力和配套设备技术以新的高技术内涵，引领着船舶技术的一场革命，必将在激烈的国际市场竞争中淘汰一批低效船厂、配套设备厂与工艺技术，脱胎出一个新兴的船舶总装与配套产业。

17.1.2 国外绿色船舶产业发展现状

为了更好地应对日益严格的环保要求，更加积极主动地应对未来船舶市场的需求，以日本、欧洲、韩国为代表的世界各主要造船国家和地区均推出了相应的支持政策措施，各大船舶研究机构、先进造船企业以及相关机构都在加大研发力度，不断推出满足绿色船舶要求的新技术、新船型等[2]。

1.日本

日本作为老牌造船大国，已经将绿色环保船舶技术作为今后的战略重点，运用这一领域的技术优势来提高产业门槛，增强国际市场竞争力。为了推进绿色环保船舶技术研发，日本国土交通省通过制定研发项目目录、提供资金支持等多种方式对造船企业提供支持。目前，日本政府及各大造船企业普遍加大了绿色环保船舶技术的研发力度，掀起一轮绿色环保船舶技术研发热潮。日本邮船公司正在联合芬兰ELOMATIC公司、意大利Garroni公司开发一种名为“超级生态船2030”的超级生态环保概念船（图17.1），这种可载运8 000个标准集装箱的集装箱船将通过综合应用多种节能减排技术，实现比目前同等运载能力船舶减少69%二氧化碳排放量的目标。

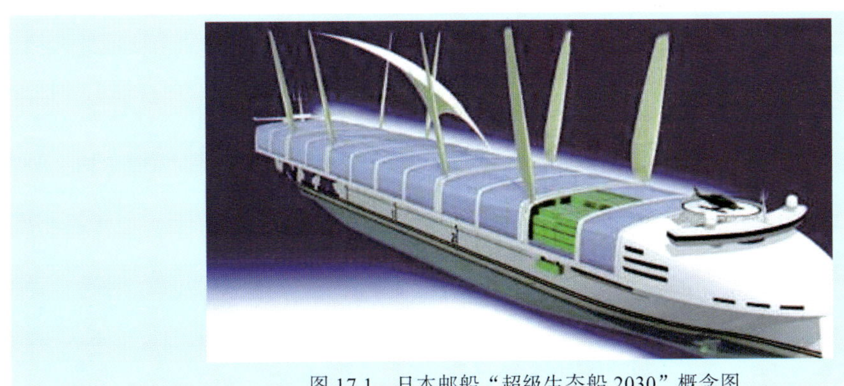

图17.1 日本邮船“超级生态船2030”概念图

日本商船三井公司开发的新概念汽车滚装船“维新-1”（ISHIN-1），通过在上层甲板上安装太阳能板、采用电力推进系统以及安装大量充电式锂电池等，实现船舶靠港时零排放，航行时降低50%的二氧化碳排放量的目标。日本三菱重工公司（Mitsubishi Heavy Industries，MHI）建造的全球首个以太阳能为部分动力的大型汽车运输船“御夫座领袖号”（Auriga Leader）已取得试航成功。

2. 欧洲

尽管欧洲三大造船指标已经全面下滑，但凭借其强大的技术优势，欧洲仍处在世界船舶工业的领先地位。究其原因，是欧洲造船业始终坚持技术引领的发展战略，始终将关注重点放在科技开发上。在欧盟委员会的推动下，欧洲先后出台了一系列船舶技术研发政策，并开展了大量研发项目。

欧盟于2013年推出的“Leadership 2020”再次提出“优先发展知识型和创新型经济（智慧型增长），追求资源高效、绿色竞争型经济（稳定型增长），促进欧洲船舶及相关产业可持续发展”的原则。欧盟投资8 000万欧元开展了高效超低排放船用柴油机研发项目（Hercules）；挪威船级社（Det Norske Veritas，DNV）计划投入1 875万欧元开展Fellow Ship船舶燃料电池项目。此外，挪威船级社推出了的“Quantum”新型绿色、节能集装箱船概念设计（图17.2），采用燃油和LNG双燃料发动机，具有低能耗、低运营成本、低排放、高载货量等特点。

图17.2　DNV新概念集装箱船“Quantum”

3. 韩国

韩国政府先后发布了《新增长动力规划及发展战略》、《绿色能源技术开发战略

路线图》，以及《绿色增长国家战略及五年计划》等文件，构建了韩国“绿色增长战略”框架，其中绿色船舶产业就是一个重要的新的增长点。在绿色船舶技术全球化的背景下，为巩固市场地位，进而抢占更大市场，韩国造船企业纷纷开展绿色环保船舶相关技术研发。

三星重工 2010 年宣布将开发环境友好船舶，实现温室气体减排 30%，满足 2015 年及以后建造船舶的需求。大宇造船与海洋工程公司与德国船用柴油机生产商曼恩柴油机厂（MAN Diesel）合作研发适用于曼恩（MAN）公司 ME-GI 型低速柴油机的低温高压天然气供应系统。韩国 STX 造船启动绿色之梦研发项目（图 17.3），已完成新一代生态船舶（green dream project ECO-ship）设计，该生态船舶可大幅降低有害气体排放，同时节省可观的燃料费。

图 17.3 STX 绿色之梦研发项目

17.1.3 我国绿色船舶产业发展现状

近年来，我国船舶工业的发展不断提速，船舶设计和建造水平与造船先进国家间的差距逐步缩小。但在绿色船舶研发方面，由于我国船舶工业起步较晚，船体优化设计缺乏核心技术，在一定程度上制约了我国船舶工业自主创新的进度和效果。不过，我国船舶工业界已经意识到绿色船舶是未来世界造船业竞争的重点，正积极组织开展相关船型及技术的研发，我国造船业已经步入了绿色环保的发展之路。

我国在绿色环保船型开发方面也取得了一定的成绩。例如，大连船舶重工开发的 11 万吨阿芙拉型成品油船，其新船能效设计指数（energy efficiency design index for new ship，EEDI）低于丹麦提出的基线值的 6.16%，低于中国提出的基线值的

9.64%，具有很强的超前性；上海船厂船舶有限公司推出的 4 600 TEU（即集装箱）集装箱船，采用宽体和无压载水设计，具有重箱装载率高、装载灵活、零压载水等特点，并实现了实船建造；上海外高桥造船厂推出的 17.5 万载重吨绿色环保型散货船深受市场好评，并承接了大量订单[3]。

17.2 绿色船舶产业战略布局及发展重点

17.2.1 产业战略布局

1. 发展定位

依据我国经济社会发展的重大需求及国际工程科技发展的规律和趋势，2030 年我国绿色船舶产业的发展思路为：推动原始创新、引领绿色技术、拓展深海空间、打造主导品牌。以发展“绿色技术”和“深海技术”为两个着力点，应对国际造船与海运产业的绿色技术革命热潮，及严重影响我国经济发展安全的海洋资源开发与核心利益保护的两类严峻挑战。集中力量攻克“绿色”船型、动力、配套设备技术，发展相应的研发制造能力，实现海洋经济发展方式的升级与转型[4，5]。

2. 发展目标

2015 年，初步形成绿色船舶研发基础科研体系；掌握部分绿色船舶装备的关键技术。

2020 年，基本实现高技术高附加值新型船舶和配套设备的自主开发设计能力；提高自主研发新型海洋装备的制造能力，年制造量占世界市场份额与我国发展为世界第一造船强国地位相适应（超过 20%）；掌握绿色船舶装备的核心研发技术；建成世界造船强国。

2030 年，我国自主设计制造的绿色船舶装备，在世界上发挥主导作用；造船工效、利润率、能耗与减排率达世界领先水平；绿色船舶装备年制造量占世界市场份额与我国发展为世界海洋装备强国地位相适应（超过 35%）；建设成世界海洋装备强国；船舶装备技术水平与制造能力，满足作为一个世界强国的全球战略需要；拥有在国际海洋装备领域实力最强的人才队伍。

17.2.2 产业发展重点

1. 超级生态运载装备重大工程项目

以国际主流趋势和先进技术为发展方向，集中力量攻克超级生态运载装备相关

的船型设计技术、节能降耗动力技术、环保高效配套设备等核心技术，逐步形成超级生态运载装备自主设计制造能力，为提高我国船舶工业国际竞争力、培育绿色船舶及海洋工程装备新兴产业、实现海洋经济发展方式的升级与转型奠定技术基础。

2. 绿色船舶关键技术

绿色船舶的发展将带动新船型关键设计技术，特种船舶关键设计、建造技术，船舶数字化设计技术，以及船用配套技术等相关重大突破性、颠覆性技术的发展。

1）减阻新船型关键设计技术

船舶型线设计是船舶外观最直接的体现，从船舶的型线设计可以看出船舶所处时代特点。这主要包括：通过更加科学合理的优化方式减少船舶航行过程中上层建筑受到的风阻的设计技术；减少船舶在海上航行过程中船底表面摩擦阻力的空气润滑技术等。

2）少/无压载水船型设计技术

少 / 无压载水船型设计技术是对船体的一种重新设计。与传统船舶使用压载水处理器的方法不同，应用该技术的船舶采用特殊船型设计，实现空船在不使用或少使用压载水的情况下也可拥有足够的吃水深度，确保船舶在大多数海况下的安全航行。

3）船舶数字化设计建造技术

信息技术的发展和现代制造业的管理理念及技术方法深刻地改变着传统的制造业。各造船强国和地区（如美国、日本、韩国、欧洲）等均十分重视以先进的信息技术手段改造传统的造船设计和生产方式。发达国家在设计技术方面普遍采用了三维设计建模；在信息的集成和共享方面采用了产品数据管理系统，实现了并行协同设计和生产；在制造方面，虚拟制造技术已用于生产实践中，实现了制造前的生产过程数字化模拟。

4）船用配套技术[6]

（1）船用柴油机主机性能优化技术。船用柴油机主机性能优化研发重点产品及技术包括：满足国际海事组织（International Maritime Organization，IMO）Tier Ⅲ排放控制法规要求的船用低中速柴油机技术；双燃料发动机和气体发动机设计制造技术；船用智能型小缸径低速柴油机技术；船用柴油机高增压、高压共轨燃油喷射技术等。

（2）船用柴油机废气后处理关键技术。船用柴油机废气后处理装置包括废气再循环（exhaust gas recycle，EGR）系统、选择性催化还原系统（selective catalytic reduction，SCR）装置等柴油机关键部件和系统的研制。目前，32.5% ～ 40% 的陆上及海上移动装置中都使用 SCR 对 NO_X 排放进行控制。对于中速柴油机来说，选择性催化还原原理可以在涡轮增压过程后与废气后处理系统联合使用以避免复杂的主机舱室管理。尿素存储舱室可以与船舶设计整合到一起。另外，选择性催化还原技术具有很强的灵活性，可与所有发动机内部燃烧优化基础技术相结合，且在减排控制区外时可随时关闭系统。

5）船用新型动力推进技术

为应对未来能源结构大调整，缓解对石油的需求量，开发新型可再生能源均被各国视为战略性技术开发，包括太阳能、风能的开发等。在陆上，新能源的开发已经颇具规模，但在船舶上，成熟的技术应用尚未形成，只有一些初步试验或概念船的设计。

（1）船用太阳能光伏技术。随着太阳能光伏技术的不断深入发展，其效率、可靠性和稳定性均有了很大的提升，因而从最初的单纯技术研究逐渐转向实际应用领域。太阳能光伏发电应用于船舶是目前绿色船舶发展的一个重要方向。

（2）船用风帆辅助推进技术。当前，风能利用主要以风能作动力（风帆助航）和风力发电两种形式为主，在船舶上的应用形式偏重于利用风能作为航行的主动力或辅助动力，只在少数船舶上应用风力发电技术。

（3）LNG 燃料清洁能源推进技术。据分析，LNG 燃料能降低 20% ～ 25% 的二氧化碳排放、80% ～ 90% 的 NO_X 排放，并基本消除 SO_X 和颗粒物排放。因此，LNG 动力推进系统将成为今后绿色航运的重要选择之一。我国在新型能源动力研发方面开展的工作主要集中在 LNG 燃料推进动力以及小型船舶的太阳能推进动力方面，目前仍处于实验研发验证阶段。

（4）混合式对转桨（contra rotating propeller，CRP）推进技术研究。混合式对转桨推进系统能提高 10% ～ 20% 的推进效率。混合式对转桨推进系统中设置两个相反方向的螺旋桨装置（前置桨、后置桨），每个推进装置的叶型、效率、工作点、匹配性能及控制系统，与常规推进装置相比有非常大的区别，需要攻克以下关键技术：混合式对转桨推进系统集成设计技术；基于全回转舵桨、可调距螺旋桨（controllable pitch propeller，CPP）及固定桨（fixed-pitch propeller，FPP）等常规推进装置的前置桨、后置桨匹配技术等。目前，国外在该领域已有成熟的应用，而我国从研发到制造都尚属空白。

（5）综合电力推进系统集成及关键设备技术。船舶电力推进是利用大功率电机驱动螺旋桨旋转，从而推动船舶运动的一种推进方式。电力推进系统主要包括发电设备、配电设备、变流装置、推进电机、检测控制五部分，需要集成发动机、发电机组、配电装置、变频调速、推进电机、电传动系统及控制、网络检测及诊断、电磁兼容、能量存储等多项技术。

6）船舶一体化综合管理平台集成技术

为保障船舶航行安全和保护海洋生态环境，世界各海事大国和相关国际组织开展了新的导航技术和航海技术研究。随着新型通信导航技术的不断出现，新一代符合 IMO 规范要求的船用导航雷达系统、新型船用陀螺罗经等通信导航和高集成度自动化控制系统都成为重要的产品研发领域和技术发展方向。

7）新型轻质船用材料技术

新概念船舶将采用轻质无污染材料。例如，由铝和热塑性塑料合成的材料，这种材料与传统碳钢材料相比具有抗张强度高、维护费用低、易于成型、重量轻、耐

疲劳以及可循环利用等优点，既能够提高船舶运输效率，又能够使船舶建造或拆解过程中对环境的污染降到最低。又如，“三文治”式复合材料，该复合材料主要有三层，两个表层是增强树脂或一些金属做成的涂层，中间材料可以按照需要赋予各种功能，并且中间层和两个表层可以是任意形状的，主要是平行六面体。而且，这个技术可以扩展到多层，而不仅仅局限于三层。

8）基础共性技术

国外主要造船国家一直非常重视船舶共性技术的研究与开发，主要集中在以下关键技术领域：极端海洋环境及其与结构物相互作用研究；非线性水动力学、结构物非线性动力响应机理及数值方法研究；高速水下航行体复杂流动机理研究；基于计算流体力学（computational fluid dynamics，CFD）的数值模拟理论与方法研究；船舶与海洋结构物安全性与风险研究；船舶与海洋结构物数字化虚拟设计与制造理论及方法研究；船舶与海洋结构物先进动力装置系统研究等领域。

此外，欧洲、日本等先进造船国家和地区还通过提高技术标准规范，构筑技术壁垒，一方面巩固其技术领先地位，另一方面遏制发展中造船国家的发展。应重点关注的新公约规范进展情况及其技术发展包括：温室气体减排规则及二氧化碳减排技术；目标型新船建造标准（goal-based new ship construction standards，GBS）、协调共同结构规范（harmonized common structural rele，HCSR）及工业界实施导则；《国际防止船舶造成污染公约》（The International Convention for the Prevention of Pollution from Ships，MARPOL）附则Ⅵ减排规则及氮氧化物排放技术；压载水管理公约及压载水处理系统及相关技术；减少噪声排放标准及降噪技术措施；极地规则及极地船舶技术等。

17.3 “十二五”期间产业培育与发展中遇到的问题

我国在绿色船舶产业培育与发展中，主要存在以下几方面的不足[7, 8]。

17.3.1 重当前市场，轻长远规划

由于近几年我国船舶工业飞速发展，造船能力和市场份额大幅提高，这是我国船舶工业国际竞争力提高的表现，但是从另一个角度来看，如何保持当前的市场地位也成为我国船舶工业的一个负担，加上近来国际船市急转直下，因此，我国船舶科技研发基本立足点还是满足当前市场需求，尽可能多的承接订单，至于未来对于绿色船舶的需求，还难以排上船舶科技研发的首要位置。

17.3.2 技术创新难有突破性进展

目前我国对于绿色船舶的研发，一方面是基于自身发展的需要，另一方面也是

迫于国际标准的压力，其设计基本难以脱离现有船型的基础。在现有船型基础上进行优化设计，尽可能满足国际标准要求，既是一条捷径，同时也是无奈之举。没有开拓性的船型，没有突破性的思维，我国船舶工业的技术跟随者的角色依然难以摆脱。

17.3.3 缺乏统一的战略安排

目前，欧洲、日本、韩国已针对绿色船舶发展制定了具体的发展战略，并开展了广泛的技术研究[9]，国际新标准的出台必然也是基于其研究的基础和其可实现的范围。由于我国在这方面缺乏统一的战略规划，基础研究薄弱，在国际标准提出的过程中很难获取主动权和话语权，基本处于被动接受甚至仓促接受的尴尬局面。

17.4 促进绿色船舶产业发展的政策建议

纵观历史，第一次技术革命的主导技术是蒸汽机动力技术，第二次技术革命的主导技术是电力技术，第三次技术革命的主导技术是电子科技。而当代的科学发展则表现出群体突破的态势，起核心作用的已不是一两门科学技术，而是由信息科技、生命科学和生物技术、纳米科技、新材料与先进制造科技、航空航天科技、新能源与环保科技等构成的高科技群体。结合国外绿色船舶技术发展重点领域及方向，建议我国绿色船舶产业的发展采取以下的政策措施。

（1）设立船舶科技专项。绿色环保新船型的研发是未来我国船舶工业可持续发展和提升国际竞争力的重中之重，应确立绿色环保新船型研发的战略地位，从国家层面设立船舶科技专项，制定明确的目标，按照长、短期结合的方式，分阶段系统、全面地提升关键技术水平。

（2）加强关键装备的自主研发能力。在绿色船型研发取得突破并掌握核心技术的同时，加强关键装备的自主研发能力建设，加快推进船舶动力与配套业的专业化、规模化、特色化发展；形成自主品牌的关键装备集成设计及配套设备设计、制造、服务多业务一体化的发展格局，打破我国船舶工业长期以来以造船壳为主的被动局面，实现由大到强的目标。

（3）增强基础共性技术和新标准规范的研究。随着船舶绿色化发展的不断推进，船舶研究需要更加关注海洋极端环境、非线性影响，需要应用更加精确的模型、更有效的分析工具，通过数值仿真、数值船池等新型的研究手段，重点加强船舶水动力学、结构物强度和可靠性、新能源船舶动力机理等基础共性技术研究。

此外，在当前低碳经济发展的大前提下，欧洲、日本等国家和地区推高国际标准固然有其自身利益考虑，但也是大势所趋，不可逆转。目前我国急需改变当前所处的被动地位，变被动为主动，从战略层面加强对未来技术发展趋势的研判，加强基础技术研究和积累，主动提出新标准的制订方案，并进而引领国际船舶科技的走向。

（4）鼓励国内外的合作交流。船舶产业是一个国际性的产业，尽管欧洲造船业

已经衰退，日本造船业也过了发展顶峰，但是船舶科技的发展方向依然由欧日主导。如何发挥我国造船业快速发展的巨大优势，充分利用欧日等先进国家和地区的技术优势，将是未来船舶技术发展应该认真考虑的课题。此外，应制定具有竞争力的用人政策，鼓励企业引进海外高层次科技人才，快速提高我国绿色船舶技术船舶和关键装备的研发水平。

参考文献

[1] 中国船舶工业行业协会．船舶工业产业安全状况调查报告，2007.

[2] 中国船舶工业行业协会．我国船舶产业竞争力评价，2009.

[3] 中国船舶工业年鉴编辑委员会．中国船舶工业年鉴，2012.

[4] 李耀臻，徐祥民．海洋世纪与中国海洋发展战略研究．青岛：中国海洋大学出版社，2006.

[5] 陈可文．中国海洋经济学．北京：海洋出版社，2003.

[6] 何育静．我国船舶配套业国际竞争力分析．造船技术，2008，(6)：1～4.

[7] 李彦庆，韩光，张英香．我国船舶工业竞争力及策略研究．舰船科学技术，2003，25（4）：61～63，66.

[8] 蒋贵全，李彦庆．技术创新与船舶工业竞争力．舰船科学技术，2009，31（3）：17～20.

[9] DNV.Technology outlook 2020.Research & Innovation Report，2012.

第 18 章

3D打印技术与产业发展分析

田小永　张　俊　王　皓

【内容提要】 本章以 3D 打印技术及其产业为对象，首先给出了其基本概念和范畴，分析了近 20 年来国内外该技术与产业的发展现状与特点，并预测了未来的发展趋势，基于此提出我国 3D 打印产业的战略布局、发展重点，以及若干重点发展技术；其次总结了“十二五”期间该产业在培育和发展中遇到的若干问题，同时以 3D 打印技术在航空航天领域和生物制造领域的应用为例，体现其先进性和创新性。最后结合 3D 打印的发展特点，分别从技术、产业，以及人才队伍培养上等多方面提出政策建议。

2012 年《规划》将“智能制造装备产业”列入“高端装备制造产业”的重点发方向之一。依托中国工程院“战略性新兴产业培育与发展”咨询项目“智能制造装备”领域课题组的研究，《中国战略性新兴产业发展报告 2013》中的“智能制造装备产业篇”对我国智能制造装备产业的发展进行了宏观阐述，并针对我国实际现状，为促进智能制造装备产业的发展提出了若干政策建议[1]。

一年来，国内外装备制造企业加快了对智能制造装备的研发，主要体现在：①不断扩充机床的智能化加工与监测功能，加强车间的加工监测与管理；②日本发那科（FANUC）公司、三菱重工公司，德国西门子医疗、海德汉公司等公司相继推出不同程度的新型智能数控系统，旨在解决不同领域零件加工的智能化控制；③机床与机器人的集成研发与应用日趋普及，且结构形式多样化，应用范围扩大化。国家发改委、财政部和工信部于 2013 年 2 月继续组织发布了“智能制造装备”的发展专项，重点支持核心智能测控系统与装置的研发及应用，拟通过研究显著提升我国制造业生产过程的智能化水平，促进工业化和信息化的深度融合。

本期《中国战略性新兴产业发展报告 2014》则重点讨论智能制造装备的另一重点方向——3D 打印及其装备。与传统的车削、铣削等（属于减材制造）和铸造、锻造等（属于等材制造）不同，该技术属于增材制造，因此除了智能机床与智能基础制造装备外，3D 打印装备是智能制造装备的另一重要组成部分。

18.1 3D 打印发展现状和趋势

18.1.1 3D 打印的基本概念与范畴

广义 3D 打印（3D printing），又称增材制造（additive manufacturing，AM），是一种通过计算机辅助设计（computer aided design，CAD）设计数据逐层累加材料的方法制造实体零件的技术，相对于传统的材料去除（切削加工）技术，是一种“自下而上”的材料累加制造方法。美国材料与试验协会（Amercan Society for Testiong and Materials，ASTM）F42 国际委员会对增材制造和 3D 打印有明确的概念定义：“增材制造是依据三维 CAD 数据连接材料制作物体的过程，相对于减法制造它通常是逐层累加过程。3D 打印是指采用打印头、喷嘴或其他打印方法沉积材料来制造物体的技术，3D 打印也常用来表示‘增材制造’技术，在特指设备时，3D 打印是指价格或总体功能相对低端的增材制造设备。”

自 20 世纪 80 年代美国出现第一台商用光固化成形机后，在至今近 30 年时间内得到了快速发展。期间也被称为“材料累加制造”（material increase manufacturing）、“快速原型”（rapid prototyping）、“分层制造”（layered manufacturing）、“实体自由制造”（solid free-form fabrication）、“3D 打印技术”等。名称各异的叫法分别从不同侧面表达了该制造技术的特点。较成熟的工艺方法有以下几种：光固化成形（stereo lithography，SL）、分层实体制造（laminated object manufacturing，LOM）、激光选区烧结（selective laser melting，SLS）、熔融沉积制造（fused deposition modeling，FDM）。随着 3D 打印工艺和装备的成熟，新材料、新工艺的出现，该技术由快速原型阶段进入快速制造阶段，并在逐渐进行普及推广，最显著地体现在高性能塑料和金属零件直接制造以及桌面型 3D 打印技术。

目前，直接制造高性能金属零件的 3D 打印技术有基于同轴送粉的激光近成形（laser engineering net shaping，LENS）技术和基于粉末床的激光选区熔化（selective laser melting，SLM）技术及电子束熔化（electron beam melting，EBM）技术等。LENS 技术能直接制造出大尺寸的金属零件毛坯；SLM 和 EBM 可制造复杂精细金属零件。由于系统成本较高、材料特殊以及操作复杂，目前，3D 打印技术主要应用于科研以及高端工业应用。随着桌面型 3D 打印技术的产生和应用，该技术将在日常消费品产业中得到快速扩展。

18.1.2 3D 打印发展现状与特点

3D 打印技术不需要传统的刀具、夹具及多道加工工序，利用三维设计数据在一台设备上可快速而精确地制造出任意复杂形状的零件，从而实现“自由制造”，实现许多过去难以制造的复杂结构零件的成形，大大减少了加工工序，缩短了加工周期。3D 打印的特点是单件或小批量的快速制造，这一技术特点决定了该技术在产品创新中具有显著的作用。近 20 年来，3D 打印技术取得了快速的发展。3D 打印技术原理与不同的材料和工艺结合形成了许多增材制造设备。这一技术一出现就取得了快速的发展，在各个领域都取得了广泛的应用，如在消费电子产品、汽车、航天航空、医疗、军工、地理信息、艺术设计等。逐渐形成了以工艺创新、装备研发、原材料、元器件、应用推广等相融合的 3D 打印产业。

3D 打印技术正在快速改变我们传统的生产方式和生活方式，作为战略性新兴产业，欧美等发达国家纷纷制定了发展增材制造（3D 打印）技术的国家战略。美国奥巴马政府 2012 年 3 月提出“国家制造业创新网络”计划，拟以 10 亿美元联邦政府资金支持 15 个制造技术创新中心，增材制造（3D 打印）作为其中核心支撑技术之一。欧盟国家认识到增材制造（3D 打印）技术对工业乃至整个国家发展的重要作用及巨大潜力，纷纷加大支持力度。德国于 2008 年成立了直接制造研究中心（Direct Manufacturing Research Center，DMRC)，波音、EOS、Evonik、SLM Solutions、Simens、Stratasys、Stukerjurgen、Blue Production、Eisenhuth 等知名单位为该中心提供资助。英国在《未来高附加值制造技术展望》报告中把增材制造（3D 打印）作为提升国家竞争力、应对未来挑战亟须发展的 22 项先进技术之一，且自 2011 年开始持续增大对增材制造的研发经费。目前，已建成拉夫堡大学、诺丁汉大学、谢菲尔德大学以及埃克塞特大学四个增材制造（3D 打印）研究中心。

我国 3D 打印技术自 20 世纪 90 年代初开始发展，西安交通大学、清华大学、华中科技大学、北京隆源公司等在典型的成形设备、软件、材料等方面研究和产业化方面获得了重大进展，接近国外产品水平。随后国内许多高校和研究机构也开展了相关研究，重点在金属成形方面开展研究，如西北工业大学、北京航空航天大学、南京航空航天大学、上海交通大学、大连理工大学、中北大学、中国工程物理研究院等单位都在做探索性的研究和应用工作。其中西安交通大学开展了光固化快速成型、金属熔敷制造、生物组织制造、陶瓷光固化成形研究，建立了快速制造国家工程研究中心；华中科技大学开展了分层实体制造、激光选区烧结 / 熔化等技术、装备及其在节能节材、航空航天以及汽车等领域的应用研究；清华大学开展了多功能快速成形设备、熔融沉积制造设备、电子束制造设备、生物打印技术研究；北京隆源公司开展了激光选区烧结设备研究；北京航空航天大学和西北工业大学开展了激光近成形成形技术研究，中航 625 所开展了电子束成形制造研究，华南理工大学开展了激光选区熔化技术研究。国内的高校和企业通过科研开发和设备产业化改变了该类设备早期仰赖进口的局面，通过二十多年的应用技术研发与推广，在全国建立了二十多个服务中心，设备用户遍布医疗、航空航天、汽车、军工、模具、电子电器、造船等行业。推动了我国制造技术的发展。作为一项正在发展中的制造技术，其成熟度还远不能同金属切削、铸、锻、焊、粉末冶金等制造技术相比，还有大量研究工作需要进行，包括激光成形专用合金体系、零件的组织与性能控制、应力变形控制、缺陷的检测与控制、先进装备的研发等，涉及从科学基础、工程化应用到产业化生产的质量保证各个层次的研究工作。

美国专门从事增材制造技术技术咨询服务的 Wohlers 协会在 2012 年度报告中[2]，对各行业的应用情况进行了分析。2011 年全球直接产值 17.14 亿美元，2011 年增长率 29.1%，其中，设备材料为 8.34 亿美元，增长 28.0%，服务产值为 8.79 亿美元，增长 30.7%，其发展特点是服务与设备对半。在应用方面消费商品和电子领域仍占主导地位，但是比例从 23.7% 降低到 20.6%；机动车领域从 19.1% 降低到 17.9%；研究机构为 7.9%；医学和牙科领域从 13.6% 增加到 15.9%；工业设备领域为 12.9%；航空航天领从 9.9% 增加到 12.1%。在过去的几年中，航空器制造和医学应用是增长最快的应用领域。世界上各许多国家与地区都在开发或应用增材制造技术。增材制造系统的数量一定程度上表现了国家的经济活力与创新能力。自 1988 年至 2011 年，美国、日本、德国、中国成为主要的设备拥有国，其中，美国占全球总设备量的 38.3%，中国占 8.6%。预计 2012 年将增长 25%，至 21.4 亿美元，2019 年将达到 60 亿美元。

3D 打印技术既是制造工艺的原理创新，也是应用数字化技术的产品创新，将有可能改变整个制造业的面貌。作为工业革命的生产工具——3D 打印装备将迎来巨大的装备产业市场，将金属制造业中的 3D 打印装备部分替代或者更新现有制造装备，预计未来 3 ～ 5 年全球金属制造业中的 3D 打印装备的年需求量将突破 1 000 台套，年销售额将达 10 亿～ 15 亿元以上。

18.1.3 3D 打印产业发展基本趋势

3D 打印技术代表制造技术发展的趋势，产品从大规模制造向定制化制造发展，满足社会多样化需求，目前增材直接年直接产值 17.1 亿美元，仅占全球制造业市场的 0.02%，但是其间接作用和未来前景难以估量。3D 打印优势在于制造周期短、适合单件个性化需求、大型薄壁件制造、钛合金等难加工易热成形零件制造、结构复杂零件制造，在航空航天、医疗等领域，产品开发阶段，计算机外设发展和创新教育上具有广阔发展空间。3D 打印技术与企业产品创新结合，是其发展的根本方向，也是实现创新性国家的锐利工具。3D 打印技术及其产业发展的趋势可归纳为如下几个方面[3]。

1）向日常消费品制造产业方向发展

3D打印技术作为国内外近年来的发展热点，其相关设备可统称为三维打印机，将其作为计算机一个外部输出设备而应用。它可直接将计算机中的三维图形输出为三维的塑料零件。在工业造型、产品创意、工艺美术等产业有着广泛的应用前景和巨大的商业价值。

2）向功能零件制造发展

采用激光或电子束直接熔化金属粉末，逐层堆积金属，形成金属直接成形技术。该技术可直接制造复杂结构金属功能零件，制件力学性能可达到锻件性能指标。进一步的发展方向是陶瓷零件和复合材料的3D打印快速制造技术。功能零件的3D打印制造技术可与传统制造手段相结合形成新型的产业链条模式。

3）向组织与结构、设计与制造一体化发展

实现从微观组织到宏观结构的可控制造。在采用3D打印技术制造复合材料零件的过程中，可将复合材料组织设计制造与外形结构设计制造同步完成，从而实现结构体的“设计—材料—制造”一体化。传统的制造工艺往往为设计过程设定了许多限制，采用3D打印技术则破除了设计过程与制造工艺之间的壁垒，制造工艺成为一种便捷可用的实现手段，为创新设计提供了支持，这种设计导向的工艺过程，将导致产品及产业形态发生巨大的变革。例如，美国正在开展梯度材料结构的人工关节、陶瓷涡轮叶片等零件3D打印制造的研究，如果技术发展到可产业化的阶段，必然能够带动一系列新兴产业的发展。

18.2 3D打印产业战略布局、发展重点及重要技术

18.2.1 战略布局

根据我国当前经济发展模式以及3D打印术水平与应用现状，建议我国3D打印产业应在如下几个方向进行战略布局，并支持其优先发展[4]：

（1）航空航天/生物医疗高端应用产业。在全国范围内形成几个相对集中的高科技创新应用中心，集中发展以航空航天、生物医疗等为代表的3D打印技术高端装备与应用研发中心。

（2）产品原型与模具应用产业。以3D打印技术联盟为依托，建立增材制造技术服务网络，形成产品设计、原材料、关键元器件、装备、工业应用等完整的产业链条，与传统制造业相融合，在汽车等支柱产业中推广应用。

（3）创意应用产业。利用3D打印技术一体化、快速制造的特征，以互联网技术为依托形成“云制造”模式，使产品的设计、制造分散在各个社会单元

（如家庭）中，充分发挥社会各个群体的创新能力，推动创新型社会的实现。

（4）创新型教育产业。人才是技术创新、应用创新的源泉，建立相关人才培养激励政策，完善培养机制，建立创新型高端人才、高等院校专业人才、中等职业技术类工程师多层次人才教育体系。

18.2.2 重点发展技术

3D 打印技术有广阔的发展前景，但也存在巨大的挑战。原材料类型是制约 3D 打印实现技术，从传统的机高分子材料、金属材料、陶瓷材料，到最新发展的生物软组织材料，材料的物理化学性能是工艺研发的核心，所制备零件的功能特性则是工艺研发的应用目标。围绕着 3D 打印技术所采用的多种材料、多种工艺法方，所需解决或重点发展的核心技术可凝练为如下几个方面。

1. 精度控制技术

3D 打印或增材制造的精度取决于材料增加的层厚和增材单元的尺寸和精度控制。增材制造与切削制造的最大不同是材料需要一个逐层累加的系统，对增材单元的控制直接决定了制件的最小特征尺寸和精度。现有增材制造方法多采用激光束或电子束在材料上逐点形成增材单元从而进行材料累加制造。例如，在金属直接成形中，激光熔化材料形成的熔池尺寸，直接影响制造精度。目前，激光光斑尺寸多为 0.1 ～ 0.2 毫米，限制了该工艺所能达到的成形精度。通过控制激光或电子束光斑直径、优化成形工艺或提出新工艺、提高材料性能等策略，有效控制增材单元尺寸和精度是提高制件精度的关键技术。

2. 高效制造技术

当前 3D 打印正在向大尺寸构件制造方向发展，如金属激光直接制造飞机上的钛合金框梁结构件，框梁结构件长度可达 6 米，目前制作时间过长，如何实现高效制造是进行该类型产品工业应用的核心技术，如可采用多激光束同步制造方式，需保证同步制造组织之间的一致性和结合区域制造质量。此外，为提高效率，可采用增材制造与传统材料去除制造相结合的方式，发展复合制造技术，也可以大幅度提高制造效率。

3. 多材料功能零件3D打印制造技术

通过设计多材料复合结构零件微结构与材料的三维分布，可获得奇特的物理、化学和力学性能，如导电、传热、导磁、耐腐蚀、耐磨等物理化学特性，高强度、高韧性、定制化力学性能等。可用于航空、航天、电子信息、机械工程、医疗装备等各个领域，如可控制电磁波传播的光子晶体与超材料结构，制造具有生物活性、耐磨的金属 / 陶瓷植入体，可制备特殊功能的三维电路板结构，可实现装备实时监测的嵌入式传感结构，等等。传统 3D 打印工艺很难实现这种多材料复合结构器件的制造。从原理上讲，增材制造技术采用逐层累加的方式，可实现多材料复合零件微 / 宏观结构的一体化制造，需要对增材制造技术进行工艺创新，克服传统工艺中不同材料热学性能的不兼容性，才能够实现这种多材料复合功能零件的结构、材料、功能的一体化制造[5]。

18.3　3D 打印产业“十二五”期间产业培育与发展中遇到的问题

18.3.1　原材料制备技术落后

3D 打印工艺中采用的原材料有液态光敏树脂、高分子颗粒、金属粉末等，虽然各种材料在我国国内均有生产商，但是市场上大部分 3D 打印用原材料均是从国外进口，价格昂贵。例如，用于光固化成形的光敏树脂进口价格在 1 500 元 / 千克左右，国产价格为 800 元 / 千克左右，国产树脂性能（成形精度、成形件力学性能等）距国外同类产品还有一定的差距。

在高品质球形钛及钛合金粉末方面，以美国、德国、俄罗斯为代表的发达工业强国拥有多种钛及钛合金球形粉末制备技术，包括先进的气雾化技术（gas atomized，GA）、旋转电极雾化技术（plasma roration electrode preparation，PREP）以及等离子球化技术等，开发的球形钛及钛合金粉末不仅满足传统近净成形工艺的要求，而且满足 3D 打印增材制造等新型近净成形工艺的新要求，粉末粒度可达直径小于 74 微米，已经形成了具有高附加值的稀有金属粉末产业。我国在球形钛及钛合金粉末起步于 20 世纪 80 年代，经过几十年的发展，以西北有色金属研究院为代表的科研单位自主开发出了 PREP 装备及技术，生产的球形钛及钛合金直径约等于 150 微米，年产量在 10 吨以上，初步满足热等静压等传统近净成形技术的要求，对于采用铺粉工艺的 3D 打印技术所需的细粒径的球形钛合金粉末主要依赖进口。由此可见原材料的缺乏将会限制我国 3D 打印技术的推广及产业化发展。

18.3.2　高端装备及关键元器件缺乏

根据 Wohlers 2012 年报告中提供的数据，我国 3D 打印装备安装量占全球 8.6%，装备生产量占全球 3.6%，这意味着作为一个制造业大国，我国的 3D 打印装备及其生产能力远远落后于欧美发达国家，如果把 3D 打印技术的应用水平作为未来衡量一个国家创新能力水平的话，我国如不加快装备研发，差距将会进一步拉大。限制 3D 打印装备生产力的一个重要因素是关键元器件，如激光器、扫描振镜、精密光学器件等大部分均依赖进口，激光器市场被如 IPG、DPSS、AOC 等国际企业占有，扫描振镜市场则主要被德国 Scanlab 公司占有，进口元器件昂贵的价格直接影响我国增材制造装备价格水平，阻碍了工艺推广和产业应用，装备及关键元器件的国产化是实现我国增材制造领域产业化发展的关键。

18.3.3　设计、工艺与控制等软件系统集成能力不足

在国内增材制造行业，控制软件由设备制造商针对设备独立开发，如西安交通大学的 Rapid Prototyping Build 系列软件、华中科技大学的 HRPS 系列软件等，数据处理软件在很大程度上依赖国外专业软件。部分厂家依托科研院所进行自主研发，如清华大学研发的 Aurora、ModelWizard 软件，西安交通大学研发的 RPData 软件。部分国内厂商选择和国外软件提供商联合开发。相对于国内依托科研院校进行研发，缺乏专业软件公司参与的现状，国外的软件很多由专业的软件公司来完成，有着一套完善的开发流程，在易用性、文档完备性、网络支持、响应速度方面比国内的要规范。随着 3D 打印技术的推广，国外出现了一些基于网页的在线设计与 3D 打印软件，形成了基于“云打印”的 3D 打印制造新模式，与该新兴制造模式向匹配的软件系统在我国尚未出现。

18.3.4　尚未形成完整的 3D 打印产业链条

我国 3D 打印技术产业化推广应用链条不完善，要做大、做强该产业，在进行新技术开发的同时，要进一步明确 3D 打印技术的产业链，完善 3D 打印产业从产品设计、原材料、关键元器件、装备、应用、服务等环节，形成完整的产业链条，推动我国 3D 打印技术及产业发展。

18.4　3D 打印产业发展重点案例

18.4.1　航空航天领域高端应用

北航在激光近成形技术制造大型结构件方面进行了应用研究，如 C919 大型客机机头工程样机钛合金主风挡整体窗框的研制。大型客机 C919 是我国正在研制的拥有自主知识产权的中短程商用干线飞机，其 TC4 钛合金主风挡窗框为双曲面复杂空间形状，制造难度很大，采用传统制造技术国内尚不具备制造能力。北航采用激光近成形技术，在设计数模尚处于不断修改完善情况下，仅使用不到 3 个月时间便完成 4 件窗框“近终形”毛坯激光成形制造、热处理、机械加工和检测等，并向中国商飞公司交付最终装机产品 2 件，保证了国家重大工程的研制进度。

西北工业大学针对航空航天等高技术领域对结构件高性能、轻量化、整体化、精密成形技术的迫切需求，开展了钛合金、高温合金、超高强度钢和梯度材料激光立体成形工艺研究，突破结构件的轻质、高刚度、高强度、整体化成形，应力变形与冶金质量控制，成形件组织性能优化等关键技术。针对大型钛合金构件的激光立

体成形，解决了大型构件变形控制、几何尺寸控制、冶金质量控制、系统装备等方面的一系列难题，并试制成功 C919 大飞机翼肋 Ti-6Al-4V 合金上、下缘条构件，该类零件尺寸达 450 毫米 ×350 毫米 ×3000 毫米（图 18.1），成形后长时间放置后的最大变形量小于 1 毫米，静载力学性能的稳定性优于 3%，疲劳性能也优于同类锻件的性能。目前，西北工业大学所生产的翼肋缘条激光近成形件已应用于 C919 大飞机翼身组合体的性能测试。

图 18.1　西北工业大学激光净成形 C919 飞机翼肋缘条

华中科技大学应用激光选区熔化技术先后成功制造了多种复杂形状的高性能金属零件，如图 18.2 所示。这些零件具有大于等于 99.9% 的致密度，力学性能与同质锻件相当，仅需简单的喷砂后处理后即可投入使用。其中，SLM 制造的 316L 不锈钢零件拉伸强度大于 600 兆帕，延伸率大于 15%，试件显微硬度值达维氏 250 ～ 275。

图 18.2　SLM 制造的不锈钢空心叶片和叶盘模拟件

18.4.2　生物制造领域前沿技术及应用

骨替代物是骨缺损修复的关键部件，采用 3D 打印制造技术，给骨修复技术带来革命化的变革。西安交通大学重点以外形复杂和功能修复要求较高的颅颌面骨和膝关节为应用对象研究了个性化骨替代物的数字化设计与制造技术，研究了个性化骨替代物与骨骼形状适配的力学作用和骨传导机制，发现了骨替代物弹性与骨生长存在内在联系，突破了传统假体追求高强度导致应力屏蔽的局限；提出了对个性化骨替代物内部结构进行仿生设计的思路和理论，促进了骨改建，为个性化骨替代物的设计提供了理论支持，开发了基于骨力学传导规律的原位骨替代物设计和制造技术，实现了数字化设计与制造在人体颌面个性化精确修复，2001 年以来治愈了许多过去临床无法医治的患者，引领了颌面修复设计制造技术的发展。西安交通大学发明了人工骨替代物内部结构的仿生化设计制造一体化技术，探索个性化骨替代物的降解和活化与微结构的关系，为有效地恢复患者生理功能提供了设计基础和制造方法。发明了个性化颅颌面骨替代物的弹性化结构及其设计方法，实现了骨生物力学与结构设计的集成，解决了个性化颅颌面人工骨的力传导的难题，促进了人工骨替代物中新生骨的快速生长。个性化替代物报送国家药监局检测，性能满足国家标准与行业标准，获准临床试用，已成功实施了 80 余案例，取得了良好的社会效益。相应系列设备、医疗模型和手术器具销往国家康复辅具研究中心、昆明陆军总医院等多家单位，近三年累计销售总额 3 739 万元。

18.5 促进 3D 打印产业发展的政策建议

18.5.1 加大技术推广力度

3D 打印技术的出现带动了一个新兴制造领域的发展，但是从普通民众、工程技术人员到政府决策人员对 3D 打印技术及其制造能力均存在着一定程度上的误区，不利于 3D 打印技术的推广，可采取如下措施分层次进行技术推广：首先，媒体舆论应正确宣传 3D 打印技术，向普通民众普及其工艺特点、制造优势等，使人们能够正确认识 3D 打印技术，推动 3D 打印技术在个性化创意产品中的应用；其次，建立我国 3D 打印技术的联盟，增进行业、企业间的技术交流，扩大 3D 打印技术在他行业的推广，同时通过联盟建立技术标准、行业内部企业的沟通机制，形成一个良性的竞争环境；最后，决策机构通过适当引导、政策支持等措施促进 3D 打印技术的推广。

18.5.2 技术孵化与产业推广并行

3D 打印是一种涉及交叉学科的前沿技术，工艺过程涉及材料、机械、控制、软件工程、物理化学等专业领域，技术的创新决定着其产业化应用前景。因此，新材料、新工艺技术的孵化工作应与产业化推广并行开展。首先，加大原材料、装备、关键元器件、软件等的国产化研发工作，加大技术投入，把这些前端技术的研发放在高校，政府引导进行布局，建立 3D 打印技术孵化中心；其次，建立高校技术成果转移机制，实现高校与企业合作进行定向技术开发，技术是应用之基、应用是产业之魂，完善产、学、研、用合作机制，建立创新平台，促使企业提高创新能力。

18.5.3 注重多层次人才培养

完善3D打印领域相关人才的培养，促进增材制造产业健康、持续发展。人才是技术创新、应用创新的源泉，建立相关人才培养激励政策、完善培养机制，分层次实现3D打印技术相关的人才培养。首先，高校研究机构大力培养技术创新型高端人才（研究生层次），保证技术创新的源头；其次，高等院校相关专业，尤其是与产品设计相关的专业，开设3D打印技术课程，使未来各行业的产品设计人员掌握并使用3D打印技术原理进行创新设计，成为应用创新型人才，扩大增材制造技术的应用领域；最后，应在中等职业技术类学校开设3D打印技术专业，为企业培养技术操作型人才。实现人才体系的建设，才能够促进3D打印技术产业的持续发展。

18.5.4 探索新的产业化模式

未来3D打印技术的产业化模式可以按照其应用领域分为三种类型：

（1）具有技术密集特征的高端应用领域（航空航天、生物制造等）。该领域的产业化模式应在全国范围内形成几个相对集中的高科技创新应用中心，集中发展具有特定应用对象的3D打印制造技术，形成一系列的高端应用产业。

（2）具有应用密集特征的工业原型制造领域（产品样机、模具等）。该应用领域的产业化模式，应以3D打印制造技术联盟为依托，建立3D打印制造技术服务网络，形成产品设计、原材料、关键元器件、装备、工业应用等完整的产业链条，与传统制造业相融合，进行系统创新发展。

（3）具有大众普及特征的个性化消费、创意产业领域（动漫、家庭定制化日用品等）。该领域的产业化模式可以采用以互联网技术为依托的“云制造”模式，使产品的设计、制造分散在各个社会单元（如家庭）中，利用3D打印制造技术一体化、快速制造的特征，充分发挥社会各个群体的创新能力，推动创新型社会的实现。

审稿：卢秉恒　林忠钦

参考文献

[1] 中国工程科技发展战略研究院．中国战略性新兴产业发展报告2013——智能制造装备产业篇．北京：科学出版社，2013.

[2] Wohlers T，Caffrey T. Wohlers report 2012：annual worldwide progress report of additive manufacturing and 3D printing state of the industry. Fort Collins，Colorado，USA，Wohlers Associates，2012.

[3] 李涤尘，田小永，王永信，等 . 增材制造技术的发展 . 电加工与模具，2012，S1：20 ～ 22.

[4] 中国工程院 . 增量制造技术战略咨询报告 . 北京，2013.

[5] 李涤尘，贺健康，田小永，等 . 增材制造：实现宏微结构一体化制造 . 机械工程学报，2013，6：129 ～ 135.

第 19 章

海洋能源工程装备产业

周守为　李清平　朱海山　刘　健　李迅科

【内容提要】 深海洋底是人类至今难以涉足的神秘领域，这一资源丰富、有待开发的新空间，将成为人类未来重要的能源基地，对深海洋底的探测和太空探测一样，具有很强的吸引力和挑战性。积极发展海洋高新技术，占领深海技术的制高点，开发海洋空间及资源，从深海获得更大的利益是世界各国的重点发展战略，也是我国必须面对的历史使命。

19.1 我国海洋能源工程装备发展现状

经过 30 年的发展，我国已经建立了 300 米水深以浅海上油气田勘探开发技术体系，2010 年建成“海上大庆”，同时建立了以之配套的 300 米水深以浅的海上地球物理勘查、工程地质调查、钻完井以及起重铺管和作业支持系统。2012 年建成海上石油 981、海洋石油 201、海洋石油 708、海洋石油 720 等五型重大作业装备，作业水深达到世界先进水平 3 000 米。但与国外相比还有很大差距。下面从海洋油气勘探、施工作业、生产等三个方面描述我国海洋能源重大装备的现状。

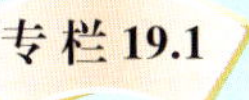

专栏 19.1

中国海洋石油工业在创新中发展

1956 年莺歌海的气田苗、1967 年“海 1 井”的成功钻探拉开了我国海洋石油工业的序幕。顺应世界石油工业从陆地转向海洋的大趋势，1982 年中国海洋石油总公司应运而生。30 年来，中国海洋石油工业实现了从无到有，从合作经营到自主经营，由技术引进、技术集成到核心技术自主研发的跨越发展。当前我国海域管辖面积近 300 万平方千米，已圈定大中型油气盆地 26 个，石油地质资源量为 350 亿～400 亿吨。从 1982 年成立之初年产 9 万吨到 2010 年年产 5 185 万吨，建成了“海上大庆”。“十一五”期间，我国石油增量的 70% 来自海洋，海洋石油正在成为我国能源工业的重要战略领域。

截至 2012 年年底，我国已建成海上油气田 86 个、平台 178 座、海管 5 280 千米、浮式生产储卸油轮（floating production storage offload，FPSO）17 艘、水下井口 5 套、陆上终端 11 座，已形成了近海 300 米以内海上油气田勘探开发技术体系，同时形成了近海油气勘探、钻探、工程建造、生产以及运行服务相配套的海上油气开发重大装备及作业体系，以及与海洋石油工业相适应的配套技术产业链。科技创新已经成为引领海洋石油工业发展的主要推动力，海洋工程装备已经成为支撑海洋石油工业可持续发展的强有力的支撑。

我国南海蕴藏着丰富的油气资源，石油地质储量为 230 亿～300 亿吨，其中 70% 蕴藏在水深大于 300 米的深水区，因此深水不仅是世界海洋石油工业的主战场和科技创新的前沿，也是有效缓解我国能源供需矛盾的重要领域。加快深水油气勘探开发的进程是保障我国能源安全、维护海洋权益的必要手段。1996 ～ 1997 年，我国通过对外合作开发了水深 310 米的流花 11-1 油田、水深 333 米的陆丰 22-1 油田。2006 年，中国海洋石油总公司和哈斯基石油有限公司在南海北部水深 1 480 米成功钻探 lw13-1-1 井，实现了我国海洋石油开发工程从 333 米到 1 500 米的跨越发展。2011 ～ 2012 年我国先后建成了 3 000 米水深半潜式钻井平台“海洋石油 981”、深水勘察船“海洋石油 708”、12 缆深水物探船“海洋石油 720”、深水起重铺管船海洋“石油 201”，走向深水已经成为我国海洋石油工业发展的必然。

19.1.1 我国海上油气勘探装备发展现状

1. 物探船

目前我国从事海上地震勘探作业装备主要包括中海油田服务股份有限公司（以下简称中海油服）物探事业部所属的 14 艘物探船和广州海洋地质调查局所属的 4 艘

物探船，主要用于常规海上二维、三维地震数据采集。这些物探船配备的拖缆地震采集系统主要购买自法国舍赛尔（Sercel）公司和美国 ION 地球物理勘探公司（ION Limited Compacy），其中以 Sercel 公司的产品居多。中海油服物探事业部拥有二维地震船（NH502）、三维地震船六艘（BH511、BH512、东方明珠、海洋石油 718、海洋石油 719、海洋石油 720）以及 2 支海底电缆队。NH502、BH517、BH511（三缆）、BH512（四缆）、东方明珠（四缆）、海洋石油 718（六缆）、海洋石油 719（八缆）、海洋石油 720（十二缆）都装备了目前最先进的海洋拖缆地震采集系统。海底电缆队配备的是比较先进的 SeaRay 300 四分量海底电缆采集系统，可完成以下海洋地震采集作业：常规二维地震作业；二维长缆地震作业；二维高分辨率地震作业；二维上下源、上下缆地震作业；常规三维地震作业；三维高分辨率地震作业；三维准高密度地震作业；三维双船作业；海底电缆采集作业。

海洋石油 720（图 19.1）于 2011 年 5 月交船投运，12 缆的海洋石油 720 创造了物探历史日航新高 160.825 千米，日采集有资料面积 96.495 平方千米的好成绩，开创了我国物探史上的新篇章，是我国乃至东南亚最先进的深水物探作业船舶。

图 19.1　海洋石油 720

2. 勘探作业装备

海上物探装备主要包括地震采集系统、导航系统、拖缆控制系统、震源系统等。自 20 世纪 90 年代起，国际地震勘探仪器装备厂商经过激烈的竞争、兼并、联合，初步形成了以法国 Sercel 公司和美国 ION 公司占据世界主要市场的新格局。目前我们还没有形成自己的海上地震勘探及工程勘探的装备技术体系。绝大部分的海上物探装备仍然依靠进口。进口地震勘探采集装备方面的主要问题有：①国外地震勘探仪器厂商对我国进口仪器设备实施技术限制，小于 12.5 米道距的拖缆地震采集系统禁止向中国出口，妨碍了国内海上高分辨地震勘探的发展，不利于深度精细勘探和海上隐蔽油气藏的发现；②海上地震采集设备以及勘探软硬件系统全部依赖进口，进口价格高，备件采办周期长，占生产成本比例较大；③国外地震勘探仪器厂商对我国高精度勘探仪器装备实施技术封锁，不利于我国真正掌握海上高分辨勘探技术；④我国总体研究力量和设备生产能力薄弱，未形成自主知识产权的海上地震勘探装备体系。

目前中国海洋正在加快研制具有自主知识产权的海上高精度地震勘探成套化技术及装备。海上高精度地震勘探仪器装备国产化将提升我国海洋油气藏开发的能力，特别是对复杂地层和隐蔽油气藏的勘探开发能力，全面提升海上油气资源地震勘探技术水平，更有效地解决海上油气开发生产中精细构造解释、储层描述和油气检测的精度问题，为我国深水油气坎通纳提供强有力的技术支撑，有利于我们充分认识海洋、更好地开发蓝色国土，有效缓解我国能源供需矛盾。

3. 工程勘察船

目前世界范围内深水勘察作业主要集中在墨西哥湾、北海、西非和南美等海域，工程勘察作业水深已超过 3 000 米。而我国除新建造的海洋石油 708 船（图 19.2）以外，作业能力只有约 300 米水深内的浅孔钻探取芯能力（表 19.1），加快建造适合深水海域作业的工程勘察船、并配备相应的国际先进的深水勘察专业设备才能适应我国深水资源勘探开发实施中的工程勘察作业任务的需求。

图 19.2　海洋石油 708

表 19.1　国内勘察船能力对比表

船名	主要用途	所属单位
滨海 218	1979 年建造，工程地质钻探船，船长 55 米，作业水深小于 100 米，钻孔深度小于 150 米	中海油服
滨海 521	1975 年造，长 50 米，海底灾害性地质调查，近海浅水作业	中海油服
南海 503	1979 年 12 月建造，综合勘察船，船长 78 米，钻孔 300 米水深、150 米钻探能力。物探最大作业水深 600 米。无 CPT	中海油服
海洋石油 709	2005 年 2 月建造，综合监测船，船长 79.9 米，DP-2，设计钻孔作业能力：水深小于 500 米，未配置钻机，缺少必要的取样工作舱室、泥浆储藏舱，无直升机平台；该船不能满足深水勘察的要求	中海油服
勘 407	综合勘察船，长 55 米，作业水深小于 150 米，钻孔深度小于 120 米	中石化总公司
奋斗 5 号	综合勘察船，长 67 米，作业水深小于 150 米，钻孔深度小于 120 米	国土资源部
大洋一号	综合性海洋科学考察船，船长 104 米。可进行深水物探和海底取样，无钻孔设备。主用于科学考察和研究	中国大洋协会
海监 72/74	海底灾害性地质调查，船长 76 米。作业水深 300 米	国家海洋局
海洋六号	2009 年 10 月建造，以天然气水合物资源调查为主，兼顾其他海洋调查，船长 106 米，宽 18 米，电力推进，动力定位 DP-1，最大航速 17 节，配置深水多波束、深海水下遥控探测（ROV）系统、深海表层取样和单缆二维高分辨率地震调查系统等。没有设计配置工程地质钻孔设备	国土资源部广州局
海洋石油 708	2011 年 12 月建造，船长 105 米，宽 23.4 米，电力推进，动力定位 DP-2，最大航速 14.5 节，适应作业水深 3 000 米，配置深水多波束、ADCP、名义钻深 3 600 米作业能力的深水工程钻机、深水海底 23.5 米水合物保温保压取样装置、150 吨工程可令吊等，可在 7 级风 3 米浪的海况下作业	中海油服

注：表中 CPT（cylinder pressure test），即圆柱静力触探；DP（dynamic position），即动力定位；ROV（remote operation vehicle），即遥控作业机器人；ADCP（acoustic doppler current profiler），即声学多普勒流速剖面仪

海洋石油 708 船是全球首艘集起重、勘探、钻井等功能的综合性工程勘察船。708 船作业水深 3 000 米，钻孔深度可达海底以下 600 米。708 船成功投运标志着我国进入海洋工程深海勘探装备的世界顶尖领域，填补了国内空白，极大提高了我国深海海洋资源勘探开发能力和提升了海洋工程核心竞争能力。

19.1.2　海上施工作业装备的发展现状

1. 钻井装备

我国浅水油田使用的钻井装备包括海洋模块钻机、坐底式钻井平台、自升式钻井平台均已实现国产化，其中自升式钻井平台作业水深达到 400 英尺（1 英尺 =0.304 8 米）（HYSY941 和 HYSY942）。

我国目前有 8 座半潜式钻井平台，包括自行设计建造的勘探 3 号，从国外进口 4 艘：南海 2 号、南海 5 号、南海 6 号和勘探四号，设计工作水深最深为 457 米；我

国自行建造的超深水半潜式钻井平台 HYSY981，作业水深达 3 000 米；中海油服的油服挪威钻采子公司（COSL Drilling Europe A S，CDE）还拥有 2 座作业水深 2 500 英尺的半潜式钻井平台（COSL Pioneer 和 COSL Innovator）；另外尚有一座作业水深 2 500 英尺的半潜式钻井平台（COSL Promoter）和一座作业水深 5 000 英尺的半潜式钻井平台在建。我国典型的半潜式钻井平台见图 19.3。我国第一座深水半潜式钻井平台 HYSY981 于 2007 年开始在上海外高桥造船厂开工建造，2011 年 HYSY981 已顺利完成建造调试，其详细设计为国内研究所独立完成，平台建造的生产设计也由国内船厂独立完成，平台的各项技术指标均达到国际上最先进的第六代钻井平台标准。虽然我国“十一五“期间深水钻井设备有了很大的发展，但是和国外石油公司相比，我国目前没有钻井船，半潜式钻井平台数量仍然不足。

图 19.3　我国主要半潜式钻井平台

2. 修井装备

我国浅水油田使用的修井装备包括平台修井机、自升式修井平台、多功能钻修井平台（liftboat），其中使用最多的是平台修井机，渤海油田有大量平台修井机，平台修井机大钩载荷为 90～225 吨，大部分平台修井机的大钩载荷为 135 吨和 180 吨。

以上浅水修井设备均已实现国产化。目前国内尚无专用的深水修井装备。

3. 铺管起重船

我国起重铺管船从 20 世纪 70 年代开始逐步发展起来，经历了外购改造浅水起重铺管船、自主设计建造浅水起重铺管船到自主建造深水起重铺管船的过程。目前在用的起重铺管船舶有 18 艘，为各打捞局以及中国海洋石油总公司（以下简称中海油）、中国石油天然气集团公司（以下简称中石油）和中国石油化工集团公司（以下简称中石化）三家公司所有。表 19.2 给出了我国主要起重铺管船主要参数。从中可总结出我国的起重、铺管船目前具备以下几个基本特点。

表 19.2　我国起重、铺管船主要参数列表

序号	船舶名称	归属公司	类型	投产年份	主尺度 总长 × 型宽 × 型深 /（米 × 米 × 米）	作业水深 / 米	主要作业参数
1	滨海 105	中海油	起重船	1974	80×23×5	—	主吊机：200 吨
2	滨海 106	中海油	起重铺管船	1974	80×23×5	—	主吊机：200 吨 最大铺设管径：30 英寸
3	滨海 108	中海油	起重船	1979	102×35×7.5	—	主吊机：900 吨
4	大力号	上海打捞局	起重船	1980	100×38	—	主吊机：2 500 吨
5	滨海 109	中海油	起重铺管船	1987	93.5×28.4×6.7	—	主吊机：300 吨 最大铺设管径：60 英寸
6	德瀛	烟台打捞局	起重船	1996	115×45	—	主吊机：1 700 吨
7	胜利 901	中石化	起重铺管船	1998	91×28×5.6	—	最大铺设管径：40 英寸 张紧器：2×50 吨，收放绞车 50 吨
8	蓝疆	中海油	起重铺管船	2001	157.5×48×12.5	6 ～ 150	主吊机：3 800 吨 最大铺设管径：48 英寸
9	小天鹅	中铁大桥局	起重船	2003	86.8×48×3.5	—	主吊机：2 500 吨
10	四航奋进号	第四航务工程局	起重船	2004	100×41	—	主吊机：2 600 吨
11	天一号	中铁大桥局	起重船	2006	93×40	—	主吊机：3 000 吨
12	华天龙	广州打捞局	起重船	2006	167.5×48	—	主吊机：4 000 吨
13	蓝鲸	中海油	起重船	2008	239×50×20.4	—	主吊机：7 500 吨
14	海洋石油 202	中海油	起重铺管船	2009	168.3×48×12.5	200	主吊机：1 200 吨 最大铺设管径：60 英寸
15	中油海 101	中石油	起重铺管船	2011	123.85×32.2×6.5	40	主吊机：400 吨
16	蓝鲸	中海油	起重船	2008	241×50×20.4	—	主吊机：7 500 吨
17	胜利 902	中石化	起重铺管船	2011	118×30.4×8.4	5 ～ 100	主吊机：400 吨 最大铺设管径：60 英寸
18	海洋石油 201	中海油	起重铺管船	2012	204.6×39.2×14	3 000	主吊机：4 000 吨 最大铺设管径：60 英寸

1）起重船队初具规模

国内在海洋工程起重船设计、制造方面已经有了长足发展。由原先的起重能力几百吨发展到现在的起重能力几千吨。其中，中铁大桥局的“小天鹅”号和“天一”号起重船起重能力分别达到了 2 500 吨和 3 000 吨，他们主要用于近海工程、桥梁的架设。上海打捞局和烟台打捞局也分别拥有各自的大型起重船舶“大力”号和“德瀛”号。广州打捞局的“华天龙”号起重船起重能力达到了 4 000 吨。海洋石油工程股份有限公司作为目前我国最大、实力最强、具备海洋工程设计、制造、安装、调试和维修等能力的大型工程总承包公司，拥有“蓝疆号”和“海洋石油 202”号起重铺管船，分别拥有最大 3 800 吨和 1 200 吨的起重能力，“海洋石油 201”号深水起重铺管船和“蓝鲸”号起重船更是具备了 4 000 吨 和 7 500 吨的单吊最大起重能力。

2）起重铺管船作业范围基本涵盖浅水到深水区域

当前我国海上油气田勘探开发范围主要集中在浅水海域，对应的起重铺管船在船型和设备配置上也主要为适应这一需求而构建，并已逐步形成了能适应渤海、东海、南海浅水区域的系列化的起重铺管船队，作业水深范围从 10 米到 100 米。同时，随着近几年起重铺管作业实际需求的水深范围和起吊能力增加，我国先后建立了能适应 100 ～ 200 米水深的“蓝疆号”和“海洋石油 202”船，而“海洋石油 201”船作为我国的第一艘深水铺管起重船，已经具备了世界先进水平 3 000 米水深的作业能力。

3）起重铺管船同时兼备起重和铺管两项功能

我国的铺管船基本上都具备大型起重功能。这一方面拓展了相应海洋工程船舶的作业功能，可以实现一船多用的目的。不过，通过以上数据可以看出我国的起重、铺管船主要适用于浅水常规海域作业需求，深水仅仅有一座深水铺管起重船——海洋石油 201，见图 19.4。海洋石油 201 船是世界上第一艘同时具备 3 000 米级深水铺管能力、4 000 吨级重型起重能力和 DP3 级全电力推进的动力定位，并具备自航能力的船型工程作业船，能在除北极外的全球无限航区作业，其总体技术水平和综合作业能力在国际同类工程船舶中处于领先地位，基本代表了国际海洋工程装备制造的最高水平。

图 19.4　深水铺管起重船海洋石油 201

4. 油田支持船

深远海油气开发工程支持系统所涉及的高附加值船舶包括深远海油气开发大型浮式工程支持船、深水三用工作船、深水油田供应船等。2011年前我国海油田所有储量和产量的来源均为350米水深以内的近海。因此，工程支持船基本在12 000马力以内的工作船为主，大多数主机推进功率在8 000马力以下，船舶专用配套设备参差不齐，并且船舶大多以外购的二手船为主。随着老油田产能的快速递减，重质稠油油田、边际油田的份额增加，"向海洋深水领域进军、向深水技术挑战"日益急迫，国内船舶装备的也取得了一定大发展。

1）三用工作船与供应船

三用工作船与供应船是最为重要的服务支持船舶，三用工作船提供抛起锚作业、拖曳作业、守护作业、消防作业等服务。随着海上油气开采的范围越来越广，逐渐向深海区域发展，作业海况越来越恶劣，对平台支持船的功能要求越来越多，性能要求越来越高，兼有供应、拖曳、抛起锚、对外消防灭火作业、救助守护、海面溢油回收、消除海面油污、潜水支援、电缆敷设、水下焊接与切割等功能的多用途海洋工作船是三用工作船的延伸。供应船是往返于供应基地和平台之间的队平台进行物资供给的船舶，应具有完好的靠舶的特性。到2012年6月，各类近海平台工程支持船数量达219艘。但服务于深水区域的三用工作船有较大的船舶主尺度、10 000马力及以上；供应船载重吨在3 000载重吨、6 000马力及以上，目前国内服务于深水的三用工作船仅有2艘（作业水深可达3 000米）。

国内典型三用工作船如下：

（1）滨海204（图19.5）：丹麦ARHUS FLYDEDOK A/S建造，主机功率为3 800马力，总长53.10米，型宽11.02米，型深4.00米，系柱拉力35～40吨。

图19.5　滨海204

（2）海洋石油 681（图 19.6）：采用国际知名设计公司罗尔斯-罗伊斯公司（Rolls-Royce）的 UT788 船型设计，由中国武昌船厂建造，该船型是一型多功能、超深水作业、采用先进的柴电混合推进技术，并具有动力定位功能 DP2，带冰区加强。世界上最先进的功率达到 30 000 马力的可以服务于深水的三用工作船。

图 19.6　海洋石油 681

我国虽然具备了自主建造海洋工程支持船，但在新船型开发、进行船舶的概念设计的能力还十分有限，目前新开发的船型依旧以国外的知名公司为主，包括 Rolls-Royce 设计公司、VIK-SANDVIK 设计公司、ULSTEIN 设计公司和 Havyard 设计公司等。我国在进行海洋工程船舶的设计上基本是以国外母型船展开研究并加以改进的方式进行的。

2）三用工作船与支持船的专用设备

三用工作船与支持船的专用设备主要包括大型船用低压拖缆机、船用多功能甲板机械手等。

国内 16 ～ 50 吨中小规格拖缆机的生产厂家主要有武汉船用机械有限责任公司和南京绿洲船用机械厂，国内 100 吨以上的低压拖缆机除武汉船用机械有限责任公司生产外，其他基本依赖进口。大型、超大型拖缆机受制于外国少数公司，已成为我国海洋工程装备业发展的瓶颈。

2008 年武汉船用机械有限责任公司基于多年生产的低压叶片马达技术基础，结合先进的电液控制技术的应用，联合中海油田服务股份有限公司成功开发了 250 吨低压双滚筒拖缆机（图 19.7），打破了该类产品长期被少数国外厂商垄断的局面，在 2011 年起武汉船用机械有限责任公司正在进一步开发集成化和远程遥控的新型低压大扭矩马达，着手开发 350 级吨三滚筒拖缆机，这将加速低压超大型拖缆机国产化的步伐，为深海海洋工程装备的自主研发奠定基础。

图 19.7　中海油服与武汉船用机械有限责任公司联合开发的 250 吨级低压拖缆机

5. 多功能水下作业支持船

多功能水下作业支持船（图 19.8）属于高端技术服务船舶，能够为水下作业系统所有设备提供安装并能安全作业的空间，动力、水、气、信息等支援接口，水下作业系统设备操作人员生活和安全保障条件；多功能水下作业支持船是整个应急维修系统正常、安全运作的保障体系，是一个必不可少的组成部分。

图 19.8　多功能水下作业支持船

多功能水下作业支持船（工作母船）作为 ROV 和载人作业潜器（humen operation vehicle，HOV）的载体和布放、回收作业主体，是水下检修、维护作业正常实施必不可少的重要装备。多功能水下作业支持船是为了满足水下工程的发展需要，从海洋工程支持船中衍生出的一类特殊的海洋工程支持船。相比普通的平台供应船、锚作业支持船等，这一类支持船更加注重对水下施工作业、水下检查、水下维修等水下高难度工程作业的支撑服务。由于目前欧美国家在水下工程方面具有绝对的领先优势，因此相应的支撑配套船舶的发展也领先于其他国家，且已经形成了较大的规模船队。

19.1.3　海上油气田生产装备的发展现状

我国海洋油气生产装备主要集中在300米以内水深，主要包括各种类型的导管架平台、浮式平台如FPSO和半潜式生产平台（SEMI-floating production system，SEMI-FPS）、水下生产设施等。其中我国在FPSO建造运行方面形成具有自主特色的技术和方法。

1. 浮式生产平台

浮式生产平台是深水油气开发的主要设施之一，主要类型有张力腿平台（tension leg platform，TLP）、深吃水立柱式平台、SEMI-FPS和FPSO。目前世界上已经投产的深水浮式平台分布见图19.9。我们目前经验集中在中深水FPSO设计、建造方面。

图19.9　目前世界上已经投产的深水浮式平台分布

我国目前拥有国际先进的大型FPSO设计、建造能力，早在1986年，中海油通过改造“南海希望”号开始涉足FPSO领域。1987年在开发渤中28-1油田中中海油首次自行研制了5万吨级的“渤海友谊”号，该船获得过国家科技进步一等奖和“十大名船”称号。在海洋油气开发的实践中，中海油不断地对FPSO进行探索；先后与国内有关科研机构和造船企业合作，使FPSO作业水深从10多米提高到300多米，服务海域从渤海冰区到南海台风高发区，储油能力从5万吨级发展到30万吨级。我国已经掌握了 FPSO 总体选型、原油输送、系泊系统、油气处理设施、技术经济评价等关键技术，也是世界上拥有 FPSO 数量最多的公司之一。

目前我国已经建造 FPSO17 艘（图 19.10 和图 19.11），其中创新技术包括“大型浮式装置浅水效应”设计、浮式生产储油系统抗冰设计、抗强台风永久性系泊系统、应用于稠油开发的 FPSO。2007 年投运的海洋石油 117 为世界最大的 FPSO，船长 323 米，型宽 63 米，型深 32.5 米，可抵御百年一遇的海况，30 万吨储油能力，处理能力 3 万吨 / 天，造价 16 亿美元。

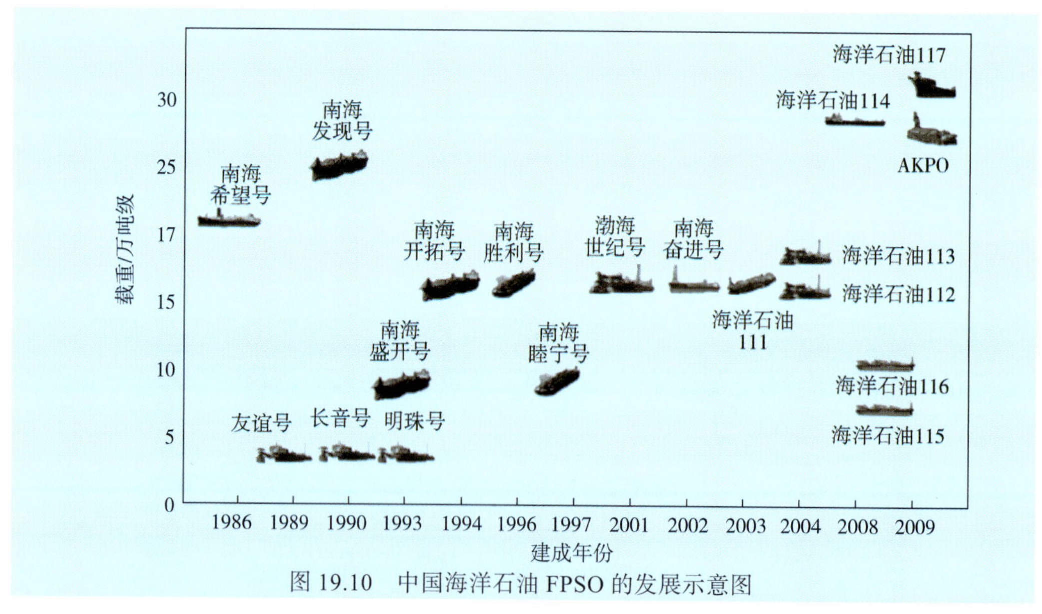

图 19.10 中国海洋石油 FPSO 的发展示意图

图 19.11 中海油已有的 FPSO 装置

目前我国仅南海流花 11-1 油田的南海挑战号 SEMI-FPS（图 19.12）为用于生产的半潜式生产平台。

图 19.12 LH11-1 的 FPS 半潜式平台

同时我国正在开展深水张力腿、立柱式平台、大型浮式液化天然气船（floating liquid natural gas，FLNG）、浮式液化石油气船（floating liquid petroleum gas，FLPG）和浮式钻井生产储油卸油轮（floating drilling production storage and offloading，FDPSO）的研制。

2. 水下生产设施

在深海油气田开发中，水下生产设备以其显著的技术优势、可观的经济效益得到各大石油公司的广泛关注和应用，已经成为开采深水油气田的关键设施之一，在世界各地的深水油气田开发中得到了广泛应用。目前我国几乎所有水下生产设备都依赖于进口。

我国已着手进行水下管汇工程样机的研制，同时，管汇上的关键部件，如水下连接器、阀门等工程样机也陆续在研制过程中。水下生产设施一直为国外少数厂家垄断，目前国内江苏金石集团和上海美钻公司（合资）等已经开始水下采油树、水下管汇、连接器、阀门等研制，其中流花 4-1 桥接管汇由美国 FMC 公司进行设计，整个建造由深圳巨涛海洋石油服务有限公司完成；崖城 13-4 简易管汇由深圳小海工设计并建造完成，该简易管汇，首次使用了国产水下连接器，这些都为我国自主进行管汇设计与建造奠定了良好的基础。

3. 海上流动安全保障设施

流动安全是制约深水油气田开发的关键，其相关核心设计技术、监测与管理技术一直为国外所垄断。目前我国已经建立了达到世界先进水平的室内水合物、蜡沉积流动安全试验系统、多相管流和混输立管试验系统，具备深水流动安全设计能力以及建造、安装、调试能力，并研制了基于压力波动的海上立管段塞监控系统、研制管道流型分离与旋流分离相结合的高效分离段塞控制系统，成功应用于文昌油田FPSO、QK17-2平台，比常规分离器体积缩小2/3，并有效控制90%立管段塞、保障油田稳定运行，提高产量15%。

4. 我国深水海底管道和立管

目前我国具备自主开发深水大型油气田海底管道和立管工程设计、建造、安装、涂敷、预制能力，具备深水海底管道和立管关键性能实验室试验能力，掌握深水立管动力响应实时监测和海底管道检测主要技术，为我国深水油气田的开发和安全运行提供技术支撑和必要的技术储备。

通过自主研发基本掌握了顶张紧式立管、钢悬链式立管和塔式立管的设计、建造和安装铺设技术，在立管涡激振动及抑制措施、抑制效率方面通过大量的水池试验取得了突破性的认识和进展。

19.1.4 深水井控及应急救援技术与装备发展现状

海上钻井具有高技术、高风险、高投入的特点。近些年来，世界石油行业发生多起重大事故。据挪威工业科学研究院统计，1980～2008年海上井喷事故中，80.4%是在钻井工程中发生的。

2010年4月20日，英国石油公司在墨西哥湾的Macondo井发生井喷爆炸，36小时后钻井平台“深水地平线”沉没，地层油气通过井筒和防喷器持续喷出87天。事故造成11人失踪、17人受伤，泄漏到墨西哥湾中的原油超过了400万桶，成为美国历史上最严重的漏油事件，给墨西哥湾沿岸造成严重环境污染，引起重大经济损失、政治危机和社会危机，成为一场生态灾难。事故后，埃克森美孚（Exxon Mobil Corp.)、雪佛龙公司（Chevron Corp.)、荷兰皇家壳牌有限公司（Royal Dutch Shell PLC）和康菲石油公司（Conoco Phillips）组建一家合资企业来设计、建造、运营一个快速反应系统。系统包括数艘漏油收集船和一整套水下防泄漏设备，可以收集并控制海面以下1万英尺深处每日至多10万桶石油的泄漏。

在过去石油工业历史上，在陆地、海上发生过上百口井井喷失控案例，尤其海湾战争以及墨西哥湾、北海、西非等深水海域的井喷失控事故，积累了大量应急救援技术，包括封盖灭火技术、带压开孔作业技术、水力切割、救援井技术等，在BP墨西哥湾事故中，采用了ROV关闭防喷器、隔水管插入式回收溢油、LMRP盖帽、控油罩、顶部压井、泵入水泥浆固井以及钻救援井等。国外有专门从事井控及应急救援专业公司，包括Halliburton Boots & Coots公司、Wild Well Control公司、Helix公司等公司，其中在2010年墨西哥湾井喷爆炸事故中，Wild Well Control公司制造了控油罩，John Wright CO.负责灭火、救援井设计等工作，Helix公司实施了顶部压井施工。总结现场作业技术和经验，已经形成了一些深水井控及应急救援标准规范：国际钻采承包商协会（International Association of Drilling Contractors，IADC）深水井控指南，美国石油协会、国际标准化组织、挪威石油标准化组织都有相关的标准和规范，油公司、服务公司都有井控手册、应急救援指南。形成了华油能源公司 DrillBench、OLGA ABC 等井控及压井作业软件，用于模拟救援井压井，另外IADC、国际井恐沙龙、井控公司也制定了标准的井控计算指南。我国刚刚进入深水油气田开发领域，开始进行深水井控及应急救援技术研究，还未形成相关技术标准。

我国南海是台风活动最频繁和路径最复杂的海区之一，频发的台风无疑是海上石油勘探开发作业装置的巨大威胁。2006 年 8 月，DISCOVERER 534 在抗击台风“派比安”过程中隔水管从转盘面处折断，52 根隔水管以及防喷器组全部落海，损失惨重。以海洋石油 981 平台为例，其在 BY13-2-1 井钻井作业期间遭遇 4 个台风影响，共影响作业 12 天。南海台风严重影响钻井作业失效，台风来临时还要保证井口、隔水管和平台安全，平台需要安全驶离台风轨迹，到安全海域，但是做好相关准备，需要处理井筒，然后回收隔水管避台。对于深水，这种撤台作业方式不适用，有时需悬挂隔水管撤离。

目前我国针对深海，特别是南海领域的重大石油事故的应急救援方案和装置基本处于空白，发生钻井井喷漏油事故后寻求类似的海外帮助难度很大。因此有必要建立一套具有自主知识产权的本土化的深海应急救援技术体系。

19.2　我国海洋能源工程装备发展面临的问题及挑战

深水工程创新技术和重大装备是引领深水能源开发的关键，第六代钻井船、16 缆勘探船、2×7 000 吨的起重铺管船，以及深水平台、水下生产设施、流动安全保障、海底管道等技术等创新技术的发展促成了墨西哥、巴西、西非深水能源开发的“金三角”的形成。目前已开发深水大型油气田达 50 多个，国外投产油气田的最大水深记录为 2 743 米，钻探记录为 3 095 米，水下气田回接到岸上处理厂最远距离约为 143 千米。目前已建成 240 多座深水浮式平台、6 400 多套水下井口装置，深水油田产能已达 350 万桶 / 天，各国石油公司已把目光投向了 3 000 米水深。

我国近海能源开发技术和装备已基本实现国产化，但我国深水工程技术和装备远远落后于世界发达水平。我国合作开发的海上油气田水深记录为 330 米，同时我国海上复杂的油气藏特性（高黏、高凝、高含蜡）以及恶劣的海洋环境条件如夏季强热带风暴、深水内波、海底沙脊沙坡等特点决定了我国深水油气田开发将面临诸多挑战；深水油气田开发需要深水物探船、工程勘察船、半潜式钻井平台或钻井船、铺管船、起重船、支持船、采油平台、水下生产系统、修井船等重大装备。我国在“十一五”期间已建造了作业水深 3 000 米的 5 型（6 座）工程装备：半潜式钻井平台、铺管起重船、12 缆物探船、三用工作船（2 座），但建造数量远远不能满足我国海洋能源特别是深水开发的需求。同时我国在海上施工作业、钻探、生产和应急救援装备与国外先进技术相比无论总体性能、绝对数量、配套装备、综合作业能力方面都有很大差距。我国在深水平台（Spar 平台、TLP 平台、生产半潜平台等）、水下生产系统（水下井口、水下采油树、水下管汇等）、深水修井船、应急救援等大型装备还是空白。主要表现在以下几方面：

（1）设计技术基本掌握在国外少数厂家手中，国内只能承接建造。

（2）数量和性能上与国外差距还很大：我国拖缆物探船最大作业能力为 12 缆，国际领先水平已达到 24 缆以上的作业能力；中海油服拥有高端物探物探船（6 缆以上）3 艘，全球高端物探船共计 73 艘，其中西方奇科科技有限公司 16 艘，法国地球物理公司 15 艘，挪威石油地球物理服务公司公司 13 艘（其中在建 2 艘）；国外具有深水钻探工程船有 10 艘，我国仅海洋石油 708；国外第五、六代钻井船、平台 33 座，我国仅海洋石油 981。

（3）目前深水工程重大装备所配备的核心设备几乎全部依靠进口，如海洋石油 720、708、981 上部设施无一例外都是少数几个厂家垄断的设备与仪器。

同时我国南海油气田的勘探开发勘探开发区域广、水深、离岸远、环境恶劣，针对我国深水油气田的特点，将引进消化国外先进技术与自主创新相结合，尽快实施我国深海能源开发工程，突破特殊地质环境和海洋资源勘探开发关键技术，自主研发成套的深水油气田开发工程技术装备对大规模开发利用海洋资源、有效缓解日益突出的油气资源短缺压力、增强我国油气资源的基础保障能力、为油气能源安全奠定重要基础、并使海洋产业特别是深水技术产业逐步成为我国国民经济的支柱产业、进一步把中国建设成海洋强国、维护我国海洋国土权益具有重要的战略意义。

19.3 我国海洋能源工程装备发展战略思路

以国家海洋大开发战略为引领，以国家能源需求为目标，大力发展海洋能源工程核心技术和重大装备，加大近海稠油、边际油田高效开发，稳步推进中深水油气资源勘探开发进程，探索海域天然气水合物目标勘探与试开采核心技术，保障国家能源安全和海洋权益，为走向世界深水大洋做好技术储备。

首先我国应尽快建立一支深水工程作业船队。到 2020 年，在 3 000 米深水半潜式钻井平台 HY981、深水铺管船 HY201、深水勘察船 HY708、深水物探船 HY720、750 米深水钻井船（先锋、创新号）基础上，完成多功能自动定位船、5 万吨半潜式自航工程船、1 500 米深水钻井船（prospector）、750 米深水钻井船（promoter）建造，并开展 2×8 000 吨起重铺管船、FLNG、FDPSO 等的设计建造，建立 3 000 米水深作业装备为主体的深水工程作业船队，全面提升我国深水油气田开发技术能力和装备水平。

同时加快深水油气田生产装备的研制。加快深水浮式平台、水下生产设施、流动安全设施、海底管道和立管等相关核心技术和装备国产化研制步伐，并深化新型

FLNG、FDPSO 等储备技术研制，为打破国外垄断、助力深水油气田自主开发、维护主权提供支撑。

其次我国应尽快开展海上应急救援装备研制，逐步建立海上应急救援技术体系，包括载人潜器、重装潜水服、ROV、智能作业机器人（automic universal vehicle，AUV）、应急求援装备以及生命维持系统的自主研制，加快应急救援技术研究，建立应急救援技术、装备体系。

当前我国应尽快加快深水工程技术装备和技术自主研发，力争通过 30 年的时间，建立自主的深水油气田勘探开发技术体系、监检测技术、应急救援技术装备体系，实现我国海洋能源开发由浅水到深水、由常规油气到非常规油气、由国内到国外发展的重点跨越，使我国海洋能源勘探开发工程技术与工程装备的总体水平达到国际先进水平，带动我国海洋能源大开发、形成配套支柱型产业，为建设海洋强国、保障国家能源安全提供支撑。

新能源产业篇

第 20 章

核电产业

叶奇蓁　徐　銶　黄其励　彭苏萍　苏　罡　赵成昆　徐元辉　李思凡

【内容提要】2011 年福岛核事故后，在保障能源需求、调整能源结构、应对气候变化和保护环境的现实需求和压力下，世界核电发展总趋势没有根本变化。我国发布《核电安全规划（2011—2020 年）》和《核电中长期发展规划（2011—2020 年）》，标志着国内核电建设稳妥恢复，核电产业面临良好发展机遇。目前，我国是世界核电在建规模最大国家，在向核电大国迈进的进程中，需要加强先进核电技术研发，推进示范工程建设，统筹规划后处理和快堆技术发展，目的是建立核燃料闭式循环可持续发展模式，探索核能多用途应用，实现核电走出去战略，从而实现向核电强国转变的中长期目标。

20.1　核电产业发展现状和趋势

20.1.1　核电产业的基本概念与范畴

核电是通过可控核裂变方式将核能转变为电能，实现核能的和平利用，被称为 20 世纪人类的三大发明之一，它使人类从利用化学分子能跨越到利用物理原子能的新天地。核电产业应涵盖核电站全生命周期，包括建造、运行和退役，并涉及核电全产业链和相关方，着眼于建立可持续发展的核燃料循环体系。

核电站全生命周期是指从核电站建造、调试运行到退役，包括核电站选址、建造、运营、中低放废物处理和处置，乏燃料后处理和高放废物处置，乃至核电站退役，恢复核电站厂址的自然地貌的全生命周期。

核燃料循环体系是指从铀矿开采、核燃料制造、乏燃料处理到最终废物处置的整个过程。我国明确了铀钚循环路线，以核燃料在反应堆中使用为界，分为前、后两段。前段包括铀矿勘查开采、矿石加工冶炼、转化、铀浓缩和燃料组件加工制造；后段指核燃料从反应堆卸出后的各种处理过程，包括乏燃料中间储存、乏燃料后处理、核燃料（钚和铀）回收、核燃料再循环、放射性废物处理与最终处置。回收后的核燃料可以在热中子堆中再利用，也可以在快中子堆中再利用，统称核燃料闭式循环（图 20.1）。

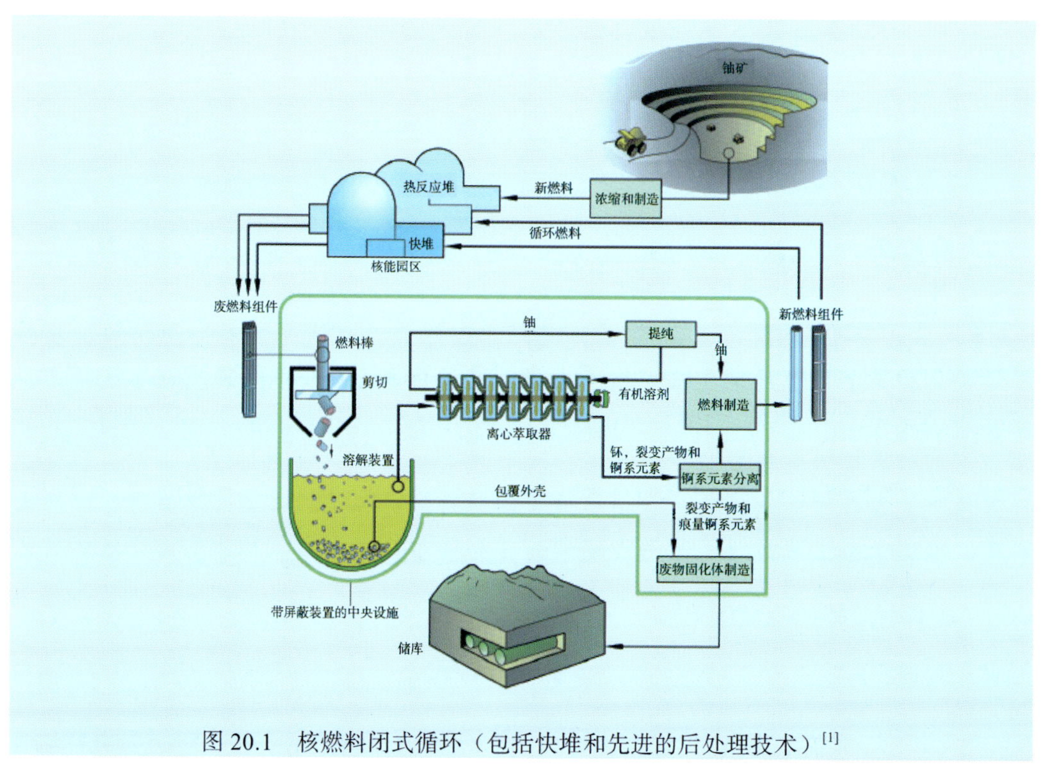

图 20.1　核燃料闭式循环（包括快堆和先进的后处理技术）[1]

核电全产业链分为垂直的核燃料供应链和横向的核电站建造和运行的协作链。供应链包括核燃料前端和后端乃至核燃料循环产能；协作链界定为与核电站建设运行有关的科研开发、工程设计、设备制造、施工建设、调试运营等相关产业链中主要环节组成的产业群，如重型机械制造业、泵阀设备制造业、发电装备制造业、仪表数控生产、核电站用特种材料生产等，为核电站系列化、批量化建设提供装备和服务。

20.1.2 核电产业发展现状与特点

1.国际发展现状

（1）发展历史。第一座商用核电站建于20世纪50年代，核电站在世界范围内的大规模建设浪潮发生在20世纪70～80年代。但是随着1979年三里岛事故和1986年切尔诺贝利事故的发生，以及1986年石油价格的暴跌，核电增速放缓。21世纪后世界经济增长引发石油、天然气等能源价格上涨，加上温室气体排放和环保压力增大，核电发展开始复苏（图20.2）。

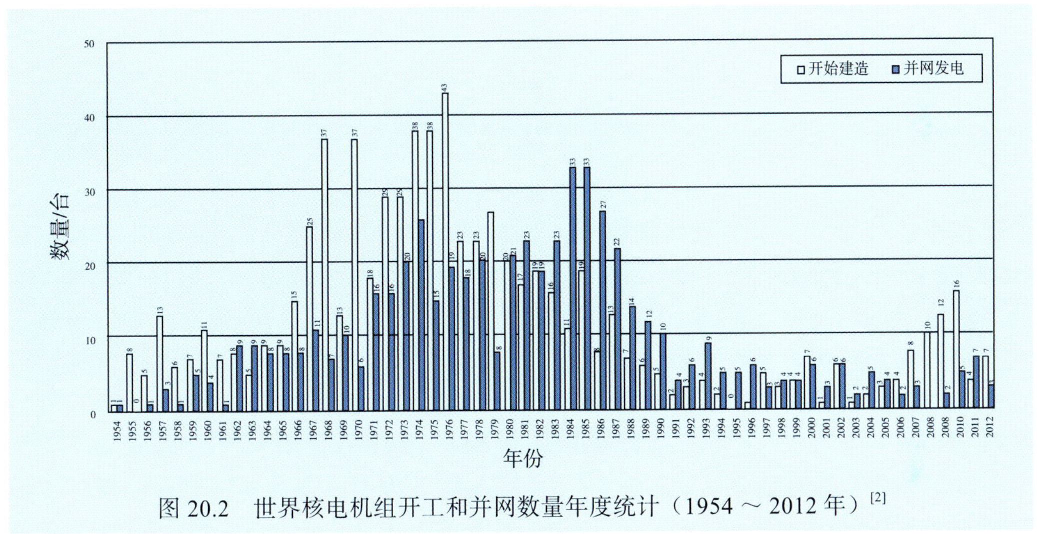

图20.2 世界核电机组开工和并网数量年度统计（1954～2012年）[2]

（2）福岛核事故后现状。2011年福岛核事故给全球核电行业发展带来了深远的影响，某些国家甚至因此改变了核电发展政策。然而，在保障能源需求、调整能源结构、应对气候变化和保护环境的现实需求和压力下，世界核电发展的总趋势没有根本变化，核电仍然是理性、现实的选择。根据国际原子能机构（International Atomic Energy Agency，IAEA）预测[3]，到2030年核动力至少占全部动力的25%，最大的增长可能达到100%。

（3）运行状态。截至2012年年底，全球范围内共有31个国家运行着437台运行核电机组，总装机容量373吉瓦（电）。核电发电量23.5亿兆瓦时，约占总发电量的16%。全球核电站运行经验超过15 247堆年；美国、法国、俄罗斯等核电发达国家拥有世界57%的核电装机。

（4）在建状态。截至2012年年底，在如图20.3所示的14个国家中有67台机组在建，总装机容量为64吉瓦（电）。

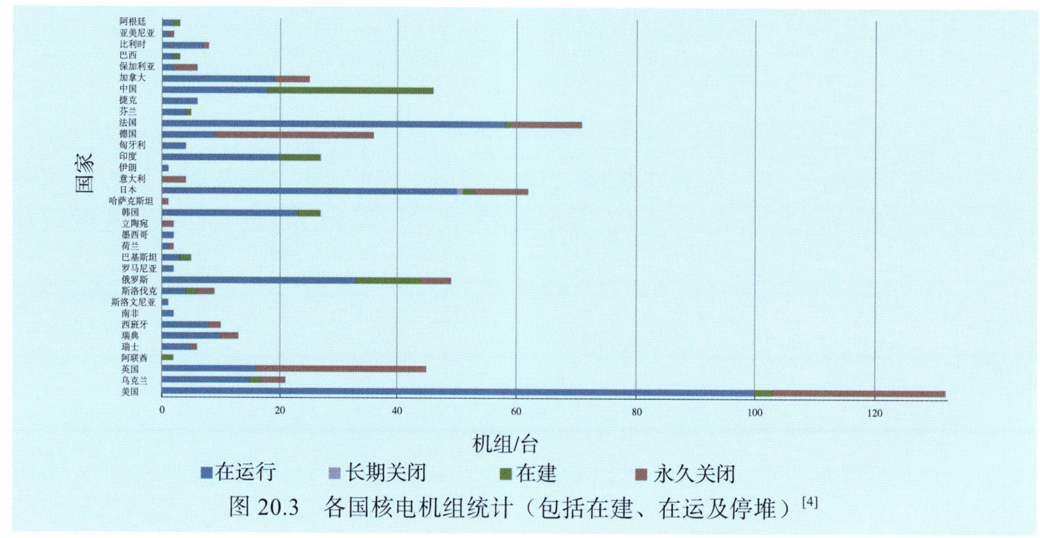

图 20.3　各国核电机组统计（包括在建、在运及停堆）[4]

（5）核电技术改造。经过技术改造和设备性能的提高，现有核电站的利用因子已经从建造时的 70% 左右提高到 90%；在役核电站功率提升已经使全球核电发电量增加 2% 以上。例如，美国核电站通过采取三种不同的技术改造，发电功率提升幅度为 5% ～ 10%。此外，美国 20 世纪 90 年代开始实施运行机组的延寿改造，包括寿命评估、安全分析、系统技术改造、设备性能提升等步骤，成效显著，运行机组寿命由 40 年延长到 60 年，经美国核管理委员会（U.S.Nuclear Regulatory Commission）批准延寿的核电站占美国全部运行核电站的 70% 左右。

（6）核燃料循环状态。目前铀转化和浓缩能力集中在少数经济合作与发展组织（the Organisation for Economic Co-operation and Development，OECD）国家和俄罗斯联邦国家，18 个国家具备生产核燃料的能力；法国、英国、美国、俄罗斯、日本、印度等国家已经掌握了乏燃料后处理技术。OECD 和世界范围内各种能源的电力生产情况见图 20.4。

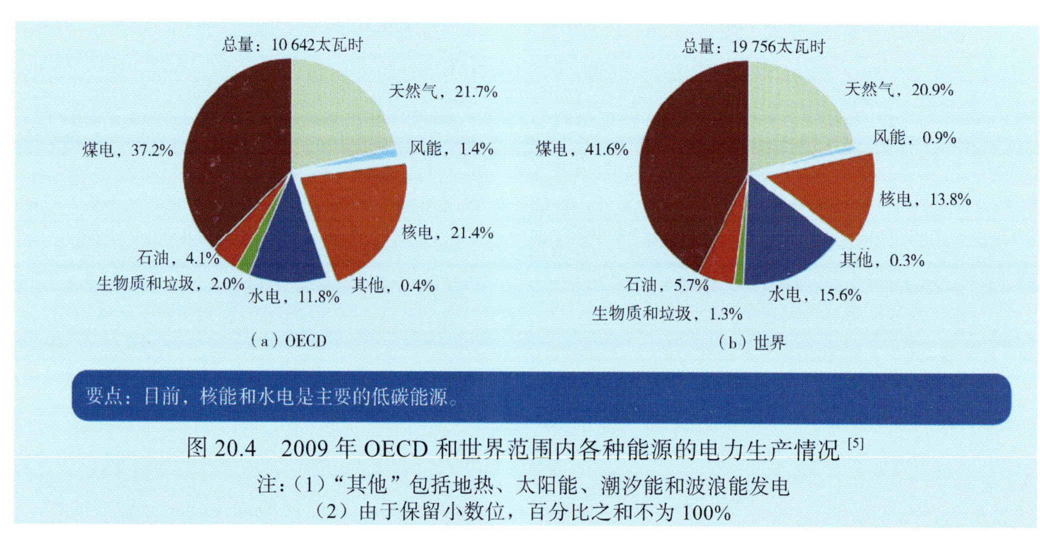

图 20.4　2009 年 OECD 和世界范围内各种能源的电力生产情况 [5]

注：（1）“其他”包括地热、太阳能、潮汐能和波浪能发电
（2）由于保留小数位，百分比之和不为 100%

2.国内发展现状

经过多年发展，我国已成为世界上少数几个拥有完整核工业体系的国家，核电建设与运行管理达到国际先进水平。截至 2012 年年底，我国国内运行核电机组达到 16 台，装机容量 1 363 万千瓦，发电量 874 亿千瓦时，占全国总发电量的 1.8%，为保障电力供应和保护生态环境做出了积极贡献（图 20.5）。

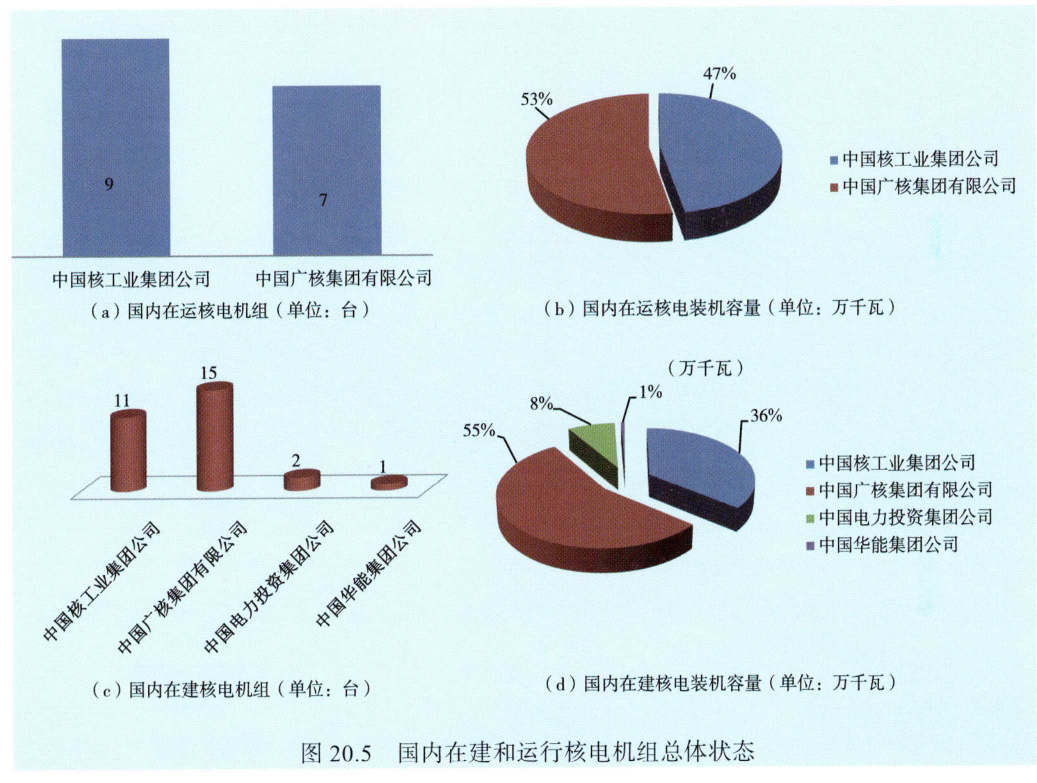

图 20.5 国内在建和运行核电机组总体状态

（1）投运机组安全运行，经济效益逐步提高。自秦山一期机组投运 20 年来，未发生国际核事件分级 2 级及以上的运行事件（事故），没有对环境和公众造成不良影响。安全运行技术水平不断提高，主要运行指标高于世界平均值，部分指标达到国际领先水平。秦山、大亚湾和田湾核电基地运行机组上网电价已低于当地脱硫燃煤机组标杆上网电价，核电经济性日益显现。

（2）核电建设规划调整，在建规模世界第一。我国引进美国 AP1000 先进核电技术已在三门、海阳两个依托项目共开工建设 4 台核电机组，同时进口法国设备在台山开工建设 2 台 EPR（European pressurized water reactor，即欧洲压水堆）核电机组。加上自主设计建造的一批二代改进型压水堆核电项目，截至 2012 年年底，在建机组 29 台，装机容量 3 158 万千瓦，占世界核电在建机组的 40% 以上。

（3）制造能力增长较快，硬件规模世界第一。我国核电装备制造企业依托核电项目建设，加大技术改造力度，以市场需求为导向，借助引进消化吸收，在核电关键设备制造方面取得突破，形成了每年 8 ～ 10 套（约 800 万千瓦）核电主设备制造硬件能力。在建二代改进型机组平均设备国产化率达到 80% 左右。

（4）自主化水平稳步提升，科研体系加快形成。随着核电发展，我国已经推出两种自主研发设计核电型号，一种是在引进 AP1000 基础上自主开发的先进核电机型 CAP1400；另一种是在充分利用国内技术和工业的基础上，自主开发的具有自主知识产权的先进核电机型 ACP1000 和 ACPR1000 +。其中 ACP1000 与巴基斯坦签订了卡拉奇 K2/K3 核电出口合同。在此基础上，我国进一步优化形成了融合方案——华龙一号。

高温气冷堆和快堆产业联盟初步建立，通过产学研用融合，推动我国四代核电技术进步的局面已经形成。

（5）核燃料保障程度提高，乏燃料后处理稳步推进。铀资源供应体系已经建立国内生产、海外开发和国际贸易三条供应渠道，可以保障核电发展需要。已开展锆材研发和试生产工作，国内运行核电厂所需燃料元件已实现自主化。自主开发的反应堆乏燃料后处理中试工程通过热试，商用大型后处理厂正在按照“以我为主、中外合作”的原则开展前期技术开发和工程准备工作。已经建成两个中低放射性废物近地表处置场；正在开展高放射性废物深地质处置设施的选址工作。

20.1.3 核电产业发展基本趋势

1.全球发展趋势

世界核电技术发展路线图见图 20.6。

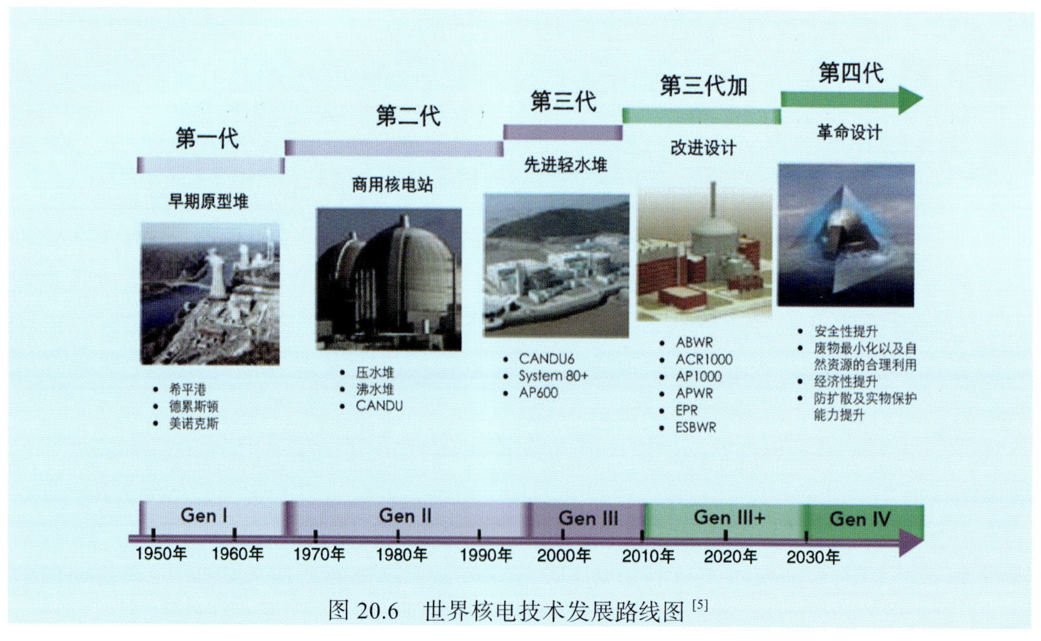

图 20.6 世界核电技术发展路线图 [5]

基于国际核电技术发展的历史回顾，考虑到轻水堆的技术基础和发展历史，以及性能和价格上的优势，在未来 20 年左右的时间内，轻水堆技术仍将是国际核电发展的主流技术路线。世界各大核电供应商按照 20 世纪 90 年代制定的轻水堆用户要求［URD（User Requirement Documents） 或 EUR（European User Requirement）］，通过改进和研发开发了多种水冷型先进核电机型，包括最早开发的欧洲 EPR，在建 4 台机组（1 台在芬兰，1 台在法国，2 台在中国台山）；美国西屋公司开发的 AP1000，在建 6 台机组（4 台在中国三门和海阳，2 台在美国）；日本已建成 2 台美国 GE 公司开发的 ABWR（advanced boiling water reactor，即先进沸水反应堆）；由美国 GE 公司研发，但未实施的 ESBWR（经济简化型沸水反应堆）；韩国研发 APR1400 正在国内自主建造并取得出口合同；俄罗斯研发的 AES2006 兼顾先进性和经济性，具有良好的发展前景，在国际上取得了较多的核电出口合同。

IAEA 将发电功率小于 300 兆瓦（电）的机组定义为小型反应堆（small or medium size reactor，SMR），主要面对没有大电网建设的发展中国家，或者远离电网的孤岛地区，目标是实现发电、供热、制冷和海水淡化等核能综合利用技术。

21 世纪初，国际上组织合作开发，整合各国研发资源，为核能的可持续发展开发新一代核能系统（反应堆和燃料循环），目前主要有三个国际交流平台：①“第四代核能国际论坛”（the Generation Ⅳ International Forum，GIF）于 2002 年提出了第四代核电的六种研究开发的堆型（包括各自的燃料循环）和研究开发“路线图”，见图 20.7；②“全球核能合作伙伴”（the Global Nuclear Energy Partnership，GNEP）致力于推动安全、可持续发展、经济和防止核扩散的先进核能技术联合研发；③ IAEA 发起的“核反应堆和燃料循环倡议”（the International Project on Innovative Nuclear Reactors and Fuel Cycles，INPRO）国际项目。第四代核能系统开发的目标是要在 2030 年或更早的时间创新地开发出新一代核能系统，使其在安全性、经济性、可持续发展性、防核扩散、防恐怖袭击等方面都有显著的先进性和竞争能力；它不仅要考虑用于发电或制氢等的核反应堆装置，还应把核燃料循环也包括在内，组成完整的核能利用系统。

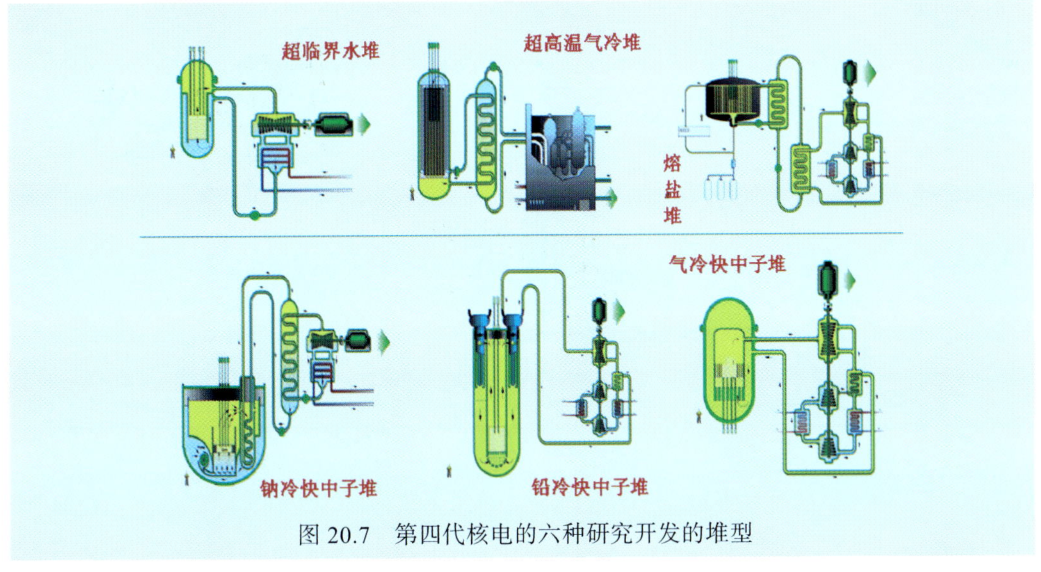

图 20.7　第四代核电的六种研究开发的堆型

国际上正在开发聚变能的利用，研究开发国际热核试验反应堆 ITER

(international thermonuclear experimental reactor)，设计功率为500兆瓦，等离子体持续时间大于500秒（图20.8）。如果这样一座大功率的聚变核反应堆能如期建成运行，将使聚变发电的工程可行性得到证实。2006年5月23日，中美欧俄韩日印成立ITER组织，实施ITER计划。原计划2008年开始建造反应堆，2016年获得第一次等离子。但是目前投资较预期增加，进度较预期推迟。

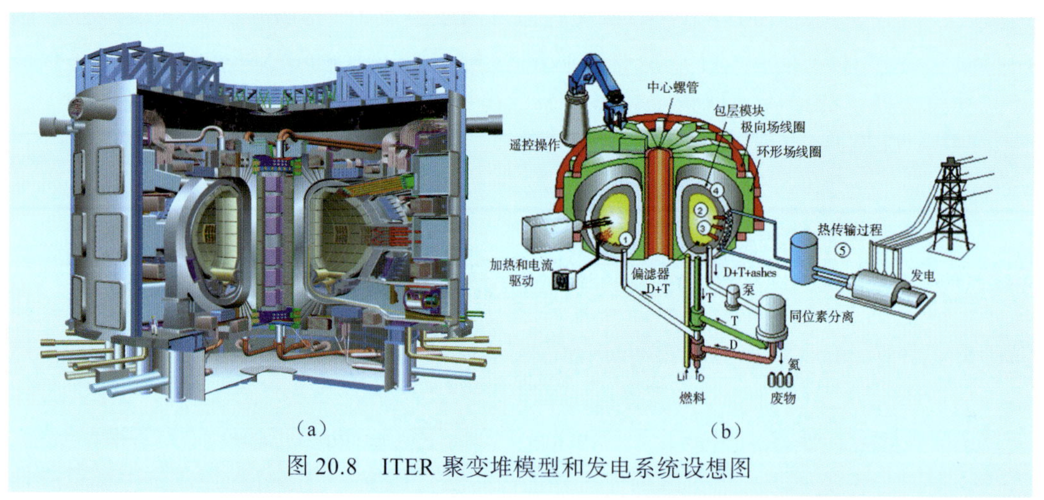

（a）　（b）

图20.8　ITER聚变堆模型和发电系统设想图

2.国内发展趋势

1）我国核能发展的三部曲

我国核能利用采取热堆、快堆、聚变堆三步走发展道路（图20.9）。

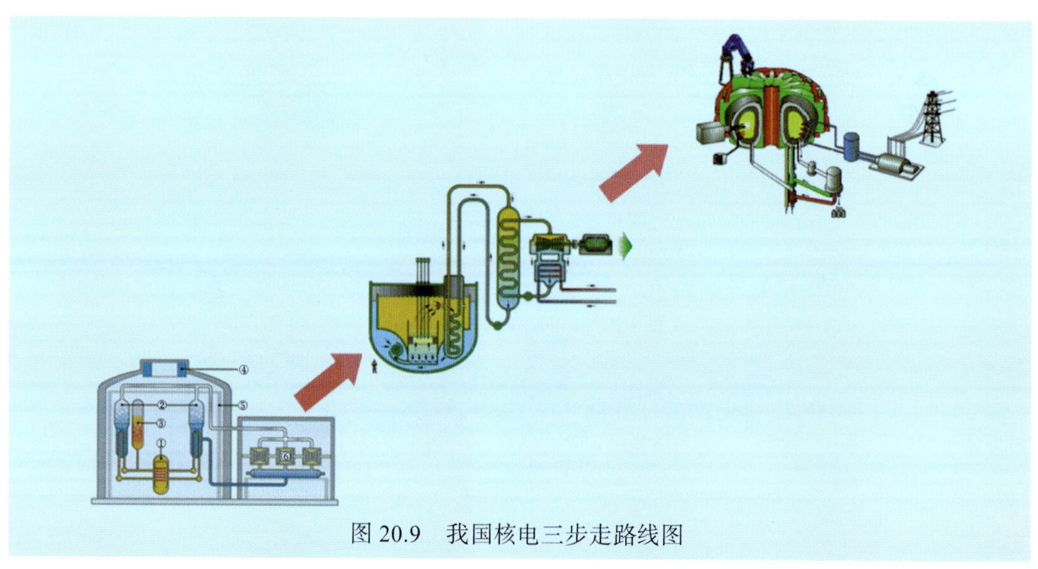

图20.9　我国核电三步走路线图

（1）“十二五”及“十三五”期间在安全高效的方针下，实现成熟先进的热中子

堆（压水堆）核电站规模化、批量化的发展，满足近期和中长期能源发展的需要。

（2）“十三五”开始快中子堆核电站和压水堆乏燃料后处理厂示范工程建设，2025 年前后实现核燃料从开式循环向闭式循环转变，减缓天然铀资源的消耗，实现裂变核能的可持续发展；2030 年前后建成商用快中子堆，快堆燃料制备和快堆乏燃料后处理的研究开发将与快堆同步进行，争取 2035 年前后开始实施快堆燃料循环的闭合，2040 年前后具备实现快中子增殖堆核能系统产业化发展的条件。

（3）第三步发展核聚变堆核电站，我国相关技术发展应与国际同步，争取 21 世纪下半叶实现可控核聚变发电。

2）安全高效规模化、批量化发展核电

《中国的能源政策（2012）》白皮书提出，“安全高效发展核电”，“核电是一种清洁、高效、优质的现代能源”[6]。《纲要》提出：到 2015 年，中国非化石能源占一次能源消费比重达到 11.4%，中国政府承诺，到 2020 年非化石能源占一次能源消费比重将达到 15%左右，单位 GDP 二氧化碳排放比 2005 年下降 40%～45%[7]。

从铀矿开采到废物处置的全生命周期来看，核电每发一度电，碳排放量仅为 2～6 克，与风能和太阳能发电相当。在非化石能源中，核电是增加能源供给的重要支柱之一。目前我国核电发电量仅占总发电量的 1.8%，远远低于 16%的世界平均水平，发展核电对优化能源结构、保障国家能源安全具有重要意义，是确保我国实现上述目标的重要措施之一。

2012 年 10 月，国务院已讨论通过了《核电安全规划（2011—2020 年）》[8] 和《核电中长期发展规划（2011—2020 年）》[9]，国内核电建设稳妥恢复。按照规划，到“十二五”末，全国核电运行装机容量将达到 4 000 万千瓦，在建 1 800 万千瓦；到 2020 年，核电运行装机容量将达到 5 800 万千瓦，在建 3 000 万千瓦。国家在确保安全的基础上高效发展核电的方针没有改变，核电产业发展处于良好的机遇期。根据国家核安全局即将发布的《新建核电厂安全要求》，我国核电产业已经进入安全高效有序发展的关键时期。

展望未来能源结构，预计 2030 年核电规模将达到 1.5 亿～ 2 亿千瓦装机，占总发电量的 10% 以上，快堆技术逐步实现商用推广，核燃料闭式循环得以建立；2050 年核电规模预计达 3.5 亿～ 4 亿千瓦装机，占总发电量的 15% ～ 20%，将成为我国能源的重要组成支柱之一，实现对能源安全和应对气候变化的战略作用。

20.2　核电产业战略布局、科技发展规划和技术发展方向

20.2.1　核电产业战略布局

根据环境保护部对我国备选厂址的分类评价和研究，我国备选厂址可满足 3 亿

多千瓦的核电装机容量，其中 40% 是内陆厂址。目前我国在建和在运核电厂分布见图 20.10。到 2020 年，列入规划目录，实施保护的厂址共 27 个，1.04 亿千瓦；列入规划目录，需要重点论证的厂址共 26 个，1.2 亿千瓦（图 20.11）。“十二五”期间，优先安排沿海厂址，重视地震、台风、龙卷风、洪水、风暴潮、海啸和泥石流等外部极端事件的潜在风险，在加强各类灾害风险评估论证的基础上，对新建厂址进行严格的全面审核。

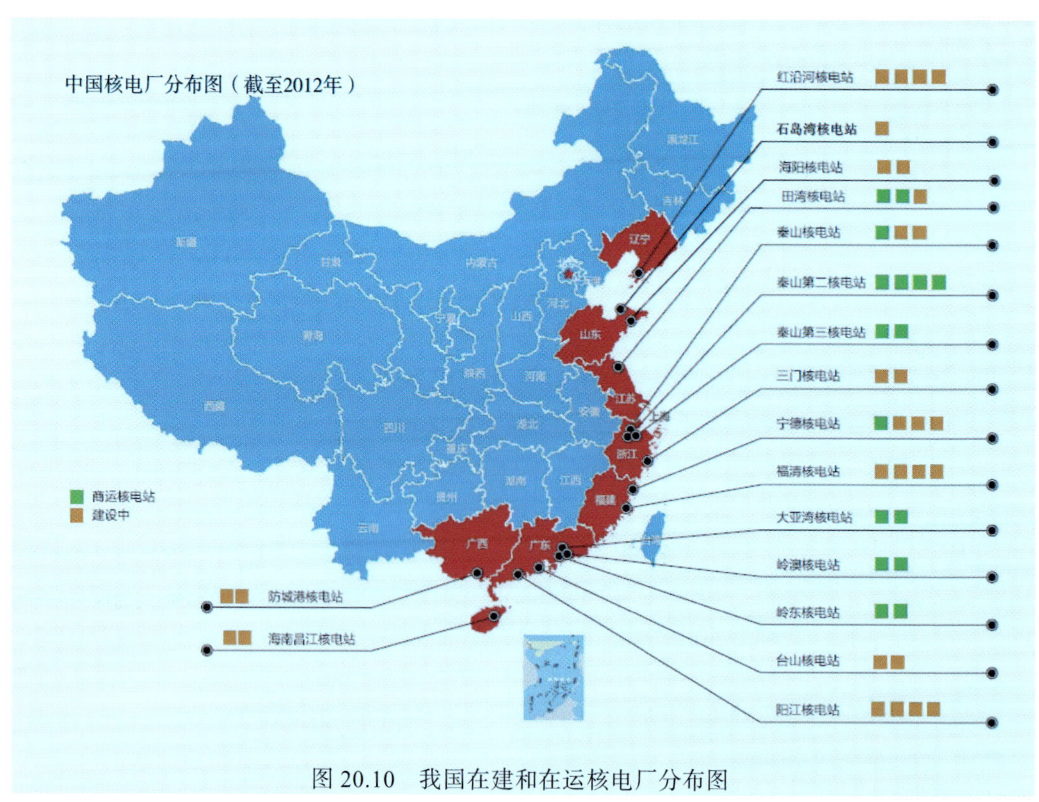

图 20.10　我国在建和在运核电厂分布图

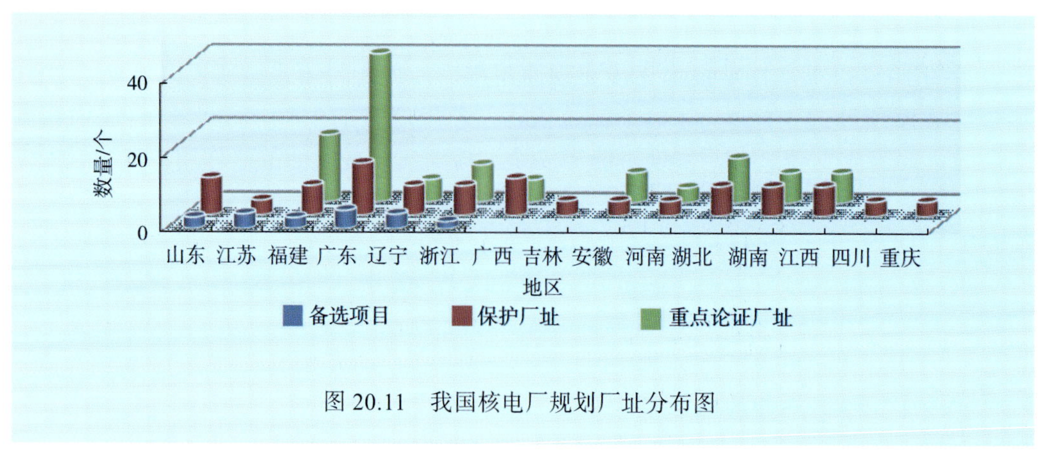

图 20.11　我国核电厂规划厂址分布图

随着国家经济发展向中西部延伸，内陆地区经济加速发展，对能源和电力的需求日趋增长，有些内陆省份缺乏一次能源，有些地区虽然风电、水电比较丰富，但随气候季节变化很大，需要强大稳定的支撑电源，因此，有必要推动内陆核电的发展。

严格按照核安全法规进行内陆核电的选址，对地震最大降雨水库溃坝等导致的洪水采用保守的预测方法，以及“干厂址”等设计理念和设防要求，能保证核电机组具备足够的防御外部事件的能力。内陆核电站采用冷却塔等闭式循环用水的模式，日补水量仅为冷却塔用水的蒸发量（仅循环冷却水量的1%～3%），加上合理布局，完全可解决我国水资源相对短缺的矛盾。

国内外压水堆核电站运行实践表明，放射性流出物的排放完全可以控制在一个较低的水平。规范要求我国内陆核电站液态流出物排放浓度的控制水平要较沿海核电站压缩10倍，低于100贝克勒尔/升。我国正在开发先进的废水处理系统，其净化系数从三个量级提高到五个量级。例如，采用凝絮—离子交换—反渗透技术的废水处理方案，净化后排水的放射性浓度在30贝克勒尔/升左右；另外，田湾核电站废水处理系统采用双蒸发双离子交换的技术方案，净化后排水的放射性浓度达到18贝克勒尔/升，完全满足规范要求的净化水平。如果将净化后的水复用，继续用做工艺水或设备系统的清洗水，有可能实现“零排放”或近零排放。

在极端事故工况下内陆核电站的放射性污染是可以防止的，事故后果是可控的。研究表明，内陆核电站在严重事故工况下产生的污水，能够按照“可存贮”、“可封堵”、“可处理”、“可隔离”的四项原则进行防范和应对，不会对核电站以外的环境造成严重的放射性危害。

20.2.2　核电科技发展规划

《国家“十二五”科学和技术发展规划》中规划了“加快实施国家科技重大专项大型先进压水堆及高温气冷堆核电站和核电站乏燃料后处理”；“推进重大科学研究计划实施核聚变能研究专项，加速开展我国聚变能发展研究”；“重点探索面向第四代核能等方向的前沿技术”。

《国家能源科技“十二五”规划》确定先进核能发电技术能源应用技术和工程示范重大专项，提出建立重大技术研究、重大技术装备、重大示范工程及技术创新平台的“四位一体”国家能源科技创新体系，到2015年，将形成具有自主知识产权的堆型及相关设计、制造关键技术，并在高温气冷堆核电站商业运行、快堆核电站技术等方面取得突破。

成立国家能源研发（实验）中心，其中核电部分见表20.1。

表 20.1　与核电相关的国家能源研发（实验）中心简况

名称	部委	依托单位	研究方向
国家能源快堆工程研发中心	国家能源局	中国原子能科学研究院	以快堆电站产业化和建立先进闭式燃料循环体系为导向，进行相关法规、标准、规范以及工程建造、调试和运行技术研究，为进一步开发大型先进快堆提供技术支撑；研究堆容器、钠循环泵、蒸汽发生器等示范快堆核电站关键设备设计和制造技术，为实现关键设备和材料的国产化夯实基础；进行商业示范快堆电站工程的设计、关键设备验证试验、燃料元件研发及辐照考验
国家能源核电软件重点实验室	国家能源局	国家核电技术公司科学技术研究院有限公司	开发具有完全自主知识产权的先进核电设计软件；研发严重事故、超设计基准事故分析相关软件；研发核电站先进数值模拟仿真软件技术；研发核电站运行管理类软件；积极培育核电软件应用市场
国家能源核级锆材研发中心	国家能源局	国核宝钛锆业股份公司	以实现核级锆材国产化、自主化为目标，形成核级锆合金成分与腐蚀性能、核级锆合金加工工艺与微观组织、核级锆合金加工成型与工模具技术、核级锆合金表征及评价四大研究方向，并在此基础上不断拓展延伸研究领域，探索新型核用材料的开发与应用研究
国家能源压水反应堆技术研发中心	国家能源局	中国核动力研究设计院	紧密围绕先进核电系统研发、反应堆关键技术攻关、反应堆安全运行及保障技术研究和核电标准研究四个研究方向，解决制约核电产业发展的关键技术及瓶颈问题，强化核电技术创新体系，提升我国核电产业整体技术水平，为国家重点工程提供技术支持和保障，为国家核能科技发展及战略规划提供技术支持
国家能源先进核燃料元件研发中心	国家能源局	中国核动力研究设计院和中科华核电技术研究院	研究方向为反应堆堆芯及燃料元件设计、燃料和材料工艺及性能研究、燃料及材料堆外试验研究和燃料元件堆内辐照考验及评价。目标是统筹核燃料元件研发的各个环节，提升燃料研发的战略地位，改变我国核电燃料市场缺乏自主品牌的现状，开发自主知识产权的先进核电燃料
国家能源核电运营及寿命管理技术研发中心	国家能源局	苏州热工研究院	开展核电站寿命管理标准规范体系研究、寿命评价技术研究、重大设备更换技术研究、状态监测与在役检查技术研究、寿期经济性分析技术研究和环境影响评价技术研究六大领域研究
国家能源重大装备材料研发中心	国家能源局	中国第一重型机械集团公司	按照“构思一代、研发一代、试制一代、生产一代”的思路，建立了系统的“基础科学—工程化—产业化—批量化”研究体系，全力投入百万千瓦级核电关键装备的自主开发

20.2.3　核电技术发展方向

核电技术发展路线图如表 20.2 所示。

表 20.2　核电技术发展路线图

时间节点	2015 年	2020 年
发展目标	掌握先进核电技术，提高成套装备制造能力，实现核电发展自主化，核电运行装机达到 4 000 万千瓦，包括先进核电机组的核电装备制造能力稳定在 1 000 万千瓦以上	形成具有国际竞争力的百万千瓦级核电先进技术开发、设计、装备制造能力，争取使我国核电技术处于国际前列

续表

时间节点	2015 年	2020 年
重大行动	加强核电安全、核燃料后处理和废物处置等技术研究，在确保安全的前提下，开展在运核电安全运行技术及延寿技术开发，开展自主先进核电站和 200 吨 / 年核燃料后处理厂建设，建设高温气冷堆核电站示范工程	完成自主先进核电站和 200 吨 / 年核燃料后处理厂建设，开展增殖快堆示范工程建设，开展分离嬗变规划工作，完成大型商业后处理技术研发和准备工作，开展大型商业后处理厂建设，逐步建立核燃料闭式循环能力；开展四代核电先进技术研发，探索核能多用途利用
重大政策	完善安全高效发展核电的法规体系和标准体系，制定核电科技发展规划	

1. 加强运行和维修安全技术和管理研究，提高在役核电站安全运行水平、延长使用寿命

（1）认真落实新核安全法规的要求，以及国家核安全局关于应对福岛核事故的各项措施。

（2）在运行和维修领域，应用 RM（risk monitor，即风险监测）和 MSPI（mitigating systems performance index，即运行指数缓解系统）工具的风险导向方法，进行运行风险管理和维修策略的制定，有效提升负荷因子，提高核电站的年发电量。

（3）运行事故管理。在应用 EOP（Emergency Operation Procedure，即事件导向的事故处理规程）的基础上，研究开发 SOP（the State Oriented Procedure，即状态导向的事故处理规程）编制和应用，制定 SAMG（serious accident management guide，即严重事故管理导则）应对设计扩展工况（包含熔堆事故），研究 EDMG（extremely damage management guide，即极端破坏管理导则）的适应性及制定原则，研究制定应对类似福岛核事故诱发因素的极端自然灾害的管理措施。

（4）开发、使用高性能和长寿命燃料，加深燃耗，延长换料周期到 18 个月换料，提高核电站的可利用率；并通过改进燃料包壳材料，减少正常运行工况下放射性释放，提高安全性。

（5）老化及延寿。确定核电站老化管理和延寿策略与顶层设计，采用 PDM（process data monitor，即工艺参数监测）技术平台，开展设备可靠性研究和关键设备、材料老化状态评价与寿命预测，开发老化监测和缓解技术，建立老化管理信息平台和数据库。

（6）开发先进的核电站监测技术和数字化 I&C（Instrument and Control）系统升级，优化人机界面，提高运行可靠性和安全性。

2. 推动具有自主知识产权的先进压水堆核电示范工程建设和规模化发展

先进压水堆必须满足国家核安全法规的要求，并与国际 IAEA 导则、URD 和 EUR 文件等关于先进核电厂安全性和经济性的要求与指标接轨，还需要考虑福岛核事故后在外部灾害、严重事故、应急等方面更高的核安全要求。总体来说其包括以下几方面：

（1）安全设计要求。核电厂设计必须有足够大的设计裕量，提高抗震要求，延长操作员不干预时间；设置严重事故预防和缓解措施，通过 PRA（probabilistic risk assessment，即概率风险评价）分析，要求内部和外部事件造成的堆芯熔化概率＜ 10^{-5}/ 堆年，大量放射性释放概率＜ 10^{-6}/ 堆年；严重事故缓解措施应满足纵深防御的原则；由累积发生频率超过 1×10^{-6} 的严重事故放射性释放导致的电厂边界处人员全身剂量小于 0.25 西弗。

（2）性能设计要求。核电厂按 60 年的运行寿期设计，在整个寿期内年平均可利用率应高于 87%、燃料平均燃耗不低于 60 000 兆瓦日 / 吨、具有负荷跟踪能力、具有较高的放射性废气废液的净化能力等，以提高电厂的运行性能和环保性能。

（3）建设进度应比现有电厂有显著的改善，在考虑初始资本费、燃料成本和运行维修成本后，与参考煤电厂脱硫电价相比应有经济优势。

（4）后福岛时代压水堆核电技术要求呈现以下新的趋势：加强应对极端外部灾害的能力，包括防洪、防水淹和抗震能力；进一步完善超设计基准事故和严重事故的预防与缓解措施；完善事故管理与应急管理体系，针对长时间全厂断电和多机组严重事故有相应的管理措施。

（5）《核安全规划》和《新建核电厂安全要求》明确未来的核电技术在满足最新核安全法规标准的前提下，兼顾先进性和成熟性。《核安全规划》要求“‘十三五’期间新建核电站要在设计上实际消除大规模放射性物质释放的风险”，为此需在科研攻关和工程设计上采取相应的措施。

实现核电的规模化、批量化发展，必须立足于建设具有自主知识产权的国产化机组，目前我国正在开发的先进压水堆核电机型具有以下主要技术特点。

（1）在引进 AP1000 基础上自主开发的 CAP1400 的技术特点：净功率大于 1 400 兆瓦（电）；通过大功率核电站非能动安全系统研究，提升核安全性能；除了进行屏蔽电机主泵研制外，还开展了湿绕组电机主泵的研制；采用能够经受大型商用飞机撞击的结构设计；提高三废处理系统净化水平；采取一系列应对福岛核事故的措施，提高抗全厂断电事故（station black out，SBO）的能力。

（2）利用已有成熟技术自主开发的先进核电机机组——华龙一号的技术特点：以成熟可靠的技术为基础，借鉴吸收引进的先进核电机组的设计理念，采用能动 + 非能动相结合的先进安全系统；具备完善的严重事故预防与缓解措施，考虑应对福岛核电站事故的相关改进和措施，提高抗极端自然灾害和 SBO 的能力；充分利用当前国产化技术，使国产化率达到 80% 左右；提高三废处理系统净化水平；双层安全壳（钢覆面预应力钢筋混凝土内层安全壳和钢筋混凝土外层安全壳，两层安全壳间保持负压）可对放射性物质双重包容，并具有抗商用大飞机撞击能力。

我国开发两种具有自主知识产权的先进压水堆堆型，与全球先进压水堆发展方向、思路相一致，并有助于核电科技的发展，起到互为补充、互相促进的作用。几种堆型并行建设在国际上是有先例的。例如，美国 104 座核电站中压水堆有 70 余座，其中有西屋公司开发的 30 万千瓦一个环路的西屋型压水堆系列，有以两环路为基础的不同功率等级的 C.E. 型压水堆系列，还有 B & W 型压水堆系列。

3. 统筹规划我国第四代核电技术和未来核能技术的研究开发，有计划、有步骤地实施核能利用第二步的研发和前期工作

我国已确定以钠冷快中子增殖堆作为增殖核燃料的主要途径，首先实施铀-钚核燃料循环。快中子实验堆已建成，规划自主设计建造示范堆，并引进商用堆核电站，进一步设计建设大规模商用堆。快堆发展规划见图 20.12，为了提高快中子堆增殖系数，需要采用金属燃料，应制定从示范堆到商用堆，核燃料从氧化铀到金属铀的路线图，还必须规划相应的后处理技术研发、建设。快堆除实现核燃料增殖外，还将为高放废物嬗变提供条件，一座百万千瓦电功率的快堆可嬗变掉 5 ～ 10 座同等功率压水堆产生的长寿命次锕系核素。

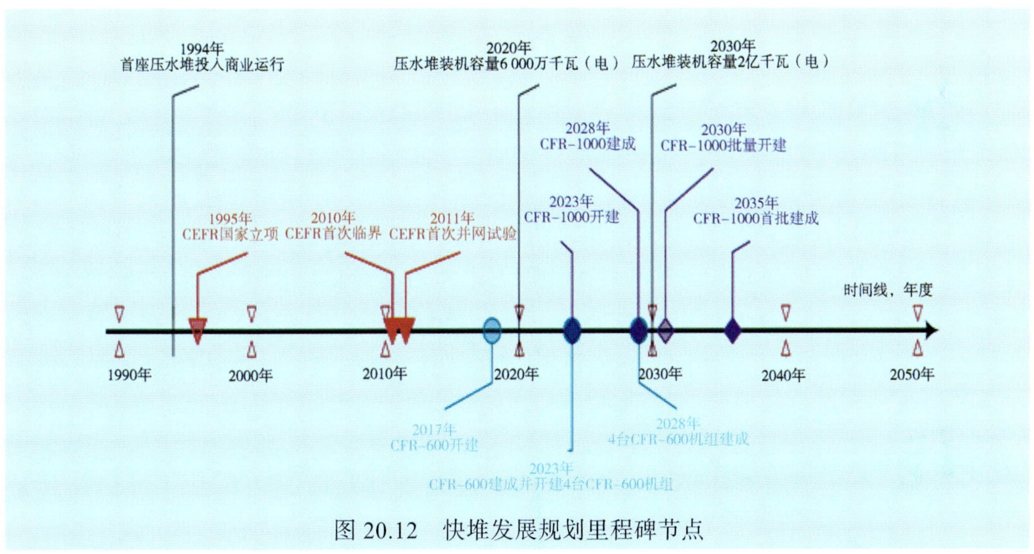

图 20.12　快堆发展规划里程碑节点

模块化的高温气冷堆示范核电站正在建设，清华大学牵头制定了发展热电联产及高温制氢技术路线图（图 20.13），力争早日使我国具有完全自主知识产权的第四代反应堆商业化得以应用。

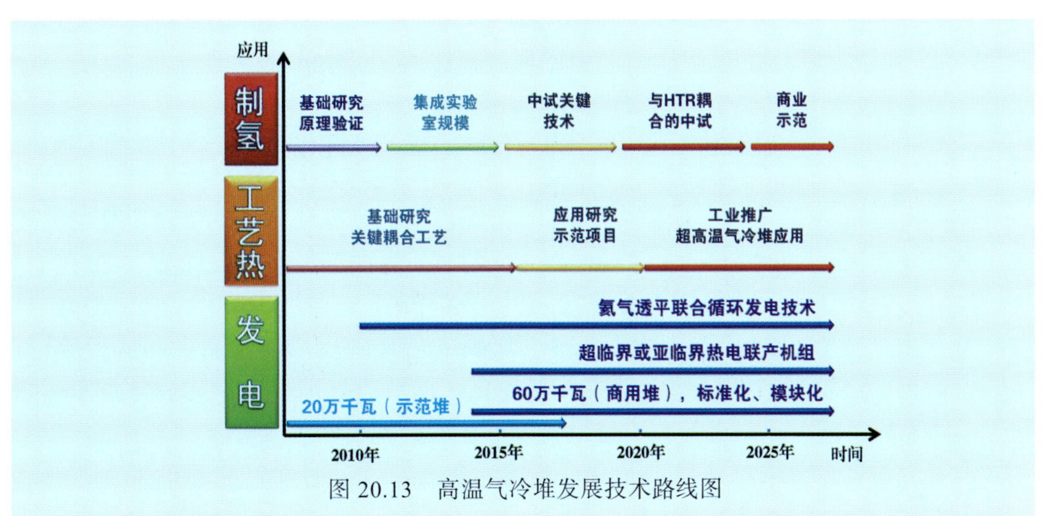

图 20.13　高温气冷堆发展技术路线图

中国科学院开展了熔盐堆、加速器驱动的次临界反应堆（accelerator driven sub-critical system，ADS）等未来核电技术的前期研究工作，熔盐堆的开发为未来钍资源的利用提供了科研基础，采用熔盐混合燃料循环的热中子反应堆具有很好的中子经济性，能增殖核燃料、燃烧次锕系核素，其关键技术在于耐熔岩腐蚀、耐高温、耐辐照的材料研发和设备研制，以及在线熔盐混合燃料的后处理；ADS系高放废物嬗变的另一种途径，国际上推断其高放废物嬗变效率高于快中子堆，ADS的技术难度主要在高能加速器研发，此外还有铅铋合金快中子堆研发和散裂靶研发等关键技术。

作为四代核电堆型之一的超临界水堆，我国正在开展基础理论和基础材料等方面的研究。

4. 探索核能多用途利用，开拓未来核能市场

政府间气候变化专门委员会（Intergovernmental Panel on Climate Change，IPCC）认为现在核能利用只占一次能源的6%，建议未来核能能在发电和供热领域发挥无碳排放优势，实现持续增长[10]。目前，核能大部分用于发电，只有少于1%应用于非电领域，其他潜在应用市场的开发应用，将在很大程度上影响核能发展。

现在国际上开展的其他领域的核能应用有：小批量的核能供热、制冷和海水淡化；探索核能高温利用，开发核电高温工艺供热在稠油热采、煤液化、冶金等领域应用；利用水的高温裂解制氢，以及氢能和燃料电池应用，氢作为二次清洁能源，作为运载工具的能源，有可观的发展前景。核能产生不同温度的工艺热工业化应用见表20.3。

表20.3　不同工业化应用工艺热的温度

工艺	大致温度范围/℃
民用供热	100～170
海水淡化	100～130
造纸	200～400
石油精炼	300～400
页岩油和油砂加工	300～600
炼钢	500～1 000
制氢	600～1 000
水泥生产	1 100～1 600
玻璃市场	1 300～1 600

我国各大核电集团积极投入开展小堆技术开发或者引进技术开展工程建设。目的是实现比先进压水堆更高的安全性、更短的建造周期、更好的经济性和多种用途。

5. 核燃料闭式循环是我国发展核能的既定战略和方针，亦是高效发展核电的重要战略部署

建立先进的闭式核燃料循环体系，是我国核电大规模可持续发展的主要保证，由此可充分利用铀资源，减少核废物，发挥循环经济效益优势。

其中，后处理是闭式核燃料循环后端的关键环节，应大力加强大型后处理厂技术研究开发，建立、完善研究平台，自主开展工艺全流程热试验和中间规模验证，研制剪切机、溶解器、钚尾端设备等关键装置，以及后处理厂安全、设计技术。以我为主，争取借鉴国际先进经验，建设大型商业后处理厂。

为实现后处理放射性废物的最优化管理，保证人类、环境、生态的安全，开展

高放废物和 α 废物处理处置技术研究和应用，开展分离-嬗变技术研究。

6. 通过规模化核电建设，带动核燃料产业链和核电装备行业技术提升和产能提高

依托核电建设，制定核电关键设备、材料自主化路线图，抓住核电发展市场机遇，重点突破主泵、数字化仪控等关键设备，全面提升我国装备制造业水平；培育装备制造企业设备研发、设计能力，推动企业联合和合作，逐步打造核岛主设备成套供应商；建设高水平核电设备试验验证平台，同时，制造企业需要提高工艺水平、制造技术，完善质保体系，形成稳定生产能力，进一步提高产品质量和经济竞争力。

核电中长期规划将带动核燃料产业链发展，加大铀资源的勘探力度，提升勘探、矿冶技术水平；不断提升铀转化、铀浓缩技术水平，采用先进技术，使新的高效浓缩技术实现产业化应用；不断提升先进核燃料制造工艺、关键设备、材料的水平，保证我国核电中长期发展规划的实现。

20.3　核电产业发展重点案例

完整、成熟、配套的产业体系是安全高效发展核电的关键支撑。产业的发展需要以核电项目为依托，不断提升产业能力，特别是装备制造业的能力，避免产能过剩或低水平重复建设。我国核电装备制造业的能力建设主要在以下四方面：

（1）国家政策引导扶持作用：在《国务院关于加快振兴装备制造业的若干意见》、《决定》的指引下，多部委相继出台鼓励与扶持核电设备国产化的配套政策措施；国家发改委先后召开多次核电技术装备自主化会议落实。

（2）重型装备制造基地建设：各企业集团累计投入 270 多亿元，建设了多个核电制造基地（表 20.4）。

表 20.4　核电产业制造基地及主要设备

基地	核岛主要设备	常规岛主要设备
东北制造基地（中国第一重型机械集团公司、哈尔滨电气集团公司）	大型铸锻件、蒸汽发生器、压力容器、稳压器、主泵、主管道	汽轮发电机组
四川制造基地（中国第二重型机械集团公司、中国东方电气集团公司、东方广重南沙基地）	大型铸锻件、蒸汽发生器、压力容器、稳压器、主泵、堆内构件、控制棒驱动机构、主管道	汽轮发电机组
上海基地（上海电气集团股份有限公司）	大型铸锻件、蒸汽发生器、压力容器、稳压器、主泵、堆内构件、控制棒驱动机构、主管道	汽轮发电机组

（3）进行软实力打造：宣贯核安全文化理念，严格贯彻核安全法规，核电标准规范、质保体系等。各制造厂商建立了符合核电装备制造的、实践中证明是行之有效的质量管理体系；培养了一批涵盖设计、工艺、制造、检验和质量管理等方面的技术人才和产业工人队伍，在广大职工中培育了核安全文化意识。

（4）产研合作能力提升：通过合作培养了产学研相结合的核电装备研发体系并建设了一支专业技术队伍，在主设备与原材料的研发以及工艺试验和工艺固化等方面进行了大量的探索与创新，促进了装备制造业的研发、设计、制造、管理水平的提高，并积极探索集成供货能力建设。

设备国产化的成果：基本形成了二代改进型、AP1000、EPR 的核岛主设备制造能力和常规岛主设备设计制造能力。二代改进型核电站主设备核岛主设备已全部实现国产化；常规岛主设备已全部由国内企业承担供货任务；关键原材料大型锻件实现全部国产化，目前我国已有能力生产全套 AP1000 压力容器和蒸汽发生器锻件；AP1000 核电站主设备国产化工作正在全面、积极、稳步实施之中。

20.4 “十二五”期间核电产业培育与发展的政策建议

第一，确立“战略必争，确保安全，稳步高效”的核电发展方针。战略必争是指在全球低碳发展趋势下，掌握先进核电技术将成为一个国家核心竞争力的标志，核电应成为我国战略必争的高科技领域，要形成自主创新的核工业品牌，力争在世界范围内取得战略竞争优势。确保安全是指坚持安全第一的根本方针，确保消除对公众健康和环境产生严重影响的放射性物质外泄事故。稳步高效是指科学规划，有序推进，促使我国核电建设规模、速度、质量、效益协调发展。改革体制机制，加强与完善核电产业体制、安全监管体制和核电事故应急体制，努力实现我国核电稳步、高效和可持续发展。

第二，抓紧完善我国核电相关法制建设和标准体系建设。我国核电有后发优势，充分吸取了国际核电发展的经验和已经形成的技术基础；我国核安全法规和要求体现了当前全球核安全的最新要求，新建核电站将从设计上实际消除放射性大量外泄，确保环境和公众的安全。要抓紧完善核电相关法规和标准的建设，加快“原子能法”、“核安全法”的立法进程。核电标准化体系建设必须结合国情，制定与本国工业体系、材料体系、管理体系相适应的核电标准规范。

第三，制定中长期核电规划。我国核电只有发展到相当规模才有战略意义，同时，要把握发展的节奏。建议国家在核电发展战略的指导下，制定核电可持续发展的中长期规划和政策。在对核燃料可供性、核电经济性和技术发展进行科学评估的基础上，确定核电发展的规模、计划和步骤。建议在做好安全论证环境评价和社会风险评价的基础上，稳步启动内陆核电站的建设，开展示范项目的建设。高度重视我国核电全产业链各个环节的协调、配套、统筹发展，包括乏燃料贮存处理和放射性废物的最终处置等。装备行业是核电建设的基础，亦是核电安全质量的保障，要充分重视提高装备行业的技术水平和配套能力。

第四，制定核电科技发展规划。切实加强我国核电科学研究，统筹产、学、研的研发力量，抓紧先进核电技术研发，落实依托项目，实现先进核电自主化和国产化的目标；开展新一代核电技术研究，抓紧快中子增殖堆示范工程建设，包括压水堆乏燃料后处理示范工程建设，实现核燃料的增殖和闭合循环；在高温气冷堆示范工程的基础上，开展高温热利用及高温制氢的科研工作；合理安排核电基础性、前瞻性的科技开发工作，逐步将我国核电的科技水平提升到国际先进乃至领先水平。

第五，深化改革，理顺我国核电管理体制和产业体制，使国家利益最大化。科学合理的产业结构是核电健康快速发展的基础。借鉴国外的经验教训，结合我国国情，积极稳妥地进行我国核电产业体制的改革，是一项十分重要的任务。应从国家层面进一步统筹规划，推进改革，促进核电行业的有效整合，集中资源，使国家利益最大化。

参考文献

[1] NEA，IAEA. 核能技术路线图，2010.

[2] IAEA.Nuclear power reactor in the word，2013.

[3] IAEA.Energy，electricity and nuclear power estimates for the period up to 2050，2012.

[4] IAEA. Power reactor information system，2013.

[5] OECD，NEA.Nuclear energy outlook，2008.

[6] 国务院新闻办公室 . 中国的能源政策（2012），2012.

[7] 全国人民代表大会 . 中华人民共和国国民经济和社会发展第十二个五年规划纲要，2011.

[8] 国务院 . 核电安全规划（2011—2020 年），2012.

[9] 国务院 . 核电中长期发展规划（2011—2020 年），2012.

[10]IPCC. 气候变化综合报告，2007.

第 21 章

太阳能热发电产业

金东寒　黄其励　彭苏萍　王志峰　戴松元

【内容提要】 目前较为成熟的太阳能发电方式主要有两种，即太阳能光伏发电和太阳能热发电。其中太阳能光伏发电作为目前太阳能发电的主要形式，近年来在我国快速发展，太阳电池制造产业规模迅速扩大，市场占有率位居世界前列；多晶硅冶炼技术日趋成熟，形成了包括硅材料及硅片、光伏电池及组件、逆变器及控制设备的完整制造的产业体系，光伏发电国内应用市场逐步扩大，发电成本显著降低，市场竞争力明显提高。太阳能热发电具有发电功率相对平稳可控、运行方式灵活、并可进行热电并供等优势，同时具有非常好的环境效益。太阳能热发电规模化发展后，近期能够作为调峰电源，为风力发电、太阳能光伏发电等间歇性电源提供辅助服务。随着未来技术的优化提升，由大型太阳能热发电站组成的太阳能热发电厂有可能承担电力系统基础负荷。目前全球太阳能热发电产业正在兴起，装机容量逐年增加。然而，我国在太阳能热发电关键技术研究上明显落后于先进国家，太阳能热发电产业发展速度明显滞后，另外我国也没有发布明确的太阳能热发电产业激励政策，这直接导致了一批项目迟迟不能落地。目前我国太阳能光伏发展面临系统集成技术缺乏、关键技术有待突破等技术难题，太阳能直射资源数据不足、标准检测等还处于空白等公共服务体系问题，高额初始投资等经济性问题，工程化技术阶段研究支持缺失、电价政策不明朗、政策连续性不强的投资经营业政策环境、电网规划与电站规模规划不协调的电网接入政策等政策性问题，限制了大规模光热技术的应用。建议加大技术研发和示范的力度、建立产业公共服务体系、制定产业和市场规划、实施投资经营业优惠政策、制定市场准入政策，以促进太阳能热发电产业的快速健康发展。

21.1 太阳能热发电产业发展现状和热点

21.1.1 太阳能热发电产业的基本概念与范畴

太阳能利用的主要形式是太阳能发电和太阳能低温热利用。其中目前较为成熟的太阳能发电方式主要是太阳能光伏发电和太阳能热发电。太阳能光伏在目前太阳能发电产业中占有支配地位。我国太阳能发电特别是太阳能光伏发电在近 15 年间得到了快速发展，太阳电池及组件产业规模增势迅猛，连续 6 年太阳电池组件产量居世界首位。作为太阳能光伏的上游原料供应环节，多晶硅冶炼技术逐渐成熟，逐步摆脱了原材料严重依赖进口的不利局面；太阳能光伏产业已经形成了包括上游硅材料及硅片、中游太阳电池及组件、下游逆变器及控制设备的完整制造产业体系。随着国家相关产业政策的逐步落实，太阳能光伏国内应用市场增长迅速，太阳能光伏发电成本显著降低，其市场竞争力得到显著提高，成为目前我国具有优势竞争力的战略性新兴产业之一。我国太阳能光伏产业截至 2011 年的发展状况已在《中国战略性新兴产业发展报告 2013》新能源产业篇中做了详细介绍。

2012 年，世界新增太阳能光伏装机容量达到 31.1 吉瓦，同比增长 25.9%，累计装机容量达到 102.2 吉瓦 [1]。2012 年，中国太阳电池产量达到 23 吉瓦，连续 6 年居世界光伏产量的首位。中国光伏 2012 年新增装机容量达到 3.51 吉瓦，累计装机容量达到了 7.00 吉瓦，位居当年光伏安装量世界第三位 [1]。由于国际多晶硅巨头对我国多晶硅低价倾销，2012 年我国多晶硅进口比重达到 55.2%[2]，给国内多晶硅产业造成了很大冲击。由欧盟发起的太阳电池板“双反”调查及初裁，经过中欧双方的共同努力，于 2013 年 7 月 27 日就光伏贸易争端达成“价格承诺”协议，至此，这场历时一年之久，被称为中欧贸易史上涉案金额最大（超过 220 亿欧元）的摩擦得到和平解决 [3]。2013 年 7 月 15 日，针对欧盟反补贴、反倾销“双反”调查，国务院出台《关于促进光伏产业健康发展的若干意见》[4]，这个意见共有八条，包括充分认识促进光伏产业健康发展的重要性、光伏行业健康发展的总体要求、积极开拓光伏应用市场、加快产业结构调整和技术进步、规范产业发展秩序、完善并网管理和服务、完善政策支持以及加强组织领导，被光伏业界人士称为“国八条”。“国八条”确定了 2013 ～ 2015 年我国光伏产业的发展目标，即年均新增光伏发电装机容量 10 吉瓦左右，到 2015 年总装机容量达到 35 吉瓦以上。在抑制光伏产能盲目扩张方面，将严格控制新上单纯扩大产能的多晶硅、光伏电池及组件项目。光伏制造企业应拥有先进技术和较强的自主研发能力，新上光伏制造项目应满足单晶硅光伏电池转换效率不低于 20%、多晶硅光伏电池转换效率不低于 18%、薄膜光伏电池转换效率不低于12%、多晶硅生产综合电耗不高于100千瓦时/千克的要求。加快淘汰能耗高、物料循环利用不完善、环保不达标的多晶硅产能，在电力净输入地区严格控制建设多晶硅项目。利用“市场倒逼”机制，鼓励企业兼并重组。

太阳能热发电是将太阳能转化为热能，通过热功转化过程发电的技术[5]。采用这种光电转换技术的电站称为太阳能热发电站。根据收集太阳辐射能量方式的不同，太阳能热发电可以分为塔式太阳能热发电、槽式太阳能热发电、碟式太阳能热发电、线性菲涅尔式太阳能热发电、有机郎肯循环太阳能热发电、太阳能热气流发电及太阳池热发电等技术形式。前四种被称为聚光型太阳能热发电技术，也是我们常说的太阳能热发电，目前已经进入规模化、商业化发展或商业化示范阶段。后三种一般被称为非聚光型太阳能热发电，由于技术瓶颈和应用限制，目前仍处于实验室阶段。本章只对聚光型太阳能热发电技术进行阐述，以下将其简称为太阳能热发电技术。

太阳能热发电技术的主要特点包括[6]：

（1）利用太阳直射光。这部分太阳光未被地球大气层吸收、反射及折射，仍保持原来的方向直达地球表面。

（2）带有相对低价的蓄热系统，发电功率相对平稳可控。太阳能资源具有间歇性和不稳定性的特点，白天太阳辐射的变化会引起以太阳能作为输入能源的系统发电功率大幅波动，对电网系统实时平衡和稳定安全运行带来挑战。太阳能热发电站配置蓄热系统，可以将多余的热量储存起来，在云遮或夜间情况下及时向动力发电设备进行热量补充，因此可以保证发电功率平稳和可控输出，减少对电网的冲击。

（3）可与常规火电系统联合运行。太阳能热发电站采用汽轮机、燃气轮机等常规热功转化设备进行热功转化驱动发电机发电，易于与燃煤、燃油及天然气等发电系统进行联合循环运行，节约化石燃料的消耗。同时克服太阳能不连续、不稳定的缺点，实现全天候不间断发电，达到最佳的技术经济性。

（4）全生命周期二氧化碳排放极低。太阳能热发电站的全生命周期二氧化碳排放约17克/千瓦时，远远低于燃煤电站以及天然气联合循环电站。

21.1.2 太阳能热发电产业发展现状与热点

目前国外光热发电的装机容量正呈稳步上升趋势，截至2013年3月，国外太阳能热发电装机容量超过2.8吉瓦[7]，其具体分布见图21.1。其中，西班牙和美国仍是主要的光热发电市场：在西班牙，共有45座太阳能热发电站处于商业化运行的状态，总装机容量达到2 053.8兆瓦；在美国，处于运行中的太阳能热发电装机容量为525兆瓦；阿联酋、阿尔及利亚、埃及、摩洛哥和伊朗等分别有1座容量超过10兆瓦的商业化电站，其中阿联酋的太阳能热发电站容量为100兆瓦。

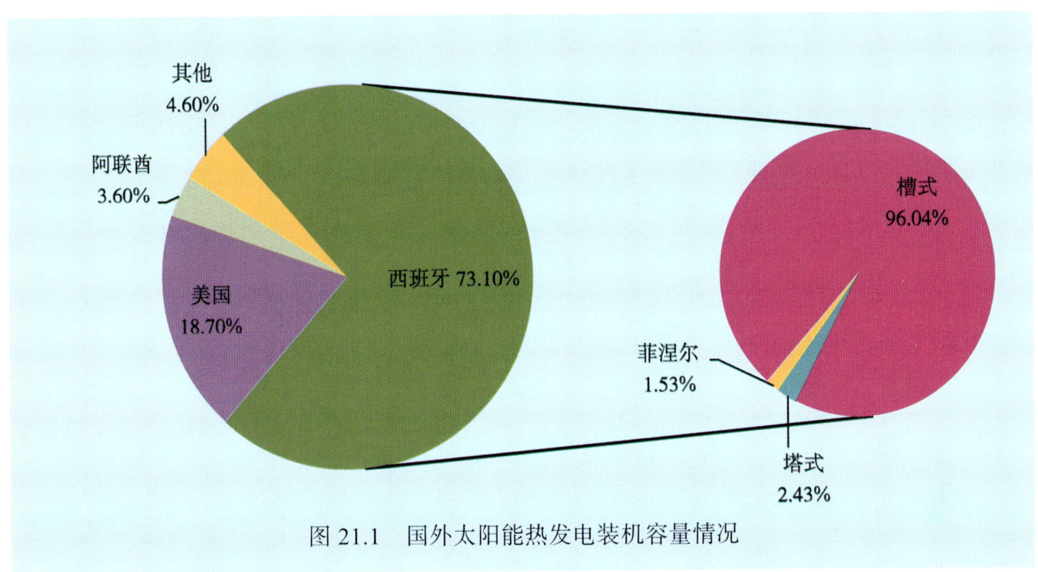

图 21.1 国外太阳能热发电装机容量情况

随着运行经验的增加，系统成本和投资风险都在逐步降低，商业化太阳能热发电项目在全球逐步推进。据统计，截至 2013 年 4 月，国外处于建设中的或已经招标的光热发电项目装机容量超过 2 吉瓦。其中，美国成为主要市场，目前有 5 个电站项目正在建设中，总容量达到 1 312 兆瓦，单个项目容量分别为 392 兆瓦（塔式）、250 兆瓦（槽式）、280 兆瓦（槽式 / 储热）、110 兆瓦（塔式 / 储热）和 280 兆瓦（槽式）；另有 1 座容量 500 兆瓦的太阳能混合电站处于筹建中[8]。

总体上来说，我国太阳能热发电产业化处于起步阶段。技术方面，经过多年的研究，我国在太阳能聚光、高温光热转换、高温蓄热、兆瓦级塔式电站系统设计集成等方面得到了一定的发展；产业方面，我国企业已经进入太阳能热发电产业链的上下游环节。据不完全统计，国内已经搭建的太阳能高温集热系统共 22 个，其中 4 个系统已经完成蒸汽发生及发电实验[9]。目前国内已能够生产部分的太阳能热发电的关键和主要装备，一些部件具备了商业生产条件，太阳能热发电产业链逐步形成。其中，以槽式真空管和玻璃反射镜更为突出，国内槽式真空管生产厂家已超过 15 家，反射镜生产厂家也超过 7 家，有些厂家的产品已经通过国外专业检测机构的检测，检测性能参数达到国际水平。只是这些产品还没有经过实际项目使用，产品的性能、质量还没有得到实际的验证。比起关键设备制造，光热电站系统集成技术则更为缺乏，目前国内还没有商业化运行的光热电站，整体系统设计能力和集成技术、太阳能热发电站系统模拟及仿真技术也刚刚起步，缺乏电站建设运营经验和能力。大型太阳能热发电系统的详细设计、镜场安装及维护在我国均是空白。政策方面，国家发改委、国家能源局和科技部也在持续关注和支持太阳能热发电项目，太阳能热发电被明确列为国家重点和优先发展方向，支持方向包括太阳能热发电用材料、聚光部件、吸热部件、储热装置、系统集成和项目开发等。

21.1.3 近期太阳能热发电产业发展新情况

西班牙是目前全球太阳能热发电站装机容量最多的国家，其发电运行情况证明了太阳能热发电与电力需求曲线吻合度方面的优势。根据欧洲太阳能热发电产业协会数据，2013 年 6 月 16 日当天，西班牙太阳能热发电站产出电力对电网贡献率达到 4.6%，6 月 30 日中午 11 时其电力贡献率达到 7.7%，整个 6 月份太阳能热发电站并网电力 647 吉瓦时，月发电量占整个电力需求的 3.4%[10]。

为了实现 2020 年太阳能热发电无补贴发展，美国能源部 2012 年正式实施了 SunShot 计划，其目标为：至 2020 年太阳能热发电成本将从 2010 年的 21 美分 / 千瓦时降至 6 美分 / 千瓦时，其中，镜场降低 7 美分 / 千瓦时（2010 年，9 美分 / 千瓦时），发电部分降低 2 美分 / 千瓦时（2010 年，4 美分 / 千瓦时），吸热器 / 传热降低 2 美分 / 千瓦时（2010 年，3 美分 / 千瓦时），储热降低 4 美分 / 千瓦时（2010 年，5 美分 / 千瓦时）[11]。

虽然通过技术研发和实验室级别系统示范，我国在太阳能热发电关键设备和运行方面已经积累了一定的研究经验，但由于没有大容量太阳能热发电站，其设计理论和运行经验目前还仅局限于实验室阶段，缺乏商业电站级的使用经验，这些技术的中试实验、技术考验和技术改进亟须开展。在我国大力发展战略性新兴产业的大背景下，几大电力集团及数个民营企业已开始布局，目前国内筹划推进的商业化太阳能热发电项目总装机容量约 886 兆瓦，但整体的项目进展却有快有慢，更不乏中途夭折、终止之类。

21.2 太阳能热发电产业战略布局、发展重点及重要技术

相比较国外来说，我国太阳能热发电相关产业链上的产品还处于试制和产业化的前期阶段，生产线装备技术以及服务技术等方面与国外差距明显；缺乏电站整体系统设计、系统集成、建设以及运营的能力和经验。与太阳能光伏发电和风力发电不同，太阳能热发电的运行技术需要在电站长期运行的基础上才能掌握。另外，太阳能热发电相关检测体系、标准体系还是空白，无法验证我国生产的太阳能热发电产品的性能和可靠性。此外，我国也缺乏太阳能直射辐射资源的调查体系，不能满足日益发展的太阳能资源开发利用需求。

太阳能热发电的基本过程涉及聚光、传热和热功转换等方面，太阳能通过热的形式转换成电能需要经过多个能量转换和传输过程，热力学、传热学、光学、材料学等多个学科以及这些学科的交叉是太阳能热发电技术的理论基础。从光—热—功转化过程来看，聚光集热及热功转换过程是系统效率损失最大的部分，约占总损失的 88%，因此，提高太阳能热发电效率关键在于提高聚光集热及热功转换过程的效率。国内外的研究也大都集中于这两个过程及非稳态条件下的系统热力学循环特性，以求得到稳定的运行技术。提高太阳能热发电参数也是目前的技术发展趋势，商业

化技术从低参数的饱和蒸汽发电（主蒸汽温度 230℃）过渡到目前已出现的高温熔融盐发电（主蒸汽温度 470℃）。具有高聚光比的塔式技术在现代的高参数技术中特别受到青睐。

未来，我国太阳能热发电产业将围绕以下六个部分开展工作：①太阳能热发电站集成技术；②高温储热换热；③低成本聚光器；④高效能吸热器；⑤太阳能设备生产线专用设备；⑥建立技术标准和规范，以及核心材料、装备和系统性能检测平台。

针对不同形式的太阳能热发电技术仍然需要在新型聚光形式、聚光系统优化设计、适应于不同形式的热发电技术、不同工质类型和运行温度的吸热器技术、储热材料与储热系统、高效热电转化技术等领域予以持续的基础研究和应用性研究项目支撑，推进我国太阳能热发电技术向高参数-高效率-基本电力负荷方向发展。

21.3　太阳能热发电“十二五”期间产业培育与发展中遇到的问题

21.3.1　太阳能热发电产业发展的技术问题

1. 系统集成技术缺乏

太阳能热发电站涉及太阳能集热、常规发电、传热蓄热等多种系统集成，集合光学、热学、材料及机械等多个技术领域，既不同于传统的电力生产，又不同于单纯的太阳能应用，需要跨学科、跨领域的系统集成技术，尤其需要系统集成经验。我国目前还没有建成商业化的示范电站，仅仅有几个研究试验电站刚刚运行，还不具备电站整体系统设计能力，太阳能热发电站系统模拟及仿真技术刚刚起步，缺乏电站整体建设、运营的经验和能力。即使是国外的成熟技术和经验，在我国特殊的气候条件和运行环境下是否适合也需要研究和验证。例如，目前世界上主流的槽式太阳能热发电站多建于少风或无风地区，且环境温度较高，而我国适合建设太阳能热发电站的地区往往多风，甚至有频繁的沙尘暴，因此我国进行槽式电站建设就不能简单照搬国外的技术和经验，而应根据国内条件增强集热系统抗风沙能力。

2. 关键技术产品有待突破

我国太阳能热发电处于产业化起步阶段，产业链上的关键技术产品仍需要进一步试验验证。其具体包括高强度曲面反射镜、聚光器、聚光场控制装置、聚光器用减速机、聚光器用控制器、抛物面槽式吸热管、塔式吸热器、与金属封接用玻璃管材、低热损流体传输管、吸气剂、线性菲涅尔吸热器、350℃以上高温传热流体、储热材料和系统、油盐换热器、熔融盐泵、蒸汽发生器、滑参数汽轮机、斯特林发电机、有机郎肯循环发电设备、高聚焦比太阳炉。此外，太阳能热发电场相关系统与服务技术也需要进一步完善，包括：聚光器组装施工方法和规范，聚光器坐标定位配套技术，大容量储热系统设计施工方法和规范，太阳能热发电站设计、施工、运行和维护规范，电站全套控制系统，风力和太阳辐射短时预报系统，太阳能热发电站仿真机，聚光器精度测量分析仪，能流密度测量分析仪，金属玻璃封接在线应力检测系统，集热管性能和寿命评价方法及测试台，吸热材料及器件性能和寿命评价方法以及测试台，吸热器寿命评价方法，上网电量预报系统，高温导热油和熔融盐管内防冻及快速解冻规范，太阳能热发电站设计方法，热电联供（combined heat and power，CHP）太阳能热发电站规范等。

21.3.2 太阳能热发电产业发展的公共服务体系问题

1. 太阳能直射资源数据不足

我国幅员辽阔，地形复杂，太阳能资源丰富，但是具有明显的地域差异。我国气象台站的分布特点为东部密集，西部稀少。在国家气象局的 98 个辐射观测站中，仅有不到 20 个站观测项目包含直接辐射，这与我国的地域分布极不相称，也远远满足不了日益发展的太阳能资源开发利用需求。因此亟须建立太阳能直射辐射资源调查体系以及太阳能直射辐射资源数据收集体系，特别要在太阳能资源好、有一定土地资源的中西部地区，安排一定数量的气象台站测试太阳能直射辐射数据，完成资源的调查和场址的考察，为太阳能热发电的规模化应用打好基础。

2. 标准检测体系还处于空白

我国在太阳能聚光、高温光热转换、高温蓄热、大规模热发电站系统集成等方面得到了一定发展，已基本能够生产太阳能热发电的主要装备，一些部件也处于商业生产的前期。但这些产品大多还没有经实际项目使用过，产品的性能、质量还没有得到实际的验证。由于目前国内还没有相关的标准和检测平台，因此产品的质量和性能还需要实际工程的检验。国内的项目电站在建设时，对这些国内设备的应用还存在疑虑，进而造成国内电站的建设因缺乏国内产业的支撑而进展缓慢，而电站建设缓慢又反过来影响到产业产品的研究与开发的恶性循环。因此技术支撑等产业服务体系的缺失也是制约国内太阳能热发电发展的因素之一。

21.3.3 太阳能热发电产业发展的经济性障碍

太阳能热发电站除了技术产品方面的制约因素外，其发展缓慢的另外一个重要制约因素是其技术经济性。太阳能热发电需要高额的初始投资，导致其电价与传统发电电价相比缺乏竞争力，这是太阳能热发电在发展中一度徘徊不前的主要原因，也是其未来能否真正得到广泛应用的关键。

高额的初始投资使得太阳能热发电系统的发电成本较高，是常规能源发电成本的 2 ～ 3 倍。造成太阳能热发电成本高的主要原因有以下三个方面：第一，太阳能能流密度低，需要大面积的光学反射装置和昂贵的接收装置，将太阳能直接转换为热能这一过程的投资成本占整个电站投资的一半以上，目前这些转换装置还没有大规模生产，制造和安装成本较高，增加了太阳能热发电的技术和经济风险。第二，太阳能热发电系统的发电效率低，在相同的装机容量下，较低的发电效率需要更多的聚光集热装置，增加了投资成本，并且目前还缺乏这类电站的运行经验，整个电站的运行和维护成本较高。第三，由于太阳能供应不连续、不稳定，需要在系统中增加储热装置，大容量的电站需要庞大的储热装置和管路系统，造成整个电站系统结构复杂，增加了成本。总之，太阳能热发电的技术经济性制约了太阳能热发电的大规模发展，也是其市场份额增长缓慢的重要原因之一。

21.3.4　太阳能热发电产业发展的政策问题

1. 技术研发政策环境瓶颈——工程化技术阶段研究支持缺失

我国在太阳能热发电的技术研发和示范主要是科技部通过国家自然科学基金、“863 计划”和“973 计划”等重点课题进行政策支持，其他部门对太阳能热发电技术研发和示范的支持力度相对于风电、太阳能光伏等可再生能源薄弱许多。我国对太阳能热发电技术研发的支持还远未渗透到集成技术方面，包括系统设计、运行技术、系统维护技术等。近期国家发改委等部门逐渐开始对太阳能热发电的产业化技术研发和示范项目进行支持，但力度较小。图 21.2 为我国太阳能热发电技术研发支持政策现状。

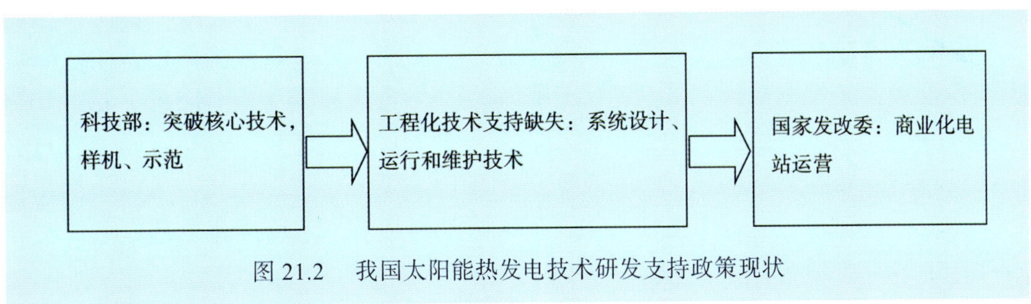

图 21.2　我国太阳能热发电技术研发支持政策现状

工程化技术研发支持的缺失，使得我国在太阳能热发电工程化技术方面严重匮乏。目前没有设计院具备设计太阳能热发电站的实力，一方面，已经建成的研究系统和设备的经验得不到有效的总结，无法支撑国内的电站建设，尤其是无法实施对用户方便的 EPC（engineering，procurement，construction，即设计、采购、施工）；另一方面，我国的电站投资人还需要国外的 EPC 或支付高额的咨询费以完成低风险的设计。太阳能热发电工程化技术是我国完整掌握太阳能热发电相关技术的重要一环。

2. 投资经营业政策环境——电价政策不明朗、政策连续性不强

投资，特别是国际间投资的效果，与投资地点客观条件的好坏直接相关。目前我国的太阳能热发电投资环境条件的最大问题就是电价政策不明朗。

我国可再生能源电力市场的定价体系与其他传统行业，如火电、石油、核电等相比还不成熟，更是没有出台明确的太阳能热发电的价格体系或支持政策。明确的太阳能热发电政策以及政策的连续性对投资人是非常重要的参考。明确的长期政策会对抑制我国惯常出现的产能过剩起到一定效果。

目前我国在太阳能热发电站项目开发环节没有针对性的政策，只是举行了国家层面的太阳能热发电站项目的特许权招标，但项目进展缓慢，国内还没有形成太阳能热发电项目投资运营的政策环境，电站项目开发没有上网电价，也没有相应的财税激励政策，项目的收益情况无法评估，因此项目的投融资条件还不具备。

3. 电网接入政策——电网规划与电站规模规划不协调

电网接入是目前大规模可再生能源发电遇到的瓶颈。太阳能热发电的储热和连续发电特性使得其可成为调峰电站，这样在电网中的布置就相当灵活。另外，大型的电力基地的建设也应该有与电网的事先协调，太阳能热发电站的规划与电网规划和当地经济发展就地消纳的规划应有事先协调。由于太阳能热发电站在不同季节效率不同，输出的电量不同，建议国家应该专门布置课题对此进行研究。

21.4 太阳能热发电产业发展重点案例

太阳能热发电的技术进步反映在成本上，太阳能热发电系统的光电转换效率是影响发电成本最重要的因素。从热力学的角度，发电工质的参数（温度、压力）会对系统效率产生重要影响。而发电工质参数与聚光、光热转换、储热过程中的材料问题、热学问题和力学问题等密切相关。基于以上考虑，我国研究人员以系统年平均发电效率为引领，以发电工质温度和换热介质种类为主线将太阳能热发电技术分为四代，见图 21.3。

“十一五”期间（2006 ～ 2010 年），我国针对以水 / 油作为集热系统换热介质的第一代技术进行了研发示范，建立了 1 兆瓦塔式实验示范电站；针对以熔融盐为传热介质的第二代技术，主要进行了熔融盐热物性等研究，搭建了熔融盐工质系统的实验平台，并研制了用于塔式发电站的热功率为 100 千瓦的熔融盐吸热器；针对第三代技术，对以碳化硅泡沫陶瓷作为吸热体的空气吸热器进行了基础问题的摸索；针对第四代技术，分别在北京和银川建立了热功率分别为 20 千瓦和 300 千瓦的高温太阳炉聚光集热系统。

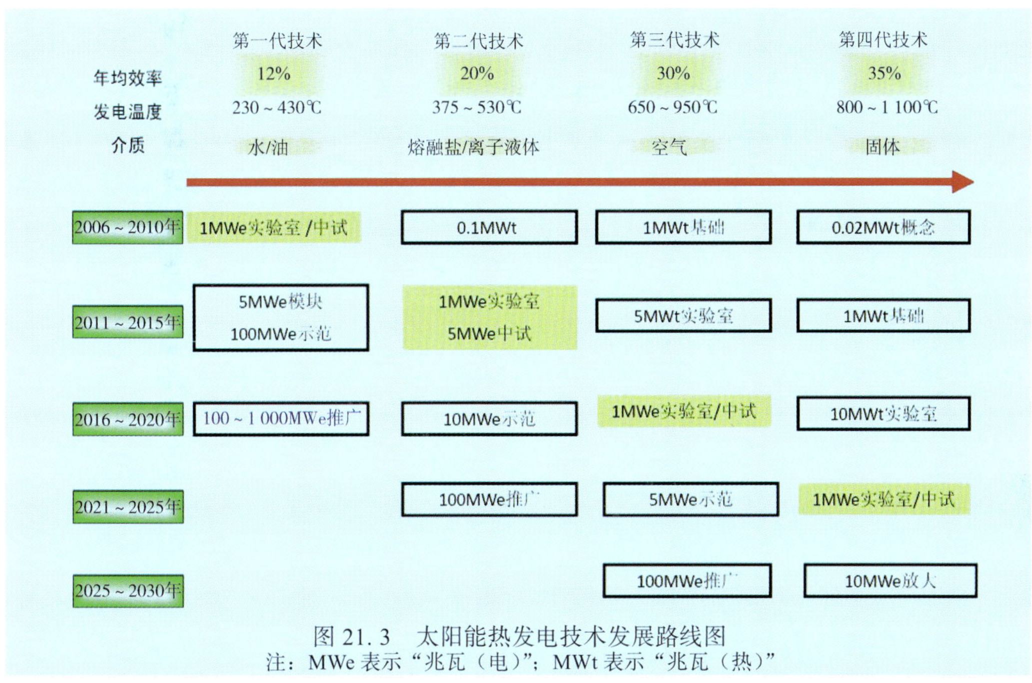

图 21.3 太阳能热发电技术发展路线图
注：MWe 表示“兆瓦（电）”；MWt 表示“兆瓦（热）”

“十二五”期间（2011 ～ 2015 年），水和油作为集热系统换热介质进入产业化推广阶段。以熔融盐为传热介质的集热系统进入规模化示范阶段。而以空气为换热介质的集热系统从基础研究进入应用基础研究阶段，并逐步进行中试。

“十三五”期间（2016 ～ 2020 年），第一代技术继续大规模商业化，第二代技术开始进入市场，发电效率提高到 20%。由于熔融盐的使用，传热介质温度大大提高，此时超临界太阳能热发电技术开始进入中试。

“十四五”期间（2021 ～ 2025 年），第三代以空气为传热介质和发电工质的技术进入市场，系统年发电效率达到 30%，并且无需耗水。但由于高温空气传输的原因，该类电站的容量将受到制约。此时第四代以固体颗粒作为传热介质的太阳能热发电技术进入高技术示范阶段。

“十五五”期间（2026 ～ 2030 年），第四代太阳能热发电技术进入市场，系统年发电效率可达到 35%，并且突破第三代技术的系统容量问题。同时，高温储热问题也得到相应的解决，超超临界太阳能热发电站也将出现。

针对不同太阳能热发电技术的产业发展路线图如图 21.4 所示。

（1）槽式太阳能热发电技术：2020 年以前，以导热油为传热介质的槽式太阳能热发电技术将是主流太阳能热发电技术之一，并伴随着规模化电站的建设，打造我国完善的太阳能热发电产业链。2020 年以后，以熔融盐、蒸汽为传热介质的槽式第二代、第三代技术将逐步发展，并开始商业化应用，2025 年以后将逐步成为槽式发电的主流技术。

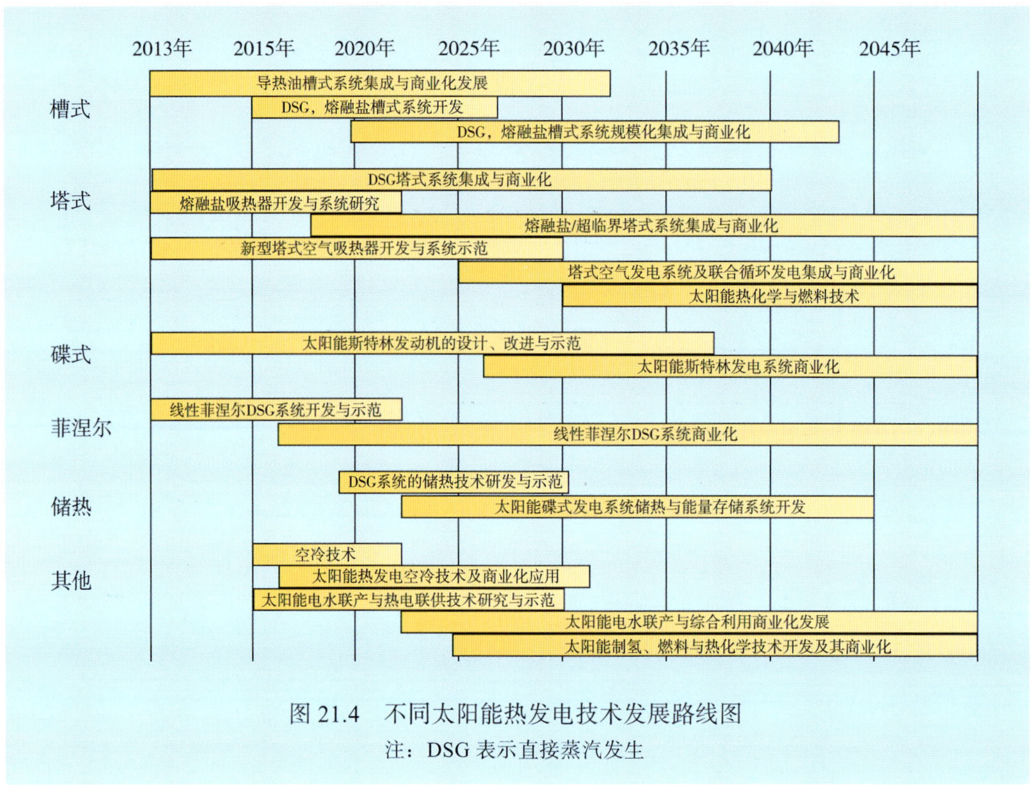

图 21.4　不同太阳能热发电技术发展路线图

注：DSG 表示直接蒸汽发生

（2）塔式太阳能热发电技术：以蒸汽为传热介质的塔式太阳能热发电技术是 2020 年以前的主流太阳能热发电技术之一；2020 年左右，以熔融盐为传热介质的第三代技术将逐步完善并推向商业化应用；2025 ～ 2030 年，以空气及粒子为传热介质的第四代塔式太阳能热发电技术将逐步得到商业化应用。

（3）碟式技术：2020 年前后，适应于我国太阳能碟式发电技术的太阳能斯特林机设计与制造技术将逐渐完善，逐步推向商业化应用，带动我国太阳能热发电技术在分布式电力系统中的发展。

（4）线性菲涅尔技术：以直接蒸汽发生技术为主的线性菲涅尔太阳能热发电技术将在 2020 年前后逐步成熟，并推动我国太阳能热电联产技术在规模化电站发展及与工业领域用能相结合的电热联产系统领域应用。

（5）储热技术：储热材料和储能设备在未来 40 年中将逐步发展和改进。

（6）其他：以电水联产、电热联产为代表的能量体积利用系统，将提升太阳能热发电系统的能量利用效率；以太阳能热化学为代表的太阳能高温热利用技术发展，将拓展太阳能高温热利用技术的应用领域与产业规模。

21.5 促进太阳能热发电产业发展的政策建议

21.5.1 加大技术研发和示范的力度

目前太阳能热发电发展的最大制约因素之一是系统集成技术及装备制造等方面的技术尚不成熟，建议进一步加大对系统集成、装备、关键零部件等技术攻关的支持；加大对示范工程建设的支持力度，从国家层面上更好地统一协调各环节的科研政策。在一系列关键产品和技术中确定创新项目，加大资金投入，提高研发体系的效率，并加快科研成果向生产实践的转化。积极吸纳高校、研究机构和企业，尤其是具有创造力的中小企业参与到研发体系中，调动企业参与研发的积极性。为使有限的投入有效地发挥最大的作用，政府在研发示范的计划制订和实施中，确定有限目标，集中优势资源，解决研发中的最关键的技术。以国家科技计划项目为纽带，建立政府与企业、企业与企业的合作伙伴关系，鼓励我国技术研究人员和机构积极参与国际合作，学习国外经验，同时发挥市场的拉动作用，加快示范工程建设，从而使与市场相适应的技术研发及时得到市场的认可与鼓励。积极吸引国外有太阳能热发电建设和产品研发经验的跨国公司来华合作研发，进行示范工程的建设，为我国的太阳能热发电的发展积累经验。

21.5.2 建立产业公共服务体系

国家发改委2011年第9号令公布的《战略性新兴产业重点产品和服务指导目录》将太阳能集热发电列为新能源发展的第一位。我国新能源发展规划也明确提出了太阳能光热利用在“十二五”乃至“十三五”期间的发展目标。我国太阳能热发电产业链上的关键材料和装备，如槽式曲面玻璃反射镜、传动箱、聚光器、高温传热流体、储热材料、储热换热器、真空吸热管、各种腔体式吸热器等，均还没有形成连续的生产线。目前制造业遇到的政策问题不是来自其本身，而是来自质量约束体系的建立。

太阳能热发电在我国还处在起步阶段，产业公共服务体系的能力薄弱。因此，在加强研发和示范的同时，要重点关注产业公共服务体系的建设，以便更好地推动太阳能热发电的技术研发和示范，促进市场的开拓。产业公共服务体系建设包括太阳能热发电的标准、检测和认证等质量控制体系，以及人才培养体系的建设。有了标准和公共检测服务平台，对于太阳能热发电的技术研发和产品的质量保证就会上一个新的台阶，加快技术研发的进程，同时，认证体系的建设也会加强热发电项目建设和开发的信心，带动市场的开发。因此要使制造业能有序发展，产业公共服务体系的建设在太阳能热发电产业发展的初期就要给予关注和支持，并不断加大支持力度，从而推进太阳能热发电健康、快速发展。质量政策对抑制产能过剩也有作用。

21.5.3 制定产业和市场规划

相对于风电、太阳能光伏等可再生能源，太阳能热发电国家层面的产业和市场规划研究还极其薄弱，因此太阳能热发电产业的发展缺乏清晰的指导思路，处于跟在国际社会后面模仿的状态，没有制定自主研发和创新的方向，因此亟须研究、制定太阳能热发电的产业与市场规划，明晰未来发展方向和重点，指引产业和市场的发展。

建议尽快开展太阳能热发电潜力调查，制定明确的太阳能热发电发展规划和目标，引导太阳能热发电产业的发展方向。规划的研究制定应充分考虑国内外太阳能热发电技术的发展态势，对太阳能热发电产业发展的定位、产业体系、产业结构、产业链、空间布局、经济社会环境影响、实施方案等做出科学规划，理清产业发展的思路，明确产业布局，并建立相关的保障措施。同时，对电网规划与电站规模进行规划协调。在可再生能源大力发展的今天，电网的规划和建设如果与建站速度不协调，会带来很大的问题。电网的长期规划和接入政策规划应明确，并与大型太阳能发电基地的规划协调，避免发生电力外送受阻的情况。对于对电网有扰动的电源，应加收电网安全费，该笔费用可用于加强电网建设，增加电网的安全性和保证送出容量。

21.5.4　实施投资经营业优惠政策

目前我国在太阳能热发电站项目开发环节没有针对性的政策，国内还没有形成太阳能热发电项目投资运营的政策环境。从项目开发政策角度，建议优先给予上网电价，适时出台相应的财税激励政策。合理的上网电价可以带动电力开发商投资，相应的产品制造商也会跟进，从而带动产业的建设，成本也会随之降低，并会吸引更多的电站投资，规模随之扩大，带动成本进一步降低，从而进入良性循环；适度的财税激励政策可以加速产业化进程，加快热发电产业与市场的发展速度，从而抢占先机。

目前太阳能热发电出台统一的上网电价政策时机还不成熟，主要原因是我国还没有投运的商业化太阳能热发电电站作参考，太阳能热发电技术在国内还未得到验证，系统的集成技术及关键的产品技术还不成熟。国内现有的装备生产水平、产品质量也还没有达到规模化应用的要求，整个标准体系还没有建立，电站的建设成本，特别是电站的运行成本也有待进一步探索，在这样的情况下，难以预算合理的上网电价。

建议选取几个有代表性的试点示范项目，示范各种太阳能热发电技术的技术成熟度和经济性，包括槽式、塔式、太阳能热发电与燃气联合运行、太阳能热发电与煤电联合运行等，根据成本加合理利润的原则，给予示范项目较优惠的上网电价政策，推动示范项目建设，积累经验。经过 1 ～ 2 轮的示范项目，逐步建立产品供应体系、电站的设计运行维护规程等技术支撑体系，研究出台统一的上网电价政策，推动太阳能热发电的规模化发展。

在财税激励政策方面，由于太阳能热发电是新兴产业，国家还没有出台针对太阳能热发电产业的税收优惠政策，因此建议参照其他可再生能源实施如下的财税优惠政策：①增值税实施减半征收；②所得税实施三免三减半；③减免关键设备及其零部件的进出口关税。对太阳能热发电关键设备和零部件，减免进口、出口环节的关税、增值税，鼓励技术交流和产业联合，促进太阳能热发电技术的发展。此外，由于太阳能热发电项目属于新能源电站建设，属于国家鼓励项目，希望当地政府也能给予一定的鼓励政策。例如，在土地政策上给予优惠。又如，当年实现并缴入地方国库的增值税、企业所得税属于地方财政收入的部分可与当地政府进行协商，对地方财政留存部分可申请返还、申请财政专项资金扶持等。

21.5.5 制定市场准入政策

目前国内的太阳能热发电行业属于发展初期，国家应在充分论证的基础上积极推动不同类型的太阳能热发电示范电站的建设。示范电站一方面能为国内各种太阳能热发电技术和产品提供试验验证的平台，积累建设经验；另一方面，国家层面可以通过不同类型示范电站的建设，理解各种不同热发电技术，不同区域的技术与经济适用性。这可以为以后我国太阳能热发电产业的发展，乃至标杆式上网电价的确立，提供可以借鉴的经验和范例。

参考文献

[1] EPIA. Globe market outlook for photovoltaics 2013-2017. http：//www.epia.org/fileadmin/user_upload/Publications/GMO_2013_-_Final_PDF.pdf，2013-07-05.

[2] IEA PVPS. Annual report 2012. http：//iea-pvps.org/index.php?id=6&no_cache=1&tx_damfrontend_pi1%5BshowUid%5D=1535&tx_damfrontend_pi1%5BbackPid%5D=6，2013-04-30.

[3] 杨韵仝 . 贸易争端“和平落幕”成范例 . 人民日报（海外版），2013-08-10，第 3 版 .

[4] 国务院 . 国务院关于促进光伏产业健康发展的若干意见 . http：//www.gov.cn/zwgk/2013-07/15/content_2447814.htm，2013-07-15.

[5] 中国国家标准化管理委员会 .GB/T 26972—2011 聚光型太阳能热发电术语 . 北京：中国标准出版社，2011.

[6] 杜凤丽 . 降低聚光太阳能热发电成本的途径 . 太阳能，2011，(7)：11 ～ 13.

[7] 国家太阳能光热产业技术创新战略联盟 . 中国太阳能热发电产业政策研究，2013.

[8] Zarza E.The Spanish experience in STE.SolarPACES Exco Meeting Proceedings 2013，Australia，April 2013.

[9] 杜凤丽 . 太阳能热发电发展现状及趋势 . 新材料产业，2012，(7)：5 ～ 11.

[10] European Solar Thermal Electricity Association.The essential role of solar thermal electricity-a real opportunity for Europe，2012.

[11] U.S. Department of Energy.SunShot concentrating solar power program，2013.

第 22 章

碳基燃料固体氧化物燃料电池发电技术

韩敏芳　黄其励　彭苏萍

【内容提要】 以煤炭、石油、天然气等含碳化合物（本章统称为碳基燃料）为代表的化石燃料是中国乃至世界的主要能源资源，其平均发电效率低（30% 左右），环境危害大，迫切需要改进。燃料电池是一种高效发电装置，将燃料的化学能直接转换为电能。在各种燃料电池中，固体氧化物燃料电池（solid oxide fuel cell，SOFC）可以直接使用碳基燃料，很容易与现有能源资源供应系统兼容，一次发电效率高（50% ～ 60%）；SOFC 采用全固态结构，长期稳定性好；不使用贵金属催化剂，成本低廉。SOFC 发电系统不仅可以做大型发电站，还适用于分布式发电系统和动力电源系统。基于我国能源结构现状和稀土资源优势，很有必要发展碳基燃料 SOFC。在 SOFC 从示范运行逐步走向产业化应用的过程中，迫切需要进一步提高其长期稳定性和降低成本，为此，必须解决材料体系和系统中的相关科学、技术和工程问题。研究 SOFC 关键材料和核心元器件制备技术，明确碳基燃料反应过程，掌握其控制技术，认识从电极反应到电堆系统的温场、流场、电场、应力场等物理场的多尺度、多场耦合规律，设计和优化电堆结构及工作参数，实现系统高效率、低成本、稳定可靠的演示运行。SOFC 发展对于实现碳基能源的高效洁净利用、保护生态环境、满足我国日益增长的电力需求和保障国家能源安全等都具有重大意义。

22.1　碳基燃料 SOFC 产业发展现状和热点

22.1.1　碳基燃料 SOFC 产业的基本概念与范畴

燃料电池是一种将燃料的化学能直接转换为电能的发电装置，具有能量转化效率高（一次发电效率为 40% ～ 60%，热电联供系统效率为 60% ～ 80%）、污染小等优点。根据所使用的电解质不同，燃料电池主要分为 SOFC、熔融碳酸盐燃料电池（molten carbonate fuel cell，MCFC）、磷酸盐燃料电池（phosphoric acid fuel cell，PAFC）、质子交换膜燃料电池（proton exchange membrane fuel cell，PEMFC）和碱性燃料电池（alkaline fuel cells，AFC）等，它们的一次发电效率依次是 50% ～ 60%（SOFC）、40% ～ 50%（MCFC）、40% ～ 50%（PAFC）、～ 40%（PEMFC）、50% ～ 60%（AFC），其中，SOFC 热电联供系统效率最高，其能量转化率达到 80% 以上。SOFC 发电系统另一个突出优点是可以直接使用化石燃料，如气态的天然气、煤相关的气化煤气（含地下气化煤气）、焦炉煤气（主要成分是一氧化碳、氢气、甲烷）和煤层气（主要成分是甲烷）等，液态的（以异辛烷为主要成分的）汽油[1～3]、航空柴油和醇类等，以及固态的焦炭和煤等[4,5]，这些燃料都是以含碳化合物为主要成分，这里统称为碳基燃料（根据化学成分，碳基燃料还可以进一步拓宽至沼气和生物质气[6]等可再生的生物质燃料，其中的主要成分也是一氧化碳、氢气、甲烷）。碳基燃料 SOFC 是实现化石燃料高效转化和洁净利用的有效途径[7]。与燃煤发电技术相比，SOFC 极大地降低了化石燃料在热电转换中的能量损失和对生态环境的破坏，具有更高的效率和更低的污染，SOFC 一次发电效率为 50% ～ 60%，与汽轮机热电联动后，能量转化效率高达 80% 以上。与 MCFC 相比，SOFC 具有更高的功率密度，没有液态熔盐腐蚀介质，避免了材料的热腐蚀，提高了可靠性，延长了使用寿命。与必须采用贵金属材料（如铂、钯）做电极催化剂的 PEMFC 相比，SOFC 不需要贵金属催化剂，而是采用镍、铜等普通金属以及轻稀土类陶瓷材料作为电极，价格低廉，成本大幅度降低。与必须采用纯氢为燃料的 AFC、PAFC 和 PEMFC 相比，SOFC 可以直接使用各种碳基燃料，来源广泛，运输方便，容易储存，使用更安全。SOFC 是基于碳基燃料最合适的高效、洁净能源动力系统，其发电效率的提高，直接降低单位发电量的二氧化碳排放；SOFC 系统中产生的二氧化碳易于回收处理，有望实现碳基燃料能源利用过程中二氧化碳的近零排放。SOFC 能源系统适合模块化设计，可以组装成不同规格的发电和动力系统，安装灵活，很容易与现有各种燃料及燃料供应基础设施兼容。因此，基于我国能源结构现状，发展碳基燃料 SOFC 能源动力系统很有必要，它将为我国以化石能源尤其是以煤为主体的能源结构和以燃煤发电为主的电力结构调整做出重要贡献。

22.1.2 碳基燃料 SOFC 产业发展现状与热点

从技术进展的世界趋势上看，SOFC 也处于最合适的发展阶段。在世界范围内，SOFC 技术处于从科研界全面向产业界转化，从示范运行向商业运行的发展阶段。世界各地已经有上千台 SOFC 示范系统成功运行，最长运行时间达 4 万小时，展示了 SOFC 在技术上的可行性。对此，发达国家已经开展了系统而深入的研究工作，世界范围内已经取得了重大突破。

美国在能源部的直接领导下，于 1999 年成立了固态能量转换联盟（Solid State Energy Conversion Alliance，SECA），其专门针对煤基 SOFC 发电体系开展相关研究。SECA 集合了美国最优势的产学研多方力量，以有实力的大公司或专业公司为主体牵头承担整体系统的开发和示范运行，联合数十所大学和国家实验室一起开展相关研究工作，美国能源部对此项目累计投入 5.8 亿美元（年均投入 5 000 万美元），各大公司同时配套数倍的经费，持续支持相关工作。其中美国燃料电池能源公司（Fuel Cell Energy）正在进行 400 千瓦 SOFC 发电站的建设和测试工作；联合技术动力公司（UTC Power）设计的 100 兆瓦煤气化燃料电池一体化系统（integrated gasification fuel cell，IGFC）电站净效率≥ 50% 高热值（high heating value，HHV），碳捕获≥ 90%。而西门子公司 100 千瓦 SOFC 发电系统已经运行超过 4 万小时，发电效率无衰减。另外，由风险投资基金支持的美国清洁能源公司（Bloom Energy）从 2009 年开始商业运行兆瓦级发电系统，目前已经在加州建立了数十套大型分布式供电系统；2011 年开始在美国东部特拉华州（Delaware）建立第二个生产厂，2013 年开始在日本建立分厂，其新型商业模式配合新型的发电技术理念效果良好，势头迅猛，值得借鉴和推广。

日本在新能源工业技术发展组织（New Energy and Industrial Technology Development Organization，NEDO）领导下，从 1989 年开始持续支持了 SOFC 相关研究和技术发展，政府对此 NEDO 项目年均投入 3 000 万～ 4 000 万美元；日本专门成立了 SOFC 协会，协调 SOFC 研究和商业化进程中的有关问题。近年来日本在千瓦级分布式 SOFC 热电联供系统方面做得非常成功。2007 ～ 2010 年日本政府设立专项针对 SOFC 的现场示范应用开展工作，政府投入 3 045 万美元，企业配套建成 210 套分布式热电联供示范系统，在用户实际运行状态下考察系统的稳定性和衰减情况。该项目完成得很好，2011 年 10 月日本宣布 700 瓦 SOFC 热电联供系统全面进入市场，商业化推广迅速。同时，日本还支持了由三菱重工公司牵头的 SOFC 联合汽轮机大型发电系统，2012 年 12 月开始了 250 千瓦 SOFC 发电系统的运行，目前正在建设 800 兆瓦 IGFC 发电站系统。

韩国则采用并购的方式快速进入 SOFC 领域。目前韩国浦项制铁（Posco）集团通过持续入资已经是美国 Fuel Cell Energy 公司的最大股东，独家拥有在亚洲市场开发 SOFC 的权利；2012 年韩国 LG 公司则兼并了劳斯莱斯燃料电池公司（Rolls-Royce Fell Cell），并改名为 LG 燃料电池公司（LG Fell Cell）。欧盟从第六框架计划起，联合欧洲优势力量，集中攻关，实施了诸多计划，共同推进 SOFC 研究和技术研发，加快 SOFC 市场化进程[8]，在 2015 年以前，欧盟将建成从千瓦级到兆瓦级的各种规模的 SOFC 示范发电系统。澳大利亚[9]、加拿大[10]等也加紧推进 SOFC 商业化进程。

在此必须说明，上述国外的 SOFC 技术和产业一直对中国实施封锁，中国只能走自主开发的路线。在过去 20 年中，我们在上述领域开展了很好的研究工作，培养了较好的科研团队。尤其是“十二五”期间国家加大支持力度，同时在“863 计划”和“973 计划”部署相关项目，推动 SOFC 应用技术的发展［“863 计划”主题项目（2011—2013）“燃料电池与分布式发电系统关键技术”和“973 计划”项目（2012—2015）“碳基燃料固体氧化物燃料电池体系基础研究”］。但是，中国在该领域的产业技术还远远落后于世界发达国家。我们知道，一项新技术的产业化发展必须以企业为主体。在民间资本和社会多方面力量支持下，该领域小型专业化公司开始成长，如苏州华清京昆新能源科技有限公司、北京索福赛尔能源科技有限公司等。大能源集团也开始酝酿和部署实施相关项目，有代表性的是华能集团、大唐发电、神华集团等。所以，需要国家在政策方面予以引导和导向，支持企业 SOFC 技术的发展。

22.1.3 近期碳基燃料 SOFC 产业发展新情况

火电是煤炭消费的最大行业，目前消耗的煤炭占煤炭消费总量的 50% 左右。截至 2011 年年底，我国煤电装机容量达 7.07 亿千瓦，煤电占全国电力总装机容量 10.56 亿千瓦的 67%，消耗电煤约 18 亿吨。预测 2020 年中国煤炭消费需求为 40 亿吨左右，煤炭用于发电的比重将继续提高。2020 年中国实现“全面建设小康社会”目标相应的电力装机总量为 14 亿～ 15 亿千瓦。按照最大可能地多用可再生能源和清洁能源的基本要求，2020 年煤电装机仍将达 10 亿千瓦，年需煤约 24 亿吨。因此，发展先进、高效、洁净的煤电技术，降低二氧化碳等污染物排放，是保证中国能源可持续发展、实现美丽中国梦的重大现实需求。

以煤炭为基础，采用 SOFC 技术发电集成二氧化碳利用体系是一套高效、洁净的能源动力系统，其发电效率最高、二氧化碳处理成本最低。结合国家发改委正在推动的碳捕集试验示范工作，和国家发改委新出台的《分布式发电管理暂行办法》，发展碳基燃料 SOFC 产业连同二氧化碳处理，将是一举多得、跨越式产业发展的新途径。它可以同时实现燃煤发电技术的更新换代和二氧化碳低成本处理重大技术突破，大幅度提高发电效率，降低发电成本，实现二氧化碳减排，满足国家能源领域重大发展需求，对经济社会全局和长远发展具有重大引领带动作用；同时它又是知识技术密集、物质资源消耗少、成长潜力大、综合效益好的新型引导性产业。

22.2 碳基燃料 SOFC 产业战略布局、发展重点及重要技术

碳基燃料 SOFC 发电技术产业在国际上发展迅猛，无论是小型分布式热电联供系统的快速商业化，还是大型兆瓦级电站的示范商业运行，都充分证实该产业作为

战略性新兴产业所具有的战略引领、成长性、正外部性等特征，需要尽快实施战略布局，发展重点产业，突破关键技术。这需要从关键材料产业化、元器件批量化及系统集成工程化等多方面开展系列产业链布局。

22.2.1 碳基燃料 SOFC 关键材料产业化技术

SOFC 是一个由多种不同组元材料构成的，在高温下（600 ～ 900℃）实现能量转换的复杂系统。这种高温运行的装置，提高了对材料的要求，加大了技术难度。就材料类别而言，有多孔结构的复合阴极材料、全致密电解质材料、多孔结构的复合阳极材料、致密连接体材料和致密封接元件材料。在这些材料的协同作用下，完成复杂的电化学反应和电流输出。针对不同材料有不同的具体要求。例如，对电极材料要求能高速传导电子和氧离子，电解质材料要求能高速传导氧离子，连接材料则要求能高速传输电子，封接材料则要求是绝缘体。在 SOFC 体系中，还有多种材料构成的界面，这要求电子和氧离子还要能够高速通过多个界面。复杂的电子、离子传导，对材料电导性能提出了苛刻要求，所以需要在明了电子、离子在这些不同结构、不同功能的多相材料中迁移规律的基础上，发展多种材料的产业化技术，为 SOFC 发展提供高性能高稳定的材料，为 SOFC 产业发展奠定物质基础。

22.2.2 碳基燃料 SOFC 元器件产业化技术

如前所述，SOFC 中涉及了多种不同组成和结构的材料[11]，由这些材料构成不同组元，满足其对应的高性能和功能需要，且长期稳定，临近组元之间界面兼容。SOFC 的关键元件是单元电池，其主要由阳极（包括阳极功能层、阳极集流层、支撑体）、电解质、阴极（包括阴极功能层和阴极集流层）构成；构建电池堆时，还需要连接体和封接元件将单元电池串联或并联。各种元器件会根据整体结构设计的不同有不同形式，目前主要有管式结构和板式结构两大类。无论哪种结构，都需要发展廉价、稳定的批量制备技术。由于材料种类、结构复杂，这对电池元件的制备技术提出了极高的要求。这需要从单体材料制备技术、非均质异相多层膜结构制备技术到器件集成技术等多个环节开展相关工作，发展工艺简单、成本低廉、环境友好的多种制备技术。在这个过程中，只有对 SOFC 中关键材料为基础的固相反应、烧结动力学、缺陷控制、界面反应等科学问题有深入全面的认识，才能为构建低成本、高性能 SOFC 系统提供技术保障。

22.2.3 碳基燃料标准化处理技术

直接使用碳基燃料是 SOFC 的优势[12～14]，碳基燃料来源广泛，种类繁多，很容易与现有能源供应系统兼容，但也加剧了燃料处理的复杂化。我们首先选择甲烷为碳基燃料的代表，建立其标准化处理工艺，然后再推广到其他多种燃料的处理上。在碳基燃料处理过程中，需要有效控制碳基燃料在反应过程中的裂解、中间体的形成、吸附、与氧离子反应生成二氧化碳和水、放出电子等多个步骤，解决碳沉积、硫中毒等问题；需要进一步研究新型催化剂，设计反应器并使之与 SOFC 体系兼容等。

22.2.4 碳基燃料 SOFC 电池堆技术

若干个单电池通过串、并联构成电池堆，SOFC 电池堆有多种结构设计，经过长期的发展和优化，目前主要有管式和平板式两种结构。管式 SOFC 的优点是无需使用专门的密封材料，但是管式设计存在电流采集流程长、功率密度低、制备工艺复杂以及制备成本高等缺点。即使是管式电池堆的传统供应商西门子（Siemens）公司［前身是西屋公司（Westinghouse)］，目前也致力于扁管式（一种具有部分平板式优点的结构）SOFC 的研发，以提高功率密度、降低制作成本。板式结构 SOFC 具有电流采集流程短、功率密度高、制备工艺简单、制备成本低等优点，但是需要专门的密封材料和密封技术；当 SOFC 向中低温运行发展时，可以采用金属连接体替代陶瓷连接体，进一步降低加工成本，但是在一定温度下和氧化气氛中，金属连接体稳定运行可能存在问题。在具备了高性能的单电池及合格的连接体和封接材料后，需要发展能够保证电池堆高效、可靠、稳定运行的集成设计，这要求解决与单电池完全不同的关键技术问题。例如，电池堆的总效率正比于燃料使用率，需要优化气道设计以保证串联中的各个单电池获得尽可能等量的燃料分配[15]；电池堆的稳定运行则要求深刻认识运行条件下各部件材料的结构和性能演化规律，选择合理的电池堆结构和运行参数，以尽量减缓热应力和温度场等因素对各部件材料及其界面的损伤[11]。由于电池堆的性能综合体现了从微观尺度的电化学反应到宏观尺度的传热传质以及从材料的微观结构到电池堆的宏观结构演化等多种物理效应共同作用的影响，因此需要定量分析各影响因素，才能获得最佳平衡点，提出优化的电池堆结构设计，促进高效长寿的电池堆技术的发展[16～18]。

22.2.5 碳基燃料 SOFC 系统集成技术

SOFC 示范发电系统的构建对于我国 SOFC 的水平展示、关键材料和基础理论的验证及整体技术水平的提升都至关重要。从单电池到电池堆和发电系统的规模放大，不是简单的尺寸上的增大，而是涉及非稳态传质、传热及电化学反应等复杂的化工过程，所以，需要以燃料电池堆为核心，发展匹配的燃料供应系统、燃料脱硫和重整系统、空气供应系统、增湿系统、气体热交换系统、尾气处理系统等，构建碳基燃料 SOFC 发电系统；在演示运行中验证和进一步优化前期取得的碳基燃料特异性、抗积碳对策、界面过程分析和优化等科学成果。以此为基础形成产业化，发挥其引领性作用，带动新兴行业的发展。

22.3 “十二五”期间产业培育与发展中遇到的问题

在“十二五”期间，科技部、国家自然科学基金委员会等在相关领域支持了一批相关的重大和重点研发项目，使得碳基燃料 SOFC 产业在技术上有了很大的进展，培养了较好的研发团队，为产业的发展奠定了较好的基础。但是，在政策层面还没有出台任何扶持政策，对企业进入该产业的引领性不够，目前，中国在该领域还难以形成规模产业，致使中国 SOFC 产业技术的发展远远落后于国际发达国家的水平，并且，国际发达国家 SOFC 产业技术和产品对中国实施封锁，我们不可能走引进消化吸收的路线。在国际能源形势的大背景下，这对我们极其不利。我们必须尽快出台产业扶持政策，立足自主研发，发展中国自己的关键技术和产业，突破重围，避免过于被动的局面。

“十二五”期间碳基燃料 SOFC 产业出现的问题，主要可以归结为技术性、经济性和政策性三个方面。在技术方面，我们还没有重点发展产业技术，致使规模化发展的问题尚没有得到很好解决；在经济方面，由于新型发电技术规模不够大，其经济性较传统能源的优势不能显现；在政策层面，还没有出台任何相关支持政策，致使企业进入的积极性不高。因此，迫切需要在国家层面上做出导向，引领相关产业快速发展。

22.4　碳基燃料 SOFC 产业发展重点案例

由于卓越的电性能和燃料的灵活性，SOFC 发电系统可以在从数瓦到数兆瓦的很宽泛的功率范围上实现应用，既可以做大型发电系统和分布式热电联供系统，也可以做便携式发电系统和机载辅助动力装置（auxiliary power units，APU），在国内外形成广泛的新兴产业。

22.4.1　大型分散式 SOFC 电站系统

世界上首个百瓦级 SOFC 大规模发电系统是由美国 Westinghouse 公司建造的，在美国、荷兰、德国和意大利等国以经过脱硫的天然气为燃料运行了 36 750 小时，发电效率 46 %，未出现任何衰减。西门子公司首个 220 千瓦的加压式 SOFC 联合涡轮机系统建在美国加利福尼亚大学欧文分校（University of California，Irvine）国家燃料电池研究中心，该系统 SOFC 发电效率为 53 %，系统总发电效率为 70 %。Versa Power Systems 总部位于美国科罗拉多州利特尔顿市（Littleton，Colorado），生产线位于加拿大卡尔加里（Calgary），成功运行了 60 千瓦电池堆，美国 Fuel Cell Energy 公司将这种电池堆整合为数兆瓦规模的系统，以煤或其他碳氢化合物作为燃料进行分布式发电。韩国 LG Fuel Cell Systems 公司集成了 20 千瓦的发电模块，现在正在建设兆瓦级发电系统。韩国的 Posco 公司正在研发 50 千瓦阳极支撑大规模分散发电系统。日本三菱重工公司于 2012 年 12 月在东京运行了 250 千瓦的 SOFC 联合汽轮机系统，目前正在建设兆瓦级系统。作为德国参与合办项目 SOFC20 的一部分，德国夫琅和费（Fraunhofer）陶瓷科技和系统研究中心（Institut für Keramische

Technologien und Systeme，IKTS）、澳大利亚攀时公司（Plansee SE）、德国李斯特内燃机及测试设备公司（AVL List GmbH）、德国肖特集团（Schott AG）和德国尤利希研究中心（Jülich Research Center）正在研究一个以天然气为燃料的发电系统。Fraunhofer 陶瓷科技和系统研究中心设计了一个“热箱”式系统，在 2012 年 3 月首次成功运行，实现了 55 千瓦的功率输出。该系统将被安装在 AVL List GmbH 中，以期得到效率高于 50 % 的输出。

目前最成功的大规模 SOFC 发电系统制造商是美国 Bloom Energy 公司，其由风险投资基金支持，于 2001 年在美国加州森尼维耳市（Sunnyvale）成立。它已经制造、销售和组装了数百个 100 千瓦级的 SOFC 发电系统，用户包括奥多比系统公司（Adobe System）、美国银行（Bank of America）、考克斯企业（Cox Enterprises）、可口可乐公司（Coca Cola Company）、美国电子港湾（eBay）、联邦快递（FedEx）、谷歌（Google）、美国西夫韦公司（Safeway）、史泰博公司（Staples）、沃尔玛（Walmart）等。

世界范围内对 SOFC 的研究目的都是降低 SOFC 发电系统的成本，尤其是电池制造和电池堆材料成本，以及直流电向交流电的转化和其他各部件的平衡。

22.4.2 分散式 SOFC 热电联供系统

1 ～ 5 千瓦级别的 SOFC 主要应用方向是以天然气为燃料的热电联供系统。早期的 SOFC 热电联供单元由瑞士 Hexis AG 公司设计生产，发展为“Galileo 1000N”系统，该系统可以提供 1 千瓦的电能和 1.8 千瓦的热量；电能转化效率约为 30 %，总体效率超过 90 %。目前已安装了 80 多个类似的热电联供单元。Hexis AG 正在与德国的锅炉公司斯宝亚创（StiebelEltron）和皓欧（Hoval）合作创立一个子公司进行相关的维护和系统组装。

英国锡里斯电力公司（Ceres Power）开发了金属支撑型的平板式 SOFC 系统，为英国家庭提供电力并满足其主要的热需求（包括热水）。Ceres Power 的发电系统结构紧凑、轻便，可以采取壁挂安装，为热水器的更换和居民应用拓展了一种新的使用方式。Ceres Power 已经和英国天然气公司（British Gas）以及 Calor 公司进行了三方合作并能保证一定量的订单。Ceres Power 现正在为实现 2016 年的商业化目标测试和优化更高功率的热电联供系统。

澳大利亚陶瓷燃料电池公司（Ceramic Fuel Cells）总部位于澳大利亚的诺贝尔公园（Noble Park），它为一般家用设计了 1 ～ 2 千瓦的 BlueGen 单元，遍布世界各处。该系统电效率为 60 %，总体效率超过 90 %。Ceramic Fuel Cells 有限公司在英国布罗姆波勒（Bromborough）设有一个生产材料加工厂，在德国海因斯贝格（Heinsberg）有一套电池堆和组装的生产设备。

丹麦的托普索燃料电池公司（Topsoe Fuel Cell）与丹麦科技大学、里索（Risoe）国家实验室合作，开发出阳极支撑和金属支撑的 SOFC。Topsoe Fuel Cell 已经为一个 20 千瓦的生物质发电系统和一个 20 千瓦的示范性海运 APU 提供了该种电池堆。

Topsoe Fuel Cell 还与瓦锡兰集团（Wärtsilä）、丹佛斯（Danfoss）和 AVL List GmbH 合作实现系统集成。目前，Topsoe Fuel Cell 和鲜京（SK）控股公司达成两项发展 SOFC 技术商业化的协议。一项协议是发展热电联供系统的商业化以提供给居民住户，另一项协议是发展大型热电联供系统的商业化。协议中，Topsoe Fuel Cell 提供燃料电池堆，SK 控股公司将发展、制造并部署 SOFC 发电系统。另外，德国 Staxera 公司也在研发电池堆和组装系统。

目前这些公司在基于平板式 SOFC 的民用热电联供系统等方面也都有涉及，但主要是利用平板式 SOFC 制作电池堆和发电系统。由于管式电池堆具有可靠性和长期稳定性，它在家用方面也非常具有前景。

日本京瓷公司（Kyocera）已研发出两种形式的扁管电池，其合作公司已经在生产家用单元系统。Kyocera、大阪燃气（Osaka Gas）、爱信（Aisin）、长府（Chofu）和丰田（Toyota）日前宣布已完成家用 SOFC-CHP 系统的商业应用，其称为能源农场（Ene-Farm），电能转化效率达到了 46.5%。上述合作公司中，Kyocera 负责生产电池堆，Aisin 负责发电部分，Chofu 负责热水供应和利用废热加热，Osaka Gas 负责系统的销售（目前只限于日本市场）。日本石油株式会社［Nippon Oil Corp（ENEOS）］利用 Kyocera 的阳极支撑扁管电池制造出了类似的热电联供单元。东京煤气公司（Tokyo Gas）同日本林内股份（Rinnai）和星牌公司（Gastar）合作，利用 Kyocera 的扁管电池将其分段排列成电池堆制造出家用热电联供系统。

日本东陶（Toto）公司正在生产和测试阴极支撑管式电池组装的 2 千瓦规模的热电联供单元。美国西门子公司与加拿大燃料电池科技公司（Fuel Cell Technologies）合作生产和测试了几十个利用阴极支撑管式电池组装的 3 ～ 5 千瓦规模的热电联供单元，运行一年，稳定性良好。SOFC 家用系统发展迅速，市场活跃，尤其是在日本和欧洲市场，市场反映良好。

22.4.3 便携式 SOFC 发电系统

便携式设备所需要的电力位于数毫瓦到数百瓦之间。由于碳基燃料 SOFC 对燃料的普适性，可以采用丙烷、汽油、柴油、煤油、JP-8 军用燃料、乙醇和其他生物质能等燃料，SOFC 便携发电系统已经应用在军工、休闲、紧急情况以及交通运输方面。美国的超电子 AMI 燃料电池公司（Ultra Electronics AMI）微管型 SOFC 可持续供电系统（50 ～ 300 瓦），为军用（士兵、无人空中设备以及无人路上设备）、休闲（不接入电网的露营、爬山以及长距离远足等）和紧急电源提供便携式设备。Ultra Electronics AMI 50 瓦的系统采用丙烷驱动，为地上传感器、无人飞行器和机器人提供动力。250 瓦的系统则采用丙烷或液化石油气驱动，用于延长军事任务的时间和为电子设备、无线电和电脑等提供非电网电力。在便携式设备中使用普通廉价燃料（丙烷、丁烷和液化石油气）可以减轻后勤供应的负担。

美国 Lilliputian Systems 公司基于 SOFC 和微型机电系统发展提出了用芯片制造的硅电源电池技术（Silicon Power Cell）。该技术包含了一个基于芯片的 SOFC 和一个可循环的高能燃料匣。Lilliputian Systems 的产品平台包含移动电力系统、整合电力系统和嵌入式电力系统，可提供从手机到笔记本电脑功率范围内所需要的电力。Lilliputian Systems 最近公布了它的最新产品，其是一种为用户设备提供电力的便携式充电装置。通过和零售商 Brookstone 有限公司的合作，这种独立、便携、轻量化、无需插电的电源系统可为用户电子设备（如手机、移动手持设备、MP3 音乐 / 视频播放器、数码相机等）通过标准 USB（universal serial bus，即通用串行总线）接口提供充电。它可通过一个独立循环装置提供可“持续使用”数星期的便携电源，持续时间比其余的供电方式更长久，花费则比之前的备用电池小得多。该系统还能为多种设备提供电力，显著减少了消费者外出时对电线和电源适配器的需要。

22.4.4　基于 SOFC 的机载辅助动力装置

燃料电池系统的另一应用是在交通运输领域。德尔福公司（Delphi）研发出用阳极支撑平板式 SOFC 制造的 SOFC 机载 APU 系统。这个 APU 单元可使用汽油或柴油工作，通过在 APU 单元内的部分氧化进行重整。该 APU 系统包括燃料电池堆、燃料改善系统、能量恢复单元、热量管理系统、气体供应系统、控制系统、电力电子技术和储能系统。2008 年 Delphi 公司和美国汽车公司（Motors Co.）成功展示了 Delphi 公司的固体燃料电池 APU 系统在 Peterbilt 型号 386 卡车上“旅馆式办公”的负载应用，Delphi SOFC APU 为 386 卡车的电力系统、空调和卡车的电池提供能量，在整个过程中，卡车的柴油发动机始终都处于熄火状态。Delphi 公司希望在未来几年内实现此类 SOFC APU 的商业化。丹麦 Topsoe 公司的燃料电池堆也应用于 APUs。这种基于燃料电池的 APU 将会应用于日益增长的豪华电动汽车、休闲车以及包含冰箱、电视、音箱、甚至电脑和微波炉等各种舒适设备的重型卡车。

22.4.5　中国 SOFC 产业技术

世界范围内，碳基燃料 SOFC 产业化和商业化发展如火如荼，应用领域覆盖大型发电系统、分布式热电联供机组、小型便携式设备和 APU 等。但是中国在这一领域的产业发展则冷清了许多。只有为数极少的几家小公司在积极努力推动行业和技术发展。苏州华清京昆新能源科技有限责任公司就是一家这样的具有产业引领性的专业公司。该公司专业从事 SOFC 相关材料、器件、电堆和系统集成技术的发展，目前正在承担国家“973 计划”项目、国际合作项目、江苏省科技支撑计划项目等。通过三年多的艰苦攻关，已经突破了 SOFC 关键材料、元器件、电池堆组装、发电系统集成全产业链的关键技术，正在进行 SOFC 千瓦级示范系统建设工作。该公司担负了碳基燃料 SOFC 在中国产业化发展的历史重任，团结了全国最强的科研力量，奠定了良好的技术基础，现在迫切需要将碳基燃料 SOFC 产业化发展这一重大目标上升到国家层面，集中力量，促进中国碳基燃料 SOFC 战略性新兴产业快速发展。

22.5 促进煤炭洁净转化产业发展的政策建议

（1）在国家层面制定能源导向政策，引导国有大型能源相关企业进入该领域，逐步构建以企业为主体、以市场为中心的科技创新体系，发挥大型企业的科研需求主体地位、资金投资实力，逐步形成符合新时期产业发展规模的科研体系。

（2）加强科技研发投入，设立国家科技重大专项，在国家层面领头组织建立示范工程项目，推进该行业的产业化进程。

（3）开展区域试点，选定特定领域和地区开展试点工作，实行税收优惠和价格补贴机制。

参考文献

[1] Zhan Z L，Barnett S A. An octane-fueled solid oxide fuel cell. Science，2005，308（5723）：844 ～ 847.

[2] Sun C W，Xie Z，Xia C R，et al. Investigations of mesoporous CeO_2-Ru as a reforming catalyst layer for solid oxide fuel cells.Electrochemistry Communications，2006，8（5）：833 ～ 838.

[3] Ding D，Liu Z B，Li L，et al. An octance-fueled low temperature solid oxide fuel with Ru-free anodes. Electrochemistry Communications，2008，10：1295 ～ 1298.

[4] Cao D X，SunY，Wang G L. Direct carbon fuel cell：fundamentals and recent developments. Journal of Power Sources，2007，167：250 ～ 257.

[5] Gür T M.Coal conversion in a fluidized bed direct carbon fuel cell. In 10th Annual Solid State Energy Conversion Alliance（SECA）Workshop，Pittsburg，PA，USA，July 15th，2009.

[6] Yin Y H，Zhu W，Xia C R，et al. Low-temperature SOFCs using biomass-produced gases as fuels. Journal of Applied Electrochemistry，2004，34（12）：1287 ～ 1291.

[7] 国家高技术研究发展计划（“十一五”“863 计划”）先进能源技术领域专家组 . 中国先进能源技术发展概论 . 北京：中国石油出版社，2010.

[8] Rietveld B. SOFC development in Europe.In the 8th European Solid Oxide Fuel Cell Forum：B0105，Lucerne，Switzerland，30th June-4th July，2008.

[9] Foeger K. SOFC Micro-CHP of ceramic fuel cell ltd.-products for today.In the 8th European Solid Oxide Fuel Cell Forum：B0202，Lucerne，Switzerland，30th June-4th July，2008.

[10] Borglum B. Development of solid oxide fuel cells at versa power systems.In the 8th European Solid Oxide Fuel Cell Forum：B0303，Lucerne，Switzerland，30th June-4th July，2008.

[11] Singhal S C，Kendall K. 高温固体氧化物燃料电池——原理、设计和应用 . 韩敏芳，蒋先锋译 . 北京：科学出版社，2007.

[12] Park S D，Vohs J. Gorte R J. Direct oxidation of hydrocarbons in a solid-oxide fuel cell. Nature，2000，404（6775）：265 ～ 267.

[13] Xie Z，Xia C R，Zhang M Y，et al. $Ni_{1-x}Cu_x$ alloy-based anodes for low-temperature solid oxide fuel cells with biomass-produced gas as fuel. Journal of Power Sources，2006，161（2）：1056 ~ 1061.

[14] 彭苏萍，韩敏芳 . 煤基 / 碳基固体氧化物燃料电池技术发展前沿 . 自然杂志（特约稿），2009，31（4）：187 ~ 192.

[15] Bi W，Chen D，Lin Z. A key geometric parameter for the flow uniformity in planar solid oxide fuel cell stacks. International Journal of Hydrogen Energy，2009，34：3873 ~ 3884.

[16] Khaleel M，Lin Z，Singh P，et al. An efficient modeling tool for sofc development：coupled electrochemistry，thermal and flow analysis in MARC. Journal of Power Sources，2004，130：136 ~ 148.

[17] Liu S，Kong W，Lin Z.Three dimensional modeling of planar solid oxide fuel cells and the rib design optimization. Journal of Power Sources，2009，194：854 ~ 863.

[18] Chen D，Bi W，Kong W，et al. Combined micro-scale and macro-scale modeling of the composite electrode of solid oxide fuel cell.Journal of Power Sources，2010，195：6598 ~ 6610.

第 23 章

分布式能源供电技术

韩英铎　黄其励　彭苏萍　王成山　谢小荣

【内容提要】 分布式能源是指分散存在且易于利用的各种类型的能源，包括可再生能源（如太阳能、生物质能、风能、水能、波浪能等）和可方便获取的化石类燃料（如天然气），将这些能源转换为电能充分加以利用，实现对用户的分布式供电，有助于提升能源的利用效率，更好地满足用户的能源需求。近年来，相关产业受到我国政府的高度重视，为更好地培育这一产业并推进其发展，本章在总结其发展现状及趋势的基础上，首先重点分析了相关产业需要重点解决的关键技术问题，即分布式能源发电并网装备及控制系统、微电网运行与控制装备与技术、直流配电技术及装备、有源配电网运行控制装备与技术；其次阐述了“十二五”期间产业发展中遇到的问题，并给出了两个分布式能源供电技术应用的典型案例；最后就促进分布式能源供电产业发展的政策提出了几点建议。

23.1　分布式能源供电产业发展现状与趋势

23.1.1　分布式能源供电产业的基本概念与范畴

分布式能源是指在用户所在场地或附近分散存在，可为用户直接利用的各类能

源形式，这些能源可被用来产生电能，从而实现分布式发电。具体而言，分布式发电的种类很多，如小水电；以各个电压等级接入配电网的风能、太阳能、生物质能、海洋能、地热能等新能源发电；除煤炭直接燃烧以外的各种废弃物发电、多种能源互补发电、余热余压余气发电、煤矿瓦斯发电等资源综合利用发电；小规模煤层气发电；具备电力就地消纳特点的天然气热/电/冷联供系统等。这样的分布式发电构成了向用户供电的分布式电源。分布式能源供电产业是指实现分布式电源的有效集成，解决大规模分布式能源发电并网运行问题，充分发挥分布式能源发电的优势，实现分布式能源发电技术的规模化利用，实现高效、可靠、优质供电的相关技术产业。产业的核心技术包括分布式能源发电并网装备及控制系统、微电网运行与控制装备与技术、直流配电技术及装备、有源配电网运行控制装备与技术等。

分布式能源供电的典型特征是可以实现能源的因地制宜、清洁高效、分散布局、就近利用，有助于充分利用当地可再生能源和综合利用资源，替代和减少化石能源消费。相关产业的发展将会解决大规模分布式能源的有效消纳与利用问题，既可以解决常规电网难以到达的海岛和边远地区的供电问题，也可为经济发达地区的高可靠性供电提供新型的解决方案，同时可为电动汽车产业、分布式储能产业、能源服务产业等的发展提供支撑。这一产业目前为世界所关注，将会给电力供应模式带来革命性的变化。

23.1.2 分布式能源供电产业发展现状与热点

分布式能源供电产业的发展近年来获得了国内外的广泛关注，美国、欧洲、日本等发达国家和地区，从政府层面到电网公司等企业层面，在清洁与可再生能源发展、智能电网建设等重大能源相关的领域，都把分布式能源发电及供电作为重点支持与大力发展的领域。

美国早在2004年由其能源部提出的"美国2030年电网远景设想"中，就将分布式能源供电技术作为将会实现电网重大变革的关键技术；在2007年提出的《电力输送系统升级战略规划》中，更是将可再生能源与分布式能源供电技术列为电网升级的四大关键技术之一；在2009年美国总统奥巴马签署的《美国恢复和再投资法案》中，这一技术成为智能电网建设与发展的关键，大批示范工程的建设，众多支持政策的实施，使得相关产业获得了快速发展。美国的分布式发电包括天然气多联供、中小规模的水能、太阳能、风能、生物质能、垃圾发电等。2010年，美国分布式电源总装机容量约为9 200万千瓦，占全国发电装机容量的14%。根据美国能源部有关规划[1]，2010～2020年将再新增9 500万千瓦装机容量，占全国发电装机容量的29%。美国的分布式发电以天然气热电联供为主，年发电量1 600亿千瓦时，占总发电量的4.1%；而热电联产技术以内燃机、蒸汽轮机、燃气轮机为主，约46%的热电联产项目采用小型内燃机，燃气-蒸汽联合循环系统占项目数量的8%，占分布式发电总装机容量的53%。美国能源情报署（U.S.Energy Information Administration，EIA）《美国2011能源展望》指出，2011～2035年，美国居民以及商业领域用于购买分布式能源设备、发电系统和建筑节能方面的投资将新增 110 亿美元。在分布式能源系统装机容量中，微燃机以每年 16% 的速度增长。在税收优惠的政策激励下，风电增速将达到 11%，预计 2035 年，可再生能源将占分布式能源供应的 50%。许多州都有自己的发展规划，以美国加利福尼亚州为例[2]，2011 年分布式电源装机容量约为 3 000 兆瓦，占总装机容量的 4.3%；考虑到已经批准和正在建设的项目，2016 年将达到 9 000 兆瓦，此后每年装机容量将按照约 7.5% 的平均增长率增长，2020 年将达到 12 000 兆瓦，占总装机容量的 12% 左右。

欧盟国家的分布式发电以太阳能光伏、风能和热电联产为主[3]。欧洲风电的发展侧重于分散接入，在正常情况下，风电基本在本地或者区域电网范围内就可以消纳。根据欧洲风能学会（The European Wind Energy Association，EWEA）2010 年的统计，以分布式发电为主的可再生能源占比为：太阳能光伏 3%，小水电 1%，生物质能 1%，风能 10%，其他还有聚光太阳能、地热、潮汐、废弃物发电等。德国分布式发电装机容量约 2 084 万千瓦，占总装机容量的 19.8%。2010 年德国新增光伏发电装机容量 740.8 万千瓦，其中 80%以上为住宅用小型太阳能发电系统。此外，德国还有 300 多个 1 万千瓦以下的沼气和其他生物质能发电站。英国只有 5 000 多万人口，但在过去 20 年中，已有超过 1 000 个小型成套的分布式能源热电联供设备被安装在遍布饭店、购物商城、休闲中心、医院、学校、机场、写字楼等公共场所，以提高能源利用效率。丹麦是世界上能源利用效率最高的国家，在过去 20 年中，GDP 翻了一番，能源消耗却没有增加，污染排放反而大幅度下降。其主要的措施就是大力发展分布式能源，丹麦 80%以上的区域供热能源采用热电联产方式产生。丹麦分布式发电量达到全部发电量的 50%以上，分散接入低电压配电网的风电总装机容量有 300 万千瓦。

日本的分布式发电以热电联产和太阳能光伏发电为主[4]，2010 年总装机容量约 3 600 万千瓦，占全国发电总装机容量 13.4%。其中，商业领域的分布式发电项目 6 319 个，主要用于医院、饭店、公共休闲娱乐设施等；工业领域分布式发电项目 7 473 个，主要用于化工、制造业、电力、钢铁等行业。日本未来将以发展分散式光伏发电为主，按照政府规划，到 2030 年，光伏发电装机将达到 50 吉瓦，达到总发电量的 25%。

我国政府对这一产业也给予了高度的关注。在国家科技战略方面，《国家中长期科学和技术发展纲要（2006—2020 年）》已将“分布式供能技术”列为先进能源技术领域的重点前沿技术，明确提出需要重点建设“基于可再生能源和化石能源互补”的分布式终端能源供给系统，以“为终端用户提供灵活、节能型的综合能源服务”。在国家能源战略方面，国家能源局在《可再生能源发展“十二五”规划》中明确提出，需要“充分利用当地的可再生能源资源，采用综合利用、多能互补的方式，按照分散布局、就近利用的原则”，在“具备多元化利用条件的地区”，建立“充分利用新能源发电和电网提供系统支持的新型供用电模式”。根据国家电网公司提供的数据[5]，截至 2012 年年底，我国已并网投产的分布式电源有 1.56 万个，装机容量 3 436 万千瓦，其中，分布式水电 2 376 万千瓦，占我国分布式电源装机容量的

69%；余热、余压、余气资源综合利用和生物质发电近年来增长迅速，装机达到了871万千瓦。分布式光伏今后有望成为分布式能源发电发展最快的部分，根据我国《可再生能源发展"十二五"规划》[6]，2015年光伏发电装机容量的发展目标为20吉瓦，到2020年达47吉瓦。其中，分布式光伏发电规模2015年为10吉瓦，2020年为27吉瓦。

就分布式能源供电产业在我国的实际发展现状而言，可以说它还仅仅处于起步阶段，分布式发电的装机容量占比不高，整体仅为总装机容量的3%左右，而且大多数是管理和运行水平比较落后的小水电，新型的风电和光伏发电虽然总体规模不小，但多采用大规模集中式发电形式，分布式用户侧装机规模很小，大规模分布式能源可靠高效供电的局面还远未形成，与发达国家相比，技术水平差距还比较大，产业具有很大的发展和提升空间。

23.1.3 近期分布式能源供电产业发展新情况

我国在电力事业的发展过程中，一直非常重视大规模发电厂和远距离输电系统的建设，在传统电厂的建设规模日益加大的同时，众多的大型风电场和集中式光伏电站也已建成投运，超/特高压输电系统已经具有较大规模。但是，随着大规模集中式风电和光伏电站投运过程中暴露的问题日益增多，这种建设模式近年来正在发生改变。分布式风力发电系统、分散式光伏电站、多能互补微电网的建设正在日益受到关注，加强配电网建设开始被国家电网公司和中国南方电网有限责任公司（以下简称南方电网公司）高度重视，分布式能源供电技术的应用前景变得更加明朗。这种发展思路的转变体现在政策及技术等多个层面。例如，国家发改委、财政部、住房和城乡建设部、国家能源局2011年共同发布了《关于发展天然气分布式能源的指导意见》；国家能源局2011年发布了《分布式接入风电项目开发指导意见》；财政部为贯彻《国务院关于促进光伏产业健康发展的若干意见》（国发〔2013〕24号），于2013年下发了《关于分布式光伏发电实行按照电量补贴政策等有关问题的通知》。此外，国家电网公司也明确了今后要重点建设现代配电网的目标，南方电网公司则提出了绿色电网的发展思路。国务院总理李克强2013年8月31日主持召开的国务院常务会议，将城市电网建设和智能化列为推进政府向社会力量购买公共服务，加强城市基础设施建设的六大领域之一。在技术层面，科技部于2012年启动了两批"智能电网"重大项目，其中与分布式能源供电相关的课题占有很高的比例。

就产业的技术发展而言，随着分布式发电应用规模的日益加大，分布式能源供电领域的技术提升成为了人们关注的焦点[7, 8]。使电网接纳更多的分布式发电，最大限度地利用可再生能源，提升分布式发电并网运行的可靠性，改善分布式能源供电效率，特别是使分布式能源能够与电网实现互动，有效发挥负荷移峰填谷等辅助功能等，成为产业关注的重点。为此，研发先进的分布式电源并网及控制装备，发展有助于分布式能源高效可靠供电的微电网技术以及直流配电技术，建设有助于接纳大规模分布式可再生能源的智能化有源配电网，成了推动分布式能源供电产业发展的关键。

而这一产业的发展也必将为我国清洁与可再生能源发展目标的实现提供有力的支撑。

23.2 分布式能源供电产业战略布局、发展重点及重要技术

分布式能源发电技术近年来发展很快，据著名市场调查公司 BCC Research 对分布式发电全球市场的前景预测[9]，分布式发电技术的全球市场总量到 2015 年估计将达到约 1 410 亿美元，2010 ～ 2015 年的年均增长率为 17.1% ；可再生能源分布式发电市场价值到 2015 年预计将达到 664 亿美元，2010 ～ 2015 年的年增长率约为 15.9%。如何使这些发电技术获得充分的应用，向用户提供高效可靠的电能，则是分布式能源供电产业发展的目标所在。由于分布式能源的种类很多，相关的分布式电源的运行特性有很大不同，若想保证其高质量向负荷供电，需要解决一些关键的技术问题，这些问题可以被归纳为四大领域：①分布式能源发电并网装备及控制系统；②微电网运行控制装备与技术；③直流配电技术及装备；④有源配电网运行控制装备与技术。这四大领域也是分布式能源供电产业发展的关键。

23.2.1 分布式能源发电并网装备及控制系统

分布式能源的种类很多，发电技术各异，但绝大多数的分布式能源发电技术都存在一个共同的特点，那就是其所直接发出的电能在频率和电压水平上常常不能直接满足用户的负荷要求，需要配备特定的变流装备和控制系统。例如，光伏发电系统发出的是直流电，需要经过变流装备及其控制系统将其转化为 50 赫兹具有所要求电压水平的交流电。伴随着国际上大量光伏及其他分布式能源并网发电系统的建设，分布式能源发电并网装备及控制系统这一产业发展很快，仅光伏逆变器市场，预计 2014 年就可达到 85 亿美元的收益额。同国外技术相比，我国在这一领域的产业技术水平还有很大的提升空间。以光伏发电并网逆变器为例，目前全球光伏逆变器市场基本被国际几大巨头瓜分，德国的艾思玛太阳能技术公司（SMA Solar Technology）是全球最早也是最大的光伏逆变器生产企业（在德国的市场占有率达 50% 以上），约占全球市场份额的三分之一，是全球最大的光伏逆变器生产企业。全球前七位的生产企业占领了全球近 70% 的市场份额。与国际上的生产企业相比，我国的逆变器生产厂商普遍偏小，在逆变器技术质量、规模上与国外企业仍具有较大差距，目前具有较大规模的厂商有合肥阳光电源有限公司、北京科诺伟业科技有限公司、北京索英电气技术有限公司、广东志诚冠军集团有限公司、南京冠亚电源设备有限公司、英伟力新能源科技（上海）有限公司等企业。

随着分布式能源发电规模的日益增大，分布式电源的接入将会给电网带来不可忽视的影响，正像我国大型风电场并网普遍存在的一些问题中有些必须从风电并网系统侧加以解决一样，分布式能源发电并网装备及其控制系统也存在许多技术问题需要加以解决。例如，需要实现并网发电、无功补偿、有源滤波等功能的高度集成；

具备小型化、模块化、高效率特征；能够正确感知外部电网异常及故障状态，并智能化地实现功率或电压调节；既易于分布式能源发电系统接入电网，实现即插即用，又要有助于对电网运行起到支撑作用等。这些技术问题将是分布式能源发电并网装备及控制系统研发领域关注的重点。

23.2.2　微电网运行控制装备与技术

微电网是指由分布式电源、能量转换装置、负荷、监控和保护装置等汇集而成的小型发配电系统，它是一个能够实现自我控制和管理的自治系统。微电网是对分布式能源发电系统的一种有效的组织形式，可以看做小型的电力系统，它具备完整的发电和配电功能，可以有效实现网内的能量优化。微电网有时在满足网内用户电能需求的同时，还需满足网内用户热能的需求，此时的微电网实际上是一个能源网。将分布式能源以微电网的形式加以组织，向用户供电或并网运行具备很多优点。在并网工作模式下，微电网一般与中、低压配电网并网运行，互为支撑，实现能量的双向交换。通过网内储能系统的充放电控制和分布式电源出力的协调控制，可以实现微电网的经济运行，对电网发挥负荷移峰填谷的作用；也可实现微电网和常规电网间交换功率的定值或定范围控制，减少由于分布式可再生能源发电功率的波动对电网的影响。利用能量管理系统，可有效提高分布式电源的能源利用率。在外部电网故障情况下，微电网可转为独立运行模式，继续为微电网内的重要负荷供电，提高重要负荷的供电可靠性。通过采取先进的控制策略和控制手段，可保证微电网高电能质量供电，也可以实现两种运行模式的无缝切换。

当可再生能源成为主导能源的情况下，微电网系统将会有很大的发展，据欧洲光伏协会（European Photovoltaic Industry Association，EPIA）预测，到2030年，离网和微电网的光伏应用将占据整个光伏发电市场的30%。根据美国市场调查公司Navigant Research的报告预测[10]，到2020年，北美的微电网容量将达到6吉瓦，大概占世界微电网容量的64%，产生的年收入将超过400亿美元。我国同样有对微电网大规模发展的需求：目前，我国还有上百个有人居住的岛屿只能依靠柴油发电机供电，电价昂贵（有些岛屿供电电价高达4元/千瓦时），噪声大、可靠性低、维护维修工作量大；有很多地区都靠小水电供电，但发电能力严重受丰、枯水期影响，急需改善供电质量；在新疆、青海、西藏、内蒙古等地区还有很多无电地区；有很多工业园区、生态城区和社区，需要综合考虑冷/热/电能源的高效供应。而在这些地区，有很丰富的可再生能源资源，完全可以充分利用当地资源建设多能互补的微电网，更加有效地解决分布式能源的高效可靠供电问题。

微电网作为分布式电源并网发电的一种新的组织形式，具有一些典型特点。例如，微电网中的分布式电源互相之间一般有一定的地理距离；微电网中使用大量的电力电子装置作为接口，使得微电网内的分布式电源相对于传统大发电机惯性很小或无惯性；很多微电网需要依赖储能装置来达到能量平衡等。无论是联网型微电网还是独立型微电网，由于其电源构成、结构方式、运行模式等与常规电网都有很大的不同，这使得其在规划与设计、保护与控制、运行优化与能量管理、仿真分析等方面都有其自己的特点。这一产业的发展需要多方面的技术支撑，包括：①微电网优化规划与设计系统开发，以实现对微电网的合理规划设计，从电网、用户、环保等多个角度全面考虑微电网的成本效益，使微电网的建设达到效益最大化；②微电网保护与控制系统研制，包含系统级保护与控制和设备级保护与控制，目的是使微电网和本地配电系统能够实现高效优质供电；③微电网运行优化与能量管理系统开发，通过对微电网内分布式电源的能量管理与经济调度，实现微电网的优化运行，提高微电网整体运行效率；④微电网关键装备研制，例如，储能系统（包括储能装置、双向变流器、DC/DC 充电控制器、电压源特性的逆变器、储能电池状态巡检仪等）相关设备，静态开关、无功补偿装置、电能质量调节装置，系统保护装置、微电网控制系统、微电网适用的各类传感器和通信设备等。

23.2.3 直流配电技术及装备

众所周知，很多分布式电源，如光伏电池和燃料电池等，直接发出直流电；很多储能装置，如蓄电池、超级电容器等，以直流电形式充放；相当高比例的电能使用设备，如计算机、通信、电子照明、电动汽车等，实际是直流供电。因此，在未来的配电系统中，无论是电源还是负荷，都将有很高的比例采用直流电。按照目前的做法，直流电都需要转换为交流电进行电能的分配和使用。在直流电和交流电的转换环节，大量电力电子装置的存在不但增加了分布式电源和储能装置的设备和运行成本，同时也牺牲了系统的整体效率和可靠性。由于分布式能源发电系统一般情况下就地供电，如果构建直流配电系统，则可以减少许多中间环节，更加简便地实现电源与负荷间的能量交换。根据美国电力科学研究院的初步测试，相比传统交流配电系统，直接采用直流配电的效率可提高 15% 以上。由于直流供电技术相较于交流供电技术，在很多情况下更加适合新能源的接入，因此也是智能配电系统发展的重要领域，是国际上研究和关注的热点。根据美国市场调查公司 Navigant Research 的报告预测 [11]，适用于分布式可再生能源直接利用的直流配电网络的全球市场将会由 2013 年的 28 亿美元增加到 2025 年的 240 亿美元。

立足现有的配电网系统结构和技术条件，结合未来分布式电源和储能装置的接入需要，从用电设备负荷特性出发，发展直流配电技术与装备，可有效减少用电设备的体积和成本，提高设备可靠性和电能终端利用效率，避免传统交流配电网中三相不平衡等电能质量问题。直流配电系统的控制只取决于直流母线电压，更易于实现系统的协调控制，且直流配电网由于不需输送无功功率，不存在无功补偿和同步稳定性等问题。此外，相较于传统交流配电网，直流配电网不但更容易实现系统扩容，而且可方便快捷地实现电网故障隔离，防止系统事故扩散蔓延，提高系统的稳定性和安全性，直流配电技术的引入将使配电网在技术上发生革命性的变化。作为新兴产业技术，直流配电技术及装备领域还有多方面研究工作需要展开，包括：①直流配电系统方案及电压系列标准化研究，目的是在现有配电网的基础上，构建经济和技术上最为合理的直流配电供电方案；②直流配电电力设备新技术，包括直流断路器、直流电缆、电力电子变压器等，其原理或特征会与交流配电设备存在显著不同，是直流配电技术优势得以发挥的保证；③直流配电网运行与控制技术，目的是实现直流馈线潮流控制，分布式电源输出电压控制，故障解裂及故障恢复控制等。直流配电无论从产业还是技术上都属于比较新的领域，很多问题还需深入的研究和探索，属于分布式能源供电产业中具有重大创新性的前沿领域。

23.2.4 有源配电网运行控制装备与技术

无论是欧洲国家，还是美国和日本，其智能电网建设和发展需要解决的最重要的问题之一都是提升配电系统接纳分布式能源发电的能力，因此，智能配电网的建设被其列为智能电网发展战略中最为核心的环节，政府在这一环节投入的研发和建设经费所占比例也最高。当大量分布式能源接入配电系统时，将会使原来基本没有电源的配电网成为有源配电网，国内一些学者也把这样的电网称为主动配电网。与传统配电网相比，有源配电网在运行和管理方式上将会大大有别于传统配电网，由于大量分布式电源的接入，配电网的功能不再是简单地将来自输电网的电能分配给用户，而是成为和大电网一样含有大量电源的系统。对有源配电网实施科学化的管理，有助于分布式电源充分发挥具有显著经济价值的功能。例如，可以有效提升分布式能源发电系统的有效运行时间；有助于保证冷／热／电联供系统更加高效的运行；利用大量的分布式电源实现配电网负荷的移峰填谷；为分布式电源与配电网之间的能量双向买卖提供平台；在电网故障情况下为关键负荷继续保持供电；提升配电网的供电可靠性与供电质量；使配电网具备更强的可再生能源接纳能力。总之，作为实现分布式能源高效利用的有源配电网，将成为实现分布式能源可靠供电的能量交换平台。正是因为这一原因，有源配电网运行控制装备与技术是分布式能源可靠高效供电的关键，相关技术是分布式能源供电产业的重要支撑。

配电网具有结构设备数量多、运行模式多变、直接面向电力用户等特征。有源配电网则增加了交互信息多、运行数据量大等新的特征。通过有效的运行控制和管理实现分布式能源的高效可靠运行，提高系统的运行可靠性，实现用户和电网间的良好互动将十分具有挑战性，因此需要多方面的技术研发工作。相关技术领域包括：①面向有源配电网电力电子技术，例如，固态断路器和固态转换开关，电力电子并联和串联无功功率补偿器，配电统一潮流控制器，背靠背电压源型功率控制器，有源带电力滤波器等。目的是向用户提供所需电能质量的电力供应，提升配电网接纳可再生能源的能力，增强配电网的运行灵活性。②有源配电网保护及自动化控制技术，关键是解决各种故障下的快速故障隔离和恢复供电，实现有源配电网的自愈控制，减少系统故障停电时间，提高系统供电可靠性。③分布式能源与配电网综合运行优化与能量管理技术，目的是最大限度地利用清洁和可再生分布式能源，有效降低系统的运行损耗，提升系统整体运行的经济性。④分布式储能与分布式电源协调控制技术，目的是通过科学合理地配置分布式储能，减少可再生能源的波动性对配电网的影响，提高系统的资产利用率等。

23.3 “十二五”期间产业培育与发展中遇到的问题

在“十二五”期间，科技部、国家自然科学基金委员会等在相关领域支持了一批相关的重大和重点研发项目，使分布式能源供电产业在技术上有了很大的进展，为产业的发展奠定了较好的基础。在政策层面，国家发改委和国家能源局等政府部门出台了多项扶持政策，对该产业的培育起到了很好的促进作用。但总体上看，“十二五”期间分布式能源供电产业的发展还不是十分理想，尚没有形成规模效应。无论是在技术层面还是应用层面，还存在很多不利于这一产业快速发展的因素。例如，国家能源局2010年对《关于发展天然气分布式能源的指导意见》的征求意见函中，曾提出“2011年拟建设1 000个天然气分布式能源示范项目，到2020年在全国规模以上城市推广使用分布式能源系统，装机规模达到5 000万千瓦，并拟建设10个左右各类典型特征的分布式能源示范区域”。但到目前为止，实际建成的示范项目距离2011年的预定目标还有较大差距。另一个典型的例子是分散式光伏并网系统的应用，为了促进光伏产业的发展，我国政府于2009～2011年先后启动了“金太阳示范工程项目”，使我国的分布式光伏系统安装容量大幅提高，但也出现了明显的问题，一大批示范工程项目在验收时未能达到长期可靠高效供电的目标。

分析“十二五”期间分布式能源供电产业出现的问题，主要可以归结为技术性、经济性和政策性三个方面。在技术方面，电网还没有做好大规模接纳分布式能源的准备，分布式电源的广泛接入给电网带来的电能质量问题、保护与自动化问题、可靠性影响问题等尚没有很好地加以解决；在经济方面，由于新型分布式能源发电技术的经济性较传统能源不具优势，除光伏发电获得政府大量补贴后规模得以快速发展外，其他的分布式能源发电技术大多处于小规模示范阶段，整体的经济性尚不具备竞争优势；在政策层面，除光伏发电采取了按安装容量进行补贴的政策得以很好落实外，其他类型分布式电源的支持政策效果不太明显，这使得用户采用分布式能源供电的积极性不高，而光伏发电由于按照安装容量而非产出电量进行补贴，也存在一定的不合理性。

23.4 分布式能源供电产业发展重点案例

分布式能源供电属于新兴产业，与分布式能源发电技术、微电网与智能配电网技术等的发展密切相关，目前开始从事这一产业的企业数以百计，包括中国华电集团公司、中国国电集团公司、中国东方电气集团有限公司、上海电气集团股份有限公司等大型央企在内的一批企业都在关注这一产业。特别是国家电网公司和南方电网公司，在其智能电网的建设过程中，解决分布式能源并网问题，实现分布式能源的可靠供电，被列为未来重要的发展战略。而一些新生企业更是将这一产业看做在能源领域打破现有体制，可以大有作为的领域。尽管如此，由于我国长期以来电力的发展重点都在大规模集中式发电系统以及超／特高压输电网的建设上，专注于分布式能源供电产业并取得成功的企业目前还不多，但一些分布式供电工程已经取得了大的成功，如新疆吐鲁番新城分布式光伏供电工程、浙江东福山岛分布式能源微电网工程等。预计到“十二五”末，类似的工程将数以百计，那时分布式能源供电产业有望进入快速发展阶段。

（1）新疆吐鲁番新城分布式光伏供电工程。工程包括光电建筑一体化工程和智能微电网工程两部分。光电建筑一体化工程是利用吐鲁番示范区一期75万平方米的建筑屋顶，安装13.4兆瓦光伏电池组件，形成光电建筑一体化工程，即屋顶太阳能光伏发电系统。工程由235瓦多晶硅电池组件57 021块、735台小型逆变器、电力电缆、配电柜、监控系统和相关附件构成。光伏电站设计寿命25年，年均发电小时数约为1 200小时。智能微电网工程主要包括10千伏开闭所、微电网中控楼、380伏配电网、1兆瓦时储能系统、电动公交车充电站、微电网监控调度中心及辅助工程等。微电网内10千伏箱式变电站分散布置在示范区内形成环网，通过380伏配电网向各建筑物供电。电动公交车充电站接入10千伏电压等级电网，分布于示范区不同位置。同时，示范区内还建设了1兆瓦时的储能系统，用于降低电动汽车充电对电网的影响。该项目采用“自发自用、余量上网、电网调剂”的运营机制，即屋顶光伏组件将太阳能转变为直流电，通过逆变器将直流电转化为交流电接入楼内的用户线路，优先满足楼内用户用电，用户用不完的电量经变压器升压后接入电网。当光伏发电量不足时，从地区电网受电向微电网用户供电。电量用不完时，可暂时在储能装置中保存起来，使可再生能源的电源功率平稳输出。光伏等新能源发电量将占到微电网内用电量的30%以上，可满足7 000多户、2万多居民的用电需求。这种就地发电、就地利用的新能源应用模式，对于推动分布式能源供电技术具有重要的示范意义。

（2）浙江东福山岛分布式能源微电网工程。东福山岛东临公海，是中国东部海疆最东的住人岛屿，西南距普陀区沈家门镇45千米，面积2.95平方千米，全岛常住居民约300人，岛上驻扎有海军，是我国海防的东海第一哨。工程实施前，东福山岛居民由驻军的柴油发电机供少量照明用电，供电成本较高（每度电电价近4.0元），居民用电十分困难，用水主要靠现有的水库（库容约1 000立方米）收集雨水净化和从舟山本岛运水。海岛有较好的风能和太阳能等可再生能源可资利用。为此，2010年中国国电集团公司开始建设东福山岛风／光／储／柴海水淡化综合系统工程以解决当地军民供电供水，项目于2011年5月建成并投入运行。系统以合理高效利用海岛可再生能源为宗旨，总装机容量510千瓦，可再生能源装机容量310千瓦，包括7台单机容量30千瓦的风力发电机组、100千瓦的光伏发电系统、200千瓦的柴油发电机、2 000安时的储能蓄电池和日处理能力50吨的海水淡化系统。系统运行时主要以岛上可再生能源利用为主，柴油机用油量大为减少，可以保持岛上居民的长期持续供电。该系统的建成投产为充分利用当地分布式可再生能源，解决海岛或边远地区供电问题积累了宝贵的经验。

23.5 促进分布式能源供电产业发展的政策建议

23.5.1 打破不合理的管理体制，创新运行机制

影响分布式能源供电产业发展的一个关键因素是建立开放式的能源供应体制。与电能供应的方式不同，分布式能源发电主体的典型特征是多样性，既可以是电能需求用户自己，也可以是除电网公司以外的第三方能源供应公司。这一产业的发展有赖于分布式能源产生的电能能够按照市场化的规则比较自由的买卖，一个电能用户既可以是电能的消费者也可以是向其他用户的电能供应者，即可以向电网购买电能，也可以自由地向电网或其他用户卖出电能，只有建立起新的能源管理和运行机制，才能调动起全社会的力量，开发和利用分布式能源，满足工业、商业、居民的差异化能源需求，实现分布式能源的高效利用，使分布式能源供电产业得以快速发展。

23.5.2 提倡产业间融合，促进整体技术进步

分布式能源供电产业与上下游多个产业相关，包括光伏产业、风电产业、微型燃气轮机产业、电力电子产业、储能产业、电动汽车产业、电力产业、各种用户节能相关的产业以及能源服务业等。无论是光伏等分布式发电产业、分布式储能相关产业，还是诸如电动汽车等其他相关产业，其中的核心问题都是如何借助高效可靠稳定运行的供电网络，实现电能的合理流动。而分布式能源供电产业发展的核心就是打造这样的网络，因此构成了这些相关产业发展链条中关键的一环。同时，这些相关产业的发展和技术进步也直接影响分布式能源供电产业的发展。从这些产业间存在的众多共性技术问题出发，站在产业整体发展的角度，推动技术创新，才能使产业健康发展。因此，提倡相关产业间的融合，推动相关产业整体的技术进步就显得非常重要。

23.5.3 加强技术推广，推动经济示范性工程建设

近年来，我国政府在分布式能源供电产业的技术研发上已经投入了大量的资金支持，仅“十二五”期间科技部就已投入数亿元开展研究工作，在“十二五”末，将会有一大批技术示范工程建成，这无疑将为分布式能源供电产业的技术进步发挥巨大的推动作用。但相较于技术领域的创新，政策和运营模式方面的探索明显不足，这导致一些示范工程的建设常常体现技术的先进性，而无法实现建设和运营的经济性，从而弱化了项目的可推广性和可复制性。作为一项新兴产业，其发展的推动力不仅仅依赖于技术的进步，新技术的采用能否最终为用户带来经济价值，无疑也是产业能否可持续发展的关键。若能够将技术示范与政策示范相结合，将技术创新与运营管

理模式创新相结合，将会对产业的健康发展产生更大的推动作用。为此，建议国家支持建设一些典型的分布式能源供电综合示范工程，实现技术、政策、运营管理的综合示范，为探讨适合我国现阶段发展水平的分布式能源供电产业的发展积累经验。

23.5.4　加强政策引导性，强化规划目标落实

随着我国全社会对能源发展及供应模式转变的关注日益加强，我国政府在清洁与可再生能源利用、节能减排等领域已经制定了多项发展规划，这些规划大多确定了明确的发展目标，如《可再生能源发展“十二五”规划》中提出，到2015年建设100座“新能源示范城市”、1 000个“新能源示范园区”、200个“绿色能源示范县”、10 000个“新能源示范村、30个“新能源微电网示范工程”等。这些规划目标的落实一方面需要技术进步的支撑，另一方面也需要更加强有力的政策引导，使得落实规划目标成为各级政府不可推却的重要任务。通过各级政府的共同努力，在完成这些规划目标的同时，也就实实在在推动了分布式能源供电产业的发展。

参考文献

[1] U.S. Energy Information Administration. Annual energy outlook 2011 with projections to 2035，Nov. 11，2011.

[2] California Energy Commission. California’s clean energy future overview. http：//www.cacleanenergyfuture.org/distributed-generation.html，2012-03-03.

[3] 何海婷 . 欧盟分布式发电现状、政策和前景 . 中国能源网 . http：//bbs.bjx.com.cn/thread-1018789 -1-1.html，2012-02-10.

[4] Kobayashi H，Kurihara I. Research and development of grid integration of distributed generation in Japan. IEEE Power & Energy Society General Meeting，2009.

[5] 国家电网公司 . 关于做好分布式电源并网服务工作的意见 . 国家电网报 . http：//www.sgcc.com.cn/xwzx/gsyw/2013/02/288810.shtml，2013-02-27.

[6] 国家能源局 . 可再生能源发展“十二五”规划，2012.

[7] 中国科学院“构建符合我国国情的智能电网”咨询项目工作组 . 中国智能电网的技术与发展 . 北京：科学出版社，2013.

[8] 王成山，李鹏. 分布式发电、微网与智能配电网的发展与挑战. 电力系统自动化，2010，34（2）：10 ~ 14，23.

[9] BCC Research. 2012 energy and resources research review. http：//www.bccresearch.com/market-research/energy-and-resources/distributed-energy-generation-market-egy061b.html，2012-12-01.

[10] Navigant Research. Market data：microgrids. http：//www.navigantresearch.com/research/market-data-microgrids，2013.

[11] Navigant Research. Direct current distribution networks. http：//www.navigantresearch.com/research/market-data-microgrids，2013.

新材料产业篇

第 24 章

先进结构材料产业

王一德　屠海令　陈祥宝　周　玉
孙蓟泉　米绪军　包建文　唐　荻　贾德昌　苏　岚　张　荻　乔金樑　李腾飞

【内容提要】 新材料是指新出现的具有优异性能和特殊功能的材料，或者是传统材料中，由于成分或工艺改进使其性能明显提高或具有新功能的材料[1]。《中国战略性新兴产业发展报告 2013》[2] 系统阐述了信息功能材料、新能源材料、特种功能材料、稀土及功能陶瓷材料、生物医用材料等先进功能材料产业的发展现状，梳理了产业发展存在的突出问题，提出了发展重点及政策建议。本章将重点论述先进钢铁材料、高端轻质合金材料、高性能复合材料及特种结构材料等先进结构材料在国民经济建设以及战略性新兴产业中的地位、作用和面临的突出问题，并提出相应的政策建议。

24.1 先进结构材料产业的发展现状和趋势

结构材料是以力学性能为基础，以强度、硬度、塑性、韧性等力学性能为主要性能指标的工程材料的统称，其应用量大面广，是各类基础设施、装备及重大工程的主体构架材料。先进结构材料是我国发展新能源、现代交通运输、航空航天、船舶及海洋工程等战略性新兴产业的基础。

24.1.1 先进结构材料产业的发展现状

1. 先进钢铁材料

我国钢铁工业取得了举世瞩目的成就，21 世纪以来钢产量年增长率达到 20%，并一直保持钢产量世界第一。2012 年我国钢产量达 7.16 亿吨，占世界钢产量的 46%，为我国国防工业及国民经济建设提供了重要的原材料保障。先进钢铁材料是指较传统钢铁材料具有更高强度、韧性和耐高温、抗腐蚀等性能的材料[3, 4]。根据战略性新兴产业的需求，现对能源、交通、海洋以及航空航天用先进钢铁材料进行阐述。

先进能源用钢主要包括风电、水电、核电装备用钢。我国已具备了风电用宽厚板、高级别 φ80 毫米风电轴承用钢（GCr15SiMn）的批量生产能力。自主生产的 600 兆帕级压力钢管能满足使用要求，800 兆帕级的压力钢管正在开发中。基本掌握了水电、核电装备所用的大型不锈钢铸锻件的生产技术，改变了依赖进口的局面。

现代交通用钢包括高速轨道用钢和汽车用钢。高速轨道用钢主要有列车转向架、车轮、掣肘、轴承、弹簧及钢轨用钢。目前我国自主研制的微合金化车轮用钢已成功用于时速 200 千米的列车，时速高于 200 千米以上的车轮用钢正在研发中；高端车轴用钢 S38C 在我国正处于工业试验阶段；车辆轴承用钢的高端产品 GCr18Mo 能够立足国内生产；高铁弹簧钢研究已有重大突破，有望实现国产化；我国高铁用钢轨的产能已达到世界第一，质量水平也处于国际先进水平。在汽车用钢方面，强塑积在 20G • Pa% 的第一代汽车用钢，强塑积在 60G • Pa % 的第二代汽车用钢，均可实现国产化，强塑积在 30 ～ 40G • Pa % 以上的第三代高性能汽车用高强度钢的研发已接近国际先进水平[4]。

海洋用钢主要包括海洋平台、海底油气管线、特种船舶用钢[4]。目前屈服强度 355 兆帕以下平台用钢基本实现国产化，占平台用钢量的 90%；海底管线钢 X65、X70、X80 及厚壁海洋油气焊管均已实现国产化；化学品船用中厚板已实现国产化，自主研制的 2205 型双相不锈钢，已成功地应用在化学品船上[5]；液化天然气船用 9%Ni 钢和液化乙烯储罐用 12Ni19 钢已经能够批量生产。

航空、航天用钢方面大部分都已实现国产化，但在大型客机的轴承、连接螺栓、着陆齿轮等部件中所用的结构钢，以及燃气涡轮发动机中高压涡轮叶片用高温合金材料等方面还依赖进口。而大推比运载火箭系统壳体、动力连接装置、发动机部件、星箭或船箭解锁包带等部件用特殊钢，以及各类空间环境设施用高品质特殊钢和高温合金则有待于进一步开发。

2. 高端轻质合金材料

高端轻质合金材料主要包括高性能铝合金、镁合金和钛合金，是我国发展大飞机、高速铁路等国家重大工程的基础。目前我国已经成为世界轻合金材料的生产消费大国，2012 年十种有色金属产量约 3 700 万吨，原铝产量和消费量均占到全球份额的 40% 以上。

在经济社会发展的巨大牵引作用下，我国在轻合金新材料、传统材料改进及材料的产业化技术方面都取得了很大进展。我国在 2000 系和 7000 系高强铝合金材料制备方面取得了一系列关键技术突破，初步满足了航空航天制造业快速发展的需求；镁合金压铸件已经批量用于 3C 壳体等一些非主承力结构件，新开发研制的高强镁合金型材和板材也开始用于国防军工武器装备的研制；在钛合金大直径棒材、大型锻件和特殊性能钛合金等领域取得重要进展，产品基本满足我国航空航天和其他制造业的发展需要；行业大型骨干企业的生产装备水平普遍已进入世界先进行列，部分企业甚至达到世界领先水平，近五年新投产的铝板带热连轧 / 冷连轧生产线、铝型材 50MN 以上大型挤压机和 80MN 以上重型挤压机已占到全世界同类装备总量的 50% 以上，钛材领域的装备水平也伴随着大型真空自耗熔炼炉、电子束 / 等离子束冷床炉、大型锻压设备和高精度带材轧机等先进设备的建成投产而达到了世界先进水平。

3. 高性能复合材料

树脂基复合材料是由有机高分子基体材料与高性能纤维增强材料经过特殊成型工艺复合而成的具有两相或两相以上结构的材料，具有性能可设计、复合效应、多功能兼容、材料与构件同步制造等特点，以及高比强度和比刚度、可设计性强、疲劳性能好、耐腐蚀、可整体成型等优点。

结构树脂基复合材料的增强材料主要为碳纤维，还包括少量的玻璃纤维、石英纤维和以芳纶纤维为代表的高性能有机纤维。目前，碳纤维主要包含粘胶基、沥青基和聚丙烯腈基碳纤维三大体系，已形成系列并稳定生产和大量应用。用于结构材料的碳纤维主要是聚丙烯腈（polyacrylonitrile，PAN）碳纤维，以东丽碳纤维为例，其产品主要分为三个系列，即 T 系列、M 系列和 MJ 系列。国内碳纤维经过几十年的不断攻关，基本实现 T300 级碳纤维的批量生产和国防装备的自主保障，T700 级碳纤维已经实现小批量生产，T800、M40、M40J 级碳纤维已经基本突破制造关键技术。

在树脂基体材料方面，随着制备技术的不断创新，高韧性复合材料得到了广泛的应用[6, 7]。环氧树脂、双马树脂是结构树脂基复合材料最常用的树脂基体，氰酸酯树脂在结构功能一体化复合材料中也有应用。树脂基结构复合材料经历了标准韧性、中等韧性、高韧性和超高韧性树脂基体的发展过程，目前超高韧性树脂基复合材料的冲击后压缩强度（compression after impact，CAI）已经达到 315 兆帕以上。低成本液体成型复合材料形成了系列化的 RTM 树脂体系。而聚酰亚胺复合材料在高温下具有优异的综合性能，包括第一代聚酰亚胺树脂 PMR-15（耐温 300℃），以及后来相继研发的第二代（耐温 350℃）、第三代（耐温 370 ～ 426℃）及第四代（耐温 426 ～ 500℃）聚酰亚胺树脂。

在树脂基复合材料的制备工艺方面，自动化、数字化、整体化和低成本制造化技术的突破大大提高了制备效率。目前热压罐成型工艺是高性能预浸料复合材料的主要成型方法，预浸料热压罐成型工艺采用预浸料自动裁切和激光定位辅助铺层技术，基本实现了制造过程自动化、数字化生产。大型复杂整体复合材料构件的制造过程中还广泛采用自动铺带、自动铺丝和预浸料拉挤工艺等自动化技术，提高了成品率和制备效率。复合材料液体成型工艺是继热压罐成型工艺之后开发最成功的复合材料低成本成型工艺，在工程应用中的液态成型工艺主要有树脂传递模塑成型工艺（Resin Transfer Moulding，RTM）、真空辅助树脂浸渗成型工艺（Vacuum Assisted Resin Infusion，VARI）和树脂膜浸成型工艺（Resin Film Infusion，RFI）等[8]。

4. 特种结构材料

以先进结构陶瓷材料、有机高分子材料、纳米结构材料为重点的特种结构材料，关系到国防、航空航天、交通等领域的发展，在保障我国国防工业、国民经济发展与促进我国结构材料产业的可持续发展等方面发挥着重要作用。

先进结构陶瓷材料是指以人工合成的高纯度超细粉末作为原料，采用精密控制工艺成型、烧结而制成的高性能陶瓷，具有耐高温、高强度、高硬度、耐腐蚀、耐磨损、化学性质稳定及其他特殊功能，在国防和航空航天领域有着广泛的应用。我国开展了大量结构陶瓷材料的基础研究，并取得了一系列成果，但产业化水平不高，尤其是在高纯超细粉体制备，复杂形状、高精密、大尺寸结构件产业化方面差距较大。

有机高分子结构材料具有重量轻、耐腐蚀和电绝缘性能优异等特点，目前以小型结构件为主，主要应用于现代交通、生物医药等战略性新兴产业领域。我国在工程塑料、合成橡胶以及合成纤维三大合成材料领域取得了快速进步，但产品主要以通用材料为主。尽管聚苯胺、芳纶、碳纤维、氟树脂、硅橡胶和溴化丁基橡胶等高性能产品已经开始了工业化生产，但仍处于中低端水平，高端产品还依赖进口[9]。

纳米结构材料是指将纳米材料压制、密堆成块材，或者将纳米材料填到介质材料中构成具有优异结构特性的材料。本章着重介绍近年来关注较多的碳纳米管材料。碳纳米管材料具有轻质、高强、高模量、高韧性，以及高导热/电、耐磨、低热膨胀等特性，作为结构功能一体化材料在航天、航空、电子、交通等领域具有巨大的应用潜力。目前，碳纳米管塑料已应用于汽车的喷涂镜面车壳，碳纳米管增强树脂在制备坚固轻巧的风力涡轮机叶片和海事安全船船体中获得了应用[10]。由于碳纳米管与金属基体浸润性差、大尺寸样品制备困难，碳纳米管增强金属基复合材料尚未有应用报道，但其优异的力学性能和较低的密度在空天和交通领域具有巨大的应用潜力[11，12]。我国在碳纳米管材料研究方面一直紧跟世界发展趋势，逐步掌握了大尺寸复合材料制备技术，并开展了相应的应用研究。

24.1.2 先进结构材料产业的发展趋势

1. 先进钢铁材料

钢铁材料在可预见的未来仍是我国经济发展过程中不可替代的结构材料，高性能、高品质的先进钢铁材料是推动新能源、海洋工程、交通运输、航空航天等战略性新兴产业发展的基础和保障。随着全社会的绿色、低碳、节能环保意识的提高，未来的钢铁结构材料要具有高性能、长寿命、减量化生产的特性，同时应满足资源节约、环境友好的要求[13]。钢铁材料强韧化的措施是向组织细化方向发展，钢材产品的内在质量向提高钢材洁净度和均匀度方面发展，使钢材的性能大幅提高，并促使大尺寸、厚规格的产品进入稳定生产阶段。

在提高钢材洁净度方面，通过冶炼装备与技术的提高，净化钢质，精确控制夹杂物，可提高风电用低钛轴承、高速铁路车轮、车轴、轴承和弹簧用钢、高速重载钢轨、飞机起落架、传动装置以及发动机齿轮和传动轴用航空特钢产品的品质，并实现稳定生产。

在发展高性能、长寿命用钢方面，未来的钢材不仅要具有高强度、高韧性，而且针对不同用途的钢，还应具有其他特殊性能。例如，海洋工程用钢应具有耐蚀性、低温韧性、抗大变形性和良好的焊接性，从而保证海洋平台、海底管线等海洋工程设备安全、长久地使用。又如，高铁、汽车用钢应具有抗冲击、抗疲劳等特性，才能使现代交通工具安全、平稳。发展大尺寸、厚规格钢铁产品，实现水电用800兆帕级以上抗撕裂宽厚板，120～150毫米特厚550兆帕以上高强度海洋平台用钢、超级13Cr、双相不锈钢、奥氏体不锈钢等海底管线用钢、免涂层油船货用舱（cargo oil tank，COT）用耐蚀钢等材料的国产化，可为新能源、海洋工程等战略性新兴产业提供先进结构材料。

发展高比强的变形高温合金、粉末高温合金、铸造高温合金材料与制造工艺，以及高温合金热端部件的高温防护涂层技术、服役损伤与寿命评估技术，可为先进航空发动机关键材料的国产化提供技术支撑。核电燃机用高温合金叶片、高温合金轮盘锻件的开发，可为新能源产业提供基础材料。

2. 高端轻质合金材料

轻质合金材料主要发展趋势为发展轻质、高强、大规格、耐高温、耐腐蚀和耐疲劳的材料。高端轻合金材料的技术和产业进步为我国战略性新兴产业提供了重要的基础材料支撑：高性能铝合金、钛合金及其大规格棒材、锻件、板材、型管材是新一代航空航天器制造的关键基础材料，高强高韧镁合金也在新型航天器的制造中逐步发挥关键作用；高性能、大规格铝合金型材、板材是高速轨道交通工具的主体材料，新一代的铝合金板材、型材以及镁合金压铸件和变形材成为新能源汽车发展的关键材料；钛合金还在海洋工程、核能等战略性新兴产业中发挥重要材料支撑作用。此外，高性能化和生产制造一体化成为高效低成本应用轻合金材料和缩短部件研制周期的重要手段。目前，世界各国在研究开发新型轻合金新材料、改进现有材料、开发材料高效使用技术三个层面上都投入了大量人力物力，以达到材料的高性能化、高可靠性和低成本化为目标，并以“减量化、再利用、再循环”为原则研发节能型、环保型以及循环型的材料，同时大力推进材料生产、成型加工与部件制造一体化，保障材料技术向下游延伸并加快部件的研发制造[14]。

3. 高性能复合材料

随着国防工业和国民经济的不断发展，开发高强度高模量复合材料、高温高韧复合材料、结构功能一体化复合材料、环境自感知智能复合材料等先进复合材料，推动制备工艺的低成本化、自动化及快速成型化，并实现复合材料的可回收、可再生，是高性能复合材料的发展方向。

在高强度高模量复合材料方面，目前高性能碳纤维拉伸模量基本接近其理论值，但碳纤维最高的拉伸强度仅为理论强度的10%左右，通过进一步改进和优化PAN原丝、调控碳纤维制造工艺和微观结构，仍然有可能大幅度提高碳纤维的力学性能；与此同时，发展高强度高模量有机纤维将是高性能增强材料发展的重要方向。在高温高韧复合材料方面，为适应超高声速飞行器发展的要求，长期耐热300℃以上的高韧性耐高温材料是未来主承力结构复合材料的主要发展方向，同时应发展超高温有机无机杂化聚酰亚胺树脂基复合材料以满足未来长期使用温度在450℃以上的需求。在结构功能一体化复合材料方面，有必要开发满足飞机隐身/结构、透波/结构功能一体化要求的复合材料。在环境自感知智能复合材料方面，可变形蜂窝结构和纤维增强形状记忆聚合物是实现机翼变形的一种可能的复合材料；自修复复合材料可实现复合材料损伤结构的损伤自修复，延长使用寿命、确保飞行器飞行安全；复合材料结构健康监测可提高飞机复合材料结构在服役状态下的质量可靠性、可生存性和可支持性。

在复合材料的制备工艺方面，电子束固化和紫外线固化与自动铺带技术和VARI等低成本制造技术结合起来可进一步缩短复合材料制造周期并降低复合材料的制造成本，实现复合材料的快速、低成本制造。在复合材料的可回收、可再生方面，天然纤维及其复合材料和可回收再生的高性能热塑性复合材料日渐成为研究的重要方向。

4. 特种结构材料

先进结构陶瓷材料正向大构件尺寸复杂结构、高精度与高可靠性方向发展，应用范围日益广泛，产业呈现技术进步、全球化及稳定增长的发展态势。发展自主知识产权的高温结构陶瓷、陶瓷轴承、高效长寿陶瓷热交换器等产品，打破国际垄断。

有机高分子结构材料正向高强度、高模量、超韧及高弹方向发展，同时要求在高温、低温、强腐蚀、微重力等极端条件下，具有良好的使用性能。在提高材料力学性能的基础上，附加光电功能、电磁功能、生物相容性、智能感应、自修复、分离、贮存等功能，实现结构功能一体化。因此，现有材料的改性、新型聚合物、新型催化剂、添加剂以及新型加工工艺开发也是高分子材料未来发展的重要方向。

碳纳米管材料在结构以及结构功能一体化应用方面的趋势为，发展具有低密度、高强度、高模量、高韧性，兼有高导热/电、低热膨胀或耐磨等功能特性的材料。碳纳米管的结构完整性及其与基体的界面浸润性，是发挥其增强效益的关键；在保证碳纳米管在基体中均匀分散和界面结合的前提下，增加其长径比，降低由于浓酸/碱官能团化处理导致的表面损伤程度，同时针对碳纳米管的各向异性特点，开展性能导向型碳纳米管复合结构设计，是进一步提升碳纳米管材料性能、开拓材料应用的主要途径。

24.2 先进结构材料产业的发展重点及关键技术和装备

24.2.1 先进结构材料产业的发展重点

1. 高品质特殊钢材料

以满足装备制造和重大工程需求为目标，发展高性能和专用特种优质钢材。重点发展风电主轴轴承，水电、核电抗撕裂宽厚板及大型锻件、特厚钢板；发展换热管、堆内构件等核电机组用特殊钢及其配套焊接材料、650℃以上超超临界锅炉用钢及高温高压转子材料。突破高速铁路装备用高品质轴承钢、车轴钢、车轮、弹簧钢以及第三代汽车用钢等核心技术。发展海水淡化、海洋发电装备用钢，以及适应近海、深海和北极等极冷海域耐低温海洋平台、特种耐腐蚀油井管、船板及抗大变形海底管线等海洋工程用钢。发展航空航天零部件用特殊钢，大飞机起落架、发动机传动装置的特殊钢，掌握节镍型高性能不锈钢、高标准轴承钢、齿轮钢、工模具钢等高品质特殊钢等材料的制备技术[15]，推动战略性新兴产业的发展。

2. 高温合金材料

突破高温合金锭的挤压开坯和盘件的等温锻造技术，重点发展用于定向凝固柱状晶合金、单晶合金和定向凝固共晶合金制造的高温梯度定向凝固技术、高纯洁度粉末涡轮盘制造技术，提高铌基合金抗氧化性的合金化和涂层等技术水平，满足航空、航天发动机对高温合金长寿命、耐热腐蚀的要求，从而提升航空、航天发动机核心关键技术的自主研发能力。

3. 航空航天用轻合金材料

发展具有自主知识产权的新一代航空航天用高性能铝合金材料产业并形成大尺寸、复杂截面系列产品的批量生产能力，提高航空航天用铝合金材料的加工技术水平和品质管控能力，建设我国航空航天专用铝合金材料生产基地，使新材料和产品的技术经济指标达到国际发达国家同等水平；发展高精度钛合金型管线材加工产业，满足航空航天对高精度钛合金产品的紧迫需求，提升我国的钛合金加工和应用水平；发展大尺寸复杂截面镁合金加工产业，满足航天工业的紧迫需求并形成我国高端镁合金材料加工应用产业。

4. 现代交通运输用轻合金材料

自主开发以车身板为代表的汽车轻量化用高性能铝合金材料、以各种压铸件和汽车次承力件为代表的高性能镁合金材料，形成核心知识产权，并与汽车设计制造企业联合攻关，进一步扩大高端轻合金在汽车工业中的应用，并提升我国汽车工业的设计制造水平和轻合金材料的高端应用水平；针对新能源汽车的需求，自主发展我国动力电池集流体用高精度箔材生产加工和应用技术；开发超宽大断面高性能铝合金和镁合金车体型材，提高产品质量和整体技术水平，满足高速发展的轨道交通用车体制造的迫切需求。

5. 高性能复合材料

开发新一代高性能复合材料的关键原材料技术、高效低成本制造技术和结构功能一体化复合材料技术，促进高性能复合材料产业的规模化和持续发展。重点发展高强中模碳纤维及高强高模碳纤维、高韧性树脂基体和耐高温树脂基体等关键原材料制造与生产技术，以及满足现代装备需求的兼备吸波、透波、导热导电、阻燃等功能和承载能力的结构功能一体化复合材料技术；提高复合材料的自动化制造、非热压罐低成本制造等工艺技术的稳定性。

6. 特种结构材料

在结构陶瓷材料方面，开发高纯超细 Al_2O_3、Si_3N_4、AlN 等陶瓷粉体的合成及批量生产技术，大尺寸、形状复杂构件的近净尺寸成型与烧结工艺技术，高温陶瓷发动机、防热-承载-透波等多功能一体化天线罩、低密度高模量光刻机双工件台陶瓷导轨等大尺寸、高精度、形状复杂构件制备技术，开发耐腐蚀、高导热、薄壁 SiC 热交换管的批量制造技术以及未来航空航天用陶瓷基复合材料所需的新型高性能 SiC、SiBCN 等陶瓷纤维的合成制备技术等。

在有机高分子材料方面，通过聚合物材料的固相加工等技术提高聚烯烃等通用材料的强度和耐疲劳性[16]，可更好地满足有机高分子材料在防弹、防爆等方面的高强且质轻的要求。开发生物基尼龙等生物基工程塑料，减少二氧化碳排放，使我国工程塑料依赖进口的局面有所改善[17]。加快液晶聚合物的结构功能一体化研发进度，优化泡沫、薄膜等轻量化材料的高强度和阻燃等性能。

在碳纳米管材料方面，开发碳纳米管复合材料宏量制备技术，制备高比强、高比模量、高导热/电、低膨胀、易加工成型的碳纳米管增强金属基复合材料，在航空航天领域用做星载、舰载设备的电气线架、支座、连接件、紧固件等棒材、板材及复杂形状异形件或薄壁件，为空天装备瘦身减重，提高空天装备的综合性能；在交通运输领域，轻质、高强、高模量、高阻尼碳纳米管增强金属基复合材料，可用做高速列车的座椅架、枕梁等，减轻车身重量，提高乘坐舒适性；在民用消费品方面，可用做中高档电子设备的机架、封装外壳等[12]。

24.2.2　先进结构材料产业的关键技术和装备

在先进钢铁材料方面，开发超高纯钢（S+P < 35ppm）冶炼、大规格铸锭熔铸、高等级特厚板高效化生产技术、大锻件最佳化学成分配比、成型和热处理工艺技术，低成本、低能耗高品质特钢流程技术；研发喷射成形涡轮盘制坯技术、单晶叶片和粉末盘复合涡轮转子制备技术、大直径（φ300 毫米）多孔发散冷却喷注器面板制备技术、高温合金半固态成型工艺、高温（1 400℃）抗氧化铬基材料和高温（1 300℃）高强铌基材料制备技术等；开发大型特钢精炼真空电渣炉、高功率（单枪功率≥ 500 千瓦）电子束炉和等离子炉等关键设备。

在高端轻质合金方面，发展航空航天用铝合金预拉伸厚板产业化关键技术、高精度钛合金型管线材深加工关键技术、大尺寸复杂截面镁合金型材产业化制备关键技术、大尺寸轻合金材料的缺陷和残余应力检测控制技术及其专用装备以及我国航空航天和现代交通运输用轻合金板材工业化在线热处理大型装备，满足现代交通运输业和航空航天制造业对高精度轻合金板材的需求。

在高性能复合材料方面，突破 T800 级等高强中模碳纤维制造关键技术及其工程化生产技术、适用于 T800 级纤维的高韧性树脂基体制备技术、370 ～ 400℃聚酰亚胺复合材料工程化应用技术、RTM 成型聚酰亚胺复合材料及其成型工艺、400℃以上超高温树脂基体及其复合材料制备技术、发动机聚酰亚胺复合材料设计与应用技术及耐 450℃聚酰亚胺复合材料制备技术；开发具有自主知识产权的自动铺带、自动铺丝、自动预浸料拉挤、隔膜成型工艺等自动化制造工艺技术，以及液态成型、真空袋成型等关键技术，并制造出配套的高性能碳纤维所需的高温石墨化设备、高精度预浸料制备设备、大型自动铺丝机和自动铺带机等关键设备。

在特种结构材料方面，发展高纯、超细、高烧结活性氧化铝、碳化硅和碳化硼等粉体的合成与制备产业化关键技术与装备，承载-防热-透波等结构功能一体化陶瓷组件的结构设计优化、原位快速固化成型与烧结技术以及高精度加工与连接组装、无损检测装备，高刚度、高硬度、大（超大）尺寸、复杂形状构件的近净尺寸成型、烧结、高效高精密冷加工等成套技术与装备，耐高温、高效率、长寿命、耐腐蚀碳化硅陶瓷热交换部件关键成型、烧结、连接组装及无损检测技术。突破 T700 级以上的聚丙烯腈基碳纤维聚合物原料、原丝技术和相应的预氧化、碳化工艺技术，开发适合于高性能碳纤维生产所用的聚合、纺丝、预氧化和碳化设备，实现聚烯烃材料固相加工生产编织材料、管材和型材[17]、双向拉伸聚丙烯薄膜、不燃有机外墙保温材料以及生物基尼龙等材料生产工艺和装备的突破。在碳纳米管复合材料方面，突破碳纳米管的宏量制备技术、分散技术、表面改性技术；发展碳纳米管在基体中的均匀分散与界面结合、复合材料的致密化和加工成型等碳纳米管复合材料宏量制备关键技术；掌握碳纳米管编织复合技术和定向复合技术，以满足飞机层板以及部分空天设备的承载杆、连接件等对材料的需求。

24.3 先进结构材料产业的发展方向和潜在的技术突破

目前钢铁结构材料的强度水平远远低于理论强度，可通过晶粒和组织的超细化，提高钢的洁净度，改善钢的均匀性，使碳钢、低合金钢和合金结构钢的强度提高1倍以上，在节省钢材、节约资源和节能环保等方面产生显著效果，同时带动战略性新兴产业的快速发展。为适应国家海洋战略发展的迫切需要，要在海洋工程用钢的研发和稳定生产供应方面取得重大突破。

针对国家对高温超高温合金材料的重大需求，加快开发高比强度、低成本的第三代、第四代单晶合金和新型长时低成本高稳定性高温合金材料。以新型单晶高温合金材料、低成本长时高稳定单晶高温合金材料、Ni-Al和Nb-Si金属间化合物基超高温合金为研究载体，实现高温超高温合金材料的突破，从而缩短我国航空发动机制造水平与发达国家的差距[15]。

在高端轻质合金材料方面，可进一步通过提高我国新型高强高韧7000系铝合金材料技术经济指标和品质管理水平，全面满足我国航空航天工业的需求并实现批量出口；通过提高我国航空航天用钛合金型管线材深加工技术及其品质管理水平，满足航空航天制造需求，自主产品全面替代进口；通过提高大尺寸复杂截面镁合金型材生产和品质管理水平，满足新型航天器制造需求，大幅提升我国高端镁合金应用水平。

此外，我国在现代交通运输用轻合金材料产业化技术方面有望实现突破。通过掌握汽车车身覆盖件用6000系铝合金板材、车身内衬板制造用新型高深冲性5000系铝合金材料、轨道交通车体制造用新型6000系和7000系大型铝合金挤压材制造和序列化应用关键技术，形成我国自主体系的轻型汽车、新能源汽车和轨道交通工具制造业。

在先进结构陶瓷材料方面，突破承载、防/隔热、透波/吸波等结构功能一体化材料、组件的设计、成型与烧结、加工/组装技术，为航空航天与国防军工领域未来新型号和在研型号的研制以及老型的升级改造提供技术储备和支撑；突破高效率、长寿命、耐腐蚀碳化硅陶瓷热交换部件关键制备技术，高热导、高强度、氮化硅陶瓷散热部件关键制备技术，全面推进我国先进结构陶瓷材料产业的发展。

在有机高分子材料方面，我国已经在碳纤维的基础理论研究和连续化生产技术方面取得重大突破，有望在T700级以上碳纤维的生产技术方面取得突破性进展；聚烯烃产品的高性能化以及固相加工技术将使高强度聚烯烃编织片材、管材、型材等高强度轻质材料实现突破，取代传统材料，在节能降耗方面发挥重要作用；生物基工程塑料有望实现重大突破，生物基尼龙6和尼龙54等在技术上已取得突破，将使生物基工程塑料在成本方面越来越有优势。

在碳纳米管复合材料方面，碳纳米管的制备研究已取得重大突破，我国可批量制备单根长达0.55米、表面结构无损的碳纳米管[18]，其制备技术达到了国际领先水平，这为碳纳米管增强复合材料的制备与应用奠定了坚实基础；连续碳纳米管增强聚合物或金属基复合材料、碳纳米管编织层状复合材料等轻质、高强、高模、高韧复合材料的制备技术可望实现新的突破，并可用于飞机、卫星、运载火箭等空天领域的装备制造。

24.4 先进结构材料产业存在的问题和政策建议

24.4.1 存在的问题

经过多年的发展，我国结构材料的工程化应用较为成熟，但先进结构材料的研发和生产距离国外先进水平还有较大的差距，主要还存在以下几个方面的问题。

（1）高端先进结构材料自给率不高，近三成材料完全空白，如时速200千米以上高速列车车轮车轴、650℃以上超超临界发电用高温材料、超级工模具钢、超高性能不锈钢及高性能镍基高温合金、高强高韧铝合金、钛合金挤压型材、高性能陶瓷纤维及高模量碳纤维等材料和关键零部件还依赖进口。

（2）先进结构材料的品质不高，如核电蒸发器用合金管材、大型船用低速柴油机曲轴、加氢反应器用钢、120毫米以上厚板、高性能重载齿轮钢、高性能耐磨板、大尺寸铝合金板材、高性能钛合金管材等质量不稳定。

（3）先进结构材料研发所需装备不能满足需求，许多先进装备的研发、制造能力十分薄弱，关键设备和检测仪器主要依赖从国外进口。

（4）先进结构材料生产工艺有待提升，资源环境代价过高，即使在普通钢材、铝合金等已成熟的产业中仍存在资源利用率低、能耗高及环境污染严重等问题。

（5）先进结构材料从研发到应用缺乏系统性，产、学、研、用脱节，研究部门间的技术交流存在一定的局限性，相应数据库、检测、标准及应用验证体系支撑不足，缺乏研发公共平台建设。

24.4.2 政策建议

（1）围绕国家战略需求，加快设立“重点新材料研发及工程化”国家重大专项。按照国家创新体系的要求和战略性新兴产业发展的总体部署，坚持创新驱动与产业需求相结合，为我国未来新材料产业的发展奠定坚实基础。

（2）完善产业政策，加强政府引导。制定先进结构材料产业发展指导目录和投资导向意见，完善相关的技术标准体系，规范产业发展环境。

（3）充分发挥政、产、学、研、用各自的优势，加强先进结构材料数据库等公共服务平台建设，整合科技资源，推动基础性、共性技术研究，促进成果推广。

（4）积极发挥重点先进结构材料企业的支撑和引领作用，引导建立优势产业集群，通过强强联合、兼并重组，加快培育一批具有一定规模、优势突出的骨干企业。

（5）凝聚产业高端人才，强化人才梯队建设。引进一批拥有先进科技成果、具有广泛国际影响力的杰出科学家和研究团队，加强先进结构材料从研发到产业化的系统人才储备。

参考文献

[1] 师昌绪 . 关于构建我国“新材料产业体系”的思考 . 工程研究——跨学科视野中的工程，2013，5（1）：5 ～ 11.

[2] 中国工程科技发展战略研究院 . 中国战略性新兴产业发展报告 2013. 北京：科学出版社，2013.

[3] 刘馨 . 发展新材料要突破三大障碍——专访中国工程院院士、中国工程院副院长干勇 . 新材料产业，2013，（4）：4 ～ 5.

[4] 中国工程院 . 特殊钢在先进装备制造业应用中的战略研究，2012.

[5] 王一德，唐荻，米振莉，等 . 中国特殊钢行业的发展现状及思考 . 钢铁，2013，（7）：1 ～ 6.

[6] Jin Z，Bronwyn L F. Manufacturing influence on the delamination fracture behavior of the t800h/3900-2 carbon fiber reinforced polymer composites. Materials and Manufacturing Processes，2007，（22）：768 ～ 772.

[7] 包建文，陈祥宝 . 发动机用耐高温聚酰亚胺树脂基复合材料的研究进展 . 航空材料学报，2012，（6）：1 ～ 13.

[8] 陈祥宝 . 先进树脂基复合材料的发展和应用 . 航空材料学报，2003，（23）：198 ～ 205.

[9] 中投顾问公司 .2013 ～ 2017 年中国工程塑料行业投资分析及前景预测报告，2012.

[10] de Volder M F L，Tawfick S H，Baughman R H，et al.Carbon nanotubes：present and future commercial applications.Science，2013，339：535 ～ 539.

[11] Bakshi S R，Lahiri D，Agarwal A. Carbon nanotube reinforced metal matrixcomposites-a review. International Materials Reviews，2010，（55）：41 ～ 64.

[12] 张荻，张国定，李志强 . 金属基复合材料的现状与发展趋势 . 中国材料进展，2010，（29）：1 ～ 7.

[13] 殷瑞钰 . 钢铁工业是发展循环经济的优先切入点 . 新材料产业，2008，7：1.

[14] 左铁镛，戴铁军 . 有色金属材料可持续发展与循环经济 . 中国有色金属学报，2008，18（5）：755 ～ 763.

[15] 王一德，唐荻，米振莉，等 . 国外特殊钢行业的特点及发展趋势 . 钢铁，2013，（6）：1 ～ 6.

[16] Qiao J L，Guo M F，Wang L S，et al. Recent advances in polyolefin technology.Polymer Chemistry，2011，（2）：1611 ～ 1623.

[17] Coates P D，Caton-Rose P，Ward I M，et al. Process structuring of polymers by solid phase orientation processing. Science China-Chemistry，2013，（8）：1 ～ 12

[18] Zhang R F，Zhang Y Y，Zhang Q，et al. Growth of half-meter long carbon nanotubes based on schulz flory distribution. American Chemical Society Nano，2013，（7）：6156 ～ 6161.

新能源汽车产业篇

第 25 章

节能与新能源汽车领域

钟志华　欧阳明高　任晓常　抄佩佩　童一帆

【内容提要】 近年来，通过“十城千辆”示范工程、“技术创新工程”等一系列国家级重大工程，我国新能源汽车产业培育初见成效，产业实现稳步发展，但与《节能与新能源汽车产业发展规划（2012—2020年）》确定的目标相比仍存在较大差距。本章内容系统总结了新能源汽车产业政策实施成效、产品技术创新能力提升水平、市场化发展程度等，并以插电式混合动力汽车为典型案例，从技术研发、产品开发、生产制造、市场推广、产业水平五个维度进行新能源汽车产业成熟度评价，剖析目前制约产业发展的主要问题，基于规划目标和目前的产业现状分析，预测未来产业发展趋势，进一步明确产业定位、技术路径及发展重点等，提出了未来促进新能源汽车产业发展的政策建议。

发展节能与新能源汽车是保障能源安全、发展低碳经济和提高汽车产业竞争力的重要途径。自2009年以来，我国政府组织实施了“十城千辆”示范工程、“技术创新工程”等一系列科技创新和产业化重大项目工程，按照科研开发与示范运行相结合的方式，产业培育成效显著，新能源汽车产品开发进程快速推进，在动力系统平台建设、关键零部件技术、规模化生产方面取得较大突破，初步实现了产业化预期。但我国的节能与新能源汽车产业总体上仍处于政策驱动下的产业导入期，在技术路线选择、市场推广、应用环境等方面仍存在诸多不足之处。按照规划预期，我国节能与新能源汽车产业要力争尽快由政策驱动下的培育期进入市场驱动下的快速发展期，因此，我们要及早抓住机遇，加快产业导入步伐。

25.1 节能与新能源汽车产业发展现状和趋势

25.1.1 节能与新能源汽车产业的基本概念与范畴

节能与新能源汽车是战略性新兴产业的重要组成部分。按照《规划》、《纲要》和《决定》（国发〔2010〕32号）的部署和要求，要将我国新能源汽车打造成为以重大技术突破和重大发展需求为基础，对经济社会全局和长远发展具有重大引领带动作用，知识技术密集、物质资源消耗少、成长潜力大、综合效益好的战略性新兴产业[1]。汽车在节能战略的选择上，必须坚持“开源”与“节流”并行（图25.1）。“开源”就是要积极发展多种新型替代能源与新能源汽车，寻找各种新能源替代石油能源，扩大能源供给，改善能源结构，从而减少石油资源的消耗量；“节流”就是要积极鼓励汽车节能技术的研发与应用，主要体现在提高汽车产品燃油经济性，如采用轻量化技术、改进动力系统和传动系统，以及采用先进的电子技术等，提高汽车交通的使用效率，降低石油资源的消耗量。开源与节流两种策略，一者侧重于对新燃料及其应用的探索，另一者侧重于对汽车技术的优化，两者互不矛盾，且互相补充。

根据国家对战略性新兴产业的定义与内涵，本章中的节能与新能源汽车主要是指驱动能量全部或部分由电能进行输出的汽车，主要包括混合动力汽车（含插电式混合动力汽车）、纯电动汽车（含增程式电动汽车）及燃料电池汽车。本章中提到的节能汽车是指以混合动力技术为主，其他节能技术（如轻量化技术等）为辅的汽车，未采用混合动力技术的汽车不列入本章研究范围[2]。

25.1.2 节能与新能源汽车产业发展现状

我国政府历来重视汽车工业的可持续发展，长期以来对节能与新能源汽车技术研发、市场推广、产业链、配套设施等给予了高度重视和大力支持，从“十五”开始便对节能与新能源汽车的发展进行不断探索。经过长期不懈的努力，我国节能与新能源汽车技术研发从无到有、从弱到强，自主创新取得重要进展，逐渐步入世界新能源汽车强国之列。

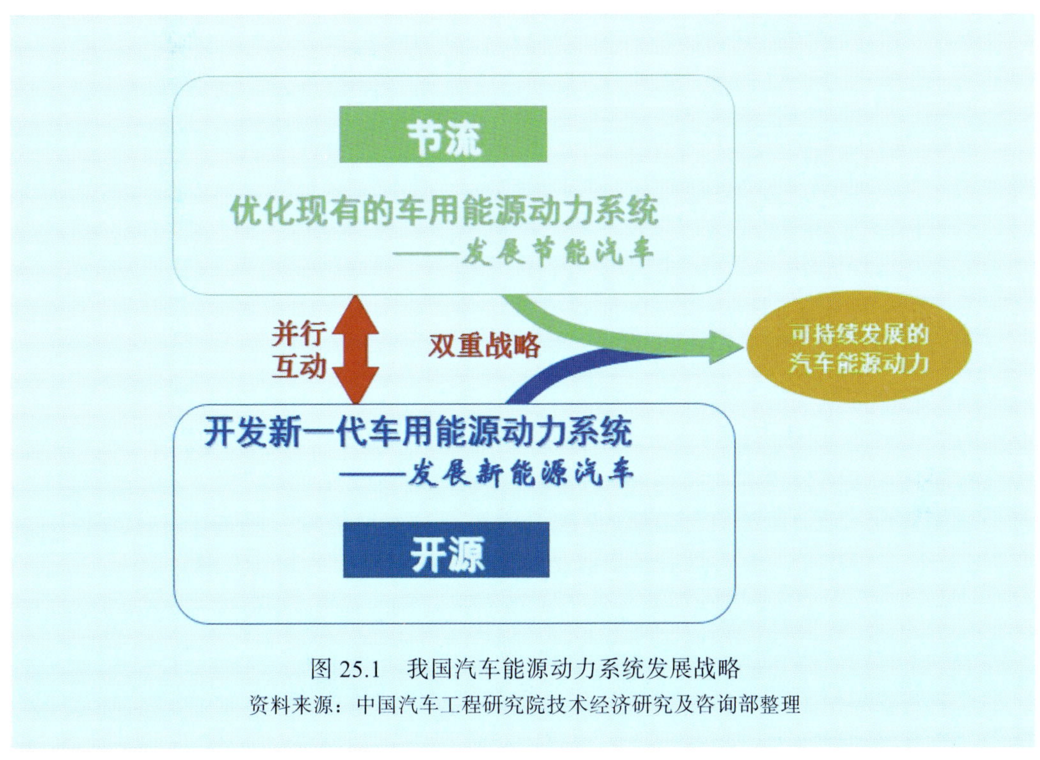

图 25.1　我国汽车能源动力系统发展战略

资料来源：中国汽车工程研究院技术经济研究及咨询部整理

1. 市场规模快速扩大，示范推广初现成效

截至 2012 年年底，我国北京、上海、深圳等 25 个试点城市共示范推广各类节能与新能源汽车 2.74 万辆，其中，公共服务领域 2.3 万辆，私人领域 0.44 万辆。截至 2013 年 3 月底，推广的数量累计已达到 3.98 万辆，推广速度明显加快。混合动力公交车仍然是推广数量与成效最好的车型，纯电动乘用车数量有明显增长。目前，已初步形成以环渤海、长三角、珠三角、东北、长株潭、西南为代表的产业集群，有效推动节能与新能源汽车产业迅速产业化。

2. 产品研发快速推进，技术水平大幅提升

我国节能与新能源汽车自主化水平不断提高，基本建立“三纵三横”三大平台矩阵式体系。在整车方面，混合动力公交车产品趋于成熟，已开发出具有完全自主知识产权的整车系统，部分车型实际节油率可达到 20% ～ 30%，可靠性趋于稳定。在动力电池方面，电池的性能、生产工艺和自动化制造水平明显提升，单体动力电池的能量密度从 2009 年的 100 瓦时 / 千克提升到 130 瓦时 / 千克，成本由原来的每瓦时 5 元降低到 3 元左右，循环使用寿命超过 2 000 次 [3]。

3. 产业链条日趋完整，发展前景逐渐明朗

在产业链上游，动力电池产业稳步发展，形成了以珠三角、长三角和京津地区三大区域为主的动力电池产业集群带，涌现出天津力神电池股份有限公司、万向集团公司、比亚迪股份有限公司等一批龙头企业，未来技术突破重点方向应集中于隔膜、六氟磷酸锂、磷酸亚铁锂等技术难度高的关键原材料领域，拥有锂电池完整产业链者将占有市场先机；车用电机形成批量配套能力，具有较高功率密度、效率和较宽调速范围的无刷永磁同步电机发展前景十分广阔，中山大洋电机股份有限公司、中国南车股份有限公司、上海电驱动股份有限公司等厂商已位居行业前列，未来将率先受益于国内新能源汽车的发展。在产业链下游，充电站或者换电站建设是新能源汽车产业中的关键环节，国家电网公司、南方电网公司、中国普天信息产业股份有限公司、中国石油化工集团公司等大型国企持续发力，新能源汽车充电站“十二五”期间将迎来大规模建设，预计到2025年前，新能源汽车产业价值链中会增加电气零部件供应商、基础设施供应商、电力供应商及移动服务供应商等重要的新参与者。

4. 体制机制不断创新，应用环境较为成熟

我国初步形成了节能与新能源汽车科技及产业化政策、法规、标准、专利一体化体系，目前已申请专利3 000余项，颁布电动汽车国家和行业标准56项，建成30多个节能与新能源汽车技术创新平台[4]。在充电设施方面，截至2012年11月，我国共建成充电站201个，换电站87个，充电桩9 604个，成为世界上投运充电设施最多的国家。经过三年的实践和摸索，25个试点城市已经探索出了整车销售、租赁融资、电池租赁的商业推广模式，有效克服了新能源汽车初始购置费用高、投资回收期长等制约推广的不利因素，创新体制机制，采取特许经营等方式积极引导社会资本参与投资。

综上，我国节能与新能源电动汽车在市场培育、产品研发、技术水平、产业链完善、体制机制建设、示范运营等方面取得了重大进展。

25.1.3 节能与新能源汽车产业发展基本趋势

发展节能与新能源汽车是汽车技术进步与产业升级的必然选择。从国际范围来看，节能与新能源汽车未来发展的基本趋势主要有：①混合动力汽车将逐渐提高混合度，更多采用插电式方案，实现向纯电动方向过渡，动力系统结构将向更高的集成度发展；②纯电动汽车在电池技术突破尚未明朗前，发展重点一是小型乘用车，二是大型公交车、市政、邮政等特殊用途车辆，为满足用户使用需求，通常采用增程式方案；③燃料电池出现模块化趋势，单个燃料电池模块的功率范围被界定在一定范围之内，通过提高产品性能实现模块化组装，以满足不同车辆对燃料电池功率等级的要求。

“十一五”末期以来，面对金融危机、油价高涨和日益严峻的节能减排压力，世界各国政府都出台了要求更为严格的排放标准，美国、日本、德国等相继发布实施了新的节能与新能源汽车发展战略（图25.2）。世界汽车大国未来油耗法规如图25.3所示。

我国政府和最高领导层高度重视节能与新能源汽车的发展，预计我国节能与新能源汽车产业将在未来五年内进入快速发展期。

		美国	德国	日本
战略基点		确保能源安全	温室气体减排	确保能源安全、提升产业竞争力
战略意图		快马加鞭，努力追赶	雄心勃勃，技术领先	部署全面，优势明显
战略计划		奥巴马新能源政策	《德国联邦政府国家电动汽车发展规划》	《日本新一代汽车战略2010》
发展目标		到2015年实现道路上行驶的插电式电动汽车达到100万辆	2012年之前为市场准备阶段，保有量10万辆；2017年为市场启动阶段，保有量为50万辆；2020年保有量达到100万辆	2020年混合动力汽车为20%~30%；纯电动和插电式为15%~20%；燃料电池汽车1%以下
开发资助	方向	动力电池、PHEV、燃料电池	动力电池、EV	动力电池、FCV、清洁柴油汽车
	金额	334亿美元	5.6亿欧元	2 300亿日元
消费激励		• 最高7 500美元的购买电动汽车的税收抵押优惠，由总统提议修改为再购车时的直接退费 • 一些州还对电动汽车给予高承载车辆待遇和免排放检查的激励政策	• 为电动汽车配备特殊牌照，设置大量专属停车位和行车道，并允许其使用公交车专用道 • 2015年年底之前购买的纯电动汽车免交车辆税，且期限从5年延至10年 • 拟出台新规，电动汽车占汽车销售总量的比例不得低于10%	• 减免车辆购置税和重量税，如售价200万日元、车重在1~1.5吨的混合动力车，车辆购置税优惠可达10万日元，汽车重量税减免5.67万日元 • 此外，还有10万~30万日元的补助金

图 25.2 美国、日本、德国节能与新能源汽车发展战略规划

资料来源：中国汽车工程研究院技术经济研究及咨询部整理

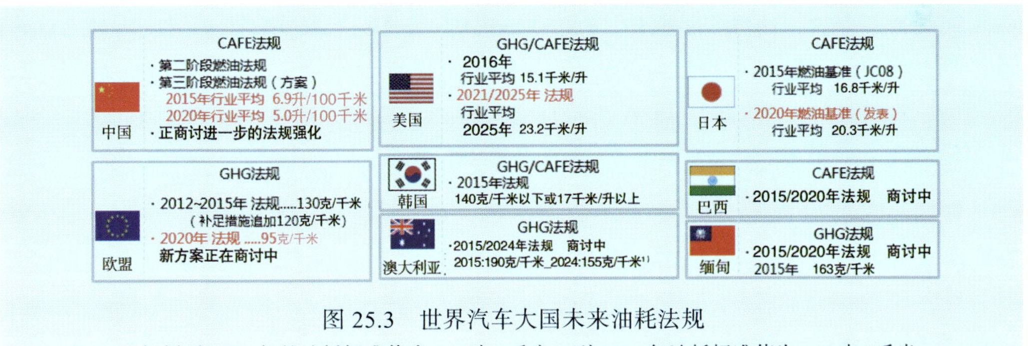

图 25.3 世界汽车大国未来油耗法规

1）规划到 2015 年的油耗标准值为 190 克 / 千米，到 2024 年油耗标准值为 155 克 / 千米

资料来源：中国汽车工程研究院技术经济研究及咨询部整理

我国的发展目标是：到 2015 年，新能源汽车动力电池、电机和电控技术取得重大进展，动力电池模块比能量达到 150 瓦时 / 千克以上，电驱动系统功率密度达到 2.5 千瓦 / 千克以上；纯电动汽车和插电式混合动力汽车累计产销量力争达到 50 万辆；初步形成与市场规模相适应的充电设施体系和新能源汽车商业运行模式。到 2020 年，形成新能源汽车动力电池、电机和电控技术创新发展能力，动力电池模块比能量达到 300 瓦时 / 千克以上；纯电动汽车和插电式混合动力汽车累计产销量超过 500 万辆；充电设施网络满足城际和区域内纯电动汽车运行需要，实现规模化商业运营；整体水平达到国际先进水平（图 25.4）[4]。

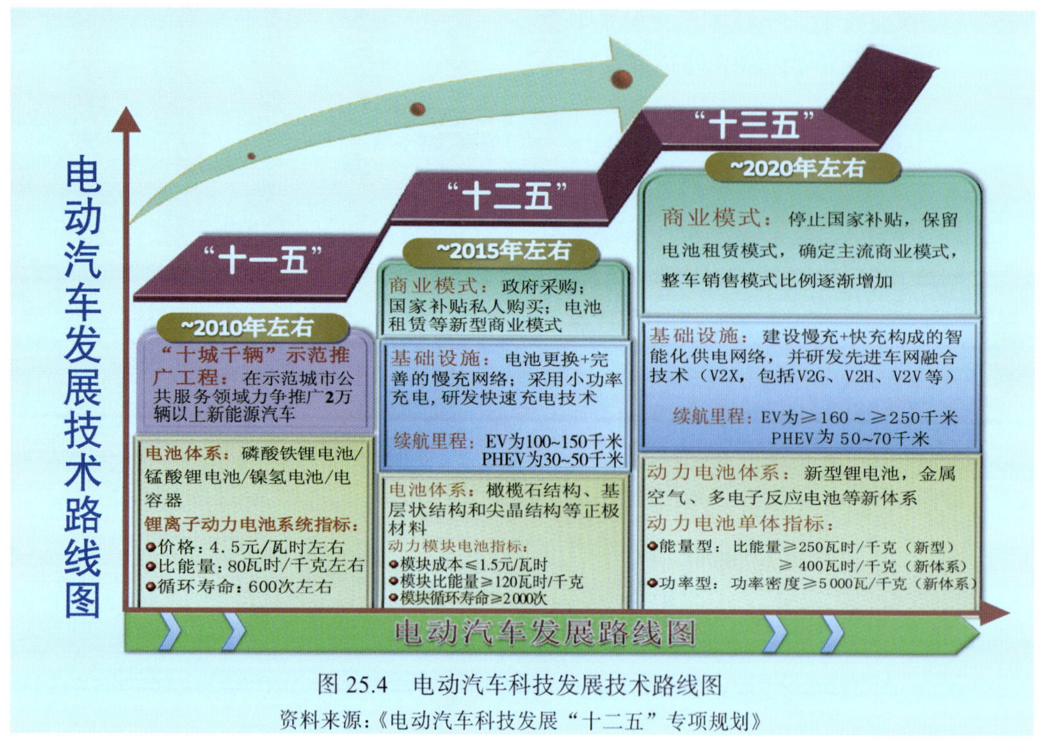

图 25.4　电动汽车科技发展技术路线图

资料来源：《电动汽车科技发展“十二五”专项规划》

25.2　节能与新能源汽车产业战略路径、发展趋势及关键技术

25.2.1　节能与新能源汽车产业战略路径

节能与新能源汽车发展总体将遵循节能（降低总能耗）、环保（减少污染物排放）两大趋势，逐步实现对化石类传统能源的替代。短期内，混合动力汽车是最理想的过渡车型，而从长期来看，在实现技术和成本突破后，“零排放”的纯电动汽车和燃料电池汽车都可能成为最终的解决方案。

从时序性分析，混合动力汽车特别是插电式混合动力汽车，在2020年以前将是新能源汽车的主流车型，2020～2030年将逐渐被纯电动汽车取代；燃料电池汽车为汽车行业未来的发展方向，或为最终发展目标，2030年以后，新能源汽车市场将以燃料电池汽车为主，理想目标是实现氢动力燃料电池汽车的普及（图25.5）。

1. 2013～2015年：推进混合动力技术应用，走向以企业为主体的市场化

混合动力汽车技术被普遍认为是汽车节能环保的主要解决方案，我国混合动力汽车处于产业培育期，特别是混合动力客车产业化优势明显，处于迈向快速发展的临界点，建议2015年前尽快推进混合动力技术的应用，重点解决成本问题，走向以

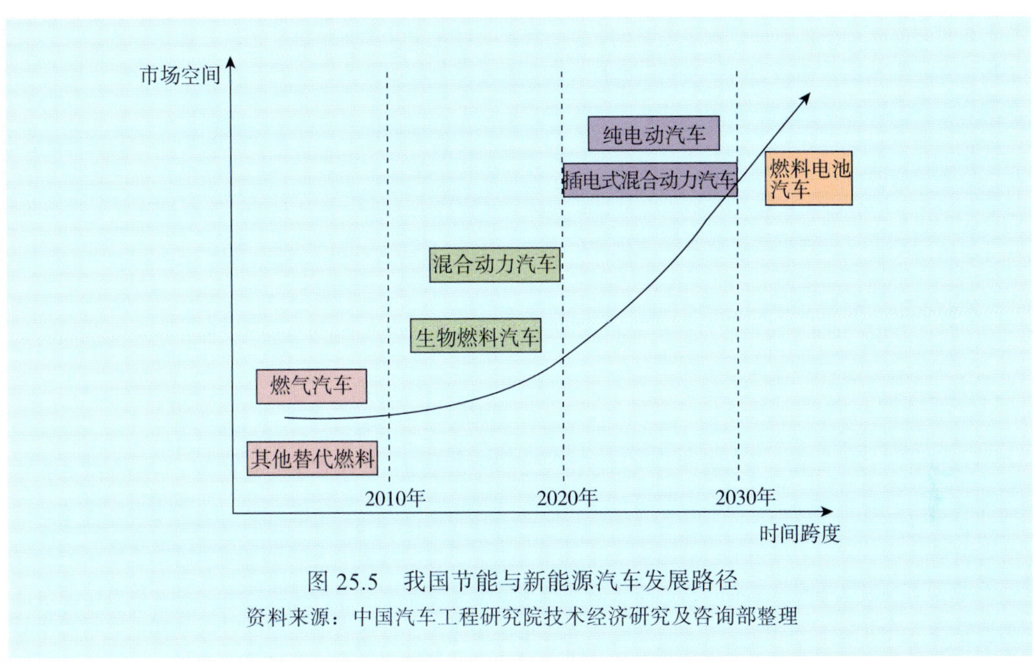

图 25.5　我国节能与新能源汽车发展路径

资料来源：中国汽车工程研究院技术经济研究及咨询部整理

企业为主体的市场化。

相比纯电动汽车、燃料电池汽车，混合动力汽车的优势在于：对基础设施要求较低；无需过多改变消费者习惯；规模化生产有望使制造成本下降，混合动力汽车在城市交通中节油性能表现优越，适宜在城市用车中大范围推广。故在现有技术条件下，建议在市区和郊区使用环境下的公交客车将混合动力汽车作为主流发展，气源充足地区加大气-电混合动力客车推广力度；在城市私人购车领域，在推广混合动力汽车的基础上，应逐渐引导加大电动化程度，以插电式混合动力汽车为过渡车型，向纯电动汽车发展。

2. 2015～2020年，加大纯电动汽车和插电式混合动力汽车推广力度

纯电动汽车核心技术、市场培育成熟度较低，仍处于萌芽期，近期应加强核心技术研发、积极培育和引导合理性市场需求。2015～2020年，建议加大纯电动汽车和插电式混合动力汽车推广力度。

目前，纯电动汽车的续航里程短、成本高、充电不便等问题在短期内难以得到很好的解决，纯电动汽车主要适用于城市运行里程短、运行路线固定、利用率高的使用环境，如私人代步、城市物流、邮政车和其他服务于市政的车辆，这对改善城市环境十分有利。建议在市区使用环境下的私家代步车以纯电动汽车为主；在城乡结合处和农村区域，建议有序发展短途纯电动乘用车。

3. 2020～2030年，加速推进燃料电池汽车商业化进程

燃料电池汽车受制于技术、成本、基础设施等因素，仍处于萌芽期，实现商业

化为时尚早。近期应强调整车和动力平台的引领与带动示范作用，重点支持动力平台技术和整车集成技术的开发和创新，完成战略技术储备，2020 ～ 2030 年，建议加速推进燃料电池汽车商业化进程。

目前，重点突破燃料电池汽车动力系统平台、关键零部件及储氢、制氢技术，积极筹备、规划未来燃料电池汽车氢气供给网络，在上海、北京等为燃料电池汽车商业化做基础建设准备的城市，加强小规模示范工作。

25.2.2 节能与新能源汽车产业发展趋势

1. 应用车型发展趋势

从应用车型来看，根据我国市场特点，应率先启动并推广大车和小车两种车型。我国节能与新能源客车发展已经逐步步入正轨，具有了一定的产业规模。微型车、小型车如果有相应的标准、法规加以引导，在“十二五”期间将会很快上量；中等规格车型则需要慢慢过渡，从油电混合到插电式混合动力再到纯电动，这中间的过程需要更多时间。优先发展小型纯电驱动汽车和大中型公共客车，向新一代纯电驱动汽车发展的这种“两头挤”车型开发战略（图 25.6），是一种公认的有效撬动规模市场的杠杆[4, 5]。

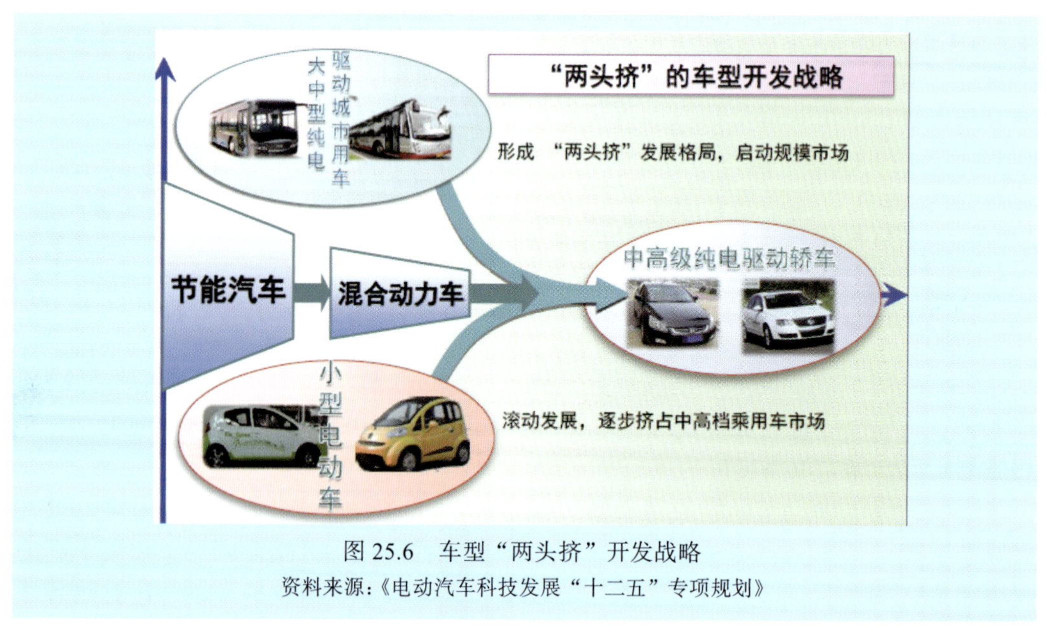

图 25.6 车型“两头挤”开发战略

资料来源：《电动汽车科技发展“十二五”专项规划》

2. 整车技术发展趋势

1）节能与新能源汽车技术路径明晰化

混合动力作为新型汽车能源动力技术共性平台继承了先进内燃机技术，结合了高

效洁净的电力驱动方式，既充分利用现有燃料基础设施，又能包容各种代用燃料，已成为新型动力系统汽车产业化的典型代表。随着电池技术的逐步成熟，逐渐提高混合度以实现传统能源向电气化转化，是节能与新能源汽车技术发展的方向（图 25.7）。

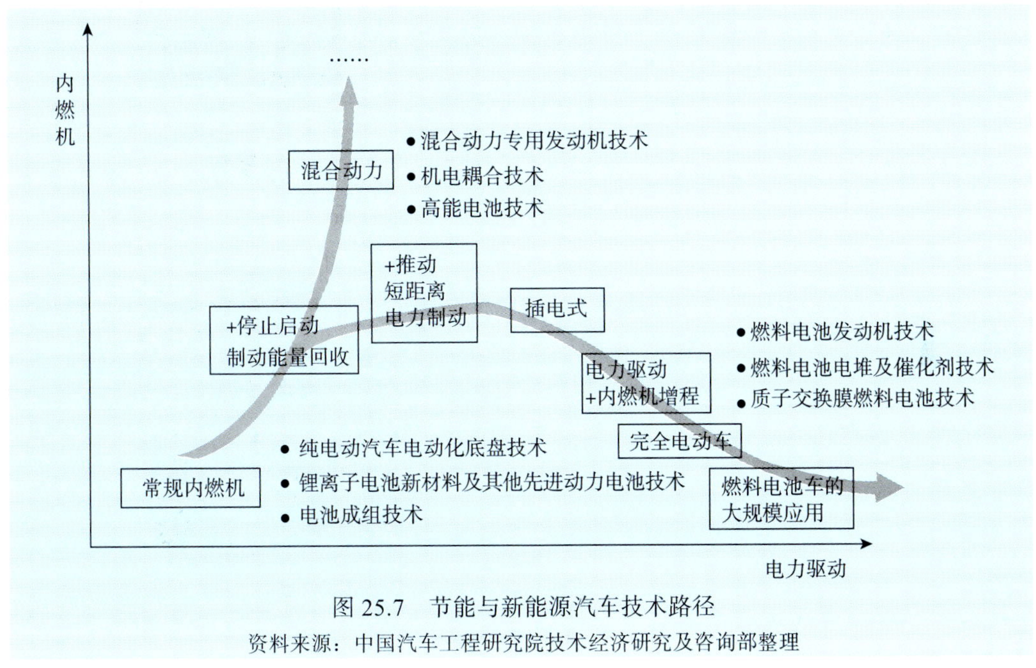

图 25.7　节能与新能源汽车技术路径

资料来源：中国汽车工程研究院技术经济研究及咨询部整理

2）混合动力汽车模块化

根据车辆对成本敏感、系统布置紧凑等特点，动力系统的混合化应从部件层次以模块形式逐步实现。通过电机与部件的紧密结合，构成混合动力模块，通过部件模块的混合化逐渐实现整车动力系统的混合动力化。具体来看，模块化发展应从发动机开始发展到传动系统，从微混合开始发展到深混合全混合，最终形成以串联构型和深混联构型为代表的混合动力系统平台（图 25.8）。

（1）微混合动力发动机：通过结合并联构型（离合器前混合型）中的皮带传动启停电机（belt driven starter generator，BSG）技术使发动机具备自动启停、高效率发电等功能。系统成本低，结果简单。

（2）轻混合动力发动机：使用并联构型（离合器前混合型）中的集成启停电机（integrated starter and generator，ISG）技术，加大混合比。从微混合过渡到轻混合，增大混合动力效果。

（3）深混合动力传动系统：使用并联构型（离合器后混合型、双离合器型）中的双离合变速器（dual clutch transmission，DCT）等基于变速器的混合动力技术，在变速器中加入功率较大的电机，构成混合动力变速器，再将此混合动力变速器和前述混合动力发动机结合，构成混联混合动力系统，可灵活实现纯电驱动、纯内燃机驱动和混合驱动三种车辆工作模式。

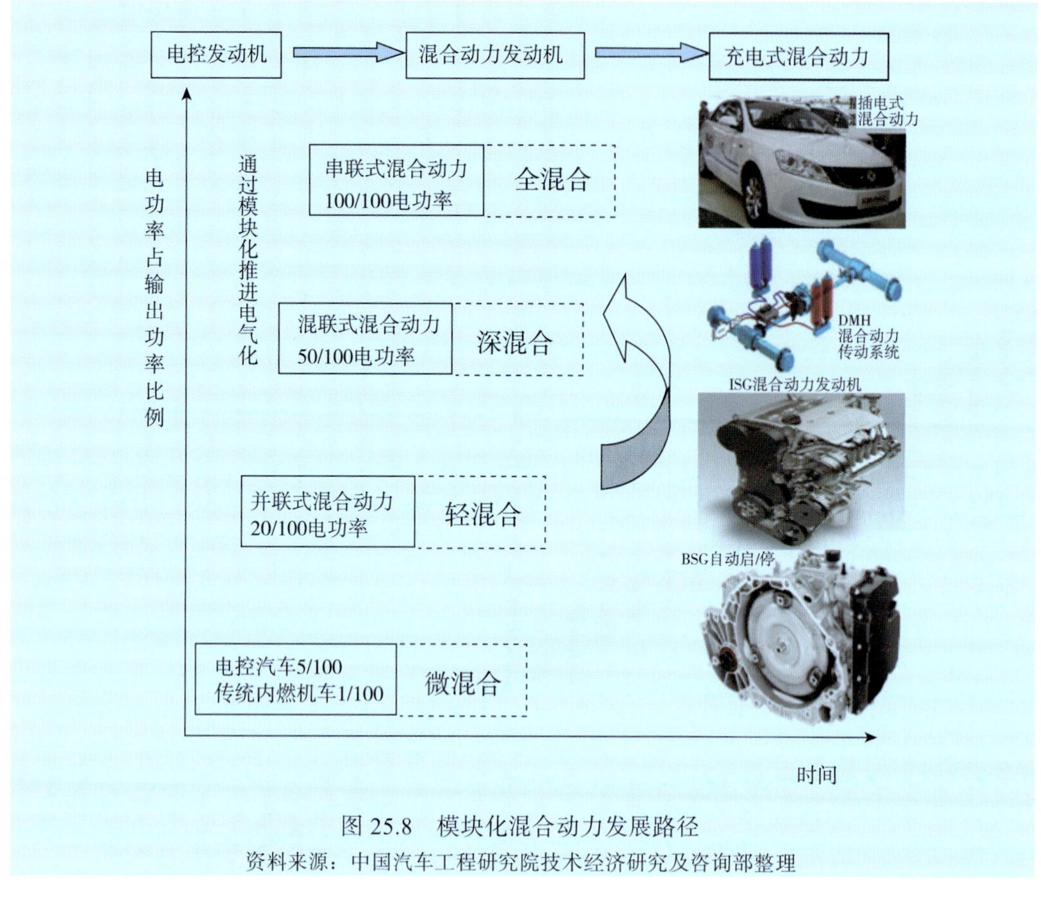

图 25.8　模块化混合动力发展路径

资料来源：中国汽车工程研究院技术经济研究及咨询部整理

（4）全混合动力系统：车辆将完全由电驱动，在串联混合动力平台上最大限度地对车辆经济性、动力性和排放进行优化。

3）纯电动汽车小型化

对纯电动汽车来讲，目前电池还无法满足所有不同等级的车辆商业化需求，所以在当前阶段，小型化是纯电动轿车的一个主流趋势，通过小型化来实现规模化。此外，电动汽车采用电力能源、电气化技术对汽车结构性能创新提供更多的可靠性。底盘系统将逐步采用电动化执行部件，结构也会随之发生革新，并将推动汽车模块化、智能化发展（图 25.9）。

4）燃料电池汽车平台化

燃料电池汽车具有跟燃气汽车相同的燃料系统平台、与纯电动汽车相适的电动化底盘平台以及与混合动力相似的动力平台，所以它实际上是三重平台的集成和组合。故从燃料电池汽车角度来看，可以通过平台化来发展燃料电池汽车，平台化是一个非常重要的技术路线（图 25.10）。

图 25.9　纯电动汽车发展路径

资料来源：中国汽车工程研究院技术经济研究及咨询部整理

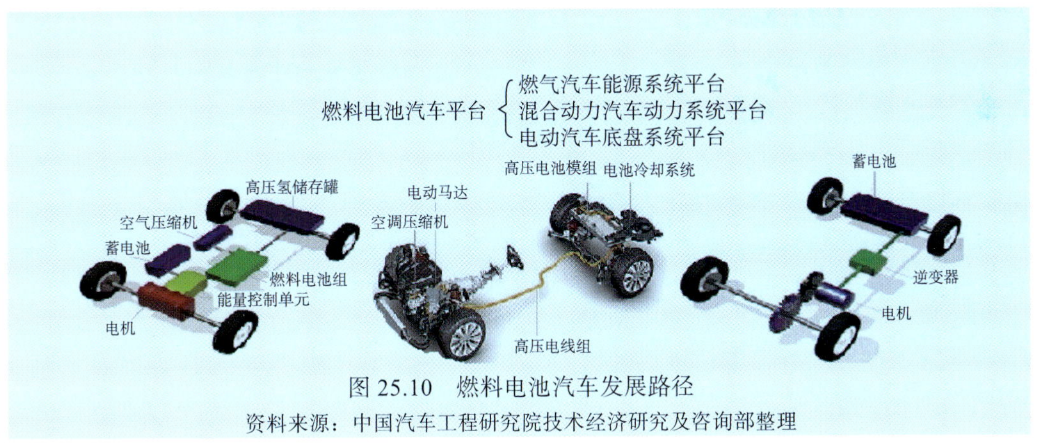

图 25.10　燃料电池汽车发展路径

资料来源：中国汽车工程研究院技术经济研究及咨询部整理

5）汽车动力技术集成与一体化

为了应对节能与新能源汽车技术多元化和车型多样化问题，要以关键零部件模块化为基础，推动动力总成模块化，促进动力系统平台化，实现节能与新能源汽车技术平台一体化（图 25.11）[4]。

（1）动力电池、电机、电子控制单元等关键部件模块化，有利于规模化生产和应用，便于电池的维修、更换、租赁、梯级利用和回收处理。

（2）以通用化、系列化的关键零部件为核心，可以多样化各种动力系统总成。

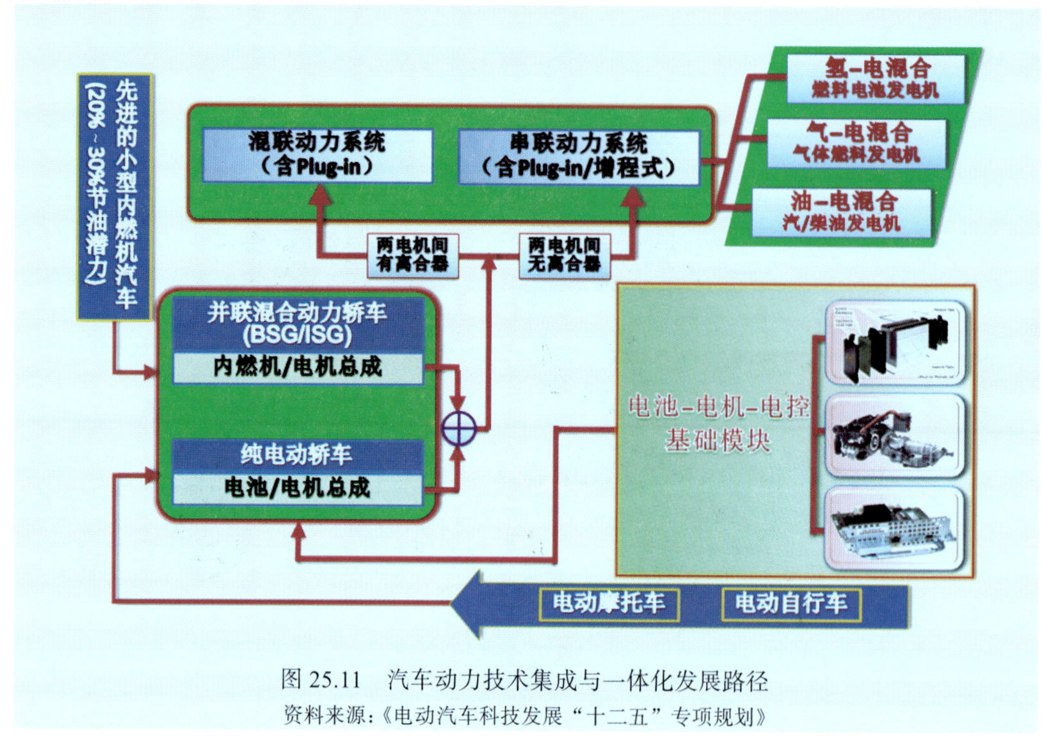

图 25.11 汽车动力技术集成与一体化发展路径

资料来源：《电动汽车科技发展“十二五”专项规划》

（3）混合动力汽车、纯电动汽车和燃料电池汽车在电驱动总成方面核心技术相通，容易实现技术平台“一体化”，并培育一体化的零部件产业基础。

25.2.3 节能与新能源汽车产业关键技术

我国在节能与新能源汽车关键零部件高端技术方面总体上尚未形成竞争优势，特别是在电池成组技术、燃料电池发动机技术、车用电机电力电子集成技术、强混合动力机电耦合技术等方面，与国际先进水平仍有一定差距。

1. 混合动力汽车

（1）我国在高效发动机、先进自动变速器等汽车共性技术方面比较落后，整车集成技术不够成熟，混合动力乘用车专用发动机只能从国外引进匹配。

（2）我国对机电耦合驱动系统及电动附件产品的开发力度不够，缺乏新型动力系统集成平台的概念，单纯电机满足不了扭矩与速度需求，动力系统效率低、节能效果差。国外多数汽车企业均有自主独特的机电耦合技术，如以本田为代表的发动机与电机耦合，美国 Plug-in 电动汽车辅助动力单元（accessory power unit，APU）与电机耦合，以丰田和通用为代表的变速器与电机耦合等。

（3）我国乘用车混合动力驱动的联结方式发展不均衡，多采用并联和怠速启停方案，混联混合动力尤其是在混联系统控制及动力方面几乎为空白，导致我国混合动力产品节油率水平仅为 20% 左右，是国外节油水平的一半。

（4）我国自主开发的混合动力汽车在节油率和可靠性上跟国际先进水平差距较大，其中商用车技术水平有所提高，但还是存在差距，混合动力乘用车差距更大。

2. 纯电动汽车

（1）国内合资品牌的传统车大多基于国外平台，缺乏自主开发；电动汽车大多在传统车上进行改装，缺乏电动汽车平台化发展概念。

（2）我国纯电动汽车在电池储存技术、热管理技术、核心芯片、分装技术、设计技术上跟国际先进水平有差距，高性能纯电动汽车可靠性和工程化能力落后于国外先进水平。

3. 燃料电池汽车

（1）我国自主研发的燃料电池汽车在车型开发、发动机功率等方面与国外还存在一定的差距，在发动机集成度、环境适应性、系统控制策略、高压氢气存储系统压力等方面处于较低水平（表 25.1 和表 25.2）。

表 25.1　国内外燃料电池汽车技术对比

<table>
<tr><th colspan="3">项目</th><th>国外</th><th>国内</th></tr>
<tr><td>整车集成</td><td colspan="2">车型平台开发</td><td>打造全新整车平台阶段</td><td>基于传统内燃机车辆进行改制</td></tr>
<tr><td rowspan="4">发动机</td><td rowspan="2">集成度（电堆）</td><td>质量功率密度 /（瓦 / 千克）</td><td>1 600</td><td>700 左右</td></tr>
<tr><td>体积功率密度 /（瓦 / 升）</td><td>2 700</td><td>1 000 左右</td></tr>
<tr><td rowspan="2">环境适应性（冷启动性）</td><td>冷启动环境</td><td>真实环境</td><td>实验室环境</td></tr>
<tr><td>实车道路试验</td><td>北欧瑞典地区开展</td><td>无</td></tr>
<tr><td>高压储氢系统</td><td colspan="2">氢气存储系统压力 / 兆帕</td><td>70</td><td>35</td></tr>
</table>

资料来源：中国汽车工程研究院技术经济研究及咨询部整理

表 25.2　国内外燃料电池汽车产品性能对比

产品性能	国外	国内
车辆动力性能	加速性能较好	受限于燃料电池功率输出水平和整车集成及轻量化技术水平
续航里程	氢气存储技术成熟，续航里程长	700 兆帕氢气存储技术仍处于研发阶段，制约续航里程的提高
寿命 / 小时	7 000	2 000
可靠性与安全性	基本达到了传统内燃机汽车同等水平	处于较低水平
成本控制关键技术研究	低铂（Pt）燃料电池技术，减少催化剂用量；研究催化剂抗毒性	几乎处于空白
高压储氢系统传感器、阀门等零部件	自主生产，技术成熟	依赖进口

资料来源：中国汽车工程研究院技术经济研究及咨询部整理

（2）我国燃料电池汽车整车动力性、续航里程、可靠性及寿命等方面还远不及国外，等效燃料经济性水平和车辆噪声水平与国外基本处于同一水平；传感器、阀门等零部件还依赖进口，直接导致氢气存储与供给系统成本过高，另外，成本控制关键技术方面，如燃料电池催化剂用量等，还处于摸索阶段。

4. 锂离子电池

（1）我国磷酸铁锂正极材料核心技术缺失，原始专利，碳包覆技术、纳米技术专利，以及碳热还原法等技术依然被外资企业掌握，在生产工艺、设备和技术等方面存在差距。

（2）目前我国电池隔膜主要依靠进口，隔膜成本大致占到我国锂离子动力电池综合成本的三分之一。尽管有个别企业涉足隔膜的制造和研发，但整体来看该行业在我国的发展基本处于空白阶段。

（3）在产品的可靠性、一致性上存在较大差距。例如，日本在原材料控制、电池质量控制、管理控制等方面都特别严格，电池一致性好；国内动力电池单项指标可能与国外接近甚至更高，但总体指标偏低，特别是在电池组寿命、一致性等方面差距还较为明显。

（4）我国在动力电池单体、模块、集成方面都有一定差距，电池集成这方面差距更大。

5. 燃料电池

与国际先进水平相比，我国车用燃料电池仍有很大差距，主要体现在可靠性、耐久性以及贵金属用量（成本）等方面[6]，具体指标见表 25.3。

表 25.3　国内外燃料电池性能比较

技术指标	国外	国内
Pt 用量 /（克 / 千瓦）	0.3 ～ 0.5	0.8 ～ 1.2
电堆比功率 /（千瓦 / 千克）	1.5 ～ 2.0	0.8 ～ 1.0
系统比功率 /（千瓦 / 千克）	0.65	0.2 ～ 0.3
低温环境 /℃	–30	–10
寿命 / 小时	7 000	2 000 ～ 3 000

资料来源：中国科学院大连化学物理研究所整理

6. 车用电机

我国电机驱动系统在产品集成度、可靠性、能量密度、效率和系统应用技术方面，与国际先进水平存在较大差距[6]，具体指标对比见表 25.4。

表 25.4 国内外车用永磁电机驱动系统技术指标对比

技术指标	国内	美国 UQM CaliberEV53	美国 Enova EDM60/90	日本 Toyota HybndCamy
电机峰值功率 / 千瓦	90	53	90	105
持续功率 / 千瓦	42	32	30	70
最高转速 /（转 / 分）	11 500	8 000	10 000	14 000
峰值扭矩 /（牛 • 米）	210	240	239	207
电机质量 / 千克	65	40	65	41.7
功率密度 /（千瓦 / 千克）	1.354	1.325	1.385	2.52
控制器质量 / 千克	16.0	13.1	35	17.9
最高系统效率 /%	94	94	92	93
高效区比率（系统效率 >80%）	>70	>50	>50	>70
电机外形尺寸（直径 × 长度 毫米 × 毫米）	264×260	280×216	270×382	302×170
控制器外形尺寸（长 × 宽 × 高 毫米 × 毫米 × 毫米）	420×200×160	380×350×118	606×458×201	270×185×270
直流输入电压（电压范围 / 伏）	375（330 ～ 410）	366（250 ～ 400）	366（250 ～ 425）	245（250 ～ 650）

资料来源：中国汽车工程研究院技术经济研究及咨询部整理

7. 控制系统

（1）目前，高性能的硅钢片和关键元件绝缘栅双极型晶体管（insulated gate bipolar transistor，IGBT）完全依赖进口，关键技术被国外大公司垄断，工业级产品的可靠性和稳定性与国外也存在一定差距，车用 IGBT 基本处于研发阶段，在可靠性和电磁兼容性方面存在较大问题，且国内缺乏车用级 IGBT 标准，不适用于产业化；转速传感器和电流传感器绝大部分采用进口产品，成本较高，国内产品在精度和可靠性方面与国外存在一定差距。

（2）目前国内基本掌握整车控制器开发技术，但各厂家技术积累有限，水平参差不齐；控制器基础硬件和开发工具等基本依赖进口；产品技术水平和产业化能力与国外仍有很大差距。

（3）国内电池企业较少介入电池管理系统的设计和制造，一般委托专业电子公司或高校开发相关系统，由于电池厂家不重视电池管理系统设计，不了解整车，且对电池内部变化规律研究不够，缺乏数据积累，无法与设计公司深入沟通，从而影响了产品性能。目前产品功能比较简单，虽具有基本的检测监控功能，但在数据采集的可靠性、荷电状态（state of charge，SOC）的估算精度、热管理、均衡、安全管理等方面与国外存在较大差距。

8. 电动附件

电动附件国内还没有成熟的产品可用，成本高并依赖进口。电动转向、电动空调、电动真空助力制动等电动辅助系统尚未形成产业化，需进行产业化攻关。

25.3 “十二五”期间产业培育与发展中遇到的问题

25.3.1 推广规模快速扩大，但示范进展不均衡程度加剧

近三年来，节能与新能源汽车示范推广迅速。2009 年以前，全国累计运行 500 辆，到 2012 年达到 27 000 辆，增长速度很快。分年度来看，2009 年全国累计运行达到 2 560 辆，2010 达年 4 000 辆，2011 年达到 8 800 辆，2012 年为 11 600 辆，加速发展势头很好。同时，试点城市之间的发展不均衡也逐渐加大，如深圳、北京、长株潭地区等在公共领域示范表现比较好，示范数量分别为 2 470 辆、2 547 辆和 2 017 辆，推广数量在全国位列前茅。合肥在私人领域推广新能源汽车表现较好，达到 3 380 辆，占全国私人推广总量的 70%。郑州、海口继续保持良好的发展势头，分别推广 1 600 辆、1 000 辆，按时按量完成推广工作。也有部分城市缺乏配套，工作进展缓慢，如呼和浩特、海口、唐山、南通、襄阳、成都 6 个城市的推广数量均不到 300 辆，其中，南通、襄阳推广数量最少，均不到 150 辆，与四部委（国家发改委、财政部、科技部、工信部）批复数量差距较大。

25.3.2 应用领域不断拓宽，但私人领域发展缓慢

目前节能与新能源汽车推广主要是从公交拓展到出租、环卫和物流等领域。例如，深圳和杭州成立了专门的新能源出租公司，北京市在延庆、大兴、房山、怀柔等远郊区县启动了出租车试点，取得了良好的运行效果。长株潭地区的株洲于 2011 年率先实现了全市公交电动化，将全市 627 辆传统公交车全部更换为混合动力公交车。北京市在环卫等领域实现了电动车的较大规模应用。各试点城市通过以上推广应用积累了丰富经验，社会认知大幅提升，但是在示范推广范围内混合动力公交车占据了过半数量，纯电和插电式汽车推广不尽如人意，特别是在私人领域才刚刚起步，总共推广了 4 400 多辆，而且基本集中在合肥和深圳两个城市，其余城市中，北京和长春面向私人消费的新能源汽车销售量非常低，尚未出台具体的实施细则。

25.3.3 核心技术与国外差距较大，产品成熟度有待提高

示范工作对推动节能与新能源汽车技术和产业化进步起到了很大的促进作用，目前国内已经掌握了整车设计、系统集成等技术，节能与新能源汽车产业链初步形成，已有 93 家生产企业、655 款节能与新能源产品纳入工信部推广车型目录。但在核心技术层面，我国节能与新能源汽车距离世界先进水平仍存在一定差距。节能与新能源汽车的开发技术中仍有很多基础技术来源于传统汽车开发技术，国内传统汽

车整车开发集成技术、底盘性能优化技术、匹配标定技术等传统汽车开发技术与国外的差距影响了我国节能与新能源汽车的研发。此外，由于我国骨干企业的节能与新能源汽车还处于产品研发和产业化的初期，技术基础薄弱，自主创新能力不足，核心专利数量不多，产品可靠性不高，规模较小，整车与动力电池、电机等零部件企业之间尚未建立长期稳定的紧密合作关系，特别是整车企业尚不能充分带动电池、电机等零部件技术进步和产业发展，新型的产业链还处在建立过程中。节能与新能源汽车核心零部件开发技术，如混合动力汽车整车集成技术、动力系统优化和匹配技术、电机驱动技术、发动机及变速器控制技术、电池系统开发技术、动力耦合技术等仍待突破。核心技术的缺失造成我国节能与新能源汽车产品整体质量提升滞后，尤其是在乘用车领域，已纳入“推荐目录”的56款乘用车车型中真正具有一定量产规模的只有比亚迪F3DM、e6和江淮同悦等少数车型，年销量刚达到近千辆，其他车型大部分属于改装车型，不具备量产条件，导致可供市场选择的车型较少。

25.3.4　基础设施可持续发展模式不清晰，应用环境仍较薄弱

深圳和合肥等城市制定了专门的充电优惠电价，上海也于2012年年底出台并落实私人购车免牌照拍卖的优惠政策。在充电设施方面，25个试点城市已经建立了174座充换电站、8 107个充电桩，从数量上看，我国是世界上投运充电设施最多的国家。但充电设施仍存在诸多不足，一方面，面向广大消费者的停车位充电桩进展缓慢，绝大多数城市没有出台明确的居民小区、停车场等停车设施配电方案，部分地区电网企业参与积极性不高，普通消费者购买节能与新能源汽车面临无处充电的尴尬；另一方面，部分城市存在基础配套设施布局欠合理、闲置率高、基础配套设施建设审批周期长、各主管部门协调困难等问题，影响了基础配套设施建设的布局系统性，未能形成基础配套设施与新能源汽车产品保有量之间的有效合力。此外，基础配套设施前期投入大，投资回报周期长，目前大多数运营维护服务供应商的可盈利模式仍在探索中。

25.3.5　政策驱动市场效应明显，地方保护主义日趋严重

经过三年的实践和摸索，25个试点城市已经探索出了整车销售、租赁融资、电池租赁的商业推广模式，有效克服了节能与新能源汽车初始购置费用高、投资回收长等制约推广的不利因素，并创新了体制机制，采取特许经营等方式积极引导社会资本参与投资。我国节能与新能源汽车产业发展最大的特点就是政策驱动化市场，产业发展受政策影响明显。目前国内采取25个城市示范运营模式，地方政府参与补贴，在具体落实过程中，均出现了不同程度的地方保护主义，主要表现为多数示范城市推广车的车辆产品大多局限于本地产品。从总结评估结果来看，在25个试点城市中，近一半城市明确发文指令采购本地整车企业产品，部分城市变相采取地方保护，在实行裸车采购后，对动力电池等零部件要求本地采购，客观上造成市场分割

现象，产生了严重的区域壁垒，严重制约了节能与新能源技术成熟度高、产业化能力强的汽车企业和产品的发展[6]。

25.3.6 标准体系仍待完善，未能结合市场形成有效合力

通过电动汽车自主创新的技术标准法规体系战略研究，我国已初步形成相关技术标准法规体系和开展电动汽车整车、关键零部件、重要元器件、关键材料以及充电装备、充电站安全管理系统测试评价的技术体系。但相对于美国、欧洲、日本等发达国家和地区依托优势产品技术的输出为载体，在技术标准法规体系方面的应用和普及，我国新能源汽车标准体系的推广应用明显滞后，未能结合市场形成有效的竞争合力。

25.4 节能与新能源汽车产业发展重点案例——插电式混合动力汽车

25.4.1 我国插电式混合动力汽车技术发展

经过“863 计划”连续两个五年计划支撑以及创新工程的项目支持，我国插电式混合动力汽车在动力系统技术研发平台、多能源动力总成控制、混合动力发动机匹配、制动能量回收等关键技术研发平台和混合动力系统匹配优化技术平台等方面取得了较大进展，已经基本具备了产业化发展基础。

目前，国内整车企业基本掌握了插电式混合动力汽车的整车开发技术，形成了具有自主知识产权的各类汽车开发能力。但是，国内的电池、电机、控制器、电动附件等关键零部件与材料尚不能完全满足整车需要，存在低水平重复建设现象，产业链尚未完全成熟。尤其是电控方面，目前较国外水平差距较大，万向集团公司、上海安乃达驱动技术有限公司、东风汽车公司、中国第一汽车集团公司等企业都在加紧研发，争取实现技术突破。

1. 动力电池

插电式混合动力汽车纯电动模式下最高车速、续航里程等主要指标与动力电池、电机性能关系最为密切。其中，动力电池是整个混合动力汽车产业化的关键制约技术。

锂离子动力电池作为目前插电式混合动力汽车的主流储能元件还存在技术性能有待提升、电池成本较高等问题。表 25.5 为国内车用动力电池企业的情况概括，其中，深圳比亚迪作为国际上领先的锂离子动力电池企业，已经初步实现了产业化，目前在比亚迪秦上已普遍使用。

表 25.5 我国电池企业的现状概况

零部件	国内技术水平	国内主要生产企业及技术方向
动力电池	目前领先企业的技术水平已接近国际水平	湖南神州科技有限公司（镍氢电池）、辽源锂源新能源股份有限公司、苏州星恒电源有限公司（磷酸铁锂电池）、比亚迪股份有限公司、北大先行科技产业有限公司、江苏春兰集团（镍氢电池）、新能源科技有限公司（ATL）、咸阳威克力能源有限公司（磷酸铁锂电池）、比克电子（深圳）有限公司、万向电动汽车有限公司（磷酸铁锂电池）、天津力神电池股份有限公司和中信国安盟固利动力科技有限公司（锰酸锂、钴酸锂）等

资料来源：中国汽车工程研究院技术经济研究及咨询部整理

从国内电池技术发展情况看，预计 2015 年，国内电池的平均能量密度达到 230 瓦时 / 千克，2020 年，达到 350 瓦时 / 千克，电池材料逐步升级。电池循环寿命不少于 1 500 次（使用寿命 10 年），其他性能满足车用要求。预计我国未来的电池发展技术路线如图 25.12 所示。

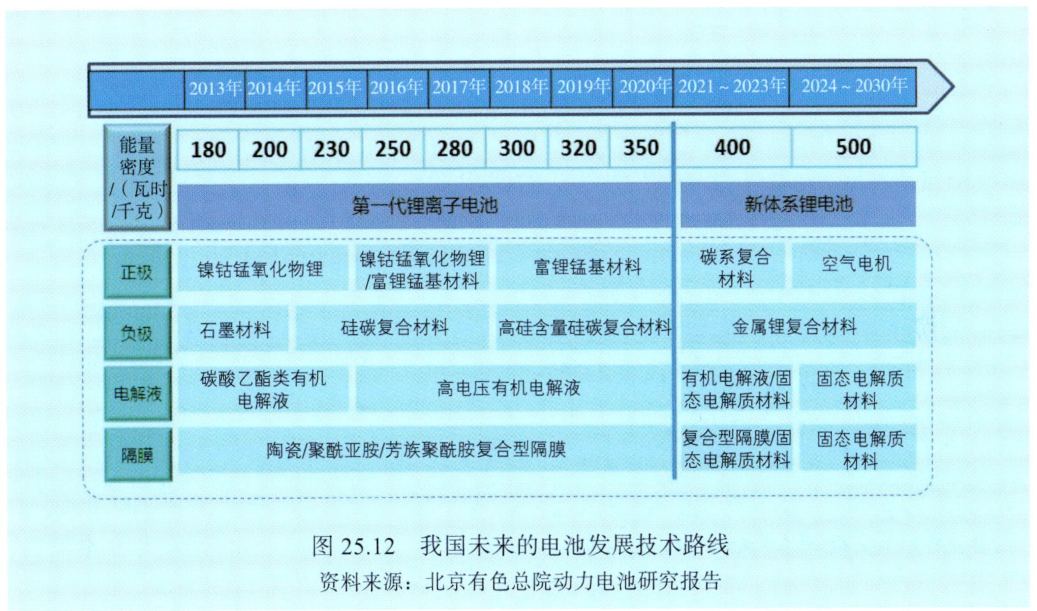

图 25.12 我国未来的电池发展技术路线

资料来源：北京有色总院动力电池研究报告

2. 驱动电机

高功率密度、高效率、宽调速的汽车牵引电机及其控制系统既是插电式混合动力汽车的心脏，又是其关键技术之一，该系统由电动机和驱动控制器两部分组成。

电机驱动系统中，电机是关键技术。与工业电机相比，插电式混合动力汽车等节能与新能源汽车驱动电机具有更高要求，即高效率、耐温度和低成本。目前，我国本土电机厂商竞争力较强，但是在高端产品上和国际相比仍有差距，表 25.6 为国内主要电机供应企业的主要技术方向。

表 25.6　我国电机企业的现状概况

关键零部件	主要供应商资源及其技术方向	
电机＋电机控制系统	上海电驱动股份有限公司	永磁电机
	杭州万向集团公司	异步电机
	株洲南车时代电气股份有限公司	异步电机
	上海大郡动力控制技术有限公司	永磁电机
	湘潭电机股份有限公司	异步电机
	江苏微特利电机制造有限公司	异步电机

资料来源：中国汽车工程研究院技术经济研究及咨询部整理

从国内外发展趋势来看，电驱动系统的研发主要集中在交流感应电机和永磁同步电机上。永磁同步电机具有体积小、耐高温、磁力强、寿命长、省能耗、效率高、高可靠性、高转矩密度等特点，是未来插电式混合动力汽车驱动电机较好的选择。

3. 整车企业系统配套技术

推出插电式混合动力汽车产品的各整车企业在关键配置上做了许多技术创新，主要情况具体如表 25.7 所示。

表 25.7　整车企业插电式混合动力汽车的相关配置

企业	比亚迪股份有限公司	中国第一汽车集团公司	上海汽车工业（集团）总公司	奇瑞汽车股份有限公司
车型	秦	红旗 H7	荣威 550	全新车型
发动机	1.5 升缸内直喷涡轮增压发动机	依托“蓝途”车用 GDI-T 发动机改进，包括：取消发电机，用驱动电机实现其发电功能；改进基础发动机的轴瓦材料，以满足发动机的频繁起停功能等	1.5VCT 汽油发动机	发动机采用高效的阿特金森循环设计、双独立可变气门技术、静音链条正时系统、零部件集成及轻量化设计等
电动机	110 千瓦的高转速电动机	依托“蓝途”车用 DCT 变速器改进，包括增加控制阀体及液压油路改进等	ISG 电机、TM 电机	驱动电机系统采用高集成度、紧凑化、扁平化设计、双回路冷却系统设计、新型绝缘材料、高效率高功率电机及 EMC 设计技术等，提高电机功率密度等
变速器	DSG 变速器	借用 DCT 内的湿式离合器资源，将其集成在电机转子内部，以满足整车布置空间紧凑的要求	电驱变速箱由双电机 / 双干式离合器 / 两级变速电驱集成	CVT 变速箱
电控系统	集成电机控制、DC/DC 控制器等，协调电机、发动机、变速器控制系统	前期进行功能需求分析与定义，开发软件分别进行 MIL、SIL、HIL 测试	规避传统 AMT 换挡瓶颈，应用电机辅助控制，获得高品质的换挡平顺和响应	由奇瑞新能源公司开发

资料来源：中国汽车工程研究院技术经济研究及咨询部整理

25.4.2　我国插电式混合动力汽车市场情况

在国家以示范运营带动产业发展的理念指导下，“十城千辆”工程示范运行规模逐步扩大，为插电式混合动力汽车创造了良好的应用环境。目前，插电式混合动力车已经开始了小规模投放市场。

据中国汽车工业协会不完全统计，2012 年我国销售新能源汽车 12 791 辆，其中纯电动汽车为 11 375 辆，插电式混合动力 1 416 辆，可见插电式混合动力在新能源汽车市场中占比还较低。

1. 客车销售市场

可外接充电客车方面，截至 2012 年年底总运营数量为 2 364 辆，其中 2009 ～ 2012 年的运营数量依次为 139 辆、316 辆、1 338 辆、571 辆，主要集中在深圳、重庆、南昌地区。主要供应企业有扬州亚星客车股份有限公司、深圳市五洲龙汽车有限公司、重庆恒通客车有限公司、江西凯马百路佳客车有限公司等。

增程式客车方面，截至 2012 年年底总运营数量为 282 辆，其中 2010 ～ 2012 年的运营数量依次为 1 辆、61 辆、220 辆，主要集中在合肥和成都地区。主要供应企业有安徽安凯汽车股份有限公司、成都客车股份有限公司。

2. 乘用车销售市场

乘用车方面主要是私人购买，进入推荐目录的个别车辆销量表现较佳，其他车型和外资品牌车型则几乎没有销量。

节能与新能源汽车示范推广应用工程推荐车型共有五款：比亚迪 F3DM、上汽荣威 CSA7180ACHEV、江淮和悦插电式混合动力、传祺 GAC7100SHEVA4 混合动力轿车和传祺 GAC7180CHEVB4。其中，比亚迪 F3DM 可享受国家和深圳市政府的专项节能补贴达 8 万元，销售情况在插电式乘用车中表现最好，几乎占据了绝大部分市场，截至 2013 年 9 月，比亚迪 F3DM 累计销售 3 147 辆，见图 25.13。剩余目录车型中，上汽荣威 CSA7180ACHEV 截至 2012 年年底的示范推广数量为 57 辆，其他三款——江淮和悦插电式混合动力、传祺 GAC7100SHEVA4 混合动力轿车和传祺 GAC7180CHEVB4 几乎无销售量。

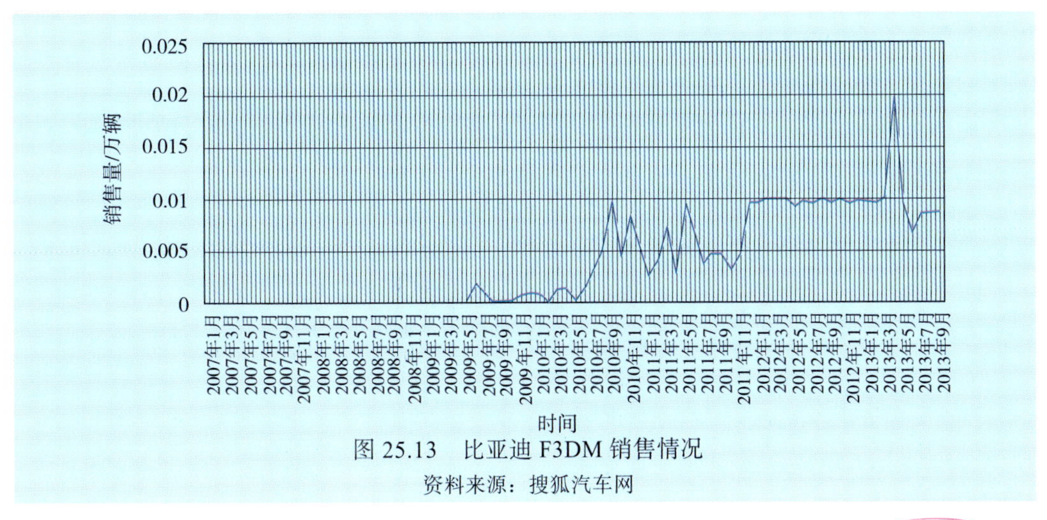

图 25.13　比亚迪 F3DM 销售情况

资料来源：搜狐汽车网

可以看出，2011 年比亚迪 F3DM 的销量开始大幅提高，但是波动很大，到 2012 年稳定到 100 辆 / 月，2013 年 5 月销量创造了历史最高值。这也反映了插电式混合动力汽车在国家节能与新能源汽车鼓励政策下的初期市场培育情况。

3. 商业模式

从电力供应来看，我国配套基础设施的建设仍处于初级概念阶段，并未形成成熟的商业模式。目前在换电站、充电桩、充电站、智能高效电网等相关配套网络和设施的建设上相对滞后。即使在深圳、上海这些示范重点城市，慢速充电桩和快速充电站都非常少，尤其是前者，这直接影响了消费者的购买意愿。

针对目前的基础设施供应情况，国内部分城市涌现出了一批极具代表性的创新模式。其中，深圳的“融资租赁、车电分离、充维结合”方式，对于统一采购的公交和市政服务等领域比较适合，但存在换电技术、电网制约等难题；分时租赁模式比传统汽车租赁更加便宜，更加便利，但网络化要求高，经济性挑战大。充电模式是最受关注的，但受到技术制约；换电模式解决了充电难的问题，但有技术挑战和生产厂家的抵触；定向购买模式定位于细分市场，适合于固定路线和单一用途的消费者，同时解决了充电难问题，但规模有限。为此，基础设施的完善和合适的商业模式的创立将是保障插电式混合动力汽车市场稳定快速发展的关键。

25.4.3 我国插电式混合动力汽车主流产品

1. 产品概览

世界主要汽车企业先后开发了多款插电式混合动力汽车。国外品牌中，通用雪佛兰 Volt、丰田普锐斯插电式混合动力汽车为世界畅销新能源车型，得到消费者普遍认可。

近年来，我国汽车骨干企业推出了一系列具备竞争力的插电式混合动力汽车产品。例如，比亚迪的双模电动车 F3DM 和采用第二代双模电驱动系统的“秦”，在纯电模式续航里程、充电便利性和燃油经济性等方面表现良好。此外，广州汽车集团股份有限公司、中国第一汽车集团公司、安徽江淮汽车股份有限公司、上海汽车工业（集团）总公司 、浙江吉利控股集团等国内自主品牌中坚力量都将插电式混合动力汽车作为战略发展重点，推出了众多插电式混合动力汽车产品。

在售车型包括比亚迪 F3DM、上汽荣威 CSA7180ACHEV、江淮和悦插电式混合动力、传祺 GAC7100SHEVA4 混合动力轿车、传祺 GAC7180CHEVB4 等。

即将量产的车型包括比亚迪 S6DM 、一汽奔腾 B50 插电式混合动力汽车、吉利帝豪 GPECs-EC7 插电式混合动力车、吉利帝豪 GPEC-EC8 插电式混合动力车。

2. 国内外典型产品对标分析

整体而言，国外插电式汽车车型覆盖了 A、B、C 多个级别，以中档车为主，纯

电续航里程多集中在 17 ～ 50 千米、油耗集中在 1.5 ～ 3.2 升；预计后续国外插电车型纯电里程会趋于 50 千米，综合油耗接近 2.0 升，中档车仍可能成为主流。国内插电式混合动力车主要是 A、B 级车，纯电续航里程以 30 千米、50 千米为主，个别车续航里程较长，目前整车价格较高，电池寿命短，没有政策补贴的情况下竞争力不明显。

从国内外插电式乘用车重点产品基本参数来看（表 25.8 和图 25.14），纯电最高时速、纯电续航里程方面，国内自主品牌车型并不落于下风，续航里程全部超过 50 千米，其中比亚迪 F3DM 的纯电续航里程达到 100 千米。售价方面，补贴后我国产品价格与国外相当，比亚迪的两款车型都具有明显的价格优势，但荣威 550 的售价与雪佛兰沃蓝达接近，价格方面不存在明显优势。综合油耗方面，国内外差距不大。

表 25.8　国内外典型插电式混合动力汽车车型技术参数

参数	通用雪佛兰沃蓝达	丰田普锐斯插电式混合动力汽车	比亚迪秦	比亚迪 F3DM	上汽荣威 550 插电式混合动力汽车
平台车型	雪佛兰	卡罗拉	—	—	荣威 550
长 × 宽 × 高 / 毫米	4 498×1 798 ×1 430	4 615×1 775 × 1 575	4 740×1 770 ×1 480	4 533×1 705 ×1 520	4 648× 1 827 × 1 479
轴距 / 毫米	2 685	2 779	2 670	2 600	2 705
整备质量 / 千克	1 715	1 420	1 670	1 560	1 699
纯电最高时速 /（千米 / 时）	161	100	185	150	203
电池能量 / 千瓦时	16	5.2	10	16	11.8
纯电续航里程 / 千米	56（EPA）	17.6	50（EV）	100	58（EV）
油耗 /（升 /100 千米）	2.5	2.1	2	2.7	2.3
售价 / 万元	25	19	15（补贴后）	16	25
2012 年销量 / 辆	30 090	27 181	—	148（1 000）	—

资料来源：中国汽车工程研究院技术经济研究与咨询部整理

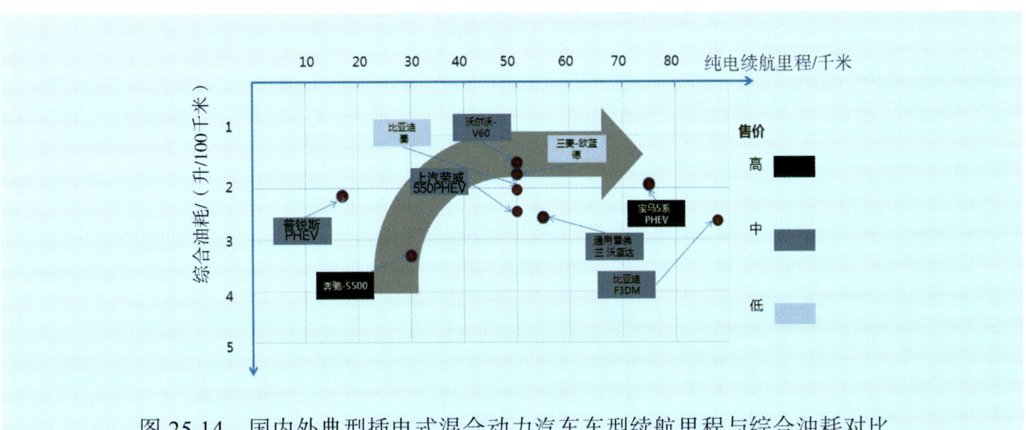

图 25.14　国内外典型插电式混合动力汽车车型续航里程与综合油耗对比

资料来源：中国汽车工程研究院技术经济研究及咨询部整理

虽然总体来看我国插电式产品各技术参数与国外不相上下，但国外产品已经进行了大规模的量产，拥有相当数量的使用客户和稳定的市场需求，且积累了大量的运营经验，而我国的插电式乘用车产品由于市场认知度、技术稳定性、基础设施建设等原因，尚比较缺乏持续的市场推动力。

25.4.4 我国插电式混合动力汽车成熟度综合评价

通过以上对我国插电式混合动力汽车技术-制造-产品市场-产业现状分析，我们根据成熟度评价体系，对其进行评定。

1. 技术水平方面

目前我国插电式混合动力汽车的技术水平虽然先进度不是很高，但是已经到达以产品为载体通过实际使用的水平，处于第九级（表 25.9）。

表 25.9 技术成熟度评价

技术成熟度		评价结果
TRL1	基本原理清晰	TRL 1 □
TRL2	技术概念和应用设想明确	TRL 2 □
TRL3	技术概念和应用设想通过可行性验证	TRL 3 □
TRL4	以原理样机为载体通过实验室环境验证	TRL 4 □
TRL5	以原理样机为载体通过典型模拟使用环境验证	TRL 5 □
TRL6	以演示样机为载体通过典型模拟使用环境验证	TRL 6 □
TRL7	以工程样机为载体通过典型使用环境验证	TRL 7 □
TRL8	以生产样机为载体通过使用环境验证和试用	TRL 8 □
TRL9	以产品为载体通过实际使用	TRL 9 √

资料来源：中国汽车工程研究院技术经济研究及咨询部整理

2. 制造成熟度方面

目前比亚迪、上汽、江淮等国内自主品牌汽车企业基本建立了插电式混合动力汽车整车生产线，规模生产的工艺水平和管理控制能力较好，生产制造处于第八级（表 25.10）。

表 25.10 制造成熟度评价

制造成熟度评价		评价结果
MRL1	确定制造的基本含义	MRL 1 □
MRL2	识别制造的概念	MRL 2 □
MRL3	制造概念得到验证	MRL 3 □
MRL4	具备在实验室环境下的制造技术能力	MRL 4 □
MRL5	具备在相关生产环境下制造零部件原型的能力	MRL 5 □

续表

制造成熟度评价		评价结果
MRL6	具备在相关生产环境下生产原型系统或子系统的能力	MRL 6 □
MRL7	具备在典型生产环境下生产系统、子系统或部件的能力	MRL 7 □
MRL8	试生产线能力得到验证，准备开始小批量生产	MRL 8 √
MRL9	小批量生产得到验证，开始大批量生产的能力到位	MRL 9 □
MRL10	大批量生产得到验证和转向精益生产	MRL 10 □

资料来源：中国汽车工程研究院技术经济研究及咨询部整理

3. 产品成熟度方面

目前自主企业都具备了生产小批量市场化产品的能力，但是还未达到精益化市场产品或高质量细分市场产品的水平，为此，处于第四级（表25.11）。

表25.11 产品成熟度评价

<table>
<tr><th>技术成熟度</th><th>制造成熟度</th><th>产品成熟度</th><th>评价结果</th></tr>
<tr><td>TRL1 □</td><td></td><td rowspan="3">概念化产品</td><td rowspan="3">PRL 1 □</td></tr>
<tr><td>TRL 2 □</td><td></td></tr>
<tr><td>TRL 3 □</td><td>MRL 1 □</td></tr>
<tr><td>TRL 4 □</td><td>MRL 2 □</td><td rowspan="3">实验室产品</td><td rowspan="3">PRL 2 □</td></tr>
<tr><td>TRL 5 □</td><td>MRL 3 □</td></tr>
<tr><td>TRL 6 □</td><td>MRL 4 □</td></tr>
<tr><td>TRL 7 □</td><td>MRL 5 □</td><td rowspan="2">工程化产品</td><td rowspan="2">PRL 3 □</td></tr>
<tr><td>TRL 8 □</td><td>MRL 6 □</td></tr>
<tr><td rowspan="4">TRL 9 √</td><td>MRL 7 □</td><td rowspan="3">小批量市场化产品</td><td rowspan="3">PRL 4 √</td></tr>
<tr><td>MRL 8 √</td></tr>
<tr><td>MRL 9 □</td></tr>
<tr><td>MRL 10 □</td><td>大批量精益化市场产品或高质量细分市场产品</td><td>PRL 5 □</td></tr>
</table>

资料来源：中国汽车工程研究院技术经济研究及咨询部整理

4. 市场成熟度方面

目前各车企利用新技术研发出产品，对潜在需求或市场进行预期，但市场规模还非常小，待培育，处于第一级（表25.12）。

表 25.12　市场成熟度评价

市场成熟度		评价结果
MML 1	新技术研发出产品，对产品的潜在需求或市场进行预期，市场待培育	MML 1 √
MML 2	技术突破和成熟形成了较强竞争力的产品，导入市场，促进了需求增长，市场竞争程度弱	MML 2 □
MML 3	技术和产品进一步成熟，市场确立。供需迅速增长，市场竞争压力大，促生配套的政策环境	MML 3 □
MML 4	市场整合，供大于求，品牌差异化发展，市场规模进一步扩大，形成不同的商业模式	MML 4 □
MML 5	市场规模壁垒高，相对集中，供需平衡稳定，市场保持相对有序	MML 5 □

资料来源：中国汽车工程研究院技术经济研究及咨询部整理

5. 产业成熟度方面

根据以上分析，可对插电式混合动力汽车产业成熟度进行评定，等级为第一级，仍处于萌芽期，有待进一步培育（表 25.13）。

表 25.13　产业成熟度评价

产品成熟度	市场成熟度	产业成熟度	
PRL 1 □	MML 1 √	IML 1 √	萌芽期
PRL 2 □	MML 2 □	IML 2 □	培育期
PRL 3 □	MML 3 □		
PRL 4 √	MML 4 □	IML 3 □	发展期
PRL 5 □	MML 5 □	IML 4 □	成熟期

资料来源：中国汽车工程研究院技术经济研究及咨询部整理

25.5　促进新能源汽车产业发展的政策建议

25.5.1　明确不同技术路线下的产业发展节奏

国务院已明确提出将纯电驱动作为未来节能与新能源汽车产业发展战略取向，但在发展过程中，需要分类对待，突出优势，明确不同技术路线下的产业发展节奏。我国混合动力汽车处于产业培育期，特别是混合动力客车产业化优势明显，处于迈向快速发展的临界点，建议 2015 年前尽快推进混合动力技术的应用，走向以企业为主体的市场化；纯电动汽车和燃料电池汽车仍处于萌芽期，应加强核心技术研发、积极培育市场、引导合理需求，2015 ～ 2020 年，建议加大纯电动汽车和插电式混合动力汽车推广力度，2020 ～ 2030 年，建议加速推进燃料电池汽车商业化进程。

25.5.2　高度重视推广数量和运营质量

在落实2015年实现纯电动和插电式汽车累计产销量达到50万辆目标的过程中，需要高度重视推广数量和运营质量两手抓，两手都要硬。一方面，建议聚焦推广数量较多、市场开放程度较高的重点示范城市，鼓励进一步提高其示范运行车辆占所在试点城市汽车保有量比例，扩大地区内的示范规模效应，提前使重点地区进入产业成长期，并带动周边城市组成示范区域，发挥区域与整体联动效应，形成实现50万辆目标的中坚力量；另一方面，建议地方政府转变示范推广工作思路，提高服务能力，切实做到通过示范运行改进产品技术，改善配套环境，找准用户真正接受的产品、服务和商业模式，形成有意义的示范推广。

25.5.3　着力推进市场化和前沿技术战略储备

确立我国节能与新能源汽车技术发展实现路径，近期加快推进紧贴市场需求的产品，重点降低产品成本，中长期完成战略技术储备，实现技术升级转型。当前发展重点是提高规模产业化技术，提高适合用户需求的产品销量，迅速形成规模效益，解决产品全生命周期成本问题。同时，积极进行前沿技术战略储备，重点研究集成化混合动力总成系统、混合动力专用发动机和变速箱、电动化底盘、高能量密度动力电池及成组技术、高效驱动电机、控制系统等基础技术自主创新能力，促进动力系统模块化、集成化和平台化发展，积极参与节能与新能源汽车技术标准、规范等研究和制定，做好中长期新兴技术战略储备，提高并保持我国节能与新能源汽车的核心技术竞争力。

25.5.4　明确市场定位，创新商业模式

深入挖掘分析目标用户需求特征，贴近消费需求宣传定义产品，明确市场定位，梳理产业价值链迁移轨迹，创新商业模式。建立可持续发展的交通与能源供给体系，在现有技术条件下，建议在市区和郊区使用的公交客车中，以混合动力汽车作为主流发展产品，气源充足地区加大气-电混合动力客车推广力度；在市区使用环境下的私家代步车，建议以纯电动汽车为主，同时，在推广混合动力汽车的基础上，逐渐加大电动化程度，以插电式混合动力汽车为过渡车型，向纯电动汽车发展；在城乡结合处和农村区域，建议有序发展短途纯电动乘用车。在商业模式上，建议城市核心商务圈推广电动汽车租赁服务、固定地点充电，私人购车领域积极探索电池租赁、分时租赁等电动汽车租赁模式，以及购买电动汽车为主，辅以燃油汽车租赁等多种新型商业模式。此外，还可以创新基础设施投资补贴模式，如通过培育“充电网络付费服务商”来分担基础设施投资成本。

25.5.5　提高政策可预期的稳定性

加强产业扶持政策顶层设计系统化，提高政策可预期的稳定性，并实现与原有

政策有效对接。在示范推广方面，继续推广“十城千辆”示范工程，设置试点城市准入门槛，建立优胜劣汰机制；在补贴方面，建立财政补贴退坡机制，明确退坡时间节点和力度，如混合动力汽车2014年退坡20%，2015年退坡40%，纯电驱动汽车2014年退坡10%，2015年退坡20%，并尽快制定气电混合动力公交车的运营补贴方式；在技术攻关方面，深化实施创新工程，鼓励全新平台车型开发，强化政府引导多方协作，组建国家级动力电池研究联盟；在基础设施方面，对按照电动汽车使用需求建设、投资规模较大的充换电基础设施提供补贴；在商业模式创新上，通过立法对电动汽车商业模式实行特许经营制度，引导和鼓励更多社会力量参与电动汽车商业模式的创新。

参考文献

[1] 国务院．“十二五”国家战略性新兴产业发展规划（国发〔2012〕28号），2012.

[2] 国务院．节能与新能源汽车产业发展规划（2012—2020年）（国发〔2012〕22号），2012.

[3] 科学技术部．这十年：现代交通领域科技发展报告．北京：科学技术文献出版社，2012.

[4] 科学技术部．电动汽车科技发展“十二五”专项规划，2012.

[5] 欧阳明高．以小型化、信息化推动电动汽车市场化．科技日报，2013-03-25.

[6] 中国汽车工程学会，北京汽车经济研究会，付于武．中国战略性新兴产业研究与发展：新能源汽车．北京：机械工业出版社，2013.

区域篇

第 26 章

战略性新兴产业区域发展综合分析

李应博　李　燕

【内容提要】 随着《规划》的颁布实施，各地区相继出台了有利于本地区区域经济发展的战略性新兴产业规划与政策，推动了本地区战略性新兴产业发展。当前，我国战略性新兴产业总体稳步发展，产业规模不断扩大，地区间在不同程度上形成了竞相发展态势，培育出一批各具特色的地区战略性新兴产业的创新集群。本章将围绕 2013 年以来战略性新兴产业出现的新特点，对战略性新兴产业的区域发展特点进行分析。

26.1　地区战略性新兴产业总体进展

26.1.1　战略性新兴产业呈现创新集群优势，创新型企业不断涌现

区域特色产业集群已显雏形，并产生了良好的示范效应。例如，珠三角地区的战略性新兴产业的产值已达 8.58 万亿元，区内形成了电子信息、新能源汽车和半导体照明等产业集群，其中，深圳以打造未来的接续产业为目标，在基因组测序分析及关联产业、干细胞等前沿领域抢先布局。长三角地区（包括了上海、江苏、浙江）战略性新兴产业的产值已达 17.36 万亿元，形成了新能源、生物医药、高端装备制造、电子信息、节能环保等产业集群，江苏在光伏产业等领域形成集群优势，其产业规模已占

全国的55.2%、占全球的21.8%。环渤海地区（包括北京、天津、河北、辽宁、山东）的战略性新兴产业产值规模达到18.37万亿元，其中，京津冀地区的战略性新兴产业的产值是6.36万亿元，形成了新一代信息技术装备、新材料、航空航天等产业集群，山东建立了青岛、德州两个国家生物产业基地和济南、菏泽等7个省级生物基地。中部地区（江西、安徽、河南、湖北、湖南）的战略性新兴产业的产值已达12.61万亿元；西部的川渝地区的战略性新兴产业的产值也达3.22万亿元。其他地区在战略性新兴产业发展上也形成了不同的产值规模。在区域特色产业集群渐现规模的同时也造就了一批创新能力强、掌握自主知识产权的企业，华为、中兴通讯成为全球领先的综合性通信企业，华大基因成为世界第一大基因组测序与分析中心。

26.1.2 产学研协同创新推动技术创新能力提升

产学研协同创新是促进战略性新兴产业技术创新能力提升的重要途径。针对战略性新兴产业的颠覆式技术创新特点，大学、科研院所与企业在地方政府有效的引导下，联合开展重大项目技术研发，或者以大学科技园为平台合作创办高新技术企业，或者共同建立开放实验室和研发平台以培养创新人才都成为地区产学研协同推动战略性新兴产业的有效途径。广东省坚持产学研结合，加强与教育部、科技部、中国科学院和中国工程院的战略合作，大力集聚并充分利用全国高校、科研机构的各种创新资源，不断提升战略性新兴产业的自主创新能力。

26.1.3 整合区域优质资源，培育完善的产业链

当前，地区政府综合运用多种政策整合区域各类产业创新资源，培育龙头企业，引进重大项目，建设战略性新兴产业基地，培育完善的产业链，优化市场主体的产业生态环境，推动地方战略性新兴产业集群化发展。例如，广东省以组织实施战略性新兴产业100强项目为抓手，推动建设高世代液晶面板、OLED显示、薄膜太阳能光伏电池、通用飞机制造、轨道交通车辆修造等一批投资大、带动力强、关联度高的重大项目，推动产业从以生产制造环节为主不断向前端的研发设计和后端的市场营销环节延伸，促进形成较为完整的产业链条，推动产业集聚发展。目前，在高端新型电子信息、新能源汽车、半导体照明、新能源、高端装备制造、生物、新材料等领域建设了首批23个战略性新兴产业基地。重庆市聚焦在高端装备制造、新能源汽车、节能环保三大优势产业，培育新材料、生物、新能源三大先导产业，实施“2+10”产业链集群建设方案，建设笔记本电脑和离岸数据开发处理“2”个全球重要基地，培育通信设备、集成电路、轨道交通装备、新能源汽车、环保装备、风电装备、光源设备、新材料、仪器仪表、生物医药“10”个“千百亿”级产业集群。

26.1.4 地方政府积极制定战略性新兴产业培育政策

迄今，全国31个省（自治区、直辖市）（不包括港澳台地区）均发布了促进战略性新兴产业发展的相关规划与政策。其中，一部分地区从七大战略性新兴产业各

领域制定了全面的政策建议；有些地方政府则针对具体的区位特点制定了具体领域的促进培育的政策措施。其主要特点表现在：一是各省（自治区、直辖市）都颁布了战略性新兴产业发展规划；二是基本都设置了专项配套资金；三是很多地方都颁布了战略性新兴产业知识产权保护措施；四是建立了若干产业示范、产业化基地；五是制订了细化的金融支持方案并引导社会资金投入等；六是部分省市建设了战略性新兴产业相关网站，及时发布本地区战略性新兴产业相关资讯。例如，2013 年 7 月北京市颁布了《关于印发北京市新能源产业专项规划（2013—2015）的通知》，明确了北京市新能源产业近期的政策着力方向。2013 年天津市颁布了《关于天津市加强知识产权工作促进战略性新兴产业发展实施意见的通知》，以掌握核心技术自主知识产权为重点，提出到 2016 年，天津市要在战略性新兴产业知识产权创造、运用、保护、管理能力和水平方面居全国前列。江苏省颁布实施了《关于印发 2013 年度新能源汽车产业发展行动计划的通知》，给出了重点跟踪服务的新能源汽车产业项目，支持苏州金龙、潍柴亚星、江苏常隆、江苏奥新、南京金龙等重点的整车企业开展新能源汽车整车匹配技术、电子控制技术、车身轻量化技术、超级电容快速充电和无线充电技术研发创新，扩大新能源汽车推广应用试点城市范围和推广应用车型范围。安徽省颁布实施了《关于组织开展产业集群专业镇及特色产业基地中小企业专项担保贷款工作的通知》，计划由徽商银行、建设银行安徽省分行和招商银行合肥分行作为合作银行开展产业集群专业镇及特色产业基地专项担保贷款工作，用于为已认定的产业集群专业镇及特色产业基地内的中小企业发展项目流动资金贷款提供担保。

26.2　地区推进战略性新兴产业发展的举措

26.2.1　规划引领产业发展，政策助力产业创新

各地区配合《决定》，积极制定实施有利于本地区产业转型升级、产业创新与新兴产业培育的各类产业规划。例如，《北京市关于加快培育和发展战略性新兴产业的实施意见》以及“战略性新兴产业 8 大专项规划”将有效地促进北京地区战略性新兴产业培育发展。产业政策与创新政策紧密结合，各地区不断创新重大产业项目的财政资金支持模式，支持环节从研发为主向研发与市场并重转变，支持方式由补贴、贴息向股权投资、共享知识产权、创投基金、政府采购等多种方式转变，支持主体也由高校、科研院所向以企业为主体转变，有效保证了财政资金的使用效果。深圳市新兴高技术产业发展领导小组将全面统筹协调深圳市新一代信息技术产业发展工作。从 2011 年开始，深圳市每年集中 5 亿元，设立新一代信息技术产业发展专项资金，资助新一代信息技术产业核心技术攻关、创新能力提升、产业链关键环节培育和引进、重点企业发展、产业化项目、入驻人才生活保障等方面。

26.2.2 产业基金促进金融资本向战略性新兴产业汇聚

当前，各地方政府都在积极运用财政资金杠杆效应，解决中小企业进入战略性新兴产业的融资难问题。例如，截至2013年5月底，北京市已在电子信息、生物医药、云计算、物联网、高技术服务业等领域参股设立11支新兴产业创投基金，已设立基金累计投资项目56个，投资金额达10.6亿元。济南市战略性新兴产业创业投资引导基金专门投向新一代信息技术、新能源、生物医药、高端装备制造业等战略性新兴产业。贵州省第一支获得国家发改委和财政部新兴产业创投引导基金支持的创业投资基金贵阳工投生物医药产业创业投资基金于2013年5月正式设立，将重点支持民族药材、中成药及民族药品、生物制品、天然保健品等生物医药领域。重庆市充分发挥了重庆股份转让中心功能，推动不同发展阶段创业企业进入该中心挂牌，帮助挂牌企业实现股权质押贷款和定向增发融资。

26.2.3 积极培育区域性市场，拉动产品需求

各地区通过产业示范、政府采购等方式支持战略性新兴产业新业态、新市场发展，通过政府采购来推动新产品、新技术推广。地方上正在探索政府采购的新方式，由采购新技术、新产品向采购服务延伸。例如，北京市通过集中购买遥感卫星服务的方式支持了北京二号遥感小卫星项目，在支持新兴产业发展的同时满足了政府城市管理和公共服务的需求。在新能源汽车领域，北京市积极参与“十城千辆”示范应用工程，重点推动充电基础设施建设。广东省与18家银行和金融机构签订战略性新兴产业金融合作协议，带动社会总投资超过980亿元，财政资金放大倍数分别超过了1 ∶ 30和1 ∶ 50，发挥了财政资金的杠杆和放大作用。

26.2.4 产业化项目与示范应用项目双管齐下，推动商业模式创新

各地区相继建立了重大项目的筛选、发现、评价和管理机制，重点聚焦了以企业为主体的产业化项目和面向社会重大需求的示范应用项目。综合运用财政补贴、费用减免、完善基础设施等手段，探索发展与新技术新产品新工艺应用相适用的新型商业模式和服务业态，优化战略性新兴产业产品的市场应用环境。深圳市在新能源汽车公共交通领域推行了“融资租赁、车电分离、充维结合”的模式，提供了新能源汽车购置、动力电池维护和更换、基础设施投资建设、建设运营等一揽子解决方案。

26.3 战略性新兴产业的区域分布特征

地区发展战略性新兴产业，不仅出于对产业利益本身的需求，更是基于区域资源禀赋、产业结构、市场环境、政策体系、社会环境和消费习惯等形成的综合优势。在知识全球流动的今天，即使同一类新兴产业在不同地区也会形成不同的发展路径、模式和绩效。那么，我国战略性新兴产业当前的空间分布有何特征？是否已经形成了若

干新兴产业创新集群的雏形？基于数据可得性，本章借鉴相关战略性新兴产业的界定方法[1]，依据最新的国民经济行业分类目录（GB/T 4754—2011），分析节能环保产业、新一代信息技术产业、生物产业、高端装备制造业、新能源产业的区域分布特征。另外，由于新材料产业和新能源产业尚无法获取合适的统计口径，在此不作统计分析。

26.3.1　我国各地区战略性新兴产业发展的整体水平

根据2012年的数据，我国战略性新兴产业在四大区域①的分布情况见表26.1。从发展规模上看，2012年我国四大区域之间战略性新兴产业发展差距较大，东部地区在节能环保产业、新一代信息技术产业、生物产业、高端装备制造业都具有较强的比较优势，尤其是在新一代信息技术方面，其占到80%以上的比重，而在新能源产业方面，西部地区具有较强优势。

表26.1　2012年战略性新兴产业在四大区域产业增加值分布情况（单位：%）

地区	节能环保产业	新一代信息技术产业	生物产业	高端装备制造业	新能源产业
东部地区	54.91	80.44	59.37	77.89	25.59
中部地区	17.48	9.40	24.15	6.96	22.43
西部地区	13.47	5.93	8.17	10.99	48.87
东北地区	14.14	4.23	8.31	4.16	3.11

尽管四个产业在东部地区都发展得比较好，但是东部地区影响不同产业的机制是有差别的。根据区域创新能力与新兴产业发展的四维分析框架[2]，从技术来源、创新主体[3]、市场培育[4]和产业政策四个层面分析不同的区域因素，发现：对节能环保产业和新能源产业来说，市场是主要的影响因素。其中，节能环保产业偏重国内市场，新能源产业偏重国外市场。生物产业和高端装备制造业对技术要求较高，但进口高技术产品可能会挤出高端装备制造业内的技术投资，对产业发展产生不利影响。

26.3.2　各行业在不同地区的区位熵

区位熵常用来测度一个地区生产结构中某行业与全国水平相比所具有的相对优势。基于2012年统计数据，本章给出了若干战略性新兴产业领域在不同地区间的区位熵，如表26.2所示。整体上看，节能环保产业在辽宁、福建具有较强的比较优势。江苏在发展新一代信息技术方面具有显著优势。生物产业在山东具有较强的比较优势。上海、江苏、广东在高端装备制造业具有较强的发展优势。新能源产业在西部地区具有较强优势。

① 四大区域界定为：东部地区包括北京、天津、河北、上海、江苏、浙江、福建、山东、广东和海南；中部地区包括山西、安徽、江西、河南、湖南和湖北；西部地区包括广西、重庆、四川、贵州、云南、西藏、陕西、甘肃、青海、宁夏、新疆和内蒙古；东北地区包括黑龙江、吉林和辽宁。

表 26.2 基于区位熵的战略性新兴产业区域比较优势

比较优势	节能环保产业	新一代信息技术产业	生物产业	高端装备制造业	新能源产业
强比较优势（2<熵值）	辽宁、福建	江苏	山东	上海、江苏、广东	青海、四川、贵州、云南、湖北、西藏、甘肃
较强比较优势（1.5<熵值≤2）	上海、青海、陕西	浙江	江苏、河南	重庆	广西、湖南
一般比较优势（1<熵值≤1.5）	四川、河南、北京、广东、浙江、安徽、湖北	上海、北京、重庆	湖北、重庆、辽宁、吉林	四川	重庆、浙江

从表 26.2 可以看出：一是江苏在 7 大战略性新兴产业发展上体现出了较强的综合优势，尤其是在新一代信息技术和新材料产业都排在全国首位，在高端装备制造业方面也具有比较优势。二是西部省份在新能源产业方面体现出的优势非常明显，在具有强比较优势的 7 个省份中，西部地区占了 6 个。三是我国北部边疆上的各个省份在各个产业上没有明显的比较优势。

不过，需要指出的是，由于所采集的数据只是战略性新兴产业部分行业产值数据，不能代表全貌，故所形成的区位熵也仅从现有产业产值维度测算战略性新兴产业区域比较优势。

26.3.3 七大战略性新兴产业的区位发展特点

第一，节能环保产业在地区发展有前期产业基础，发展模式有声有色。节能环保产业虽然作为战略性新兴产业，在 2010 年列入《决定》，但事实上在很多地区，在具体的行业细分领域，如固体废弃物综合利用、污水处理及再生等，都已经形成了很好的地方产业基础。《决定》、《规划》以及指导目录出台后，地方发展节能环保产业的动力更加强劲，发展模式各具地方特色。例如，辽宁省节能环保产业在过去的十年发展中都保持年均 30% 的增长率，在 2010 年全省的环保收入就将近 1 000 亿元。近几年，辽宁省通过建立资源综合利用园，形成了以沈阳经济区为中心的废旧资源综合利用和环境服务的产业集聚区；大连、丹东沿海经济带形成了环保装备（产品）制造业集聚区；辽北形成了清洁能源、节水环保产业、生态修复产业集聚区[5]。福建省目前建成了福州、厦门、泉州、龙岩四个省级重点新型环保产业基地或环保工业园。2013 年，中国节能环保集团公司与福建省政府签署合作协议，约定“十二五”期间在福建省投资 300 亿元左右，合作建设节能环保综合产业链，其包括建设工业园节能环保综合治理、低碳产业园和低碳生活园开发、新型节能建材和绿色节能建筑、绿色能源示范县等多个节能环保产业项目[6]。

第二，新一代信息技术产业成为区域创新与经济发展的“增长极”。新一代信息技术作为产业关联系数最大的一类产业，在宽带、泛在网、通信、物联网、集成电路、软件服务、创意产业等领域均具有较大的应用发展潜力，能够带动一批相关行业发展，因此，被普遍作为各地区优先发展的先导产业。经过近几年的发展，很多地区已经形成明显的产业经济效益和社会效益。例如，2012 年深圳新一代信息技术产业的产值达到了 7 825 亿元，是深圳全市经济增速的 2 倍以上。新一代信息技术产业已被深圳作为推动 IT 产业跨越发展的重要引擎，带动下一代互联网、云计算、新一代移动通信平板、显示等领域形成领先优势。又如，上海已经建成一期千个 TD-LTE（time division-long term evolution，即分时长期演进，是我国自主知识产权的第四代移动通信技术标准）基站；依托华为全球网络演进体验中心平台，建立了目标区域内城域网、集成数据中心（integrated data center，IDC）承载网、认证、授权和计费、域名系统［域名服务器（domain name server，DNS）］、网管及溯源等支撑系统的国际网路通讯协定第 6 版（Internet Protocol Version 6，IPv6）改造，这标志着上海电信 IPv6 下一代互联网信息化水平跻身业界领先行列。上海自主研发设计的 CMOS（complementary metal-oxide-semiconductor transistor，即互补金属氧化物半导体）图像传感芯片年销量达 6.4 亿颗，占全球市场份额的 1/4。在射频识别标签［无线射频识别（radio frequency identification devices，RFID）］芯片及智能卡领域，上海集聚了华虹集成电路、复旦微电子等一批国内领军企业，初步形成了从芯片设计和生产到应用系统的国内技术最先进、规模最大、产业体系最完整的产业链[7]。集成电路方面①，2013 年第一季度上海集成电路产业销售收入合计为 134.98 亿元，比 2012 年第一季度增长 10.0%，其中集成电路设计业产值占 30%。

第三，生物产业发展由于需要大量的资金投入和风险担保，故在地区发展上体现小规模、局部分散化特色。生物育种、生物医药产业研发周期长、收益不确定、进入市场过程慢，政策壁垒较高，因此，地方上发展生物产业主要依托于强大的资源特色，以建立生物产业园为主要平台促进产业发育。从区域发展看，目前很多地方还是在生物产业园的建设期阶段，没有形成较大的产业规模效益。但是，生物产业形成效益后，将是最具竞争潜力的优势产业。有数据显示：包括生物医药、生物农业、生物制造、生物能源等在内的全球生物产业的销售额将每 5 年翻一番，年增长率高达 30%，是世界经济增长率的 10 倍。2013 年，哈尔滨将通过建设总投资额 79 亿元的 24 个生物产业项目，进一步加快生物产业基地的建设步伐。在北京、上海、深圳等城市的综合成本上升后，很多初创型生物技术公司开始选择向二三线城市迁移，这些地方产业园建设也给了这些企业迁移的机会。山东依托农业资源与近海海洋资源，重点发展生物医药、农业育种和海洋生物等产业项目。山东全省省级以上生物技术研发机构 46 家，省级以上的生物技术领域重点实验室 44 个；全省超过 1.3 万人从事生物技术研究开发，其中，具有高级以上职称的超过 7 000 人，两院院士近 20 人。另外，青岛海洋生物产业基地将年生产 1 200 吨胶原蛋白肽，力争成为亚洲最大的海洋胶原蛋白生物制品及生物医药生产基地[8]。

第四，高端装备制造业成为带动地区传统制造业升级创新，形成地区实体经济的重要引擎。高端装备制造业中的很多行业都具有新兴技术与传统制造行业相

① 上海市集成电路行业协会统计网。

融合的特点。因此，在地区产业结构优化中，高端装备制造业成为这些传统制造业升级创新的重要方向，同时也带动了地区实体经济发展。例如，作为老工业基地的沈阳，在发展高端装备制造业方面不仅有雄厚的产业资源基础，而且也是很多传统制造业企业转型，实现创新发展的重要方向。沈阳机床成功开发了世界首台智能化数控机床，实现单机智能化、单元自动化和工厂管理数字化。沈阳鼓风机集团公司成功研制天然气长输管线压缩机、PTA（pure terephthalic acid，即精对苯二甲酸）和LNG装置用压缩机。江苏高端装备制造业围绕南京、苏州、南通、常州等重点城市，已形成以轨道交通、海洋工程装备、航空装备和卫星应用产业为主的发展格局。

第五，新能源产业在各地竞相发展，紧密结合区位特色。包括太阳能、地热能、风能、海洋能、生物质能和核能等在内的新能源产业，成为各地区竞相发展的主导产业。从我国各地区发展新能源产业实践看，很多地区，尤其是在西部地区，结合自身的区位特点和资源优势，发展特色新能源产业成为亮点。例如，2012年贵州新能源及煤炭资源综合利用完成投资139.08亿元，风电66.89亿元，农林生物质发电20.57亿元，煤炭资源综合利用及风机装备制造51.62亿元。截至2012年年底，贵州省新能源和可再生能源项目累计装机容量达到116.52万千瓦，新增装机容量102.26万千瓦，其中风电96.46万千瓦，煤矿瓦斯发电20.06万千瓦[9]。广西提出2012～2015年将投资80亿元，在广西103家糖厂中推进蔗渣生物质发电技术改造工程，对制糖企业的老旧低效锅炉和发电机组进行改造升级，力争每年向社会供电45亿千瓦时，缓解用电紧张问题①。甘肃有效利用风力资源，积极发展风电产业。例如，酒泉市充分利用风能、太阳能资源，大力发展以风电为代表的新能源产业，近期由京城新能源（酒泉）装备公司生产的首台2兆瓦风机在酒泉国家级经济技术开发区下线，标志着酒泉新能源装备制造基地真正实现了大型风机自主生产的能力。

第六，新材料产业成为地区经济整体转型升级的突破口。新材料产业技术研发驱动特征明显，同时由于其产品多为中间品，故产业链上下游关联性强，市场端和技术端同时要形成合力。例如，江苏就明确提出了要重点发展新型功能材料、先进结构材料和共性基础材料。2013年9月，江苏新材料产业创业投资基金正式在常州市创立，首期规模5亿元。截至2012年年底，江苏常州规模以上新材料生产企业达570家，当年产值1 600多亿元，集聚了一批专利技术和产品[10]。天津目前已形成膜天膜、环欧半导体、巴莫科技等一批优势骨干企业，膜材料、半导体硅材料、电池材料、纳米材料等新材料产品的研发制造能力处于国内领先水平。2012年，天津新材料产业实现工业总产值402.95亿元，较2007年的123.83亿元增长了2.3倍。2013年前8个月，实现工业总产值297亿元，同比增长4.35%②。

第七，地区研发创新平台促进新能源汽车产业示范与产业链协同。新能源汽车产业是一个产业各主体合作性非常强的领域，因此，需要各类研发创新平台支撑发

① 广西壮族自治区发展和改革委员会网站。

② 天津市经济和信息化委员会网站，http://www.tjec.gov.cn/。

展，并建立产业链协同模式。2013 年，《江苏新能源产业汽车发展行动计划》规定：以纯电动汽车和插电式混合动力汽车为重点，加快研发新能源客车、新能源专用车和新能源乘用车（轿车）产品的技术研发与产业化示范。盐城新能源汽车产业园被科技部授予“国家火炬计划盐城汽车零部件及装备特色产业基地”，力争成为国家“风电车”项目示范基地。安徽目前已建成了包括动力电池、电机驱动系统、控制系统、整车性能测试、节能内燃机等较为齐全的新能源汽车及关键零部件研发平台，形成了包括整车集成、电驱动、动力电池、整车控制等核心技术研发团队。

26.4　各地区战略性新兴产业发展存在的问题

自 2010 年我国发布《规划》推进战略性新兴产业发展上升到国家战略高度以来，从总体来看，我国的战略性新兴产业按照该规划稳健发展，七大领域 24 个重点方向得到较大的发展，形成一定规模的产业，对我国未来经济的推动作用日益重要。但是，由于其受到内部和外部因素的制约，在发展的进程中仍存在着需要我们深思的问题。

26.4.1　政策体系不断完善，政策执行力度有待加强

目前，各地区支持战略性新兴产业发展的政策陆续出台，形成较为全面的政策支撑体系；但在实际执行环节中，地区间存在执行标准模糊、手续繁杂、执行力度不够、部门间配合度不足、地区差异大等问题。例如，涉及研发费用加计扣除政策，相关企业反映政策效果不明显，得到实在的优惠少。其主要原因是研发费用界限难以界定；其次为手续繁杂，具体执行过程中力度松紧不一。与此同时，战略性新兴产业政策规划出台较多，但在产业发展的具体环节上缺少针对性强的促进政策工具。例如，在生物质能方面就缺乏相应的政策支撑；又如，新能源汽车方面，存在补贴力度不足，公用领域的示范效应不够显著等问题，这些有待政策支持进一步加强。

26.4.2　以地区政府采购为主要方式的政策型市场加剧产能结构性过剩

我国的战略性新兴产业处于初步发展阶段，如何有效培育其在国内市场的基础上形成与国际市场的协同是战略性新兴产业面临的重要难题。当前，国际贸易环境复杂多变，贸易保护主义影响了我国部分战略性新兴产业的产品进入国际市场的步伐，而很多新兴产品的原材料又高度依赖国际市场供给，这就造成双面夹击的被动局面。目前看来，各类战略性新兴产业的相关产品很多都依赖于地区政府采购，政策驱动型市场成为国内市场培育的主导方式。但需求端市场培育的路径仍存在较大的地区差异，这就制约了某一类新兴产业的国内市场培育的整体性，一定程度上产生了要素市场碎片化问题，不利于全国范围内产业链各环节的资源调配和创新协同，造成结构型和制度型产能过剩。例如，北京碧水源拥有自主知识产权的世界领先膜制造技术和处理技术，却难以在国内部分地方政府项目上获得订单。北京的节能服

务公司的产业化项目不在北京，将无法享受到相关政策支持。

26.4.3 核心人才匮乏制约战略性新兴产业的培育，产业发展存在较大的地区环境差异

就目前看，各地区在培育和发展战略性新兴产业的过程中，政策学习能力不断增强，信息资讯水平也显著提高，政策工具也不断组合创新。这些都成为促进产业发展的有利因素。但比较显著的问题是各地区缺少核心人才支撑。地方上吸引人才的主要途径是依靠大量的资金投入与平台建设，为核心人才来地方创业发展提供环境。但地方上在区域制度、组织环境、创新文化与公共服务水平上存在较大差异，因此，核心技术与管理人才基本上主要聚集在东部沿海，造成了各地区在战略性新兴产业发展水平上参差不齐，这种现象会产生“路径依赖”效应，影响了欠发达地区战略性新兴产业起步与发展的速度与质量。

26.4.4 战略性新兴产业发展存在地区间协调失灵，制约了资源的跨域有效流动

目前，我国各地区在战略性新兴产业发展过程中，存在相关行业标准、市场准入、产品认证、监管方式、资本服务、创新平台的地区差异性，这种差异性表现在产业资源的流动性较差，地方保护强，造成了地区间市场准入门槛高。在一些基础设施领域，如电网、电信、广播等行业，民间资本难以进入，地区间缺少资源流动的协调机制，造成了资源与市场的分割性，从而制约了企业创新活力，影响了其进入战略性新兴产业的主动性。据不完全统计，目前我国超过 90% 的地区选择发展生物医药、新一代信息技术、新能源和新材料；约 60% 的地区重点发展生物育种产业；另外，50% 的地区发展新能源汽车 [11]。由此，地区战略性新兴产业与本地区资源禀赋、区位特点以及制度环境并不一定完全匹配；地方政府偏好于大的产业项目投资，GDP 短期效益大于长期产业收益，而对产业投入的科学论证不足，忽视了产业的生态、绿色与可持续考核指标。

审稿：石立英　苏　竣

参考文献

[1] 周晶，何锦义．战略性新兴产业统计标准研究．统计研究，2011，(10)：3～8.

[2] 柳卸林，陈傲．中国区域创新能力报告 2011——区域创新与战略性新兴产业发展．北京：科学出版社，2011.

[3] 李燕，韩伯棠．基于 BP 神经网络的中国省域知识溢出实证研究．科学学研究，2008，(S1)：54～60.

[4] Shen L, Jiang S, Yuan H. Critical indicators for assessing the contribution of infrastructure projects

to coordinated urban-rural development in China. Habitat International，2012, 36（2）: 237 ～ 246.

[5] 中投顾问 .2013 ～ 2017 年辽宁省环保产业投资分析及前景预测报告，2013.

[6] 胡苏 . 中国节能将在闽投资 300 亿元发展节能环保产业 . 新华网，http://news.xinhuanet.com/local/2013-05/19/c_115821694.htm，2013-05-19.

[7] 励漪，孙小静 . 上海物联网年产值率先达千亿（寻找经济增长新亮点）. 人民日报，2013-07-07.

[8] 潘旭业，王泰 . 柯能落户青岛高新区欲建亚洲最大海洋生物产业基地 . 齐鲁晚报，2012-05-1.

[9] 杨茜 . 贵州新能源产业新增装机首超百万千瓦 . 中国新闻网，2013-01-06.

[10] 唐传虎 . 我省设立新材料产业基金 . 新华日报，2013-09-11.

[11] 刘峰，李哲 . 我国战略性新兴产业发展的问题和建议 . 中国科学报，2012-11-06.

第 27 章

广东省培育和发展战略性新兴产业情况

钟　晨　王刚波　周　源　张振翼

【内容提要】 本章在战略性新兴产业发展专家咨询委员会专家组对广东省实地调研的基础上，阐述了广东省战略性新兴产业发展的主要特点、广东省培育和发展战略性新兴产业的主要举措以及广东省发展战略性新兴产业企业面临的三大突出问题。

为了解各地战略性新兴产业发展状况和面临的问题，在国家发改委高技术产业司和广东省发展和改革委员会、深圳市发展和改革委员会的协助下，由朱森第秘书长带队，组织战略性新兴产业发展专家咨询委员会部分专家，赴广东省进行了调研，专家委员会主任路甬祥参加了调研会议。调研组认为，广东省培育和发展战略性新兴产业起步早、力度大、成效显著，市场主体表现出了极强的创新活力和敢于抢占竞争制高点的态势，对全国战略性新兴产业的发展有较好的示范和引领带动作用。在调研过程中，企业反映现有政策执行不到位、体制机制不顺畅、市场竞争环境不完善、知识产权保护不给力等问题严重制约创新发展。

27.1 广东省战略性新兴产业发展的主要特点

27.1.1 战略性新兴产业成为经济增长的重要亮点

在经济增长下行压力加大的情况下，战略性新兴产业逆势上升，逐步成为经济社会发展新的增长点，为推动广东省实现“稳增长、调结构”的目标发挥了积极作用。从发展速度看，2012 年广东省战略性新兴产业实现增加值 2 654.41 亿元，增长 12.0%，增速分别高于全省 GDP 和规模以上工业增加值增速 3.5 个和 3.6 个百分点。其中，新能源汽车、生物、高端装备制造和新能源等产业增速分别为 26.4%、31.0%、25.3% 和 30.3%，比规模以上工业平均水平分别高出 3.2 个、7.8 个、2.1 个和 7.1 个百分点。从发展质量看，2012 年广东省战略性新兴产业销售利润率为 7.0%，比规模以上工业平均水平（5.0%）高出 2 个百分点。其中，生物、高端装备制造、节能环保和新能源汽车等产业的销售利润率分别为 14.9%、8.9%、10.1% 和 20.9%，分别比规模以上工业平均水平高出 9.9 个、3.9 个、5.1 个和 15.9 个百分点。

27.1.2 龙头企业竞争力不断增强

培育和发展出一批掌握核心技术并具有国际竞争优势的企业是判断战略性新兴产业取得成效的重要标志。广东省在移动通信设备、电子元器件、高性能工程塑料、电动汽车、分子诊断等领域培育了一批骨干企业。例如，华为、中兴通讯是全球领先的综合性通信企业，腾讯占据我国互联网领域规模第一的位置，广药集团成为全国医药工业百强第一名，华大基因成为世界第一大基因组测序与分析中心，广州金域医学检验中心现已发展成为全国规模最大、服务网络最广、营业额最高、通过国际认可最多、检测项目最齐全的第三方医学检测技术服务机构，深圳市贝特瑞新能源材料股份有限公司成为全球最大的锂离子电池负极材料供应商，宇龙通讯的酷派手机现居国内 3G 市场份额排名第三和智能手机市场排名第三，迈瑞公司在生命信息与支持、临床检验、数字超声、放射影像四大领域创造了多项中国“第一”，明阳集团成功实现第三代光伏技术［CPV（concentrating photovoltaic，即聚光光伏）高倍聚光光伏发电并网转化率可达到 38% 左右］产业化，并将该新产品纳入其新能源整体解决方案。

27.1.3 产业区域集聚效应明显

广东省在信息、生物、软件、新材料、航空航天、高技术服务业等领域认定了 23 家广东省战略性新兴产业基地，形成了生物、软件、新型显示、新材料和新一代通信等产值超过千亿元的新兴产业集群，在新一代显示、新型动力电池、薄膜太阳能光伏电池、通用飞机制造、轨道交通车辆修造等领域形成了较为完整的产业链。在新一代显示技术领域，广东省已形成从液晶材料、玻璃基板、光刻设备、光学检测设备、高世代液晶面板、OLED 面板、平板电视模组到平板电视整机制造全产业链的产业集群，是全球最大的液晶电视模组生产基地，液晶电视模组项目设计产能约占全国的 1/2、全球 1/4 强，正在谋划和推进建设多条 OLED 显示屏生产线。其中，华星光电作为龙头项目，上游材料方面，吸引了日本旭硝子、德国林德集团和 LG 化学等众多企业来配套生产；TCL、三星等企业作为下游终端，为华星光电的大尺寸液晶面板产品找到了很好的出口。在新型动力电池领域，广东省已形成了较为完整的动力电池产业链，涵盖了电池正负极材料、电解液、隔膜、电池制造、电池管理系统、检测平台等领域；动力电池产品基本涵盖了磷酸铁锂、锰酸锂、钛酸锂、三元体系等当前主流技术路线，技术水平总体居国内领先地位，相关产品已被新能源汽车整车生产企业规模应用。

27.1.4 民营企业创新活力迸发

调研发现，以加工贸易为主的广东省民营经济近年来在各地市已悄然出现了一批具有世界先进技术水平的创新发展企业。这些企业的共同特征是具有国际化研发团队从事新兴产业前沿技术和产品开发，具有较高的研发投入（占企业销售收入 5%，甚至 10% 以上），灵活采用新的商业模式开拓产品市场等。东阳光药业集团投资 5 亿元在广东省建立了符合美国食品和药物管理局（Food and Drug Administration，FDA）和欧洲制药标准的东阳光药业研究院，聘请国际尖端的药业研发人才和研究团队，通过现金和股权双重激励机制，保证新药的研发进度。中山新诺科技股份有限公司是目前国内唯一成功研制出 32 英寸以上大面积高世代 TFT-LCD/OLED（thin film transistor-liquid crystal display/ organic light-emitting diode , 薄膜场效应晶体管液晶显示器 / 有机发光二极管）显示面板无掩膜光刻设备的高技术企业。东莞天域半导体科技公司选择了碳化硅芯片作为产品方向，是我国首家专业从事第三代半导体碳化硅外延片研发、生产和销售的企业，目前该公司已实现年产量超 2 万片 3 英寸、4 英寸碳化硅外延晶片的产业化能力。珠海银通新能源公司为开拓产品市场，成功推出了纯电动公交系统创新商业模式。该模式通过建立多方合作平台，以“合同能源管理”的方式与公交公司合作，公交公司可无偿获得由银通公司提供的纯电动公交车的车辆使用权和所有权。类似地，广州晶科电子公司等一批民营企业通过技术创新提升了国际竞争力，实现了企业快速发展。

27.2 广东省培育和发展战略性新兴产业的主要举措

27.2.1 探索新的财政资金使用方式，创新构建企业投融资体系

广东省在加大财政支持力度的同时，创新财政资金的使用方式，构建起多层次

支撑体系。广东省财政设立了战略性新兴产业核心技术攻关专项资金，以无偿补助形式，支持 8 个产业核心技术攻关与产业发展；设立了政银企合作专项资金，为获得银行贷款的项目提供贷款贴息；设立了再担保资金，促进战略性新兴产业项目的贷款融资；设立了创业投资引导资金，引导社会资金投向战略性新兴产业初创期、早中期的创新型企业。广东省与 18 家银行和金融机构签订了战略性新兴产业金融合作协议，2011 年和 2012 年安排两批政银合作专项资金 17.6 亿元，拉动银行贷款超过 550 亿元，带动社会总投资超过 980 亿元，财政资金放大倍数分别超过了 1 ∶ 30 和 1 ∶ 50，充分发挥了财政资金的杠杆和放大作用。

27.2.2　通过示范应用等需求激励政策，探索商业模式创新

按照“新技术创造新应用，新应用催生新需求，新需求带动新产业”的思路，广东省采取措施推进战略性新兴产业产品的推广应用，优化战略性新兴产业产品的市场应用环境。在高端新型电子信息领域，启动“发展物联网建设智慧广东计划”，开展广州、佛山、云浮、东莞等智慧城市试点示范工作。在 LED 照明领域，采用“合同能源管理 + 供应链 + 金融”的模式，启动了绿色照明示范城市专项行动，扩大 LED 照明示范应用规模和范围。在新能源汽车领域，启动了广东省新能源汽车推广应用示范工程，将珠三角各市以及汕头、湛江等 15 市列为省新能源汽车推广应用示范城市。深圳创新性地提出在新能源汽车公共交通领域推行“融资租赁、车电分离、充维结合”的模式，提供了新能源汽车购置、动力电池维护和更换、基础设施投资建设、建设运营等一揽子解决方案。比亚迪公司通过在深圳的运营实践，探索出了一条完全市场化的新能源汽车推广模式——“零元购车 · 零成本 · 零风险 · 零排放”的城市公交电动化解决方案，有利地推动了新能源汽车的普及。

27.2.3　立足自主创新，致力于产学研结合

广东省坚持产学研结合，充分利用全国高校、科研机构的各种创新资源，不断提升战略性新兴产业的自主创新能力。据不完全统计，自开展省部院产学研合作以来，广东省共吸引来自全国 640 多家高校和科研机构的 1 万多名专家、教授在广东省开展了形式多样的产学研合作，有力地提高了广东省的自主创新能力。在创新成果产业化方面，近两年广东省财政共安排近 10 亿元，面向战略性新兴产业领域支持了一批创新能力强、经济效益好、具有示范带动能力的项目，形成近 100 项具有自主知识产权的装备和产品 。在区域创新体系建设上，2007 年以来，全省新增 88 家国家重点实验室、工程实验室、工程（技术）研究中心等国家级创新平台。截至目前，全省共建立了 120 多家国家级和 900 多家省级创新平台，初步形成了“以企业为主体、以市场为导向、产学研结合”，多层次、宽领域的区域创新体系。

27.3 发展战略性新兴产业企业面临的四大突出问题

27.3.1 政策执行力度不够，连贯性有待改善

目前支持战略性新兴产业发展的政策已经较为全面，但一些企业反映优惠政策兑现难。例如，企业普遍反映研发费用加计扣除政策效果欠佳，一是研发费用界定难，尤其是在研发人员费用的认定上矛盾尤为突出；二是提前备案手续繁琐；三是执行松紧程度年年不一。同时企业也反映，新兴产业投入以人力投入为主，增值税扣除项少，导致战略性新兴产业增值税税赋额远高于一般产业。又如，新能源汽车领域的补贴政策在2012年年底至2013年9月出现了较长时间的政策真空期，给尚处于市场启动期的新能源汽车市场的发展带来了很大的不确定因素，政策的持续性有待改善。

27.3.2 多个领域产业发展遇到了市场体制、管理机制的限制，造成了企业生产经营困难

市场准入管理问题成为生物领域的突出问题，2012年卫生部下发《关于开展干细胞临床研究和应用自查自纠工作的通知》，以暂停受理申请的方式停止了所有干细胞临床研究和应用，使得整个领域面临生存问题。在医药领域的政府采购中还存在着重视国外产品，歧视国产产品的问题。新能源汽车示范应用过程中，地方保护导致部分优势企业的跨区域市场推广进程缓慢。节能服务公司的跨省项目普遍难以拿到补贴。高端制造等领域在部分地方存在着进入当地市场必须在当地投资设厂的现象。

27.3.3 知识产权保护不利困扰企业创新投入

在政府引导以及市场竞争形势变化等因素影响下，广东省战略性新兴产业领域中企业的知识产权保护意识处于不断提升过程中，尤其是各行业内领先企业的知识产权保护意识已逐渐上升到了企业战略高度。但是，知识产权侵权现象时有发生，拥有自主知识产权的创新企业常常面临被仿冒而且维权成本高的难题。例如，深圳迈瑞公司反映，其产品已被多家模仿，但难以维权。

27.3.4 自主知识产权技术和产品推广应用力度有待进一步加强

目前，我国战略性新兴产业大部分的关键核心技术掌握在外方手中，即便本土企业研发成功某项技术，但由于国外企业先入为主，我国市场已基本被它们抢占。在这种情况下，本土企业想要推广自主研发的核心技术或产品，夺回市场份额，难度非常大。建议围绕关系民生和众多企业利益的关键领域，政府通过多种方式支持自主开发的关键核心技术和产品的推广应用，扶持本土企业发展壮大。

审稿：任志武　谭　遂　张　军

第 28 章

北京市战略性新兴产业培育和发展情况

钟　晨　张振翼

【内容提要】 本章在战略性新兴产业发展专家咨询委员会专家组对北京市实地调研的基础上，阐述了北京市战略性新兴产业发展的一些特点、北京市培育和发展战略性新兴产业的举措以及在调研中了解到的北京市发展战略性新兴产业面临的问题，并针对存在的问题提出了相应的政策建议。

为了解各地战略性新兴产业发展状况和面临的问题，国家发改委同战略性新兴产业发展专家咨询委员会的专家，于 2013 年 7 月 8 日至 9 日在北京市昌平区以及海淀区进行了为期 2 天的相关调研活动，活动中专家组听取了北京市发展和改革委员会关于北京市战略性新兴产业发展情况的汇报，并实地走访了 6 家战略性新兴产业企业，它们分别是北京神雾环境能源科技集团股份有限公司、中信国安盟固利公司、乐普医疗器械股份有限公司、纳通医疗集团、安泰科技股份有限公司、北京碧水源科技股份有限公司。

基于此次调研的发现，总体上看北京市战略性新兴产业发展态势良好，规模不断扩大，经济带动作用持续增强，优秀企业不断涌现，战略性新兴产业区域格局也已初步形成。与此同时，专家组也了解到发展战略性新兴产业在政策体系、体制机制、市场竞争环境、产业链协调发展、融资等方面存在需要解决的一系列问题，并提出了相应的政策建议。

28.1 北京市战略性新兴产业发展的一些特点

在良好的发展环境支持下，北京市积极发挥自身资源优势，通过加强自主创新与重大项目带动，战略性新兴产业整体发展态势良好，重点领域创新成果不断涌现，对首都产业结构优化升级、城市管理和民生服务支撑作用日益增强。

28.1.1 战略性新兴产业经济带动作用日益突出，在产业结构调整转型中取得新进展

在内外部环境深刻变化、调整转型进入新阶段的背景下，北京市战略性新兴产业总体保持平稳健康发展，对总体经济的引领和支撑作用日益突出。2012 年，代表了战略性新兴产业主体产业的高技术产业实现增加值 3 483.8 亿元，占北京市 GDP 比重达 19.6%，同比增长 9.2%，高于同期北京市 GDP 增速 1.5 个百分点。同时，战略性新兴产业的较快发展促使北京市产业结构优化的重点从三次产业间的调整向产业内部结构升级转变，产业链条不断向高端环节聚集，产业布局加快向高端产业功能区集聚。

28.1.2 重点领域发展迅速，优秀企业不断发展壮大

在战略性新兴产业总体发展形势良好的背景下，重点领域发展迅速。例如，新一代信息技术领域，2012 年北京市信息技术产业实现增加值 1 835.5 亿元，占 GDP 比重达 10.3%，软件、集成电路设计销售收入分别占全国的 1/5 和 1/3，连续多年位居全国前列，计算机国内市场占有率、手机和液晶面板产量稳居国内第一。生物领域，疫苗、诊断试剂销售额分别占国内市场份额的 1/7 和 1/3 以上。新能源汽车领域，在电动公交车、电动环卫车及关键零部件技术上实现多项突破并处于全国领先水平。航空航天领域，载人航天、卫星应用、空间科学与技术等领域发展成效突出，部分领域达到国际领先水平。高端装备领域，在重型数控机床、轨道交通装备等重点领域技术实力位居全国前列。在重点领域发展迅速的同时，优秀企业得到不断发展壮大，培育了联想集团等千亿元级集团，中国普天、北大方正、同方股份等若干百亿元级骨干企业，以及大唐电信、航天信息、百度、搜狐、新浪、京东方、双鹤药业、京东世纪、华胜天成、用友等一大批十亿元级创新型企业。

28.1.3 战略性新兴产业区域格局初步形成，示范区发挥了良好的经济带动作用

以战略性新兴产业为主导的中关村示范区发展迅速。2012 年，中关村示范区内高新技术企业实现增加值 3 600 亿元，占全市 GDP 的比重达到 20%，示范区发挥了良好的经济带动作用。以中关村科技园为核心，昌平、丰台、大兴等多点支撑的战略性新兴产业区域格局初步形成。

28.1.4 产学研协同发展促进自主创新能力提升，推动产业集聚发展及创新型产业基地形成

通过整合产学研的创新资源，北京市形成了我国规模最大、实力最强、结构最完善的区域创新体系，并带动了战略性新兴产业自主创新能力快速提升。截至2012年年底，北京市已认定工程研究中心37个、市级工程实验室70个，国家工程研究中心41个、国家工程实验室41个。此外，中关村地区拥有以北京大学、清华大学为代表的高等院校39所，以中国科学院、中国工程院、北京生命科学研究所为代表的科研院所140多家；以联想、方正、百度为代表的高新技术企业近2万家；大学科技园、各类科技企业孵化器、留学人员创业园等102家。随着产学研协同创新模式的不断发展，一批企业与大学院所成立联合实验室、产业技术研究院；由企业牵头，围绕核心技术和标准成立了软件、云计算、物联网、生物CRO（contract research organization, 即新药研发合同外包服务机构）外包、新能源汽车等一批产业技术联盟；形成了星网工业园、中关村软件园、中关村生命科学园、国家工程技术创新基地等十多个产业特色明显、集聚效应突出、创新活跃的国家级专业园和产业基地。

28.2 北京市培育和发展战略性新兴产业的举措

在推进战略性新兴产业培育和发展过程中，北京市出台了一系列相关政策规划，不断完善政策支持体系，各项先行先试政策取得了突破性进展，以示范应用、政府采购等途径大力支持战略性新兴产业新产品、新市场的培育，不断创新政府支持方式，努力提高政府支持效率，形成有效推动科技成果转化及创新成果产业化机制。

28.2.1 不断完善产业发展规划，积极推进试点政策落地实施

为全面贯彻落实《决定》和《北京市国民经济和社会发展第十二个五年规划纲要》，提升战略性新兴产业在全市经济发展中的支柱地位，北京市出台了培育战略性新兴产业相关规划。一是研究制定了产业发展指导文件，出台了《北京市关于加快培育和发展战略性新兴产业的实施意见》。二是编制了北京市战略性新兴产业八大专项规划，目前各规划已全部提交北京市政府审议，将于近期印发。在不断完善产业发展规划的同时，积极推进“1+6”试点政策落地实施，借助中关村创新平台的集中统筹工作机制，各项先行先试政策取得了突破性进展。例如，科技成果处置权和收益权改革试点，中央和地方高校院所技术转让项目年均近300项，收入约7亿元；股权激励改革试点，共有500家以上单位实施了股权和分红激励；研究开发费用加计扣除、职工教育经费税前扣除税收政策试点，1 500家企业享受税收优惠政策；科研项目经费管理改革试点，间接费用政策已成为北京市科技项目经费的一种常态化

管理制度。

28.2.2 以政府采购推动新产品、新技术推广，通过示范应用支持产业发展

北京市通过示范应用、政府采购等方式有效支持了战略性新兴产业新业态、新市场的发展。一是以政府采购推动新产品、新技术推广。北京市研究制定了《关于在中关村国家自主创新示范区深入开展新技术新产品政府采购和应用推广工作的意见》、《中关村国家自主创新示范区新技术新产品（服务）应用推广专项资金管理办法》等文件，并且正在积极开展政府采购对北斗导航位置服务、轨道交通等推广应用方面的研究部署工作。2012 年北京市完成新技术、新产品政府采购 80 亿元。二是以示范应用带动产业发展。积极推进城市应急管理物联网应用示范工程，确定了“1+1+*N*”框架下应急物联网示范项目；在新能源汽车领域，积极参与“十城千辆”示范应用工程，重点推动充电基础设施建设，2009 年以来已完成 53 座充电站建设，即将发布私人购买新能源汽车补贴办法。

28.2.3 创新政府支持模式，发挥财政资金引导和杠杆作用，提高政府支持效率

北京市结合战略性新兴产业的特点，通过政府支持模式创新，更有效地支持了产业发展。一是创新政府采购方式，由采购新技术、新产品向采购服务延伸。2012 年，北京市通过集中购买遥感卫星服务的方式支持了北京二号遥感小卫星项目，在支持新型产业发展的同时满足了政府城市管理和公共服务的需求。二是创新重大产业项目财政资金支持模式，支持环节从研发为主向研发与市场并重转变，支持方式由补贴、贴息向股权投资、共享知识产权、创投基金、政府采购等多种方式转变，支持主体也由高校、科研院所向以企业为主体转变，有效保证了财政资金的使用效果。为了进一步发挥政府资金的引导和杠杆作用，北京市设立总规模 30 亿元的战略性新兴产业创业投资引导基金，参股设立了新兴产业创投基金，截至 2013 年 5 月底，北京市已在电子信息、生物医药、云计算、物联网、高技术服务业等领域参股设立 11 支新兴产业创投基金，已设立基金累计投资项目 56 个，投资金额达 10.6 亿元。

28.2.4 建立重大科技成果转化和产业项目统筹工作机制，形成促进创新和产业发展的合力

北京市在全国率先建立了重大科技成果转化和产业项目统筹工作机制，明确了“十二五”期间统筹 500 亿元财政资金用于支持重大科技成果转化和产业化，通过资金统筹，形成促进创新和产业发展的合力。一是建立了央地联动的联席会议统筹机制，依托中关村创新平台，统筹联席会议由 12 个中央单位和 16 个市属单位组成，统筹协调和总体指导全市重大科技成果转化和产业项目发展。二是创新了统筹资金投入机制，统筹资金 40% 以上采用股权投资、资本金注入或基金投资方式。三是形

成了重大项目的筛选、发现、评价和管理机制，重点聚焦了以企业为主体的产业化项目和面向重大社会需求的示范应用两大类项目，自2010年至今，北京市已统筹安排350亿元财政资金，共支持了全市750多个重大项目，取得了显著的经济和社会效益。

28.3 在调研中了解到的北京市发展战略性新兴产业面临的问题

基于北京市发展和改革委员会的汇报以及6家调研企业反映的情况，专家组发现了当前战略性新兴产业在发展中遇到的一些问题和挑战，具体如下。

28.3.1 政策体系有待进一步完善

目前战略性新兴产业得到了各界的充分重视，各类政策层出不穷，但是整体政策体系尚有完善空间。一是政策系统性尚有待完善。目前支持战略性新兴产业发展的总体指导政策较为全面，但是各个细分领域、不同发展阶段产业的分类指导性政策数量不足，无法更好地发挥政策系统性支撑效应。二是政策连贯性有待改善，如新能源汽车领域处于补贴政策真空期，给新能源汽车生产企业及相关零部件企业的发展带来了不确定因素。三是部分领域政策细节有待调整，如合同能源管理项目的财政奖励以及税收优惠政策目前只适用于“节能效益分享型”，而“节能量保证型”、“融资租赁型”等节能模式尚无法享受到优惠政策。

28.3.2 部分领域体制、机制问题阻碍产业发展

一是部分地方政府、国有企业对民营创新型企业信任度不高。例如，节能环保领域中神雾集团世界领先的创新技术很难在国内大型高耗能企业中推广，其在国内的四条先进转底炉炼铁生产线中仅有一条在国有企业应用。碧水源拥有自主知识产权的世界领先膜制造技术和处理技术，却难以在国内部分地方政府项目上获得订单。二是地方保护主义始终存在。例如，节能服务公司的跨省项目难以拿到补贴，北京的节能服务公司的产业化项目不在北京，将无法享受到相关政策支持。三是国家医疗器械监管法规制度一定程度上抑制了创新，如国家药监局规定所有的植入、介入器械都属于三类医疗器械，需要经过完整的检测、检验程序和临床试验才能获得产品注册证，获得产品注册证周期较长，这在一定程度上加大了企业产品创新的风险，减弱了企业对于创新的投入意愿。

28.3.3 创新引领不足，市场无序竞争阻滞部分产业发展

在国家大力支持战略性新兴产业的背景下，大量企业进入了战略性新兴产业领

域。但是由于创新环境、创新能力等方面的问题，创新对整体产业的引领存在不足，企业往往陷入低质低价的恶性竞争。例如，新能源汽车动力电池领域，尽管部分技术指标尚有很大进步空间，但是一些企业急功近利、盲目扩张，采取低质低价恶意竞争的策略抢夺市场份额，这一方面直接影响到动力电池产品的品质和安全性，另一方面也加剧了部分电池企业的亏损，使企业可持续发展受到威胁。又如，医疗器械领域中，医用植入级原材料生产质量要求高，但用量较小，国内材料生产企业不愿意投入大量精力来生产此类产品，导致大量医用植入级原材料依赖进口，而国内生产的产品同质化严重，集中于中低端产品。

28.3.4 融资难、融资成本高增添了企业生产经营困难

目前大量战略性新兴产业企业处于高速成长期，资金需求量大，但是融资难、融资成本高成为了一个普遍现象。其中融资难主要是由于融资渠道不够多，如民营企业主要融资渠道仍是银行贷款和出售股权。融资成本高，一是体现在贷款利率高，如神雾集团目前银行贷款利率为基准利率上浮 10% ～ 30%；二是相关融资费用较高，如神雾集团 2012 年 1 年期贷款 92 480 万元，仅中介费就需要 600 万元，大大增加了企业的融资成本。

28.3.5 产业链相关环节企业发展脱节阻碍了部分领域产业发展

战略性新兴产业的发展需要发挥产业链企业的协同效应，某些关键环节的脱节将给整个产业发展带来较大不利影响。例如，新能源汽车产业的发展很大程度上依赖于电池、电机、电控等关键零部件企业的发展，但是目前对配套企业的发展缺乏扶持，某一环节的短板，可能最终影响整个产业的发展。

28.4 针对北京市调研结果，提出相应政策建议

28.4.1 完善政策支持体系，加强政策延续性

根据产业发展实际情况，继续完善针对不同细分领域、不同发展阶段的分类支持政策。同时，加强政策延续性，尽快出台新的节能与新能源汽车补贴政策，给予尚处于市场启动期的战略性新兴产业更多支持。调整部分领域财政政策支持范围，完善补贴发放范围。

28.4.2 推进体制机制改革，改善产业发展环境

按照《关于鼓励和引导民营企业发展战略性新兴产业的实施意见》的要求，保证各类公共资源对民营企业同等对待。支持民营企业和民营资本的重大技术和重大

新产品的产业化应用。破除节能服务业政策扶持的地方保护主义，从全局出发，支持节能环保行业的整体发展。改进审批环节，提升审批效率，缩短医疗器械产品注册周期，降低产品创新风险。

28.4.3　加强自主创新能力，加强创新引领

在创新能力方面，加强政府统筹规划指导，引导社会创新主体积极参与，加强科技资源整合共享和高效利用，健全国家标准、计量、检测和认证技术体系，支撑科技跨越发展；加快推进重点产业关键核心技术研发和工程化能力建设。在创新推动产业发展方面，加强创新环境建设，强化知识产权创造、运用、保护和管理能力，积极鼓励企业自主创新，让创新企业能够在竞争中脱颖而出，提高创新效益。

28.4.4　创新金融支持模式，强化财税政策支持

鼓励金融机构加大对战略性新兴产业的信贷支持。支持战略性新兴产业企业充分利用新型金融工具融资。开展新型贷款抵押和担保方式试点。发挥政府资金的引导作用，带动社会资金投向处于创业早中期阶段的战略性新兴产业创新型企业。可适当采用政策贴息、风险补偿等财税政策手段，加大金融体系对战略性新兴产业发展的支持力度。

28.4.5　集中力量突破关键瓶颈，发挥产业链协同发展效应

加强政策引导，推动生产企业与关键零部件企业之间建立更加有效的合作模式。加大对上下游企业政策支持力度，尤其是针对影响整个产业链发展的瓶颈环节，集中力量进行突破。鼓励面向全行业提供特种加工服务的，技术专精、模式有特色的专业型中小型企业的发展。通过全面提升产业链各环节能力，发挥协同效应。

审稿：任志武　谭　遂

第 29 章

重庆市战略性新兴产业发展情况

郱　浩　沙　勇　周　源

【内容提要】 近年来，重庆市战略性新兴产业发展迅速，技术水平不断提升，规模持续扩大，实力不断增强，已呈现出协调推进的格局，逐渐培育形成了一些特色产业链条，集群效应逐步显现，龙头骨干企业发展势头良好，发挥了引领作用。重庆市充分运用示范、试点等需求激励政策，促使市场机制发挥作用，加大财政扶持力度、创新资金使用方式，构建多层次的金融支撑体系，并基于现有产业集群，大力实施培育工程，积极部署产业升级和重要领域。

重庆市作为我国四大直辖市之一，是我国中西部最具投资潜力的特大城市，地处长江上游经济圈核心地区，区位条件优越，是我国西部重要的交通枢纽。重庆市是我国老工业基地之一，工业基础较为雄厚，基础设施较为完备，综合配套能力较强，目前在信息技术、节能环保、新能源、新材料等领域取得了较快的发展。当前，重庆市经济正处于转型升级的攻坚期，市委市政府高度重视培育和发展战略性新兴产业，出台相关政策规划，集中力量，统筹资源，积极依托战略性新兴产业等实体经济的发展，带动经济的平稳快速增长。目前，重庆市战略性新兴产业的发展呈现出了良好的态势。

2013 年 6 月 4 日至 7 日，中国工程院调研组对重庆市战略性新兴产业发展情况展开调研，深入重庆材料研究院、四联集团、西永微电园、重庆声光电公司、长安汽车、恒通客车、西山科技、华邦制药、海扶科技、国虹科技、远达环保、三峰环保、中国移动物联网基地、重庆长客轨道车辆有限公司、中船重工海装风电设备有限公司等单位访问调研，总结了重庆市在发展战略性新兴产业中采取的措施及取得的成效，分析了战略性新兴产业发展过程中存在的困难和问题，为进一步优化政策支撑提供了建议。

29.1 重庆市培育和发展战略性新兴产业取得的成效

自2010年10月国务院发布《关于加快培育和发展战略性新兴产业的决定》以来，重庆市抓住发展契机，转变发展方式，创新发展模式，着力推动战略性新兴产业的发展。重庆市政府先后于2011年5月和7月发布了《关于加快发展战略性新兴产业的意见》和《重庆市"十二五"科学技术和战略性新兴产业发展规划》，明确了重庆市将着力将新一代信息产业打造成为重要支柱产业，做大做强高端装备制造、新能源汽车、节能环保三大优势产业，培育新材料、生物、新能源三大先导产业，建设"2+10"战略性新兴产业集群，即建设笔记本电脑和离岸数据开发处理"2"个全球重要基地，培育通信设备、集成电路等"10"个"千百亿级"产业集群。

重庆市成立了战略性新兴产业发展工作领导小组，重庆市发展和改革委员会、科学技术委员会、经济和信息化委员会等多部门协力推进战略性新兴产业发展，每年滚动推进百项重点战略性新兴产业项目。2012年重庆市战略性新兴产业百项重点项目完成投资412亿元，占重庆市工业投资总量的13%，对全市投资增长贡献约5个百分点，成为重庆市保持投资平稳增长的重要支撑。在412亿元投资的带动下，战略性新兴产业产值增量占重庆市工业增量的35%，出口额增量占全市出口额的38%。这表明战略性新兴产业已经成为重庆市经济发展的重要驱动力。2013年重庆市战略性新兴产业百项重点项目计划完成投资630亿元，投资额又有大幅提升。该项目的实施不仅有效促进了"2+10"战略性新兴产业集群的形成与发展，也为调整产业机构、转变发展方式提供了有效支撑，更为经济持续、健康、稳健发展提供了重要驱动。

29.1.1 产业发展迅速，规模持续扩大，实力不断增强，初步呈现出协调推进的良好格局

重庆市经过几年的努力，信息产业、新能源、节能环保、新材料等战略性新兴产业发展迅速，规模及市场份额持续扩大，形成了协调推进的良好格局。重庆市信息产业（含软件、信息服务）迅猛发展，销售值由2009年的1 085亿元，增加到2012年的3 966亿元。声光电声表面波器件进入国际通信设备厂商采购体系，多模卫星导航通用模块位居北斗业界前三甲。中航微电子正迅速成长为集芯片设计、制造和封装测试为一体的业内一流企业。两江云计算产业已经形成5万台服务器规模。风电装备产业链初步形成，850千瓦、2.0兆瓦、2.5兆瓦、5.0兆瓦四大系列产品装机遍布国内20余个省市，2.0兆瓦风电装备量名列全国第二。节能环保产业

超亿元的龙头企业达30余家，远达环保跻身国内前三甲，建成国内首台单机百万机组烟气脱硫工程、世界首台单机百万机组烟气脱硝工程和国内首个万吨级烟煤电厂二氧化碳捕集装置，拥有亚洲规模最大、技术领先的脱硝催化剂生产线。铝镁合金材料加工规模全国第一，是国家重要的航空航天铝材保障基地和板带材生产基地。跻身全国三大无碱玻璃纤维生产基地之一，无碱缠绕纱玻璃纤维产能占据全球半壁江山。

29.1.2 产业技术水平不断提升，突破并掌握了一些关键核心技术

由于重庆市注重加强科技管理机制创新、健全科技评价体系、完善产学研结合机制、促进军民融合科技创新、创新有利于产业发展的体制机制，同时强化知识产权政策导向，因而有效促进了产业技术水平的不断提升，突破并掌握了一批核心技术。拥有超声医疗、微系统医疗器械、血液净化设备、胃病疫苗等一批技术领先的自主创新研究成果和产品，正在研发抗艾新药、治疗肺癌肝癌用药（HC-1康布瑞汀磷酸二钠）、齿疫苗等十余个国家Ⅰ类新药；数十种原料药获得美国FDA认证，并大规模出口。长安、力帆、恒通、五洲龙等多家整车企业发力新能源汽车，驱动电机和电控专用部件开发生产居国内领先地位，长安建成全国首家新能源汽车研制国家地方联合工程实验室，轻度混合动力技术在部分成熟车型中普遍采用，长安杰勋混合动力、志翔油电中混、恒通气电混合动力乘用车和客车在全国率先进入市场。节能环保产业迅速起步，其中燃煤烟气净化技术及装备在国内领先。重庆材料院开发的耐腐蚀高性能特种合金、光敏材料、特种温度传感材料及器件达到国际先进水平。

29.1.3 逐渐培育形成了一些特色产业链条，集群效应逐步显现，部分龙头骨干企业发展势头良好，发挥了引领作用

重庆市根据战略性新兴产业发展的规律特点，积极引导集聚战略性新兴产业的相关配套产业，垂直整合产业体系，大力推行产业链垂直整合模式，分类推动，抢占先机，培育形成了一批特色产业链条，推动多个产业分别建设成为国家重要的产业集群。以新能源汽车为例，重庆发挥汽车工业龙头企业的整车及集成技术优势，以纯电动车为主攻方向，以混合动力汽车为转型过渡，建立了节能与新能源汽车推广配套体系，不断完善汽车产业链条，聚集整车及关键零部件企业，依托龙头企业长安新能源汽车项目、力帆纯电动轿车项目、恒通纯电动客车等项目引领动力电池、驱动电机、控制系统、阳极材料等相关产业迅速发展。吸引了世界知名企业汽车产业项目相继入驻，进一步增强了重庆汽车产业的集聚效应，形成了汽车产业要素的集聚地。单体电池、驱动电机、车身控制模块、电机控制系统、总线控制系统、整车控制系统等重大项目集聚形成了产业集群效应。笔记本电脑产业也形成了“5+6+700”品牌商、代工商、零部件企业垂直整合的集群发展态势，并加速向平板电脑拓展。

29.1.4　财政资金对社会资本的引导和带动明显增强

重庆市建立了稳定的政府科技投入增长机制，设立战略性新兴产业发展专项资金，综合应用财政拨款、风险投资、贴息、担保等方式引导企业不断加大科技投入，吸引社会资金支持科技创新和产业发展，形成了多元化、多渠道的投入模式，财政资金的投入在取得显著效益的同时起到了很强的带动作用。

29.2　重庆在发展战略性新兴产业中的特色举措

29.2.1　运用示范、试点等需求激励政策，促使市场机制发挥作用

重庆市政府鼓励创新产品开展大规模示范应用，积极争取国家培育计划支持，推进实施智慧重庆、绿色三峡等市场培育工程，拓展笔记本电脑、通信设备、下一代互联网，小型化、轻量化节能汽车，混合动力汽车、纯电动汽车，新型医疗器械和节能环保产品等形成市场规模。

29.2.2　加大财政扶持力度、创新资金使用方式，构建多层次的金融支撑体系

首先，重庆市建立了稳定的政府科技投入增长机制，确保财政科技投入增长幅度高于财政经常性收入增长幅度，设立战略性新兴产业发展专项资金，综合应用财政拨款、贴息等政府引导手段和风投、科技担保等科技金融方式，带动全市研究与试验发展经费支出占地区生产总值比重不低于2.2%。其次，重庆市从优化股权投资、创新融资模式、健全多层次资本市场入手，吸引社会资本进入战略性新兴产业领域，建立“投、保、贷、补、扶”五位一体的科技金融支撑体系。在优化股权投资方面，发挥创投及引导基金集聚作用，落实股权投资扶持政策，通过增资扩股、发起新设等方式吸引更多社会资本加入重庆创投行业，推动区县和科技园区出资设立天使投资引导基金，加大对初创期企业投资。拓宽融资渠道方面，创造条件支持企业发行债券融资，引导金融机构建立适应战略性新兴产业特点的信贷管理制度和贷款评审体系，以财政贴息鼓励金融机构加大贷款力度，推动财政和民间资金组建融资性担保公司，积极发展知识产权质押、租赁融资、产业链融资等新型融资模式。健全多层次资本市场体系方面，充分发挥了重庆股份转让中心功能，推动不同发展阶段创业企业进入该中心挂牌，帮助挂牌企业实现股权质押贷款和定向增发融资，支持企业境内外上市，满足不同发展阶段创业企业的需求。

29.2.3　基于现有产业集群，大力实施培育工程，积极部署产业升级和重要领域

重庆市运用体制机制创新、强化规划实施保障，坚持突破重点、开放引进、无

中生有、创新模式、龙头带动、集群发展等总体原则，力求将新一代信息产业打造成为重要支柱产业，做大做强高端装备制造、新能源汽车、节能环保三大优势产业，培育新材料、生物、新能源三大先导产业，实施“2+10”产业链集群建设方案。

29.2.4 建立工作协调机制，提供有力组织保障

首先，推动科技与经济社会部门联动合作。强化重庆科教领导小组和战略性新兴产业发展工作领导小组的统筹协调职能，组织实施重大项目、重大工程、重大基地建设等试点示范，突破体制分割、资源分散等统筹瓶颈，形成部门分工协作，市、区、县联动的良性工作机制，汇聚各方资源共同解决科技、经济发展重大问题。制订落实“区县、产业、民生、创新能力”四大科技示范工程实施方案和“2+10”战略性新兴产业集群建设方案，明晰具体思路，明确创新能力建设、科技攻关、知识产权、龙头企业培育、市场拓展、重大招商等战略任务，细化保障措施，明确牵头部门，推进各项工作落到实处。其次，加强科技系统资源统筹与共享。积极对接国家科技战略，深化部市会商机制，加强国家科技计划和重庆市级科技计划互动合作，建立积极推进国家科技资源和重庆科技资源梯次配置和合理布局的新机制。建立重庆全市科技系统资源统筹协调机制，提高科技计划、科技经费的协同集成度，避免了多头管理、分散投入。全面完善全市科技资源社会共享机制，提高科研设施、科技信息与数据的利用效率，避免了重复研究、重复建设。

29.3 发展启示与政策导向

重庆市充分发挥各类资源、政策优势，在全面贯彻落实“314”总体部署的进程中，紧紧抓住建设统筹城乡综合配套改革试验区、开发开放两江新区、实施三峡后续工作规划、建设成渝经济区等重大历史机遇，积极探索、大力推进战略性新兴产业的发展，坚持“放眼全球、科学规划，发挥优势、重点突破，开放引进、无中生有，创新模式、跨越提升，龙头带动、集群发展”，积极发挥产业、科研、人才、政策等综合优势，着力增强综合创新能力。在发展过程中，逐步形成了以企业为核心的新型产学研用协同创新模式、围绕龙头企业和特色园区的产业集群发展模式等，相关经验值得借鉴。但总体来看，重庆市战略性新兴产业的发展尚处于起步阶段，遇到了资金、人才、体制、政策等相关约束与瓶颈，进一步分析，其深层次原因在于目前尚缺乏对于战略性新兴产业的发展规律以及创新活动的内在特质的深入分析与准确把握。为了更好地推动重庆市战略性新兴产业的发展，需要充分发挥各类优势，在继续完善已有模式的同时，积极探索新的应对措施和政策。

29.3.1 加大战略性新兴产业市场需求侧的引导和支持力度

在培育战略性新兴产业方面，政府的工作重点要从主要出台支持供给的政策逐

步转移到出台支持供给和刺激需求并重的政策上来，加强对于市场需求的引导。首先，积极发挥政府采购的激励作用。将具有自主知识产权的新兴产业产品列入政府采购目录，优先予以采购。完善各类重大技术装备国产化政策，加快建立政府补贴和重大建设项目工程采购制度，鼓励优先使用国产首台套设备，充分发挥政府首购和订购的激励作用。其次，实施产品应用示范工程。选择尚处于产业化初期、社会效益大、市场机制难以有效发挥作用的重大技术和产品，组织实施一批重大应用示范工程，采取必要措施推进战略性新兴产业产品在社会公共领域的推广应用，努力创造战略性新兴产业的初始需求，努力培育市场，拉动产业发展。最后，着力启动本土市场需求。制定本土新产品推广目录，对采购国产战略性新兴产业技术设备提供政策支持，帮助企业突破产品进入市场初始阶段的瓶颈约束。积极帮助企业宣传产品、发布市场信息，提高战略性新兴产业产品的市场认可度。综合运用价格杠杆、税收优惠、费用减免、标准体系建设、完善基础设施等手段，开拓市场空间。

29.3.2 重视提升企业国际化水平，加大对企业发展的支持力度

政府需出台相关政策，鼓励企业实施国际化发展战略，鼓励国内企业积极参与国际竞争与合作，支持其与国外企业开展深入合作。同时，鼓励国内企业走出去，引进、吸收或收购国外的先进技术成果，鼓励国外具有独立知识产权的公司的研发部门来渝落地，为形成产业集群创造条件。对于走出去的国内企业，国家应在产业结构调整中给予具体支持，建议出台和WTO原则相符的相关政策，解决部分产业转型升级、人民币汇率升值等问题，促进国内企业的成长。

29.3.3 改善产业发展的市场环境，重点出台普惠性政策

政府相关政策支持的重点应从“择优”支持具体项目转移到普惠“改善市场环境”上来。要将注意力集中到着力提升产业长期竞争力、构建良好产业发展环境方面，其包括公平有效的市场环境、高质量的人力资源和产业要素、良好的人文社会生活环境等。建议政策支持的重点从支持大中型企业转移到支持大型企业与支持民营中小企业并重。建议在住房配套、子女教育以及个人所得税减免等方面加大对人才培养、引进以及人才队伍稳定方面的扶持力度，鼓励企业、研究院所充分利用全球人才资源和技术资源不断提升技术创新能力和管理水平。

29.3.4 加强产业创新平台建设，构建产业技术创新体系

围绕战略性新兴产业重点领域，着力抓好关键领域的技术创新，集中优势力量，组织联合攻关，实施核心技术攻关、关键领域突破，促使一批具有自主知识产权的关键核心技术的产生。推进相关领域重大创新成果产业化，加快形成产业发展突破口。加强现有产业创新平台建设，加强对产业技术基础研究的投入，构建适应战略性新兴产业特点的产业技术创新体系。建议国家在研究型大学设立战略性新兴产业技术国家实验室，使高校相关科研机构集中从事战略性新兴产业技术的基础研究工

作，为企业研发工作提供支撑和储备。建议对国家地方联合创新平台建设给予资金支持。建议政府部门加强产学研用的联合与深度合作，依托高校、科研院所的科研力量积极开展战略性新兴产业的基础研究，依托企业研发中心推动相关技术的产业化与市场化，促进战略性新兴产业技术创新体系的形成与完善。

29.3.5 进一步改善财政、税收政策，加大对企业的支持力度

政府相关部门应对具有较强国际竞争力的国家和地区进行深入调研（如新加坡、中国香港等国家和地区），参照其财税政策制定相关优惠政策，使得国内企业在参与国际竞争时，能够在税收上与其他跨国公司站在同一起跑线上。加快制定针对战略性新兴产业有差异化的税收补贴、税费减免等激励政策。适当降低营业税税率，返还一定比例的增值税抵扣研发支出。此外，汇率波动对出口企业影响较大，建议政府部门制定相应的补贴政策。

29.3.6 进一步激发民营及中小企业的创新活力，推动原始创新与颠覆性技术的涌现

发展战略性新兴产业不能仅仅依托国有企业与大型企业，更需要将民营企业和中小企业作为推动战略性新兴产业发展的重要抓手，着力打造战略性新兴产业的产业链与产业生态环境，为战略性新兴产业的持续发展提供动力。政府应当制定促进中小企业与民营企业创新的激励政策，调动中小企业技术创新的积极性，充分释放民营企业的创新活力，鼓励企业立足产业发展前沿开展基础研究，为颠覆性技术的涌现创造环境与氛围。

审稿：邬贺铨　薛　澜

政策篇

第 30 章

“十二五”上半期战略性新兴产业相关政策回顾分析

许冠南　周　源　孙丽红

【内容提要】 本章收集了 2011 年 1 月 1 日至 2013 年 6 月 30 日国务院及各部委颁布的战略性新兴产业主要相关政策，分别从中央政策目标导向、中央政策着力点以及各产业领域政策着力点三个方面进行解析。本章分析发现，“十二五”上半期出台的战略性新兴产业相关政策中，优化产业环境类的政策数量最多，体现了这一时期中央政府的主要目标导向在于完善产业生态环境、规范产业发展。中央政策着力点主要在于环境面，通过统筹规划产业布局、规范市场秩序、改善金融财税条件、鼓励企业创新等方式，来构建、完善战略性新兴产业生态系统。此外，这一期间的政策供给面推动和需求面拉动并举，政府一方面通过增加战略性新兴产业的人才培养、技术支持、资金支持和公共服务来推进产业要素集聚；另一方面通过培育、拓展新兴市场，引导市场需求，减少市场的不确定性来拉动产业进一步发展。

《中华人民共和国国民经济和社会发展第十二个五年规划纲要》发布实施以来，按照“在继续做强做大高技术产业基础上，把战略性新兴产业培育发展成为先导性、支柱性产业”的要求，政府出台了以《规划》（国发〔2012〕28 号）为代表的一系列公共政策，来支撑战略性新兴产业的培育与发展。在发布该规划，以及节能环保、新一代信息技术、生物、高端装备制造、新能源、新材料、新能源汽车 7 个产业专项规划的基础上，科技部发布国家宽带网、现代生物制造等 20 多个专项科技发展规划，工信部发布软件和信息服务、太阳能光伏等11个细分领域专题规划，国家发改委发布《战略性新兴产业重点产品和服务指导目录》，国家统计局发布《战略性新兴产业分类（2012）》（试行），26个省市相继发布规划或指导意见，提出了战略性新兴产业的外延、范围、重点任务和区域发展重点方向。2011年以来，国务院有关部门已累计发布重点领域各类规划30余项，发布财税、金融和相关管理政策措施70余项，30个省级政府以及计划单列市、省辖市发布了培育发展战略性新兴产业的指导文件。在这些政策引导下，我国战略性新兴产业规模效益显现、创新能力提升，有效促进了经济转型。

本章通过国务院及各部委的官方网站、各战略性新兴产业技术协会网站、清华大学公共管理学院政府文献信息系统以及战略性新兴产业有关研究内刊等途径，采用网络数据采集、全文关键字检索等方法，收集整理了“十二五”上半期（自2011年1月1日至2013年6月30日）中央部委颁布的各战略性新兴产业主要相关政策（详见附录1），进行梳理和分析。

30.1　中央政策目标导向分析

2010年10月，我国发布了《决定》（国发〔2010〕32号），确定了战略性新兴产业发展的重点方向、主要任务和扶持政策，提出要“强化科技创新，提升产业核心竞争力”、“积极培育市场，营造良好市场环境”、“深化国际合作，提高国际化发展水平”、“加大财税金融政策扶持力度，引导和鼓励社会投入”、“推进体制机制创新，加强组织领导”。围绕这些任务目标，本节把战略性新兴产业的相关政策分为加强科技创新、优化产业环境和完善管理机制三大类进行分析，解析中央政策的目标导向。

30.1.1　加强科技创新类政策分析

增强自主创新能力是培育和发展战略性新兴产业的中心环节。为了完善以企业为主体、市场为导向、产学研相结合的技术创新体系，加强科技创新，提升产业核心竞争力，中央政府从加强产业关键技术研发、强化企业技术创新能力建设、提升人才与知识产权管理、实施重大产业创新发展工程、推进产业集聚发展、深化国际合作等方面出台了政策，支持战略性新兴产业的创新发展。

如图30.1所示，我国在“十二五”上半期出台的加强科技创新类政策中，在加强产业关键技术研发、实施重大产业创新发展工程以及强化企业技术创新能力建设等方面出台的政策数量较多。其中，在加强产业关键技术研发方面，节能环保产业、新一代信息技术产业、战略性新兴产业总体以及生物产业相关政策较密集，通过出台相关产业宏观规划、指导意见及各产业细分领域的政策支持产业关键技术研发；在实施重大产业创新发展工程方面，新一代信息技术产业、高端装备制造产业相关政策较多，通过实施重大产业创新发展工程推动产业的科技创新发展；在强化企业技术创新能力建设方面，战略性新兴产业总体及新一代信息技术产业相关政策数量较多，出台了产业支持项目的相关政策，以项目为依托，带动企业创新能力的提升。

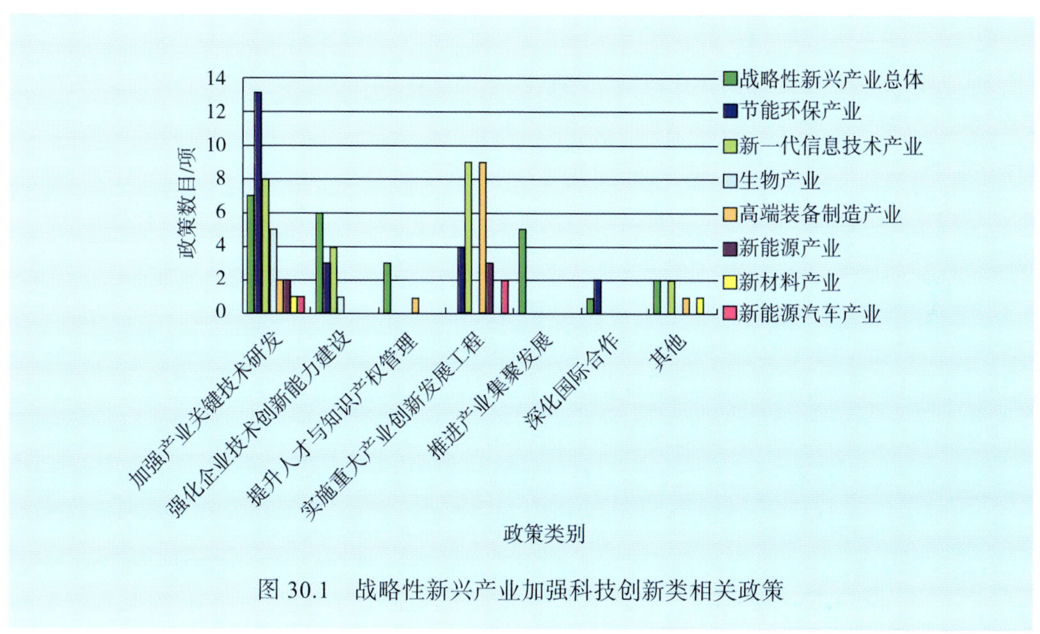

图 30.1 战略性新兴产业加强科技创新类相关政策

30.1.2 优化产业环境类政策分析

培育发展战略性新兴产业必须充分调动企业积极性，积极培育市场，规范市场秩序，创造良好的产业发展环境。中央政府从组织实施重大应用示范工程、支持市场拓展与商业模式创新、完善标准体系和市场准入制度、改善金融服务支持、改进税收激励政策等方面出台了政策，优化新兴产业的发展环境。

如图 30.2 所示，我国在"十二五"上半期出台的优化产业环境类政策中，在组织实施重大应用示范工程、完善标准体系和市场准入制度、改善金融服务支持方面政策较多。其中，在组织实施重大应用示范工程方面，较为突出的是节能环保产业，其出台了大量应用示范工程相关政策，通过刺激和开拓市场需求带动产业发展；在完善标准体系和市场准入制度方面，大部分产业均出台了相关政策，以规范产业发展环境；在改善金融服务支持方面，除了印发相关产业发展专项资金管理暂行办法、财政贴息资金管理办法等政策外，政府还特别出台了一系列政策鼓励和引导民营企业发展战略性新兴产业。

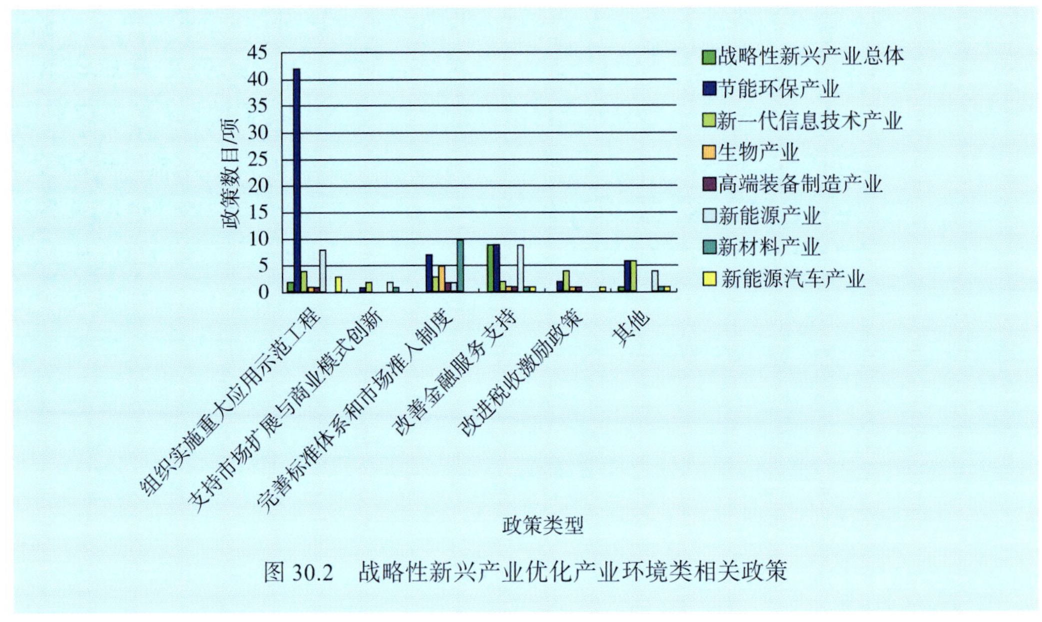

图 30.2 战略性新兴产业优化产业环境类相关政策

30.1.3 完善管理机制类政策分析

加快培育和发展战略性新兴产业必须大力推进改革创新，加强组织领导和统筹协调，为战略性新兴产业发展提供动力和条件。中央政府从加强宏观规划引导、加强组织协调管理等方面出台了政策，以完善战略性新兴产业的管理机制体系。

如图 30.3 所示，为了完善战略性新兴产业的管理机制，政府出台了大量政策以加强对产业发展的宏观规划引导，其中，节能环保产业尤为突出，其他产业基本持平。特别地，政府还颁布了产业统计监测调查方面的政策，以便于产业的进一步规范化管理。此外，在加强组织协调管理方面，除高端装备产业外，其他六大新兴产业都有相关政策出台，以加强产业的组织协调与监管。

30.1.4 综合分析

如图 30.4 所示，“十二五”以来，我国陆续出台了一系列相关政策支持战略性新兴产业发展。特别是自 2012 年下半年《规划》颁布以后，相关政策密度大大提升。随着产业政策体系不断完善，到 2013 年上半年，政策密集度有所下降。

如图 30.5 所示，“十二五”上半期出台的战略性新兴产业相关政策中，优化产业环境类的政策数量最多，占总数的 41%，体现了这一时期中央政府的主要任务目标在于完善产业生态环境、规范产业发展。此外，完善管理机制类政策、加强科技创新类政策分别占总数的 33%、26%，表明中央政府也非常重视战略性新兴产业的管理协调以及科技创新能力提升。

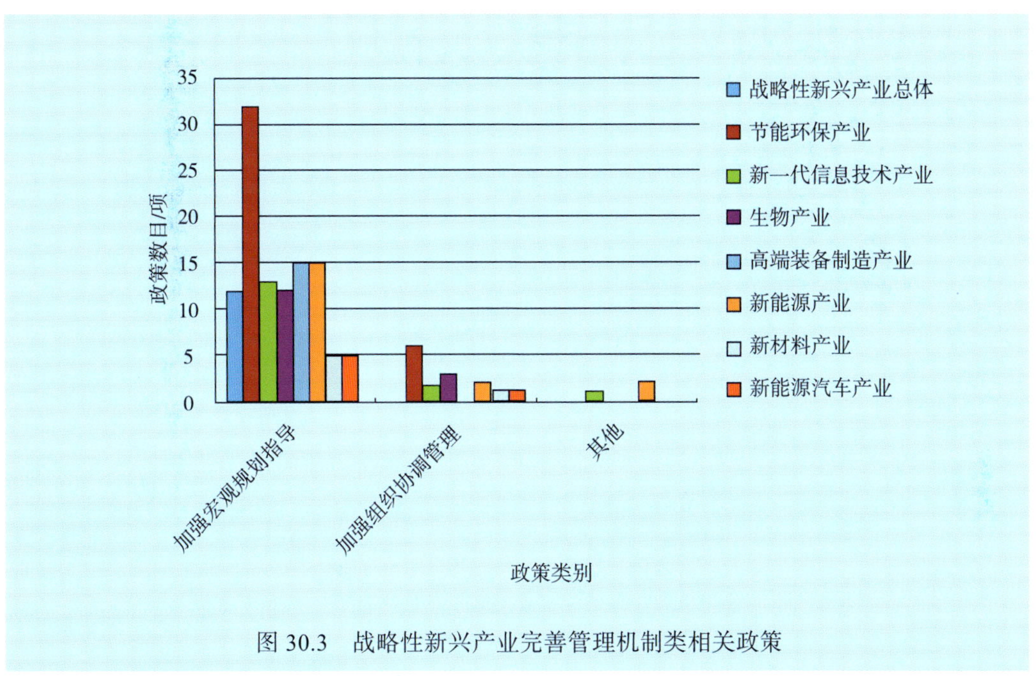

图 30.3　战略性新兴产业完善管理机制类相关政策

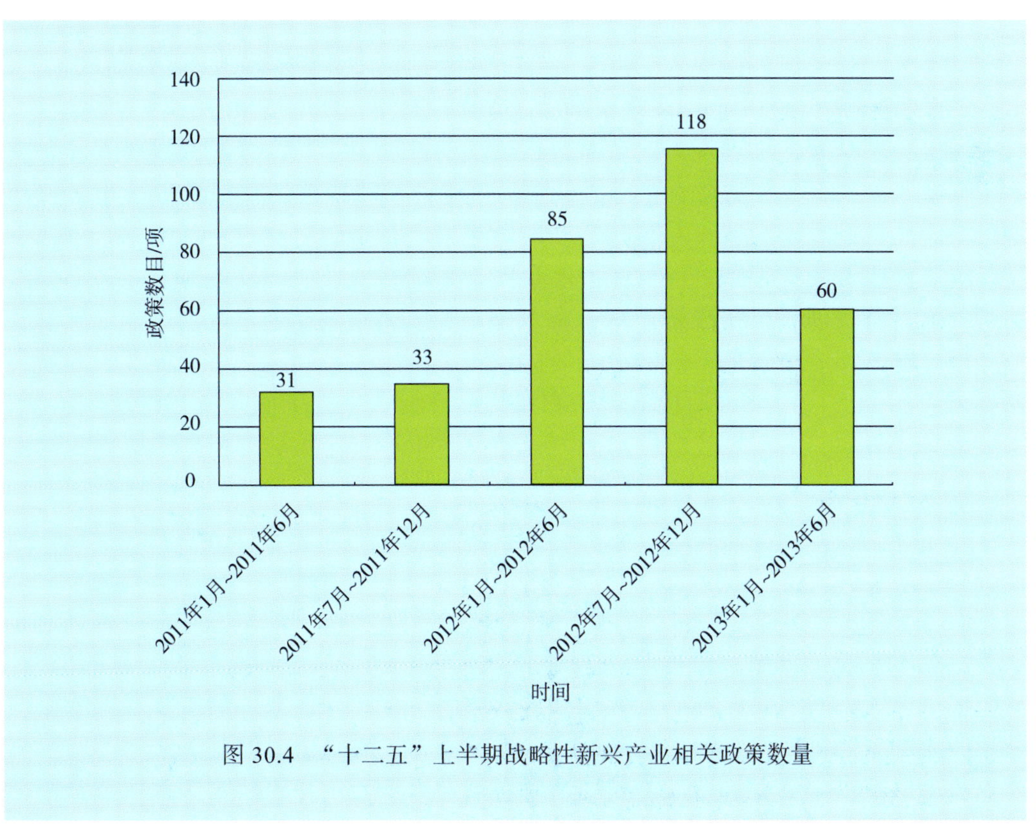

图 30.4　"十二五"上半期战略性新兴产业相关政策数量

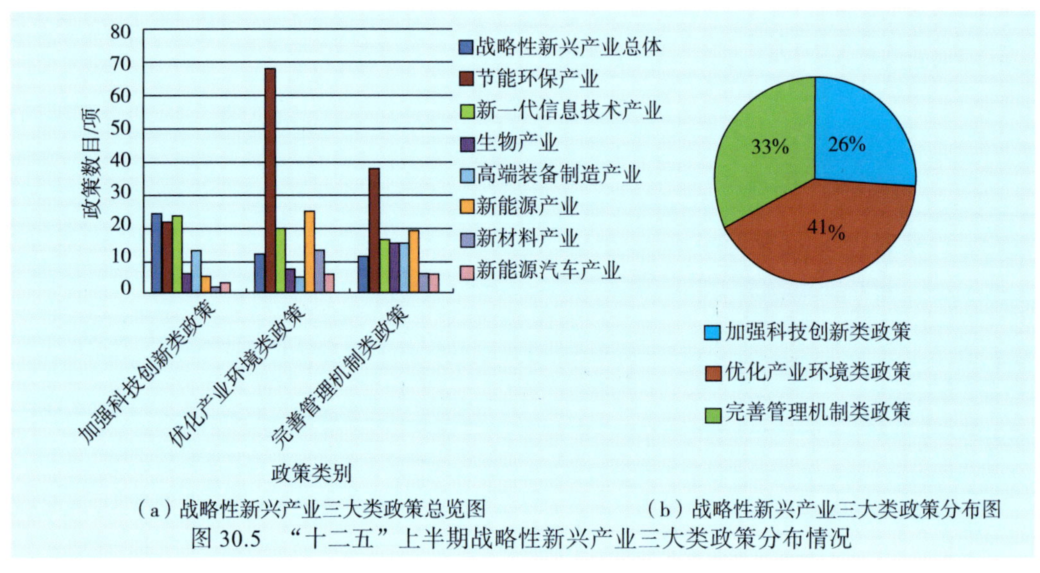

（a）战略性新兴产业三大类政策总览图　　（b）战略性新兴产业三大类政策分布图

图 30.5　“十二五”上半期战略性新兴产业三大类政策分布情况

30.2　中央政策着力点分析

根据政策着力点的不同，政策工具可以分为供给型、环境型和需求型三大类[1, 2]。其中，供给型政策工具表现为政策对科技活动的推动力，是指政府通过对人才、技术、资金、公共服务等支持直接扩大技术的供给，推动科技创新和新产品开发；环境型政策工具则表现为政策对科技活动的影响力，是指政府通过目标规划、金融支持、税收优惠、法规管制、产权保护等政策来影响科技发展的环境因素，从而间接影响并促进科技创新和新产品开发；需求型政策工具指的是通过政府采购、贸易政策、用户补贴、应用示范、价格指导等措施减少市场的不确定性，积极开拓并稳定新技术应用的市场，来拉动技术创新和新产品开发[3～5]。下面，本节将从供给型、需求型、环境型三方面对战略性新兴产业相关政策进行分类和解析，来梳理我国战略性新兴产业公共政策的现状。

30.2.1　主要供给型政策工具分析

供给型政策工具直接对战略性新兴产业的科技活动给予推动力，主要通过人才培养、技术支持、资金支持以及公共服务等方面，改善技术创新相关要素的供给，从而促进产业创新发展。本小节梳理分析了我国“十二五”上半期培育发展战略性新兴产业的主要供给型政策工具。其中，人才培养主要是指政府有关职能部门根据产业发展的需求，建立长期的、战略性的人才发展规划，并积极完善各级教育体系及各种培训体系，开拓人才交流渠道，为技术创新活动提供不同层次的人力资源；技术支持主要是指政府通过技术辅导与咨询来引导产业的技术创新并加强技术基础设施建设，如出资建立研发实验室、建立学习机制促进技术成果扩散、鼓励企业引进国外先进技术等；资金支持是指政府直接对企业的技术创新行为提供财力上的支援，如提供研发经费和基础设施建设经费等；公共服务是指政府为了保障技术创新的顺利进行，提供相应的信息、交通、通信、咨询等配套服务设施。

从图 30.6 可以看出，在我国“十二五”上半期颁布的供给型政策中，技术支持方面占比较高，其中，战略性新兴产业总体、节能环保产业、新一代信息技术产业以及生物产业相关政策数量较多，在支持方式、推动民营企业技术创新、鼓励发展战略性新兴产业等方面都有不同程度的推进；在资金支持方面，节能环保产业、生物产业相关政策数量相对较多，主要是以项目为依托，重点支持重大生产、研发及产业化、公共平台、示范应用项目，兼顾产业基地、配套设施建设等；在公共服务方面，只有节能环保产业相关政策数量相对较多，生物产业、高端装备制造产业、新材料产业未有相关政策出台；在人才培养方面，相关政策落实到具体的产业领域，可操作性稍显不足。

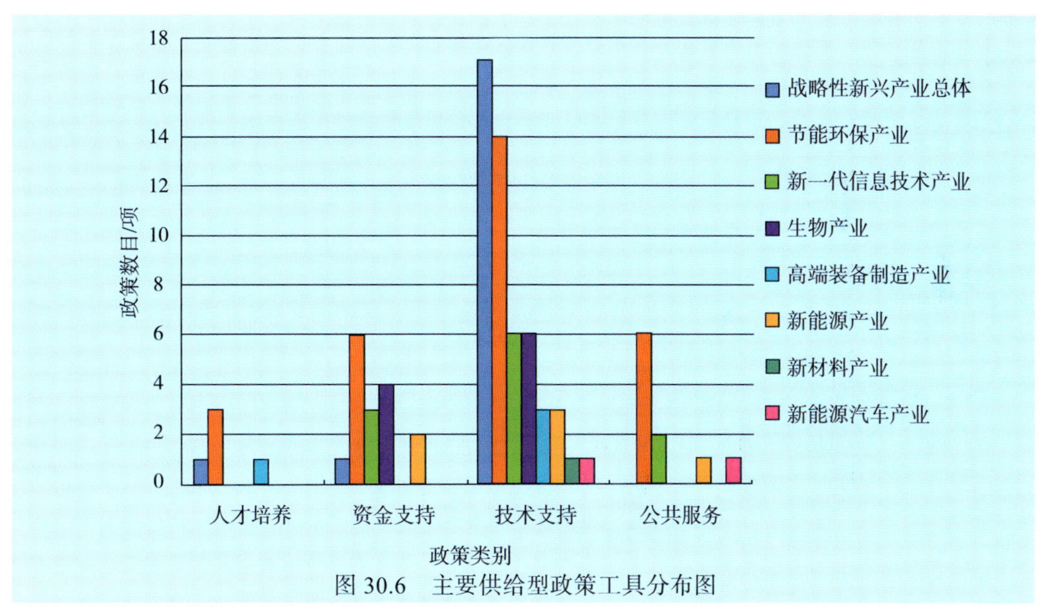

图 30.6 主要供给型政策工具分布图

30.2.2 主要环境型政策工具分析

环境型政策工具主要表现为政策对产业科技活动的影响力，主要通过目标规划、金融支持、法规规范、产权保护、税收优惠等方面，为技术创新等科技活动提供有利的政策环境，从而间接作用于产业发展。本小节梳理分析了我国“十二五”上半期培育发展战略性新兴产业的主要环境型政策工具。其中，目标规划是指政府通过制定战略性的发展目标和规划，对产业发展进行宏观性、方向性、指导性的统筹布局；金融支持主要是指政府通过融资、补助、风险投资、特许、财物分配安排、设备提供和服务、贷款保证、出口信用贷款等政策鼓励企业的创新；法规规范是指政府通过制定公平交易法、加强市场监管、反对垄断、制定环境和健康标准等措施，规范市场秩序，为创新提供有利的环境；产权保护主要是指政府通过颁布专利、著作权、软件著作权等方面的管理条例和细则，加强知识产权保护、提高企业开展技术创新的积极性；税收优惠主要是指政府对于满足特定条件的企业和个人给予赋税上的减免，如投资抵减、加速折旧、免税和租税抵扣等。

从图 30.7 可以看出，我国“十二五”上半期颁布的环境型政策中，目标规划方面的政策数量最多，其中节能环保产业及新一代信息技术产业尤为突出，除了出台了各产业细分领域的目标规划外，还出台了一系列指导意见，以促进产业健康有序发展；金融支持方面，节能环保产业相关政策数量较多，目前主要以配套政策为主，在加强政策性金融对自主创新和产业化的支持力度及营造激励自主创新的金融环境上略显单薄；在法规规范方面，节能环保产业、新材料产业相关政策数量较多，出台了细分领域的准入条件，进一步促进了市场环境规范化，提高了企业准入门槛，其他产业则以服务性规范政策居多；在产权保护方面，有可操作性产权保护方面的政策仍较为欠缺；在税收优惠方面，国家对于新一代信息技术产业给予的支持力度最大，其他产业相对较少。

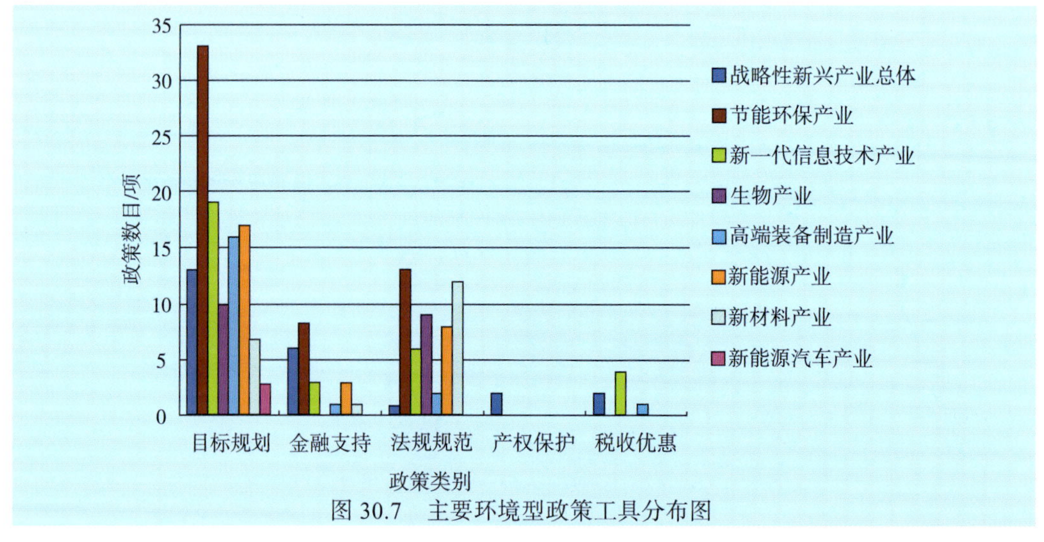

图 30.7　主要环境型政策工具分布图

30.2.3　主要需求型政策工具分析

需求型政策工具是指政府通过政府采购、贸易政策、用户补贴、应用示范、价格指导等措施来引导市场需求，减少市场的不确定性，从而带动产业健康发展。本小节梳理分析了我国“十二五”上半期培育发展战略性新兴产业的主要需求型政策工具。其中，政府采购是指政府通过对特定产品的大宗采购，提供相对稳定的市场预期，降低市场的不确定性，激发企业创新的决心，包括中央或地方政府的采购、公共事业的采购等；贸易政策主要是指政府有关进出口的各项管理措施，如贸易协定、关税、货币调节等；用户补贴主要是指政府通过对产品的需求端给予补贴，从而提升消费者购买能力和意愿，促进产品推广和市场拓展；应用示范是指政府对特定技术、产品的项目，在现实环境中以全规模或接近全规模方式进行市场检测和展示，从而提升产品的社会可接受度，促进技术创新；价格指导是指政府通过颁布某类产品的最高、最低限价或建议价格来对产品售价进行干预，引导市场需求。

从图 30.8 可以看出，“十二五”上半期，节能环保产业出台的需求型政策最多，其次是新能源产业和新能源汽车产业。其中，最广泛应用的需求型政策工具为用户补贴和应用示范。这些领域的需求侧政策尝试为政府引导战略性新兴产业发展提供了很好的经验借鉴。

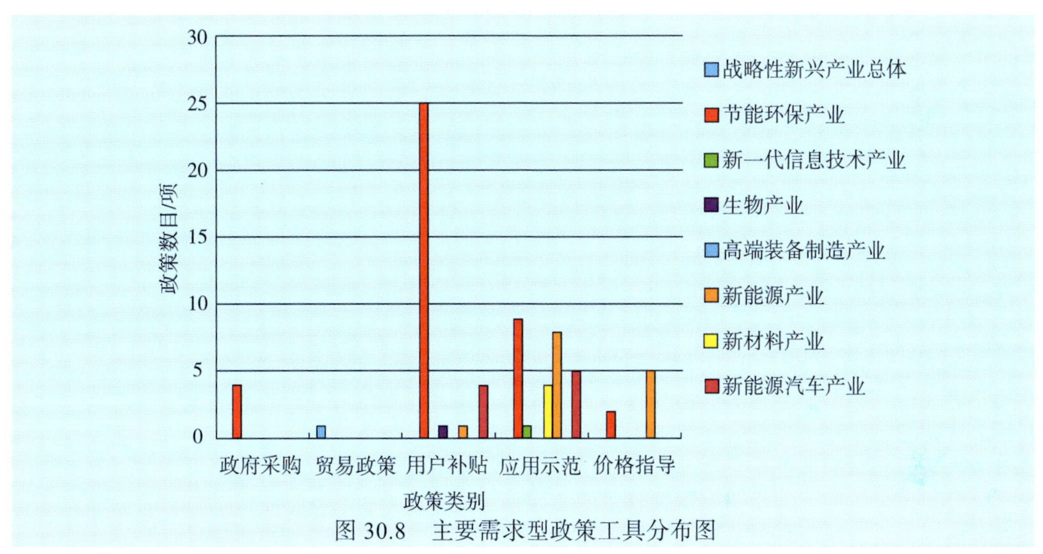

图 30.8 主要需求型政策工具分布图

30.2.4 综合分析

如图 30.9 所示，我国在“十二五”上半期对战略性新兴产业出台的产业政策中，环境型政策的数量最多，共 186 项，占政策总数的 57%；其次为供给型政策和需求型政策，分别为 72 项、69 项，占政策总数的 22%、21%。

由此可以看出，在“十二五”上半期，中央部委的战略性新兴产业政策着力点主要在于环境面，通过统筹规划产业布局、规范市场秩序、改善金融财税条件、鼓励企业创新等方式，来构建、完善产业生态系统。此外，这一期间的政策供给面推动和需求面拉动并举，政府一方面通过增加战略性新兴产业的人才培养、技术支持、资金支持和公共服务来推进产业要素集聚；另一方面通过培育、拓展新兴市场，引导市场需求，减少市场的不确定性来拉动产业进一步发展。

伴随着产业环境的不断完善和优质生产要素的集聚发展，预计在战略性新兴产业的下一步发展中，中央政府相关政策的着力点将向需求面倾斜，通过发挥中国拥有巨大市场内需的发展优势，引导战略性新兴产业从政策主导向市场主导转变。

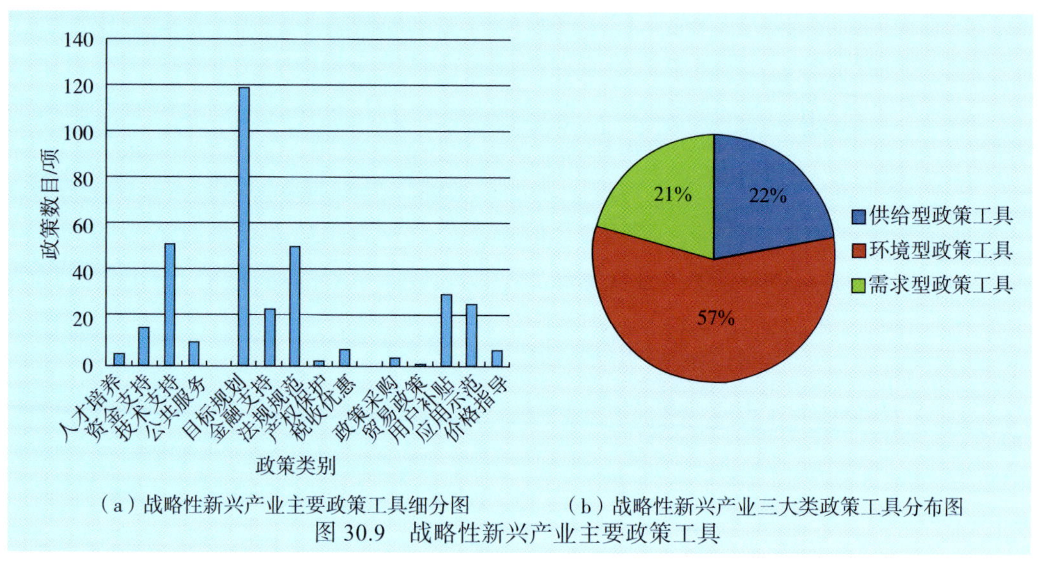

（a）战略性新兴产业主要政策工具细分图　（b）战略性新兴产业三大类政策工具分布图

图 30.9　战略性新兴产业主要政策工具

30.3　各产业领域政策着力点分析

由于不同产业的发展阶段、产业技术、市场导向性等各具特点，各产业领域政策的着力点也有所不同。下面，本节将对七大战略性新兴产业的政策进行逐一分析。

30.3.1　节能环保产业

节能环保产业主要包括高效节能产业、先进环保产业、资源循环利用产业。其主要政策工具分布如图 30.10 所示，供给型政策占 21%，环境型政策占 45%，需求型政策占 34%。其中，供给型政策中，以技术支持方面的政策为主；环境型政策中，目标规划数量最多，提出了循环经济发展及环保装备产业发展的具体目标和建筑、制造、工业节能等产业绿色发展的进度表；需求型政策中，用户补贴和应用示范相关政策较多。

30.3.2　新一代信息技术产业

新一代信息技术产业主要包括下一代信息网络产业、电子核心基础产业、高端软件和新兴信息服务产业。其主要政策工具分布如图 30.11 所示，供给型政策占 23%，环境型政策占 75%，需求型政策占 2%。在供给型政策方面，以技术及资金支持为主，人才培养、公共服务方面的政策支持相对较少；在环境型政策方面，主要出台了一系列细分产业的发展规划，政府通过颁布细分领域的子政策使得对新一代信息技术产业的扶植发展更具可操作性。在需求侧没有明显的政策支持，仍以产业自身市场需求为主。

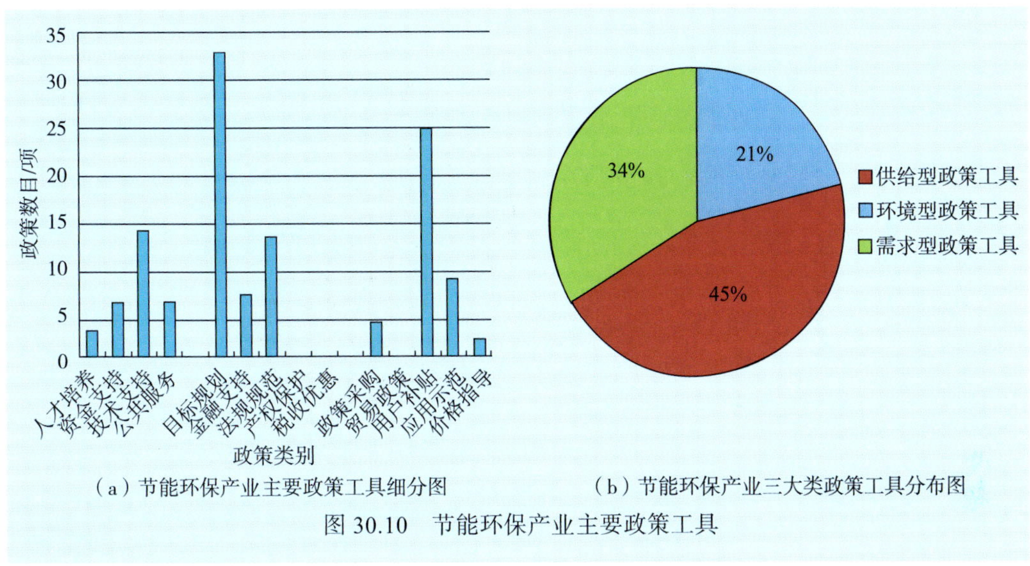

（a）节能环保产业主要政策工具细分图 （b）节能环保产业三大类政策工具分布图

图 30.10 节能环保产业主要政策工具

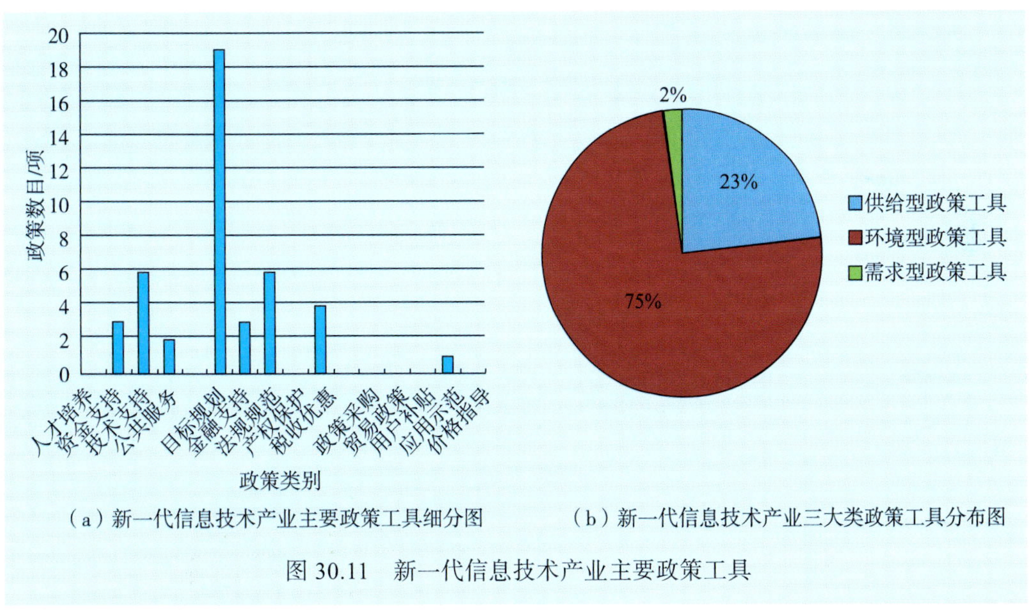

（a）新一代信息技术产业主要政策工具细分图 （b）新一代信息技术产业三大类政策工具分布图

图 30.11 新一代信息技术产业主要政策工具

30.3.3 生物产业

生物产业主要包括生物医药产业、生物医学工程产业、生物农业产业、生物制造产业。其主要政策工具分布如图 31.12 所示，供给型政策占 35%，环境型政策占 61%，需求型政策占 4%。其中，在供给层面，技术政策支持较多，人才培养、公共服务政策缺失；在环境层面，以重大专项科研项目规划居多，同时在法规规范方面加以约束，金融支持、产权保护等方面没有相关政策支持。在需求层面相关政策较少。

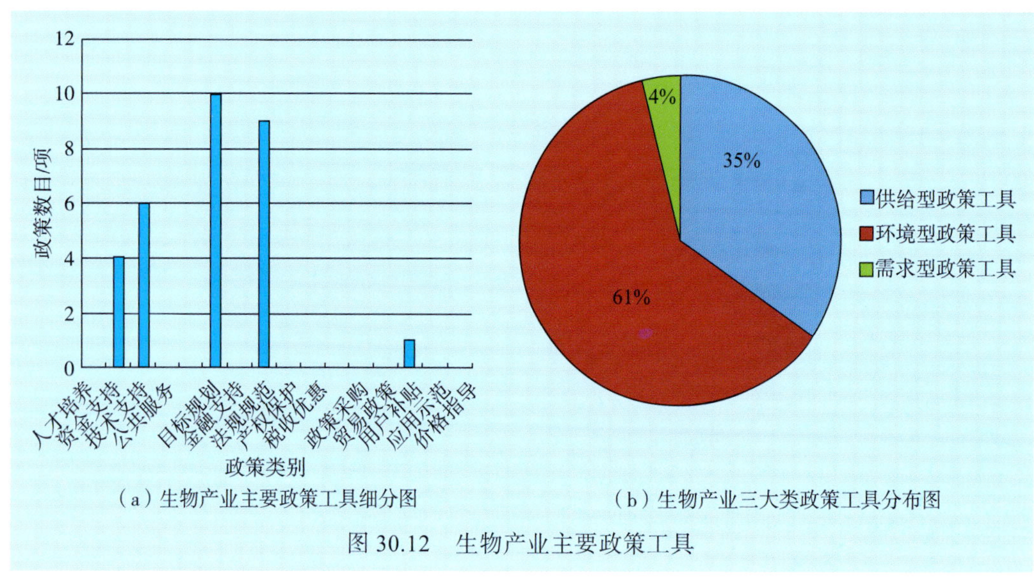

（a）生物产业主要政策工具细分图　　（b）生物产业三大类政策工具分布图

图 30.12　生物产业主要政策工具

30.3.4　高端装备制造产业

高端装备制造产业主要包括航空装备产业、卫星及应用产业、轨道交通装备产业、海洋工程装备产业、智能制造装备产业。其主要政策工具分布如图 30.13 所示，供给型政策占 14%，环境型政策占 68%，需求型政策占 18%。其中，在供给型政策工具方面，针对资金支持和公共服务的产业政策尚无。在环境型政策工具方面，以目标规划、法律法规相关政策为主。在需求型政策工具方面出台了示范工程相关政策，以加快改造提升制造业，推动机械工程领域的科技进步。

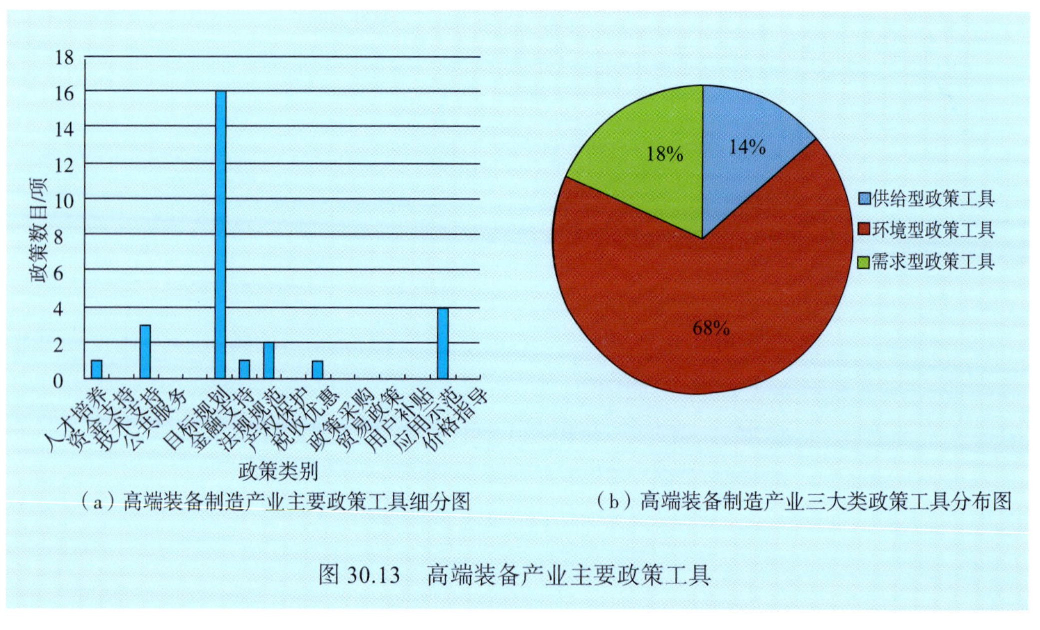

（a）高端装备制造产业主要政策工具细分图　　（b）高端装备制造产业三大类政策工具分布图

图 30.13　高端装备产业主要政策工具

30.3.5 新能源产业

新能源产业主要包括核电技术产业、太阳能产业、风能产业、生物质能产业。其主要政策工具分布如图 30.14 所示，供给型政策占 13%，环境型政策占 57%，需求型政策占 30%。其中，在供给型政策方面，以资金支持、技术支持为主推动产业发展。在环境型政策方面，以细分产业的目标规划为主，同时辅以法规规范，为产业提供可持续发展的产业环境。在需求面，主要通过价格指导、应用示范、用户补贴等拉动市场需求。

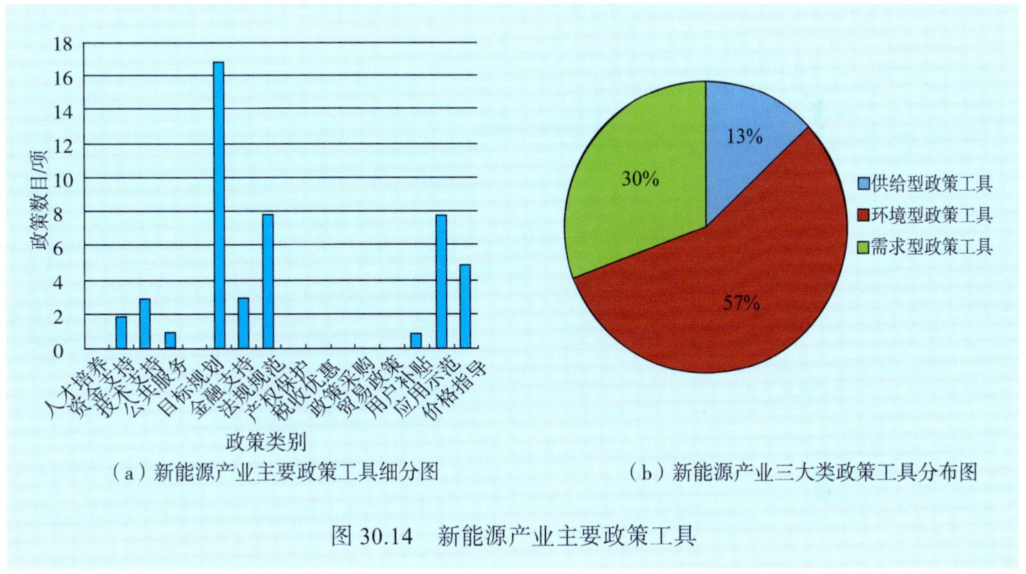

（a）新能源产业主要政策工具细分图 （b）新能源产业三大类政策工具分布图

图 30.14 新能源产业主要政策工具

30.3.6 新材料产业

新材料产业主要包括新型功能材料产业、先进结构材料产业、高性能复合材料产业。其主要政策工具分布如图 30.15 所示，供给型政策占 5%，环境型政策占 95%，无需求型政策。可见，新材料产业的政策种类较少，主要集中于环境面的法规规范和目标规划。

30.3.7 新能源汽车产业

新能源汽车产业当前重点推进纯电动汽车和插电式混合动力汽车，其主要政策工具分布如图 30.16 所示，供给型政策占 14%，环境型政策占 22%，需求型政策占 64%。其中，技术支持、公共服务、目标规划、用户补贴、应用示范有相应的政策工具支持，以需求侧推广应用示范及用户补贴的相关政策最为密集。

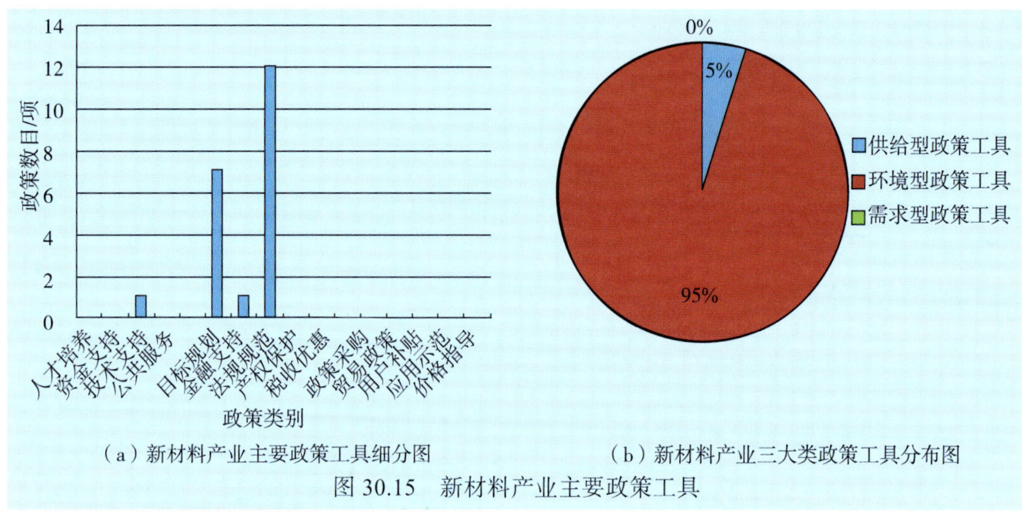

（a）新材料产业主要政策工具细分图　　（b）新材料产业三大类政策工具分布图

图 30.15　新材料产业主要政策工具

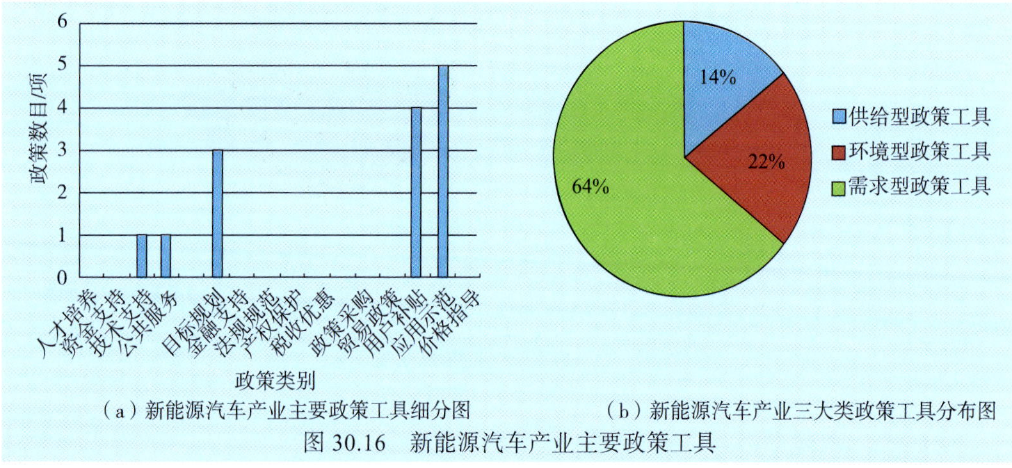

（a）新能源汽车产业主要政策工具细分图　　（b）新能源汽车产业三大类政策工具分布图

图 30.16　新能源汽车产业主要政策工具

审稿：苏　竣　石立英

参考文献

[1] Rothwell R，Zegveld W. Reindustrialization and Technology.New York: Longman Group Limited, 1985.

[2] Nemet G F. Demand-pull, technology-push, and government-led incentives for non-incremental technical change. Research Policy, 2009, 38: 700 ～ 709.

[3] 赵筱媛，苏竣 . 基于政策工具的公共科技政策分析框架研究 . 科学学研究 , 2007, 25（1）: 52 ～ 56.

[4] Stefano G D，Gambardella A，Verona G. Technology push and demand pull perspectives in innovation studies: current findings and future research directions. Research Policy, 2012, 41: 1283 ～ 1295.

[5] Peters M,Schneider M,Griesshaber T, et al. The impact of technology-push and demand-pull policies on technical change - does the locus of policies matter? Research Policy, 2012, 41: 1296 ～ 1308.

第 31 章

金融危机后国外发展新兴产业的政策实践与启示

李 欣 周 源

【内容提要】 新兴产业多出现于创新型中小企业。金融危机后，为促进经济复苏，世界各国纷纷加大对培育和发展新兴产业的支持力度，特别是把加强对中小企业创新的支持作为政策措施的重要着力点。本章对美国、英国、德国、加拿大、澳大利亚、韩国等发达国家促进中小企业创新的研发税收、财政金融、政府采购、产学研合作等方面的政策措施进行了梳理和分析，总结出促进我国中小企业创新的四点启示：扩大研发税收优惠覆盖范围，建立健全中小企业创新投融资体系，完善政府采购制度，积极引导大学、科研机构与中小企业开展合作。

随着经济全球化竞争日益激烈，科技创新不断取得重大突破，以知识技术密集、绿色低碳为主要特征的新兴产业蓬勃兴起，日益成为引领新一轮产业革命的主导力量。而本轮新兴产业呈现出一个重要的特征：新兴产业多出现于创新型中小企业。由于大企业具有成熟的技术轨道，垄断利润丰厚，因而对采用颠覆性技术往往迟疑，对“突破性创新”大多予以封杀。而创新型中小企业一般是通过“突破性创新”起家，机制灵活，创新活跃，具有高成长性。所以创新型中小企业往往是新兴产业的摇篮。例如，IBM、谷歌、Facebook、阿里巴巴等都是从小企业发展而来的，而正是这些小企业成就了现在蓬勃发展的信息网络产业。

中小企业已成为推动世界经济发展的重要力量，在增加社会就业、推动技术创新、促进新兴产业发展等方面，发挥着越来越重要的作用。金融危机后，促进中小企业创新是各国培育新的经济增长点、促进经济复苏过程中创新政策的重要着力点，各国纷纷调整政策向其倾斜，强化对中小企业创新发展的支持。因此，了解并借鉴发达国家关于促进中小企业创新发展的政策措施，对于我国培育和发展战略性新兴产业，加快国家创新体系建设具有重要的借鉴意义。

金融危机后，主要发达国家在研发税收、财政金融、政府采购、产学研合作等方面，加大了对中小企业技术创新的支持力度。

31.1 加强研发税收优惠，引导中小企业加大研发投入

金融危机后，鼓励研发成为各国摆脱危机、重振经济的重要手段之一。中小企业是各国最具活力的创新主体，但由于资金和规模的限制，再加上受金融危机的影响，中小企业的研发热情不断下降。为调动中小企业开展技术研发的积极性，加大研发投入，各国纷纷加强对中小企业的研发税收优惠支持。

英国在 2000 ～ 2007 年，中小企业研发税收政策采取研发费用 150% 的税前扣除。从 2008 年 8 月开始，给予中小企业 175% 的税前扣除，对于亏损的中小企业，可获得转让亏损 14% 现金返还。从 2011 年开始，英国对中小企业政策又进行了重大调整，自 4 月 1 日起，中小企业政策由原来 175% 的税前扣除提高到 200%。2012 年 4 月 1 日再提高到 225%，对亏损的中小企业，可获得转让亏损的 11% 现金返还。同时，另一个调整方向就是简化申报手续，使更多的中小企业受益[1]。

加拿大为促进企业加大研发投入和提高创新能力，实施了科学研究与试验开发税收抵免计划（Scientific Research and Experimental Development Tax Incentive Program）[2]。该计划适用于加拿大境内进行研发的所有企业，并重点支持中小企业，根据企业规模确定税收减免比率，规模越小获得优惠越大。2010 ～ 2011 年，该计划将总金额的 26% 用于支持中小企业创新，而大企业只占 11%[3]。

此外，从主要发达国家实施的研发税收优惠政策情况来看，主要发达国家采取的研发税收激励主要有两种形式，一是税前扣除，二是税收抵免。税前扣除与税收抵免的主要区别在于，税前扣除是针对企业应税收入（即税前利润）的优惠，而税收抵免是针对企业应缴税款的优惠。税收抵免对企业研发决策的作用更大，更加鼓励企业增加研发投入。因此，为了鼓励和引导中小企业增加研发投入，一些发达国家正逐渐采用税收抵免政策来替代税前扣除政策。

美国白宫和财政部于 2012 年 2 月联合发布了题为“总统的企业税收改革框架”（The President's Framework for Business Tax Reform）的报告[4]，提出将公司税税率从 35% 降低到 28%，并特别强调要将研发税收抵免政策永久化，已提交国会审议。研发税收抵免已成为美国广受中小企业欢迎的税收优惠政策。

澳大利亚一直混合使用税前加计扣除和税收抵免两种研发税收激励政策。2011

年 7 月澳大利亚政府开始对研发税收激励政策进行调整，实施《R&D 税收激励》（The Research and Development Tax Incentive），取消税前加计扣除，单一采用税收抵免政策。调整后的政策对中小企业优惠额度增大，根据公司规模，年营业额 2 000 万澳元以下的中小企业，可获得 45% 的可返还税收抵免，相当于 150% 的加计扣除率，远大于原政策 125% 的加计扣除率[5]。

31.2 深化财政金融扶持政策，加大支持力度

资金不足是中小企业创新的最大障碍。为解决中小企业资金缺乏问题，主要发达国家不断深化财政金融政策，加大对中小企业的扶持力度。

韩国为促进中小企业创新发展，一是对具备增长可行性的创新型中小企业提供政策资金，资金数额从 2004 年的 26 265 亿韩元逐年增加到 2010 年的 33 355 亿韩元，每年平均有 2 万左右中小企业得到资金支持[6]。二是强化金融支持，向中小企业提供长期低息贷款，一般贷款周期为 8 年，利率在 2% ～ 8%，远低于 10% 的商业贷款。三是建立多种风险投资基金，以补充和引导民间风险投资；以技术作为担保的依据，由政府基金向银行提供担保，银行向风险企业提供贷款，主要支持资产规模小、资金不足，但创新能力强、具有成功前景的中小企业。四是改善中小企业的税收政策，减轻中小企业负担。例如，对新创业中小企业从营业日起，减免 5 年的法人税、所得税和财产税；对设备投资者免征投资额 10% 的投资税；在中小企业以偿还金融机构负债为目的转让不动产时，免征让渡所得税、特别附加税等[6]。

德国联邦政府为解决中小企业资金不足问题，在 2010 年发布的《理念 · 创新 · 增长——德国 2020 高技术战略》（Ideen · Innovation · Wachstum Hightech-Strategie 2020 für Deutschland）中提出要建立具有国际竞争力的股权投资和风险投资市场体系，强化风险投资补贴，帮助中小企业进行融资，解决资金不足问题[7]。通过德国重建银行（Kreditanstalt fuer Wiederaufbau）大幅提高与企业创业有关的基金规模，如创新企业创业基金的资金规模在 2010 年增加了近一倍，从 2.5 亿欧元增加到 4.7 亿欧元，2011 年继续增资 2.5 亿欧元，更多处于初创期和成长期的科技型中小企业得到支持。另外，以参股方式支持科技型中小企业的风险基金（ERP/EIF-Dachfonds），2010 年也得到德国政府大幅注资，其资金规模从 5 亿欧元增加到 10 亿欧元。2009 年德国重建银行制订了 72 亿欧元的“特别计划”，向企业提供各类资金支持，在批准的 2 500 笔资金中，94% 由中小企业获得。2009 年德国重建银行支持中小企业的资金总额达到了 238 亿欧元，为历史最高[8]。

英国商业、创新和技能部（Department for Business Innovation & Skills）在 2011 年发布的《促进增长的创新与研究战略》（Innovation and Research Strategy-for Growth）报告中提出要支持风险投资，通过企业资本基金（Enterprise Capital Funds）、种子企业投资计划（Seed Enterprise Investment Scheme）等加大风险投资对

企业创新的支持；并提出在 2012 ～ 2014 年投入 7 500 万英镑支持创新型中小企业的创新，其中 2011 ～ 2012 年计划投资 2 500 万英镑支持中小企业进行创新产品的概念验证、市场分析验证和原型开发 [9]。

美国为向中小企业提供更多贷款支持和减税优惠，奥巴马总统在 2010 年 9 月签署了《2010 年小企业就业法案》（Small Business Jobs Act of 2010）。该法案能够为小企业提供 120 亿美元的贷款和 120 亿美元的减税优惠，支持力度达到前所未有的程度；并进一步放宽小企业贷款限制，加大政府对贷款担保的支持力度 [10]。

31.3 加大政府采购力度，增强中小企业创新动力

为鼓励中小企业创新，降低创新风险，促进创新产品快速进入市场，发达国家纷纷调整公共采购政策，加大了对中小企业创新产品的政府采购力度。

韩国政府为了督促政府与公共机构带头购买中小企业创新产品，并扩大购买规模，在 2009 年的政府与公共机构采购预算中，将对中小企业创新产品的采购额设为 68.8 万亿韩元，比 2008 年增加 1.9 万亿韩元，占政府公共机构总采购预算的 67.4%[6]。

加拿大政府在 2010 年启动创新商业化计划（Canadian Innovation Commercialization Program），计划在两年内共投入 4 000 万加元，鼓励政府部门采购企业商业化前的创新产品和服务，政府试用后将信息反馈给企业，促进创新产品和服务加快发展成熟，进而帮助企业，特别是中小企业跨过创新的“死亡之谷”（valley of death）[11]。加拿大中小企业办公室负责创新商业计划的具体运行工作，建立网站向外公开政府需要采购的创新产品，同时在全国范围内通过展销会等形式，为中小企业演示创新产品提供机会，并帮助中小企业获取政府采购需求信息。

欧盟在 2011 年的《欧盟公共采购政策现代化报告》（Green Paper on the Moder-nisation of EU Public Procurement Policy Towards a More Efficient European Procurement Market）中 [12]，建议欧盟委员会在起草制定政策措施时要积极面向创新型中小企业采购新技术新产品，同时提出：制定统一标准，对符合规定的创新型中小企业颁发“公共采购电子护照”；建立欧盟统一的公共采购市场，促进创新型中小企业的广泛参与和充分竞争。

英国技术战略委员会（Technology Strategy Board）为了利用政府采购来促进创新，在 2013 年实施的《小企业研究计划》（Small Business Research Initiative）中提出政府要增加面向小企业的公共采购，采购小企业商业化前的创新产品、技术和解决方案。该计划通过公平竞争的方式来动员企业，为公共部门的具体需求提出创新解决方案；这也使得公共部门在创新产品、技术和解决方案的研发初始阶段就与供应商建立紧密联系，通过合作共同确定技术研发和创新路线的总体方向；并能够对创新项目的早期研发提供稳定的资金支持，为打开潜在的市场提供了机会，这对小企业的发展非常有帮助。为了实施该计划，英国政府还建立了一个网站，向小企业

宣传公共部门的需求采购信息。此外，英国政府准备将支持该计划的资金由 2012 ～ 2013 年的 4 千万英镑增加到 2013 ～ 2014 年的 1 亿英镑[13]。

31.4　促进产学研合作，拓展中小企业创新来源

为了拓展中小企业创新来源，主要发达国家制定了一系列促进中小企业产学研合作创新的政策措施。

加拿大政府为促进大学和中小企业的合作，在 2010 年实施“学院与社区创新计划”（College and Community Innovation Program），增强社区学院和中小企业的合作研发能力，促进技术转移和商业化，拓展中小企业创新来源；并在 2010 年的政府预算中提出每年将对学院与社区创新计划新增 1 500 万加元的投入，重点支持学院和中小企业在环境、能源、健康、信息等领域的合作研究[14]。

英国为促进中小企业与大学建立密切合作关系，充分利用大学研究机构的资源进行技术开发和创新，以及鼓励大学为中小企业发展提供良好的技术源头、基础设施和咨询服务，英国技术战略委员会和英国高等教育创新基金（Higher Education Funding Council for England）设立专门基金项目来支持中小企业和大学的合作。英国高等教育创新基金在 2011 ～ 2015 财年的预算中，将基金从每年 7 800 万英镑增长到 1.5 亿英镑，支持企业与大学合作。英国技术战略委员会实施了“创新券计划”（Innovation Vouchers Scheme），专门面向那些首次与大学合作的中小企业，使它们在创新和发展的过程中获得大学的知识支持，并在 2013 年出资 600 万英镑来支持中小企业和大学合作[15]。

德国联邦政府为进一步加大对中小企业与大学、科研机构合作创新的支持力度，在 2009 年出台的第二套经济刺激方案中对已经实施的《中小企业创新核心计划》（Central Innovation Programme SME）增资 9 亿欧元，并将资助范围扩大，使更多的企业受益[16]；并在 2010 年发布的《理念 · 创新 · 增长——德国 2020 高技术战略》中提出要强化高校、科研机构与中小企业的交流合作，使它们之间互联成网，促进知识转化和技术转移[7]。

31.5　国外发展新兴产业的政策实践对我国的启示

发达国家的一些政策措施对完善和健全我国促进中小企业创新发展的政策、培育和发展战略性新兴产业具有一定的借鉴意义。

31.5.1 进一步扩大研发税收优惠覆盖范围，加强对中小企业的税收优惠支持

主要发达国家的企业研发税收优惠政策涵盖面广，对研发税收优惠没有专门的行业限制，对中小企业的研发优惠力度大。而目前我国实行的研发税收优惠政策主要是税前加计扣除，并要求享受优惠的企业需在《国家重点支持的高新技术领域》和国家发改委等部门公布的《当前优先发展的高新技术产业化重点领域指南》规定范围之内，无法满足对多数中小企业研发投入的激励。

建议借鉴发达国家经验，积极探索取消研发领域限制，进一步扩大企业研发税收优惠范围，提高研发费用加计扣除率，并将研发费用加计扣除政策向中小企业倾斜，加大对中小企业的优惠力度；同时加强对税收抵免政策的研究，针对中小企业可先混合使用税前扣除和税收抵免两种政策，探索税收抵免政策的实施机制，逐步推行税收抵免政策，激励中小企业增加研发投入。

31.5.2 进一步建立健全中小企业创新投融资体系，加大对中小企业资金支持

主要发达国家为解决中小企业融资难问题，加强对中小企业的金融支持，实施了多种贷款和税收优惠政策，建立了多种风险投资基金和创新创业基金等。

建议我国加大对中小企业的财政金融支持，建立健全政府资金担保制度，逐步建立和完善中小企业融资担保体系，加快中小企业信用体系建设，引导金融机构加大对中小企业的信贷支持。鼓励和引导各种风险投资基金为中小企业提供资金支持。建立健全创业投资引导基金，引导民间资本支持中小企业创新。深入开展促进科技和金融结合试点，不断创新金融产品和服务模式，搭建科技金融服务平台，为中小企业创造良好的投融资环境。

31.5.3 进一步完善政府采购制度，提高中小企业创新动力

主要发达国家已进一步深化和完善政府采购政策，采购中小企业尚未商业化的创新产品，为中小企业创新产品提供初始市场；同时，在政府采购信息宣传和社会化服务等方面为中小企业提供专门的服务，并帮助中小企业开拓市场。

建议我国研究制定符合国际规则和我国国情的政府采购政策，并在政府采购的政策中向中小企业倾斜，如在政府采购政策中规定，政府采购的产品或服务必须有一定的比例来自中小企业；在政府采购信息的公开和提供社会化服务等方面为中小企业提供便利，如利用政府公共信息网和企业协会网等媒介向中小企业宣传政府采购信息，并为中小企业向公共部门展示其新技术新产品或服务提供各种渠道；同时，将创新产品采购从针对终端产品适度前移，采购商业化前的新技术新产品或服务，使中小企业的新技术新产品或服务有比较稳定的市场保证，降低创新风险，增强创新动力。以此为杠杆撬动市场，激发“无形的手”发挥作用，助力中小企业成就梦想。

31.5.4　积极引导大学、科研机构与中小企业开展合作，促进产学研结合

主要发达国家通过实施各类科技计划、搭建平台等方式来引导和促进大学、科研机构与中小企业合作，加强技术开发和转移。

建议我国以科技计划项目为载体，鼓励大学、科研机构与中小企业联合申请项目，推动大学、科研机构与中小企业合作，建立长期合作关系；鼓励大学、科研机构和中小企业联合建立研发机构，进行合作研发创新，同时鼓励大学、科研机构向中小企业开放研发仪器设备、科技文献、专业技术服务等科技资源；建立健全科技中介服务体系，促进中小企业与大学、科研机构之间的知识流动、人才交流和技术转移。通过广泛地开展产学研合作，帮助中小企业解决技术难题，促进大学、科研机构的创新研究成果快速转化，拓展中小企业创新来源。

审稿：薛　澜

参考文献

[1] HM Revenue&Customs. CIRD90050 – R&D tax relief: SME scheme: overview.http://www.hmrc.gov.uk/manuals/cirdmanual/cird90050.htm，2013-04-02.

[2] Canada Revenue Agency. Scientific research and experimental development（SR&ED）tax incentive program.http://www.cra-arc.gc.ca/txcrdt/sred-rsde/，2010-12-18.

[3] The Government of Canada.Innovation Canada: A Call to Action. Review of federal support to research and development – expert panel report,2011.

[4] The White House and the Department of the Treasury. The President's framework for business tax reform，2012.

[5] Australian Government. Research and development tax incentive objective.http://www.innovation.gov.au/innovation/policy/Pages/RDTaxIncentive.aspx，2013-04-13.

[6] 滕洪胜 . 韩国对创新型中小企业的扶持政策 . 科技部国际合作司国外调研报告，2011.

[7]The Government of Germany. Ideen · Innovation · Wachstum:Hightech-strategie 2020 für deutschland. http://www.hightech-strategie.de/index.php，2013-04-07.

[8] 江晓渭 . 金融危机后德国政府支持中小企业的主要举措 . 科技部国际合作司国外科技调研报告，2011.

[9] Department for Business Innovation & Skills. Innovation and research strategy for growth, 2011.

[10] U.S. Small Business Administration. Small Business Jobs Act of 2010.http://www.sba.gov/about-sba/sba_initiatives/small_business_jobs_act_of_2010，2013-04-09.

[11] The Government of Canada.Canada's Economic Action Plan. Canadian innovation commercialization program.http://actionplan.gc.ca/en/initiative/canadian-innovation-commercialization-program，2013-04-07.

[12] European Commission. Green paper on the modernisation of EU public procurement policy towards a more efficient European procurement market，2011.

[13] Technology Strategy Board. Small business research initiative.https://www.innovateuk.org/-/sbri，2013-04-03.

[14] Natural Sciences and Engineering Research Council of Canada. College and community innovation program.http://www.nserc-crsng.gc.ca/professors-professeurs/Rpp-pp/CCI-ICC_eng.asp，2013-04-09.

[15] Technology Strategy Board. Innovation vouchers scheme.https://www.innovateuk.org/zh/-/innovation-vouchers，2013-01-26.

[16] European Commission. Central innovation programme SME.http://erawatch.jrc.ec.europa.eu/erawatch/opencms/information/country_pages/de/supportmeasure/support_mig_0042，2013-04-15.

第 32 章

战略性新兴产业市场拉动若干政策研究

苏　竣　黄　萃　张　剑　叶选挺

【内容摘要】本章以公共科技政策及政策工具理论为基础，系统界定市场拉动政策的内涵、政策工具分类及作用；选取了美国、德国和日本等世界发达国家，梳理、总结世界发达国家新兴产业及历史上重要产业中市场拉动政策运用的情况，并提出了其相关实践及经验对我国战略性新兴产业市场拉动政策的启示；同时，介绍了我国战略性新兴产业市场拉动政策的总体情况，并对新能源汽车、风电、光伏、LED等产业的典型案例进行了分析；基于此，深入挖掘了目前我国促进战略性新兴产业发展政策中存在的问题，并有针对性地提出了进一步促进我国市场拉动政策发展的建议。

在战略性新兴产业发展的过程中，政府既要防止干预过度，又要防止不作为。为了激励企业的技术创新，降低企业技术创新过程中的市场风险和技术风险，政府可以通过公共科技政策，为技术创新和产业发展提供必要的支持。公共科技政策是一套复合的政策体系，由一系列政策工具组成，不同的政策工具有着各自的作用面。市场拉动政策是重要的一类政策工具，是指政府通过政府采购、贸易政策、用户补贴、应用示范、价格指导等措施来引导市场需求，直接对“需求端”产生作用效果，从而减少市场的不确定性，带动产业健康发展。

后金融危机时代，世界各国纷纷以新兴产业为抓手，大力推进科技进步和经济方式转变。世界各国新兴产业的实践表明，完善的市场拉动政策是实现市场培育和拓展、技术进步、产业发展的重要手段。尤其是美国、德国、日本等发达国家，立足新兴产业的发展特征，积极设计、制定和实施各种战略性新兴产业市场拉动政策，培育新兴产品领先市场（lead market），发挥市场的长远拉动作用，形成良好示范，从而引导和促进新兴产业的发展。

2010 年《决定》颁布实施以来，我国战略性新兴产业取得了长足的发展和进步。然而，目前我国战略性新兴产业市场拉动政策运用中仍存在一定的问题，如政策工具运用不足、缺乏终端拉动政策、政策措施难以落实等。

32.1 公共科技政策及政策工具的理论基础

32.1.1 公共科技政策

以技术创新为代表的科技活动主要依赖于两种调节方式，一是市场机制，作为一项高效的资源配置方式，对技术创新起着基础性作用；二是政府宏观调控，政府作为技术创新动力的主要供给者和科技活动的积极参与者，通过法律、法规以及行政规章营造创新的政策环境来配置科技资源，提供技术基础设施，降低风险和不确定性，激励和支持技术创新，促进科技发展。这就是公共科技政策的使命原点。

公共科技政策是政府为了弥补市场失灵，促进公共部门和私人部门的技术创新而制定的一系列政策，以实现干预、规制和引导科学研究、共性技术开发以及促进科学技术成果产业化的目的[1]。长期以来，通过采取一系列公共科技政策促进国家高新技术及其产业进步已经成为世界各国普遍认同并付诸实施的做法。即使在尊奉市场自由主义的美国，也越来越强调政府要在帮助私营企业开发创造新技术方面发挥关键作用。战略性新兴产业体现了国家技术发展的重要方向，更有理由成为公共科技政策发挥作用的领域。

32.1.2 科技政策工具

公共科技政策是一种综合的政策体系，是政府通过对各种科技政策工具的设计、组织、搭配及运用而形成的。对公共科技政策的分析和研究，需要借助规范合理的政策分析框架，而分析框架的构建则离不开科技政策工具的视角。

科技政策工具是组成公共科技政策的基本元素，对其科学合理的运用也是实现预期政策目标的重要依据和保证。在科技政策的制定过程中，全面系统地使用不同类型的科技政策工具，可以减少政策的随意性，保障政策的准确性和适应性，防止政策的扭曲及曲解。需要注意的是，任何一种科技政策工具都存在使用特性上的局限，所以应广泛采用多种工具，既要扩大科技政策的作用面，又要避免单独或过度使用某一种或某几种科技政策工具，从而提高科技政策的实施绩效。

由于关注点、参照系和研究对象的改变，公共科技政策与政策工具之间往往是可以相互转换的。从广义角度看，很多政策本身即是政策工具。例如，当把“科教兴国”作为政策目标时，科技发展的“十五”规划就成为政策工具；如果将科技发展的“十五”规划作为政策目标时，中小企业创新基金或大学科技园就成了政策工具。而相对于上述政策，税收优惠、金融支持、知识产权保护等措施就是最基本的政策工具。

32.1.3　战略性新兴产业市场拉动政策工具

在战略性新兴产业发展的过程中，政府既要防止干预过度，又要防止不作为。为了激励企业的技术创新，降低企业技术创新过程中的市场风险和技术风险，政府可以通过公共科技政策，为技术创新和产业发展提供必要的支持。公共科技政策是一套复合的政策体系，由一系列政策工具组成，不同的政策工具有着各自的作用面。

国外科技政策领域的政策工具研究较有代表性的是 Rothwell 和 Zegveld 两位学者的研究[2]。他们较早地在其论著中将政策工具引入技术创新的政策分析，进一步根据政策对技术产生影响的层面不同，将技术创新政策工具划分为供给面政策工具、环境面政策工具与需求面政策工具。其中需求面政策与本节所专门研究的市场拉动政策概念基本相同，因此，本节并不严格区分需求面政策和市场拉动政策。市场拉动政策是重要的一类政策工具，是指政府通过政府采购、贸易政策、用户补贴、应用示范、价格指导等措施来引导市场需求，直接对“需求端”产生作用效果，从而减少市场的不确定性，带动产业健康发展。

市场拉动政策并不等同于市场政策。市场政策的内涵更为宽泛，除了致力于需求拉动外，还包括规范与调整市场结构、行为或结果的政府活动，旨在塑造促进资源的合理流动与配置、产业健康成长的市场环境。除了市场拉动外，市场政策还包括竞争政策如反垄断、价格政策如限价等方面的内容。市场政策的内涵只局限于政策机制的作用领域，即市场本身，并不必然致力于增加新技术的需求，还致力于良好环境的塑造；而市场拉动政策的内涵则不仅点明了政策机制的作用领域，还点明了作用效果，即拉动需求，增进新技术产品的推广、应用和销售。

1. 政府采购与公共项目

政府采购是指政府通过对特定产品的大宗采购（包括工程采购），提供相对稳定的市场预期，降低市场的不确定性，激发企业创新的决心，其包括中央或地方政府的采购、公共事业的采购等。随着政府采购制度的发展和采购市场的开放，政府采购的政策调控功能已经从国内扩展到国际，并成为最有利的经济调控手段，对于引导社会投资、扶持民族产业发展具有重要作用。

在政府不宜直接采购的产业领域，可通过政府的公共项目规划来创造社会需求。例如，在城市群之间规划建设轨道交通，在城市市区、大型社区、风景名胜区等交通环境敏感地区规划电动车、混合动力车占比等[3]。又如，规划建设低碳建筑或小区，引导和鼓励公用设施、宾馆商厦、写字楼、居民小区采用高效节能建筑材料、太阳能辅助供电设施、节能办公设备和电器等。这些措施对低碳建筑业、新能源汽车等战略性新兴产业发展具有较大的促进作用。

世界各国制定和实施政府采购政策法规，通过优先购买本国产品、用例外规定保护本国中小企业、对产业共性技术和关键技术实施政府采购、对国产高新技术产品实行首购政策、利用国外技术产品带动本国创新等措施，推动本国产业发展和技术提升。

2. 国际贸易政策

贸易政策主要是指政府有关进出口的各项管理措施，如贸易协定、关税、货币调节等。对于市场拉动的贸易政策而言，可以通过抑制进口和促进出口的政策措施来达到拉动国内市场的目的。在全球经济、科技和贸易一体化进程不断深化的今天，各国纷纷采取各种贸易政策措施以维护本国产业发展。一方面，各国可以通过出口退税、出口奖励等方式促进产品出口，帮助企业打开国际市场；另一方面，各国利用国际贸易规则，对进口产品开展“双反”、“知识产权”等调查，以抑制本国同类产品的进口，从而扩大本国产品在本国市场上的市场份额，维护本国产业的利益。同时，政府可以为战略性新兴产业开展国际营销，开拓国际市场。政府是企业国际化的重要推动者，这一点在美国政府的外事活动中表现得尤为突出。在战略性新兴产业的国际化过程中，政府应树立为企业开展国际化营销的理念，积极拓展政府的国际资源，进一步推动企业开展国际化市场营销活动，帮助企业开拓国际市场。

3. 用户补贴、消费税减免和贷款支持

新兴产业发展初期往往会面临技术复杂、成本较高、需求不足等问题，采用用户补贴、消费税率减免、贷款支持等方式降低消费者的购买成本，在一定程度上可以促进市场的开拓和产业的发展。但用户补贴仅适用于新兴产业发展初期，其补贴数量、来源和时间需要严格限制。这些措施在国内外均有了长时间的应用，尤其是在国外促进新兴产业的发展中有了很广泛的应用。

4. 应用示范

应用示范是指政府对特定技术、产品的项目，在现实环境中以全规模或接近全规模方式进行市场检测和展示，从而提升产品的社会可接受度，促进技术创新。应用示范具有三重目标，即技术性目标、经济性目标和商业性目标。第一，应用示范可以在接近真实应用条件的环境中检测新技术，以此来搜集技术和经济的性能参数，改善和提高技术，增强商业化的潜力；第二，应用示范可以促进技术的工业放大，特别是当技术的实验室版本只能用来验证概念，而最终应用必须在一个更大的规模下才能发生时，示范的作用便显而易见；第三，应用示范可以向制造商、潜在顾客示范技术在真实环境下的可行性，以增加他们的信心。在世界各国发展新兴产业的过程中，有很多国家和地区利用政府应用示范项目来促进技术创新和产业发展，以规避产业发展初期的“市场失灵”现象。

5. 价格指导

价格指导是指政府通过颁布某类产品的最高、最低限价或建议价格来对产品售价进行干预，引导市场需求。政府定价、政府指导价格，应当依据有关商品或者服务的社会平均成本和市场供求状况、国民经济与社会发展要求以及社会承受能力，制定合理的购销差价、批零差价、地区差价和季节差价。政府价格主管部门和其他有关部门制定政府定价和政府指导价时应当开展成本、价格调查，听取消费者、经营者和有关方面的意见。政府定价和政府指导价格的具体适用范围、价格水平，应当根据当地经济运行情况，按照规定的定价权限和程序适时调整。消费者、经营者也可以对政府定价、政府指导价格提出调整建议。

6. 市场规划与法规

法规规范是指政府通过制定领先市场的规划、加强市场引导、制定市场友好型法规和标准等措施，引导或创造新兴产业市场。领先市场的政策主要是通过宏观的一些规划和计划来创造出一个既定的市场份额，这样的市场创造效果很明显。在新能源领域中我国运用了总量目标、强制上网等措施。例如，我国《可再生能源中长期发展规划》规定，2020 年我国水电、风电、太阳能发电、生物质能发电等可再生能源消费量达到能源消费总量的 15%。在市场法规和标准等方面，我国已出台了《风电场接入电力系统的技术规定》、《民用建筑太阳能光伏系统应用技术规范》、《国家电网公司光伏电站接入电网技术规定（试行）》、《促进生物产业加快发展若干政策的通知》等，已经建立起较完善的技术标准和规程。

32.1.4　战略性新兴产业市场拉动政策的作用

市场拉动政策是指政府通过调整、优化、创造、管理社会需求的手段从市场需求的角度来引导和促进产业发展。与其他产业政策相比，市场拉动政策更具创新激励作用、更有利于充分竞争、更符合国际贸易规则，且有利于促进经济社会环境协调发展。这对当前促进战略性新兴产业的发展具有重要的意义。

1. 更有利于营造公平竞争的市场环境，有效避免企业盲目产能扩张

与拉动企业产能的政策支持方式不同，以最终用户为支点的市场拉动政策是一种普适性的支持手段，其作用对象是最终用户，而非战略性新兴产业中的某些特定企业。一方面，这种政策对所有参与竞争的企业并不存在歧视性待遇，更有利于营造公平竞争的市场环境，为创新型中小企业的成长提供良好的机遇；另一方面，企业并不能从这种政策中获取政府的直接补贴或金融支持，因此，不会产生以扩大产能换取政府支持和市场份额的动机，可以有效避免企业盲目的产能扩张和重复性建设。

2. 推动创新成果的市场化进程，有效激励面向需求的技术创新

战略性新兴产业是新兴科技和新兴产业的深度融合，是以重大技术突破和重大发展需求为基础的产业。以最终用户为支点的市场拉动政策，可以通过政府采购、消费税减免等工具引导和创造市场需求，推动战略性新兴产业科技创新成果的市场化进程。同时，还可以通过应用示范等工具来引发市场对新兴技术的兴趣，从而试探市场对新兴技术的反应，由市场选择战略性新兴产业的技术路线。因此，以最终用户为政策支点，通过引导和培育新兴技术的市场需求，建立一种以需求为信号的政策机制，更有利于创新者根据市场需求进行新兴技术的创新活动。从 20 世纪 90 年代开始，许多发达国家通过采购创新产品等手段来推动技术创新，获得了比研发补贴更好的效果。

3. 更有利于规避国际贸易摩擦风险，维护产业公平竞争秩序

国际经验表明，对企业研发和生产进行财政金融支持等传统的政策支持方式很容易引起贸易摩擦诉讼，尤其是容易引起出口反补贴调查，对企业和消费者的利益产生很大的损害。以最终用户为支点的市场拉动政策应用于新兴产业的消费端而非生产端，直接作用是消费成本的降低而非生产成本的降低，除了特殊的政府采购产品或服务等行为，各种政策措施并不违反 WTO 规则。因此，这种政策更有利于规避新兴产业的贸易摩擦风险，能够维护新兴产业的公平竞争秩序。

以最终用户为支点的市场拉动政策，与作用于企业生产端的政策相比，对市场经济原则、公平竞争和公平贸易的损害性影响较小，因此，在战略性新兴产业发展过程中，应注重此类政策的设计和应用。首先，通过此类政策的应用，战略性新兴产业将在发展初期获得需求动力，为研发、生产和销售等提供收入支持；其次，全社会对新兴产业的消费认识将进一步加强，用户市场将得到扩大和巩固，最终使产业发展顺利进入以市场需求为主要拉动力的成熟发展阶段；最后，战略性新兴产业将在更加公平、透明、健康的市场环境中成长，这对促进创新型技术和企业的出现，以及产业的可持续发展具有重要的作用。

32.2 国外战略性新兴产业市场拉动政策运用的典型案例及启示

后金融危机时代，世界各国纷纷以新兴产业为抓手，大力推进科技进步和经济方式转变。世界各国新兴产业的实践表明，完善的市场拉动政策是实现市场培育和拓展、技术进步、产业发展的重要手段。本节以美国、德国和日本为例，系统梳理、总结世界发达国家新兴产业及历史上重要产业中市场拉动政策运用的情况，并提出其相关实践及经验对我国战略性新兴产业市场拉动政策的启示。

32.2.1 美国市场拉动政策的运用

基于美国联邦制的特点，美国的联邦政府和州政府都有权出台相关政策促进产业的发展。联邦政府以法律为基础，通过制定规划、财政税收等政策工具对战略性新兴产业在全国范围内产生影响。目前，涉及战略性新兴产业的法案主要有《能源政策法案》（Energy Policy Act，2005）和《美国复兴和再投资法》（American Recovery and Reinvestment Act，2009）等。各州政府的产业政策则更强调各州特点，从自身的需求出发，在州内产生影响。

1. 市场引导政策

美国在不同的历史阶段，根据本国经济发展的需要，选择和发展不同的战略性新兴产业。例如，在克林顿执政时期，抓住信息网络技术革命的机遇，出台"国际信息基础设施行动计划"。奥巴马政府则推出"美国复兴和再投资计划"，计划投入 1 200 亿美元，力求通过新能源产业革命为美国经济寻找新的增长点。

在新能源产业领域，美国目前并无联邦政府层面的可再生能源标准，但美国政府雄心勃勃地表示，计划在 2035 年前美国 80％的电能将来自清洁能源。而在州一级层面，目前美国有 29 个州和华盛顿特区已制定《可再生能源标准》（Renewable Energy Standard），规定至特定年份前的电能中来自可再生能源的比例，从 4％至 30％不等。这些硬性规定使得各州将可再生能源采购纳入能源采购计划，成为美国可再生能源产业的政策支柱①。

可再生能源标准是产业政策最重要的部分，国家层面政策出台将减少投资者对州政策以后可能改变的担忧。因此，呼吁清洁能源法案在本届国会通过的声音越来越大，其中就涉及联邦政府层面的可再生能源标准②。

2. 消费税收优惠政策

税收优惠是联邦政府促进可再生能源发展的最主要的经济措施。联邦政府会根据可再生能源发展的实际情况，对税收优惠的覆盖范围、抵免额度不断予以调整。税收优惠政策被广泛应用于风电、太阳能光伏发电和新能源汽车领域。2005 年的《能源政策法案》推出一个 13 亿美元的个人节能消费优惠方案，鼓励人们使用零污染的风能、太阳能等可再生能源。其中规定对光伏系统的投入可以用来抵扣税收，对商用光伏系统，可享受 30% 的税收抵扣 2 年，之后为 10%；对居民用光伏系统，也可享受 30% 的税收抵扣 2 年，但每户居民住宅的减免额不得超过 2 000 美元。自该政策施行以来，美国光伏装机容量得到较快增长。美国有 90% 以上的大型商用太阳能

① 美国发展战略性新兴产业的主要做法 . http://www.sgdaily.com/Html/shsj/2011-5/4/085231653.html，2011。

② 美国政策利好引中国风电抢滩隐形障碍须关注 . 中国新能源网，http://www.newenergy.org.cn/html/0112/2141138651_1.html，2011-02-14。

与太阳能电厂的建设计划，都享受了该条抵免税收。这项政策将持续到 2016 年[4]。

美国 2005 年的《能源法案》用抵税优惠（tax credit）取代了过去的“绿色能源使用补贴办法”（clean-fuel burning deduction）。抵税优惠是指纳税人购买了符合条件的新能源车后，可以在来年报税的时候抵掉全部或部分向联邦政府缴纳的个人所得税。根据该法案，混合动力车型最多可获得 3 400 美元抵税优惠，插入式混合动力及纯电动车最多可获得 7 500 美元抵税优惠。这一法案中对认定的符合补贴标准的混合动力汽车车型，在销量达到 6 万辆之前，购买的消费者可以享受相应的税收抵扣优惠，而在销量达到 6 万辆之后购买的消费者，其享受的税收抵扣额度会按照不同的购买阶段进行递减，直至没有补贴。即早购买的消费者能获得最大的税收抵扣额度。而作为美国《2008 年紧急经济稳定法案》的内容之一，从 2009 年 1 月 1 日开始，对于购买插入式混合电动汽车（plus-in hybrid electric vehicle）的消费者，将获得 2 500 ～ 7 500 美元的税收抵扣额度（抵扣额度根据电池系统的能量大小计算），这一法案适用于前 25 万辆售出的新能源汽车[5]。

在美国，安装风力系统的房主可以获得多达 4 000 美元的税收优惠，利用地热泵的房主可获得最多 2 000 美元的税收优惠。美国还在核能、清洁煤技术、可再生发电以及节能和提高能效等方面提供数十亿美元的减税优惠政策。

3. 用户补贴政策

美国在 20 世纪 80 年代早期对风电项目实行投资补贴政策，当时联邦政府与州政府的投资补贴加起来可以达到总投资的 50% ～ 55%。2009 年，美国财政部和能源部利用《美国经济复苏和再投资法》的拨款，采取直接付款而非税收减免的形式，对 5 000 个生物质能、太阳能、风能和其他可再生能源项目设施进行补贴。《美国经济复苏和再投资法》还授权财政部成立可再生能源基金（Renewable Energy Grants），对 2009 年、2010 年投运的或者 2009 年、2010 年开始安装且在联邦政府规定的税务减免截止日之前投运的用于风能、生物质能、地热能、海洋能和微流体动力等可再生能源利用项目的设备投资给予一定额度的补助，补贴金额通常为符合条件的设施投资的 30%①。

各州也出台了一些直接补贴的政策，如在新能源汽车领域，加州从 2010 年 3 月开始实施的“绿色汽车奖励项目”（The Clean Vehicle Rebate Project），提供 410 万美元资金用于鼓励个人及企业购买新能源汽车，对个人补贴最多 5 000 美元，对商用车补贴最多达 2 万美元。这项补贴可以与联邦政府的抵税优惠以及其他各种补贴同时使用，优惠总额累计不得超过汽车本身价格[5]。

4. 政府采购政策

美国通过政府采购支持了数个战略性新兴产业，政府采购对市场需求产生了明

---

① 新能源行业：从工信部发言和美国经验看中国新能源汽车消费者补贴思路 .http://yanbao.stock.hexun.com/dzhy6243.shtml。

显的拉动和示范作用。对于高技术产品，其报价中的优惠标准从6%提高到25%。在美国军事采购中，有些高科技产品优惠比例可以达到50%。美国航空航天技术、计算机、集成电路、半导体等高科技产业的发展，都依赖于政府的采购政策。

总体而言，美国战略性新兴产业发展的市场拉动政策具有不稳定性，根源是各个联邦的社会经济发展不一致，导致政策的差异性。制定支持战略性新兴产业发展的国家政策在未来将是至关重要的机制保证。

32.2.2 德国市场拉动政策的运用

作为注重启动国内市场的国家，德国是实施市场拉动型产业政策的成功案例。以光伏产业为例，德国始终以“上网电价法”（feed-in-tariff,FIT）为政策框架的核心，制定并不断修正上网电价及其补贴政策，以及电商购买光伏发电的义务及其偿付，其重点在于给予适当的补贴保证光伏发电的下游市场需求；同时又建立了补贴力度逐步下调的机制，在政府必要的市场监管和规范控制下让市场规律和市场机制发挥作用，德国因而成为全球最大的光伏市场。据统计，截至2013年1月，德国光伏发电系统累计装机量已达到32.6吉瓦，居世界第一①。

1. 用户补贴政策

1991年，德国政府在全球范围内率先推出为安装太阳能屋顶的住户提供补贴的“1 000光伏屋顶计划”。计划顺利完成后，德国于1998年进一步提出“10万光伏屋顶计划”，要求在6年内安装300～500兆瓦的光伏系统，用高达100%的初始贷款吸引投资者。德国对风能的安装补贴达到总投资额度的20%～45%。

2. 消费推广政策

通过对终端消费市场的制度安排，德国政府在战略性新兴产业的消费者偏好引导方面进行了强力的政策支持，其包括制定标准、树立社会意识等。例如，在新能源产业方面，德国政府制定更严格的能耗效率标准，促使企业采用节能产品与新能源产品降低碳排放量；提高企业和民居建筑的能源效率标准，推广节能产品。此外，德国政府还通过学校教育、社区宣传以及非政府组织活动等宣传环保意识，引导社会形成绿色能源消费偏好[6]。

3. 价格指导政策

对战略性新兴产业终端产品价格的管理和逐步调整，不仅能在政府的财政支持下以较高的价格开拓市场，而且能在逐步增大的价格下调力度下回到市场价格水平、恢复市场机制、提高产业竞争力。例如，德国政府在2004年颁布了EEG（Renewable

---

① 德国光伏系统累计装机量突破32.6GW.兆极星太阳能光伏网，http://guangfu.bjx.com.cn/news/20130304/420552.shtml,2013-03-04。

Energies Act）修正法案，即上网电价法，启动了大规模的“可再生能源电力强制收购电价政策”：规定电力公司有义务高价收购营业区域内所有可再生能源电力，并平摊因使用成本较高的可再生能源电力造成的电费上升。修正后的光伏上网电价为0.547～0.624欧元/千瓦时，且年递减5%，持续20年。当年德国光伏新增装机容量增速超过300%。该方法被全球各国认同，认为是启动可再生能源市场最科学、最有效的举措[7]。

电力公司出面以高价格收购其经营范围内的可再生能源发电，政府则对这部分电力予以额外的财政补贴，上网电价法制度确保了发电商可将高于市场电价的可再生能源电力出售给电网并获得长期收入，稳定了可再生能源发电的下游市场。同时，德国政府不断对政策进行修改，提出上网电价的固定下调率，合理控制发展节奏。

4. 消费税收优惠政策

德国银行为可再生能源系统安装提供为期10～30年的低息贷款，并有国家补贴的固定利率。此外，为了鼓励居民改善现有住房的能源使用效率，德国政府为居民加装太阳能发电和供热设备提供长期的优惠贷款。其他的方法包括对家庭使用可再生能源进行补贴，同时强制要求电网公司以高价购买居民盈余的太阳能电力汇入总电网等。

可以看出，德国的产业政策中有大量的政府财税投入，但是作为一个重要的经济手段，其遵循的是通过改变经济主体的成本效益的市场原则来达到政策目标。具体而言，一方面通过财税补贴减少投资战略性新兴产业的成本，引导市场投资流向；另一方面则是为拓展产业链提供配套的制度安排、财税激励、消费补贴等，实现大规模产业化。

32.2.3 日本市场拉动政策的运用

第二次世界大战后，日本经济的快速恢复和多个产业的飞速发展得益于多方面的因素，其中，政策的支持和保护是非常关键的因素。没有政府的政策支持，就没有日本经济的腾飞。各类政策中，市场拉动政策为日本产业发展提供了充足的市场容量，保障了日本产业发展的规模和空间。日本较有特色的市场拉动政策如下。

1. 积分补贴政策

为了推动环保产品的消费，日本推出了“环保积分制度”。其包括支持环保住宅的“住宅环保积分制度”和支持环保家电的“家电环保积分制度”等。“环保积分制度”的核心思想就是国民只要购买符合节能标准的家电，就能获得“环保积分”，积分又可以兑换指定的与环保有关的商品或服务。其设计理念是通过“环保积分制度”，巧妙借用市场力量，把强化环保、刺激消费和鼓励节能进行深度融合并使之发挥功效[8]。

例如，“家电环保积分制度”适用产品范围是贴有适用于“环保积分制度产品”签的产品。根据具体的规格就能获得相应的积分。其积分一般为该商品价格的5%～10%，1个积分相当于1日元。用获得的积分可换购指定的节能产品或服务共计271项，具体有以下 3 类：商品券、乘车卡等 207 项，地方特产 55 项，达到环保标准的家电电器 9 项[9]。而对于特定产品，则采用了更高的积分补贴。例如，日本对 LED 灯则进一步采取了高一倍的补贴方法，即 1 个积分相当于 2 日元[10]。

2. 用户补贴政策

日本应用用户补贴类政策支持新能源领域的发展。在太阳能光伏应用领域，一方面，日本提供了初期设置的费用补助，促进了太阳能光伏发电系统在住宅建筑中的安装，且根据初期设置费用的降低逐步减少补助费用，补助金额从 1994 年的 90 万日元 / 千瓦降低到 2005 年的 2 万日元 / 千瓦。2005 年后，国家规模的补助金就被取消。但仍然有很多地方自治体补助住宅的太阳能光伏发电系统。另一方面，日本也通过购买光伏剩余电力，促进太阳能光伏发电系统的使用。通过对太阳能光伏发电系统在住宅建筑内安装的政策支持，2007 年日本的太阳能光伏发电系统 1 918. 891 兆瓦的累计容量中，住宅建筑发电占总设置容量的 76%，达到 1 458.53 兆瓦[11]。

3. 价格指导政策

2012 年 7 月，日本《电力经营者可再生电力供给特别措施法》正式开始实施。该法的核心就是制定了固定价格购买制度。其规定日本经济产业部在年度开始之前，根据当年经济形势、可再生能源的供给状况等因素确定该年度的可再生能源促进金单价。而电力公司则需要向经济产业部认定的可再生电力发电设备购买可再生电力，再将其提供给电力使用者，电力公司无不正当理由不得拒绝购买可再生电力，否则将被处以 100 万日元以下罚款。例如，2008 年，日本九州电以 25 日元 / 千瓦时购买低压并网太阳能光伏发电系统的剩余电力[12]。

32.2.4　国外市场拉动政策对我国的启示

从上文三个国家的案例看出，各国高度重视并基于各自的基础推出了相应的市场拉动政策，希望能够在新兴产业的激烈竞争中占领优势地位。这些国家的有效做法对我国战略性新兴产业的市场拉动政策有着重要的启示。

1. 树立政府意志，坚持市场拉动

坚定的政府意志是新兴产业发展的有力保障，特别在战略性新兴产业发展初期，技术性能不稳定、风险较高，容易出现市场需求不明确、需求量不足、创新失败概率增加的困境。但是，政府应该充分意识到市场和客户需求在推动技术创新中的作用。创新不仅是发明者、研究者和工程师的努力结果，需求对于创新的拉动同样非常强劲，如用户对低能耗产品的需求促生了节能材料和新能源汽车。尤其在全球经济陷入危机、增长乏力、经济情绪悲观、外需萎靡不振的严峻情况下，这就特别需要政府施以外力，表明坚定的发展态度，明确长期的市场发展目标，建立稳定的市场拉动政策预期，通过刺激广大的内需市场来带动新兴产业，给予新兴产业持续的有力支持。

2. 立足产业特色，强化针对措施

长期以来人们对政府干预市场是否有效有着很多争论，落实到具体不同的产业，政府干预的成效则不一而同。这是因为政策增强产业竞争力的条件可能相差较大，因此应该区分对各产业最有效的潜在政策，通过分析在不同产业中，什么因素能推动其增强竞争力，它的市场客户群有什么特征，量身制定出适当的市场拉动政策，政府才能提高干预的有效性。例如，新能源汽车的行驶性能是用户最关心的指标，因此，许多国家通过政府采购和应用示范来向公众展示新能源汽车的实际性能，促进推广；而清洁能源如太阳能、风电的成本价格则是用户关心的问题，因此，印度、日本、俄罗斯等国就通过对可再生能源的购买和使用免除消费税、补贴安装成本，来降低消费者的成本。

而且，即使在同一个产业内，当这个产业处于不同的发展阶段时，也应该针对性地采取适宜的市场拉动政策。在产业的起步阶段，新产品的优势在于性能领先，但是价格不一定低，抵御不住传统产品或外国产品的竞争，这时候政府应该通过贸易管制或政府采购等方式保护新兴产业的市场不至供过于求。欧美对我国光伏组件采取“双反”，从很大程度上是为了保护本国的光伏产业。到了产业的成长以及未来的成熟阶段，竞争焦点就转变为产品多样性和成本，那么过度的市场保护政策就应退出，转变为更温和的拉动政策，如营销良好的消费环境，向消费者提供更多的产品信息以消除信息不透明性，通过市场竞争来促进产业发展。

3. 培育领先市场，形成良好示范

政府除了单纯应用市场拉动政策外，还可以将市场拉动政策与其他市场政策如立法规制、知识分享、标准化等相结合，努力在某些区域、某些产业培育领先市场。所谓领先市场，是指给定地区内某项产品或技术的一个市场，这个市场最早产生了成功的创新并通过广泛的配套服务以延续和扩散出去。它并不一定是创新首先产生甚至应用的地方，更强调创新的持续和扩展。领先市场能为其他地区和其他技术形成良好示范，它区别于单纯的技术示范、区域试点或政策试点，而是将三者结合，既有利于被选定技术的成熟，也对区域经济有很强的正面意义。因为领先市场能通过较早采用创新、较高的市场份额使得技术提早走向成熟，领跑很长时间，并将创业企业和技术扩散到其他市场，建立广泛联系，形成较大集群，增强适应经济形势和结构变化的能力。

欧盟于2008年启动了“领先市场计划”（Lead Market Initiative），选定了生物技术产品、可再生能源、绿色建筑、电子医疗、废物回收、防护性服装六个行业为第一批领先市场行业[13]。这些行业的创新性很强，在欧洲有牢固的技术和产业基础，能为各种社会、环境和经济挑战提供解决方案。我国也同样可以在战略性新兴产业中根据这些标准挑选若干分支行业进行培育，造就领先市场。

4. 多类政策并举，注重长远拉动

由于战略性新兴产业对国民经济发展的方方面面都有或多或少的带动作用，涉及面广，综合性强，体量巨大，所以单纯通过财政补贴等政府投钱的拉动政策会对财政造成巨大负担；运用价格指导政策可能在一定程度上扭曲市场，而贸易管制政策更是违背了贸易自由的福利最大化准则。这些拉动政策作用于一时，但不一定能够长远拉动需求。所以，除了当前直接的市场拉动政策外，我国政府还应该注重间接性质的拉动政策，多类政策并举，形成需求可持续增长的良好局面。德国的做法给了我们良好的启示。德国大力推广宣传绿色节能意识，引导社会消费绿色能源，通过居民自主意识就降低了化石能源的消费需求，为可再生能源开辟了需求空间，政府则不需花费太多财政资金。

总之，世界各国立足本国国情，采用了具有针对性的市场拉动政策，全面加强政府扶持力度，大力推动新兴产业加速发展。这些拉动政策可能是单独一两项政策工具，也可能是一套政策工具箱，各具特色，值得我国学习。同时，我国也应注意比较鉴别我国和其他国家的不同国情，加以改造，多管齐下，制定适合我国特色的市场拉动政策。

32.3 我国战略性新兴产业市场拉动政策的运用

32.3.1 我国战略性新兴产业市场拉动政策的概况

1. 我国市场拉动政策的总体情况

在2010年颁布的《决定》中明确提出，“要充分发挥市场的基础性作用，充分调动企业积极性，加强基础设施建设，积极培育市场，规范市场秩序，为各类企业健康发展创造公平、良好的环境”。

该决定从组织实施重大应用示范工程、支持市场拓展和商业模式创新、完善标准体系和市场准入制度三个方面提出了“积极培育市场，营造良好市场环境”的关键要点和主要手段。

在此契机下，我国的战略性新兴产业发展开始愈加注重市场拉动政策的制定和应用。诸如政府采购与公共项目、国际贸易政策、用户补贴、消费税费和贷款支持、应用示范、价格指导、市场规划与法规等一系列的市场拉动政策开始在新能源汽车、风电、光伏、半导体照明等若干战略性新兴产业中进行运用，这些政策的制定和应用，有效地拓展了新兴产业的市场规模，为新兴产业进一步发展，逐步走向成熟奠定了良好的基础。

2. 部分产业市场拉动政策梳理

1）新能源汽车产业市场拉动政策梳理

2007 年 11 月，国家出台的《新能源汽车生产准入管理规则》中首次提出了新能源汽车概念。此后，陆续有一系列政策出台，其中有 7 项主要的市场拉动政策。按市场拉动政策类型划分，主要集中于应用示范、市场规划与法规、用户补贴和消费税费方面。

应用示范政策通过新能源汽车的示范性应用，扩大了新能源汽车的市场规模，拉动了市场需求。2009 年 1 月，国务院批准，财政部、科技部联合下发的《关于开展节能与新能源汽车示范推广试点工作的通知》开启了新能源汽车“十城千辆”示范工程。2009 年 2 月，财政部、科技部《节能与新能源汽车示范推广财政补助资金管理暂行办法》则为新能源汽车更广泛的示范奠定了基础。

用户补贴政策和消费税费通过价格、税费的减免，促进了新能源汽车的私人消费。2010 年颁布的《关于开展私人购买新能源汽车补贴试点的通知》对相应的车型按 3 000 元 / 千瓦时的标准给予补助，纯电动车最高补助 6 万元 / 辆，插电式混合动力汽车最高补助 5 万元 / 辆。《“节能产品惠民工程”节能汽车（1.6 升及以下乘用车）推广目录》对生产销售达到标准的节能汽车车企给予 3 000 元 / 辆补贴。《节约能源使用新能源车辆减免车船税的车型目录》对节约能源的车辆，减半征收车船税；对使用新能源的车辆，免征车船税。

市场规划与法规通过对全行业发展目标的支持，提供了新能源汽车市场的政策支持环境，引导了新能源汽车的市场供给和需求。新能源汽车产业市场拉动政策梳理见表 32.1。

表 32.1　新能源汽车产业市场拉动政策梳理

颁布时间	颁布单位	政策名称	市场拉动政策类型
2009 年	财政部、科技部	《关于开展节能与新能源汽车示范推广试点工作的通知》	应用示范
2009 年	财政部、科技部	《节能与新能源汽车示范推广财政补助资金管理暂行办法》	应用示范
2009 年	国务院	《汽车产业调整和振兴规划》	市场规划与法规
2010 年	财政部、科技部、工信部、国家发改委	《关于开展私人购买新能源汽车补贴试点的通知》	用户补贴
2010 年	国家发改委、工信部、财政部	《“节能产品惠民工程”节能汽车（1.6 升及以下乘用车）推广目录》	用户补贴
2012 年	国务院	《节能与新能源汽车产业发展规划》	市场规划与法规
2012 年	财政部、国税总局、工信部	《节约能源使用新能源车辆减免车船税的车型目录》	消费税费

2）风电制造产业市场拉动政策梳理

我国风电制造产业的市场拉动政策发展历经了从鼓励与推动风电发展，到规模控制与计划管理的变化过程。2009 年前，我国风电制造产业的市场拉动政策以支持和鼓励为主，本节梳理了 13 条政策，涵盖应用示范、价格指导、设备税收减免、电价税收减免和市场规划与法规几类。

应用示范政策通过风电特许权招标等形式，有效地扩大了国内风电的市场规模。2003 年，《风电特许权项目前期工作管理办法》颁布后，风电特许权招标共实施了 6 期，通过招标进行示范性风电场建设，一方面直接扩大了风电市场规模，另一方面为风电产品的发展做出了良好的示范。

价格指导政策、电价税收减免政策和设备税收减免政策通过降低风电电力生产者成本、提高风电电力生产者利润的方式，激励风电设备的应用，拉动风电设备的需求。价格指导政策主要通过确定较高的上网电价，分担风电较高的发电成本，激励风电厂建设。电价税收减免政策为风电生产者提供了更多的利润空间。设备税收减免政策则降低风电场初期设备购置的费用。

市场规划与法规通过对行业发展目标的控制，引导行业市场规模的发展。2009 年后，为了抑制风电产业的产能过剩，政策开始控制风电开发的节奏、收紧风电的核准权。2009 年颁布的《国务院批转发展改革委等部门关于抑制部分行业产能过剩和重复建设引导产业健康发展若干意见的通知》对风电产业的发展提出了控制建议。2011 年颁布的《关于"十二五"第一批拟核准风电项目计划安排的特急通知》则明确提出全国拟核准风电项目为 2 883 万千瓦，未列入计划中的项目将不得核准，不能并网，也不享受可再生能源电价附加补贴。风电制造产业市场拉动政策梳理见表 32.2。

表 32.2 风电制造产业市场拉动政策梳理

颁布时间	颁布单位	政策名称	市场拉动政策类型
1997 年	国务院	《国务院关于调整进口设备税收政策的通知》	设备税收减免
1999 年	国家经贸委	《"国债风电"项目实施方案》	应用示范
2003 年	国家发改委	《风电特许权项目前期工作管理办法》	应用示范
2006 年	国家发改委、财政部	《促进风电产业发展实施意见》	市场规划与法规
2007 年	国家电监会	《电网企业全额收购可再生能源电量监管办法》	市场规划与法规
2007 年	国家发改委	《可再生能源电价附加收入调配暂行办法》	价格指导
2007 年	国家发改委	《可再生能源中长期发展规划》	市场规划与法规
2008 年	财政部	《财政部关于调整大功率风力发电机组及其关键零部件、原材料进口税收政策的通知》	设备税收减免
2008 年	国家发改委	《可再生能源发展"十一五"规划》	市场规划与法规
2008 年	财政部、国家税务总局	《财政部、国家税务总局关于资源综合利用及其他产品增值税政策的通知》	电价税收减免
2008 年	海关总署	《关于调整大功率风力发电机组及其关键零部件、原材料进口税收政策的通知》	设备税收减免
2009 年	国家发改委	《国家发展改革委关于完善风力发电上网电价政策的通知》	价格指导
2009 年	国务院	《国务院批转发展改革委等部门关于抑制部分行业产能过剩和重复建设引导产业健康发展若干意见的通知》	市场规划与法规

3）光伏产业市场拉动政策梳理

我国在《新能源和可再生能源发展纲要（1995—2010）》中首次明确提出“扩大太阳能的开发利用”，“要比常规能源发展有更具体的优惠的投资政策”。但此时的太阳能发电仍是作为解决偏远无电地区的用电需求的战略布局。2005年我国颁布了《中华人民共和国可再生能源法》，通过行政规制和市场激励措施，引导企业参与可再生能源的开发利用。该法确立了五个重要措施：第一，可再生能源总量目标制度；第二，可再生能源并网发电和全额收购制度；第三，可再生能源分类上网电价与费用分摊制度；第四，支持农村可再生能源的发展；第五，财政税收激励政策。

此后，陆续有关于发展太阳能发电和光伏产业的具体政策措施出台。随着产业链的不断完善，后期的政策更加注重推动太阳能发电的市场应用，用可再生能源电价补贴和配额交易、光伏应用财政补助资金、特许权招标、太阳能上网电价政府定价、示范工程等政策工具推动太阳能光伏产业的市场化进程。目前，我国光伏产业市场拉动政策主要集中在政府投资补贴、示范工程、上网电价补贴等产业的中端，对消费者的末端补贴有限，如表32.3所示。

表32.3　光伏产业市场拉动政策梳理

颁布时间	颁布单位	政策名称	市场拉动政策类型
2001年	国家经贸委	《新能源和可再生能源产业发展“十五”规划》	市场规划与法规
2002年	国家计委	《西部省区无电乡通电计划》	国家投资工程
2007年	国家发改委	《可再生能源电价附加收入调配暂行办法》	电价附加补贴（市场制度建设）
2005年	全国人大常委会	《中华人民共和国可再生能源法》	市场制度建设
2008年	国家发改委	《可再生能源发展“十一五”规划》	市场规划与法规
2011年	国家发改委	《关于完善太阳能光伏发电上网电价政策的通知》	上网电价政策（市场制度建设）
2009年	财政部、住房和城乡建设部	《关于加快推进太阳能光电建筑应用的实施意见》	应用示范
2009年	财政部、科技部、国家能源局	《财政部、科学技术部、国家能源局关于做好金太阳示范工程实施工作的通知》	应用示范
2013年	国家电网公司	《关于做好分布式电源并网服务工作的意见》	用户补贴
2011年	国家发改委	《可再生能源发展“十二五”规划》	市场规划与法规
2012年	国家能源局	《太阳能发电发展“十二五”规划》	市场规划与法规

4）LED产业市场拉动政策梳理

LED产业作为战略性新兴产业，政策引导对于扩大LED的市场规模具有重要的作用。进入21世纪以来，我国LED产业在相关政策的推动下，实现了跨越式的发展。2003年6月，科技部联合信息产业部、教育部、住房和城乡建设部、中国科学院、轻工业联合会等单位成立国家半导体照明工程协调领导小组，紧急启动国家半导体照明工程。2006年年初，国务院发布了《国家中长期科学和技术发展规划纲要》，“高效节能、长寿命的半导体照明产品”被列入中长期规划第一重点领域（能源）的第一优先主题（工业节能），在国内外引起广泛关注。

2008年1月10日，财政部、国家发改委联合发布了《高效照明产品推广财政补贴资金管理暂行办法》（财建〔2007〕1027号）。国家发改委、财政部将分批下达高效照明产品财政补贴推广任务，省级节能主管部门会同财政部门制订具体实施方案，组织中标企业落实推广任务，确保实现“十一五”期间通过财政补贴方式推广高效照明产品1.5亿只，可节电290亿千瓦时，减少二氧化碳排放2 900万吨。

2012年，科技部出台了《半导体照明科技发展“十二五”专项规划》，对下一阶段LED产业发展进行整体谋划，一系列政策的制定和应用，有效扩大了LED产业的市场规模，为产业的进一步发展打下了良好的基础。LED产业市场拉动政策梳理见表32.4。

表32.4　LED产业市场拉动政策梳理

颁布时间	颁布单位	政策名称	市场拉动政策类型
2008年	财政部、国家发改委	《高效照明产品推广财政补贴资金管理暂行办法》	政府采购
2009年	科技部	《关于同意开展“十城万盏”半导体照明应用工程试点工作的复函》	应用示范
2010年	国务院办公厅	《关于加快推行合同能源管理促进节能服务产业发展的意见》	税费优惠
2010年	国家发改委	《半导体照明节能产业发展意见》	市场规划与法规
2010年	国家发改委、住房和城乡建设部、交通部	《关于组织申报半导体照明产品应用示范工程项目的通知》	应用示范
2011年	科技部	《关于同意开展第二批十城万盏半导体照明应用工程试点示范工作的函》	应用示范
2011年	国务院办公厅	《“十二五”节能减排综合性工作方案》	政府采购、用户补贴、应用示范
2012年	科技部	《半导体照明科技发展“十二五”专项规划》	用户补贴

32.3.2　我国战略性新兴产业市场拉动政策运用的典型案例

1. 新能源汽车“十城千辆”示范工程

工信部于2009年6月17日发布的《新能源汽车生产企业及产品准入管理规则》对新能源汽车的概念做出了界定：新能源汽车是指采用非常规的车用燃料作为动力来源（或使用常规的车用燃料、采用新型车载动力装置），综合车辆的动力控制和驱动方面的先进技术，形成的技术原理先进，具有新技术、新结构的汽车，包括混合动力汽车、纯电动汽车、燃料电池电动汽车、氢发动机汽车、其他新能源（如高效储能器、二甲醚）汽车等各类别产品。

新能源汽车产业代表了未来汽车产业发展的方向，近年来受到了社会各界的重视。

2009 年，《汽车产业调整和振兴规划》出台，要求以新能源汽车为突破口，加强自主创新，培育自主品牌，形成新的竞争优势，促进汽车产业持续、健康、稳定发展。

为了拉动新能源汽车的市场需求，2009 年年初，经国务院批准，财政部、科技部联合下发《关于开展节能与新能源汽车示范推广试点工作的通知》(财建〔2009〕6 号)。随后，科技部又联合财政部、工信部、国家发改委四部委共同实施“十城千辆”节能与新能源汽车示范推广工程。计划通过提供财政补贴，利用 3 年左右的时间，每年发展 10 个城市，每个城市推出 1 000 辆新能源汽车示范运行，涉及这些大中城市的公交、出租、公务、市政、邮政等领域，力争使全国新能源汽车的运营规模到 2012 年占到汽车市场份额的 10%。

截至 2012 年，参与“十城千辆”的城市共 25 个。2009 年确定参与“十城千辆”工程的城市有 13 个，分别是北京、上海、重庆、长春、大连、杭州、济南、武汉、深圳、合肥、长沙、昆明、南昌。2010 年确定参与的市有 7 个，分别是天津、海口、郑州、厦门、苏州、唐山、广州。2011 年确定参与的城市有 5 个，分别是沈阳、成都、呼和浩特、南通、襄樊。截至 2012 年年底，25 个城市共示范推广各类节能与新能源汽车 2.74 万辆。其中，公共服务领域 2.3 万辆，私人领域 0.44 万辆①。

新能源汽车“十城千辆”工程推动了新能源汽车的示范性应用，扩大了新能源汽车的市场规模，发挥了一定的市场拉动效果。但是，“十城千辆”工程并没有显著带动新能源汽车的私人消费。究其原因，主要是因为新能源汽车的技术、市场和产业均不够成熟。

（1）新能源汽车的技术发展仍存在瓶颈，与传统汽车相比，电动汽车在基础研究和应用开发方面存在诸多薄弱的地方，集中表现为技术成熟度低。以关键零部件为例，我国电池、电机、电控关键零部件技术基础仍显薄弱。从国际比较来看，我国单体电池性能、电池成组技术、能量管理与热管理等落后于日本的先进产品；我国的电机系统技术与国外相比较，在面向汽车产品需求的高集成度、高可靠性和高耐久性等方面仍存在一定差距。

（2）我国新能源汽车的商业化仍是以国家项目推动，如北京奥运会、上海世界博览会、广州亚运会对新能源汽车的集中式示范运营，以及“十城千辆”计划；新能源汽车消费主要是集团客户，国家对新能源汽车消费的补贴也主要针对公共服务领域的购买者或集团客户，如在公交领域，对购买和使用符合条件的新能源客车给予最高 60 万元 / 每辆的补贴，大部分车型的补贴约为整车价格的 1/3②。

（3）我国新能源汽车的基础设施和产业链不足以满足大规模产业化的需求。电动汽车初期推广应用以公共服务用车为主，如公共汽车、公共服务用车或出租车，中国的充电基础设施技术开发也一直以公共服务用车为重点。其他相关的零配件供

① 我国 25 个城市示范推广各类节能与新能源汽车 2.74 万辆 .http://news.xinhuanet.com/fortune/2013-01/06/c_114270427.htm，2013-01-06。

② 我国新能源汽车私人消费市场启动至关重要 . 赛迪网，http://miit.ccidnet.com/art/32559/20110728/2450389_1.html，2011-07-28。

应与动力供应、产品服务等产业链还未完整搭建。新兴产业往往是产业关联性较强的产业，新兴产业的发展不仅要实现自身的快速扩张，还必须通过产业链的有效延伸，达到产业提升的目的。

总之，示范性项目可以通过产品的实况测试促进技术研发，也可以通过产品的展示促进扩散。但仅靠政府的示范项目拉动市场需求是远远不够的，只有当技术、市场和产业均达到比较成熟的水平时，私人领域消费才能兴起，产业发展才能进入需求拉动的成熟阶段。

2. 风电产业特许权招标政策

中国风电资源丰富，风电产业在20世纪末起步并迅速发展。2000年中国风电的累积装机容量仅有346兆瓦，2011年中国风电累积装机总容量达到了62 360兆瓦，仅用了10年时间便成为全球第一的风电装机市场。其中政策对市场需求的拉动作用不可忽视。

早期，我国风电市场规模较小、技术研发和设备制造能力不强。为了扩大风电市场，提高我国风电设备技术的研发和制造能力，降低风电建设成本，推动大规模风电场的开发和建设，实现风电设备制造国产化，2000年，国家发改委牵头组织开展大型风电特许权项目开发研究及场址评选工作，并于2003年、2004年、2005年、2006年、2007年和2009年实施了6期陆上风电特许权项目。为了更好地实现政策目标，风电特许权项目的评标原则调整过多次。

2003年和2004年，风电特许权项目的评标原则为“承诺上网电价最低和设备本地化率最高的投标人为中标人”。2005年，风电特许权项目的评标原则为“以综合评分最高的投标人为中标人”，其中上网电价只是综合评分要素之一，权重为40%。2006年，风电特许权项目的评标标准包含“投标上网电价、本地化方案、技术方案、投标人的投融资能力、项目财务方案等”，投标上网电价的权重进一步下降。2007年后风电特许权招标项目在电价权重上依然保持25%比例，但在评分体系上，根据所有通过初评的投标人的投标上网价格，去掉一个最高价和一个最低价，然后算出平均投标电价，谁越接近平均投标定价，得分越高。

2003年，中标价格为0.435 5元/千瓦时，0.501 3元/千瓦时。

2004年，中标价格为0.382 0元/千瓦时，0.509 0元/千瓦时，0.519 0元/千瓦时。

2005年，中标价格为0.461 8元/千瓦时，0.487 7元/千瓦时。

2006年，中标结果为0.405 8元/千瓦时，0.500 6元/千瓦时，0.455 6元/千瓦时。

2007年，中标结果为0.521 6元/千瓦时，0.520 6元/千瓦时，0.551 0元/千瓦时[14]。

风电特许招标项目对我国风电发展产生了显著的影响。

（1）特许招标权，通过政府采购，显著扩大了风电市场的规模，提高了市场的需求。

（2）通过竞争性招投标，一方面促进电价明显下降；另一方面，激活了风电投资来源的多元化，提高了国内外企业投资风电项目的积极性。

（3）在风电特许权协议框架下，电网公司与项目投资者签订长期购售电合同，保证全部收购项目的可供电量，改变了以往风电上网难的困境，使风电项目摆脱了产品销售的风险。

（4）建立了风电本地化生产的平台。风电特许权项目为希望进入风电产业的企业和个人提供了相对公平的竞争环境，风电特许权也是我国目前大规模发展风电促进风电设备本地化制造和降低风电电价的重要措施。

2003年以来实施的特许权招标政策，有效地扩大了风电市场规模，促进了风电技术研发，降低了风电上网电价，但也存在一定的问题。

第一，价格政策不统一，不够透明，未能起到合理引导投资的信号作用，存在招标电价、中央确定固定电价和地方确定固定电价多种定价方式。第二，价格水平差异较大，同一风场由于投资主体项目大小和项目是否实行招投标不同价格相差较大。第三，竞争性招标导致恶性竞争。我国风电上网电价无论是招标电价还是政府核准定价都相对偏低。有些特许权项目中标价格严重偏离实际成本，招标过程出现低价盲目竞争，这是因为发电企业为拓展电力空间提高非水电可再生能源发电装机比例，纷纷争夺风电项目资源，压低电价以确保竞标成功，其结果是损害风电产业长期良性可持续发展。

3. 光伏产业的示范工程和价格补贴

1）“太阳能屋顶计划”和“金太阳示范工程”

早在“十五”期间，我国就发布了关于《新能源和可再生能源产业发展“十五”规划》，提出“推广太阳光伏发电系统。研究制定新能源和可再生能源税收优惠政策和发电上网的鼓励政策；组织实施示范工程；积极培育和规范市场”。在2006年，我国在推动可再生能源建筑应用示范项目时，即提出中央财政安排“可再生能源建筑应用专项资金”支持的示范项目的推动、管理、技术研发等。

金融危机后，我国将政策重心转向开启国内市场，2009年3月23日，财政部、住房和城乡建设部发布了《关于加快推进太阳能光电建筑应用的实施意见》，提出中央财政从可再生能源专项资金中安排预算12. 7亿元支持开展光电建筑应用示范，即实施“太阳能屋顶计划”。列入首批国家光电建筑应用示范项目共111个，总规模为91兆瓦，补贴标准如表32.5所示。

表 32.5　我国光电建筑应用示范工程补贴标准

太阳能屋顶计划	建材型、构件型光电建筑一体化项目	安装型光电建筑一体化项目	申请补助单位
2009年	20元/Wp	15元/Wp	太阳能光电项目业主单位或太阳能光电产品生产企业
2010年	17元/Wp	13元/Wp	

2009年7月，财政部、科技部和国家能源局发布了第二个国家光伏补贴计划：

《金太阳示范工程财政补助资金管理暂行办法》，即“金太阳示范工程”。2009 年 11 月，财政部共安排首批 294 个示范项目，发电装机总规模为 642 兆瓦。同年，我国开始了首次对光伏项目的特许权招标。示范项目在完成立项、招投标、环评等工作环节后就可以向国家主管部门申请按照项目投资成本比例发放的财政补助资金，即事先的补贴。

2010 年的“金太阳示范工程”补贴方式发生了变化，同时补贴业主单位和设备供应商。对工程采用的晶体硅、组件、并网逆变器等关键设备统一招标确定，并有固定的供货协议价格。金太阳工程项目业主向中标企业购买设备时，国家按中标协议供货价格的一定比例给予补贴，如表 32.6 所示。

表 32.6 我国“金太阳示范工程”补助标准

“金太阳示范工程”	用户侧光伏发电项目	偏远无电地区独立光伏发电项目	申请补助单位
2009 年	按照总投资的 50% 补贴	按照总投资的 70% 补贴	太阳能光电项目业主单位
2010 年	供货价格的 50% 比例补贴定额建设费用（4 ～ 6 元 / 瓦）	供货价格的 70% 比例补贴定额建设费用（6 ～ 10 元 / 瓦）	业主单位和设备供应商

“太阳能屋顶计划”和“金太阳示范工程”在其实施的三年内成为促进光伏发展的最主要政策，相关的配套政策数量最多、资金投入力度最大，对我国光伏产业的生产和销售产生了强力的拉动作用，并且随着市场供需状况的变化，补贴标准也有一定的调整。

国内大范围光伏太阳能应用示范工程启动了国内市场需求，其对不同产业阶段的不同补贴方式带动了从产品生产组装到系统集成的产业链延伸，对我国大型的光伏组件制造商来说，进行光伏组件产品生产与招投标可以获取利润。例如，2009 年第一期“金太阳示范工程”启动时，由财政部出资统一在全国招标购买组件，其中，英利绿色能源控股有限公司提供了 227 兆瓦的光伏组件，中标总采购量的 70%；而国内的众多规模偏小的企业则纷纷将业务重心从上游的硅业制造或中游的组件生产，转移到下游的系统集成。对光伏生产企业来说，不仅可以获得国家的一次性投资补贴，有利可获，而且可以采用自己生产的产品，消化光伏组件的库存。光伏的产业链开始往下游延伸。

尽管“金太阳示范工程”对我国光伏产品的推广、国内光伏市场的启动起了关键性的作用，该项政策出台后，国内的光伏电站呈现井喷式发展，但是补贴方式却存在问题。国家对投资建设电站实行的是一次性的事前投资补贴，这样造成的后果是企业争相投资光伏电站，项目只要通过评审就可以获得补贴，而后续的发电质量和功率则不在监管的范围内，于是出现企业先建后拆、报大建小、只建设不发电等投机行为。从 2013 年起，“金太阳示范工程”不再接受项目申报，实行了三期的“金太阳示范工程”自此退出了历史舞台。

2）光伏产业的上网电价补贴

上网电价补贴也被称为政府电力收购制度，电价补贴是以发电者向公共电网输送的电量来核定的，在相同时间内发的电越多，则电力公司获得的补贴越多。我国的光伏上网发电实行政府定价，同时有全额保障性收购制度，以及可再生能源电价补贴配额的交易机制。

2007 年国家发改委发布《可再生能源电价附加收入调配暂行办法》，提出上网电价高于当地平均电价部分、运营和维护费用高出当地平均电价的部分，以及项目接网费用等，通过向电力用户征收电价附加的方式解决，补贴标准为 3 000 元 / 千瓦。对收取的可再生能源电价附加不足覆盖成本的部分可通过可再生能源电价补贴或配额交易获得。

2009 年修正的《中华人民共和国可再生能源法》中规定，电网企业要对可再生能源发电全额保障性收购，其中产生的合理支付费用，可以作为成本从销售电价中摊售，也可以申请国家可再生能源发展基金的补助。政府给出分类别的可再生能源上网电价，对超出传统电价部分在全国进行分摊。

2011 年 8 月，国家发改委发布《关于完善太阳能光伏发电上网电价政策的通知》，对非招标太阳能光伏发电项目确定了全国统一的太阳能光伏发电标杆上网电价。

2011 年 7 月 1 日以前核准建设、2011 年 12 月 31 日前建成投产、国家发改委尚未核定价格的太阳能光伏发电项目，上网电价统一核定为每千瓦时 1.15 元；

2011 年 7 月 1 日及以后核准的太阳能光伏发电项目，以及 2011 年 7 月 1 日之前核准但截至 2011 年 12 月 31 日仍未建成投产的太阳能光伏发电项目，除西藏仍执行每千瓦时 1.15 元的上网电价外，其余省（自治区、直辖市）上网电价均按每千瓦时 1 元执行。

国家电网公司于 2013 年发布《关于做好分布式电源并网服务工作的意见》，发展低电压、小容量、发电就地利用的分布式电源，这种模式已经被证明是合理利用光伏发电的有效方式，有良好的经济效益和社会效益。分布式发电是未来的政策趋势，光伏发电上网电价补贴与之息息相关。

上网电价补贴是主要光伏市场国家的通用政策，自德国率先启用上网电价法以来，纷纷被各国效仿，被认为是启动光伏发电市场最科学、最有效的措施。度电补贴是合理的，因为其补贴是根据发电数量的多少来决定的，发电越多，则获得的补贴越多。度电补贴对投资商来说会有更清楚的财务数字和完整的财务模型，以及可预见的利润，从而可以拉动投资人的热情，进而组件供应商也会受益，根据特变电工新疆新能源股份有限公司提供的数据，该项政策下，业主的收益率可以达到 8% 以上，新疆哈密等地甚至可以达到 13%，扣除银行贷款利息等因素，还能有 6% ～ 7% 的收益；同时，对于光伏项目的业主来说，必然会选择效率越高的、稳定的、质量较高的光伏组件，光伏组件的供应商也会从中获益。度电补贴相较于事前的初始投资补贴，更能发挥市场机制的调节作用，同时，对达不到光电转换率技术标准的光伏生产企业提高了准入门槛，有利于淘汰落后产业，整合市场力量。

但是，我国的上网电价政策仍然有不足之处。首先，全国统一的上网标杆电价没有考虑到不同地区的不同市场环境与成本覆盖问题，补贴额度能否覆盖成本，价格确定是否合理仍待商榷；其次，光伏上网电价及其补贴政策没有明确的年限设定和调整机制。德国和日本均出台了详细的政策，同时也有清晰的电价及补贴逐年递减率，使得光伏企业与电力企业对光伏市场发展有明确的预期，同时也有利于进一步降低光伏发电的生产成本、促进技术创新与产品更新换代，使政策的推动力逐渐被市场化运作所取代。我国国内的大型光伏电站有明确的补贴年限（20年），但是以度电补贴为主要补贴方式以及对分布式光伏并网发电没有补贴年限，无法计算成本和效益，且没有明确的扶持力度和政策退出机制。

4. LED“十城万盏”示范工程

2009年4月，科技部启动了“十城万盏”半导体照明应用示范工程，分两批批复了37个试点城市，以应用促发展，积极引导和培育半导体照明的应用市场[15]。

2010年10月，《决定》中明确将“半导体照明材料”列为新材料产业的重点发展领域，这无疑是半导体照明产业发展的一次难得的历史机遇。在“十城万盏”示范工程的带动下，被列为试点城市的地方政府纷纷将LED产业作为调整区域产业结构、转变经济增长方式的重要抓手和突破点，着力培育和发展这一新兴产业。

随着“十城万盏”示范工程的实施，许多传统照明企业纷纷进入半导体照明领域，产业转型与升级的大幕已逐步拉开。作为我国传统照明产业的聚集地，在2010年，宁波的传统照明企业超过了4 000家，其中有近1/3的企业，已经或计划向LED产业转型。一些传统照明领域的上市公司也投入巨资转入LED的研发和生产。例如，雷士照明于2010年成立了上海研发中心，并组建LED研发小组，对LED光源、灯具、驱动电源进行研究。

“十城万盏”示范工程昔日所点亮的“星星之火”，如今已渐成“燎原之势”。2011年年末，在科技部、住房和城乡建设部于广州联合召开的“十城万盏”试点工作现场会上的数据显示：目前37个试点城市已实施的示范工程超过了2 000项，应用的LED灯具超过420万盏，年节电超过4亿度。试点城市集中了近4 500家LED企业，总产值约为1 400亿元。

“十城万盏”示范工程的逐步推进，使得LED产品在复杂现实条件下的应用需求和技术需求不断延伸和拓展。各试点城市不断加大对LED产业的科技投入，加强对关键共性技术的研发，技术进步速度明显加快。早期的一些关键技术问题，通过光学设计、散热、驱动等共性技术的突破得到了解决，国产功率型LED芯片已在部分支干道路照明和室内筒灯、射灯照明上得到应用。

在“十城万盏”示范工程的有力驱动下，我国LED技术从上游芯片到中游封装，再到下游应用都取得了一系列的突破。我国芯片国产化率从2008年的29%上升到2011年的68%；大功率芯片产业化光效达120流明/瓦；具有自主知识产权的硅衬底功率型芯片产业化光效达100流明/瓦；功率型白光半导体照明封装接近国际先进水平；下游应用与国际技术水平基本同步，室内外功能性照明灯具光效已超过了80流明/瓦；国产芯片、器件与控制系统在新中国成立60周年天安门广场大屏幕和

“复兴之路”演出大屏幕上得到了集成应用。

“十城万盏”已不仅仅代表 LED 路灯的概念，LED 正在向商业化照明、家庭照明、专业领域照明等方面渗透，应用领域不断扩展。相较于 LED 产品本身，企业和用户开始更加注重 LED 照明系统整体解决方案的设计和研制，不断拓展的 LED 技术在农业、医疗等领域的创新应用，对于培育有效市场需求有着重要的作用。

32.4 促进战略性新兴产业发展政策中存在的问题及政策建议

32.4.1 促进战略性新兴产业发展政策中存在的问题

从我国政府促进战略性新兴产业发展的举措来看，经常通过行政手段划定重点扶持的企业和领域，以财政补贴、金融支持、土地供给等传统方式，来增强企业的竞争能力和促进产业发展。这种带有计划经济思维的任务导向型产业推动模式，在传统制造业的发展过程中，取得了较好的成效，使得相关产业利用改革红利和劳动力优势迅速地占领了市场。而在新时期，战略性新兴产业发展的外部形势和内在特质都使得这种旧有模式无法继续有效推动产业健康、良性地发展。

1. 政府直接投资对新兴产业拉动作用有限，且极易引起贸易摩擦

各级政府采用财政、金融手段对新兴产业进行直接投资，忽视区域特点和产业规律，造成各地存在“运动式”上马新兴产业项目，造成大量重复建设的情况。例如，一些地方政府不顾自身发展水平和地理情况，新建、扩建了一批飞机场，但是由于没有足够的客流，投资无法收回成本。而随着全球经济、科技一体化日程日益加快，政府直接投资、财政补贴企业等行为与国际贸易规则间的矛盾愈加显现，如光伏产业遭遇欧美“双反”的问题，给我国的产业发展政策敲响了警钟。

2. 补贴对象为生产端的企业，使得部分企业盲目扩张产能

政府推动战略性新兴产业政策的补贴对象主要为生产端的企业，为得到政策优惠，企业加大投资，盲目扩张产能，以换取政府在金融、财政、土地方面的支持政策。例如，一些 LED 企业大量购置进口 MOCVD（金属有机化合物化学气相沉淀）机，换取政府补贴，但是由于市场有限，这些机器的开工率很低，不足 50%，产能过剩的现象十分严重。

3. 部分政策存在漏洞并缺乏有效监管，不良企业扰乱了市场环境

由于补贴的对象为生产端的企业，在政策执行过程中缺乏有效监管，有些不良企业钻政策的空子，扰乱了市场的竞争环境。据国家审计署发布的《2013 年第 25 号公告：5 044 个能源节约利用、可再生能源和资源综合利用项目审计结果》显示，在国家

推行的节能补贴政策上，企业存在的骗补现象十分严重，格力、TCL、美的等企业均在列。

政策不科学，没有按照经济规律办事，对产业发展的客观规律认识不够，对科技政策和产业政策的认识不够，传统的扩大企业产能、实现规模效应的产业支持方式已不再符合战略性新兴产业的发展规律和全球化发展的时代要求，政府促进产业发展亟须选择新的支点。

32.4.2 进一步促进我国市场拉动政策发展的建议

为进一步促进战略性新兴产业的健康发展，政府应打破传统的计划思维模式，转变政府政策职能，明确政策导向，选择新兴产业的最终用户作为促进产业发展的新支点，通过若干市场拉动政策的制定和实施，培育、引导和激活市场需求，提高最终用户对新兴产品的认知能力和消费能力，发挥市场选择机制和淘汰机制的作用，依靠市场竞争和供需情况自我“产生赢家”（self-generating winner），而非由政府直接干预市场的选择和淘汰过程，依靠计划“挑选赢家”（pick-winner）来代替市场做出选择。

1. 进一步转变政府职能，政策支点由企业向最终用户转变

从各国政府促进战略性新兴产业发展的政策实践来看，完善的需求端政策是实现市场培育和拓展、技术进步、产业发展的重要手段。近些年，我国促进战略性新兴产业发展的政策体系日趋完善，对作用于最终用户的市场拉动政策也进行了很多有益探索。例如，在2006年推出的《国家中长期科学和技术发展规划纲要配套政策实施细则》中，就提出了自主创新产品政府采购、首购、首台套和消费补贴等激励市场需求的政策。

然而，从总体来看，当前我国中央和地方各级政府以支持企业生产为主的政策思路仍未改变，这也在客观上造成了以光伏为代表的部分战略性新兴产业出现产能过剩、遭遇国外贸易摩擦等问题。政府部门应领会李克强同志“把错装在政府身上的手换成市场的手”的深刻内涵，进一步转变政府职能，把经济决策权归还给市场主体，把政策支点由企业转变为最终用户，政策支持方式由拉动企业生产能力转变为拉动最终用户消费能力，围绕战略性新兴产业需求部署创新链，加强对以最终用户为支点的市场拉动政策的设计，为新兴产业发展引导和创造市场。

2. 组织实施重大产业应用示范工程，着力引导和培育新兴市场需求

应用示范工程的实施，旨在通过对新兴技术或产品进行市场检测和展示，从而提升技术或产品的社会可接受度，促进新兴技术的研发与扩散。近年来，应用示范工程作为一种能够拉动市场需求的政策工具，得到了世界各主要国家政府部门的青睐。例如，欧洲委员会在欧洲各国建立碳捕捉与碳封存（CCS）示范工程，美国科学院（EPRI）在新泽西州开展智能电网示范工程等，这些工程都取得了较好的效果。

在我国，“十城千辆”、“十城万盏”、“金太阳”等应用示范工程的实施，有效地

促进了新能源等战略性新兴产业的发展。政府应总结目前应用示范工程实施过程中的经验与教训，鼓励企业开展商业模式创新，进一步加强对应用示范工程的监管力度，防范企业通过示范工程骗取财政补贴、地方政府过度保护本地企业等问题的出现。同时，政府应进一步扩大应用示范工程在战略性新兴产业中的实施范围，一方面扩大较为成熟技术的示范区域范围；另一方面在新一代信息技术、节能环保、生物制造等领域组织实施重大产业应用示范工程，加强对新兴产业市场的引导和培育。

3. 制定和实施公共项目规划，在公共事业领域扩大新兴市场需求

政府规划和公共项目是直接拉动战略性新兴产业市场需求的有力手段，同时政府行为对社会未来需求具有很强的示范效应，因此，要加强公共项目规划的制定与实施，将公共需求与企业创新动力有效整合，以此为杠杆撬动新兴技术或产品在民用领域和商业领域的市场应用，激发“无形的手”发挥作用。很多发达国家采用公共项目规划的手段推动新兴产业发展。例如，美国在物联网产业的发展中，通过“智能微尘”、“智慧地球”等公共项目拓展了物联网技术的应用市场，提升了美国物联网技术的创新能力。

政府应在交通、学校、医院、环卫等公共事业领域，通过政府的公共项目规划创造社会需求。例如，在城市市区的环卫领域、大型社区和风景名胜区的公共交通领域推行电动汽车或混合动力汽车；在学校、医院、公路等公共事业领域广泛推广使用LED照明产品；通过政府规划建设环保低碳建筑，引导和鼓励公共建筑、商业建筑、居民小区等采用环保材料、太阳能发电设施等。这些措施对节能环保、新能源等战略性新兴产业的发展具有较大的促进作用[16]。

4. 有序推进创新友好型法规与标准，强制性淘汰落后技术与产品

美国、欧盟等发达国家和地区在发展战略性新兴产业的过程中，制定了较高要求的法规与标准，在节能环保、生态设计、测试检验等方面对新兴技术或产品提出了更高、更加严格的要求。一方面，这种高要求和高标准为新兴产业的技术创新提供了动力，并形成了较高的市场进入门槛，强制性地淘汰落后技术与产品，为新兴产业创造市场；另一方面，较高的产品技术标准有利于提高最终用户对新兴产品质量和性能的认可，培养最终用户对新兴产品的消费兴趣。

我国应借鉴国际先进经验，出台环境、节能等有利于创新导向的法规，强制性淘汰落后技术与产品；选择信息、高端制造等领域作为标准化战略重点，加大参与国际标准化活动，并兼顾标准的市场适应性，以此推动新兴技术创新与市场扩散；坚持以高要求和高标准严格规范科技成果与创新产品的市场准入，塑造用户信赖的企业品牌，提高用户对新兴产品的认知与消费。

5. 将补贴对象由企业转变为最终用户，通过多种方式降低用户购置成本

在战略性新兴产业的发展初期，部分产品与传统产业相比并不具有成本优势，用

户对新产品的性能、质量存在疑虑。例如，可再生能源、节能灯具、电动汽车等，在这些产业的发展过程中，我国政府应提供相应的新兴产品价格、消费税费和贷款等支持，将补贴对象由企业转变为最终用户，通过降低用户的购置成本来刺激市场需求。这些措施也是各国促进新兴产业发展的常用政策手段。例如，英国采用“绿色住宅”减免印花税等手段促进太阳能、水循环装置和无污染涂料产业的发展；德国对私人安装太阳能装置提供低息或无息贷款；日本对购买混合动力等节能环保汽车的消费者给予一次性财政补贴，金额约为节能环保汽车与常规汽车价差的50%。

参考文献

[1] 赵筱媛，苏竣．基于政策工具的公共科技政策分析框架研究．科学学研究，2007，25（1）：52～55.

[2] Rothwell R，Zegveld W．Reindusdalization and Technology．London：Logman Group Limited，1985：83～104.

[3] 刘险峰．战略性新兴产业发展中的需求激励政策研究．中国财政，2011，（13）：54～57.

[4] 钱野，罗如意．国外太阳能扶持政策借鉴．杭州科技，2004，（4）：20～27.

[5] 曹晓芳．美国新能源汽车补贴政策借鉴．中国汽车要闻，http://www.cbuauto.com.cn/qiche-yaowen/ReadArticle1.asp?idArticle=1964&C1=%CC%D8%B8%E5，2010-06-02.

[6] 吕佳玲．国外太阳能和风能产业发展的政策设计的经验和教训．中国科技管理研究院浦东创新论坛研究报告，2011.

[7] 刘卓，何金凤，周攀．德国光伏产业扶持政策借鉴及启示．知识经济，2012，（17）：118～119.

[8] 尹晓亮．从“住宅环保积分制度”看日本环保产业政策设计．环境保护，2011，（24）：66～68.

[9] 尹晓亮，平力群．从日本的“环保积分制度”中能学到什么?．环境保护，2009，（17）：75～76.

[10] 崔成，牛建国．日本半导体照明产业发展政策及启示．中国科技投资，2011，（3）：39～40.

[11] 刘青荣，顾群音，阮应君．日本太阳能光伏发电系统的政策和实例．华东电力，2009，（2）：280～283.

[12] 唐崇俊，沈海滨．日本新能源战略：再生能源特别措施法．世界环境，2012，（6）：44～45.

[13] European Commission. Mission growth: Europe at the lead of the new industrial revolution. http://ec.europa.eu/enterprise/newsroom/cf/itemdetail.cfm?item_id=5968&lang=en&title=Mission%2DGrowth%3A%2DEurope%2Dat%2Dthe%2DLead%2Dof%2Dthe%2DNew%2DIndustrial%2DRevolution，2012-05-29.

[14] 蒋莉萍，施鹏飞．我国风电特许权招标项目实施情况及综合分析．电力技术经济，2006, 18（4）：1～3.

[15] 唐婷，陈磊．应用，在“十城万盏”试点中探路．科技日报，2012-01-10.

[16] 徐梦周，吕铁．领先市场建设与战略性新兴产业培育．中国社会科学报，2013-07-10.

第 33 章

战略性新兴产业市场环境与产业规制分析

沙　勇　洪志生　周　源

【内容提要】 公平竞争、有序的市场环境是战略性新兴产业培育和发展的基础，而这又需要合理的产业规制。本章系统分析我国战略性新兴产业的国内国际市场环境，厘清产业规制的定义和意义。根据战略性新兴产业的特点和发展规律，合理运用产业规制政策，建立统一开放、竞争有序的国内市场，扶持企业拓展国际市场。

发展战略性新兴产业不仅是调整产业结构的最有效举措，更是我国抢占世界科技制高点的一次新机会。自 2009 年我国政府正式提出发展战略性新兴产业以来，先后出台了《决定》、《分工》等政策文件，发布实施了《规划》。随着加强宏观引导、加快体制机制改革、加大要素支撑、加强科技创新、积极培育市场、推进开展国际合作等各项政策措施的逐步落实，我国战略性新兴产业培育与发展实现了良好开局。新一代信息技术、新能源、生物医药、高端装备等重点产业加速成长壮大，战略性新兴产业在各地呈现出集聚蓬勃发展的态势。然而，由于战略性新兴产业处于产业周期的初期阶段，发展有着很强的革命性，一方面当前针对传统产业的规制将会阻碍战略性新兴产业的发展；另一方面，战略性新兴产业如生物医药、移动互联的发展又需要新的产业规制。因此，营造有利于战略性新兴产业发展的良好市场环境，充分把握经济规制与产业发展的关系，优化完善产业规制是促进战略性新兴产业健康发展的关键举措。

33.1 营造公平竞争的市场环境

我国对战略性新兴产业已经出台了一系列有利于促进科技创新和市场环境改善的政策。但是，战略性新兴产业还处于发展的初级阶段，目前仍然存在市场体系不统一、地区分割、地方保护、部门利益冲突的情况，缺乏有序的市场竞争和有效的资源配置。建设统一开放、竞争有序的技术市场、人才市场、商业市场、服务市场、资本市场体系，需要政府制定的各项扶持政策既要有利于产业发展，又需要注重公平竞争市场环境的营造[1]。同时，面对复杂多变的国际市场，采取有效的政策措施扶持企业充分利用国际资源、吸纳领先技术、开拓国际市场、维护合法权益，是决定我国战略性新兴产业能否充分参与国际竞争的关键要素。

33.1.1 创造公平竞争和平等准入的国内市场环境

我国战略性新兴产业的培育与发展是关系到我国经济结构调整、提升国际竞争力的重要战略举措。中央与地方、地方与地方、部门与部门、部门与地方要充分发挥战略性新兴产业部际联席会议制度的积极作用，形成协同一致的宏观发展意识。构建有利于促进创新、公平有序的市场环境，推动我国战略性新兴产业的健康快速发展，使之尽快成为推动我国经济社会可持续协调发展的重要力量。

1. 通过对需求和消费市场的激励营造公平的竞争环境

当前，为简化管理、便于服务，政府对于新兴产业和科技创新的激励多采用对特定供应方和研发环节的支持。尽管选择扶持企业的程序越来越规范，但由于受信息不对称、企业的资源要素分布不均等影响，政府对特定企业的资金和政策支持必然会导致不公平竞争。对以产业初级阶段性、市场不确定、高风险性为特征的战略性新兴产业来说，这种因政府扶持形成的不公平竞争将产生决定某种技术或者企业存亡的影响，在一定意义上形成了政府选择替代市场竞争选择的情况。因此，应从当前对供给和研发环节的支持尽可能转向对需求和消费市场的激励，如金融危机期间对家电和汽车下乡的鼓励措施、节能灯购买实施补贴等都是值得借鉴的措施，以此推动战略性新兴产业市场的公平竞争。

2. 放宽对民营投资主体的投资规制

国家在战略性新兴产业相关公共资源配置方面应给予民营企业与其他投资主体同样的待遇。各省市都在放宽民间投资准入范围方面实施积极的措施，规范设置投资准入门槛，创造公平竞争、平等准入的市场环境，允许民间资本进入法律法规未明确禁止准入的所有行业和领域。以广东省为例，广东省委、省政府在关于加快建设现代产业体系的决定中明确提出，进一步放宽民间资本进入战略性新兴产业、基础产业和基础设施、市政公用事业等七大领域的范围。此外，推动相关领域的投资体制改革，进一步完善公共产品价格形成机制，为民间资本发展战略性新兴产业创造良好的市场环境[2]。同时，政府采取财税优惠政策、财政资金投入支持产业发展时要防止出现对私人投入的抑制效应。一般情况下，公共投资的效率大大低于私人投资的效率，政府财政资金投入的功能应定位于引导、放大、推动私人投资上，提升全社会投入水平和投资规模，避免因政府财政资金投入对私人投资产生抑制效应和挤出效应。

3. 有效发挥市场机制的资源配置作用

首先，政府的各种产业规划要着重于提供权威、及时的信息引导性规划，避免出台计划性、指令性规划。其次，要尽快打破地方、部门利益的市场壁垒，形成全国统一的开放型竞争市场。加速建设有利于战略性新兴产业健康发展的统一开放、竞争有序的技术市场、人才市场、商业市场、服务市场、资本市场体系[3]。同时，政府要公平支持各种不同的技术路线，通过制定资源、能耗、安全、环保等标准，建立市场准入的技术门槛。让市场选择新兴产业的技术方向，充分发挥企业作为技术创新、产品创新的主体地位作用。加快资源型产品价格形成机制改革，建立反映稀缺性和环境要素影响的资源价格和税收体系，利用市场机制推动和引导企业创新。

4. 营造良好的产业金融环境

除了营造良好的投资、间接融资环境外，要设立战略性新兴产业风险救助基金，建立有效的退出机制，为从事先进技术研发、先进产品生产、受新兴市场培育影响的创新型企业提供风险救助，从而实现鼓励创新的财政、财务支持环境。积极推动战略性新兴企业境内外上市融资，有效拓宽企业直接融资渠道，促进战略性新兴产业快速健康发展。资本市场为战略性新兴产业筹措资金的同时，要推动股权投资基金等机构与上市企业联动发展，建立有利于促进企业技术创新、商业模式创新的系统推动机制，通过市场化的方式，不断发掘战略性新兴产业优质企业，促进企业创新发展。

5. 注重形成支持创新的公共服务环境

结合战略性新兴产业发展的各项实际服务需求，从政策、资金、环境、人才、技术各方面致力于培植产业服务平台的专业化、系统化、市场化。大力推动创新信息发布、共性技术交流、技术交叉对接、专业数据库共享等知识密集型的高水平、国际化的公共服务平台建设，以完善有利于促进区域技术创新、产业发展的服务体系。加快推进形成产业联盟、技术交流、品牌创建以及创新创业集聚的良好市场环境。

33.1.2 开发有利于占据产业链高端的国际市场环境

无论是在我国，还是在世界其他国家，战略性新兴产业的发展差距不会太大。培育和发展战略性新兴产业，必须与国际市场接轨，直面国际竞争对手，开拓国际市场，利用全球创新资源促进我国战略性新兴产业的发展。目前，我国乃至其他发达国家的战略性新兴产业仍处于初期发展阶段，大多缺少领先技术、市场集中度低、规模效应不明显，产业正处于技术突破和规模形成的阶段。正因为如此，各国都充分运用国际贸易保护政策扶持本国的战略性新兴产业发展。这使得我国战略性新兴产业在国际市场的开拓中面临更大的压力。根据当前国际竞争态势和发展趋势，要充分发挥市场机制的基础性作用，切实调动市场主体的积极性，引导产业发展方向和发展重点，明确在国际市场的产业优先发展次序、竞争水平和关键环节。支持企业将自身优势产品、服务和国际市场需求有效结合，精准开拓和利用国际市场。提升企业适应国际市场能力，增强企业国际竞争力，不断拓展战略性新兴产业的国际化发展空间。

1. 加强国际市场需求和我国战略性新兴产业具有竞争力领域的信息对接

国家商务部等有关部门、驻外机构、行业组织、相关中资机构应为我国战略性新兴产业企业提供国际市场信息服务。建立及时跟踪国际市场需求和国际领先技术的信息平台，组织引导我国战略性新兴产业与国际需求对口、有国际竞争力的企业参与国际市场竞争，鼓励和扶持举办战略性新兴产业专业国际展会和产品推广活动，促进中外技术创新型企业信息交流和项目对接。使国际市场需求、技术方向能够及时、正确地影响我国战略性新兴产业技术发展方向和市场拓展方向。同时，结合国际市场需求和我国战略性新兴产业企业的技术、产品分类，引导参与不同的国际市场竞争，避免本国企业国际化市场的同质竞争。其次，还要注重关注国际市场的未来需求，鼓励企业开拓发达国家市场和国际新兴市场，以促进我国战略性新兴产业的技术领先。制定有领先性、针对性、鼓励性的贸易投资指南，以支持各类经营主体创造新产品开拓国际市场、提升应对国际未来市场的先见性。

2. 加强支持国际贸易的公共服务平台建设

加强以信息服务、人才培训、国际贸易准则咨询、企业海外维权、建立海外知识产权保护体系、产业预警体系等为主要内容的公共服务平台建设，为战略性新兴产业拓展国际市场、吸纳国际资本、参与国际并购、设立海外研发中心、建设海外生产体系、采购国际先进技术设备、引进国际创新商业模式、利用国际人才资源发挥积极作用，为战略性新兴产业在高附加值环节开展国际合作、提升参与国际分工能力提供高水平的全流程市场化服务。公共服务平台还要积极协同行业组织帮助企业做好反倾销、反补贴的防范措施，专业应对国际贸易保护主义。指导企业积极利用世界贸易组织通报咨询机制等方式应对国外各种非关税壁垒，减少国际贸易摩擦，创造平等竞争的国际市场环境。

3. 适度推进国际贸易政策的改善

首先，要将促进战略性新兴产业的国际交流与合作纳入政府间合作机制框架，利用政府力量推动发达国家放宽对我国高新技术及设备的出口限制，扩大高技术产品贸易范围。其次，要简化战略性新兴产业企业境外投资、国外资本入境投资战略性新兴产业的审批程序，加大对企业境外投资的外汇支持，鼓励有条件的企业在境外以发行股票和债券等多种方式融资。同时，加快落实企业海关分类管理措施，大力推进分类通关改革，为战略性新兴产业重点培育企业提供相关通关便利措施，也为战略性新兴产业领域引进的海外专家通关便利提供有效支撑。

33.2 准确把握产业规制与市场环境的关系

33.2.1 产业规制的基本内涵

“规制”一词由英文 regulation 翻译而来，一般被定义为政府或社会根据有关的法律、法规，通过支持、许可或禁止、限制的手段实施的，直接对企业的经营活动产生影响的行为。产业规制是政府或社会为实现某些社会经济目标而对市场经济中的经济主体做出的各种直接和间接的具有法律约束力或准法律约束力的限制、约束、规范，以及相关的行动和措施[3]，实施方式包括产业政策导向、财政政策和货币政策。产业规制是对市场失灵的治理，目的在于维持正当的市场经济秩序，提高资源配置效率，并且能够尽可能地保护大多数社会公众的利益。但有些时候，某些特殊的既得利益集团将通过对产业规制政策的影响，从而保护自身利益团体的利益，而损害社会大众的利益。例如，一些传统产业的企业代表将努力保持原有的产业规制体系，以阻止战略性新兴产业中可能的替代产品的健康发展，电动汽车、生物医药、网上金融等都是传统类企业最容易通过产业规制加以限制的产业类别。

产业规制可分为经济性规制与社会性规制。经济性规制重点针对具有自然垄断、信息不对称、重大战略意义等特征的行业，主要的实施方式有[2]：一是进入和退出机制，进入规制是指政府结合经济社会形势和产业的市场结构特征，对该行业的潜在进入者加以约束和限制；退出规制是指政府根据产业结构特点和企业运营状况，限制或强令在位企业退出市场，这一规制可以通过发放许可证，实行审批制、注册制，或是制定较高的进入标准来实现。二是对所规制企业的产品或服务定价进行规制，包括价格水平规制和价格结构规制。三是对企业产量进行规制，指在价格水平和质量标准确定的前提下，政府要求企业必须提供最低数量产品的政策，如果企业在执行规制价格时减少产品数量的供给，损害消费者利益，政府就要进行处罚，通常与质量规制和价格规制政策相互关联。四是对产品质量进行规制，指政府要求企业在既定的价格下保证产品质量，达到或超过国家规定，保障和增进消费者利益的政策，通常与价格规制政策共同使用。五是投资规制，指政府为了规范、保护和促进投资市场发展，对社会投资过程中的资金筹集、证券发行和交易、投资行为、信息披露等进行管理和干预，包括对实业投资和金融投资的规制。社会性规制是近年来在各国逐渐施行的，通过设立相应标准、发放许可证、收取各种费用等方式进行，以确保居民生命健康安全、防止公害和保护环境为目的所进行的规制，主要适合一些容易发生外部性的或与现有产业发展具有重大相关的产业。

33.2.2 战略性新兴产业的特性需要一定的产业规制

近年来，重复建设、产能过剩在我国战略性新兴产业的多个产业不断出现，包括多晶硅产业、风电设备产业乃至云计算产业也初露端倪；另外，战略性新兴产业在发展过程中，又时常受到传统产业规制的限制，如生物医药开发受到医药行业监管的限制、新一代信息技术产业中第三方支付受到银行业监管的制约等。战略性新兴产业发展和产业规制的矛盾，很大一部分受到战略性新兴产业特征的影响，或者说，由于相关特性的存在，战略性新兴产业发展中存在一定的市场失灵，政府对产业发展的干预和调控就显得非常必要。这些特性包括准公共性、强外部性、初期阶段性、高风险性和准同步性[4]。

（1）准公共性。战略性新兴产业所涉及的领域，如节能环保、新一代信息技术、生物、高端装备制造、新能源、新材料、新能源汽车等，大多直接体现着国家公共利益，事关经济社会的发展全局，对推动经济社会进步、着眼长远抢占国际产业竞争制高点具有重要意义。战略性新兴产业的发展水平和发展质量，短期内将对我国国民经济转型的成功与否起着决定作用，中期则将影响我国在全球产业竞争中的地位，进而影响我国的国际竞争力，长期则会左右我国可持续发展的水平和方向。

（2）强外部性。正因为战略性新兴产业发展的准公共性，其发展程度也带有很强的外部性。此外，作为技术密集型产业，战略性新兴产业的发展离不开新技术的创新。但当新兴产业技术转化为产品、产品投向市场后，产品内含新技术就会溢出和扩散，主要表现为技术落后企业的模仿效应、人力资本的转移效应等，这将会在全社会范围内产生正的外部经济性。尽管知识产权制度的日趋完善在一定程度上能够规避企业“寻租”，但仍难以杜绝市场上大量的“搭便车”行为。或者说，由于战略性新兴产业一直处于发展过程中，我国知识产权保护制度仍难以满足战略性新兴产业发展的需求。

（3）初期阶段性。战略性新兴产业正处于产品生命周期的初期阶段，技术成熟度、产品成熟度、市场成熟度都有限，企业规模和市场规模还未能达到成为一个产业的程度，大部分企业是创业型企业。此外，技术发展方向尚未清晰，相关的技术研发都还处于研究的基础阶段，可能的技术突破需要有相应的商业模式创新助其实现经济价值。在产业发展的初期阶段，原有的产业规制要么是越位，限制其商业模式创新的推进；要么是缺位，难以解决产业发展后衍生的新的“市场失灵”问题。

（4）高风险性。风险存在于战略性新兴产业发展的全过程。具体表现包括：一是技术风险，主要源于关键技术路线发展方向把握不足、关键技术研发的巨额投入风险以及技术研发过程中与相关实验设备的配套风险；二是市场风险，战略性新兴产业的市场接受度很大程度上取决于技术成熟度，但也有很大一部分取决于消费者的需求偏好以及竞争对手或者替代产品的发展情况；三是生产风险，对于产品创新而言，推出的新产品能否大规模生产，原材料来源是否有保障，都具有不确定性；四是政策风险，几乎大部分创新都不同程度地会遇到相关产业政策规制的制约和限制。

（5）准同步性。在全球性金融危机之后，世界主要发达国家和发展中国家，几乎都把加大科技创新、发展战略性新兴产业作为培育新的经济增长点、实现经济振兴的重要突破口。新一轮的新兴产业革命将改变人类生产和生活方式，推动全球形成新的产业链和市场，成为推动世界经济发展的主导力量。在这场产业革命中，各个国家和地区几乎都处在同一起跑线上，这意味着谁能抢抓大好机遇、加快发展速度，谁就能率先占领战略性新兴产业发展的制高点。倘若仅依靠在原有产业规制框架下通过市场的自发力量来推动，很容易丧失产业发展良机。

由于战略性新兴产业的这些特征，营造良好市场环境仍未能满足战略性新兴产业的健康发展，需要进一步通过产业规制的进入和退出规制、定价规制、质量规制、投资规制等方式，推进战略性新兴产业的可持续健康发展。

33.3 优化产业规制，营造公平市场环境

为了实现战略性新兴产业培育与发展的国家战略性目标，制定有利于促进产业优先发展和营造公平竞争市场环境相契合的政府民间平衡型产业规制，在当前国际、国内经济形势下尤为迫切和重要。充分发挥政府保障市场公平有序、以健全的市场机制引导企业发展的积极作用将有助于我国战略性新兴产业健康发展。

33.3.1 发挥产业规制的积极作用

虽然市场是产业发展的资源配置主体，但在我国战略性新兴产业起步较晚、国际竞争日趋激烈的形势下，仅仅依靠市场推动新兴产业的发展是非常困难的，世界各国的产业发展经验表明，政府制定积极的产业政策推动新兴产业发展是非常必要的。产业规制要重点在弥补市场机制失灵、优化产业资源配置、消除制约性体制机制方面扶持推进战略性新兴产业加快发展，并且立足于形成公平竞争、促进创新、科学布局、鼓励消费、国际竞争的产业良好发展环境[5]。首先，政府干预要立足于解决战略性新兴产业发展过程中面临的不正当竞争、资源浪费、产能过剩、环境污染等问题，起到弥补“市场失灵”、推动资源优化配置效率的作用。其次，要注重产业规制与产业发展的先见性、同步性，适时调整完善相关政策规范，避免政策法规的滞后影响产业发展。最后，激励政策的制定要重点考虑战略性新兴产业的发展对民生领域、传统产业等领域的引领带动和协同发展。

33.3.2　加强宏观引导的科学性

新兴产业选择是否适当、布局是否平衡科学是关系到国家经济发展安全、区域产业协调发展、避免出现低水平重复建设的关键。要注重宏观规划的科学性、引导性，避免出台替代市场选择的指令性计划。通过明确有效的信息，引导资金、人才、技术路线向有利于加快战略性新兴产业发展的方向集聚。

33.3.3　加强市场准入和价格管理

完善生物医药、生物育种等行业准入管理和新能源产品价格形成机制，强化药品集中采购、药品注册、转基因农产品等相关管理制度，细化并严格执行节能环保法规标准，推动形成与国际接轨的市场准入制度和价格形成机制。

33.3.4　建立完善的质量体系、信用体系

尽快完善战略性新兴产业技术规范、行业标准、产品认证等质量体系建设和信用体系建设，提高战略性新兴产业的产品质量水平和企业品牌信用，为市场认知、国际竞争和低成本融资发展提供规范性产业标准。

当前，我国战略性新兴产业面临重大发展机遇，同时也有很大的压力和挑战，在我国战略性新兴产业培育与发展的实际运行中必须注重市场发挥主导作用和政府有力推动相结合，有效统筹政府和市场的作用。政府制定产业政策是为了营造良好的市场环境，而不是替代企业成为创新主体，在于有效地引导而非直接决定产业的发展，更不能改变产业的发展规律。要充分发挥政府保障经济社会运行稳定的强有力调控作用和充分发挥市场高效率配置资源与企业作为创新主体的高效融合，推动我国战略性新兴产业的健康快速发展。

审稿：薛　澜

参考文献

[1] 刘澄，顾强，董瑞青 . 产业政策在战略性新兴产业发展中的作用 . 经济社会体制比较，2011，（1）:196 ～ 203.

[2] 肖兴志 . 中国战略性新兴产业发展报告 2012. 北京：人民出版社，2013：3.

[3] 田银华 . 产业规制与产业政策理论 . 北京：经济管理出版社，2008.

[4] 姜涛 . 政府经济规制与战略性新兴产业发展 . 中共浙江省委党校学报 ,2012，（5）:33 ～ 37.

[5] 肖兴志 . 中国战略性新兴产业发展研究 . 北京：科学出版社，2011.

第 34 章

战略性新兴产业商业模式创新研究

薛　澜　洪志生　戴亦欣

【内容提要】 在理解商业模式概念的基础上，通过对商业模式创新概念及其分类的理解，充分把握商业模式创新的内涵。商业模式创新对产业发展特别是战略性新兴产业发展具有重要的推动作用。在对战略性新兴产业发展过程中相关商业模式创新的归类及案例总结基础上，提出了利于战略性新兴产业实现商业模式创新的政策方向。

34.1　商业模式创新的含义

34.1.1　商业模式的概念

商业模式（business model，BM）最早是由 Bellman 和 Clark 于 1957 年在其关于商业博弈的构建一文中提及的 [1]。之后相关学者都对商业模式的定义做了充分的探讨，但仍未形成一致性的认识。

通过对 30 多种商业模式定义进行分析，Morrisa 和 Schindehutte 于 2003 年便在“*The entrepreneur’s business model: toward a unified perspective*”一文中将商业模式分成三个层面 [2]：获利层面关注企业的盈利问题；运营层面关注能为公司创造价值的内部流程和基本架构设计；战略层面主要强调企业的总体市场定位、组织跨界

交流、成长机会，特别是竞争优势及其可持续性。时至今日，国内外相关学者对商业模式的定义仍然可以运用这三个层次进行归类。

获利层面，与之相关的决策变量包括收益来源、定价方法、成本结构、边际收入和预期销售额等。商业模式是对一种商业活动的抽象，一种如何把组织中的投入转变成价值增加的产出的抽象[3]，决定了商业活动如何为公司带来盈利。可以说，商业模式的最根本内涵是企业为了自我维持，也就是能够持续赚取利润而经营商业的方法，通过清楚说明企业如何在价值链上自我定位而获取利润[4]。

运营层面，相关决策变量包括产品或服务的交付方式、管理流程、资源流、知识管理和物流等。商业模式是组织的或公司的经营理论（business theory）[5]，是由产品、服务和信息构成的有机系统[6]，是开办一项有利可图的业务所涉及流程、客户、供应商、渠道、资源和能力的总体构造[7]，是在给定的环境中，由客户界面、内部构造、伙伴界面组成的要素形态的有意义的组合[8]。同时商业模式也是运营主体所缔结的跨越组织边界的各种关系组合[9]；关系是动态的，所以商业模式是“运营创新”（operational in-novation），是企业组织的深层变革（deepchange）[10]；反映的是企业的一种运行机制，主要包括价值主张、价值网络和价值实现三部分，最根本的是企业在整合资源、界定利益相关者及其价值的基础上，设计共赢的交易结构以保证企业价值和各方利益相关者价值的实现[11]。

战略层面，决策变量包括利益相关者识别、价值创造、差异化、愿景、价值、网络和联盟。基于这一层面的理解，商业模式是企业为了进行价值创造、价值营销和价值提供所形成的企业结构及其合作伙伴网络，以生产有利可图产品且得以维持收益流的客户关系资本[12]，是通过对企业资源包括组织、顾客、供应链伙伴、员工、股东或利益相关者等的整合从而形成的一个完整高效且具有独特核心竞争力的运行系统，这套系统能为实现顾客价值的持续增加提供一套整体解决方案，是利益相关者的交易结构，是客户价值和企业价值之间的桥梁[13]，是用以获取超额利润的一种战略意图和制度安排[14]。

也有学者从三个层面对商业模式进行综合性定义。商业模式是企业至关重要的三种流量——价值流、收益流和物流的唯一混合体[15]，描述了公司所能为客户提供的价值以及公司的内部结构、合作伙伴网络和关系资本等借以实现（创造、推销和交付）这一价值并产生可持续盈利收入的要素。它是由目标客户的价值需求、产品或服务的价值载体、销售和沟通的价值传递、业务运作的价值创造、战略控制活动的价值保护五大核心要素协同组成的价值创造系统[16]，是对企业商业系统如何很好运行的本质描述，其定义应是对经济模式、运营结构和战略方向的整合与提升[17]。商业模式由四个方面要素组成：顾客价值主张；顾客问题解决方案，即新的消费情景；盈利模式，即设计盈利业务和补贴性业务的构成；合作网络设计[18]。

虽然未有统一定义，但基本都用商业模式来阐明某个特定实体的商业逻辑。事实上，商业模式也能够被用来阐明某类特定产业或某条产业利润链的商业逻辑，这一类商业模式一旦产生，便会在某些特定阶段具有很强的推广力，甚至催生新的产业。战略性新兴产业的培育和发展中，需要关注的是这一类商业模式，其所涉及的关键决策变量与上述围绕特定实体的商业模式基本一致，包括收益来源、定价方法、成本结构、产品或服务的交付方式、管理流程、物流、信息流、价值流、利益相关者识别、顾客需求、价值创造、差异化、愿景、合作伙伴等，除此之外，还包括特定行业的产业规制与制度环境等。如果说前人研究对商业模式的关注是围绕企业层面的商业逻辑，本研究还将探究产业层面的商业模式。

34.1.2 商业模式创新的内涵

商业模式也是有生命周期的，一般会随着企业环境的变化而调整[2]。特别是随着企业的发展，或者市场的变化（新的创新、竞争者、规章制度等），现有的商业模式过时或企业盈利能力下降，商业模式势必需要调整进入新的生命周期阶段[19，20]。商业模式调整过程可用增大、巩固、删减来描述，当调整超过一定限度时，便是商业模式创新[21]。可见，商业模式创新是一种常态，是企业可持续发展的必要条件。根据上述对商业模式的理解，商业模式创新的内涵一般也涉及获利、运营和战略等层面。具体而言，对商业模式创新的理解主要从生产要素整合创新和利益相关者间的关系两个角度进行。

生产要素一般包括技术、资源、组织等，从这一角度理解商业模式创新的研究较为广泛也更为早期。商业模式创新的概念可以追溯到熊彼特所提出的技术创新概念。熊彼特所提出的技术创新是广义的，囊括了产品创新、工艺创新、市场创新、供应来源创新和组织管理创新，几乎涉及了企业管理的所有方面的创新。这其中市场创新、供应来源创新和组织管理创新可以纳入商业模式创新的范畴。商业模式创新既基于传统创新又超越传统创新，将企业各种资源重新进行组合，把各项生产要素和资源引向新用途，从而创造了熊彼特主张的新商业、新技术、新供应源和新的组织模式以获取企业经济租金的观点，即“熊彼特租金”[16]。

利益相关者主要包括供应商、合作伙伴和顾客等，从这一角度理解商业模式创新的学者认为商业模式创新是企业与供应商、合作伙伴、顾客等利益相关者之间相互作用，通过发现市场机会、制定客户价值主张、设计盈利模式、确定关键资源和关键流程等方式来实现的[22]。企业一般可从价值主张、供应链和目标顾客进行创新来实现商业模式创新。

不管是对生产要素的整合，还是对利益相关者关系的调整，商业模式创新都是对现有价值链的重塑[23]，是企业如何为顾客创造更多价值而提供的基本逻辑的创新与演化，既包括多个商业模式构成要素的变化，也包括要素间关系或动力机制的进化[24]。商业模式的构成要素包括价值主张模式、价值创造模式、价值传递模式和价值网络模式[16]，相应的商业模式创新要素见表34.1。

表 34.1 商业模式创新构成模块

构成模块	模块构成要素	模块构成功能
价值主张模式创新	界定目标顾客	清晰地界定主要客户群、辅助客户群和潜在客户群
	挖掘价值需求	挖掘客户的功能价值需求、体验价值需求、信息价值需求、文化价值需求
价值创造模式创新	创新业务活动	将业务活动创新性地提供给系统分解集成商、专有零件（模块）供应商、通用零件（模块）供应商
	设计成本结构	对成本布局、成本控制进行设计
价值传递模式创新	分销渠道创新	行业的传统经销制、直销制，和界于中间的助销制、经销制 + 直销制
价值网络模式创新	设计伙伴关系	对正式制度安排、非正式制度安排进行设计
	创新网络形态	对产品流形态、收益流形态、信息流形态进行创新

资料来源：孙永波 . 商业模式创新与竞争优势 . 管理世界，2011，(7)：182 ～ 183

可见，商业模式创新是企业为了持续既有的商业逻辑，根据企业发展水平、市场环境及技术环境的变化情况，立足自身资源特点，对生产要素进行相应的整合创新，或者调整利益相关者之间的关系，从而实现价值重构，维系企业主体的价值优势地位。对于产业层面商业模式的创新，还应深刻把握社会发展背景、产业发展趋势、技术进步方向以及相应的产业规制政策。为了更深刻把握商业模式创新的内涵，可以通过对商业模式创新分类进行进一步把握。

34.1.3 商业模式创新的分类

前人研究已经对商业模式创新的分类做了详细的分析。高闯和关鑫以西方价值链创新理论为依据，将商业模式分为价值链延展型、价值链分拆型、价值链创新型、延展与分拆相结合和混合型五种类型[25]。李东进一步指出具体到企业活动的实施又可划分为三种商业模式创新类型，即顾客价值创新、成本结构创新、利润保护模式创新[26]；并在对 33 家国内外的典型企业进行了深入的个案分析的基础上，归纳出广阔草原型、带状森林型、山丘森林型和簇状丛林型四种商业生态系统类型[27]。孔翰宁等认为，当今企业商业模式的创新从以往单纯针对产品创新，转到针对消费者的创新；从产品驱动型的商业模式，转到服务与解决方案驱动型的商业模式；价值链、资源能力、价值网络、收入模式、产品或服务创新是商业模式创新的五种路径[28]。有学者依此进一步指出商业模式创新可以分为基于价值链、资源能力、供应链体系、收入模式、顾客机制的商业模式创新[29 ~ 31]。事实上，商业模式研究中最有代表性的模型为 Osterwalder 等提出的商业模式变革要素模型。该模型全面概括了商业模式创新的类型，商业模式包括价值主张、目标顾客、分销渠道、顾客关系、价值结构、核心能力、伙伴网络、成本结构、收入模式九个要素（图 34.1），企业可以通过改变这九项因素来激发商业模式变革实现商业模式创新。

中国的工业化和信息化同时并行，战略性新兴产业是在新一轮科技革命即将到来的背景下产生和发展的。作为以重大技术突破和重大发展需求为基础，对经济社会全局和长远发展具有重大引领带动作用，知识技术密集、物质资源消耗少、成长

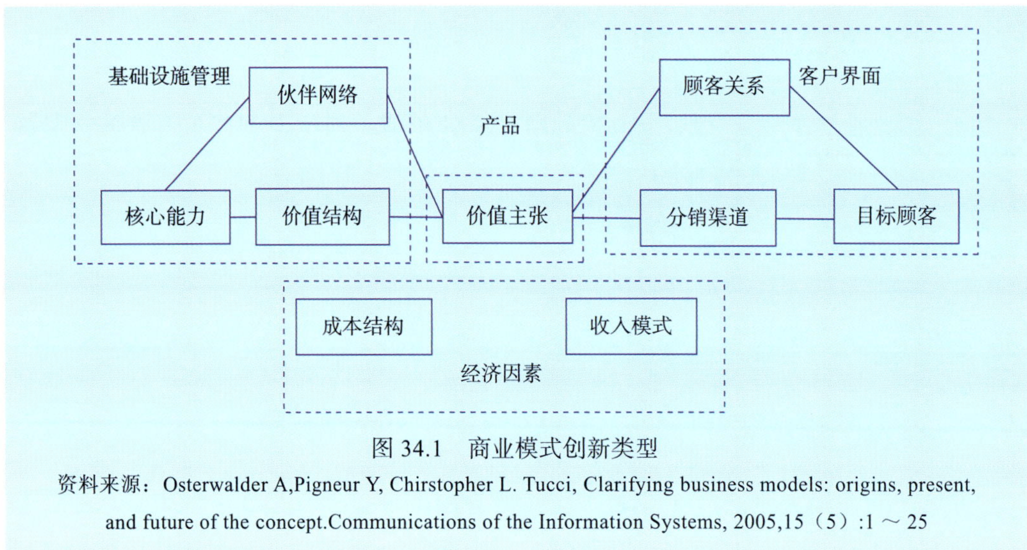

图 34.1 商业模式创新类型

资料来源：Osterwalder A,Pigneur Y, Chirstopher L. Tucci, Clarifying business models: origins, present, and future of the concept.Communications of the Information Systems, 2005,15（5）:1 ～ 25

潜力大、综合效益好的产业，战略性新兴产业这一“面”的产生和发展很大程度上需得益于众多商业模式“点”的全方位创新和扩散。根据生产力基本理论，结合当前商业模式创新的实践，本研究把战略性新兴产业商业模式创新分为：基于生产要素（劳动力、原材料）的商业模式创新；基于资本重构的商业模式创新；基于生产方式重构的商业模式创新；基于产品重构的商业模式创新；基于市场重构的商业模式创新（表 34.2）。

表 34.2 基于创新方位的商业模式创新分类

创新方位	商业模式创新点	典型案例
新的投入	基于生产要素（劳动力、原材料、技术）的商业模式创新	译言网众包、福建百川资源的旧瓶变新布、矽递创客
新的资金	基于资本重构的商业模式创新	jue.so 设计众筹网站、阿里巴巴余额宝
新的方式	基于生产方式重构的商业模式创新	远景能源的全球智慧能源管理平台、合同能源管理
新的产品	基于产品重构的商业模式创新	微信、微博、陕鼓集团服务型制造
新的市场	基于市场重构的商业模式创新	深圳电动公交车普天租赁模式

34.2 商业模式创新在产业发展中的意义

商业模式的建立和持续创新有利于加快形成新兴产业的产业体系。商业模式本身就是一种创新，商业模式创新会创造新的需求和市场空间，运用新的技术，甚至给技术发展创造新的发展空间，有的还将引发产业形态、产业模式的一系列变化，从而衍生出新的行业。

34.2.1　与产业技术创新的互动

如上分析，商业模式创新的实质是利益相关者之间相互作用以及相应的关系调整，通过生产要素整合创新，为各方创造更多的价值。而技术创新包含着新产品的创造与新技术的使用，需要企业家的推动、资金的投入、技术人员的支撑，并且经过新设想产生、研究、开发、投入生产等一系列过程。商业模式创新和技术创新相互融合，互为推进。

新技术的产生对商业模式的变革起到明显的催进作用[32]，新技术的出现必然会对企业现有运营模式的各个要素产生影响，技术创新的同时一般也伴随着商业模式的创新。新技术对商业模式的影响的两个重要维度是技术潜在破坏性以及技术对企业战略的重要性。技术潜在破坏性通过两个方面实现，一是新技术的产生导致新产品的出现，从而颠覆了传统的替代产品，产品创新直接推动商业模式的创新，如移动手机的技术成熟曾经使得传呼机在通新领域迅速陨落，能源存储技术的进步正在改变汽车的消费和生产模式；二是新技术的产生将改变产品或服务的生产方式，彻底颠覆传统的商业模式，如因为网络技术的逐步成熟，线上零售正在冲击传统线下零售模式，移动互联技术的进步正改变着人们传统的社交和阅读消费模式。技术对企业战略的重要性主要表现在相关技术的进步可能推进企业调整发展战略，如 RFID 技术的应用曾帮助沃尔玛稳居零售巨头数年，生物芯片技术的开发和应用也将改变医疗保健服务模式。

商业模式创新对技术创新的作用表现在推力和拉力的共同作用。事实上，技术并非是推动商业模式创新的唯一要素，技术只是企业各种要素尤其是静态的异质性资源、动态的企业学习能力的一个产物，企业知识以及由此引起的学习能力才是推动商业模式创新的重要力量[14]，由于商业模式创新要么重新调整利益相关者之间的关系，要么重新整合生产要素，这期间往往伴随着商业变革，伴随着企业知识积累和学习能力的推进，这些因素同时也是技术创新的基础要素，是技术创新的重要推动力。特别的，技术本身就是一种商品，对能使技术成果商业化的商业模式具有刚性需求[33]。商业模式是位于技术与经济价值的中间构件，是企业为了从技术中获取价值而构建的合理收益架构，一个成功商业模式的形成就是将技术潜力转化为经济价值的过程[24]，商业模式的这一角色将引导技术向适合其商业模式的方向创新，企业也倾向于对适合其商业模式的技术进行投资，有利于对合理的技术创新形成拉动力。

34.2.2　对产业形成的促进作用

商业模式创新过程中，一方面通过价值链的延伸和分拆，在纵向上丰富了产业链；另一方面如果创新的商业模式具有强大生命力，可以被快速复制和推广，一批相似企业便迅速产生和成长起来，这将推进相关产业的形成和成长。

根据价值链理论，企业如果要进行商业模式创新，可以通过对自身价值链的调整实现：延长自身基础价值链（如前向一体化和后向一体化）；分拆缩短自身基础价值链，可通过相关业务的职能外包实现；或者对自身基础价值链延展和分拆同时进行；还可以通过对企业价值链上的一项或多项基础价值活动进行创新[26]。这些对价值链进行优化与整合的活动将促进企业业务分解，创新相关的业务活动。例如，线上零售商业模式的创新，使得呼叫中心和快递服务活动分包出去，从而迅速推进呼叫中心产业和快递服务业的发展，也一定程度上带动了网上金融产业的发展。那些延伸价值链的商业模式创新活动则有利于构建新型战略集团，形成相关的企业集群。

一旦某个企业实体通过商业模式创新实现经济获利，特别是实现技术创新的商业价值，这一创新的商业模式便会被快速复制。若企业在复制商业模式的过程中，并不是简单的复制，而是进一步挖掘和细化消费者需求时，会进一步推进技术改进和创新，当大规模类似企业产生并发展起来后，相应的市场需求也被大量培育，行业也因此逐渐形成。近十年来电子商务商业模式的创新和迅速推广使得电子商务渐渐区分于零售业成为一个独立的行业；苹果通过服务创新，在销售机器同时捆绑式销售线上服务，还依此推出介于电脑和手机之间的平板电脑，取得了商业模式创新的巨大成功，这一做法激发了相关电脑企业和手机企业的学习与模仿，一定程度上加速了移动互联产业的发展。

34.2.3 战略性新兴产业发展的助推手

战略性新兴产业体现了国家战略需求，是新兴科技和新兴产业的深度结合，是具有广阔的市场前景和科技进步能力的先导性产业。战略性新兴产业最突出的特点是创新驱动性、突破性和先导性，普遍采用先进的生产技术，这在科技创新生产中是最集中的领域，处于产业生命周期曲线中的成长期阶段。战略性新兴产业的本质特点决定了商业模式创新对其形成和发展的重要性[34]。

一是通过商业模式创新实现战略性新兴产业技术创新的价值。战略性新兴产业的技术发展还处于起步阶段，很多技术并未完全成熟，技术的推广应用和经济价值的实现需要依赖特定商业模式创新的补充和辅助，如电池储能技术的有限性使得部分地区把电动汽车仅推广给路政用车、垃圾用车等具有固定里程的特定客户群。另外，战略性新兴产业的技术路线图还不够清晰，不断上升的研发成本以及不断缩短的产品生命周期意味着即使再先进的技术也需要特定的商业模式创新获得商业回报。

二是商业模式创新有利于改变原有产业形态，甚至产生新的产业，加快形成战略性新兴产业体系。商业模式建立或者创新，是战略性新兴产业发展的起点。商业模式创新会创造新的市场或者在旧市场上得到新机会，它会引起其本身以及附属产品和服务的变化，改变产品或服务的传递方式，调整产业链，甚至可能产生一些新兴的产业。例如，新能源产业，它需要电网、能源服务等一系列行业的变化，新能源汽车产业则需要充电服务、储能电池等行业的发展。

三是战略性新兴产业的全球化要求商业模式创新。我国战略性新兴产业的发展是在2008年金融危机之后为能在后危机时代占据世界新兴产业选择和布局优势地位而提出来的，这意味着战略性新兴产业的生产和市场都必须着眼于全球，为了满足不同经济水平、不同文化环境的消费者需求，无疑需要不断推出新的产品和服务，这也就是商业模式创新的开始，通过商业模式创新拉动产业技术的进步，促进产业的健康形成和发展。

34.3 我国战略性新兴产业商业模式创新实例分析

当前，我国政府把节能环保产业、新一代的信息技术产业、生物产业、高端装备制造产业、新能源产业、新材料产业、新能源汽车产业作为战略性新兴产业。商业模式创新的案例主要集中在信息技术、节能环保、制造业、新能源汽车等相关产业中。本章定位为探索性的研究，因此，并未覆盖所有的战略性新兴产业，而是按照商业模式创新在创新过程中的作用分为以下五类，每一类选择典型的企业进行分析。

34.3.1 基于生产要素重构的商业模式创新——译言网众包

众包是发源于互联网技术应用的一种生产组织方式，从公司的运营层面，对生产过程中生产力（生产要素）进行开放式组织的商业模式变革。从21世纪开始，众包逐渐在软件领域展开。从开源软件的兴起，到iTune Store平台获得巨大成功，大量采用众包模式生产的企业迅速成长。众包将生产内容（如软件编程、艺术设计、新产品试用等）分成小型可执行的任务，交给大量的网络社区成员独立或合作完成，主要依赖劳动者的“认知盈余”进行生产[35]；依靠生产企业和劳动者之间的非固定劳动协议（非正式劳动合同）维系。

成立于2007年的译言公司是我国发展较早也较为成熟的众包公司，其组织管理机构充分体现了众包商业模式创新中生产要素重构的逻辑（图34.2）。译言公司由公司管理团队和翻译社区两个部分构成，是一种“具有层级嵌套的社区自组织”模式。管理团队按照产品分成图书团队、商务团队和社区精选编辑团队。三个团队全部通过社区编辑对接社区成员。社区的生产任务从上而下下达到社区，由社区自发组织以项目负责人为主的项目小组（为了方便管理，小组人数一般不超过4人），成为连接管理团队和社区成员的桥梁。项目小组一般是在负责人带领下，依据译言提供的翻译基本规则（如翻译的体例和格式、项目完成的时间等），自行组织翻译进度、协调翻译风格、处理翻译中遇到的问题，以完成译稿。社区的生产过程主要通过社区成员自组织完成。而译稿的质量控制则由管理团队设立社区精评师进行内容抽查和校对。精评师也可以成为自己感兴趣的作品的译者，而水平较高的译者则可以作为精评师参与项目。同时，优秀的译者可以经过选拔成为项目负责人，承担较多的翻译管理任务；而项目负责人同译言公司没有劳务合同，因而可以自由选择自身角色，甚至可以辞去负责人身份，重新回归翻译者的角色，或是退出社区。翻译社区成员完全由自发注册的网络用户组成。这样的管理结构设置既保证了生产的灵活性，以便提升效率；同时也保证了生产的一致性和准确性，保障了质量。目前译言社区已经拥有40万注册用户，每天网站稳定的访问量在4万次左右。虽然网络用户具有不确定性和流动性，但是译言通过社区可以稳定地产生三类产品，即社区自发翻译文章、社区图书翻译和社区商务翻译服务。到2013年8月，译言共计翻译图书292本，并为《纽约时报》、《卫报》、《经济学人》、《孤独星球》等杂志提供了大量商务服务。每天在社区内生产的文章达到60～100篇。众包模式的生产效率明显高于传统的翻译模式。以图书翻译出版为例，传统的翻译主要依靠同出版社签约的一位译者完成。例如，2012年翻译的《乔布斯传》有50万字的容量，以传统翻译方式每天3 000～5 000字的行业标准速度，依靠一个翻译加上校对需要150天；而通过译言社区从300位报名者中精选出来的5个优秀译者同步工作，并发动苹果社区成员协助校对，在30天内完成了翻译和校对。

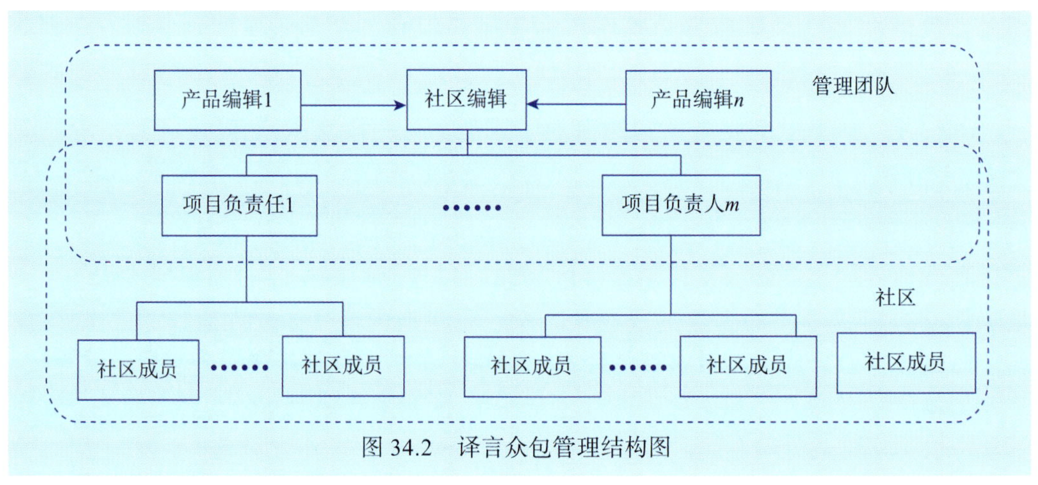

图34.2　译言众包管理结构图

可见，众包商业模式创新的突破点体现在两个方面：参与生产的人员突破了传统的组织边界，将范围模糊的网络社区纳入生产体系中；生产人员流动性大，不确定性也高，因而产生新的管理挑战，特别是管理结构的设置尤为关键。因此，政府在众包商业模式中面临的挑战是系统化的治理挑战创新。它要求政府部门深谙市场规律，积极关注而不过分介入，充分设计支撑市场需求发展的框架性政策，严格技术标准，把握政策时机[36]。

34.3.2　基于资本重构的商业模式创新——众筹社区

众筹翻译来自“crowdfunding”一词，即大众筹资，通过利用互联网和SNS（social networking services）传播的特性，让小企业、艺术家或个人对公众展示他们的创意、梦想、实力，获得相关客户群体的关注和支持，进而募集项目所需的资金。众筹模式的兴起打破了传统的融资模式，借助现代互联网技术，实现了部分特殊类别产品生产过程中的资本重构。

众筹商业模式主要包括三个行为主体，即项目发起者（资金需求方）、项目支

持者（资金供给方）、众筹社区（第三方平台）。项目发起者一般拥有自己的专利技术，有创业的梦想和规划，但是启动资金不足，产品的市场需求不清，市场推广经验欠缺，或者有的已经把创意付诸实践，成立工作室或公司，但资金来源有限，难以满足产品和市场进一步开发的资金需求。项目支持者主要是一些认同项目发起者的价值观和项目产品，希望看到发起项目取得成功，获得项目成功后的产品或服务，或者是希望成为分享利润的项目投资者。也有个别是银行、大型企业希望通过众筹平台，更为高效地实现资金效益。众筹社区是连接项目发起者和项目支持者的互联网终端，协助项目筹资者筹集资金，并通过特殊的保障机制确保项目支持者的资金安全：既要甄别项目发起者的身份，协助项目发起者包装宣传项目；也要甄别项目支持者的身份，协助项目发起者寻找更多的项目支持者。众筹社区包括综合性的网站，如2009年创建的美国网站Kickstarter是规模最大的众筹平台，也是众筹模式的起源；也包括专注于艺术、科技等领域的专业性网站，如支持音乐创作的“乐童音乐”、致力于资助微电影的“淘梦网”等。众筹商业模式的三个主体通过三个原则维系长效合作机制：一是每个项目必须设定筹资目标和筹资天数；二是在设定天数内，达到或者超过目标金额，项目即成功，项目发起者可获得资金，如果项目筹资失败，那么已获资金全部退还项目支持者；三是众筹并非捐款，项目支持者的所有支持一定要设有相应的回报，如产品或者股权。然而，作为一种新型的商业模式，众筹社区需要通过创新避免可能的风险，包括资金募集的法律风险、技术瑕疵和缺乏售后服务的产品风险、项目是否安全与合法的资金安全风险。

众筹为创新和创业型企业融资提供了良好的平台，全球最早最成熟的众筹平台Kickstarter在2012年总共收到了224万名民间投资者总计3.197亿美元（约合20亿元人民币）的投资，较2011年增长221%，拥有18 109个项目成功募资，获得2.74亿美元（约合17亿元人民币），成功率为85.7%。从Kickstarter走出来的弄潮儿产品包括FORM 1小型3D打印机、提供本地短期天气预报的移动应用软件Dark Sky、家庭智能传感器SmartThings等。

众筹商业模式在我国发展还处于起步阶段，当前的众筹社区包括点名时间、追梦网、淘梦网，海色网、好梦网、点火网、众意网等，其中点名时间是最早成立的综合性平台。自2011年5月成立以来，上线两年，点名时间就已经接到了7 000多个项目提案，有近700个项目上线，项目成功率接近50%。截至2013年4月，点名时间是国内众筹单个项目的最高筹资金额50万元人民币的保持者。

无论设计了一个创意产品，还是想拍摄一部独立电影，抑或是想举办音乐演出，都可以到点名时间成为发起人。通过文字、图片、音频、视频等形式介绍项目并预先设置目标金额、结束时间及回报，并在点名时间发布。网友在浏览项目过程中，对自己感兴趣的项目进行支持，帮助项目发起者完成梦想。不同于一般的商业融资方式，点名时间的项目发起者享有对项目100%的自主权，不受项目支持者控制。而对于项目支持者，若项目在规定时间内支持金额未达到100%，所支持的款项将全额退回，避免资金风险。若成功，在项目完成后将得到事先约定的回报。由于国内法令的限制，回报不可涉及现金、股票等金融产品，而是项目产品，因此，国内的众筹模式更像是团购 + 预购形式，项目支持者对一个项目的支持属于预购行为，而不是投资行为。这在一定程度上也限制了众筹模式在国内的快速发展。

34.3.3 基于生产方式重构的商业模式创新——合同能源管理

在 20 世纪 70 年代世界石油危机爆发后，合同能源管理作为一种全新的节能机制在全球市场经济国家逐步发展起来。合同能源管理是指能源节约服务型企业通过与能源消耗用户签订节能服务合同，在能源管理、能源使用技术提供（包括能源技术项目的设计和施工、能源设备的采购及安装和调试）、能源项目建设风险的承担、能源融资等方面进行一整套服务，并从能源消耗用户进行节能改造后获得的节能效益中收回投资和取得利润的一种商业运作模式（图 34.3）。

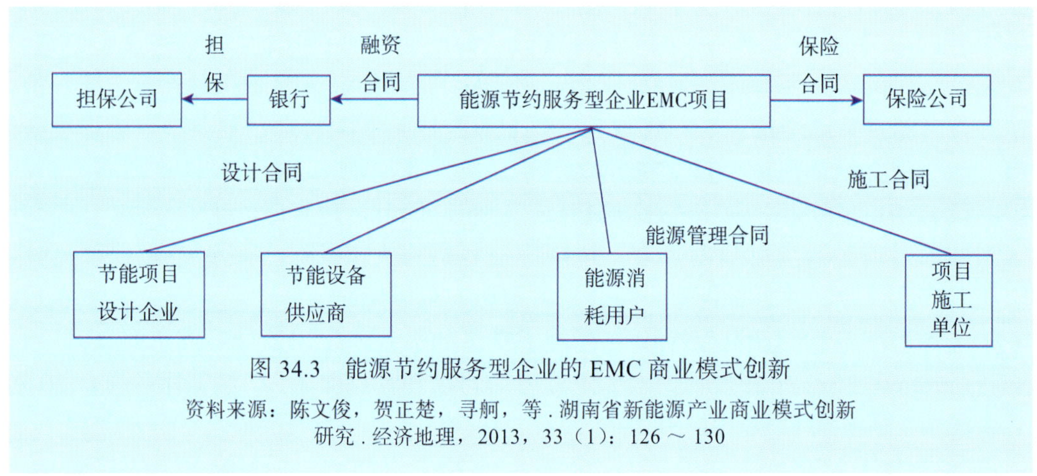

图 34.3 能源节约服务型企业的 EMC 商业模式创新

资料来源：陈文俊，贺正楚，寻舸，等. 湖南省新能源产业商业模式创新研究. 经济地理，2013，33（1）：126 ~ 130

这种能源管理模式是在充分利用市场经济条件下的一种节能新机制 [37]，其基本运作机制如下：节能服务公司是整个商业模式的主体及核心节点，一方面为用能企业进行能耗诊断和节能预算，并确定双方的节能指标和利润分成机制，主导一个长效的节能合作机制；另一方面，节能服务公司充分发挥核心节点的作用，通过与金融机构、节能项目设计商、节能供应商、项目施工单位等构建长期的合作伙伴关系，为能源消耗用户提供具有规模优势的资金、设备和技术服务；合同结束后，节能服务公司要将全部节能设备无偿移交给能源消耗用户，此后由能源消耗用户自己负责经营。在实现节能效益后，有些是通过政府相关部门支付利润给节能服务公司，也有些是节能服务公司直接与能源消耗用户共同分成节能收益。

该商业模式重构了产品和服务的生产与传递方式，对战略性新兴产业尤其是新能源产业具有重要的促进作用。首先，该商业模式颠倒了传统的市场获利顺序，新模式允许用户使用未来的节能收益为工厂和设备升级，打破“设备落后—利润有限—设备改善有限—设备依旧落后”的恶性循环，为客户企业拓展了新的利润空间，开辟新的增长方式。其次，通过节能服务公司的中心节点作用，创造了规模优势，降低了客户的开发成本，有利于客户的成长。合同能源管理实质是一种以节约的能源费用支付节能项目成本的投资方式，这需要发挥金融机构、技术部门等的作用，该商业模式充分发挥这些部门的分工和支撑作用，实现产业链的有效融合。最后，该模式降低了能源消耗用户开展节能项目的风险。由节能服务公司组织专业化的技术机构和管理队伍，降低节能服务的风险，特别是通过金融部门的支持，可以有效避免资金风险。

34.3.4 基于产品重构的商业模式创新——微信

移动互联网是新一代信息技术产业的重要构成内容。过去20年间的互联网历史上，包括中国互联网公司在内全球互联网的商业模式都建立在PC上，随着智能手机的普及，门户网站的广告、搜索引擎的广告、线上零售、增值服务、网络游戏，还有很多音乐、影视，及其他电子商务的商业模式等，将面临移动互联网高速发展的冲击。如何开发合适的产品，充分利用移动互联网平台重新占领产业链高地，是全球互联网企业需要重新应对的战略问题。腾讯公司自1998年成立以来，便是通过个人计算机（personal computer）的即时通信模式而成为中国互联网企业巨头的，早在2010年同时在线用户就已经达到1亿个，2011年年底拥有活跃用户7.12亿个[①]。为了能够在移动互联网时代继续保持行业内的领先地位，腾讯公司进一步开发新时代需要的新产品，以新产品的推出实现商业模式创新。微信便是其在做了50多个应用（App）之后才做出来的移动互联网平台的“QQ”，是于2011年1月21日推出的一个为智能手机提供即时通信服务的免费应用程序，微信支持跨通信运营商、跨操作系统平台通过网络快速发送免费（需消耗少量网络流量）语音短信、视频、图片和文字，同时，也可以使用通过共享流媒体内容的资料和基于位置的社交插件“摇一摇”、“漂流瓶”、“朋友圈”、“公众平台”、“语音记事本”等服务插件。微信支持多种语言，支持Wi-Fi无线局域网，以及2G、3G和4G移动数据网络。借助这些优势，微信是腾讯公司拥有的最有可能引发其他移动互联业务商业模式创新的一张王牌。正如马化腾所说，“我们发现它有很大的潜力，实际上我们也看到这是一个中国最有机会走向国际的产品”。

仅推出两年后，2013年1月份微信用户已经突破3亿个。从2012年开始，以腾讯微信为代表的移动即时通信业务开始兴起，并迅速以人性化的功能、便捷的操作和低廉的费用赢得市场。微信的推出不仅使得腾讯企业在移动互联网服务业中拥有显著优势的地位，也迅速推进了移动互联网相关的商业模式创新。基于LBS位置定位，微信为移动端的粉丝、朋友圈互动提供了一对一交互的方便，更能精准地将产品信息向有需要的用户进行推送，适合进行团购领域O2O。例如，高鹏网与微信合作推出“微信团购”，领团网推出“虚拟口碑”平台，让用户深刻了解商家，在本地分享领域，通过微信等方式与用户进行互动，提高用户预期满意度。此外，随着移

① http://www.donews.com/original/201203/1123713.shtm。

动互联网的发展、互联网应用逐步社交化和大数据的广泛应用，将给金融行业带来新的机遇，并将使金融行业逐步“移动化”、“金融社交化”，产生新的具有移动互联网特点的金融模式。基于这一趋势，微信正试水小额支付，力图推进移动金融服务模式创新。并且，由于微信的移动终端性和随身性，众多创新型小企业通过微信的推送功能，开创出低成本的一对多的营销服务，特别是新创旅游服务企业、新创文化创意企业，这些企业通过微信推送渠道可以聚拢大量针对性强的客户群体，这将一定程度上进一步丰富企业的营销模式，也将推进其他相关行业的商业模式创新。

微信服务新模式惠及老百姓，代表了一种新技术的发展方向，对社会发展和生产力进步具有重要的推动作用，按理应该得到保护。然而，微信对电信运营商传统语音、短信业务市场的蚕食显然速度过快，迅速刺激了运营商敏感的神经。工信部的数据显示，2013 年前 2 个月，由于微信、微博等业务的替代效应，运营商的点对点短信业务量有了明显的下滑。而中国移动数据则显示，2012 年净利润比上一年增速下降了 3 倍，其中语音业务只增长了 1%；微信业务为中国移动带来 10% 的数据流量业务，但占用了中国移动 60% 的信令资源。如果信令被占用严重，运营商的网络就会出现问题，甚至瘫痪。这在一定程度上给微信业务模式发展带来巨大的压力，如关于国内运营商是否向以腾讯为代表的企业收取额外费用曾经成为一个各相关部门及群体热议的话题。如何在通讯运营商和微信服务提供商之间进行合理的利润分配，对微信商业模式创新的持续推进具有重要的影响。

34.3.5 基于市场重构的商业模式创新——电动汽车租赁模式

由于技术成熟度的有限性，新能源汽车即电动汽车续航里程短、技术可靠性和安全性弱、充电时间长、生产成本高，这在一定程度上导致电动汽车产业市场成熟度的有限性：与传统能源汽车相比，存在价格偏高、便捷性差、消费者接受度不高、充电站网点少、标准法规不健全等问题。这些问题说明单纯依靠技术创新实现电动汽车产业化并没那么容易，需要有商业模式创新对技术创新的拉动和对电动汽车产业化的推动。

一般来说，新能源汽车终端用户在消费过程中集中体现如下几方面的需求：续航能力、快速充电能力、能源供应网络覆盖率、售后服务、价格。在技术水平既定情况下，这些需求可以通过商业模式创新来满足，具体途径可通过细分市场需求、创造市场供给，从而重构市场，推进新能源汽车的产业发展。目前通过市场重构的电动汽车商业模式主要有四种，即车电分离模式、定向购买模式、租赁与换电模式。

模式一：车电分离模式

纯电动汽车的价格往往要比其他汽车高出许多，而且其中电池的造价接近一半，寿命为充电 2 000 次，在此之后驱动电池就必须被更换掉而作他用。如果整台车的造价都由消费者承担，新能源汽车将由于成本问题而难以取代普通的燃油汽车，整个产业也会因为产品市场竞争力太弱而受到制约。“车电分离”的模式较好地解决了上述问题，也即在购买车辆时，客户只需支付电池以外的车身价格，电池由运营商租赁给客户，客户无须负责充电等事务。在新的商业模式下，专业的电池运营商将对电池进行维护和管理，重构电池市场。在汽车电池寿命结束后，还可利用其作为储能电池储存风能、太阳能，实现所谓的梯次利用。从商业模式的特点看，它通过重构电池市场，降低了电动车的入市价格，在价格门槛上有利于新兴产业的培育。同时，引入规范化的电池充电技术和管理机制，为电动汽车及电池产品的长期发展提供更科学、更宽广的空间。另外，建立起与汽车加油一样方便的能源补给网络，形成新的合作伙伴关系，引入多个电池充电企业的竞争经营，有利于培育新的市场增长点[38]。

普天公司把这一模式创新应用于电动公交车领域，可归纳为“车电分离、融资租赁、实时监控”：由普天整体买下电动公交车，然后将车和电池分开销售给公交公司，公交公司无须一次性承担电动汽车的高昂价格，只需支付不含电池的裸车价格，电池则以租赁方式分 8 年付款，大大缓解了公交公司的资金压力。实时监控是融资租赁后的衍生服务，普天通过实时监控系统，监测电动公交车的行驶状况、充电状况、电池状况，保证了电动公交车的安全运营，实际上是给客户提供一种全新的服务和体验。盈利点一方面是融资租赁的利息，另一方面是收取实时监控的服务费。

模式二：定向购买模式

定向购买模式主要是针对特定的消费群体销售有政府补贴的电动汽车，这部分消费者用车路线固定、用途相对单一，如仅上下班使用。这部分消费者的消费习惯使得他们对充电地点的要求相对固定，便于车辆集中充电，只要在固定地点设置充电桩，就能满足消费者绝大部分充电需求。这种模式一定程度上解决了电动汽车目前的性能不佳以及充电困难等问题。安徽江淮通过定向购买，已向市场投放 585 辆纯电动私家轿车。每辆车由国家补贴 4.5 万元，合肥市政府补贴 1 万元，江淮汽车补贴 3 万元，经三级补贴后，车价在 6.5 万元左右，与同级别的传统内燃机汽车价格相当。

模式三：租赁模式

这种模式可定义为一种新型公共交通模式，只租不售，采用分时计费。该模式全部采用纯电动汽车和可充电式立体车库，租车站分布在城市的机场、车站、商业中心、居民小区等需建站区域，为用户提供一种在运营区域内租车自驾的出行方式。租车站是运营网络的基本单元，为用户提供自驾租车及各种服务，承担车辆充电、维护、电池回收再生及网络系统运行管理等。用户租车后可驾车自主行驶，到达目的地可就近到另一租车站异地还车，根据需要还可开展电话租车及送、接车服务，方便、经济、快捷。

模式四：换电模式

电网公司按照“换电为主、插充为辅”的模式推进充电设施网络建设。以杭州为例，部分换电站的更换电池已十分方便。借助机械装置，只需用 3 分钟左右，就可将车内共计 4 组每组 65 千克的电池更换完毕。杭州设定的理想模式如下：利用现代物流、服务业、物联网等资源建立服务网络，以标准电池组通过各级服务网络快速更换、分层转运与配送，并以适量的交流充电桩作为补充，通过快换、慢充、快充等不同能源供应方式，适应各类不同用户的需求。

目前电动汽车商业模式创新具有共同的特点：充电网络基础设施的建设由政府和企业共同推动；电动汽车用户的行驶范围均以中近程为主，基本上是同城运行，避免了续航短和充电网络覆盖差的软肋；受制于充电难、续航短、价格贵等因素，私人大规模的采购仍然不是当前商业模式的主流；当前的几种模式的用户群均较为集中，便于运营服务商集中售后服务。面向不同的用户群，可以采取不同的模式：城市公交可选择充换电结合、电池租赁的模式；电动出租车在条件允许的情况下适合换电模式，集中换电；市政环卫和公务通信电动汽车适合采用集中充电模式；城市核心商务圈可推广电动汽车租赁服务，固定地点充电；私人电动汽车以整车购买为主，裸车与电池租赁为辅，分散充电[39]。

34.4　战略性新兴产业商业模式创新的政策需求

战略性新兴产业是新兴科技和新兴产业的深度结合，处于产业生命周期曲线中的成长期阶段。这一阶段的企业除了个别由传统产业转型过来的大型企业之外，大部分是创新型的中小企业，这一群体的商业模式创新往往会遇到规制不合时宜、标准滞后乃至传统旧产业利益的阻碍等问题。为了给战略性新兴产业的发展创造良好的商业模式创新环境，应有所为有所不为（图 34.4）：一是对于较为成熟的产业，充分把握真实的市场需求，运用相关的扶持政策；二是主动发现底层创新的政策需求，主动为创新型中小企业提供政策方便；三是尽量减少一些本来在成熟产业中适用的产业规制，有所不为，尽量最小化对破坏式创新的阻碍。

34.4.1　面向较为成熟产业的恰当扶持

这一思路主要是面向一些已经发展到一定程度、具有一定规模的产业类别，如光伏产业、风能产业等，这类产业商业模式创新的政策主要可以充分运用前文所分析的市场拉动政策，如税收优惠、技术创新扶持、重大示范工程、购买补贴等方式实现。当然，政府部门在推动商业模式创新的过程中，不仅仅需要有充足的市场意识，还需要有能力去了解用户需求、分析用户需求，进行更为精细化、系统化的技术判断和政策配套设计。如何理解市场问题和市场困境，如何破解这一困境，考验的是政府的眼光和能力。其他国家在这方面的实践对我国战略性新兴产业建设有很强的借鉴意义。

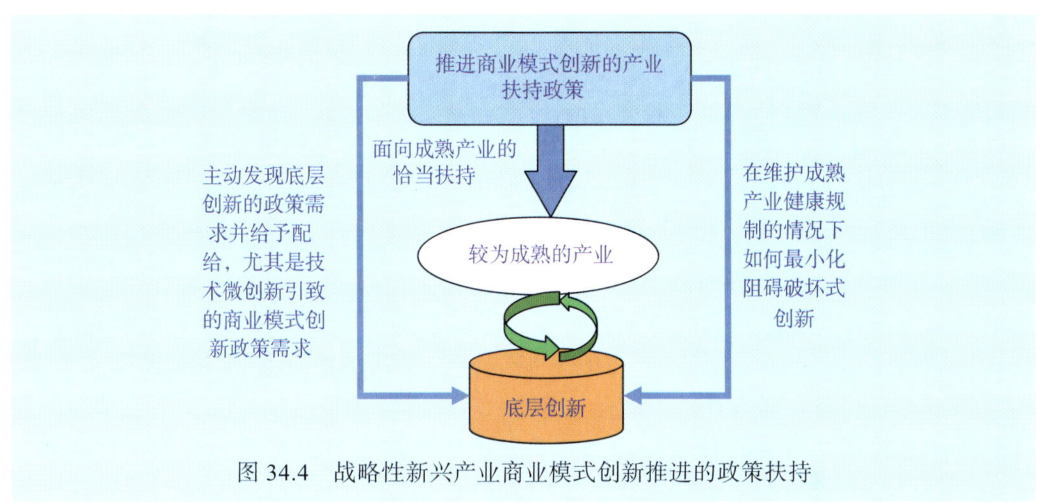

图 34.4 战略性新兴产业商业模式创新推进的政策扶持

商业模式的发掘、扶植和支撑必须建立在市场调研基础上。纽约市为了实现减少温室气体排放的目标，决定大力支持电动汽车的发展，从上而下推行了一系列政策。例如，修建了公共充电站、推动政府部门采购和使用电动汽车、同时资助电动车的研发。在政府推动下，上述政策都完成了预定的目标①。然而在第一轮政策实施完，第二轮政策设计之前，纽约市对市民的需求进行了问卷调查，发现纽约市民真实的需求同原先的政策设计有相当的出入：纽约市民大多依靠公交出行，私人车辆不是生活必需品。因此，对电动车的需求主要来源于一批潜在的电动车用户。他们环保意识强，注重生活品位，对电动车的价格不敏感但是愿意尝试新鲜事物。他们希望自己的环保行为能够得到社会认可，并希望获得更多的关于电动车的知识。这些潜在的用户希望能够在私人场所充电而不是在公共停车场充电。这些市场反馈同政府原先的设想大为不同。因此，纽约市及时调整了自身的政策。例如，城市设立电动车宣传的专用网站（http://www.nyc.gov/html/ev/html/home/home.shtml）、降低安装私人充电装置的费用并简化安装过程、加强与商业和楼宇停车场业主的谈判和沟通、提高充电设备和插座的标准化，以方便用户充电。此外，纽约市还计划为购买电动车的居民种一棵树，铭记他们为环保所做的贡献。这些基于真实市场需求的政策在执行过程中能够更有效地推进新兴产业的成长。

34.4.2 分析并满足商业模式创新主体的需求

战略性新兴产业培育和发展的过程中，相关技术还不成熟，市场也存在很大的风险，企业需要对技术创新进行投入并应对随之而来的风险，产品和技术成本的高昂和不稳定性使得它往往难以吸引消费者，这些问题都需要针对具体的产业“有重点”、“有倾向”地进行政策设计。并且创新型企业在商业模式创新过程中，可能会面临决策执行力、创新能力、顶层设计和协调能力、适应能力等的不足[34]，这对适

① 到 2011 年年底，纽约市建设了 40 座公共充电站，政府部门采购电动汽车 4 400 辆。

度的政策引导和扶持产生一定的需求。

对于战略性新兴产业商业模式创新的扶持，首先需要完善新兴产业的基础设施和服务体系，包括信息网络、技术创新平台、配套设施等，为商业模式创新提供多种可能性。信息、新能源、新能源汽车等产业商业模式的变化更好地反映了这一点，生物医药产业同样如此，这些支撑体系的发展将为战略性新兴产业商业模式创新的推进提供基础平台。其次是建立、完善适应战略性新兴产业发展的要素市场。通过金融、人才等创新政策解决商业模式创新必需的关键资源，特别是要培养和引进一大批战略性新兴产业急需的创新人才，通过风险投资等方式助推新兴产业快速成长，实现金融资本与新兴产业实体经济的密切结合。培育新兴产业中的各类市场主体，构建基于市场的商业网络和产业“生态圈”。产业创新政策特别是公共研发项目的支持要从注重单项关键核心技术突破向注重价值网络构建方面发展，要以用户或消费者为中心，考虑能给消费者带来什么不同的产品和服务；以市场为导向，不断完善创新政策体系。

34.4.3 探索最小化阻碍破坏式创新的机制

战略性新兴产业大部分处于产业生命周期的起步阶段，这一阶段的企业大部分属于初创型的小企业，并且其推出的商业模式很可能是革命性的：要么是对传统产品或者服务产生替代作用，对传统企业的利润造成冲击，如微信微博服务对短信业务的影响；要么是商业模式创新过程中可能受到原有过于严格和僵化商业管制的限制，如汽车产业、生物制药等的审批和准入规定约束了相关创新型企业的发展，众筹网站的行为可能违反中国证券监督管理委员会关于证券经纪业务相关规定。

因此，对于战略性新兴产业商业模式创新的政策支持，重要的工作之一是营造公平竞争的市场环境，适当放松管制。具体而言，需要加快产品目录、准入规定、审批流程等政策修订，吸引和引导社会资本进入战略性新兴产业领域，给具有自主知识产权的创新产品更大的便利，促使其加快进入市场。特别是在战略性新兴产业七大产业类别的框架下，紧密关注一些可能对国民经济发生重大影响的商业模式创新，并且深度挖掘，有的放矢地进行相应改革，改革一些既有的可能阻碍破坏式创新的制度，或者在改革实施前尝试为创新主体提供个别政策优惠。

参考文献

[1] Bellman R，Clark C E. On the construction of a multi-stage，multi-person business game. Operations Research，1957，(9) : 469 ~ 503.

[2] Morrisa M，Schindehutte M. The entrepreneur’s business model: toward a unified perspective. Journal of Business Research，2003，58（6）: 726 ~ 735.

[3] Frederick B. Strategic business model.Engineering Management Journal,2002,14（1）:21 ~ 27.

[4] Rappa M. Managing the digital enterprise–business models on webs. http://digitalenterprise. org/

models/models. pdf，2000-01-17.

[5] Drucker P F.The theory of the business.Harvard Business Review,1994,72（5）:95 ~ 104.

[6] Timmers P. Business models for electronic markets. Electronic Markets，1998，（8）: 3 ~ 8.

[7] Russel T. Business value analysis: coping with unruly uncertainty.Strategy&Leadership，2001，29（2）:16 ~ 24.

[8] 翁君奕 . 商务模式创新 : 企业经营“魔方”的旋启 . 北京 : 经济管理出版社 ,2004.

[9] Zott C, Amit R. The fit between product market strategy and business model: implications for firmperformance. Strategic Management Journal, 2008，（29）: 1 ~ 26.

[10] Michael H. Deep change: how operational innovation can transfer your company.Harvard Business Review,2004,82（4）:85 ~ 93.

[11] 朱慧，傅贤治 . 商业模式创新视角下的现代服务业发展分析研究——以宜信集团为例 . 江苏商论，2012，（12）：73 ~ 77.

[12] Magaly D,Alexander O,Yves P.E-Business modeldesign,classification and measurement. Thunderbird International Business Review,2002,44（1）:5 ~ 23.

[13] 魏炜，朱武祥 . 发现商业模式 . 北京：机械工业出版社，2009：1.

[14] 罗珉 , 曾涛 , 周思伟 . 企业商业模式创新 : 基于租金理论的解释 . 中国工业经济 ,2005,（7）:75.

[15] Mahadevan B.Businessw models for internet-basede-commerce: an anatomy.California Management Review,2000,42（4）:55 ~ 69.

[16] 孙永波 . 商业模式创新与竞争优势 . 管理世界，2011，（7）：182 ~ 183.

[17] 原磊 . 国外商业模式理论研究评介［J］. 外国经济与管理，2007，29（10）:17 ~ 25.

[18] 李东，王翔，张晓玲 . 基于规则的商业模式研究——功能、结构与构建方法 . 中国工业经济，2010，（9）：101 ~ 111.

[19] Sosna M, Trevinyo-Rodriguez R，Velamuri S R. Business model innovationthrough trial-and-error learning. Long Range Planning,2010,43（2 ~ 3）:383 ~ 407.

[20] 荆浩，贾建锋 . 中小企业动态商业模式创新——基于创业板立思辰的案例研究 . 科学学与科学技术管理，2011，32（1）：67 ~ 72.

[21] Siggelkow N.Evolution towards fit. Administrative Science Quarterly，2002，47：125 ~ 159.

[22] Johnson M W，Christensen C M，Kagermann H. Reinventing your business model. Harvard Business Review，2008,（12）: 57 ~ 67.

[23] Magretta J. Why business models matter. Harvard Business Review, 2002,（5）:3 ~ 8.

[24] Chesbrough H，Rosenbloom R S. The role of business model in capturing value from innovation: evidence from Xerox Corporation's technology spin-off companies. Industrial and Corporate Change，2002，11（3）: 529 ~ 555.

[25] 高闯 , 关鑫 . 企业商业模式创新的实现方式与演进机理 . 中国工业经济 , 2006,（11）：83 ~ 90.

[26] 李东 . 基于结构特征的商业模式创新：路径类型、产业效应与策略体系 . 中国软科学 ,2006,（11）：141 ～ 145.

[27] 李东 . 面向进化特征的商业生态系统分类研究——对 33 个典型核心企业商业生态实践的聚类分析 . 中国工业经济 ,2008，（11）：119 ～ 129.

[28] 孔翰宁 , 张维迎 , 奥赫贝 .2010 商业模式 : 企业竞争优势的创新驱动力 . 北京 : 机械工业出版社 , 2008.

[29] 李椿，高莉莉 . 商业模式创新基本路径分析 . 当代经济，2010，（12）：46 ～ 47.

[30] 张敬伟 . 商业模式的五种创新 . 企业管理，2010，（3）：18 ～ 20.

[31] 李作婷，刘晓斌 . 广东家具企业商业模式的创新研究 . 企业活力，2012，（11）：71 ～ 75.

[32] 吴菲菲，徐艳，黄鲁成 . 新技术引致商业模式创新的研究 . 科技管理研究,2010，（23）: 1 ～ 4.

[33] 刘常勇 . 技术商业化的成功经验 . 21 世纪商业评论，2005，（16）: 32 ～ 33.

[34] 陈志 . 战略性新兴产业发展中的商业模式创新研究 . 经济体制改革 ,2012，（1）:112 ～ 116.

[35] Shirky C.Cognitive Surplus: Creativity and Generosity in a Connected Age. London：Allen Lane，2010.

[36] 戴亦欣 . 成功众包三要素 . 哈佛商业评论 , 2013，（4）：12 ～ 15.

[37] 丁嵘 . 合同能源管理机制探析. 重庆科技学院学报（社会科学版），2011，（18）: 101 ～ 103.

[38] 陈文俊，贺正楚，寻舸，等 . 湖南省新能源产业商业模式创新研究 . 经济地理，2013，33（1）：126 ～ 130.

[39] 张亚萍，高勇，武秋丽，等 . 我国电动汽车商业模式创新与发展研究 . 上海汽车，2013，（1）：29 ～ 32.

附录1 “十二五”上半期战略性新兴产业主要相关政策

（2011年1月1日至2013年6月30日）

政策名称	发文时间	发文机构
战略性新兴产业总体政策		
关于完善中关村国家自主创新示范区高新技术企业认定管理试点工作的通知	2011-03-02	科技部、财政部、国家税务总局
关于确定中国技术交易所有限公司等68家机构为第三批国家技术转移示范机构的通知	2011-06-07	科技部
关于印发《基本建设贷款中央财政贴息资金管理办法》的通知	2011-06-10	财政部
关于印发国家十二五科学和技术发展规划的通知	2011-07-04	科技部
关于印发鼓励和引导民营企业发展战略性新兴产业的实施意见的通知	2011-07-23	国家发改委
关于转发财政部基本建设贷款中央财政贴息资金管理办法的通知	2011-07-25	科技部办公厅
关于印发《新兴产业创投计划参股创业投资基金管理暂行办法》的通知	2011-08-17	财政部、国家发改委
关于印发科技服务体系火炬创新工程实施方案试行并组织开展科技服务体系建设试点工作的通知	2011-08-24	科技部火炬中心
关于进一步做好国家高新技术产业化基地工作的通知	2011-08-29	科技部高新技术发展及产业化司
关于促进战略性新兴产业国际化发展的指导意见	2011-09-08	商务部、国家发改委、科技部、工信部、财政部、环境保护部、海关总署、国家税务总局、国家质检总局、知识产权局
“十二五”产业技术创新规划	2011-11-14	工信部规划司
关于加快发展高技术服务业的指导意见	2011-12-12	国务院办公厅
关于印发国家基础研究发展十二五专项规划的通知	2012-02-27	科技部、国家自然科学基金委员会
关于印发《国家级经济技术开发区　国家级边境经济合作区基础设施项目贷款中央财政贴息资金管理办法》的通知	2012-03-19	财政部
2012年国家知识产权战略实施推进计划	2012-04-10	知识产权局保护协调司
关于加强战略性新兴产业知识产权工作若干意见	2012-04-28	国务院办公厅
关于推进海洋经济创新发展区域示范的通知	2012-05-11	财政部、国家海洋局
关于印发纳米研究等6个国家重大科学研究计划“十二五”专项规划的通知	2012-05-14	科技部
关于发布国家重大科学研究计划2011年结题项目验收结果的通知	2012-06-12	科技部
关于印发进一步鼓励和引导民间资本进入科技创新领域意见的通知	2012-06-18	科技部
关于印发“十二五”国家战略性新兴产业发展规划的通知	2012-07-09	国务院
关于调查了解创新型（试点）企业落实相关政策情况的通知	2012-09-10	科技部办公厅

续表

政策名称	发文时间	发文机构
国家级经济技术开发区和边境经济合作区“十二五”发展规划（2011—2015 年）	2012-10	商务部
关于组织实施 2012 年高技术服务业研发及产业化专项的通知	2012-11-29	国家发改委办公厅
关于印发国家科技企业孵化器“十二五”发展规划的通知	2012-12-29	科技部
关于印发《战略性新兴产业发展专项资金管理暂行办法》的通知	2012-12-31	财政部、国家发改委
关于组织推荐 2013 年度产业技术创新战略联盟试点的通知	2013-01-15	科技部办公厅
关于印发国家高新技术产业开发区“十二五”发展规划纲要的通知	2013-01-18	科技部
关于强化企业技术创新主体地位全面提升企业创新能力的意见	2013-01-28	国务院办公厅
关于印发《创新型产业集群试点认定管理办法》的通知	2013-02-07	科技部
战略性新兴产业重点产品和服务指导目录发布公告	2013-02-22	国家发改委
关于印发“十二五”国家重大创新基地建设规划的通知	2013-03-01	科技部、国家发改委
关于印发国家高新技术产业开发区创新驱动战略提升行动实施方案的通知	2013-03-12	科技部
关于印发《地方特色产业中小企业发展资金管理办法》的通知	2013-04-27	财政部
关于举办“战略性新兴产业面向应届高校毕业生网上招聘活动”的通知	2013-04-28	教育部办公厅、国务院国资委办公厅
关于发布 2013 年科技型中小企业技术创新基金项目指南的通知	2013-05-06	科技部
贯彻落实主体功能区战略推进主体功能区建设若干政策的意见	2013-06-18	国家发改委
节能环保产业		
关于发布《国家鼓励发展的重大环保技术装备目录（2011 年版）》的通告	2011-01-24	工信部、科技部
淘汰落后产能工作考核实施方案	2011-01-26	工信部产业司
关于调整公布第九期节能产品政府采购清单的通知	2011-01-30	财政部、国家发改委
第五批“节能产品惠民工程”节能汽车推广目录	2011-02-21	国家发改委、工信部、财政部
铜冶炼等 5 个行业清洁生产技术推行方案	2011-03-10	工信部节能司
夏热冬冷地区既有居住建筑节能改造补助资金管理暂行办法	2011-04-09	财政部
关于同意开展第二批十城万盏半导体照明应用工程试点示范工作的函	2011-05-04	科技部
关于组织推荐重点节能技术的通知	2011-05-16	国家发改委办公厅
关于开展钢铁化工有色建材等重点用能行业节能标准培训工作的通知	2011-05-24	工信部、国家标准化管理委员会
关于印发《节能技术改造财政奖励资金管理办法》的通知	2011-06-21	财政部、国家发改委
关于开展节能减排财政政策综合示范工作的通知	2011-06-22	财政部、国家发改委
关于调整公布第十期节能产品政府采购清单的通知	2011-07-29	财政部、国家发改委
关于印发“十二五”节能减排综合性工作方案的通知	2011-08-31	国务院

续表

政策名称	发文时间	发文机构
关于开展2011年全国环境保护及相关产业基本情况调查的通知	2011-11-03	环境保护部办公厅、国家发改委办公厅、国家统计局办公室
关于调整完善资源综合利用产品及劳务增值税政策的通知	2011-11-21	财政部、国家税务总局
关于印发“十二五”资源综合利用指导意见和大宗固体废物综合利用实施方案的通知	2011-12-10	国家发改委
再制造产品目录（第二批）	2011-12-17	工信部
两部门制定《环保装备“十二五”发展规划》	2011-12-28	工信部、财政部
国家重点节能技术推广目录（第四批）	2011-12-30	国家发改委
关于调整公布第十一期节能产品政府采购清单的通知	2012-01-20	财政部、国家发改委
关于推进园区循环化改造的意见	2012-03-21	国家发改委、财政部
2012年工业节能与综合利用工作要点	2012-03-26	工信部节能与综合利用司
关于印发绿色制造科技发展“十二五”专项规划的通知	2012-04-01	科技部
关于公布《“十二五”主要污染物总量减排目标责任书》要求2012年完成的重点减排项目的公告	2012-04-12	环境保护部
关于印发《废物资源化科技工程十二五专项规划》的通知	2012-04-13	科技部、国家发改委、工信部、环境保护部、住房和城乡建设部、商务部、中国科学院
关于做好2012年中欧中小企业节能减排科研合作资金项目申报工作的通知	2012-04-17	科技部办公厅、财政部办公厅
关于加快推动我国绿色建筑发展的实施意见	2012-04-27	财政部、住房和城乡建设部
机电产品再制造技术及装备目录	2012-04-28	工信部、科技部
关于印发《船舶油污损害赔偿基金征收使用管理办法》的通知	2012-05-11	财政部、交通运输部
“万家企业节能低碳行动”企业名单及节能量目标	2012-05-12	国家发改委
关于印发《废弃电器电子产品处理基金征收使用管理办法》的通知	2012-05-21	财政部、环境保护部、国家发改委、工信部、海关总署、国家税务总局
关于请组织申报资源节约和环境保护2013年中央预算内投资备选项目的通知	2012-05-23	国家发改委办公厅
关于印发“十二五”绿色建筑科技发展专项规划的通知	2012-05-24	科技部
关于印发水利发展规划（2011—2015年）的通知	2012-06-06	国家发改委、水利部、住房和城乡建设部
关于开展燃煤电厂综合升级改造工作的通知	2012-06-12	国家发改委、国家能源局、财政部
节能产品惠民工程高效节能空气源热泵热水器推广目录	2012-06-15	国家发改委、财政部、工信部
节能产品惠民工程高效太阳能热水器推广目录	2012-06-15	国家发改委、财政部、工信部
节能产品惠民工程高效节能电动洗衣机推广目录	2012-06-15	国家发改委、财政部、工信部
节能产品惠民工程高效节能家用电冰箱推广目录	2012-06-15	国家发改委、财政部、工信部
节能产品惠民工程高效节能家用燃气热水器推广目录	2012-06-15	国家发改委、财政部、工信部
关于印发“十二五”节能环保产业发展规划的通知	2012-06-16	国务院
关于2012年度中欧中小企业节能减排科研合作资金项目立项的通知	2012-06-21	科技部、财政部
关于印发国家循环经济教育示范基地有关申报管理规定的通知	2012-06-27	国家发改委办公厅、教育部办公厅、财政部办公厅、旅游局办公室
关于印发半导体照明科技发展“十二五”专项规划的通知	2012-07-03	科技部

续表

政策名称	发文时间	发文机构
关于发布《2012年国家先进污染防治示范技术名录》和《2012年国家鼓励发展的环境保护技术目录》的公告	2012-07-05	环境保护部
关于印发蓝天科技工程“十二五”专项规划的通知	2012-07-10	科技部、环境保护部
“节能产品惠民工程”节能汽车推广目录（第八批）	2012-07-10	国家发改委、工信部、财政部
关于印发万家企业节能目标责任考核实施方案的通知	2012-07-11	国家发改委办公厅
关于印发《节能产品惠民工程推广信息监管实施方案》的通知	2012-07-11	工信部、财政部、国家发改委、商务部
关于进一步加强工业节能工作的意见	2012-07-11	工信部
关于组织申报2013年节能技术改造财政奖励备选项目的通知	2012-07-17	国家发改委办公厅、财政部办公厅
关于发布地方环境质量标准和污染物排放标准备案信息（截至2012年6月30日）的公告	2012-07-20	环境保护部
关于印发《循环经济发展专项资金管理暂行办法》的通知	2012-07-20	财政部、国家发改委
《轮胎翻新行业准入条件》和《废轮胎综合利用行业准入条件》发布	2012-07-31	工信部
关于印发《民航节能减排专项资金管理暂行办法》的通知	2012-08-05	财政部、民航局
关于进一步加强万家企业能源利用状况报告工作的通知	2012-08-14	国家发改委办公厅
关于印发海水淡化科技发展“十二五”专项规划的通知	2012-08-14	科技部、国家发改委
节能产品惠民工程高效节能平板电视推广企业目录（第二批）	2012-08-19	国家发改委、财政部、工信部
关于做好2011年全国环境保护及相关产业基本情况调查工作的通知	2012-08-22	环境保护部、国家发改委、国家统计局
《再生铅行业准入条件》发布	2012-08-27	工信部、环境保护部
《气象设施和气象探测环境保护条例》公布	2012-08-29	国务院
节能产品惠民工程高效太阳能热水器推广企业目录（第二批）	2012-08-30	国家发改委、财政部、工信部
关于印发燃煤电厂综合升级改造机组性能测试有关规定的通知	2012-08-31	国家能源局、财政部
三部门联合发布深入推进节水型企业建设工作的通知	2012-09-12	工信部、水利部、全国节约用水办公室
节能产品惠民工程高效节能家用燃气热水器推广企业目录（第二批）	2012-09-12	国家发改委、财政部、工信部
节能产品惠民工程高效节能电动洗衣机推广企业目录（第二批）	2012-09-12	国家发改委、财政部、工信部
节能产品惠民工程高效节能家用电冰箱推广企业目录（第二批）	2012-09-12	国家发改委、财政部、工信部
节能产品惠民工程高效节能空气源热泵热水器（机）推广企业目录（第二批）	2012-09-12	国家发改委、财政部、工信部
关于印发《节能产品惠民工程高效节能台式微型计算机推广实施细则》的通知	2012-09-24	财政部、国家发改委、工信部
关于印发《节能产品惠民工程高效节能单元式空气调节机和冷水机组推广实施细则》的通知	2012-09-24	财政部、国家发改委、工信部
关于表彰全国循环经济工作先进单位的通报	2012-10-09	国家发改委
关于进一步明确废弃电器电子产品处理基金征收产品范围的通知	2012-10-15	财政部、国家税务总局
关于支持煤炭行业淘汰落后产能的通知	2012-10-22	财政部、国家能源局、国家煤矿安全监察局

续表

政策名称	发文时间	发文机构
关于组织推荐2013年园区循环化改造示范点备选园区的通知	2012-10-29	国家发改委办公厅、财政部办公厅
关于印发《重点区域大气污染防治“十二五”规划》的通知	2012-10-29	环境保护部、国家发改委、财政部
关于组织申报金太阳和光电建筑应用示范项目的通知	2012-11-07	财政部办公厅、科技部办公厅、住房和城乡建设部办公厅、国家能源局综合司
关于组织推荐第三批餐厨废弃物资源化利用和无害化处理试点备选城市的通知	2012-11-13	国家发改委办公厅、财政部办公厅、住房和城乡建设部办公厅
关于印发半导体照明应用节能评价技术要求（2012年版）的通知	2012-11-19	国家发改委办公厅
关于印发《环保服务业试点工作方案》的通知	2012-11-20	环境保护部办公厅
关于加强万家企业能源管理体系建设工作的通知	2012-11-28	国家发改委、国家认监委
2012年金太阳示范工程项目目录（第二批）	2012-12-06	财政部、科技部、国家能源局
关于印发海水淡化产业发展“十二五”规划的通知	2012-12-09	国家发改委
关于荧光灯等6个行业清洁生产技术推行方案的通知	2012-12-13	工信部
关于请推荐当前国家鼓励发展的环保设备（产品）的通知	2012-12-13	国家发改委办公厅
国家重点节能技术推广目录（第五批）	2012-12-13	国家发改委
节能产品惠民工程高效节能房间空气调节器推广目录（第八批）	2012-12-17	国家发改委、财政部、工信部
节能产品惠民工程高效节能家用电冰箱推广目录（第三批）	2012-12-17	国家发改委、财政部、工信部
节能产品惠民工程高效节能空气源热泵热水器（机）推广目录（第三批）	2012-12-17	国家发改委、财政部、工信部
节能产品惠民工程高效节能家用燃气热水器推广目录（第三批）	2012-12-17	国家发改委、财政部、工信部
节能产品惠民工程高效节能电动洗衣机推广目录（第三批）	2012-12-17	国家发改委、财政部、工信部
节能产品惠民工程高效节能单元式空气调节机和冷水机组推广目录（第一批）	2012-12-17	国家发改委、财政部、工信部
节能产品惠民工程高效节能平板电视推广目录（第三批）	2012-12-17	国家发改委、财政部、工信部
节能产品惠民工程高效太阳能热水器推广目录（第三批）	2012-12-17	国家发改委、财政部、工信部
关于公布可再生能源电价附加资金补助目录（第三批）的通知	2012-12-20	财政部、国家发改委、国家能源局
“节能产品政府采购清单”（第十三期）公示通知	2012-12-26	财政部
关于印发《可再生能源电价附加有关会计处理规定》的通知	2012-12-27	财政部
关于扩大脱硝电价政策试点范围有关问题的通知	2012-12-28	国家发改委
关于发展环保服务业的指导意见	2013-01-17	环境保护部
关于开展环境污染强制责任保险试点工作的指导意见	2013-01-21	环境保护部、保监会
关于印发循环经济发展战略及近期行动计划的通知	2013-01-23	国务院
关于印发近期土壤环境保护和综合治理工作安排的通知	2013-01-23	国务院办公厅
关于简化节能家电 高效电机补贴兑付信息管理及加强高效节能工业产品组织实施等工作的通知	2013-01-25	财政部、国家发改委、工信部

续表

政策名称	发文时间	发文机构
关于印发再制造单位质量技术控制规范（试行）的通知	2013-01-29	国家发改委办公厅、财政部办公厅、工信部办公厅、质检总局办公厅
关于印发半导体照明节能产业规划的通知	2013-01-30	国家发改委、科技部、工信部、财政部、住房和城乡建设部、国家质检总局
关于加强内燃机工业节能减排的意见	2013-02-06	国务院办公厅
关于征求《环境空气细颗粒物污染防治技术政策（试行）》（征求意见稿）意见的函	2013-02-06	环境保护部办公厅
关于印发“十二五”国家碳捕集利用与封存科技发展专项规划的通知	2013-02-16	科技部
关于印发《低碳产品认证管理暂行办法》的通知	2013-02-18	国家发改委、国家认监委
中国逐步降低荧光灯含汞量路线图	2013-02-18	工信部、科技部、环境保护部
工业固体废物综合利用先进适用技术目录（征求意见稿)》公示	2013-02-19	工信部节能与综合利用司
节能机电设备（产品）推荐目录（第四批）	2013-02-21	工信部
关于确定第二批再制造试点的通知	2013-02-27	国家发改委办公厅
2013 年工业节能与绿色发展专项行动实施方案	2013-03-21	工信部
关于享受资源综合利用增值税优惠政策的纳税人执行污染物排放标准有关问题的通知	2013-04-01	财政部、国家税务总局
关于印发循环经济发展专项资金支持国家循环经济教育示范基地建设实施方案的通知	2013-04-03	国家发改委办公厅、财政部办公厅、教育部办公厅、国家旅游局办公室
关于推动碳捕集、利用和封存试验示范的通知	2013-04-27	国家发改委
关于请组织开展推荐国家重点节能技术工作的通知	2013-05-31	国家发改委办公厅
关于组织实施电机能效提升计划（2013—2015 年）的通知	2013-06-10	工信部、国家质检总局
新一代信息技术产业		
关于印发进一步鼓励软件产业和集成电路产业发展若干政策的通知	2011-01-28	国务院
关于开展国家电子商务示范城市创建工作的指导意见	2011-03-07	国家发改委、商务部、中国人民银行、国家税务总局、国家工商总局
物联网发展专项资金管理暂行办法	2011-04-06	财政部
第三方电子商务交易平台服务规范	2011-04-12	商务部
关于做好 2011 年物联网专项资金项目申报工作的通知	2011-05-06	工信部办公厅、财政部办公厅
关于高新技术企业境外所得适用税率及税收抵免问题的通知	2011-05-31	财政部、国家税务总局
当前优先发展的高技术产业化重点领域指南（2011年度）	2011-06-23	国家发改委、科技部、工信部、商务部、国家知识产权局
关于退还集成电路企业采购设备增值税期末留抵税额的通知	2011-11-14	财政部、国家税务总局
物联网“十二五”发展规划	2011-11-28	工信部
规范互联网信息服务市场秩序若干规定	2011-12-29	工信部
关于印发三网融合第二阶段试点地区（城市）名单的通知	2011-12-30	国务院办公厅
关于促进电子商务健康快速发展有关工作的通知	2012-02-06	国家发改委办公厅、财政部办公厅、商务部办公厅、中国人民银行办公厅、海关总署办公厅、国家税务总局办公厅、国家工商总局办公厅、国家质检总局办公厅

续表

政策名称	发文时间	发文机构
关于组织实施2012年下一代互联网技术研发、产业化和规模商用专项的通知	2012-02-10	国家发改委办公厅
电子信息制造业"十二五"发展规划	2012-02-24	工信部
集成电路产业"十二五"发展规划	2012-02-24	工信部
关于开展"宽带中国战略"研究工作的通知	2012-03-19	国家发改委办公厅、工信部办公厅
关于印发下一代互联网"十二五"发展建设的意见的通知	2012-03-27	国家发改委办公厅、工信部办公厅、教育部办公厅、科技部办公厅、中国科学院办公厅、中国工程院办公厅、国家自然科学基金会办公室
电子商务"十二五"发展规划	2012-03-27	工信部规划司
软件和信息技术服务业"十二五"发展规划	2012-04-06	工信部
关于进一步扶持新型显示器件产业发展有关税收优惠政策的通知	2012-04-09	财政部、海关总署、国家税务总局
关于进一步鼓励软件产业和集成电路产业发展企业所得税政策的通知	2012-04-20	财政部、国家税务总局
关于组织"新一代宽带无线移动通信网"国家科技重大专项2013年度课题申报的通知	2012-04-26	"新一代宽带无线移动通信网"国家科技重大专项实施管理办公室
《通信业"十二五"发展规划》等三《规划》发布	2012-05-04	工信部
2012年信息化和工业化深度融合专项资金项目指南	2012-05-10	工信部信息化推进司
关于深入开展2012年通信建设领域突出问题专项治理工作的通知	2012-05-18	工信部通信司
关于请组织申报信息化领域创新能力建设专项的通知	2012-07-04	国家发改委办公厅
关于印发《国家规划布局内重点软件企业和集成电路设计企业认定管理试行办法》的通知	2012-08-09	国家发改委、工信部、财政部、商务部、国家税务总局
关于印发《物联网发展专项资金管理暂行办法》的通知	2012-08-17	财政部、工信部
关于印发新型显示科技发展"十二五"专项规划的通知	2012-08-21	科技部
关于印发导航与位置服务科技发展"十二五"专项规划的通知	2012-08-22	科技部
关于印发国家宽带网络科技发展"十二五"专项规划的通知	2012-09-03	科技部
关于印发中国云科技发展"十二五"专项规划的通知	2012-09-03	科技部
关于印发2012年度集成电路产业研究与开发专项资金申报指南的通知	2012-09-13	国家发改委办公厅、工信部办公厅
国际移动通信系统频率规划方案发布	2012-09-20	工信部
关于发布1800和1900兆赫兹频段国际移动通信系统基站射频技术指标和台站设置要求	2012-11-23	工信部
关于印发《工业和通信业安全生产领域行业标准制定管理办法实施细则》的通知	2012-11-27	工信部
关于发布2012年信息科学领域国家重点实验室评估报告的通知	2012-11-29	科技部
工业和信息化部发布5150-5350兆赫兹频段无线接入系统频率使用相关事宜的通知	2012-12-31	工信部
关于数据中心建设布局的指导意见	2013-01-09	工信部、国家发改委、国土资源部、国家电力监管委员会、国家能源局
关于普及地面数字电视接收机实施意见	2013-01-10	工信部、国家发改委、财政部、国家工商总局、国家质检总局、国家广电总局

续表

政策名称	发文时间	发文机构
关于推进物联网有序健康发展的指导意见	2013-02-05	国务院
关于实施宽带中国2013专项行动的意见	2013-04-02	工信部、国家发改委、教育部、科技部、财政部、环境保护部、住房和城乡建设部、国家税务总局
关于进一步促进电子商务健康快速发展有关工作的通知	2013-04-15	国家发改委办公厅、财政部办公厅、农业部办公厅、商务部办公厅、中国人民银行办公厅、海关总署办公厅、国家税务总局办公厅、国家工商总局办公厅、国家质检总局办公厅、国家林业局办公室、国家旅游局办公室、邮政局办公室、国家标准委办公室
生物产业		
关于发布2011年度农业科技成果转化资金项目申报指南的通知	2011-02-16	科技部农村司、财政部农业司
关于做好2011年财政支持现代农业生产发展工作的通知	2011-02-25	财政部办公厅
关于加快推进现代农作物种业发展的意见	2011-04-10	国务院
关于促进种业改革发展的指导意见	2011-04-10	国务院
关于印发医学科技发展“十二五”规划的通知	2011-10-28	科技部、卫生部、国家食品药品监督管理局、中医药局、教育部、国家人口和计划生育委员会、中国科学院、中国工程院、国家自然科学基金会、解放军总后勤部卫生部
关于印发十二五生物技术发展规划的通知	2011-11-14	科技部
关于印发十二五现代生物制造科技发展专项规划的通知	2011-11-14	科技部
医药工业“十二五”发展规划	2012-01-19	工信部规划司
关于组织实施生物育种能力建设与产业化专项的通知	2012-03-16	国家发改委办公厅、财政部办公厅、农业部办公厅
抗菌药物临床应用管理办法	2012-04-24	卫生部
关于国家重大科学研究计划重大科学目标导向项目细胞多能性和人类重大疾病的猴模型研究立项的通知	2012-05-08	科技部
关于药品经营企业销售生物制品有关增值税问题的公告	2012-05-28	国家税务总局
关于公开征求生物种业科技发展等14个“十二五”专项规划（征求意见稿）意见的通知	2012-06-06	科技部农村科技司
关于开展国家临床医学研究中心申报工作的通知	2012-07-05	科技部
关于印发药品和医疗器械行政处罚裁量适用规则的通知	2012-11-02	国家食品药品监督管理局
关于超声肿瘤治疗系统等17个产品分类界定的通知	2012-12-10	国家食品药品监督管理局
关于做好医疗器械经营监管工作的通知	2012-12-10	国家食品药品监督管理局
关于印发YY 0505-2012医疗器械行业标准实施工作方案的通知	2012-12-19	国家食品药品监督管理局
关于印发全国现代农作物种业发展规划（2012—2020年）的通知	2012-12-26	国务院办公厅
生物产业发展“十二五”规划	2012-12-29	国务院
关于印发天然药物新药研究技术要求的通知	2013-01-18	国家食品药品监督管理局
关于做好药品医疗器械保健食品广告监测工作的通知	2013-02-01	国家食品药品监督管理局
关于巩固完善基本药物制度和基层运行新机制的意见	2013-02-10	国务院办公厅
关于进一步做好医疗器械产品分类界定工作的通知	2013-03-28	国家食品药品监督管理局办公室

续表

政策名称	发文时间	发文机构
关于印发体外诊断试剂（医疗器械）经营企业验收标准的通知	2013-05-16	国家食品药品监督管理局
关于部分医疗器械变更审批和质量管理体系检查职责调整有关事宜的通知	2013-06-21	国家食品药品监督管理局
高端装备制造产业		
关于印发装备制造和信息产业人才队伍建设中长期规划的通知	2011-05-23	工信部
关于印发海洋工程装备产业创新发展战略（2011—2020）的通知	2011-08-05	国家发改委、科技部、工信部、国家能源局
重大技术装备自主创新指导目录	2012-01-12	工信部、科技部、财政部、国务院国资委
关于印发《装备工业行业标准制定管理实施细则（2012年修订版）》的通知	2012-01-17	工信部装备工业司
关于调整重大技术装备进口税收政策有关目录的通知	2012-03-07	财政部、工信部、海关总署、国家税务总局
关于印发数控一代机械产品创新应用示范工程十二五规划的通知	2012-03-16	科技部、工信部、中国工程院
海洋工程装备制造业中长期发展规划	2012-03-22	工信部规划司
关于印发智能制造科技发展“十二五”专项规划的通知	2012-03-27	科技部
关于印发高速列车科技发展“十二五”专项规划的通知	2012-04-01	科技部
关于印发服务机器人科技发展“十二五”专项规划的通知	2012-04-01	科技部
关于组织实施2012年智能制造装备发展专项的通知	2012-04-16	国家发改委办公厅、财政部办公厅、工信部办公厅
关于印发“十二五”制造业信息化科技工程规划的通知	2012-04-28	科技部
高端装备制造产业“十二五”发展规划	2012-05-07	工信部规划司
关于印发《“数控一代”装备创新工程行动计划》的通知	2012-06-05	工信部装备司
关于无锡国家传感网创新示范区发展规划纲要（2012—2020年）的批复	2012-08-05	国务院
无锡国家传感网创新示范区发展规划纲要	2012-08-17	工信部科技司
关于印发全国海洋经济发展“十二五”规划的通知	2012-09-16	国务院
关于印发《通用航空发展专项资金管理暂行办法》的通知	2012-12-11	中国民用航空局、财政部
关于印发促进民航业发展重点工作分工方案的通知	2013-01-14	国务院办公厅
卫星固定业务通信网内设置使用移动平台地球站管理暂行办法	2013-01-21	工信部
关于印发《加快推进传感器及智能化仪器仪表产业发展行动计划》的通知	2013-02-18	工信部、科技部、财政部、国家标准化管理委员会
民用航空工业中长期发展规划	2013-05-22	工信部规划司
新能源产业		
关于做好2011年电力运行调节工作的通知	2011-03-28	国家发改委
关于做好2011年金太阳示范工作的通知	2011-06-26	财政部、科技部、国家能源局
关于完善太阳能光伏发电上网电价政策的通知	2011-07-24	国家发改委
关于加强太阳能光电建筑应用示范后续工作管理的通知	2011-08-12	财政部、住房和城乡建设部

续表

政策名称	发文时间	发文机构
关于“十二五”第一批拟核准风电项目计划安排的通知	2011-10-12	国家能源局
关于印发《可再生能源发展基金征收使用管理暂行办法》的通知	2011-11-29	财政部、国家发改委、国家能源局
太阳能光伏产业“十二五”发展规划	2012-02-24	工信部
关于印发风电功率预报与电网协调运行实施细则（试行）的通知	2012-02-27	国家能源局
关于加强风电安全工作的意见	2012-03-01	国家电监会
关于印发页岩气发展规划（2011—2015 年）的通知	2012-03-13	国家发改委、财政部、国土资源部、国家能源局
关于印发《可再生能源电价附加补助资金管理暂行办法》的通知	2012-03-14	财政部、国家发改委、国家能源局
关于印发“十二五”第二批风电项目核准计划的通知	2012-03-19	国家能源局
关于印发风力发电科技发展“十二五”专项规划的通知	2012-03-27	科技部
关于印发太阳能发电科技发展“十二五”专项规划的通知	2012-03-27	科技部
关于开展资源综合利用“双百工程”建设的通知	2012-03-27	国家发改委办公厅
关于印发智能电网重大科技产业化工程“十二五”专项规划的通知	2012-03-27	科技部
关于印发洁净煤技术科技发展“十二五”专项规划的通知	2012-03-27	科技部
关于申报新能源示范城市和产业园区的通知	2012-05-25	国家能源局
关于下达首批国家天然气分布式能源示范项目的通知	2012-06-01	国家发改委、财政部、住房和城乡建设部、国家能源局
加强电力监管支持民间资本投资电力的实施意见	2012-06-14	国家电监会
关于进一步明确部分民用核安全设备类别许可范围的通知	2012-06-25	国家核安全局
可再生能源“十二五”规划方案	2012-07-06	国家发改委
关于印发太阳能发电发展“十二五”规划的通知	2012-07-07	国家能源局
关于印发生物质能发展“十二五”规划的通知	2012-07-24	国家能源局
关于申报 2013 年核与辐射安全监管项目的通知	2012-07-25	环境保护部办公厅
关于完善可再生能源建筑应用政策及调整资金分配管理方式的通知	2012-08-21	财政部、住房和城乡建设部
关于申报分布式光伏发电规模化应用示范区的通知	2012-09-14	国家能源局
关于公布可再生能源电价附加资金补助目录（第二批）的通知	2012-10-15	财政部、国家发改委、国家能源局
关于印发天然气发展“十二五”规划的通知	2012-10-22	国家发改委
关于加强页岩气资源勘查开采和监督管理有关工作的通知	2012-10-26	国土资源部
关于出台页岩气开发利用补贴政策的通知	2012-11-01	财政部、国家能源局
关于可再生能源电价补贴和配额交易方案（2010 年 10 月—2011 年 4 月）的通知	2012-11-26	国家发改委、国家电监会
关于加强万家企业能源管理体系建设工作的通知	2012-11-28	国家发改委、国家认监委
关于印发《铅蓄电池行业准入公告管理暂行办法》的通知	2012-11-29	工信部、环境保护部
特殊和稀缺煤类开发利用管理暂行规定	2012-12-09	国家发改委

续表

政策名称	发文时间	发文机构
关于印发《可再生能源电价附加有关会计处理规定》的通知	2012-12-27	财政部
关于贯彻落实国务院办公厅关于深化电煤市场化改革的指导意见做好产运需衔接工作的通知	2012-12-31	国家发改委
关于印发能源发展“十二五”规划的通知	2013-01-01	国务院
关于做好2013年风电并网和消纳相关工作的通知	2013-02-16	国家能源局
关于做好分布式电源并网服务工作的意见	2013-02-27	国家电网公司
关于印发“十二五”第三批风电项目核准计划的通知	2013-03-11	国家能源局
关于做好风电清洁供暖工作的通知	2013-03-15	国家能源局
关于促进太阳能热水器行业健康发展的指导意见	2013-05-10	工信部
关于加强风电产业监测和评价体系建设的通知	2013-05-23	国家能源局
关于印发《全国林业生物质能源发展规划（2011—2020年）》的通知	2013-05-28	国家林业局
关于完善核电上网电价机制有关问题的通知	2013-06-15	国家发改委
新材料产业		
氟化氢行业准入条件	2011-03-09	工信部
镁行业准入条件	2011-03-10	工信部
“十二五”墙体材料革新指导意见	2011-11-15	国家发改委
新材料产业“十二五”发展规划	2012-01-04	工信部
粘胶纤维生产企业准入公告管理暂行办法	2012-01-19	工信部
半导体照明材料科技发展“十二五”专项规划	2012-07-03	科技部
稀土行业准入条件	2012-07-26	工信部
关于印发高品质特殊钢科技发展“十二五”专项规划的通知	2012-08-06	科技部
关于印发高性能膜材料科技发展“十二五”专项规划的通知	2012-08-21	科技部
玻璃纤维行业准入条件（2012年修订）	2012-09-27	工信部
关于印发《稀土产业调整升级专项资金管理办法》的通知	2012-11-09	财政部、工信部
石墨行业准入条件	2012-11-21	工信部
符合《稀土行业准入条件》的企业名单（第一批）	2012-11-21	工信部
关于印发《玻璃纤维行业准入公告管理暂行办法》的通知	2012-11-26	工信部产业政策司
符合《稀土行业准入条件》的企业名单（第二批）	2012-12-11	工信部
合成氨行业准入条件发布	2012-12-21	工信部
符合《稀土行业准入条件》的企业名单（第三批）	2012-12-26	工信部
关于下达2013年度钨矿锑矿稀土矿开采总量控制指标（第一批）的通知	2012-12-31	国土资源部办公厅
关于促进耐火材料产业健康可持续发展的若干意见	2013-02-21	工信部
关于绿色建筑材料等16个国家重点实验室通过验收的通知	2013-04-18	科技部
关于印发《新材料产业标准化工作三年行动计划》的通知	2013-06-10	工信部

续表

政策名称	发文时间	发文机构
新能源汽车产业		
关于加强节能与新能源汽车示范推广安全管理工作的函	2011-08-18	科技部、财政部、工信部、国家发改委
关于调整节能汽车推广补贴政策的通知	2011-09-07	财政部、国家发改委、工信部
关于进一步做好节能与新能源汽车示范推广试点工作的通知	2011-10-14	财政部办公厅、科技部办公厅、工信部办公厅、国家发改委办公厅
关于节约能源　使用新能源车船车船税政策的通知	2012-03-06	财政部、国家税务总局、工信部
关于节约能源　使用新能源车辆减免车船税的车型目录（第一批）的公告	2012-03-06	财政部、国家税务总局、工信部
关于印发电动汽车科技发展“十二五”专项规划的通知	2012-03-27	科技部
关于节约能源　使用新能源车辆减免车船税的车型目录（第二批）的公告	2012-05-28	财政部、国家税务总局、工信部
关于印发节能与新能源汽车产业发展规划（2012—2020年）的通知	2012-06-28	国务院
关于扩大混合动力城市公交客车示范推广范围有关工作的通知	2012-08-06	财政部、科技部、工信部、国家发改委
关于开展报废汽车专项整治工作的通知	2012-08-30	商务部、工信部、公安部、交通运输部、国家工商总局、国家质检总局
关于组织开展新能源汽车产业技术创新工程的通知	2012-09-20	财政部、工信部、科技部
关于开展节能与新能源汽车示范推广试点总结验收工作的通知	2012-11-30	财政部经济建设司、科技部高新司、工信部装备司、国家发改委产业协调司
关于对2012年度新能源汽车产业技术创新工程拟支持项目名单进行公示的通知	2012-11-30	财政部经济建设司、工信部装备司、科技部高新司
关于印发《甲醇汽车试点技术数据采集管理办法》的通知	2013-01-25	工信部办公厅

附录 2　缩略词表

ABWR：advanced boiling water reactor，即先进沸水反应堆，输出功率在 1 300 兆瓦范围内，在日本和中国台北共建有 6 台机组

AES2006：由俄罗斯国有核能控股集团 Rosatom 组织管理，输出功率约为 1 100 兆瓦，目前有 4 台在建

ALOS：advanced land observing satellite，即先进陆地观测卫星系列

AMT：automated mechanical transmission，即机械式自动变速器

AP1000：西屋电气的旗舰设计，是 1 250 兆瓦先进压水反应堆，两个 AP1000 项目在中国，处于建设阶段

APR1400：基于由西屋电气拥有的原有技术，由韩国工业集团进一步开发，研发出一系列更先进的设计

APU：accessory power unit，即辅助动力单元

APU：auxiliary power units，即辅助动力装置

ATL：amperex technology limited，即新能源科技有限公司

BSG：belt driven starter generator，即皮带传动启停电机

CAFE：corporate average fuel economy，即企业平均燃油经济性法规

CCAMLR：Commission for the Conservation of Antarctic Marine Living Resources，即南极海洋生物资源养护委员会

CFD：computational fluid dynamics，即计算流体力学

CHP：combined heat and power，即热电联供

CPP：controllable pitch propeller，即可调距螺旋桨

CRP：contra rotating propeller，即混合式对转桨

CVT：continuously variable transmission，即无级变速器

DC/DC：direct current/ direct current，即直流转直流

DCS：distributed control system，即分散控制系统，国内一般习惯称为集散控制系统。它是一个由过程控制级和过程监控级组成的、以通信网络为纽带的多级计算机系统，综合了计算机（computer）、通信（communication）、显示（cathode ray tube，CRT）和控制（control）的 4C 技术，其基本思想是分散控制、集中操作、分级管理、配置灵活、组态方便

DCT：dual clutch transmission，即双离合变速器

DHA：docosahexaenoic acid，即二十二碳六烯酸，与 EPA 同属于 Ω-3 系列多不饱和脂肪酸，是其中对人体最重要的两种不饱和脂肪酸之一

DNV：Det Norske Veritas，即挪威船级社

DSG：direct shift gearbox，即直接换挡变速器（双离合变速器）

EEDI：energy efficiency design index for new ship，即新船能效设计指数

EGR：exhaust gas recycle，即废气再循环

EMC：electro magnetic compatibility，即电磁兼容

EPA：eicosapntemacnioc acid，即二十碳五烯酸，属于 Ω-3 系列多不饱和脂肪酸，是人体自身不能合成但又不可缺少的重要营养素

EPR：European pressurized water reactor，即欧洲压水堆

ESBWR：经济简化型沸水反应堆，输出功率接近 1 600 兆瓦。目前还没有任何订单提上日程

EUR：European User Requirement，即欧共体国家发布的《欧洲用户要求文件》

EV：electric vehicle，即电动汽车

FCV：fuel cell vehicle，即燃料电池汽车

FPP：fixed-pitch propeller，即固定桨

GBS：goal-based new ship construction standards，即目标型新船建造标准

GCP：Good Clinical Practice，即《良好药品临床试验规范》

GDI-T：gasoline direct injection-turbo，即涡轮增压缸内燃油直喷发动机

GHG：greenhouse gas，即温室效应气体

GLP：Good Laboratory Practice，即《良好实验室规范》

GMP：Good Manufacturing Practice，即《良好药品生产规范》

GNSS：global navigation satellite system，即全球卫星导航系统

GPS：global positioning system，即全球定位系统

GSA：European GNSS Agency，即欧洲全球卫星导航系统管理局

GSP：Good Supply Practice，即《良好经营规范》

HCSR：harmonized common structural rule，即协调共同结构规范

HIL：hardware-in-the-loop，即硬件回路

IaaS：infrastructure as a service，即基础设施即服务

IFAH：The International Federation for Animal Health，即国际动保联盟

IGBT：insulated gate bipolar transistor，即绝缘栅双极型晶体管

IMO：International Maritime Organization，即国际海事组织

IRS：India remote sensing satellite，即印度遥感卫星系列

ISG：integrated starter and generator，即集成启停电机

ISR：induced systemic resistences，即诱导抗病性

LBS：location based service，即基于位置的服务

LNG：liquefied natural gas，即液化天然气

MARPOL：The International Convention for the Prevention of Pollution from Ships，即《国际防止船舶造成污染公约》

MIL：model-in-the-loop，即模型在环测试

MML：market maturity level，即市场成熟水平

MRL：manufacturing readiness level，即制造成熟水平

NEDO：New Energy and Industrial Technology Development Organization，即新能源工业技术发展组织

NSR：The Northern Sky Research，即北方天空研究中心

PaaS：platform as a service，即平台即服务

PHEV：plug-in hybrid electric vehicle，即插电式混合动力汽车

PNT：position navigation and timing，即定位、导航、授时

PRL：product readiness level，即产品就绪水平

PUE：power utility efficiency，即电能利用效率

SaaS：software as a service，即软件即服务

SAR：systemic acquired resistance，即系统抗病性

SCR：select catalytic reduction，即选择性催化还原系统

SECA：Solid State Energy Conversion Alliance，即固态能量转换联盟

SIA：Satellite Industry Association，即美国卫星产业协会

SIL：safety integrity level，即安全完整性等级

SOC：state of charge，即荷电状态

SOFC：solid oxide fuel cell，即固体氧化物燃料电池

SPOT：satellite Pour l'observation de la terre（法文），即"斯波特"系列卫星

TM：torque motor，即力矩电机

TRL：technology readiness level，即技术就绪水平

URD：User Requirement Documents，即美国发布的《先进轻水堆用户要求文件》

V2G：vehicle to grid，即车与网

V2H：vehicle to home，即车与家庭

V2V：vehicle to vehicle，即车与车

V2X：vehicle to X，即车与网络中某种因素

VCT：variable cam timing，即可变凸轮正时系统

后　　记

当今时代，是一个转型的时代，我国正处于发展方式转变和经济结构调整的关键点；当今时代，也是一个变革的时代，新一轮科技革命正在形成。党中央、国务院以国际视野和战略思维，科学判断未来需求变化和技术发展趋势，对培育和发展战略性新兴产业做出重大长远部署。2010 年 10 月，国务院发布了《决定》，其中明确提出，战略性新兴产业是以重大技术突破和重大发展需求为基础，对经济社会全局和长远发展具有重大引领带动作用，知识技术密集、物质资源消耗少、成长潜力大、综合效益好的产业；现阶段重点培育和发展节能环保、新一代信息技术、生物、高端装备制造、新能源、新材料、新能源汽车等产业。2012 年 7 月，国务院正式印发的《规划》进一步指明了我国未来 5~10 年培育和发展战略性新兴产业的路线图。自《决定》出台尤其是《规划》发布以来，社会各界对战略性新兴产业的发展给予了极大关注，认识逐步深入，投资渐趋理性，总量规模快速增长，产业发展速度不断加快，创新能力有所增强，区域特色产业渐成优势，引起了国内外的广泛关注。

培育和发展战略性新兴产业，是促进经济发展方式转变、推动经济结构战略性调整、建设创新型国家的重大举措和重要事件，具有鲜明的时代特征。新一轮产业革命引发全球竞争格局深刻变化，必须抓住历史机遇，抢占新兴产业发展制高点。破解资源环境制约瓶颈，必须发展低能耗、少排放的战略性新兴产业，实现可持续发展。加快转变经济发展方式，必须发展知识技术密集的战略性新兴产业，提高经济发展质量。推进结构调整，实现经济社会的创新驱动发展，必须发展有内需支撑的战略性新兴产业。

为了认识和把握战略性新兴产业的发展规律，遴选并找准培育和发展战略性新兴产业的突破口，探索政府与企业协同推进战略性新兴产业的新路径，中国工程科技发展战略研究院（以下简称战略研究院）于 2011 年年底启动了“战略性新兴产业培育与发展”重大咨询项目。该项目共组织了 110 多位院士及近 200 位专家参与研究，分设信息、生物、农业、能源、材料、航天、航空、海洋、环保、智能制造、节能与新能源汽车、流程制造、现代服务 13 个领域课题组以及战略性新兴产业创新规律与产业政策课题组和项目综合组。

结合“战略性新兴产业培育与发展”项目，为了更好地反映中国战略性新兴产业发展的总体情况及各领域发展态势，介绍国内外相关技术和产业的前沿热点与最新动向，宣传国家政策和引导社会投资，战略研究院受国家发改委委托，计划以科技和产业发展的关系为核心，围绕年度热点，出版“中国战略性新兴产业发展”年度报告，并于2012年启动了《中国战略性新兴产业发展报告2013》（以下简称《发展报告2013》）的编写工作，在2013年1月出版。图书出版后，引起了强烈的社会反响，得到了广大读者的关注和积极反馈。这进一步坚定了战略研究院继续编写“中国战略性新兴产业发展”年度报告的信心。特别是随着《规划》的深入推进，国内外发展环境发生了不少变化，战略性新兴产业的发展出现了一些新形势、新热点、新问题，国家发改委对中国战略性新兴产业的发展态势高度关注，再次委托战略研究院深度跟踪。《中国战略性新兴产业发展报告2014》（以下简称《发展报告2014》）便是在这样的背景下出炉的。

《发展报告2014》保持了《发展报告2013》的整体框架，并结合新形势、年度热点以及新问题调整了部分内容。本次出版的研究报告共计10篇，34章，分为四大部分。第一部分为综合篇，总结分析了“十二五”以来战略性新兴产业取得的新进展、出现的新情况及存在的问题。第二部分为产业篇（包括节能环保产业篇、新一代信息技术产业篇、生物产业篇、高端装备制造产业篇、新能源产业篇、新材料产业篇、新能源汽车产业篇），围绕战略性新兴产业七大领域若干重点、热点方向的发展现状、战略布局、规划以来遇到的问题、重点案例及政策启示等进行了介绍。第三部分为区域篇，结合广东、北京、重庆三省市战略性新兴产业发展案例，对产业区域发展情况进行了综合分析。第四部分为政策篇，重点对《规划》出台以来的产业相关政策、国外发展新兴产业的政策实践与启示、市场拉动政策、市场环境与产业规制、商业模式创新等进行了理论和实践分析，其中商业模式创新篇章对于战略性新兴产业类企业的创新具有一定的引导作用。特别的，《发展报告2014》编委会参加了2013年上半年由国家发改委、财政部联合组织的年度战略性新兴产业调研工作，获得了丰富的第一手资料，为本报告结合重点和热点问题进行分析提供了翔实的素材，使读者对我国战略性新兴产业的发展形势有更为全面、深刻、切实的认识，引发更多的思考和启示。

战略性新兴产业既代表科技创新和产业发展的方向，又代表新兴科技和新兴产业的深度融合。培育和发展战略性新兴产业是确立国际竞争优势地位、占据新一轮科技革命制高点的迫切需要，是推进科学发展、践行创新型驱动发展战略、实现中华民族伟大复兴“中国梦”的必然选择，更是“十二五”时期、“十三五”时期以及更长时间内加快经济发展方式转变、促进产业结构优化升级的主攻方向。中国战略性新兴产业发展年度报告力求通过及时跟踪战略性新兴产业7大领域24个方向的发展动态、创新经验、年度热点及未来趋势，深度挖掘产业发展规律，继续为成为产业“晴雨表”、企业“风向标”的目标而努力。

本报告的编写工作得到了中国工程院、国家发改委、清华大学、国家开发银行、国家信息中心等单位和部门的大力支持，得到了徐匡迪、周济、潘云鹤、徐绍史、张晓强、干勇、陈吉宁、陈清泰、朱高峰、杜祥琬等同志的亲切关怀与悉心指导，在此表示衷心的感谢。

此外，向为专题调研提供配合与支持的广东、北京、重庆等省市政府部门和企事业单位表示深深的谢意，也向共同参与调研及座谈的国家发改委高技术司李嘉岩副司长，国务院发展研究中心产业经济部冯飞部长，机械工业联合会朱森第高级顾问，中国国际工程咨询有限公司规划部郭建斌主任，中国科学院政策所穆荣平所长、乔为国副研究员，卫生部医药卫生科技发展研究中心李青主任，知识产权局知识产权发展研究中心毛金生主任，中国科学院化学所徐坚研究员，中国汽车工程院任晓常院长，中国社会科学院数量与技术经济研究所齐建国研究员等表示感谢，他们在调研过程及后续讨论中贡献了智慧。

感谢本书的撰稿人和审稿人，众多的院士和专家为本书各章节的编写付出的辛勤劳动。感谢中国工程科技发展战略研究院的王秀芹、梁静波、孙丽红、曹锦如、康静、杨榕等同志，感谢清华大学公共管理学院丁孟宇等同志，他们参与了前期的调研工作，搜集了大量的资料，承担了组织联络工作，确保了本报告撰写工作的顺利进行。感谢科学出版社的大力支持，尤其感谢编辑马跃先生和徐榕榕女士，是他们辛勤、细心、负责的工作确保了本报告能如期与读者见面。

除了上述名字，诸多机构和个人在本报告编写过程中组织的各类实地调研、座谈会、研讨会和工作会中分享了宝贵的经验和独到的见解，对于所有对本报告给予贡献和支持的机构和个人，一并致以诚挚谢意！

编委会

2013年10月

战略性新兴产业专业知识服务系统简介

“战略性新兴产业专业知识服务系统”是由中国工程科技发展战略研究院承担建设的长期建设项目，预计通过连续性的建设和不断完善，打造出以“科学、权威、高端、准确、翔实、开放”为建设原则，以“学术智库信息平台”为建设理念，以丰富的信息资源和强大的专家团队为建设支撑的公益性交互式专业知识研究服务平台。

2013 年本系统进行第一期工程的建设，以原“中国战略性新兴产业网（www.seicn.cn）”为建设基础，汇聚打通海量、异构的战略性新兴产业数据资源，全面深入地跟进国内外战略性新兴产业的发展动态，采用先进的信息技术手段对产业政策、统计数据、技术专利、行业标准、市场资讯和产品信息等进行全方位、多角度的知识揭示与规律探索，为用户提供深层次的专业知识服务，为我国战略性新兴产业的发展提供及时准确的信息支撑。

战略性新兴产业专业知识服务系统（2013 年第一期）目前主要由以下专业模块组成：①政策法规模块，对国内外战略性新兴产业领域政策法规信息可进行及时采集、整合及分析研究；②专利标准模块，对战略性新兴产业产品专利标准可进行多维分类、详情、发展动态与趋势分析；③统计数据模块，对战略性新兴产业领域相关统计数据进行整合分析及统计数据范围与展现形式的可定制化；④产品信息模块，对战略性新兴产业领域产品基础信息、知识信息及周边产品信息进行整合与统计分析；⑤研究报告模块，对国内外战略性新兴产业领域前沿研究成果汇总交流；⑥企业资讯模块，汇集战略性新兴产业领域上市公司的基本信息，动态追踪企业发展历程。

在接下来的建设中，本系统将汇聚更多的战略性新兴产业数据资源，抽取类型多样的知识片段，采用更先进的知识挖掘、大数据分析、云部署和云服务等信息技术，构建内容更加丰富的知识库，提供技术、产品与专业知识的关联图谱、政策决策指导、产业影响力评估等高级研究功能，从而为咨询研究、政策决策、企业创新提供更加专业、智能、主动的专业知识服务。